EDWARD CHANCELLOR

O Preço do Tempo

A Verdadeira História dos Juros

ALTA BOOKS
GRUPO EDITORIAL
Rio de Janeiro, 202

O Preço do Tempo

Copyright © 2024 STARLIN ALTA EDITORA E CONSULTORIA LTDA.

Copyright ©2022 Edward Chancellor.

ISBN: 978-85-508-2108-5

Alta Cult é uma Editora do Grupo Editorial Alta Books.

Translated from original The Price of Time. Copyright © 2022 by Penguin Random House. ISBN 978-0-241-56916-0. This translation is published and sold by Edward Chancellor, the owner of all rights to publish and sell the same. PORTUGUESE language edition published by Starlin Alta Editora e Consultoria Eireli, Copyright © 2024 by STARLIN ALTA EDITORA E CONSULTORIA LTDA.

Impresso no Brasil — 1ª Edição, 2024 — Edição revisada conforme o Acordo Ortográfico da Língua Portuguesa de 2009.

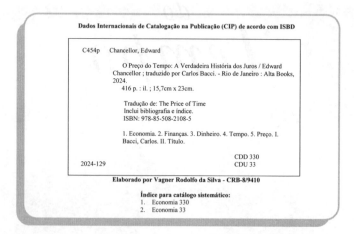

Dados Internacionais de Catalogação na Publicação (CIP) de acordo com ISBD

C454p Chancellor, Edward
O Preço do Tempo: A Verdadeira História dos Juros / Edward Chancellor ; traduzido por Carlos Bacci. - Rio de Janeiro : Alta Books, 2024.
416 p. : il. ; 15,7cm x 23cm.

Tradução de: The Price of Time
Inclui bibliografia e índice.
ISBN: 978-85-508-2108-5

1. Economia. 2. Finanças. 3. Dinheiro. 4. Tempo. 5. Preço. I. Bacci, Carlos. II. Título.

2024-129
CDD 330
CDU 33

Elaborado por Vagner Rodolfo da Silva - CRB-8/9410

Índice para catálogo sistemático:
1. Economia 330
2. Economia 33

Todos os direitos estão reservados e protegidos por Lei. Nenhuma parte deste livro, sem autorização prévia por escrito da editora, poderá ser reproduzida ou transmitida. A violação dos Direitos Autorais é crime estabelecido na Lei nº 9.610/98 e com punição de acordo com o artigo 184 do Código Penal.

O conteúdo desta obra fora formulado exclusivamente pelo(s) autor(es).

Marcas Registradas: Todos os termos mencionados e reconhecidos como Marca Registrada e/ou Comercial são de responsabilidade de seus proprietários. A editora informa não estar associada a nenhum produto e/ou fornecedor apresentado no livro.

Material de apoio e erratas: Se parte integrante da obra e/ou por real necessidade, no site da editora o leitor encontrará os materiais de apoio (download), errata e/ou quaisquer outros conteúdos aplicáveis à obra. Acesse o site www.altabooks.com.br e procure pelo título do livro desejado para ter acesso ao conteúdo.

Suporte Técnico: A obra é comercializada na forma em que está, sem direito a suporte técnico ou orientação pessoal/exclusiva ao leitor.

A editora não se responsabiliza pela manutenção, atualização e idioma dos sites, programas, materiais complementares ou similares referidos pelos autores nesta obra.

Grupo Editorial Alta Books

Produção Editorial: Grupo Editorial Alta Books
Diretor Editorial: Anderson Vieira
Editor da Obra: José Ruggeri
Vendas Governamentais: Cristiane Mutüs
Gerência Comercial: Claudio Lima
Gerência Marketing: Andréa Guatiello

Produtor Editorial: Thiê Alves
Tradução: Carlos Bacci
Copidesque: Leandro Menegaz
Revisão: Fernanda Lutfi; Rafael Fontes
Diagramação: Rita Motta
Revisão Técnica: Douglas Nogueira (Especialista em finanças)

Rua Viúva Cláudio, 291 – Bairro Industrial do Jacaré
CEP: 20.970-031 – Rio de Janeiro (RJ)
Tels.: (21) 3278-8069 / 3278-8419
www.altabooks.com.br – altabooks@altabooks.com.br
Ouvidoria: ouvidoria@altabooks.com.br

Editora afiliada à:

Para Henry Maxey,
uma recompensa por esperar.

Não há nada mais divertido do que a profusão de leis e de cânones produzidos em todas as épocas sobre a questão dos juros, sempre por pretensos sabichões que mal conheciam o Comércio, e sempre sem nenhuma eficácia.

RICHARD CANTILLON, 1730

A questão dos juros tem sido objeto de aviltante negligência.

EUGEN VON BÖHM-BAWERK, 1884

Não me dê uma taxa de juros baixa. Dê-me uma taxa real e então saberei como manter minha casa em ordem.

HJALMAR SCHACHT, PRESIDENTE DO REICHSBANK, 1927

Nossa terra se degenerou nestes últimos tempos: suborno e corrupção são comuns; filhos já não obedecem aos pais; todo homem quer escrever um livro, e o fim do mundo está claramente se aproximando.

TABULETA ASSÍRIA, C. 2.800 A.C.

Sumário

Lista de Figuras   vii

Introdução   ix

PARTE UM
Os Juros na História

1. Nascimento da Babilônia   3
2. Vendendo Tempo   17
3. A Baixa dos Juros   33
4. A Quimera   45
5. John Bull Não Suporta 2%   61
6. Um Golinho de Uísque   81

PARTE DOIS
Como Taxas Baixas Levaram a Taxas Mais Baixas

7. A Lei de Goodhart   103
8. Estagnação Secular   123
9. O Corvo de Basel   129
10. Seleção Não Natural   139
11. O Lucro de Quem Promove   155
12. Uma Bolha Grande, Gorda e Feia   171
13. Sua Mãe Precisa Morrer   187
14. Deixe que Eles Comam Crédito   199

15. O Preço da Ansiedade   217

16. Dinheiro Enferrujado   235

Parte Três
O Jogo das Bolinhas de Gude

17. A Mãe e o Pai de Todo o Mal   251

18. Repressão Financeira com Características Chinesas   265

Conclusão   293

Posfácio   307

Agradecimentos   317

Bibliografia Selecionada   319

Notas   345

Índice   391

Lista de Figuras

p. viii   Cinco milênios de taxas de juros. (Fonte: Sidney Homer e Richard Sylla, *A History of Interest Rates*, 3ª ed (Hoboken, NJ, 1996), de Bank of America Global Investment Strategy, Bank of England, Global Financial Data)

p. 13   Taxas mínimas de juros no mundo antigo. (Fonte: Homer e Sylla, *A History of Interest Rates*)

p. 23   Taxas de juros comerciais na Itália medieval, 1200–1570. (Fonte: Homer e Sylla, *A History of Interest Rates*)

p. 36   Taxas de juros europeias, 1200–1800. (Fonte: Homer e Sylla, de William J. Bernstein, *The Four Pillars of Investing: Lessons for Building a Winning Portfolio* (Nova York, 2002))

p. 88   Taxa de desconto do Federal Reserve de Nova York, 1920–1930. (Fonte: Federal Reserve Economic Data)

p. 104   Taxa de desconto do Banco do Japão e crescimento nominal do PIB japonês, 1985–1995. (Fonte: Bank of Japan, Global Financial Data)

p. 116   Política monetária dos EUA no início dos anos 2000. (Fonte: Federal Reserve Economic Data)

p. 133   Taxas de juros de longo prazo dos EUA, 1945–2021. (Fonte: Federal Reserve Economic Data)

p. 179   A Grande Bolha de Riqueza Norte-americana, 1954–2020. (Fonte: Federal Reserve Economic Data)

p. 204   As taxas de juros e a desigualdade, 1945–2020. (Fonte: Global Financial Data and World Inequality)

p. 244   O estoque global de títulos negociados com rendimentos negativos. (Fonte: Bloomberg)

p. 269   Repressão financeira na China. (Fonte: Global Financial Data)

Cinco milênios de taxas de juros

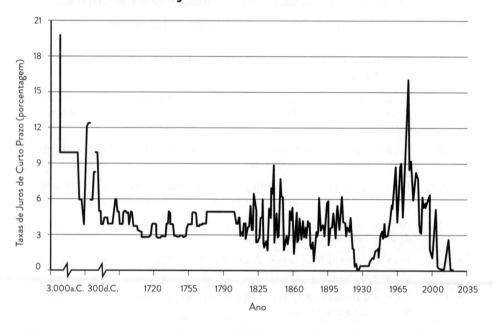

Introdução

O Anarquista e o Capitalista

Em 1849, nas páginas de *La Voix du peuple* [A Voz do Povo, em tradução livre], uma publicação socialista, ocorreu um debate entre dois membros da Assembleia Nacional Francesa. De um lado estava Pierre-Joseph Proudhon, um autoproclamado anarquista, mais conhecido hoje em dia por seu lema "propriedade é roubo", e colaborador regular do *La Voix*. Do outro, Frédéric Bastiat, um defensor do livre comércio e panfletário. Bastiat era conhecido por suas parábolas econômicas satíricas. Ele defendia intervenções estatais improdutivas, como, por exemplo, uma "Petição dos Fabricantes de Velas", na qual os fabricantes de velas solicitavam uma lei exigindo que as pessoas fechassem suas persianas e suas cortinas contra a luz do sol para que mais velas pudessem ser vendidas.

O tema discutido era a legitimidade dos juros. A visão de Proudhon era antiquada: juros, proclamava o anarquista, é "usura e pilhagem". Usura era uma troca desigual imposta por quem emprestava seu dinheiro a outrem e que, a título de não se privar do capital, não tinha o direito de exigir por causa disso a restituição de uma soma maior. E juros constituem uma "recompensa para a indolência, [e eram] a causa básica da desigualdade, mas também da pobreza".[1] Em resumo, Proudhon continuava, adaptando sua declaração mais famosa: "Chamo os juros de ROUBO."[2]

A crítica não parava por aí. Proudhon censurava o fato de que os juros incorporam-se à dívida ao longo dos dias, e que com isso um empréstimo, com o decorrer do tempo, cresceria a ponto de se tornar maior do que um globo de ouro do tamanho da Terra.[3] Cobrar por empréstimos restringe a circulação do dinheiro, dizia ele, causando "a estagnação dos negócios, com desemprego na indústria, dificuldades na agricultura e a iminência crescente da falência universal".[4] Os juros alimentam o antagonismo de classe e restringem o consumo ao elevar o preço dos produtos. Em uma sociedade capitalista, afirmava Proudhon, os trabalhadores não têm condições de adquirir os objetos que produzem com suas próprias mãos. "Juros são como uma faca de dois gumes", concluía Proudhon, "eles matam, seja qual for o lado que o atinja".[5]

Não havia nada de original na rude crítica de Proudhon. Suas recriminações tinham uma linhagem bem antiga. Ele citava a palavra hebraica para juro, *neschek*, que deriva etimologicamente da mordida de uma serpente.[6] A retórica de Proudhon era grandiosa e recorrente, e sua análise econômica era superficial. Em seu livro *A História da Análise Econômica*, Joseph Schumpeter lamentou a completa inaptidão de Proudhon para analisar. Ainda assim, Proudhon tinha algumas propostas originais. Ele queria nacionalizar o Banco da França, expandir a oferta monetária e reduzir para quase zero as taxas de juros. Seu Banco do Povo cobraria 0,5% para cobrir seus custos. O ouro seria substituído por papel-moeda. Além disso, Proudhon propunha um imposto sobre o capital (o equivalente a juros negativos). A redução dos juros, previa ele, "produziria instantaneamente resultados incalculáveis em toda a República e em toda a Europa". Não haveria mais dívidas, as insolvências e as falências diminuiriam, o consumo se elevaria e a mão de obra teria emprego garantido. E, uma vez que não haveria mais cobrança de juros pela classe parasita dos emprestadores, a renda dos trabalhadores aumentaria.[7]

Bastiat discordava completamente. Juros não eram roubo, ele sustentava, mas uma recompensa justa por uma troca mútua de serviços. Quem empresta cede o uso do capital por certo período de tempo, e tempo é algo de valor. Bastiat cita o famoso trecho de *Advice to a Young Tradesman* (1748) ["Conselhos a um Jovem Comerciante", em tradução livre], de Benjamin Franklin: "O tempo é precioso. Tempo é dinheiro — e tempo é aquilo do qual a vida é feita."[8] Disso se depreende que os juros são "naturais, justos e legítimos, mas também úteis e lucrativos, inclusive para aqueles que os pagam".[9] Longe de inibir a produção, o capital faz com que o trabalho seja mais produtivo. Longe de instigar o antagonismo de classe, Bastiat acreditava que o capital beneficiava a todos, "particularmente as classes sofredoras".[10]

Bastiat antevia um desastre caso os planos de Proudhon fossem colocados em prática. Não havendo recompensa, não haveria empréstimos. Restringir os pagamentos pelo uso de capital seria abolir o capital.[11] As poupanças desapareceriam. O banco nacional de Proudhon emprestaria, mas, se exigisse garantia para seus empréstimos, os trabalhadores que não tinham como atender a esse requisito não estariam em melhor situação. A abolição dos juros só beneficiaria os ricos. "Em seu sistema", Bastiat escreveu a Proudhon,

> os ricos, com certeza, tomarão emprestado de graça, ao passo que os empréstimos serão negados aos pobres seja qual for o preço.
>
> Quando um homem rico procurar o banco, dirão a ele: você é solvente, eis o capital, nós o emprestamos de graça.
>
> Mas, se um trabalhador ousar mostrar seu rosto, será questionado: "Quais garantias você oferece, suas terras, suas casas, seus bens?"
>
> "Tenho apenas meus braços e minha integridade." [O trabalhador responde.]
>
> "Isso não nos deixa tranquilos, temos que agir com prudência e severidade, não podemos emprestar a você de graça."[12]

O "discurso ideológico do crédito gratuito é uma calamidade para as classes trabalhadoras", Bastiat concluía. Haveria menos empresas, enquanto o número de trabalhadores permaneceria o mesmo. Os salários seriam reduzidos. O capital fugiria do país. Se os bancos emprestassem livremente, haveria uma enxurrada de papel-moeda. Sobreviria a desordem e o país se veria perpetuamente à beira do abismo. "Crédito gratuito é um absurdo científico, que promoveria o antagonismo entre os interesses estabelecidos, ódio de classe e barbárie." Com essas palavras, Bastiat encerrou a correspondência.

Pelo menos Proudhon e Bastiat concordavam em uma coisa. Proudhon acreditava que os objetivos da Revolução de 1848 poderiam ser alcançados por meio de uma reforma monetária. Com juros de 3/4 de 1%, disse ele, 3/4 da revolução seriam realizados.[13] "Crédito livre é a palavra final do socialismo, seu slogan final e seu esforço final", replicou Bastiat. "Uma insaciável fábrica de papel-moeda: essa é sua solução." Abolir os juros sobre o capital levaria à "aniquilação do crédito" e à morte do capital.

Como em muitos debates sobre juros, antes e depois, o contraponto Proudhon-Bastiat era um diálogo de surdos.[14] Nenhum dos lados escutava o que o outro tinha a dizer. O tom da correspondência tornou-se progressivamente mais cáustico. Em sua última carta, Proudhon declarou que a inteligência de Bastiat estava dormente, assinando-a com o comentário: "Monsieur Bastiat, você é um homem morto".[15] Isso não estava longe da verdade. Bastiat sofria de tuberculose e morreu um ano depois, em Roma. Ele tinha 49 anos.

O QUE É VISTO E O QUE NÃO SE VÊ

No ano da morte de Bastiat, houve um panfleto final. Em "O que É Visto e o que Não se Vê", Bastiat conta a parábola de um comerciante, Jacques Bonhomme, cujo filho, por descuido, quebra a vitrine da loja. Os vizinhos ponderaram que nem tudo eram más notícias. Pelo menos consertar a janela dava emprego ao vidraceiro, que podia gastar o dinheiro com comida e outras coisas. No entanto, argumenta Bastiat, Jacques Bonhomme teria agora menos dinheiro para gastar. Com isso, Bastiat leva os leitores a considerar as consequências mais amplas de uma ação econômica, não apenas seu efeito sobre um beneficiário em particular:

> No âmbito da economia, um hábito, uma instituição ou uma lei ocasiona não apenas um efeito, mas uma série de efeitos. Entre eles, apenas o primeiro é imediato; é revelado simultaneamente com sua causa; *ele é visto*. Os demais meramente se sucedem; *eles não são vistos*; temos sorte se os *previrmos*.
>
> Toda a diferença entre um mau e um bom economista evidencia-se aqui. O mau baseia-se no efeito *visível*, enquanto o bom considera não só o efeito que se pode ver como os que precisam *ser previstos*.[16]

O mau economista, diz Bastiat, procura obter um pequeno benefício atual que é seguido por uma grande desvantagem no futuro; já o bom economista persegue um grande benefício no futuro com o risco de sofrer uma pequena desvantagem no curto prazo. O jornalista norte-americano Henry Hazlitt elaborou a Parábola da Janela Quebrada, de Bastiat, em seu livro best-seller *Economia em uma Única Lição* (1946). Como Bastiat, Hazlitt lamentou a

> persistente tendência das pessoas de ver apenas os efeitos imediatos de qualquer determinada política, ou seus efeitos apenas em um grupo específico, e negligenciar a investigação de quais serão os efeitos de longo prazo dessa política, não só naquele grupo em particular, mas em todos. É a falácia de negligenciar as consequências secundárias.[17]

Hazlitt criticou a "nova" economia de sua época que, acreditava ele, levava em conta somente os efeitos de curto prazo das políticas sobre grupos específicos, ignorando os efeitos de longo prazo na comunidade por inteiro.[18] Ele atacou o que chamou de "fetiche" do pleno emprego. A ideia de Schumpeter de "destruição criativa" tem que operar sem impeditivos, escreveu Hazlitt, por ser deveras importante para a saúde de uma economia permitir que setores e empresas em fase terminal morram, de modo a abrir espaço para o crescimento das indústrias emergentes.[19] Hazlitt comparou o sistema de preços em uma atividade econômica competitiva ao regulador automático de uma máquina a vapor. Qualquer tentativa de impedir a queda dos preços apenas manteria os produtores ineficientes no mercado.[20]

Oferta e demanda por capital são equalizadas pelas taxas de juros, afirmou ele. Mas um "medo psicopático de taxas de juros 'excessivas'" fez os governos adotarem políticas de dinheiro barato. "Dinheiro fácil", escreveu Hazlitt,

> gera distorções econômicas... tende a estimular empreendimentos altamente especulativos cuja continuidade vincula-se umbilicalmente às condições artificiais que lhes deram origem. Do lado da oferta, a redução artificial das taxas de juros inibe o controle de gastos, a poupança e o investimento normais. Reduz a acumulação de capital. Refreia aquele aumento de produtividade, aquele "crescimento econômico" que os "progressistas" professam estar tão ansiosos para promover.[21]

Hazlitt concluiu mencionando um conhecido ensaio de 1883 de William Graham Sumner. Nesse ensaio, Sumner descreveu como A e B elaboram um plano para ajudar X, mas ignoram o impacto em C. Este é o "Homem Esquecido", uma pessoa "nunca considerada. A vítima do reformador, do especulador social e do filantropo".[22]

O SONHO DE PROUDHON TORNA-SE REALIDADE

Após a quebra do Lehman Brothers, em setembro de 2008, os economistas neoliberais puseram em prática o esquema revolucionário do anarquista Proudhon. Os Bancos Centrais empurraram as taxas de juros para o nível mais baixo em cinco milênios. Na Europa e no Japão, as taxas ficaram negativas — uma ocorrência sem precedentes. Os resultados, porém, não foram os que Proudhon esperava. Ao contrário, os temores mais preocupantes de Bastiat sobre o crédito gratuito parecem mais próximos da verdade.

Os Bancos Centrais parabenizaram-se por restaurar a calma em Wall Street. O fantasma da deflação fora exorcizado. O desemprego diminuiu radicalmente. Esses foram os efeitos "vistos" das taxas zeradas de juros. Mas as consequências secundárias desse nível de juros passaram praticamente despercebidas. No entanto, estavam lá para qualquer um que se importasse em olhar.

Em 2012, o economista canadense William White publicou um pequeno artigo intitulado "Ultra Easy Monetary Policy and the Law of Unintended Consequences" ["Política Monetária Ultrafácil e a Lei das Consequências não Deliberadas", em tradução livre].[23] White sugeria que a queda brusca nas taxas de juros encoraja o consumidor médio a gastar mais e poupar menos. Ele sugeria que a desvantagem de antecipar o consumo futuro era que as pessoas precisariam, de fato, economizar mais para obter uma meta predeterminada; e, em razão das baixas taxas de juros vigentes, levaria muito mais tempo para acumular um pé-de-meia satisfatório.

As autoridades acreditavam que taxas baixas seriam um elemento propulsor do investimento corporativo. Mas White sugeria que as empresas estavam, na verdade, investindo menos. Além disso, o dinheiro tão facilmente acessível redundava em má alocação de capital. A destruição criativa foi deixada de lado. "É possível", concluiu White, "que as atuais condições de dinheiro fácil, em vez de incentivar, na verdade impedem a alocação de capital em recursos mais produtivos, atuando em prol de recursos menos produtivos".

Ao reduzir o custo dos empréstimos, o dinheiro ultrafácil representava um incentivo para os investidores assumirem riscos excessivos. Ao mesmo tempo, seguradoras e fundos de pensão lutavam para lidar com o regime de juros baixos. Dado o baixo custo dos empréstimos, os governos não se constrangeram em aumentar suas dívidas nacionais. Em última análise, o dinheiro fácil serviu apenas para adiar o dia do ajuste de contas. "Afrouxamento monetário agressivo em recessões econômicas não é um 'almoço grátis'", concluiu White, "na melhor das hipóteses se ganha tempo para reequilibrar as economias. Na realidade, essa oportunidade é desperdiçada". Em Wall Street, a questão era tratada na base do "lá na frente isso se resolve".

White também sugeria que os formuladores de políticas monetárias poderiam ter problemas para iniciar um caminho de volta na questão das taxas ultrabaixas. Alguns anos após o artigo de White em 2012, o Fed [Banco Central norte-americano] tentou promover um ciclo de aperto, mas logo abandonou a tentativa de levar as taxas de juros de volta aos níveis normais. Em vez disso, o Fed voltou a imprimir dinheiro e a cortar taxas, e, quando veio a Covid-19, a taxa básica voltou a zero. White antecipou que os Bancos Centrais também seriam obrigados a desempenhar um papel maior no fornecimento de crédito. Isso também aconteceu. Durante o ano pandêmico de 2020, essas instituições estiveram próximas do financiamento direto dos gastos do governo, como previu White (consultar P.S.: O Mundo Virou de Ponta-cabeça).

A afirmação de Bastiat de que o crédito gratuito seria um desastre para a classe trabalhadora já despontava no horizonte. Após a crise das hipotecas subprime, os bancos aumentaram as taxas de empréstimo cobradas de indivíduos de menor capacidade creditícia e de pequenas empresas. Por outro lado, os figurões e outras pessoas bem relacionadas em Wall Street conseguiam obter empréstimos por migalhas. Ao longo da década pós-crise, a renda mal cresceu e os empregos de baixa remuneração proliferaram. Os mais desfavorecidos se viram forçados a tomar empréstimos a altas taxas enquanto recebiam retornos reais negativos sobre seus depósitos, ao passo que especuladores ricos e corporações tinham acesso a empréstimos a custos baixos, auferindo lucros mais que generosos.

Este livro trata do papel dos juros em uma economia moderna. Foi inspirado por uma convicção semelhante à de Bastiat segundo a qual taxas de juros ultrabaixas estavam contribuindo para muitos de nossos problemas atuais: o colapso do crescimento da produtividade, moradia inacessível, aumento da desigualdade, perda da concorrência no mercado ou fragilidade financeira. Taxas ultrabaixas também pareciam desempenhar algum papel no ressurgimento do populismo quando o Homem Esquecido, de Sumner, começou a perder a paciência.

A Parte Dois deste livro (Como Taxas Baixas Levaram a Taxas Mais Baixas) examina as consequências não deliberadas das taxas de juros ultrabaixas (capítulos 7 a 16). A Parte Um (Os Juros na História) estabelece o cenário. Das origens dos juros no Antigo Oriente (Capítulo 1), seguimos sua história passando pela Idade Média até o nascimento do capitalismo na Europa (Capítulo 2). Descrevemos como juros e capitalismo são inseparáveis. Esse princípio pode ter sido aceito em 1776, época em que *A Riqueza das Nações*, de Adam Smith, foi publicado, mas sempre houve um medo "psicopático" de taxas de juros excessivas. Na Inglaterra do século XVII, o maior dos defensores das taxas mais baixas era um rico comerciante, Sir Josiah Child, que foi o grande beneficiário da redução no custo dos empréstimos. Os argumentos de Child foram refutados pelo grande filósofo liberal John Locke (Capítulo 3). No início do século seguinte, o escocês John Law introduziu o papel-moeda na França e reduziu as taxas de juros para 2%. Esse grande experimento monetário terminou em desastre (Capítulo 4). Não

Introdução xv

obstante, Law antecipa as políticas dos Bancos Centrais modernos com suas taxas ultrabaixas e "quantitative easing"* (compra de ativos).

No século XIX, ficou evidente para determinados observadores financeiros que as manias especulativas tinham a tendência de coincidir com períodos de baixas taxas de juros. Como Walter Bagehot, o jornalista especializado em finanças mais famoso da era vitoriana, gostava de dizer: "John Bull [personificação nacional da Grã-Bretanha] pode aguentar muitas coisas, mas não pode aguentar 2%." É de Bagehot a regra que, durante um pânico financeiro, o Banco Central deve emprestar sem quaisquer restrições (Capítulo 5), muito embora essa regra — que estipula que empréstimos em tais ocasiões só devem ser concedidos se foram oferecidas garantias de alta qualidade com penalidades a taxas elevadas — seja ignorada pelos fornecedores modernos de empréstimos semelhantes.

Em nossos dias, há grande preocupação dos Bancos Centrais com os males gêmeos da inflação e da deflação. Eles objetivam alcançar um nível de preços estável. No entanto, no decorrer dos últimos cem anos, diversas grandes expansões de crédito — entre as quais a ocorrida na década de 1920 (Capítulo 6), a bolha econômica do Japão na década de 1980 e a bolha de crédito global que antecedeu a crise do Lehman em 2008 (Capítulo 7) — aconteceram em tempos de calma inflacionária. Em cada um desses momentos, a ausência de inflação incentivou os Bancos Centrais a manter as taxas de juros em nível inferior às do crescimento da economia. Cada uma dessas grandes expansões de crédito terminou em desastre.

Na Parte Três (O Jogo das Bolinhas de Gude), examinamos o impacto das taxas de juros ultrabaixas nos mercados emergentes. De início, como consequência da redução a zero das taxas da moeda de reserva mundial, o dólar norte-americano, os fluxos de capital foram direcionados para os mercados emergentes. Os preços das commodities dispararam. A elevação dos preços dos alimentos ajudou a estimular a revolta popular de 2011 no Oriente Médio, conhecida como Primavera Árabe. Depois que o Fed começou a apertar a política monetária alguns anos mais tarde, os preços das commodities entraram em colapso e os mercados emergentes entraram em crise. Duas das maiores dessas economias, Brasil e Turquia, sofreram graves recessões. Na China, as baixas taxas de juros deram fôlego a uma extraordinária expansão de crédito, que foi acompanhada pela maior farra de investimentos da história e uma bolha imobiliária de dimensões épicas.

....

* Conhecida também como flexibilização quantitativa, é um instrumento de afrouxamento monetário que consiste na criação de quantidades significativas de dinheiro novo. [N. do T.]

A Complexidade dos Juros

O leitor merece uma palavra de advertência. Juros são um assunto extremamente complexo. Com o passar dos séculos, muitas teorias foram elaboradas com o intuito de explicar sua existência. Eugen von Böhm-Bawerk, um economista austríaco do século XIX (e três vezes ministro das finanças de seu país) listou cerca de duas dúzias de diferentes escolas de pensamento em sua obra magistral, *Capital and Interest* ["Capital e Juros", em tradução livre], variando desde a "teoria da frutificação" até o que ele chamou de "teorias sem cor", aquelas que não são dignas de considerações sérias.*

Para Böhm-Bawerk, os juros determinavam a alocação do capital, afetando o que ele chamava de extensão do "tempo em produção". Outros autores deram ênfase à relevância dos juros para a poupança ("os salários da abstinência"), seu papel nas finanças ("o custo da alavancagem") e o valuation dos investimentos ("a taxa de capitalização"). A visão mais abrangente dos juros os considera como o "valor do dinheiro no tempo" ou, simplesmente, como o preço do tempo. Há na maioria das teorias sobre os juros boa parte de verdade, se não toda ela. Irving Fisher, economista de Yale e autor de *The Theory of Interest* ["Teoria dos Juros", em tradução livre], observou, com propriedade, que "teorias [sobre juros] que foram apresentadas como antagônicas e mutuamente destrutivas são, de fato, harmoniosas e complementares".[24]

Ademais, há a questão de saber se o juro é um fenômeno "real", vinculado ao capital tangível na forma de imóveis e de terrenos, ou se fica restrito a um fenômeno "monetário". Essa questão apresenta outro problema. As taxas de juros são determinadas por fatores econômicos "reais" ou podem ser manipuladas? Sobre essas questões é possível adotar uma posição eclética. Fatores reais são importantes. Contudo, sob um sistema no qual o dinheiro não está mais vinculado a nenhuma mercadoria real, mas é criado pelos bancos centrais (emitindo "moeda fiduciária") e pelos bancos comerciais por meio de suas atividades de empréstimo, parece claro que a política monetária tem uma enorme influência nas taxas de mercado. Nos últimos anos, os rendimentos dos títulos só ficaram negativos em lugares onde os bancos centrais colocaram as taxas de juros de curto prazo abaixo de zero.

. . . .

* Além da "teoria da frutificação" (que propõe que os juros "derivam" do aluguel da terra), há a teoria da mais-valia (ou lucros), a teoria da produtividade, a "teoria do uso", a "teoria da abstinência" (estímulo à poupança), "teorias da remuneração", teoria da exploração, teoria reprodutiva e uma série de "teorias sem cor" de Böhm-Bawerk. A essa lista é preciso acrescentar a noção de Keynes, elaborada em sua *General Theory* ["Teoria Geral"], de que os juros são necessários para desestimular o entesouramento de capital. Böhm-Bawerk rejeitou essas explicações para os juros, sugerindo, em vez disso, que os juros surgem devido à preferência inata do homem de aproveitar o presente em detrimento do consumo futuro. Não é preciso dizer que alguns economistas negam a teoria dos juros da "preferência temporal". [N. do A.]

Se as taxas de juros estão relacionadas ao crescimento econômico é, também, uma questão em aberto. O registro histórico sugere uma relação estatística fraca entre o ritmo do desenvolvimento econômico e o custo dos empréstimos. A relação entre demografia e juros também é contestada. Hoje, o senso comum é que um declínio no crescimento populacional explica a queda nas taxas de juros. Um argumento nesse sentido seria a experiência do Japão nas últimas décadas. Mas alguns economistas alegam que o Japão é um caso especial e que as taxas de juros podem subir conforme a população mundial envelhece.[25]

Os economistas de linha mais conservadora, para quem o nível de juros é determinado pela oferta e pela demanda de poupança, referem-se ao que chamam de "taxa natural" de juros. Essa ideia foi defendida por John Locke no século XVII. Na década de 1930, entretanto, John Maynard Keynes e seus seguidores rejeitaram o conceito de uma taxa natural capaz de equilibrar a economia em pleno emprego. Uma vez que não há como observar diretamente a taxa natural, esse argumento fica comprometido. Ainda assim, se a taxa de juros está ligada à lucratividade, como a maioria dos economistas acredita desde os tempos de Adam Smith, então as taxas de juros e o ritmo do crescimento econômico (ou seja, a taxa de retorno para toda a economia) também devem estar conectados.[26] Portanto, o nível da tendência de crescimento econômico pode ser tomado como uma representação razoável para a taxa natural.

Faz mesmo sentido falar em taxa de juros no singular quando, na verdade, existe uma enorme variedade de taxas? Há taxas de curto prazo e taxas de longo prazo; taxas de referência e taxas de mercado; taxas sem risco e taxas de dívida privada. As grandes empresas emitem um grande número de títulos distintos, cada qual com um rendimento em particular. Os países têm, individualmente, suas próprias taxas de juros, relacionadas em grande parte à sua inflação e ao seu histórico de inadimplência. As diferenças entre as taxas estão principalmente associadas ao risco, e a relação entre elas varia ao longo do tempo. Mas, se é admissível falar sobre um "nível de preços" como uma composição dos preços de inúmeros bens e serviços, então "taxa de juros" também é uma forma abreviada aceitável para discutir todo o espectro das taxas de juros.

A questão mais importante abordada neste livro é se uma economia capitalista pode funcionar de modo adequado sem os juros determinados pelo mercado. Aqueles, como Proudhon, que argumentam que os juros são fundamentalmente injustos, não acreditam que eles sejam necessários. Para os atuais formuladores de política monetária, os juros são vistos principalmente como instrumento de controle do nível de preços ao consumidor. Dessa perspectiva, não há problema em reduzir as taxas de juros abaixo de zero para evitar o mal da deflação. Mas influenciar o nível de inflação é apenas uma das várias funções dos juros — e, possivelmente, a de menor importância.

Este livro sustenta que os juros são necessários para direcionar a alocação de capital e que, sem eles, torna-se impossível avaliar os investimentos. Como uma "recompensa pela abstinência", os juros se constituem em um estímulo à poupança. Os juros são também o custo da alavancagem e o preço do risco. Quando a questão é a regulação dos mercados financeiros, a existência de juros faz banqueiros e investidores pensarem duas vezes antes de assumir riscos excessivos. No câmbio, as taxas de juros equilibram o fluxo de capitais entre as nações. Os juros também exercem influência na distribuição de renda e de riqueza. Como Bastiat compreendia, uma taxa de juros muito baixa pode beneficiar muito mais os ricos, que têm acesso ao crédito, do que os pobres.

Na polêmica com Proudhon, Bastiat destacou o valor do tempo. Para os principais escritores dedicados ao assunto, Böhm-Bawerk e Fisher, os juros eram algo intrínseco à natureza humana: os seres humanos são criaturas naturalmente impacientes e a taxa de juros expressa sua preferência temporal.* Contemporâneo de Fisher, o economista sueco Gustav Cassel, autor de uma notável introdução ao tema, também insistia na "necessidade absoluta e incondicional dos juros".[27] Antes que a paciência do leitor se esgote, é hora de iniciar nossa narrativa.

. . . .

* Böhm-Bawerk foi inflexível nesse ponto. Fisher, porém, podia conceber situações nas quais a preferência temporal de um indivíduo podia se tornar negativa. Por exemplo, em épocas de rápido declínio da renda, Fisher imaginava que, se o estoque de alimentos fosse composto de figos estragados, em vez de bolachas secas, a taxa de juros seria negativa. [N. do A.]

PARTE UM

Os Juros na História

Nascimento da Babilônia

Se a riqueza é colocada onde rende juros, ela volta redobrada para você.

ANY, ESCRIBA EGÍPCIO, INÍCIO DO PRIMEIRO MILÊNIO A.C.

É provável que não tenha havido outra pessoa em todo o país que tivesse meditado tanto sobre a questão dos juros. A mente de Margayya estava cheia disso. Noite e dia ele se sentava e meditava sobre isso. Quanto mais ponderava a respeito, mais lhe parecia a maior maravilha da criação. Combinavam-se nela os mistérios do nascimento e da multiplicação. Não fosse assim, como explicar o fato de que 100 rúpias depositadas no banco em uma conta de poupança se tornaram 120 ao longo do tempo? Era algo como o amadurecimento do milho. Cada rúpia, sentia Margayya, continha em si a semente de outra rúpia, e a semente nela, outra semente, e assim por diante até o infinito. Era uma espécie de firmamento, com infinitas estrelas e, dentro de cada uma, outro firmamento, e nele estrelas e firmamentos sem fim... Isso beirava uma percepção mística. Dava-lhe a sensação de fazer parte de uma existência infinita.

R. K. NARAYAN, *THE FINANCIAL EXPERT*, 1952

No começo havia o empréstimo e o empréstimo gerava juros. Bem, pode ter sido assim. Não sabemos ao certo, mas hoje é crença geral que as primeiras transações eram de crédito, e não de escambo. Sabemos que os mesopotâmios cobravam juros sobre os empréstimos antes mesmo de descobrirem como colocar rodas nas carroças. Os juros são muito mais antigos do que o dinheiro cunhado, que só apareceu no século VIII a.C. Alguns sugerem que os juros podem ter se originado do *Wergild*, uma espécie de dinheiro sujo pago a título de compensação por assassinato e outros danos físicos, com "juros" como penalidade além do valor do dano.[1] O antropólogo francês Marcel Mauss, em *The Gift* (publicado pela primeira vez em 1925) afirma que os juros começaram com a prática de retribuir presentes entre os povos tribais.*

Povos pré-históricos provavelmente cobravam juros sobre empréstimos de milho e de gado. A associação entre juros e o fruto de um empréstimo está incorporada em línguas ancestrais. Em todo o mundo antigo, as raízes etimológicas de juros derivam da prole do gado. A palavra suméria para juro, *mas*, significa cabrito (ou cordeiro).[2] O egípcio antigo equivalente *ms* significa dar à luz.[3] No grego antigo, juro é *tokos*, um bezerro. Entre as várias palavras hebraicas para juro estão *marbit* e *tarbit*, cujo significado é aumentar e multiplicar. No latim, o termo para juro, *foenus*, tem o sentido de fertilidade, e o para dinheiro, *pecunia*, é derivado de *pecus*, um rebanho. Nossa palavra capital provém de *caput*, cabeça de gado. Essas derivações, afirmam Sydney Homer e Richard Sylla, implicam que os juros se originaram de

> empréstimos de sementes e de animais, que tinham finalidade produtiva. As sementes davam um ganho extra. Na época da colheita, as sementes poderiam ser convenientemente devolvidas com juros. Parte ou todos os ascendentes do animal podiam ser devolvidos com ele. Não é possível saber com certeza, mas supõe-se que o conceito de juros em seu sentido moderno surgiu justamente desses empréstimos produtivos.[4]

A cobrança de juros pelo empréstimo de animais de fazenda permaneceu até os tempos modernos. Em áreas recém-estabelecidas dos Estados Unidos no início do século XIX, vacas e ovelhas eram comumente vendidas em confiança, estipulando-se que o "dobro do número assim transferido deve ser devolvido em quatro ou cinco anos."[5] Uma conexão entre a produtividade da natureza e os juros foi sugerida por Karl Arnd, um economista alemão do século XIX, que afirmou que a taxa de juros era regulada pela "proporção em que a madeira nas florestas europeias aumenta por meio de seu crescimento anual... à taxa de 3% ou 4%. Em consequência, os juros nesses condados não podem cair abaixo dessa taxa."** Na mesma linha, Irving Fisher escreve que

> a natureza é, em grande medida, reprodutiva. Cultivar culturas e criar animais muitas vezes possibilita dotar um futuro mais rico do que o presente. O homem pode obter mais da floresta ou da fazenda dando tempo ao tempo do que cortando prematuramente as árvores ou esgotando o

· · · · · · · ·

* Tais pessoas, afirma Mauss, não eram motivadas pelo "frio raciocínio do comerciante, do banqueiro e do capitalista... elas pagam com juros, mas o fazem para humilhar a pessoa que inicialmente faz a dádiva ou a troca, e não apenas para recompensá-la pelo prejuízo causado a ele pelo 'consumo adiado'" (Marcel Mauss, *The Gift: The Form and Reason for Exchange in Archaic Societies*, traduzido por W. D. Halls (Londres, 1990), pp. 96-7). [N. do A.]

** Marx chama a teoria de Arnd de "taxa de juros da floresta primordial" (Marx, *Capital*, vol. III, traduzido por Samuel Moore e Edward Aveling (Londres, 1974), p. 363 fn). [N. do A.]

solo. Em outras palavras, a produtividade da Natureza tem forte tendência a manter a taxa de juros elevada.⁶

No decorrer do tempo, a conexão linguística entre um empréstimo e sua fertilidade natural foi se tornando mais abstrata. A palavra "usura" deriva do latim *usuarius*, que significa "aquele que tem o uso, mas não a propriedade de uma coisa".⁷ No século XVII, um empréstimo ainda era comumente referido como o "uso" do dinheiro.

O FERMENTO BABILÔNICO

Nossa compreensão de como eram as finanças em suas origens supera o nível da especulação devido aos mesopotâmios, que registravam seus empréstimos em tabuletas de argila. Assim como acontece com tais documentos contemporâneos, essas tabuletas registram os nomes do credor e do devedor, o valor e a data do empréstimo, quando o reembolso é exigido e, na maioria dos casos, o valor dos juros a serem cobrados. Vários tipos de garantias eram requeridas para a concessão do empréstimo, e podiam ser casas, terras e escravos. Em certo caso, o credor toma como garantia a esposa do devedor para morar em sua casa — um dos primeiros exemplos de servidão por dívida.

As transações de crédito eram comuns no Antigo Oriente durante o terceiro e o segundo milênios antes da Era Cristã. No geral, os juros eram pagos com a mesma mercadoria do empréstimo — normalmente prata ou cevada. O pagamento também podia ser efetuado em espécie, com outra mercadoria (tâmaras, lenha etc.) ou serviços de mão de obra.⁸ Era aplicado um selo em cada tabuleta, com testemunha. Muitos empréstimos não eram honrados e as disputas entre devedores e credores muitas vezes terminavam em um tribunal. De fato, considerando que as tabuletas de dívidas eram destruídas após o pagamento dos empréstimos, o registro arqueológico é composto de dívidas não ressarcidas — que parecem ter sido numerosas.

Um documento de empréstimo datado do século XXIV a.C. mostra que diversas pessoas tinham dívidas de 720 litros de cevada, incluindo Lugid, "o homem da cobrança"; Igizi, o ferreiro; U'u, o porteiro de KA.KA.; Eki, o sacerdote; Kikuli, o pastor, e várias outras.⁹ Uma vez que a ração mensal de cevada distribuída aos homens pelos templos era de 60 litros (as mulheres recebiam 30 litros), esses empréstimos equivaliam a um ano de suprimento de alimentos, um montante considerável. Um dos devedores, Gugish, "o supervisor dos servos", devia nada mais nada menos que 9.360 litros de cevada, o equivalente a 13 anos de rações. O provedor desses empréstimos era conhecido por Amarezem de Urnu, um homem que era das duas, uma: funcionário do palácio que concedia o crédito em nome dessa instituição, ou alguém agindo particularmente.¹⁰ Os juros não são mencionados nesse caso, mas provavelmente foram cobrados à taxa de 33,33%, a taxa-padrão para empréstimos de cevada na maioria das tabuletas.

O Preço do Tempo

Não sabemos por que essas pessoas precisavam de empréstimos. Se houvesse uma quebra na colheita, a cevada seria necessária para evitar a fome; os historiadores concordam que os empréstimos de cevada geralmente tinham por finalidade o consumo. Mas, por outro lado, a cevada poderia ser usada para colheita de sementes. Na verdade, o crédito, na Mesopotâmia, servia a uma enorme variedade de propósitos. Muitas mercadorias — incluindo cevada, juncos, vigas de madeira e bulbos — e gado eram comercializados via crédito.[11] Havia empréstimos para a compra de imóveis e de escravos, para empreendimentos comerciais e para consumo.

A região era carente de muitas matérias-primas e necessitava importar madeira de cedro, mármore, cobre e gesso, que pagava com exportações de têxteis, óleo de gergelim, milho e tâmaras.[12] Vários ofícios domésticos, como envasamento, espaçar juncos, tecelagem e ourivesaria, dependiam do comércio internacional[13] — que frequentemente era financiado com crédito. A partir do fim do terceiro milênio, há um registro de prata emprestada para uma parceria comercial. Mais juros eram cobrados pelos empréstimos mercantis, mas o principal não precisava ser reembolsado em caso de falência do negócio; esse tipo de crédito assemelha-se aos empréstimos *bottomry** comuns na Grécia Antiga e na Idade Média.

O cálculo dos juros requer medições padronizadas de tempo e de valor. No calendário sumério o mês tinha trinta dias e o ano, doze meses.** Tempo, distância e peso, e também dinheiro e juros eram medidos em frações de sessenta — um número que se prestava a cálculos simples, sendo o menor número divisível pelos primeiros seis números inteiros.[14] Descobrir quanto de juros era devido podia, ainda, ser algo complicado. Os alunos aprendiam como calcular a taxa de juros de um empréstimo no qual se combinava tanto o principal quanto os juros.[15] Um teste exigia que um estudante, na antiga Babilônia, respondesse à seguinte pergunta: "Dê 1 *gur* de juros; em quantos anos o capital e os juros são iguais?"*** "Cálculos estranhos", nos dizem, "são uma das características da matemática babilônica".[16]

· · · · · · · ·

* *Bottomry*, termo que se aplica ao fundo ou à quilha do navio, é uma transação marítima na qual o dono de um navio toma dinheiro emprestado e o usa como garantia. No entanto, se houver um acidente durante a viagem, o credor perderá o empréstimo porque a garantia não existe mais ou está danificada. Se a embarcação sobreviver à viagem intacta e inteira, o credor receberá o retorno do principal acrescido de juros. [N. do T.]

** Os empréstimos de prata eram feitos por peso e os empréstimos de cevada, por volume. Uma mina [antiga unidade de peso] de cevada valia 60 shekels. Os juros sobre a prata eram pagos à taxa de um shekel por mina (1/60 por mês ou 20% ao ano). Havia uma taxa de câmbio fixa entre a cevada e a prata. [N. do A.]

*** Considerando 20% de juros, pagos anualmente e capitalizados, Leemans calcula que o principal do empréstimo dobra com juros ao longo de 3 anos e 283⅓ dias (W. F. Leemans, *The Old Babylonian Merchant: His Business and His Social Position* (Leiden, 1950), p. 15). [N. do A.]

O emprestador poderia contratar o pagamento de juros na forma de serviços de mão de obra, prestados pelo tomador do empréstimo, outro membro da família ou um escravo — uma prática conhecida como juros anticréticos. Quando os juros eram pagos via tomada de posse da garantia, como um terreno, isso é equivalente ao aluguel ou a um moderno contrato de arrendamento. Na verdade, os babilônios usavam a mesma palavra, *mas*, para juros e aluguel. Essa antiga conexão entre juros e aluguel ainda se reflete na palavra alemã moderna para juros, *Zins*, que deriva de censo ou aluguel. A expressão francesa para um empréstimo público, *rentes*, teve origem no empréstimo do monarca francês contra os aluguéis do Hôtel de Ville, em Paris. Daí provém *rentier*, pessoa que vive de juros.

Na Babilônia, algumas dívidas eram transferíveis e hereditárias. "Na Assíria, no século XIV [a.C.], havia compras e vendas, no mercado, de tabuletas com o registro de dívidas", escreve o historiador Morris Silver.[17] Os empréstimos eram efetuados por períodos de tempo variados. Os pagamentos, com frequência, eram devidos após a colheita. Alguns eram empréstimos chamados "call loan", nos quais o credor pode exigir para ser reembolsado a qualquer momento. Um exemplo da cidade de Sippar, no início do segundo milênio, estabelece que o empréstimo deveria ser reembolsado "assim que ele [o credor] solicitar".[18] Há um exemplo, também do início do segundo milênio, de um comerciante cobrando de outro comerciante o pagamento imediato de uma nota promissória para pagar uma dívida.[19]

No segundo milênio observamos o que aparenta ser uma rede de crédito. O nome de Balmunamhe, um comerciante de Larsa, surge em vários documentos, ao lado de outros comerciantes — Puqum, Nur-Kubi, Warad-Sibi e Gimillum, este último mencionado como testemunha da compra de uma casa por Balmunamhe no 11º ano do reinado de Warad-Sin (1770-1758 a.C.).[20] Muitos desses comerciantes banqueiros viviam no mesmo distrito da cidade de Larsa. Balmunamhe era uma figura significativa que emprestava dinheiro e cevada a juros e negociava com escravos, os quais alugava e recebia como garantia pelos empréstimos. Ele também alugava navios. Esse grande comerciante negociava propriedades até que, finalmente, adquiriu uma grande propriedade rural cuja vila recebeu seu nome. Essas atividades faziam de Balmunamhe um típico *tank arum*, ou comerciante, da Antiga Babilônia, embora operasse em maior escala do que a maioria.

Havia muitas pessoas do sexo feminino em ambos os lados da atividade de empréstimos.[21] Há registro de uma mulher de Ur que emprestou cevada e prata a três sócios a fim de que eles alugassem barcos e tripulação para uma viagem marítima.[22] No século XIII, Assur, uma negociante, pagou por um pedido de tijolos valendo-se de cartas de crédito, prometendo fornecer lã em troca.[23] Outro empréstimo fornecia cevada para "trabalhadoras em moinhos".[24] Em Sippar, as sacerdotisas do deus do sol Samas realizavam operações de crédito extensivamente: emprestavam prata e escravos, financiavam viagens de negócio e davam fé a contratos de empréstimo.[25] Essas sacerdotisas, conhecidas como *nadita*, parecem ter afastado os mercadores masculinos do negócio de empréstimos e, no processo, adquiriram grandes fortunas e belas casas, jardins e campos, que colocavam para alugar.[26]

Diz-se que "as finanças nasceram nas sombras da santidade".[27] Os templos, inicialmente, eram os principais provedores de empréstimos no Antigo Oriente.

Os palácios também forneciam crédito. Esses emprestadores institucionais usavam os juros cobrados pelos empréstimos para redistribuir recursos, entregando rações de alimentos para viúvas, órfãos e outros. Com o tempo, a arrecadação de impostos e a concessão de empréstimos passaram a ser feitas por intermediários. Alguns deles enriqueceram. No período neobabilônico do primeiro milênio antes da Era Cristã, a família Egibi disponibilizava uma série de serviços bancários comerciais: aceitava depósitos, concedia empréstimos, saldava dívidas de clientes e especulava com mercadorias. Os Egibis, que adquiriram grandes propriedades e foram agraciados com altos cargos oficiais, eram os Rothschilds do Antigo Oriente.[28]

A Oitava Maravilha do Mundo

Os mesopotâmios inventaram o que Einstein teria supostamente chamado de oitava maravilha do mundo, ou seja, os juros compostos.* Um cone de argila coberto com inscrições cuneiformes registra uma disputa fronteiriça entre Lagash e Umma, duas cidades-estado vizinhas no sul da Mesopotâmia. Esse documento foi emitido em nome de Enmetena, governante de Lagash antes de 2400 a.C. Ele afirma que, cerca de quatro décadas antes, Umma havia ocupado algumas terras agrícolas pertencentes a Lagash, concordando naquela ocasião em fazer pagamentos anuais a Lagash de *300 gurus* (litros) de cevada pela terra. Umma, porém, deixou de cumprir suas obrigações. Enmetena retomou o território disputado e exigiu uma indenização pelos grãos não pagos. Essa dívida, reivindicava Enmetena, com base em juros compostos à taxa de 33,33% ao ano, agora totalizava 4,5 trilhões de litros de cevada — um montante completamente fora de propósito.** A falta de pagamento resultou em guerra entre as duas cidades.[29]

O documento de Enmetena aponta para um problema antigo, intrínseco aos juros, ou seja, quando em uma dívida são aplicados juros compostos, ela pode se tornar impagável. Os sumérios tinham uma expressão para juros compostos,

....

* Não há evidência alguma de que Einstein tenha feito esse comentário. A primeira referência conhecida, de acordo com o site Quote Investigator, é um anúncio da The Equity Savings & Loan Company publicado no *Cleveland Plain Dealer* de Ohio em 1925: "A Oitava Maravilha do Mundo — são os juros compostos. Eles fazem coisas com o dinheiro. Na Equity, dobram seu dinheiro a cada 14 anos" (https://quoteinvestigator.com/2019/09/09/interest/). [N. do A.]

** William Goetzmann comenta que isso equivale a 580 vezes a colheita anual de cevada dos Estados Unidos (William Goetzmann, *Money Changes Everything: How Finance Made Civilization Possible* (Princeton, 2016), p. 35). [N. do A.]

mash mash, que significa gado se multiplicando, de modo que a dívida cresce *ad infinitum*.[30] O problema da composição da dívida em uma taxa geométrica nunca perdeu seu fascínio. Como o filósofo inglês Richard Price calculou no fim do século XVIII: "Um centavo... aplicado a 5% de juros compostos no nascimento de nosso Salvador, teria, a esta altura (ou seja, em 1773 anos) aumentado para mais dinheiro do que estaria contido em 150 milhões de globos, cada um igual à terra em magnitude, e todos em ouro maciço." Karl Marx citou os cálculos de Price, aprovando-os (como fez Proudhon em seu debate com Bastiat).[31]

Crises da dívida, certamente exacerbadas pelo horror dos juros compostos, foram uma característica regular da história da Mesopotâmia. Talvez não seja coincidência que Enmetena de Lagash também tenha sido o primeiro governante do mundo antigo a proclamar o cancelamento de uma dívida. Após o primeiro perdão da dívida de Lagash, outro semelhante ocorreu cerca de cinquenta anos depois. O quinquagésimo ano também foi designado no Levítico para proclamar jubileus de dívida ou "clean slates" ["recomeços a partir de zero"] — o perdão das dívidas — no Antigo Israel. Posteriormente, as anulações da dívida babilônica costumavam ser anunciadas no início de um novo reinado.* Os jubileus da dívida aconteceram subsequentemente na Grécia Antiga e, mais tarde, em Roma. Em 594 a.C., o ateniense Sólon, conhecido como o "Legislador", anunciou o "sacudir-se dos fardos". Sólon mandou que fossem quebradas as pedras hipotecárias (*horoi*) que marcavam uma propriedade endividada, libertando assim os cidadãos da servidão por dívida. Ele também reduziu a taxa de juros.[32] Aristóteles afirma que, antes dessas reformas, "os pobres e seus filhos eram escravizados pelos ricos".[33]

É um fato curioso que o mais antigo conjunto de leis conhecido, o Código de Hamurabi, datado de cerca de 1750 a.C., seja em tão grande medida preocupado com a regulamentação dos juros. O rei da Babilônia codificou as práticas de crédito existentes com as taxas de juros habituais gravadas em pedra — literalmente, pois o Código foi preservado para a posteridade gravado em escrita cuneiforme em uma placa basáltica. A taxa máxima de juros para empréstimos de prata foi fixada em 20% e para cevada em 33,33%. Havia penalidades para quem cobrasse mais do que a taxa máxima de juros, não subtraísse os reembolsos do principal, usasse pesos fraudulentos ou exigisse juros compostos. As condições para manter pessoas como garantia de empréstimos foram especificadas.

· · · · · · · ·

* Os "recomeços a partir de zero" — o perdão das dívidas — limitaram os distúrbios sociais que surgiram quando os tomadores de empréstimos caíam em um estado de servidão por dívida ou tinham suas terras confiscadas pelos credores. As leis do *Misarum* só tocaram nos empréstimos ao consumidor (grãos), mas as dívidas comerciais (prata) não foram afetadas. Isso sugere que os governantes estavam mais preocupados com as consequências sociais do endividamento pessoal excessivo. *Debt and Economic Renewal in the Ancient Near East*, eds. Michael Hudson e Marc van der Mieroop (Bethesda, Md, 2002), p. 7). [N. do A.]

Após danos às lavouras ocasionados por alagamentos ou secas, o Código determina que os juros precisam ser perdoados.[34]

Elaborar regulamentos financeiros é uma coisa, mas conseguir que as pessoas sigam o espírito da lei é algo diferente. O que chamamos de "arbitragem regulatória" — em outras palavras, a tentativa dos profissionais financeiros de contornar a regulamentação — é um estratagema tão antigo quanto a própria lei. Taxas mais altas podem ter sido limitadas por Hamurabi, mas ele não especificou em que período de tempo. Os credores podiam aplicar a taxa legal máxima por um período tão curto quanto um mês, o que levava a uma taxa porcentual anual extremamente elevada. Tal como a sistemática de cobrança dos modernos cartões de crédito, um empréstimo na Babilônia exigia uma multa por atraso de pagamento de 260% ao ano.[35] Um empréstimo de Ishchali foi registrado em um livro de contabilidade com condições não especificadas, que "serviram muito bem para ocultar a cobrança de juros e a verdadeira taxa de juros da política de mercado do rei".[36] As tentativas de driblar as regras financeiras provocaram ainda mais regulamentação. Por exemplo, um decreto do século XVII a.C. legislava contra tentativas de disfarçar empréstimos com juros como adiantamentos para a compra de mercadorias.[37]

O Nível das Taxas de Juros

Como o nível das taxas de juros é determinado permanece sendo um dos problemas mais complexos no campo da economia. Há aqueles que acreditam que a taxa de juros deriva dos retornos dos ativos reais — o ganho superavitário gerado pelo cultivo de terras agrícolas, pela lucratividade de empresas industriais e, mais genericamente, pelo crescimento da produtividade em toda a economia. Outros a atribuem à taxa de crescimento populacional e às mudanças na renda nacional (a mudança anual no PIB é resultante de mudanças na população e na produtividade). Alguns sustentam que a taxa de juros reflete a impaciência coletiva ou a preferência temporal da sociedade, enquanto para outros os juros são influenciados primariamente por fatores monetários.

Nenhuma dessas várias teorias de taxa de juros encontra forte apoio no que ocorria na Antiguidade. Vimos que as taxas de empréstimo da Babilônia tinham duas formas-padrão (20% para a prata e 33,33% para a cevada), e que essas taxas permaneceram inalteradas por séculos, ao menos desde o início do período de Ur III até a morte de Hamurabi (entre 2100-1750 a.C.). A grande estabilidade das taxas de juros da Babilônia é um indicativo de que elas não podem ter sido determinadas tão somente por fatores econômicos.[38] Também na Grécia Antiga as taxas de juros se mantiveram estáveis por centenas de anos. Durante o período entre os séculos V e II anteriores à Era Cristã, a taxa de juros exigida para os empréstimos feitos pelo Templo de Apolo, em Delos, era de 10%.[39]

Ao longo dos séculos, as taxas de juros no mundo antigo foram declinando substancialmente, mas a tendência de queda de longo prazo parece ter sido

Nascimento da Babilônia 11

influenciada mais por mudanças no padrão de mensuração do que por fatores econômicos. Sob o sistema sexagesimal babilônico, os juros sobre os empréstimos de prata eram cobrados à taxa de 1/60 avos por mês. Os gregos, que introduziram um sistema decimal, cobravam juros-padrão de 10% ao ano. Sob o sistema duodecimal romano, os juros eram geralmente de 1/12 avos do principal, ou 8,33% ao ano.[40] Para Keynes, que estudou a história monetária babilônica enquanto pesquisava para seu *Treatise on Money*, as taxas de juros eram determinadas pelo costume e não pelas forças de mercado. Como disse sua discípula Joan Robinson, os juros têm um "sorriso de gato de Cheshire* [que]... permanece após as circunstâncias que lhe deram origem no passado terem desaparecido completamente".[41] Marx demonstrou uma visão semelhante ao escrever que "costumes, tradição jurídica etc. têm tanto a ver com a determinação da taxa média de juros quanto a própria competição".[42]

Tendo em vista a evidência da prática de empréstimos no período entre o terceiro e o primeiro milênios anteriores à Era Cristã, a conclusão de Marx parece sensata. Até mesmo no mundo moderno, o costume desempenha um papel na determinação do nível das taxas de juros. Como Homer e Sylla observam:

> até recentemente, nos Estados Unidos, diversos tipos de taxas de juros flutuavam muito lentamente. Uma tradição de 6% durou por pelo menos dois séculos. Os limites definidores de usura geralmente não se alteraram até a década de 1960. As taxas dos empréstimos bancários estabelecidas por bancos distantes dos centros financeiros e do "Big Business" [as grandes corporações empresariais] permaneceram relativamente estáveis durante longos períodos.[43]

Uma pesquisa recente do Bank for International Settlements sugere que as taxas de juros no decorrer dos últimos cem anos foram mais influenciadas pela natureza dos diversos regimes monetários (Padrão Ouro, Sistema de Câmbio Flutuante, Bretton Woods e Padrão Dólar) do que por fatores de ordem econômica, como poupança individual e decisões de investimento.[44]

Contudo, também está claro que as taxas de juros no mundo antigo não eram determinadas apenas pelo costume e pela lei. Morris Silver sustenta que o antigo mercado de empréstimos era sensível às mudanças na oferta e na demanda de crédito.** Como vimos, havia muitos provedores de empréstimos privados na

* * * * * * * *

* Menção a um gato, personagem de *Alice no País das Maravilhas*, de Lewis Carroll, cujo amplo sorriso, além de recorrente na história toda, permanece até mesmo após os periódicos e graduais desaparecimentos do corpo do animal. [N. do T.]

** Morris Silver, *Economic Structures of Antiquity* (Westport, Conn., 1995), [ao longo do] Capítulo 5. Embora se alegue que a Grécia Antiga carecia de um verdadeiro mercado monetário, um decreto emitido no fim do século V a.C. em Plotheia, um distrito da Ática, permite a concessão de empréstimos para os tomadores que oferecerem a taxa de juros mais alta. [N. do A.]

Mesopotâmia cuja propensão a emprestar dependia da oferta de uma recompensa razoavelmente atraente. Empréstimos efetuados nos templos, em nome de uma divindade, eram em geral mais baratos do que aqueles concedidos por particulares. Isso pode ser considerado um dos primeiros exemplos de empréstimos públicos subsidiados ou, quem sabe, os templos tenham atraído uma classe melhor de devedores — afinal, ninguém quer dar calote em um deus. Taxas mais elevadas nos empréstimos de cevada possivelmente refletiam o fato de que eram feitos em épocas de escassez de milho e cuja quitação ocorreria após a colheita, quando a cevada era barata e abundante.[45]

Apesar da estabilidade de longo prazo do que se poderia chamar de taxa de juros "referencial" no mundo antigo, também há evidências de que as taxas de mercado variavam em função do tempo e do lugar. No período neobabilônico, foram registradas taxas entre 5% e 240%.[46] Nas taxas de juros mais altas estava embutido um prêmio de risco, com empréstimos para parcerias comerciais, conhecidos como empréstimos *harranu*, que chegava a 40% (mas, se o navio naufragasse, o principal não precisava ser reembolsado.)[47] As taxas de juros nos postos comerciais assírios da Capadócia eram superiores às da Mesopotâmia. Grandes comerciantes pagavam taxas mais baixas do que tomadores de empréstimos com menos capacidade de crédito,[48] enquanto o prêmio de juros sobre empréstimos de cevada pode ter se constituído em um seguro contra o risco de um decreto real cancelar a dívida.[49]

Está claro que as taxas de juros não estavam correlacionadas com o crescimento econômico, nem na Antiguidade nem posteriormente. No primeiro milênio da era atual, o crescimento econômico global foi estimado em apenas 0,01% ao ano. Todavia, durante esse período milenar, as taxas de juros reais na Europa variaram entre 6% e 12%.[50] Também não se observou nenhuma conexão entre a taxa de juros e a mudança demográfica. Na realidade, o crescimento populacional e as taxas de juros muitas vezes têm se movido em direções opostas.[51]

A visão de que a taxa de juros é determinada por fatores econômicos "reais", em oposição aos monetários, foi concebida pelo filósofo escocês David Hume em seu influente ensaio *Of Interest* ["Dos Juros"] (1752).[52] No entanto, a afirmação de Hume de que as taxas de juros não são afetadas por mudanças na oferta monetária não condiz com o ocorrido na história antiga. Depois que Alexandre, o Grande, apreendeu e distribuiu grandes estoques de ouro e de prata persas, os preços aumentaram e as taxas de juros decresceram.[53] Suetônio, em *A Vida dos Doze Cézares*, descreve o que ocorreu quando o imperador Augusto trouxe o tesouro pertencente aos reis do Egito de volta a Roma: o dinheiro tornou-se abundante e as taxas de juros caíram de 6% para 4%.[54] Após a morte de Augusto, o imperador Tibério juntou muito dinheiro, fazendo com que as taxas de juros ultrapassassem o limite legal e uma crise bancária eclodisse em 33 d.C. Tibério então decidiu emprestar o tesouro imperial, sem juros, às famílias patrícias, o que provocou um declínio imediato nas taxas de juros e o fim da crise.[55] Seus atos constituíram a primeira experiência mundial de *quantitative easing*.*

Em resumo, não há na história antiga dos juros nenhum respaldo sólido para qualquer visão particular sobre como a taxa de juros é formada. A lei e os costumes obviamente tiveram um papel importante. Ainda assim, mudanças pontuais na quantidade de dinheiro em circulação também parecem ter exercido influência nas taxas de juros. As forças de mercado estiveram atuantes, ao menos até certo ponto. A presença delas é evidenciada pela variedade de taxas oferecidas e pelos prêmios de risco exigido para certos empréstimos.[56] Templos e palácios, como grandes provedores de empréstimos, tinham influência na oferta de crédito e em seu preço (juros), tal como o Banco Central moderno. A grande diferença é que nos tempos antigos os empréstimos consistiam em alguma mercadoria, como a prata, enquanto, hoje, um Banco Central é capaz de fazer jorrar dinheiro fiduciário da cartola. No século XXI é muito mais fácil para as autoridades manipular a taxa de juros do que na Antiguidade.

Taxas de juros no mundo antigo

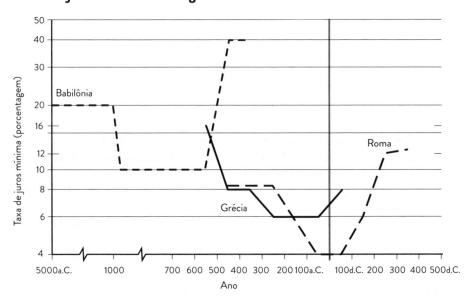

A tendência das taxas de juros na Babilônia, na Grécia e em Roma seguiu um padrão em forma de U: diminuindo conforme cada civilização se estabeleceu e prosperou, mas aumentando acentuadamente durante os períodos de declínio e ocaso.

---

* É curioso notar que os maiores beneficiários da *quantitative easing* de Tibério foram famílias patrícias. Veremos, mais adiante, que esse também foi o caso quando o Fed reviveu a prática em 2008. [N. do A.]

Böhm-Bawerk afirmou que o nível cultural de uma nação se reflete em sua taxa de juros. No mundo antigo, as taxas de juros traçaram o curso das grandes civilizações. Na Babilônia, Grécia e Roma, as taxas de juros seguiram uma curva em forma de U ao longo dos séculos, declinando conforme cada civilização se estabelecia e prosperava, e subindo de modo acentuado durante os períodos de declínio e ocaso.[57] Taxas de juros muito baixas parecem ter sido a bonança que precede a tempestade. No início do período neobabilônico (700-630 a.C.), as taxas dos empréstimos de prata caíram para 8,33%. No início do século V a.C., depois da capitulação da Babilônia diante dos persas, elas dispararam para mais de 40%.[58] Analogamente, as taxas de juros na Holanda do século XVIII atingiram o ponto mais baixo pouco antes de a República Holandesa ser invadida pela França revolucionária. Considerando o quão extraordinariamente baixas estão as taxas de juros no início do século XXI, esse não é um pensamento reconfortante.

A Necessidade dos Juros

É de Adam Smith a conhecida afirmação de que os seres humanos têm uma "propensão para negociar, permutar e trocar". Parece que há neles uma propensão igualmente forte para tomar emprestado e emprestar e, ao fazê-lo, cobrar juros. Os antropólogos já não aceitam mais que o dinheiro tenha sido criado para substituir o escambo, como sustentavam os economistas clássicos, inclusive Smith. Não há evidências que apontem para esse mito. Ao contrário, parece provável que o crédito tenha surgido antes do dinheiro e que as primeiras formas de crédito pagassem juros.[59]

É notável como os juros nos tempos antigos tinham tanto em comum com sua manifestação moderna. Há uma enormidade de diferentes tipos de empréstimos com juros, desde empréstimos de grãos e esposas até empréstimos de prata a comerciantes. Havia uma variedade de taxas de juros diferentes refletindo riscos variados, como o elevado custo dos empréstimos *harranu* para comerciantes estrangeiros embutindo um prêmio de seguro contra o risco de naufrágio. Da mesma forma, havia aqueles cálculos de juros terrivelmente difíceis do tipo agora executado por computadores. O surgimento de redes de crédito dominadas por financiadores poderosos é surpreendentemente moderno. É também o caso das periódicas crises da dívida e das recorrentes tentativas de contornar as regulamentações financeiras. Um banqueiro de Wall Street enviado de volta ao passado à Larsa do século XVII a.C. descobriria muitas coisas que lhe são familiares.

Os juros surgiram a partir de alguma combinação entre necessidade e ganância. Eles já existiam em um estágio tão inicial da civilização em virtude da escassez de capital. Palácios e templos requeriam desembolsos importantes e era preciso receber o que lhes era devido e manter em dia o recolhimento de impostos. Então, eles cobravam juros por atraso de pagamento, tal como fazem hoje as autoridades fiscais. Ao exigir juros sobre os empréstimos, essas instituições públicas estavam, na verdade, racionando seus recursos. Empréstimos de cevada eram feitos aos famintos e aos agricultores que precisavam de sementes de milho. Os credores, privados e públicos, podiam cobrar juros dada a desigual distribuição da riqueza, o que lhes possibilitava controlar o acesso a recursos que outros — digamos, uma ambiciosa dona de uma taberna — queriam tomar emprestado e estavam dispostos a pagar pelo privilégio.

"O surgimento de juros para incentivar empréstimos é a mais significativa de todas as inovações na história das finanças", escreve o historiador financeiro William Goetzmann.[60] Eis aí uma afirmação que vai direto ao ponto. As finanças permitem que as pessoas façam transações ao longo do tempo. O agricultor pede cevada emprestada para semear seus campos, mas deve esperar até a colheita para pagar a dívida. Processos industriais — inclusive as atividades artesanais mais simples do Antigo Oriente — necessitam de tempo para a produção, desde as matérias-primas até a comercialização dos produtos acabados. Um texto da Mesopotâmia do terceiro milênio mostra que a preparação de tecidos levava mais de um ano.[61] O comércio exterior consome bastante tempo. Quando o capital está aplicado na indústria ou no comércio, a cobrança de juros tem alguma relação com o tempo gasto na produção.

Em qualquer sociedade na qual haja o instituto da propriedade privada, seja na Mesopotâmia ou em civilizações posteriores, o pagamento de juros é exigido como forma de induzir as pessoas a emprestar seus recursos. Sem juros, elas inevitavelmente acumulariam seu capital. Na antiga Babilônia, alguém com disponibilidade de recursos podia optar entre comprar e cultivar uma terra ou emprestar o dinheiro a um terceiro que poderia usar o empréstimo para adquirir uma fazenda. Parece óbvio que a taxa de juros e a produtividade do capital, nesse caso o excedente agrícola, devem manter alguma relação entre si.

Os juros são necessários para conferir um valor a ativos perenes, como a habitação. A antiga Suméria e as civilizações que a sucederam construíram as primeiras grandes cidades. Do terceiro milênio em diante houve um mercado para edifícios particulares. Como as casas podiam ser compradas a crédito e alugadas, era natural algum rendimento para as hipotecas. Cabe notar que, quando o imperador Augusto inundou Roma com tesouros, as taxas de juros declinaram e os preços das casas subiram. Pouca coisa mudou desde aquela ocasião. Dois milênios depois, os mercados imobiliários permanecem sensíveis à oferta monetária e às taxas de juros.

É como escreveu o inglês Nicholas Barbon no fim do século XVII: "Os juros são o aluguel do estoque — isso é, do capital — e o mesmo se dá com a Renda da Terra: o primeiro é a Renda do Estoque Construído ou Artificial; a última, do Estoque Não Construído ou Natural."[62] A notação escocesa para juros na época de Barbon era "@rents".[63] No século seguinte, Anne-Robert Jacques Turgot, economista e estadista francesa, elaborou este pensamento de Barbon: "Todo capital na forma de dinheiro... é o equivalente a um pedaço de terra produzindo uma receita igual a uma fração específica desses recursos."[64] Para Turgot, o mundo das finanças era um espelho voltado para o mundo, com ativos reais e financeiros que podiam ser intercambiáveis. Como a terra, prédios e fábricas geram renda, o dinheiro deve render juros. Essa importante percepção é muitas vezes negligenciada pelos economistas modernos.

Para os formuladores de políticas do século XXI, a taxa de juros é simplesmente um instrumento utilizado para controlar a inflação e ajustar a produção econômica. Entretanto, tomar conhecimento das origens babilônicas dos juros deve ser motivo de uma pausa para reflexão. Os juros sempre estiveram conosco, pois os recursos sempre foram escassos e precisam ser racionados de algum modo considerando que a riqueza é distribuída desigualmente entre credores e devedores e porque, como diz Böhm-Bawerk, "os juros são a alma do crédito". Os juros existem porque os empréstimos são produtivos e, ainda que não o sejam, continuam tendo valor. Eles existem porque os que têm capital precisam ser induzidos a emprestar, já que emprestar é um negócio arriscado. E existem porque a produção vai acontecendo ao longo do tempo e os seres humanos são naturalmente impacientes.

As gerações de economistas que precederam a atual e que consideraram a questão dos juros mais profundamente do que seus colegas do século XXI, reconheceram sem sombra de dúvida a importância dos juros. Para Böhm-Bawerk, os juros eram "uma necessidade orgânica".[65] Irving Fisher os chamou de "um fenômeno muito onipresente para ser erradicado".[66] Na mesma toada, Joseph Schumpeter afirmou que os juros "permeiam, digamos assim, todo o sistema econômico".[67] O autor de *Das Kapital*, inimigo confesso dos juros, concorda com esse arquiapologista do capitalismo. Em uma frase que remete ao mundo antigo, no qual uma taxa por um empréstimo foi registrada pela primeira vez, Marx escreve que "a usura vive, digamos assim, nos poros da produção, tal como os deuses de Epicuro viviam no espaço entre os mundos".[68]

2

Vendendo Tempo

Quando se concede um empréstimo em um contrato para ressarcimento posterior... [há] um acréscimo a título de compensação pelo uso — o qual geralmente é chamado de juros por aqueles que o consideram lícito e de usura por aqueles que não o consideram assim.

SIR WILLIAM BLACKSTONE, *COMENTÁRIOS SOBRE AS LEIS DA INGLATERRA*, 1765

Agiotas sempre causaram má impressão. No decorrer dos séculos, todas — bem, quase todas — as grandes mentes se alinharam contra eles. Aristóteles, Platão, Santo Agostinho, Tomás de Aquino, Dante, Lutero e Shakespeare foram, cada um, contrários ao miserável usurário. As críticas vinham da esquerda e da direita. Marx odiava juros, mas Hitler também. Há alguns anos, o arcebispo de Canterbury promoveu um forte ataque a uma empresa de empréstimos consignados no Reino Unido, chamada Wonga, por acreditar que ela se aproveitava do desespero dos mais necessitados. "The War on Wonga" ["A Guerra contra Wonga"], como ficou conhecida, é uma campanha sem fim. Muitos economistas, em particular os especialistas em desigualdade, estão alinhados com os anjos. Cobrar juros é descrito como roubar os fracos e os necessitados. E mais, ao exigir de volta mais do que foi dado, o usurário é acusado de injustiça.

Existem, é verdade, as conhecidas restrições do Antigo Testamento à usura: "Não emprestarás com usura a teu irmão; usura de dinheiro, usura de provisões, usura de qualquer coisa que seja emprestada com usura" (Deuteronômio 23:19) e "Se emprestares dinheiro a qualquer de meu povo, que é pobre junto a ti, não serás para ele agiota nem lhe imporás usura" (Êxodo 22:25), entre outras. A atitude dos israelitas se reflete na palavra hebraica para usura: *neschek*, que significa morder.[1] Embora fosse proibido cobrar juros sobre empréstimos entre judeus, essa determinação não era acatada escrupulosamente.[2] Na Bíblia, Neemias, governador da Judeia Persa, no século V a.C., ordena que uma propriedade hipotecada que havia sido confiscada fosse restituída, declarando que a usura levou "à escravidão nossos filhos e nossas filhas". Situação semelhante verificou-se entre babilônios, gregos e romanos. Um eminente historiador da Grécia Antiga afirma que as dívidas com juros tinham como principal objetivo forçar os devedores a

17

um trabalho escravo.* O legislador ateniense Sólon proibiu a servidão por dívida, e os romanos a aboliram no século IV a.C.

A invectiva intelectual à usura tem origem no século I, em Atenas. Em *A Política*, Aristóteles declarou que a usura era imoral porque "o dinheiro era para ser usado nas trocas, não para aumentar por meio de juros". O filósofo não se deixou levar pela sugestão etimológica de que o juro era fruto de um empréstimo produtivo: "O termo usura [*tokos*], que significa o nascimento do dinheiro a partir do dinheiro, é aplicado à reprodução do dinheiro porque a prole se parece com os pais. Portanto, de todos os modos de ganhar dinheiro, este é o menos natural."[3] Agiotas são descritos em outros textos gregos como sofrendo de *aponoia*, insanidade moral ou imprudência.[4] A usura era vista como algo socialmente perturbador, um ato de "alteridade" em vez de irmandade.** Segundo Platão, a usura coloca os credores ricos contra os tomadores pobres. Uma passagem de Demóstenes diz que os emprestadores que exigem juros são odiosos, pois "fazem do negócio um escambo, sem pensar em ajudar ou em outra coisa a não ser um ganho".[5]

Na antiga Atenas os agiotas profissionais eram, geralmente, indivíduos pertencentes a extratos sociais inferiores, muitas vezes estrangeiros ou ex-escravos. Esses profissionais não eram muito mais populares do que seus equivalentes em tempos mais modernos. Um fragmento de uma comédia perdida de Antífanes os descreve como uma "tribo pestilenta" pior do que enfermeiras, pedagogos, parteiras, sacerdotes pedintes e peixeiros.[6] Com o passar dos séculos, a posição dos usurários não melhorou. Na Idade Média, muitos ofícios eram desprezados por quebrar tabus religiosos, entre eles estalajadeiros, confeiteiros, sapateiros e lavadores de pratos.[7] De todos esses negócios impuros, a usura era tida como a mais baixa, a ser realizada por judeus e outros párias da cristandade latina.

O Ataque da Escolástica à Usura

Os padres da Igreja eram críticos veementes da usura. Santo Ambrósio comparou a usura a uma tempestade marítima que levava ao naufrágio universal. Para Santo Agostinho, era melhor roubar dos ricos do que matar os pobres com a usura.[8] A posição contrária à usura tornou-se ainda mais estridente na Idade Média. O

· · · · · · · ·

*   "A dívida era um dispositivo", escreve Sir Moses Finley, "deliberadamente utilizado pelo credor para obter mão de obra mais dependente, em vez de um dispositivo para enriquecimento por meio de juros" (Finley, *Economy and Society in Ancient Greece* (London, 1981), p. 156). [N. do A.]

**   Havia disponibilidade de empréstimos sem juros na antiga Atenas. Conhecidos como empréstimos *eranos*, provinham de grupos de emprestadores para serem reembolsados quando os fundos estivessem disponíveis. Demóstenes afirmou que a prostituta e escrava Neara comprou sua liberdade acumulando as contribuições de *eranos* de ex-clientes. [N. do A.]

Segundo Concílio de Latrão, convocado pelo Papa Inocêncio II em 1139, condenou a "insaciável rapinagem dos usurários". Essas denúncias cada vez mais cortantes refletiam o fato de que, em face da recuperação do comércio europeu no século XII, os empréstimos a juros estavam se tornando mais comuns. O concílio lamentava que "em quase todos os lugares o crime de usura se tornou tão firmemente enraizado que muitos, deixando de lado outros negócios, praticam a usura como se ela fosse permitida". No século seguinte, o Papa Inocêncio IV expressou o temor de que "o campo ficasse deserto, uma vez que os camponeses transformaram-se em usurários, ou então por haver sido privados de seu gado e de suas ferramentas por proprietários de terras, eles próprios atraídos pelos lucros da usura".[9]

Estudiosos medievais adotaram acriticamente os argumentos de Aristóteles contra a usura. "Em si, e por si, o dinheiro não dá fruto, mas o fruto vem de outro lugar", afirma São Boaventura, o Doutor Seráfico, no século XIII.* "O dinheiro não se reproduz sozinho", acrescenta o Doutor Angélico Tomás de Aquino, em sua *Summa Theologica*.[10] O usurário, disse Tomás de Aquino, viola a lei do preço justo ao tomar de volta mais do que originalmente entregou. Se o emprestador "exigir mais pelo uso de uma coisa [dinheiro] que não tem uso exceto o consumo da substância... trata-se de uma exação injusta".[11] Até mesmo depositar dinheiro com um usurário, pensou Tomás de Aquino, era "totalmente ilegal, assim como seria ilegal deixar uma espada sob a guarda de um louco, uma donzela sob a guarda de um libertino, ou comida sob a guarda de um glutão".[12]

Há na crítica aristotélica da usura, contudo, uma falha grave. Ambos, o filósofo grego e seu seguidor medieval Tomás de Aquino, afirmavam que o dinheiro existia apenas para troca. Segundo essa visão, o provedor do empréstimo abdica de toda a propriedade de seu dinheiro na hora em que concede o empréstimo. Porém, como os manuais de economia invariavelmente apontam, o dinheiro também é uma *reserva de valor*. Embora entregue o valor de troca do dinheiro, o emprestador mantém sua reserva de valor na forma de uma dívida. É por essa razão que os fornecedores de crédito desde os tempos babilônicos sempre aceitaram garantias pelo período de um empréstimo. Aristóteles desconsidera o fato de que o empréstimo se estende ao longo do tempo — ou seja, é uma transação *intertemporal*, o que não deixa de ser uma omissão curiosa, levando em conta seus escritos sobre a natureza do tempo. Juros são um encargo cobrado pelo uso do dinheiro durante certo período de tempo. Alguns estudiosos medievais abordaram a questão do tempo nos empréstimos, mas com certa guinada. Thomas de Cobham foi um teólogo do início do século XIV que se tornaria arcebispo de Canterbury até Eduardo II cancelar sua nomeação. Doutor em direito canônico,

---

* O comentário de Boaventura contém o germe da "teoria do valor-trabalho" de Marx. Para contradizer, Böhm-Bawerk lembra que uma garrafa de vinho, colocada na adega, aumenta de valor sem qualquer adição de trabalho. [N. do A.]

suas opiniões sobre a usura eram convencionais: ele a descreveu como o pecado da "*avaritia*, isso é, da cupidez". Assim como Aristóteles, Cobham afirma que "o dinheiro que fica em pousio [interrupção temporária do cultivo de um terreno] não produz naturalmente nenhum fruto, enquanto a videira dá frutos naturalmente". No entanto, Cobham faz um reparo na desatenção do filósofo grego. O usurário, diz ele, está vendendo tempo. A seu ver, porém, isso não torna o crime menos grave, uma vez que o tempo pertence propriamente a Deus, e "ele não pode, portanto, lucrar com a venda da propriedade alheia."[13] Isso faz do usurário um "ladrão de tempo".

A ideia de que o tempo é valioso não era novidade na Idade Média. A alusão mais antiga ao valor do tempo foi atribuída a um fragmento do orador grego Antífona (480-411 a.C.), no qual se lê que "a despesa mais cara é o tempo". Cinco séculos depois, Sêneca, o Jovem, lembra a seu amigo Lucillius da preciosidade do tempo, uma vez que o homem, mortal que é, tem seus dias contados: "Abrace cada hora", aconselha ele, "quanto mais forte você se apegar ao hoje, menor será sua dependência do amanhã". Ao contrário de Thomas de Cobham, Sêneca não acredita que o tempo seja propriedade de Deus: "Para todo homem sensual, Ele, porque intocado, invisível, vê o tempo como nada; nada mais é tão verdadeiramente do homem", ele escreve.

No que se refere aos juros, Sêneca foi dolorosamente inconsistente. Em dado momento, ele sugere ser justo pagar ainda mais juros por um empréstimo do que o previamente acordado.[14] Já em outro momento, compara a usura a um assassinato. Em sua carta sobre a avareza, Sêneca escreve:

> Vejo ali cartas de crédito, notas promissórias e títulos, fantasmas vazios de propriedade, espectros da Avareza doentia com os quais ela engana nossas mentes, que se deliciam com fantasias irreais; pois o que são essas coisas, e o que são juros, livros de contabilidade e usura, a não ser nomes de desenvolvimentos não naturais da cupidez humana?... o que são seus documentos, *sua venda de tempo*, seus 12% sugadores de sangue de juros? Males que devemos à nossa própria vontade, que fluem tão somente de nosso hábito pervertido, não havendo nada sobre eles que possa ser visto ou manuseado, meros sonhos de avareza vazia.[15]

O filósofo estoico pode ter escrito essas palavras movido pelo remorso de sua própria avareza irrestrita. Afinal, o mesmo Sêneca que enaltecia a virtude acima das riquezas acumulou uma grande fortuna a serviço do imperador Nero. Eram dele várias propriedades e muitas vilas, nas quais recebia convidados aos milhares. De fato, "Super-rico Sêneca", como os contemporâneos o chamavam, era um usurário ganancioso. O historiador romano Tácito escreveu: "Em Roma, ele manobrou para se apoderar dos testamentos de homens sem filhos; a Itália e as províncias foram espoliadas por sua usura insaciável." Diz a lenda que a rebelião de Boudica em 60 d.C. eclodiu após Sêneca e seus associados revogarem um grande empréstimo concedido aos nativos britânicos.[16]

A visão de Sêneca de que o tempo é o bem mais precioso do homem reaparece no Renascimento italiano nos escritos do arquiteto e humanista Leon Battista Alberti (1404-1472). Em seu *Libri della Famiglia*, ["Livros de Família", em tradução livre], redigido na década de 1430, um dos personagens de Alberti fala sobre gerenciar adequadamente o tempo: "Melhor perder o sono do que perder o tempo, isso é, do que deixar escapar a hora certa para fazer algo."[17] Fernand Braudel escreve que Alberti sinaliza uma alteração com respeito à visão escolástica anterior, pela qual "o tempo era considerado como pertencente somente a Deus; vendê-lo (na forma de juros) era vender *non suum*, algo que não era propriedade de ninguém. Mas agora o tempo estava uma vez mais se tornando uma dimensão da vida humana, uma das posses do homem que ele faria bem em não desperdiçar".[18]

O tempo para Alberti é um fenômeno secular irrestrito — ao qual Braudel chamou de "tempo do mercador".[19] Na Europa Ocidental, até o século XIV, o propósito principal de medir o tempo era preservar a pontualidade da vida monástica. (As "horas" canônicas — matinas, prima [hoje, Laudes], terça, sexta, nona, e assim por diante — eram reservadas para a oração.) A secularização do tempo, ocorrida durante o Renascimento, coincidiu com os avanços na tecnologia de medição do tempo. Na data do nascimento de Alberti, havia relógios públicos em todas as grandes cidades italianas. O tempo de trabalho podia agora ser medido em horas e depois em minutos, proporcionando um aumento da produtividade.[20]

Não se trata de coincidência o fato de que Alberti pertencia a uma família de ricos mercadores florentinos. Em todo o *Libri* encontram-se elementos que expressam uma visão comercial do mundo: o dinheiro é exaltado como a "raiz de todas as coisas"; recomenda-se parcimônia (*mas serizia*), prudência e diligência; e reputa os livros de contabilidade do comerciante "como objetos sagrados e religiosos". Tais noções eram usuais na classe mercantil. Um antigo escritor e comerciante italiano, Paolo da Certaldo, aconselhou em seu *Book of Good Customs* (por volta de 1360) ["Livro de Bons Costumes", em tradução livre]: "Se você tem dinheiro, não espere, não o deixe parado em casa, pois é melhor trabalhar em vão do que ficar ocioso por nada."[21] Giovanni Rucellai, um rico comerciante florentino patrono de Alberti, recomendou a seus filhos que "fossem parcimoniosos com o tempo, a coisa mais valiosa que temos".[22]

A importância comercial do tempo é exemplificada pelas atividades do mais famoso dos mercadores italianos da época, Francesco Datini (1335-1410). Datini, cuja vida é contada na biografia de Iris Origo, *The Merchant of Prato*, ["O Mercador de Prato", em tradução livre], é o precursor do capitalismo moderno: sua natureza era ansiosa, suas ambições eram ilimitadas e seu empenho era total. Não obstante as palavras "Em nome de Deus e dos Lucros" estivessem na abertura dos livros contábeis de Datini, as contas eram registradas utilizando o moderno sistema de partidas dobradas — uma invenção veneziana que estava se

O Preço do Tempo

disseminando pelo norte da Itália.* Datini estava na vanguarda de uma revolução bancária que transformou as cidades de Florença, de Veneza e de Gênova em grandes centros financeiros. Ele pertencia à crescente e influente classe de comerciantes internacionais que impulsionaram o comércio mediterrâneo e europeu, e pagavam suas contas por meio de agentes estrangeiros e nas grandes feiras de Lyon, de Champagne e de Genebra.

Para tais empresários, o crédito era indispensável, e o tempo, com seu custo sendo medido em juros, muito valioso. A vida de Datini exemplifica esta famosa observação de Benjamin Franklin: "Tempo é dinheiro... crédito é dinheiro."[23] Até sua sofrida esposa, Margherita, recomendou-lhe cuidar melhor da maneira como gastava seu tempo: "Quando você perde uma hora, parece-me mil... pois não considero que haja algo tão precioso para você, tanto para o corpo quanto para a alma, como o tempo, e acho que você o valoriza pouquíssimo."[24]

Entre suas variadas transações, Datini importava lã das Cotswolds inglesas (que ele chamava de "Chondisgualdo") e das Ilhas Baleares. Origo inclui na biografia um pedido de compra de lã produzida na ilha espanhola de Minorca iniciado em novembro de 1394 em Florença. A lã bruta era transportada primeiro por mar, depois por rio e estrada até um armazém em Prato, onde

> era batida, colhida, untada, lavada, amaciada, catalogada e colocada na roca para fiar... em seguida, tinha sua tessitura ajustada e tecida, depois era tosada, tosquiada (enquanto ainda úmida), esticada para secar, tosada e tosquiada novamente, levada aos tintureiros (nesse caso para ser tingida de azul), tosquiada, e tosquiada mais uma vez, e finalmente prensada e dobrada — cada um desses processos exigindo um grupo diferente de trabalhadores especializados.

Ao todo, transcorreram mais de três anos e meio desde a data inicial do pedido até a venda do tecido acabado em Valência. Entretanto, todo esse tempo e esforço geraram um lucro de menos de 9%.[25] Não é de admirar que os mercadores italianos viam no tempo um elemento de custo.

Os negócios de Datini baseavam-se no crédito, com pagamento diferido e amplo uso de letras de câmbio informais — cerca de 5 mil delas permanecem registradas em sua correspondência. Também um usurário, abriu seu próprio banco em Florença, o qual emitia letras de câmbio e concedia empréstimos a

· · · · · · · ·

* O método de escrituração por partidas dobradas representa um extraordinário feito intelectual de quantificação. Cada ativo e cada troca tem um valor monetário que é registrado na mesma moeda. O uso de algarismos arábicos permitiu que as quantias fossem facilmente calculadas. O sociólogo alemão Werner Sombart, autor dos seis volumes de *Modern Capitalism* (publicado pela primeira vez em 1912), chegou a ponto de afirmar que, por estimular a manutenção regular de registros, a ordenação matemática e a redução dos eventos a abstrações numéricas, as partidas dobradas contêm o germe da Revolução Científica que viria mais tarde. [N. do A.]

empresas e clientes particulares, mas não a príncipes e papas, de cujo crédito duvidava. Os depósitos bancários tiveram início em Gênova no século XII e foram aos poucos migrando para outras cidades do norte da Itália e para Barcelona (onde a pena para a falência de um banqueiro era a decapitação — uma punição realmente levada a cabo em uma ocasião).[26] Mais ou menos na mesma época, o comércio de letras de câmbio internacionais disparou.

Taxas comerciais de juros na Itália medieval (1200 a 1570)

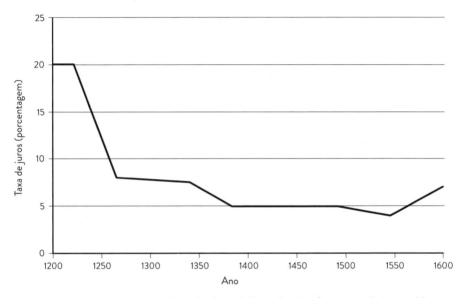

Apesar das leis contra a usura, o capitalismo decolou na Itália medieval conforme o comércio e o crédito se expandiam e as taxas de juros caíam.

Essas novas práticas financeiras elevaram a oferta monetária efetiva, contribuindo para a diminuição das taxas de juros na Idade Média. No norte da Itália, o custo dos empréstimos girava em torno de 20% em 1200. Na época de Datini, as taxas dos empréstimos comerciais em Gênova tinham caído para 7%. Comerciantes italianos estabelecidos beneficiaram-se de uma vantagem competitiva com seu acesso a crédito barato.[27] Em consequência, Datini e seus colegas comerciantes toscanos lograram expulsar os mercadores flamengos dos mercados de tecidos na Inglaterra e na França e, até mesmo, reduzir a participação deles em seu próprio quintal. No século XV, os mercadores venezianos pagavam apenas 5% pelos empréstimos que tomavam.[28]

FUGINDO DA REGULAÇÃO DOS JUROS

As operações de crédito do Mercador de Prato eram feitas em uma época na qual as normas da Igreja ainda proibiam oficialmente o empréstimo a juros.

Isso não impediu os banqueiros e os comerciantes medievais de encontrar um sem número de maneiras de escapar das restrições clericais. Como na antiga Mesopotâmia, o valor original do empréstimo podia ser dilatado. Empréstimos feitos em moedas recortadas [retirando parte do metal precioso com que eram cunhadas] tinham de ser reembolsados em moeda não recortada, prática conhecida como "coveitise" (da qual se origina "cobiça"). Eram estipulados períodos de ressarcimento impossivelmente curtos de empréstimos concedidos, com juros escondidos nas pesadas penalidades decorrentes de atraso no pagamento ou disfarçados como vendas fictícias ("false chevisance").[29] Os banqueiros do norte da Itália escamoteavam os juros valendo-se de eufemismos como *rendimento*, *ganho*, *recompensa*, *aluguel*, *lucro*, *taxa* e *benefício perdido*.[30] *Discrezione* significava um "presente" discricionário pago por um banqueiro em um depósito a prazo — até mesmo cardeais da Igreja colocavam seu dinheiro sob *discrezione* dos banqueiros.[31] Os *rentes* do Hôtel de Ville eram meramente nominais.[32]

A maneira mais usual de ocultar juros era a letra de câmbio no exterior, que possibilitava aos juros serem embutidos em uma operação de câmbio. Esses tipos de papéis tornaram-se o respaldo das finanças internacionais a partir do século XII. Em princípio, essas letras carregavam consigo o risco de crédito e cambial. Porém, com o tempo, as letras passaram a não ter nenhum lastro com transações genuínas. Sobre essa prática, conhecida por "troca seca" (*cambi secchi*), já que nenhum mar era atravessado, dizia-se não ter "mais suco ou seiva do que uma árvore pintada, seja em caridade ou em equidade, mas sendo uma usura abusiva sob o título de troca".[33]

O próprio Datini, com a conivência de seus agentes estrangeiros, efetuou empréstimos ocultando os juros. Ainda que os clérigos se irritassem com tais subterfúgios, não havia meio de impedi-los. Por fim, a Igreja Romana se cansou de tentar banir a usura. Como o padre jesuíta Diego Laínez, uma das principais autoridades religiosas, declarou: "Os mercadores dispõem de tantas e engenhosas artimanhas que mal podemos ver o que acontece no fundo de tudo."[34]

O banimento da usura revelou-se inútil porque, à medida que o comércio se expandia, tanto domesticamente quanto no exterior, a demanda por crédito aumentava em larga e irresistível escala. No início do século XVI, a Inglaterra se transformou no que um historiador chamou de "economia de obrigação".[35] Conceder empréstimos a juros era uma atividade onipresente, nas cidades e no campo. Fazendeiros, comerciantes, artesãos e camponeses, não havia quem não recorresse ao "mestre do dinheiro". O credor podia ser uma pessoa eminente, talvez um nobre ou um comerciante da cidade, ou vir de uma linhagem mais humilde: um criador de gado, um lavrador, um produtor de malte, um comerciante de milho ou mesmo um "padre rico".[36] Thomas Wilcoxe de Hereford, um exemplo desse tipo de credor, é descrito como um "horrível usurário, que cobra um *penny* e às vezes dois *pence* por um *xelim* por semana [e que]... quando o padre está prestes a dar a Comunhão, sai da igreja para arrecadar sua usura semanal."³⁷ Tudo isso se passou nos anos que precederam a legislação de 1571 que viria a permitir, legalmente, a cobrança de juros.

OS JUROS GOVERNAM O MUNDO

Consolidada a noção de que, além de ter valor, o tempo também era uma propriedade individual, as medidas cautelares clericais contra a usura perderam muito de sua força. Se um comerciante ganhou com um empréstimo, por que razão quem o concedeu não deveria compartilhar esses lucros? Na verdade, a ideia de que o emprestador deve ser protegido contra lucros cessantes é inerente ao próprio conceito de juros. A palavra deriva do latim *interesse*, um termo legal no direito romano (*"id quod inter est"*) para a compensação paga por um devedor inadimplente. O Código de Justiniano, emitido em Bizâncio no século VI, permitia aos concessores de empréstimos uma multa por atraso no pagamento. Do ponto de vista legal, os juros eram vistos como um custo de oportunidade: quem concedia um empréstimo era privado de seu capital e, portanto, não poderia usar lucrativamente seu dinheiro de outra maneira.

Na Idade Média, esse conceito era conhecido como *lucrum cessans*, literalmente lucro cessante. O canonista lombardo Henrique de Susa, escrevendo em 1271, afirma que "se um comerciante, acostumado a exercer seu ofício e às transações das feiras, lucrar muito... [e me] emprestar um dinheiro com o qual ele teria feito negócios, sou forçado a agradecer por seus *interesse*".³⁸ No início da Renascença, o estudioso franciscano Bernardino de Siena estava derrubando os ensinamentos anteriores da Igreja ao afirmar que "o dinheiro não tem apenas o caráter de dinheiro, mas tem, além disso, um caráter produtivo, que normalmente chamamos de capital". Bernardino comparava o empréstimo de capital com o uso de um arado, que deve ser pago.³⁹

A denúncia escolástica da usura compatibilizava-se com uma sociedade agrária autossuficiente, na qual o propósito dos empréstimos era principalmente o consumo. Esse mundo ideal foi aniquilado pela expansão comercial e industrial ocorrida ao longo da Idade Média. Ao se iniciar a Era Moderna, houve uma distinção entre empréstimos ao consumidor e empréstimos comerciais. Os juros dos empréstimos para consumo ainda eram condenados como usura, enquanto a cobrança pelo empréstimo do capital produtivo tornava-se cada vez mais aceitável. Charles Dumoulin, um jurista francês do século XVI, admitia que "juros justos" fossem aplicados sobre certos empréstimos: "A prática comercial diária mostra que não é pouca a utilidade do uso de um montante considerável de dinheiro; na lei, costuma ser chamada de produto." Nos negócios, escreveu ele, as pessoas "muitas vezes precisam usar o dinheiro de outras pessoas... e não há quem empreste de graça". Mesmo o severo Tomás de Aquino havia reconhecido anteriormente que os juros eram permitidos por lei como uma questão prática, pois "fazer o contrário prejudicaria as utilidades de numerosas pessoas".⁴⁰

Apesar das restrições que fazia à usura, a Igreja medieval reconhecia que um pagamento de juros poderia ser requerido para empréstimos que envolviam algum risco, conhecidos pelos termos latinos *periculum sortis* e *damnum emergens*.[41] Como havia nas parcerias comerciais (*commenda, societas*) e nos empréstimos *bottomry* (empréstimos para viagens marítimas) um elemento de risco, a cobrança de juros em tais casos também era admitida. Em 1390, o Lord Mayor [prefeito] de Londres definiu a usura como o recebimento de um ganho proveniente de um empréstimo "sem risco".[42] A venda de aluguéis de terras não era considerada usurária, pois a terra, ao contrário do dinheiro, era considerada produtiva. Anuidades eram permitidas, pois o principal nunca era devolvido. Após a Reforma, os católicos admitiram que juros tidos como uma estimativa do lucro perdido deveriam ser permitidos desde a concessão do empréstimo, e não somente em casos que envolviam reembolso tardio.[43] Calvino, em Genebra, declarou que aquele que havia tomado um empréstimo não era um fraudador quando pagava juros com lucros.[44] (Lutero, contudo, que não era muito reformador em questões sociais ou econômicas, condenava o usurário como um "ladrão, assaltante [e] assassino".)[45]

A ideia de que o tempo tem valor volta à tona em uma polêmica escrita pelo inglês Thomas Wilson, diplomata e juiz elisabetano. Em seu *Discourse Upon Usury* (1572) ["Discurso sobre a Usura", em tradução livre], Wilson compara o usurário a "uma deusa da morte insaciável".[46] Usura, diz ele, é algo tão grande quanto assassinato, adultério e roubo; usurários devoram reinos inteiros e não merecem nada menos do que a morte. As ideias de Wilson estavam irremediavelmente desatualizadas nessa época — de fato, entre a redação e a publicação de *Discourse*, a usura na Inglaterra foi legalizada (pelo Estatuto da Rainha Elizabeth de 1571).

No entanto, Wilson desperta o interesse do leitor quando trata da questão do empréstimo ao longo do tempo:

> Maria, para ser uma vendedora de tempo, para ganhar por dias, meses e anos, e para fazer brilhar o sol que Deus nos envia tão gratuitamente, para ser o fruto de sua ocupação, e para fazer dinheiro de dinheiro pelo próprio ato de emprestar — essas transações, eu digo, são as mais abomináveis aos olhos de Deus e do homem.

A diferença entre Wilson e o Bispo Cobham é que o escritor elisabetano sabe que seus contemporâneos consideram o tempo valioso: "Eles dizem que o tempo é precioso. Podem muito bem dizer que o tempo foi precioso para quem pagou tão caro por ele; ou melhor, o usurário pode dizer que o tempo era muito precioso para aquele que lhe deu tanto."

Wilson, então, elabora uma nova definição de juros: "Também se diz que a usura é o preço do tempo, ou do atraso ou da tolerância do dinheiro." Os juros foram descritos de várias maneiras no decorrer dos anos, sendo frequentemente referidos como o "preço do dinheiro". Mas para Wilson era mais. Os juros, disse ele, são o *preço do tempo*. Não há definição melhor.

Nos círculos católicos, assim como nos protestantes, os juros passaram a representar a participação do credor no sucesso e no lucro do tomador do empréstimo, ao passo que a usura era associada à extorsão dos necessitados.[47] A legislação promulgada pela rainha Elizabeth em 1571 legitimava a concessão de empréstimos a juros, cuja taxa era limitada a 10%, mas diferenciava juros e usura. Segundo um memorando contemporâneo, "a usura contém em si desigualdade e negociação não natural, enquanto os juros observam equidade e negociação natural".[48] Fazemos essa mesma distinção hoje em dia.

As concessões que, ao longo dos séculos, foram feitas à prática incontrolável da usura sedimentaram as bases para a visão dos economistas clássicos segundo a qual os juros eram uma parte justa dos lucros. Em *Of Interest*, David Hume escreveu que: "Ninguém aceitará lucros baixos onde pode obter juros altos; e ninguém aceitará juros baixos onde pode obter lucros altos." Adam Smith, amigo de Hume e também escocês, considerava os juros uma mera "receita derivada", que estimou em cerca de metade do montante dos lucros: "Os juros do dinheiro, sempre seguindo os passos dos lucros dos estoques", escreveu, sem dar qualquer prova da veracidade dessa afirmação.*

Com o despontar da Era Moderna, o novo conceito mais amplo e abstrato de juros como uma parcela ou aposta deixou para trás a questão da avareza do usurário. Trata-se de um conceito de juros eticamente abrangente: "Passou a englobar virtualmente toda a gama de ações humanas, desde as estreitamente egocêntricas ou sacrificialmente altruístas até as calculadas com prudência ou apaixonadamente compulsivas."[49] Lord Shaftesbury, estadista e filósofo inglês do século XIX, resumiu assim o novo modo de pensar: "Os juros governam o mundo."[50]

Bernard Mandeville, em sua *Fable of the Bees* (1714) ["Fábula das Abelhas", em tradução livre], expôs um paradoxo inerente ao mundo moderno, ou seja, que os vícios privados traziam benefícios públicos. Adam Smith adotou essa capciosa percepção de Mandeville em sua economia política. Em *A Riqueza das Nações*, Smith descreve o indivíduo como alguém que "ao perseguir seu próprio interesse, com frequência promove o da sociedade de maneira mais eficaz do que quando realmente pretende fazer isso".[51] Outra frase famosa dele traz um pensamento semelhante: "Não é da benevolência do açougueiro, do cervejeiro ou

....

* Adam Smith, *An Inquiry into the Nature and Causes of the Wealth of Nations* [1776] (Londres, 1875), p. 44. Além disso, p. 285: "Pode-se estabelecer como máxima que, como muito pode ser feito usando o dinheiro, muito será comumente dado pelo uso dele... Consequentemente, uma vez que a taxa de juros usual do mercado varia em qualquer país, podemos ter certeza de que os lucros normais do estoque devem variar com ela, devem cair quando afundam e subir quando se elevam." [N. do A.]

do padeiro que esperamos nosso jantar, mas da consideração que eles têm pelos próprios interesses."

O espírito do capitalismo transmitiu-se através de conexões de crédito entre provedores e tomadores de empréstimos mediante títulos de interesse mútuo.[52] Daniel Defoe descreveu o crédito como um "estoque", sinônimo de capital; já os franceses da época de Defoe se referiam ao capital como "interesse", no sentido de fazer uma aposta.* Tecnicamente, o capital consiste em um fluxo de renda futura descontado por seu valor presente. Sem juros, não pode haver capital. Sem capital, não há capitalismo. Turgot, um contemporâneo de Adam Smith, compreendeu isso perfeitamente: "O emprestador de dinheiro capitalista", escreveu, "deve ser considerado um negociante de uma mercadoria absolutamente necessária para a produção de riqueza cujo preço não pode ser muito baixo."[53] (Turgot exagerou. Como veremos, o interesse por "preços muito baixos" é a origem de muitos males.)

A afirmação de Thomas Wilson de que "o tempo é precioso" foi apropriada por Franklin em seu *Advice to a Young Tradesman* [citado na Introdução] como um estímulo aos empreendimentos capitalistas. No fim das contas, o usurário sugador de sangue prevaleceu contra sua legião de críticos. De acordo com o historiador francês Jacques Le Goff, "um sistema econômico somente substitui outro após ter ultrapassado uma extensa e variada série de obstáculos. As pessoas fazem a História, e os instigadores do capitalismo eram usurários: mercadores do futuro, vendedores do tempo".[54]

Um Pássaro na Mão

Ainda que o lucro potencial do tomador de um empréstimo possa ser uma justificativa para cobrar algo por sua concessão, isso não explica a existência de juros sobre empréstimos destinados ao consumo. Esses empréstimos são, por natureza, não produtivos. Turgot tinha uma resposta. Mais vale um pássaro na mão do que dois voando, disse ele. Essa é a referência mais antiga que se tem notícia daquilo que os economistas chamam de "preferência temporal", ou seja, nossa propensão de valorizar mais os prazeres imediatos. Para Turgot, certa quantia em dinheiro entregue imediatamente e a promessa dela em uma data futura não poderiam ter o mesmo valor. A preferência temporal explica por que Aristóteles estava equivocado. Os juros exprimem a diferença de valores monetários ao longo do tempo, a taxa pela qual o consumo presente é preterido em prol do consumo futuro. Os juros refletem o valor do dinheiro no tempo.

· · · · · · · ·

* Veja Henri Eugene Sée, *Modern Capitalism* (Nova York, 1928), p. 125. Sée escreve: "O significado atual de *capital* foi expresso, no século XVII, pela palavra *principal*, ou pela palavra *interesse*. Por exemplo, foi usada uma expressão como a seguinte: 'receber um interesse de 5 mil *livres* em um negócio'. Somente no decorrer do século XVIII a palavra capital passou de fato a assumir seu significado atual." [N. do A.]

A intuição de Turgot tem respaldo na pesquisa comportamental moderna. No fim da década de 1960, veio à luz um famoso estudo sobre gratificação adiada realizado por Walter Mischel, psicólogo da Universidade de Stanford. Em ambiente controlado, as crianças podiam optar entre consumir uma única guloseima imediatamente ou esperar 15 minutos para receber o dobro da recompensa. Originalmente intitulado "O Adiamento de Pré-escolares Autoimposto de Gratificação Imediata a Favor do Paradigma de Recompensas Procrastinadas, Porém Mais Valiosas", o estudo de Mischel é popularmente conhecido, em virtude da recompensa específica oferecida, como "O Teste do Marshmallow".[55] Das 600 crianças que fizeram o teste original, 1/3 adiou a gratificação por tempo suficiente para ganhar seu marshmallow extra.

O Teste do Marshmallow evidencia que os humanos — ao menos os pré-escolares — são impacientes. Eles demonstram uma "preferência temporal" positiva. O marshmallow bônus pode ser considerado uma espécie de juros. O que leva as pessoas a preferir as satisfações presentes às futuras foi objeto de variada argumentação. Psicólogos voltados ao desenvolvimento infantil, entre eles Mischel, atribuem a impaciência como causa do estresse no início da vida, que ativa o sistema límbico do cérebro.[56] Já para os economistas têm explicações mais prosaicas. Uma vez que a vida é desagradável, brutal e muitas vezes curta, faz sentido ser recompensado por adiar os prazeres imediatos. Também, quem sabe, os humanos sejam míopes de nascença e subestimem seus desejos futuros. E, mesmo que essas explicações sejam ambas verdadeiras, quando uma economia está em constante expansão, a maioria das pessoas pode esperar ficar mais rica ao longo do tempo — considerando que sua renda futura supera sua renda atual, as pessoas a valorizam menos.

A preferência temporal é infinitamente variada. Ela pode refletir as qualidades morais e intelectuais de uma nação, expressas em sua parcimônia e diligência, como acreditava Böhm-Bawerk. A exigência tem seu papel: uma pessoa faminta valoriza mais uma refeição hoje do que daqui a seis meses. A idade também exerce influência na preferência temporal. A juventude é impaciente por natureza e frequentemente não tem dinheiro. Pessoas mais jovens podem tomar empréstimos e gastar, quitando-os mais tarde na vida — algo que os economistas chamam de "suavização de renda". A taxa de juros que eles pagam reflete sua preferência temporal. Pessoas mais velhas provavelmente têm uma preferência temporal menor, sendo menos inclinadas a tomar empréstimos a juros, em parte porque suas rendas não estão mais crescendo. Nos países com populações envelhecidas, a tendência é que as taxas de juros caiam. Ao menos tem sido essa a experiência do Japão, cujas taxas de juros domésticas baixaram, de início para zero e em seguida tornaram-se negativas, depois que sua população economicamente ativa começou a se contrair em meados da década de 1990.

Os expoentes da preferência temporal a veem como um fenômeno universalmente válido e abrangente. Para Irving Fisher, a impaciência (em outras palavras, a preferência temporal positiva) é um "atributo fundamental da natureza humana". O austríaco Ludwig von Mises, aluno de Böhm-Bawerk, acreditava que "a preferência temporal [e, portanto, os juros] é uma categoria inerente a toda ação humana."[57] Fisher, cuja afinidade com as ideias de Mises era quase nenhuma, concordava nesse ponto: o juro, escreveu ele, "deve ser inerente a toda compra e venda e a todas as transações e atividades humanas que envolvam o presente e o futuro".[58] Mises argumentava que seria impossível abolir os juros. Seu discípulo norte-americano, Murray Rothbard, afirmou que "as satisfações futuras sempre têm um desconto em comparação com as satisfações no presente".[59] No caso de essa afirmação ser verdadeira, decorre que a taxa de juros também deve ser *sempre* positiva, e que uma taxa de juros negativa não é natural.

A percepção original de Thomas Wilson de que "o tempo é precioso" está incorporada em diversas definições de juros. O próprio Turgot definiu juros como "o preço derivado do uso de certa quantidade de valor durante certo tempo".[60] Jeremy Bentham, em *Defence of Usury* (1787) ["Em Defesa da Usura", em tradução livre], escreveu que "aplicar dinheiro a juros é trocar dinheiro presente por [dinheiro] futuro".[61] Böhm-Bawerk que, assim como Turgot, também era Ministro das Finanças de seu país, escreveu que "a diferença natural de valor entre bens presentes e futuros... é a fonte de onde todos os juros se originam".[62] Fisher via os juros como "o problema básico da avaliação do tempo... de traduzir o futuro para o presente".[63] Ele declarou que "os juros são, por assim dizer, a impaciência humana cristalizada em uma taxa de mercado".[64] Frank Fetter, um economista norte-americano contemporâneo de Fisher, disse que os juros seriam "impensáveis se não houvesse diferenças relacionadas ao tempo nas estimativas que as pessoas faziam sobre alguns bens disponíveis em diferentes momentos".[65]

A preferência temporal explica os juros dos empréstimos para consumo e a razão pela qual as taxas supostamente "usurárias" não são necessariamente injustas. Um empréstimo "emergencial", tipicamente caro, de $20 para pagar $25 no fim da semana tem uma taxa anualizada muito alta, mas o tomador pode colocar um prêmio ainda maior em uma refeição completa desfrutada naquela noite, regada com um copo de cerveja. A preferência temporal é também um determinante de quanto tempo os investidores estão preparados para esperar pelo retorno de seu capital. Foi John Rae, um economista escocês pouco conhecido do início do século XIX, quem primeiro sustentou haver um nexo entre investimento e preferência temporal (pelo qual ele foi posteriormente creditado por Böhm--Bawerk e Fisher). A formação de capital, disse Rae, "implica o sacrifício de algum bem menor no presente para a produção de algum bem maior no futuro".[66]

O Valor do Dinheiro no Tempo

Juros — o *valor do dinheiro no tempo* — está no centro dos processos de valuation. Na virada do século XVIII, o brilhante escocês John Law (que encontraremos no Capítulo 4) escreveu que "a antecipação é sempre um desconto; £100 a serem pagas agora valem mais do que £1.000 a serem pagas em parcelas de £10 por ano durante 100 anos".[67] Ao descontar o fluxo de caixa futuro gerado por uma ação, título, imóvel ou qualquer outro ativo que proporciona uma renda, os juros nos permitem chegar a seu valor presente.

O valor do capital e os juros são inversamente relacionados: uma elevada taxa de desconto ou "capitalização" produz um baixo valor do capital e vice--versa. Em um panfleto anônimo, publicado em 1621, lia-se que "a terra e o dinheiro estão sempre em equilíbrio um contra o outro; quando o dinheiro é caro, a terra é barata, e onde a terra é barata, o dinheiro é caro".[68] Sem juros, não seria possível colocar um preço em um acre de terra, observou Sir William Petty meio século depois. Os arrendamentos nos próximos anos devem valer menos do que o deste ano, disse Petty, pois, caso contrário, "um acre de terra seria igual em valor a mil acres da mesma terra; algo absurdo, uma infinidade de unidades sendo igual a uma infinidade de milhares".* No século seguinte, Adam Smith descreveu como o preço da terra dependia da taxa de juros do mercado. Em *A Riqueza das Nações* (publicada em 1776) Smith escreveu que nas últimas décadas, conforme as taxas de juros baixavam, os preços da terra cresciam.

Um ato de investimento — digamos a construção de uma nova fábrica com instalações, maquinaria e toda a infraestrutura necessária — requer dos investidores dispensar o consumo corrente. Eventuais lucros demandarão tempo para ser obtidos. Em teoria, o investimento só deve ser feito se a taxa de retorno for ao menos igual à preferência temporal dos investidores. Rae afirmou que a decisão de uma sociedade de investir capital era determinada "pela extensão do período em que seus componentes se sentem inclinados a abrir mão da obtenção de um bem agora, desde que haja o propósito de produzir o dobro dele no término desse período".[69] Colocando de um modo bem simples: quanto tempo as pessoas esperarão, renunciando ao consumo de um único marshmallow, para desfrutar de dois marshmallows no futuro?

Economistas de gerações posteriores se basearam nas percepções de Rae. O vitoriano W. S. Jevons afirmava que as empresas tomariam empréstimos para investir — o que ele descreveu como um acréscimo de tempo ao período de produção — até o ponto em que o retorno marginal do investimento fosse igual à taxa de juros.[70] Böhm-Bawerk pensava mais ou menos da mesma forma, argumentando que um declínio na taxa de juros levaria à adoção de métodos de produção que consomem mais tempo. Os economistas monetaristas modernos incorporam a preferência temporal em seus modelos. No entanto, esses modelos

....

* Lionel Robbins, *A History of Economic Thought* (Princeton, 1998), p. 54. Ludwig von Mises fez uma observação similar, anotando em "Human Action: The Rate of Interest" ["Ação Humana: A Taxa de Juros", em tradução livre] que qualquer um "que queira 'abolir' os juros precisará induzir as pessoas a valorizar uma maçã disponível em cem anos ao menos tanto quanto uma maçã hoje". [N. do A.]

assumem sem quaisquer questionamentos que a taxa de juros vigente reflete automaticamente a preferência temporal da sociedade.

Mas, e se não for assim? Esse problema ocupou as mentes dos ilustres alunos de Böhm-Bawerk, entre eles Friedrich Hayek, Mises e Schumpeter. Para Hayek, era axiomático, porém muitas vezes esquecido, que "toda atividade econômica ocorre ao longo do tempo".[71] Quando as taxas de juros caem, disse ele, as empresas tendem a investir em projetos com retornos mais distantes — na terminologia de Hayek, a "estrutura de produção" se alonga. Caso as taxas de juros sejam mantidas abaixo do patamar natural, ocorrem investimentos equivocados: gasta-se muito tempo na produção ou, dito em outras palavras, o retorno do investimento não justifica o desembolso inicial. Um "mau investimento", para usar uma expressão popularizada por economistas austríacos, tem muitas formas e tamanhos. Pode envolver desde um elefante branco, como a caríssima construção de um túnel no fundo do mar, até utopias como uma tecnologia sem perspectiva de lucro.

O comportamento do consumidor também é influenciado quando as taxas de juros são fixadas abaixo da preferência temporal da sociedade. O crédito barato estimula as famílias a contrair dívidas em demasia; elas pedem emprestado e gastam, antecipando o consumo, mas, quando o futuro chega, a despensa está vazia. Para Hayek, os períodos em que os maus investimentos fossem generalizados terminariam com a economia em crise. Como os eventos que levaram à crise financeira de 2008 demonstraram, o acúmulo de dívidas excessivas do consumidor pode ser igualmente desastroso. As consequências não intencionais de taxas de juros ultrabaixas no século XXI são objeto de detalhada discussão mais à frente neste livro. Contudo, ainda no fim do século XVII, uma das mentes mais ilustres da Europa ponderava sobre os problemas que eram criados ao forçar as taxas de juros abaixo de seu nível natural, como veremos no próximo capítulo.

A Baixa dos Juros

Se taxas de juros altas ou baixas são nacionalmente desvantajosas ou benéficas é um tema antigo que tem sido judiciosa e criteriosamente discutido em todas as épocas e na maior parte do mundo civilizado.

SIR JOSIAH CHILD, 1681

Na década de 1660, a Inglaterra foi assolada por duas grandes calamidades, além de um desastre de menor proporção. Em dezembro de 1664, um surto de peste bubônica se espalhou pelas docas de Londres e na paróquia de St. Giles-in--the-Fields, Camden. Passado um ano e meio, a Grande Peste de Londres havia matado mais de 100 mil pessoas, aproximadamente 1/4 da população da cidade. Em 2 de setembro de 1666, com a epidemia já em declínio, a casa de um padeiro em Pudding Lane pegou fogo e as chamas se alastraram. O Grande Incêndio de Londres devastou a cidade medieval, destruindo a maior parte de suas habitações. No mês de junho seguinte, uma frota holandesa, em um ousado ataque ao porto de origem da marinha inglesa de Medway, queimou muitos navios em seus ancoradouros e fez grandes pilhagens. Para piorar a situação, as extravagâncias de Charles II estavam arruinando as finanças do país, culminando na "Stop of the Exchequer" de 1672, que seria a última moratória registrada da dívida soberana da Inglaterra.

Tais infortúnios, dizia-se, produziram uma "interrupção infinita de todo o comércio da nação".[1] A Câmara dos Lordes instalou uma comissão para "considerar as causas e os fundamentos da queda dos arrendamentos e da decadência do comércio neste reino". Josiah Child, um iminente comerciante (e futuro governador da Companhia das Índias Orientais), tinha uma proposta fadada ao sucesso para sanar os problemas enfrentados pela Inglaterra. Child propôs uma redução no custo dos empréstimos: um "abatimento dos juros", sugeriu ele, "tenderia a aumentar o comércio e elevaria o valor das terras da Inglaterra". O empresário colocou suas ideias em um livro, *Brief Observations Concerning Trade and the Interest of Money* (1668) ["Breves Observações a Respeito do Comércio e dos Juros do Dinheiro", em tradução livre], a qual viria a se tornar uma das obras mais populares sobre economia no século XVII.

Não é o caso de dizer que Child fosse original; ele se valeu quase que palavra por palavra de vários autores anteriores que propugnaram juros mais baixos.

34 ❧ O Preço do Tempo

Depois que o Estatuto da Usura de Elizabeth I, de 1571, legalizou os juros, a interminável polêmica sobre os juros deslocou-se das iniquidades da usura em si para o dano percebido ocasionado por taxas de juros excessivamente altas. Um dos primeiros e mais ilustres críticos dos juros altos foi o filósofo e estadista Sir Francis Bacon. Em 1612, Bacon publicou um ensaio, "On Usury" ["Sobre a Usura"], no qual admitia que alguma cobrança pela concessão do empréstimo de dinheiro era inevitável, "pois como deve haver concessão e assunção de empréstimos, e os homens têm tão duro o coração que não emprestam graciosamente, a usura deve ser permitida". No entanto, ele identificou vários "desconfortos da usura":

> *Primeiro*, ela faz menos comerciantes... *segundo*, torna os comerciantes mais pobres... *terceiro*... é a decadência das alfândegas [receitas fiscais]... *quarto*, traz o tesouro de um reino, ou estado, para poucas mãos... e um estado prospera sempre quando a riqueza é mais igualmente distribuída... *quinto*, ela diminui o preço da terra... *sexto*, ela causa desânimo e desinteresse em todas as atividades, melhorias e invenções... Por último, a usura é o cancro e a ruína das propriedades de muitos homens; que, com o passar do tempo, gera pobreza pública.

Bacon, que desde a juventude esteve pessoalmente endividado, e que certa vez foi preso por falta de pagamento, sabia por experiência própria como os juros "devoravam velhas propriedades com pagamentos de hipotecas". Ele recomendou que os juros fossem reduzidos a um nível capaz de se constituir em um "incentivo suficiente para fazer os adiantamentos tão necessários para a estabilidade e a vida do comércio".[2]

O refrão de que juros altos deprimem o comércio, diminuem a arrecadação de impostos, promovem a desigualdade, recompensam a ociosidade e, sobretudo, fazem cair o preço da terra foi repetido com pouca variação por diversos outros escritores no decorrer do século XVII. Sir Thomas Culpeper, membro do Parlamento, que publicou em 1621 seu "Tract Against Usury" ["Tratado contra a Usura", em tradução livre], utilizou o mesmo arrazoado de Bacon em uma tentativa bem-sucedida de convencer o Parlamento a reduzir a taxa máxima de juros para 8%. O argumento apresentado foi, novamente, que os juros eram um imposto sobre a atividade econômica e uma transferência para os indolentes, ou, como colocado de modo mais grandiloquente por Josiah Child, os juros "são preguiçosos que mamam nas tetas da atividade produtiva".[3]

Sir Thomas Culpeper, o Jovem, que tomou para si a defesa dos juros baixos feita por seu pai, afirmou que uma diminuição dos juros "reviveria nossa moribunda Manufatura". Como integrantes da classe fundiária, a principal preocupação dos Culpeper estava na relação entre o preço da terra e o nível dos juros. Culpeper Sênior lamentava que "a alta taxa de usura tornava a venda da terra tão barata".[4] A redução dos juros, ele pensava, estimularia melhorias agrícolas.

Isso também aliviaria o peso da dívida dos proprietários de terras, "e assim a nobreza e a pequena nobreza logo estariam livres de dívidas".[5] O Culpeper mais jovem imaginou os efeitos maravilhosos que ocorreriam graças ao decréscimo dos juros:

> Ao rei, aumento dos tributos. Ao reino, valorização das terras. Para a nobreza e a pequena nobreza, libertação da servidão e das dívidas. Para os comerciantes, continuidade e prosperidade em seus negócios. Para os jovens iniciantes nas transações comerciais, os frutos do próprio trabalho. E, para os trabalhadores, emprego rápido.[6]

O JOGO DE CHILD

Se Bacon e os Culpeper defendiam juros menores em nome de uma aristocracia endividada, os interesses comerciais tinham em Sir Josiah Child seu porta-voz. Em 1624, em parte como resposta à atuação de Culpeper Sênior, a taxa máxima de juros foi reduzida de 10% para 8%, e em 1651 para 6%. Em 1668, em sua petição aos Lordes, Child propôs uma nova redução para 4%. Seu raciocínio não pareceria estranho em uma reunião contemporânea do Comitê de Política Monetária do Banco da Inglaterra:

> Pois a redução dos juros certa e necessariamente aumentará as atividades comerciais e da agropecuária; com certeza multiplicará os comerciantes e o estoque no comércio e, em consequência, o ganho dos comerciantes atuais que empregam seu próprio estoque [isso é, capital], e emprestam a outros, será menor.[7]

A verdadeira riqueza do reino, disse Child, seria incrementada por uma diminuição da taxa de juros e o "estoque" (capital) do país poderia dobrar dentro de vinte anos. Child encontrou outros potenciais benefícios advindos da redução dos juros: desestímulo à ociosidade e ao luxo, ao passo que a melhoria do comércio encorajaria nascimentos e imigração.[8]

O declínio das taxas de juros europeias no fim da Idade Média facilitou a acumulação de capital, o qual, por sua vez, levou a um novo decréscimo das taxas. A expansão do sistema bancário, acelerando a circulação do dinheiro, pressionou ainda mais para baixo as taxas de juros. Em 1600, o ganho dos empréstimos genoveses havia caído para menos de 3%. A República Holandesa se beneficiou de uma inesperada e semelhante sorte. Os holandeses eram um povo frugal e trabalhador; não havia em sua república nenhum tribunal extravagante, e a dívida pública era "financiada" com o crédito de suas cidades e províncias. No fim do século XVII, o custo dos empréstimos em Amsterdã chegou a 1¾% — o menor nível já visto no norte da Europa.

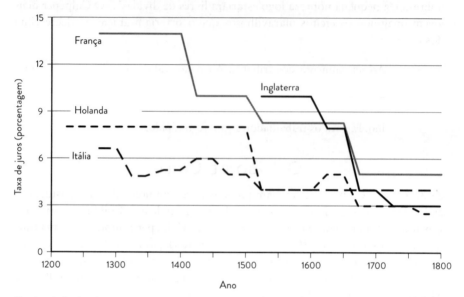

Taxas de juros europeias, 1200 a 1800

Em virtude da elevada poupança e de um sistema financeiro bem desenvolvido, a República Holandesa no fim do século XVII praticava as taxas de juros mais baixas da Europa.

Tal e qual muitos ingleses "endinheirados" de sua época, Child via com inveja a Holanda, cujos comerciantes eram capazes de tomar empréstimos a 3% em Amsterdã para emprestar em Londres a 6%.[9] Para ele, o dinheiro fácil da Holanda era a "*Causa Causans* [o fundamento] de todas as outras causas das riquezas daquele povo".[10] Uma redução legal dos juros, argumentou Child, ajudaria a Inglaterra a competir com os holandeses. Ele visualizou um círculo virtuoso de taxas cada vez menores, no qual "o declínio dos juros ocasiona um aumento da riqueza, e este pode levar a uma nova redução dos juros".* Assim como inúmeros outros ao longo dos tempos, Child chamou a atenção para as iniquidades dos juros compostos, que servem para "tornar os provedores de empréstimos monstruosamente ricos". Um abatimento se constituiria em um "princípio difusivo", distribuindo riquezas mais amplamente.[11]

Child, porém, era um campeão dos pobres dos mais improváveis. Poucos homens na Inglaterra haviam se tornado mais "monstruosamente ricos" do que ele, nas palavras do diarista John Evelyn, para quem ele era um comerciante "sordidamente avarento".[12] A defesa de Child por juros mais baixos era, na verdade, muito egoísta. Tal como o de um "barão de negócios" moderno, seu controle da Companhia das Índias Orientais, da qual logo se tornaria governador,

* Em *The Nature and Necessity of Interest* ["A Natureza e a Necessidade dos Juros", em tradução livre] (Londres, 1903), Gustav Cassel chama o comentário de Child de "um absurdo evidente". [N. do A.]

foi assegurado valendo-se do uso extensivo de dívidas: quanto maior a diferença entre os lucros da empresa e o custo dos empréstimos, maiores seus ganhos pessoais.* Child também era um defensor do monopólio comercial da empresa, a qual, visando proteger da concorrência a "Honorável Companhia", como era então conhecida a Companhia das Índias Orientais, distribuía subornos aos membros do Parlamento. Os contemporâneos sabiam muito bem que ele defendia seus próprios interesses. Como observou um panfletário cínico, as exigências para a diminuição dos juros foram, de fato, arquitetadas para "deixar todo o comércio nas mãos de alguns comerciantes ricos que têm dinheiro próprio suficiente para negociar, a fim de excluir todos os jovens que desejam fazê-lo".[13]

Os argumentos de Child podem não se caracterizar pela originalidade, e podem ser analiticamente duvidosos e carentes de altruísmo, mas, ao menos, serviram ao propósito de fazer com que escritores com pendor pela disciplina econômica defendessem a cobrança de juros. Vários deles apontaram que os juros sobre o capital eram comparáveis ao arrendamento da terra.[14] A sensação predominante era de que taxas de juros mais elevadas melhoravam a qualidade dos empréstimos. O autor de "Usury at Six percent Examined" ["Usura a 6% Examinada", em tradução livre] (1669) alegava que uma taxa de empréstimo razoável assegurava que o dinheiro chegaria às melhores mãos: "É muito melhor para o público", escreveu um panfletário anônimo, "que comerciantes experientes tomem dinheiro emprestado e o empreguem, do que fiquem sentados enquanto o comércio é administrado por inábeis".[15] Thomas Manley acrescentou que diminuir a taxa de juros equivaleria a roubar Pedro (o emprestador) para pagar Paulo (o tomador).

De maneira geral, havia o consenso de que uma redução forçada dos juros apenas incentivaria o acúmulo de dinheiro. Sir Dudley North, antecipando a posterior teoria dos juros de Keynes, escreveu que "os juros altos endereçarão o dinheiro de entesouramentos, pratarias etc., para o comércio, enquanto os juros baixos o reterão... a redução dos juros pode, e provavelmente irá, impedir que algum dinheiro venha do exterior para o comércio; ao passo que, ao contrário, juros altos certamente o fazem vir à tona".[16] O autor de "Brief Observations of J.C." ["As Breves Observações de JC", em tradução livre] pensava que aumentar as taxas de juros, e não diminuí-las, estimularia o comércio ao encorajar os empréstimos: "Como o crédito é o sustentáculo da conversação... Assim é o usurário a *causa emanativa* desse crédito."[17]

. . . .

* "Como seus críticos assinalaram, os diretores [da Companhia das Índias Orientais] maximizavam seu retorno pela recusa de emitir mais ações e negociar com capital tomado emprestado de curto prazo... eles poderiam lucrar, sem investir mais de seu próprio capital, com a diferença entre os juros que pagavam nos títulos e os lucros líquidos das transações comerciais. Em 1683, todavia, a escassez de capital de giro provocou uma crise financeira temporária. O valor das ações caiu e a empresa se viu forçada a aumentar a taxa de seus títulos para 5%, a fim de atrair capital" (extraído do verbete referente a Sir Josiah Child no *Oxford Dictionary of National Biography*). [N. do A.]

Considerações de Locke

A controvérsia a respeito da taxa máxima legal de juros ressurgiu com força no início da década de 1690. As condições de comércio eram, novamente, terríveis: a Inglaterra era vítima de uma série de péssimas colheitas, os proprietários de terras estavam atolados em dívidas enormes, a indústria da lã estava em depressão e os banqueiros ainda não haviam se recuperado da falência de Carlos II em 1672. O início da guerra com a França de Luís XIV trouxe ainda mais incerteza para o comércio, bem como uma crise monetária provocada pela circulação generalizada de moedas recortadas. As taxas de juros estavam em ascensão. Nessa ocasião, Child veio com uma edição atualizada de seu *Discourse on Trade*, estendendo seus já familiares argumentos. Em 1691, um projeto de lei que propunha que a taxa máxima legal de juros fosse reduzida para 4% começou a ser debatido na Câmara dos Comuns.

Mais de duas décadas antes, John Locke havia escrito um tratado inédito sobre o tema dos juros. Em um longo panfleto, cujo título era *Some Considerations of the Consequences of the Lowering of Interest and the Raising of the Value of Money* ["Algumas Considerações sobre as Consequências da Baixa dos Juros e da Elevação do Valor do Dinheiro", em tradução livre] (1691), o filósofo liberal, que há pouco retornara de um período de exílio na Holanda, ampliava sua argumentação. Discordando de Child, Locke via muitas desvantagens oriundas de uma diminuição forçada nos custos de empréstimos. Para começar, haveria vencedores e perdedores:

> Será uma perda para as viúvas, os órfãos e todos os que têm suas propriedades em dinheiro... o que será um caso muito difícil para um grande número de pessoas; e deve ser cautelosamente considerado pela sabedoria da nação se, em um só golpe, irá multar e empobrecer uma grande e inocente parte do povo.[18]

Mas os vencedores não eram um grupo que fazia por merecer. Uma redução qualquer de juros, pensava Locke, "aumentará poderosamente as vantagens de banqueiros, escrivães e outros corretores especializados... habilidosos nas artes de gastar dinheiro, de conformidade com o valor verdadeiro e natural".[19]

E mais: Locke acreditava que os banqueiros não apenas deixariam de repassar os benefícios dos juros mais baixos, como os embolsariam. Empresários endividados, como Child (ao qual não mencionou pelo nome), também lucrariam. "Será um ganho para o mercador que toma dinheiro emprestado", escreveu Locke. "Pois, se ele pedir emprestado a 4% e seus retornos forem de 12%, a ele caberá 8% e, ao emprestador, 4%."[20]

Locke temia que uma diminuição dos juros aumentasse a demanda por empréstimos, pois "todo homem procuraria tomar empréstimos e desejaria ter o dinheiro de outros homens para utilizar em proveito próprio". De novo, isso não era desejável, uma vez que "multiplicaria o número de tomadores de empréstimos entre nós, dos quais certamente já existem muitos".[21] Ele não via razão para que, com o corte das taxas de juros, os tomadores de empréstimos irresponsáveis fossem socorridos. E também não achava que o comércio se beneficiaria. Ao contrário, uma taxa mais baixa "com tal desproporção entre lucro e risco, desencorajaria o empréstimo". O dinheiro circularia mais morosamente e seria entesourado "pelos banqueiros... que a essa taxa baixa ficariam contentes em ter mais dinheiro parado com eles, do que agora, quando ela é mais alta". O dinheiro, se fora de circulação e acumulado, teria seu valor aumentado em relação a outras mercadorias (ou seja, ocorreria deflação).*

Era crença geral na época que uma redução dos juros aumentaria o valor da terra. Locke não a compartilhava. Para ele, outros fatores influenciavam os preços da terra e, mesmo que eles aumentassem, não haveria vantagem para a nação como um todo, pois a diminuição dos juros apenas "altera um pouco a distribuição do dinheiro": os vendedores de terras receberiam mais dinheiro, mas os compradores teriam de pagar mais.[22] A preocupação de Locke era que empréstimos mais baratos colocariam dinheiro nos bolsos dos banqueiros de Londres, elevando os preços das casas na cidade em relação ao restante do país.[23]

Child colocou a carroça na frente dos bois ao afirmar que as baixas taxas de juros eram a causa da riqueza holandesa. Segundo Locke, a baixa taxa de juros na Holanda não era "um efeito da Lei"... mas decorria da abundância de dinheiro disponível, da mesma forma que os escoceses não eram pobres porque pagavam juros altos, mas pagavam juros altos porque eram pobres.[24] A maior prosperidade dos holandeses, e seu acesso a empréstimos mais baratos, disse Locke, não se devia aos juros baixos gerarem riquezas, mas porque "a industriosidade e a frugalidade daquele povo os deixa satisfeitos por trabalhar mais barato e vender com menos lucro do que seus vizinhos, favorecendo assim o próprio comércio".

Locke também aludiu ao fato de que o comércio da Inglaterra havia prosperado durante o reinado de Elizabeth, quando os juros eram de 10%:

> Eu não diria que os *juros* altos foram a causa disso; prefiro pensar que nosso próspero comércio foi a causa dos *juros* altos, com todos ansiando por dinheiro para empregar em um comércio lucrativo. Mas acho que posso inferir razoavelmente daí, que a redução dos *juros* não é uma maneira segura de melhorar nosso comércio ou nossa riqueza.[25]

---

* Locke escreve que "se diminuir o uso [juros] para 4% alterasse a quantidade de dinheiro, reduzindo-a, isso tornaria o dinheiro mais caro, dada sua natureza de mercadoria". (*Some Considerations of the Consequences of the Lowering of Interest and the Raising of the Value of Money* [Londres, 1691], em *On Money*, vol. I (Oxford, 1991), p. 257). [N. do A.]

Em resumo, não fazia sentido a alegação de Child de que a prosperidade da Inglaterra retornaria simplesmente com a diminuição das taxas de juros: "Se a má agricultura desperdiçou nossas riquezas", escreveu Locke, não podemos esperar, simplesmente reduzindo a taxa de juros, "que as riquezas voltem ao valor anterior".[26]

Por questões políticas, Locke venceu o debate. Child e seus aliados não conseguiram reduzir a taxa legal de juros na década de 1660 ou no início da década de 1690. Em 1713, contudo, uma emenda à lei fixou em 5% a alíquota máxima legal. Somente em 1854 a lei de usura da Inglaterra foi finalmente revogada. William Gladstone, o responsável pelo Tesouro, declarou na época à Câmara dos Comuns que a "superstição que anteriormente prevalecia [no assunto da usura] era em parte judaica e em parte maometana". O piedoso Gladstone, curiosamente, omitiu qualquer menção a uma superstição cristã a propósito dessa matéria.

A Taxa Natural de Juros

Aqueles que são contrários à usura frequentemente descrevem a cobrança de juros como inerentemente antinatural. A natureza é frutífera, mas o dinheiro é estéril, disse Aristóteles, portanto o "nascimento do dinheiro a partir do dinheiro" era abominável. Visões como essas já não eram exequíveis no mundo moderno. De acordo com o grande jurista holandês Hugo Grotius, a proibição dos juros não derivava da Lei Natural (embora reconhecesse que era imposta pelas Escrituras).[27] A maioria dos escritores ingleses do século XVII aceitava que o juro era um fenômeno natural. O que eles discutiam girava em torno do nível apropriado de juros: se as taxas fossem muito altas, a indústria e o comércio sofreriam, como Bacon e seus seguidores observaram corretamente; porém, caso fossem muito baixas, adviriam as numerosas consequências ruins elencadas por Locke.

Para os críticos de Child, qualquer tentativa do Estado de controlar os juros era inerentemente fútil. Como sugeriu um escritor, tentar diminuir o custo dos empréstimos por uma canetada legal seria "forçar a natureza". Sir William Petty rejeitou a "vaidade e a inutilidade de fazer leis civis positivas [sobre a usura] contra as Leis da natureza".[28] Entre os adeptos ingleses da "aritmética política" surgiu um consenso de que os juros — definidos por um escritor como "uma recompensa por deixar de usar seu próprio dinheiro durante um período de tempo acordado" — eram muito semelhantes a qualquer outro preço, cujo patamar deveria ser determinado por compradores e vendedores no mercado, e não por um decreto governamental.[29] Como disse Sir Dudley North, era "melhor para a nação deixar que os emprestadores e os tomadores fizessem seus próprios negócios, em conformidade com as circunstâncias em que se encontram".[30]

A noção de que os juros devem ser deixados livres para encontrar seu próprio nível dá respaldo ao argumento de Locke. Qualquer tentativa de regulamentação dos juros, acreditava ele, somente "aumentaria as artes de emprestar", pois tomadores e emprestadores tentariam se evadir da lei. Para Locke, o dinheiro era composto de metais preciosos, tinha certo valor intrínseco e sua oferta era limitada. Sendo assim, ele concluiu que o nível de juros era fixado pela oferta e demanda por dinheiro, tal como qualquer outra mercadoria. No entanto, qual seria o nível de juros adequado? Essa questão tem atormentado os economistas até hoje. Locke reconheceu que se tratava de algo complexo:

> A constante mudança de negócios e o fluxo de dinheiro tornam difícil estabelecer qual deve ser a taxa de juros. Pode-se, possivelmente, admitir como uma proposta razoável, que deve estar dentro de limites; de um lado, não tão alta que venha a consumir totalmente o lucro dos comerciantes e negociantes desencorajando suas atividades, nem, por outro lado, tão baixa que impeça os homens de arriscar seu dinheiro ao colocá-lo nas mãos de outros homens e, assim, preferir mantê-lo fora do comércio do que aventurá-lo por um lucro tão pequeno.[31]

Quando escreveu isso, Locke supunha que na Inglaterra a taxa natural de juros — ou o que ele chamou de "o valor natural do dinheiro" — estava acima de 4% e, provavelmente, mais próxima de 6%. Já os escritos de Child, por outro lado, davam a entender que a taxa natural deveria estar abaixo de 4%.

Algumas gerações depois, outro inglês expressou uma opinião mais precisa sobre essa difícil questão: "A taxa natural de juros é dependente dos lucros das transações comerciais", escreveu John Massie.[32] A concorrência entre os comerciantes, disse Massie, fez cair os lucros, o que, por sua vez, provocou um declínio na taxa natural. Mais ou menos na mesma data, a noção de Locke de que o dinheiro tinha um valor intrínseco foi contestada por outro grande filósofo e economista, David Hume. Em *Of Interest*, Hume declarou que "a abundância maior ou menor do dinheiro, por ter principalmente um valor fictício, não tem consequências". Ele passou a sugerir que, caso dobrasse a quantidade de dinheiro no país, os preços subiriam, mas não haveria "alteração no comércio, nas manufaturas, na navegação ou nos juros". Em outras palavras, a taxa natural de juros prevaleceria independentemente de qualquer mudança na oferta de moeda.

Uma vez sendo estabelecido que a taxa de juros natural era um reflexo de fatores "reais" (em oposição aos monetários), surgiu um novo problema: o que acontece se a taxa monetária de juros diverge da taxa natural?

Essa questão foi levantada na virada do século XIX por Henry Thornton, um eminente banqueiro londrino e amigo evangélico do abolicionista William Wilberforce. Quando, em 1802, Thornton publicou seu *Enquiry into the Nature and Effects of the Paper Credit* ["Investigação sobre a Natureza e os Efeitos dos Documentos de Crédito", em tradução livre], a Inglaterra estava em guerra com a França, e o Banco da Inglaterra suspendeu a conversibilidade de suas notas em ouro. Uma forte expansão econômica estava em curso, mas a legislação da usura impedia o banco de cobrar mais de 5% — um patamar "antinatural e extraordinariamente baixo", na visão de Thornton. Os tomadores de empréstimos conseguiam obter empréstimos baratos: "O que eles obtêm muito barato, exigem em grande quantidade", lamentou o prudente banqueiro. Em tão poucas palavras, Thornton estava sugerindo que oferecer crédito com taxas de juros abaixo da natural criou as condições para uma expansão financeira instável. A grave crise que tomou conta da cidade de Londres no verão de 1810 [todas as citações de estações do ano do livro possuem como referência o hemisfério Norte] parecia justificar a visão de Thornton.[33]

Um século depois de Thornton, o economista sueco Knut Wicksell colocou em discussão o quanto as taxas de juros do mercado poderiam divergir da taxa natural (ou seja, o retorno sobre o capital real) em seu influente livro *Prices and Interest* ["Preços e Juros", em tradução livre]. Wicksell concluiu que qualquer discrepância entre as taxas de mercado e a taxa natural seria revelada pelas mudanças no nível geral de preços: se as taxas de juros fossem muito baixas, haveria inflação; se muito altas, deflação. Seja como for, isso continua sendo uma diretiva convencional entre os formuladores de políticas monetárias no século XXI. (A obsessão Wickselliana dos Bancos Centrais com a estabilidade de preços na década de 1920 e nos primeiros anos deste século será discutida mais à frente neste livro.)

Na verdade, a taxa natural de juros não é observável, constituindo-se em pura abstração — Wicksell a descreve como a taxa pela qual o capital seria emprestado em um mundo de escambo, onde não existiria nenhum tipo de dinheiro.[34] Na época de Locke, ao menos, o dinheiro era lastreado por metais raros. Na modernidade, contudo, cria-se dinheiro sempre que um banco concede um empréstimo e o vínculo entre poupar e emprestar tornou-se mais frágil. No começo dos anos 1930, Keynes e seu colega de Cambridge, Piero Sraffa, chegaram a negar a possibilidade da existência de uma taxa natural de juros para toda uma economia. No entanto, o conceito de taxa natural — também conhecida como "taxa neutra", "taxa de equilíbrio" e "r-star" — permanece indispensável para os economistas.

Ainda que não possa ser conhecido com certeza, vale a pena ter em mente como seria o mundo se houvesse uma taxa natural de juros. Uma taxa determinada, como Locke imaginava, por indivíduos que emprestavam e tomavam dinheiro emprestado livremente no mercado, como qualquer outra mercadoria; uma taxa que refletisse com exatidão a preferência temporal da sociedade; que assegurasse que não tomaríamos muito dinheiro emprestado nem economizaríamos pouco; que garantisse que o capital seria usado com eficiência atribuindo um valor preciso à terra e a outros ativos; uma taxa que proporcionasse aos poupadores um retorno justo: não tão baixa a ponto de subsidiar os banqueiros e seus associados financeiros, nem tão alta a ponto de explorar os tomadores de empréstimo.

Assim como Locke, podemos estar confusos sobre qual é exatamente a taxa natural de juros, mas podemos dizer se ela está ausente. Quando o custo do empréstimo é muito oneroso, as empresas não tomam empréstimos para investir, os ganhos dos credores às custas dos devedores são demasiados, o capital tem seu valor reduzido, os trabalhadores ficam ociosos e há estagnação econômica. Quando o rendimento dos títulos supera em muito o crescimento da renda nacional, a dívida existente torna-se opressiva e a falência aponta na esquina. (Os economistas se referem a essa situação como uma "armadilha da dívida".) Juros altos estão associados à deflação e ao que Bacon denominou "pobreza pública". Como veremos, a Grã-Bretanha padeceu de muitos desses males após sua malfadada volta ao padrão-ouro na década de 1920 fazer com que as taxas de juros subissem a níveis intoleráveis.

Uma taxa de juros excessivamente baixa pode ser assinalada por um aumento da inflação. Porém, não se trata apenas de alterações no nível de preços ao consumidor. Quando bolhas de preços de ativos proliferam; o crédito se torna abundante em demasia; as finanças sufocam empreendimentos honestos; as poupanças minguam; e a alocação de capital é mal feita em larga escala, as chances são de que as taxas de juros do mercado não sejam compatíveis com a taxa natural.

Locke foi o primeiro escritor a detalhar o dano potencial provocado por taxas de juros abaixo de seu nível natural. Vale a pena resumir sua posição utilizando uma linguagem moderna. Em seu *Considerations*, Locke sugeriu que podem ocorrer os seguintes e indesejáveis resultados:

- Financistas se beneficiariam explorando "viúvas e órfãos".
- Riqueza se transferiria dos poupadores para os tomadores de empréstimos.
- Credores seriam inadequadamente compensados pelo risco.
- Em vez de conceder empréstimos, os banqueiros acumulariam dinheiro.
- Conforme a velocidade da circulação do dinheiro fosse diminuindo, os preços cairiam (deflação).
- Haveria muitos empréstimos assumidos.
- Dinheiro fluiria para o exterior em busca de retornos mais elevados.
- A elevação dos preços dos ativos tornaria os ricos mais ricos.
- A redução das taxas de juros não reanimaria uma economia moribunda.

Em suma, para Locke, reduzir artificialmente as taxas de juros não traz nenhum benefício para uma sociedade carente de "operosidade e frugalidade".[35] Tais visões sobre os juros pouco ressoam no mundo moderno. Na esteira da crise financeira global de 2008, os Bancos Centrais diminuíram as taxas de juros na esperança de reativar as economias aliviando o peso da dívida e inflando o valor dos ativos. O propósito era notavelmente similar ao dos defensores do dinheiro fácil no século XVII. Alguns formuladores de políticas até compartilharam a crença extraordinária de Josiah Child de que aumentar o valor dos ativos reduzindo a taxa de juros assemelhava-se à criação de riqueza real.

Após mais de uma década de políticas monetárias não convencionais, ao que parece Locke foi presciente. Como descreveremos em capítulos subsequentes, a política de taxas de juros ultrabaixas praticada pelos Bancos Centrais prejudicou os poupadores ("viúvas e órfãos") ao mesmo tempo em que beneficiou financiadores e executivos seniores, que usufruíram de ganhos inesperados quando o custo dos empréstimos tomados caiu abaixo da lucratividade corporativa. A riqueza de papel se multiplicou enquanto a riqueza genuína ficou marcando passo. A previsão de Locke de que diminuir os juros induziria os bancos a acumular, freando com isso a circulação do dinheiro e promovendo a deflação ("aumentando o valor do dinheiro"), também se confirmou. O colapso das taxas de juros também não redundou em uma contração no montante de dívidas, como o jovem Culpeper prometeu, mas levou ao excesso de empréstimos, como Locke havia previsto. Finalmente, o drástico colapso das taxas de juros não produziu uma economia robusta: "Se a má agricultura desperdiçou nossas riquezas, [não podemos] esperar que esse tipo de lei [isso é, baixando as taxas de juros] eleve as riquezas a seu valor anterior." Mais uma vez, Locke acertou na mosca.

À luz da experiência recente, a afirmação de Child de que uma queda nas taxas de juros reduziria a desigualdade, desestimularia o luxo e aumentaria a população soam cruelmente equivocadas.* Não obstante, os expoentes do dinheiro fácil no século XVII não se equivocaram em todos os aspectos. Bacon, os Culpepers e Child queriam preços de terras mais valorizados. Após 2008, e de fato antes, taxas de juros ultrabaixas inflaram bolhas de preços de imóveis em todo o mundo. Além disso, a alegação de Child de que uma queda na taxa de juros provocaria uma nova queda, "como amor gera amor", se justificou. Porém, enquanto o comerciante de Londres descrevia um ciclo virtuoso de taxas sempre em declínio e prosperidade crescente, vemos um ciclo vicioso em que as taxas decrescentes de juros induzem à estagnação.

Em capítulos posteriores, examinaremos como taxas de juros ultrabaixas contribuíram para um declínio no crescimento da produtividade, formação de bolhas de preços de ativos, crescimento dos volumes de dívida, níveis de poupança inadequada com retornos inadequados, aumento da desigualdade, fragilidade financeira e pressões deflacionárias sempre presentes. Cada um desses eventos exerceu mais pressão para baixo sobre as taxas de juros; quando em conjunto, seu efeito gravitacional imposto sobre a taxa natural de juros parece esmagador. Acontece que Child estava correto ao dizer que taxas baixas gerariam taxas mais baixas. Além disso, com base na experiência recente, parece que os juros são realmente a *causa causans* [o fundamento] da imaginação de Child.

....

* Algumas das ideias mais estapafúrdias de Child ainda estão por aqui. "Baixas taxas de juros podem causar um baby boom, sugere o Banco da Inglaterra", dizia a manchete de um artigo do *Daily Telegraph* de 23 de dezembro de 2019.

4

A Quimera

Não é de todo improvável que, quando a nação fica profundamente doente de suas dívidas e é cruelmente oprimida por elas, surja alguém ousado propondo esquemas visionários para sua quitação. E como o crédito público começará, em tal ocasião, a ser um pouco frágil, o menor toque o destruirá, como aconteceu na França; e dessa maneira morrerá do médico.

DAVID HUME, "OF PUBLIC CREDIT", 1752

Logo após o meio-dia de 9 de abril de 1694, dois jovens cavalheiros se encontraram em Bloomsbury Square, Londres, para dar fim a uma questão de honra. Um dos duelistas, Edward "Beau" Wilson — que era o filho caçula de um homem cuja renda era de apenas £200 por ano — vivia (de acordo com John Evelyn) "com as vestes e os equipamentos do nobre mais rico".[1] O rival, conhecido por seus amigos como "Jessamy John", era brilhante com números, mas tinha a reputação de ser um "grande especialista em todos os tipos de libertinagens". Quis o destino que Wilson perecesse nesse duelo. O homem que lhe tirara a vida, John Law, estava destinado à grandeza.

Law era filho do falecido William Law de Lauriston, um próspero ourives de Edimburgo. O Lauriston, em seu título, refere-se a um castelo com vista para o Firth of Forth [um estuário de rios], adquirido por ele e herdado por seu filho. Após a morte do pai, o jovem leviano fugiu de casa e desperdiçou sua herança nas mesas de jogo de Londres. Essas perdas iniciais não encobriram o fato de que Law era um matemático nato. Como comentou mais tarde o embaixador britânico em Paris, Lord Stair, ele tinha "uma cabeça capaz de cálculos de todos os tipos em uma extensão superior à de qualquer um".[2] Tal habilidade mais tarde lhe proporcionaria uma fortuna no jogo. Mesmo nessa época, Law havia cultivado outra característica que notabilizou sua carreira posterior: uma capacidade de atrair com facilidade apoiadores influentes.

Ao ser preso imediatamente após o duelo, Law declarou que Wilson havia caído sobre sua espada. O juiz não se impressionou e o condenou à forca. Porém, conhecidos bem posicionados na corte intervieram para implorar por um perdão real; isso não aconteceu, mas seus amigos conseguiram que ele fugisse para o continente. Law tinha 23 anos na ocasião desses acontecimentos. Um quarto de século depois, vestia um figurino muito diferente. Em 1720, o escocês foi nomeado ministro das finanças da França. Foi também o fundador e chefe do Banco Central francês, e administrou uma enorme empresa corporativa, conhecida como Companhia do Mississippi, cujas atividades se faziam presentes em grande parcela da economia francesa. Sua participação na empresa valia uma imensa fortuna, e ele foi agraciado com o título nobiliárquico de Duque de Arkansas.

Causa espanto esse trajeto de um estrangeiro e fugitivo da justiça inglesa galgando posições na hierarquia social de seu país de adoção. Daniel Defoe, o observador financeiro mais sagaz da época, fez pouco do sucesso de Law. Para subir neste mundo, escreveu Defoe,

> o caso é simples, você deve empunhar uma espada, matar um ou dois namorados de alguém, entrar em Newgate [prisão], ser condenado à forca, fugir da prisão se puder — *não se esqueça desse particular* — ir para algum país estrangeiro, tornar-se corretor de ações, acumular ações da Mississippi, fazer que uma nação se anime e em breve você poderá ser um grande homem.[3]

Igualmente espantoso é o fato de esse assassino condenado ter obtido, mais tarde, um lugar no panteão dos grandes economistas. "Ele desenvolveu a economia de seus projetos", entusiasma-se Schumpeter, "com brilho e, sim, profundidade, o que o coloca na linha de frente dos teóricos monetaristas de todos os tempos".[4] Law tem sido chamado de monetarista original — um precursor do século XVIII de Milton Friedman. Suas prescrições de política monetária se constituem na base dos modernos bancos centrais.

Contudo, o "Sistema" de Law, como ele o chamou, foi um estrondoso fracasso. O escocês mal alcançara o auge de sua ascensão quando a bolha estourou, e seu projeto e suas ideias monetárias foram totalmente desacreditados. A maioria dos relatos sobre a Bolha do Mississippi concentra-se na "loucura das multidões", como evidenciado pela especulação frenética que tomou conta da rua Quincampoix, o mercado de ações a céu aberto parisiense. Mas esse surto de febre especulativa não foi um evento aleatório. Neste capítulo, nos ocupamos com a origem da Bolha do Mississippi e seu subsequente colapso, bem como com o ambicioso experimento monetário de Law e, em especial, sua política expansionista da oferta monetária da França cortando as taxas de juros. Enquanto Locke considerava as inconveniências que poderiam levar a taxa de juros abaixo de seu nível natural, Law conduziu a primeira experiência do mundo com dinheiro fácil. A narrativa dos altos e baixos da atividade econômica decorrentes desse evento é um alerta para os nossos tempos.

O Sistema

A reputação de Law como economista brilhante assenta-se em alguns panfletos escritos por ele cerca de uma década após fugir para o continente. Em seu *Essay on a Land Bank* (por volta de 1703 a 1704) e em *Money and Trade Considered* (1705) ["Ensaio sobre um Banco de Terras" e "Considerações sobre Dinheiro e Comércio", em tradução livre, respectivamente], o fugitivo escocês exibiu novas percepções sobre a natureza do dinheiro. Segundo ele, o dinheiro não derivava seu valor de metais preciosos, como era a crença de pessoas como Locke. Em vez disso, o dinheiro era, simplesmente, uma medida de valor; ou, nas palavras dele: "O dinheiro não é o valor dos bens pelos quais é trocado, mas é o valor pelo qual os bens são trocados."[5] Essa esperta troca entre agente e paciente da ação resultou em uma revolução monetária. Em essência, ele estava dizendo que, como o dinheiro não tinha valor intrínseco, não precisava ser lastreado em ouro ou em outros metais preciosos.

Um tema recorrente na obra de Law é que o comércio depende da circulação do crédito, e que este "somente se perdia pela escassez de dinheiro".[6] Aqui, Law antecipa os monetaristas posteriores. Seu argumento era que a prosperidade poderia ser alcançada estabelecendo um banco que emitisse papel-moeda, cuja garantia seriam terras em vez de ouro e prata. Ao desfazer a ligação entre dinheiro e metais preciosos, Law tornou possível uma moeda administrada.

As ideias de Law sobre dinheiro foram produto de sua época. Filho de um banqueiro ourives, o jovem Law teria observado como as notas do pai eram aceitas para quitação de dívidas.[7] No fim do século XVII, as letras de câmbio "inland" [ou seja, eram sacáveis e pagáveis no país em que eram apresentadas] financiavam grande parte do comércio doméstico da Inglaterra. Defoe rechaçou qualquer reivindicação de originalidade por parte de Law; a ideia de que o crédito em papel poderia servir como dinheiro, diminuindo a necessidade de moeda forte, escreveu ele, "são tópicos comuns que todo corretor de ações domina".[8] Law também não foi o primeiro a propor um banco de terras; essa honra cabe a um certo William Potter que teve a ideia durante o Protetorado de Cromwell. Law era um dos muitos defensores contemporâneos do banco de terras que escreveram a respeito no fim do século XVII.

O pensamento de Law também foi influenciado pelo Banco da Inglaterra, fundado na primavera de 1694, mais ou menos na data de sua condenação por assassinato. A primeira emissão de cédulas de papel do Banco foi lastreada não em ouro, mas em créditos públicos derivados de um grande empréstimo feito pelos acionistas ao governo de Guilherme de Orange. Lá na frente, Law imitaria esse exemplo. Após deixar a Grã-Bretanha, Law morou algumas vezes em Amsterdã, sede do primeiro Banco Central da Europa, o Wisselbank (estabelecido em 1609), e em Gênova, cujo principal banco, a Casa di San Giorgio, foi instituído no século XV para consolidar as dívidas da cidade.*

Law tentou sem êxito, em diversas oportunidades, interessar os governos em seu esquema de banco de terras — ingleses, escoceses, o duque de Saboia e Luís XIV da França, em sequência, rejeitaram a ideia. Como Keynes lamentou mais tarde, o aspecto mais problemático de ter novas ideias econômicas é persuadir os outros de sua virtude. Finalmente, a sorte de Law mudou. Luís XIV morreu em setembro de 1715. Como o herdeiro do trono, Luís XV, tinha apenas 5 anos de idade, a França ficou sob a regência de Filipe II, duque de Orleans, uma pessoa mais suscetível a novas ideias do que seu tio, o falecido rei.

O Regente tinha pela frente uma situação terrível. As finanças reais haviam sido arruinadas pelas guerras intermináveis de Luís XIV. As dívidas do rei equiparavam-se, aproximadamente, ao tamanho da produção anual total da França, e as receitas tributárias não eram suficientes para cobrir os pagamentos de juros. A dívida foi negociada com um grande desconto em relação ao valor nominal. Economicamente, a situação da França era precária: "Falências eram comuns; milhares de trabalhadores estavam desempregados; as manufaturas estavam ociosas; o comércio, estagnado; e a agricultura, em perigo", escreve o historiador econômico Earl J. Hamilton.** O dinheiro rareava e os preços caíam. Law, recém-radicado em Paris, aproveitou a oportunidade criada pelas circunstâncias e fez uma proposta ao Regente. O Estado francês, disse ele, enfrentava dois problemas cruciais: devia demais e pagava demais pela dívida. Ele propôs que a França estabelecesse um banco nacional, nos moldes do Banco da Inglaterra:

> O banco não é a única nem a maior das minhas ideias — farei uma obra que surpreenderá a Europa pelas mudanças que irá gerar em prol da França, mudanças que vão... colocar em ordem sua situação financeira; restaurar, prover e incrementar a agricultura, as manufaturas e o comércio; aumentar o tamanho da população e a receita geral do reino; reembolsar os "encargos" inúteis e onerosos; elevar as receitas do rei enquanto cuida do povo; e reduzir o endividamento do Estado sem prejudicar seus credores.[9]

. . . .

* O banco genovês foi criado em 1407 consolidando empréstimos financiados e distribuindo ações, *luoghi*, cujos dividendos variavam conforme o rendimento dos impostos. Law mantinha uma conta na Casa di San Giorgio, que considerava o "[banco] mais bem administrado da Itália" (James Buchan, *John Law* (Londres, 2018), p. 81). [N. do A.]

** Para Hamilton, a "enorme dívida consolidada da França, o papel-moeda depreciado e a intensa crise comercial foram os principais responsáveis para que a França aceitasse o esquema de John Law". (Veja Earl J. Hamilton, "Prices and Wages at Paris under John Law's System", *Quarterly Journal of Economics*, 51(1), 1936, e "The Origin and Growth of the National Debt in Western Europe", *American Economic Review*, 122, 1947.) [N. do A.]

A França se tornaria o árbitro da Europa, prometeu Law. Tudo isso seria obtido "não por leis, mas por abundância de dinheiro".[10] Em poucos anos, o ambicioso projetista cumpriria sua palavra.

Law defendia juros baixos muito antes de ter abordado o Regente. Para ele, os juros eram o que hoje chamaríamos de "variável monetária". Em seus primeiros panfletos, Law argumentava que os juros eram decorrentes da oferta de dinheiro e que um banco nacional poderia reduzir os juros aumentando a oferta de dinheiro. Ele acreditava que os holandeses desfrutavam de custos de empréstimos mais baixos porque dispunham de uma quantidade maior de dinheiro em circulação (e não, como Locke e outros supunham, porque os holandeses eram parcimoniosos e tinham um maior estoque de capital). O escocês atribuiu o declínio gradual das taxas de juros europeias nos últimos dois séculos à prata vinda da América do Sul. Durante sua estada em Gênova, ele observou como as taxas de juros da cidade caíam sempre que navios espanhóis abarrotados de ouro despontavam no horizonte.[11]

Assim como Josiah Child antes dele, Law previu que grandes benefícios econômicos resultariam de uma diminuição do custo dos empréstimos: "Se a baixa dos juros fosse consequência de uma quantidade maior de dinheiro, o capital aplicado ao comércio seria maior e os comerciantes negociariam mais barato graças à facilidade de tomar empréstimos e aos juros mais baixos do dinheiro, sem quaisquer inconvenientes associados a isso", escreveu ele em *Money and Trade Considered*. Uma década depois, Law elaborou essa temática para o Regente francês:

> Uma abundância de dinheiro que abaixasse a taxa de juros para 2%, reduzindo os custos de financiamento das dívidas e dos cargos públicos etc., aliviaria o rei. Isso diminuiria o fardo dos nobres proprietários de terras endividados. Este último grupo enriqueceria porque os produtos agrícolas seriam vendidos a preços mais elevados. Isso enriqueceria os comerciantes, que poderiam então tomar empréstimos a uma taxa de juros mais baixa e dar emprego às pessoas.[12]

Em linguagem moderna, Law estava sugerindo que um Banco Central poderia reduzir as taxas de juros imprimindo dinheiro; que isso daria um fôlego aos emprestadores altamente endividados (nesse caso, nobres franceses), criaria empregos e revitalizaria a economia. Paralelamente, o custo do serviço da dívida do governo diminuiria e a deflação terminaria. Após a crise financeira de 2008, os Bancos Centrais do mundo agiram com intenções semelhantes.

O Conselho do Regente rejeitou, de início, a proposta que Law fizera no fim de 1715 para estabelecer um banco nacional na França, mas concedeu-lhe permissão para um banco privado. O General Bank, como foi chamado, abriu suas portas em maio de 1716. O banco foi patrocinado pelo Regente, que assumiu uma grande participação acionária e emitiu um decreto tornando suas notas moeda legal para o pagamento de impostos. Essas notas eram resgatáveis em ouro, porém, diferentemente das moedas de ouro e de prata, não podiam ser desvalorizadas por ordem real. A principal ocupação do General Bank consistia na gestão de contas, no desconto de letras de câmbio e na prestação de serviços de câmbio. Com um balanço contábil conservador, obteve lucros decentes e pagou dividendos generosos.

Esse foi apenas o primeiro passo. Passado um ano, Law assumiu uma empresa que detinha direitos de monopólio comercial e reivindicações de terras na Louisiana francesa, uma área equivalente a cerca de metade da atual área continental dos Estados Unidos (excluindo o Alasca). A Companhia das Índias ficou mais conhecida pela posteridade como a Companhia do Mississippi. Mais tarde, Law fundiu esse negócio com outros monopólios comerciais da França (as empresas do Senegal, da Índia Oriental e da China), ao qual se juntaram o monopólio do tabaco, o contrato para administrar os impostos reais e a casa da moeda. Como cereja do bolo, no fim do verão de 1719, Law providenciou para que a Companhia do Mississippi assumisse toda a dívida nacional da França, em troca de um pagamento anual. Aos credores do governo foi dada a oportunidade de trocar seus títulos da dívida por ações da empresa de Law. No espaço de três anos, o escocês havia criado "o poder financeiro mais colossal já conhecido".[13] Seu Sistema, que englobava operações comerciais, de gestão de dívidas e bancárias, foi o experimento econômico mais ambicioso antes da Revolução Russa.

O Deus Mamon*

As ações da Companhia do Mississippi foram ofertadas ao público por 500 livres [a moeda francesa]. Com base no exemplo do lançamento anterior do General Bank, 3/4 da subscrição poderiam ser feitos mediante dívida governamental com deságio. Nos dois primeiros anos, a base monetária se manteve estável. Mas, então, Law abriu as torneiras. Em dezembro de 1718, o General Bank foi nacionalizado e renomeado como Royal Bank. Esse era o tipo de instituição financeira que Law imaginara em seus escritos anteriores. Ao contrário do General Bank, as notas do Royal Bank eram denominadas na unidade de conta, o *livre tournois*, em vez de ouro. Com isso, deixou de existir qualquer restrição sobre a quantidade de dinheiro que poderia ser emitida.

Assim que o Royal Bank começou a imprimir seu papel-moeda, as ações do Mississippi ficaram mais atraentes. Ao longo de 1719, seu preço subiu cerca de 20 vezes, chegando a quase 10 mil livres. Os investidores que subscreveram

....

* O termo "mamon" tem origem hebraica, e significa, literalmente, "dinheiro". Apesar de alguns considerarem mamon um deus, não há correspondência histórica confirmando essa afirmação. Sua figura é normalmente relacionada a um nobre de aparência deformada, que carrega um grande saco de moedas de ouro e suborna os humanos para ganhar suas almas. Fonte: https://www.folhadoslagos.com/colunistas/post/mamon/1465/ [N. do T.]

aquele primeiro lançamento via dívidas governamentais com deságio aumentaram seu dinheiro em mais de 40 vezes. Os franceses cunharam uma nova palavra, *millionaire*, para se referir a tais sortudos. Uma febre especulativa tomou conta da nação e logo viralizou por toda a Europa. Em suas memórias, o duque de Saint-Simon descreveu as cenas da rua Quincampoix:

> Havia multidões o dia todo... tal excitação tresloucada nunca foi conhecida antes... Dia após dia, o banco de Law e sua sociedade por ações ganhavam prestígio. As pessoas confiavam plenamente em ambos, e corriam para transformar suas propriedades e suas casas em papel, com o resultado de que tudo, menos o papel, custava mais... A cabeça de todos estava virada.[14]

O próprio Law foi assediado, observou Saint-Simon, "por suplicantes e bajuladores [buscando obter ações]; sua porta foi forçada, as pessoas entraram pelas janelas de seu jardim e caíram pela chaminé em seu escritório. As conversas envolviam milhões".[15] O mundo virou de ponta-cabeça. Os criados, cujos senhores os mandavam para executar seus negócios na rua Quincampoix, especulavam por conta própria. A insolência desses lacaios era intolerável, escreveu a mãe do Regente, Elizabeth Charlotte, que na corte era conhecida por Madame. Foi preciso emitir um decreto, no fim de 1719, proibindo os servos uniformizados de usar mangas de veludo, camisas de seda, grandes botões de prata e tecido dourado. Passou-se a discutir se os nobres especuladores deveriam perder posição por se envolverem em atividades comerciais. A degradação da aristocracia foi exemplarmente simbolizada pelo caso do jovem conde d'Horn, que se envolveu em um fracassado roubo de certificados de ações que resultou na morte de um corretor; ele foi condenado à pena de morte por um método torturante.

Mulheres de várias categorias sociais figuravam entre os mississipianos mais ávidos. Madame de Tencin, uma ex-freira que se tornou *saloniste*, e mais tarde mãe do *philosophe* D'Alembert, abriu um *bureau boursier*. A mãe do Regente adorava contar as lendas do Mississippi. Se as duquesas estivessem a postos para beijar a mão de Law, ela, maliciosamente, ponderava que partes do corpo dele outras damas poderiam preferir. Em uma carta subsequente, Madame foi menos circunspecta: "Se o Sr. Law assim o desejasse, as damas francesas ficariam felizes — com perdão do meu francês — em beijar sua bunda."[16] Especuladores estrangeiros dirigiram-se a Paris provenientes de toda a Europa.[17] Madame receava não haver comida suficiente para todos eles. "É incrível o quão terrivelmente rica a França é agora; não se ouve falar de nada a não ser de milhões... O deus Mamon agora está governando Paris."[18]

O Manancial da Mississippi

Law era um exímio manipulador financeiro, uma atividade mais ou menos equiparável ao termo contemporâneo *corretor de ações*. Como vimos, ele providenciou para que a primeira subscrição de ações fosse paga com o dinheiro "interessante" da dívida governamental depreciada. Law deu força à demanda por ações no mercado secundário ao exigir que novas emissões fossem feitas somente para quem tivesse ações de subscrições anteriores. Era melhor chegar cedo, pois cada nova subscrição era emitida a um preço mais alto do que a anterior.* Considerando que as ações eram emitidas aos acionistas com apenas um pequeno adiantamento, os lucros dos especuladores eram altamente alavancados pelos movimentos no preço das ações.**

Os prospectos da Companhia do Mississippi foram intensivamente promovidos pelos agentes de Law na imprensa. A Louisiana foi descrita como um novo El Dorado, abundante em ouro e outros metais preciosos. *Le Nouveau Mercure* publicou que a terra fértil do local era povoada por ratos marsupiais do tamanho de gatos cujo gosto supostamente parecia o de um leitão.[19] Os colonos que se dirigiam à colônia, muitos de origem alemã, foram equipados com ferramentas novas e reluzentes e desfilaram pelas ruas de Paris. (O que eles encontraram ao chegar ao incipiente assentamento de Nova Orleans foi bastante diferente do que havia sido descrito pelos propagandistas de Law. Um dos primeiros visitantes, o padre jesuíta Charlevoix, descobriu que Nova Orleans consistia em "cem cabanas dispersas aleatoriamente, uma grande loja de madeira e duas ou três casas indignas de qualquer aldeia francesa".[20] Os colonos enfrentaram diversas doenças, entre elas "febres, escorbuto, disenteria, doenças venéreas e moléstias nas pernas".[21] Cerca de metade deles morreram ou retornaram para a Europa.)[22]

O principal estímulo para a bolha veio das impressoras do Royal Bank. Ao longo de 1719, a quantidade de papel-moeda em circulação aumentou cerca de 1 bilhão de livres.[23] O banco utilizava 8 impressores 24 horas por dia para produzir notas de grandes denominações. A nota mais usualmente emitida valia 10 mil livres.[24] Imprimir dinheiro tornou-se algo de tal modo intenso que até a assinatura manuscrita do caixa do banco passou a ser impressa (como nas cédulas modernas). Saint-Simon afirmou que "a impressão de ações e de notas realmente atrasava porque os fabricantes não podiam fornecer o papel com rapidez suficiente!"[25] Em maio de 1720, a circulação total de notas superou 2 bilhões, um aumento de 50 vezes em relação à emissão anterior do General Bank e por volta do dobro da quantidade de moedas de ouro e de prata em circulação.[26]

A afirmação que Law fizera anteriormente, de que um aumento na circulação de dinheiro reduziria a taxa de juros, de fato ocorreu. Conforme as notas bancárias jorravam, as taxas de juros francesas afundavam. Em agosto de 1719,

· · · · · · · ·

* À emissão de 500 livres no fim de 1718 seguiu-se outra de 550 no mês de junho seguinte, subindo para 1 mil no mês seguinte e para 5 mil livres nas emissões de setembro e de outubro de 1719. [N. do A.]

** Na segunda metade de 1719, era exigido apenas um adiantamento de 10% em novas emissões. Os subscritores estavam de fato comprando opções. [N. do A.]

a Companhia do Mississippi concordou em assumir cerca de 1,2 bilhão (que posteriormente subiu para 1,7 bilhão) de livres da dívida nacional da França, pela qual receberia um pagamento de 3%. Os credores do governo poderiam trocar seus títulos por ações, mas quem recusasse essa oferta teria o pagamento de juros reduzido de 5% para 2%.[27] Como escreveu um comentarista mais tarde,

> com uma canetada, os detentores da maior parte do endividamento do governo tiveram seus investimentos destruídos em um período no qual o declínio dos juros e a valorização dos bens imóveis e pessoais pareciam afastá-los de todas as formas de investimento com exceção daquelas patrocinadas pelo próprio sistema.[28]

Law havia escrito, em ocasiões anteriores, que em seu modo de ver as ações da Companhia das Índias Orientais eram como dinheiro, pois podiam ser usadas para o pagamento de dívidas. Agora, sob seu sistema, o dinheiro do banco e as ações da Mississippi tornaram-se intercambiáveis. O Royal Bank concedia empréstimos a especuladores, garantidos por ações, à taxa de 2%. A Companhia do Mississippi também comprou grandes lotes de suas próprias ações com empréstimos do banco. Quando o preço das ações caiu, no início de outubro de 1719, a Companhia ofereceu recomprar as ações com um prêmio de 10% sobre o preço de mercado. Alguns meses depois, Law abriu o *bureau d'achat et de vente* (escritório de compra e venda) para que a Companhia pudesse intervir ininterruptamente no mercado de suas ações. Essas vultosas recompras de ações foram financiadas com empréstimos a juros zero. No início de 1720, o Royal Bank e a Companhia do Mississippi fundiram-se em uma única entidade corporativa e, em meados de fevereiro, cerca de 800 milhões de livres em notas foram emitidos para adquirir ações da empresa.[29]

O declínio das taxas de juros, aliado ao maior volume dos dividendos, parecia justificar a rápida elevação do preço das ações da Companhia do Mississippi. No fim de 1719, quando o mercado atingiu sua máxima, o rendimento da dívida do governo havia chegado a 2% e os empréstimos para compra de ações (compras em margem) tinham o mesmo custo, ao passo que as ações da Mississippi eram negociadas a quase 50 vezes os lucros e distribuíam um dividendo igual a 2% do preço de mercado (houve o reconhecimento de que o dividendo não foi totalmente coberto pelos lucros). O próprio Law estava ciente de que a valorização das ações da Companhia do Mississippi dependia da taxa de juros. No início de 1720, ele até justificou o alto preço das ações pela referência aos baixos juros vigentes.[30] Escrevendo sobre a Bolha do Mississippi, cerca de meio século depois, o economista escocês Sir James Steuart mostrou-se perspicaz ao comentar que "o valor, em capital, *realmente existia* em relação à taxa de juros".[31]

As ações da Companhia do Mississippi não foram o único ativo cujo valuation foi inflado pela acentuada queda na taxa de desconto. Nicholas Dutot, um tesoureiro da Companhia, observou que o declínio das taxas de juros "aumentou o valor das terras para 80 e 100 anos de compra [um rendimento de aluguel por volta de 1%], levantou edifícios majestosos na cidade e no campo, [e] reformou velhas casas caindo aos pedaços".[32] Uma amiga da mãe do Regente comprou uma grande casa na cidade com seus ganhos especulativos, a qual alugou pelo "quinquagésimo centavo" (ou seja, um rendimento de aluguel de 2%).[33]

APOGEU E COLAPSO

Por um breve período, o Sistema cumpriu tudo o que Law havia prometido. Como ele lembrou mais tarde:

> O príncipe governava um povo rico, seus rendimentos aumentaram e os encargos de seu povo diminuíram. Não havia mais terras por cultivar nem trabalhadores ociosos. Os camponeses eram alimentados e vestidos e não deviam nada ao rei ou ao mestre. Manufaturas, navegação e comércio cresceram e... o crédito tinha preferência e ganho em relação ao dinheiro em espécie.[34]

No início de setembro de 1719, o embaixador Stair enviou uma mensagem a Londres: "De agora em diante, você deve considerar Law como o primeiro-ministro, que diariamente discursa que elevará a França a uma altura maior do que nunca, após a ruína da Inglaterra e da Holanda."[35]

A Companhia do Mississippi dominou a economia da França e prevaleceu em seu nascente mercado de ações. "Nenhuma empresa antes ou depois teve uma participação maior no capital para investimento do mundo do que a *Compagnie des Indes* no outono de 1719... Em comparação, a Apple Inc. é uma loja de trapos", escreve o biógrafo de Law, James Buchan.[36] A participação pessoal de Law na empresa fez dele, de acordo com seus próprios cálculos, o indivíduo mais rico que já existiu. E que não demorou a constituir um grande império imobiliário, composto por quinze propriedades espalhadas pela França e várias outras na capital. Em Paris, adquiriu o vasto Palais Mazarin por 1 milhão de livres, além de cinco casas na Place Vendôme e dez casas no Faubourg Saint-Honoré.* Law e seu irmão William tomaram emprestados quase 20 milhões de livres do banco para comprar ações e propriedades.[37]

Enquanto Law enfileirava imóveis, outros novos milionários embarcavam em uma orgia de luxo. A viúva Chaumont, que teria ganhado uma fortuna de 60 milhões de livres, mantinha reuniões festivas nas quais se consumia "todos os dias uma vaca, dois bezerros, seis ovelhas, além de aves e caça, com bastante

· · · · · · · ·

* Nessa época, um pedreiro ganhava cerca de 170 livres por ano. Nos EUA, a renda média hoje em dia está próxima de US$59 mil. Com base nesses valores relativos, Law pagou cerca de US$350 milhões na moeda atual pelo Palais Mazarin. O edifício tornou-se a sede da Companhia e do Royal Bank, e mais tarde abrigou a Bibliothèque Nationale da França. [N. do A.]

champanhe e borgonha".[38] Paris estava repleta de carruagens novas, das quais saíam pessoas elegantemente vestidas, cobertas de joias.[39] Tecelões e relojoeiros foram trazidos do exterior para atender à crescente procura por tapeçarias finas e relógios sofisticados.[40] O duque de Bourbon gastou seus lucros da Mississippi em novos estábulos em sua casa em Chantilly, com capacidade para mais de 200 cavalos e 23 carruagens. O editor do *Mercure de France* deu as boas-vindas à prosperidade geral trazida por tal extravagância: "Devemos admirar a sabedoria divina que... permite que a cupidez exerça em situações como esta os deveres da caridade."[41] Hoje, chamamos isso de efeito *trickle-down*.*

Mas, assim que atingiu o auge, a obra de Law começou a ruir. As razões para o fracasso são complexas. O intruso escocês havia criado inimigos poderosos, entre eles os financistas que anteriormente cultivavam os impostos reais e estavam ansiosos para recuperar essa benesse. Os membros do Parlamento de Paris também detestavam Law, cujas reformas ameaçavam acabar com sua existência venal. Vários de seus contemporâneos, incluindo Saint-Simon, acreditavam que as iniciativas de Law estavam condenadas desde o princípio uma vez que ele estava tentando introduzir instituições financeiras modernas — um banco nacional, crédito de papel, uma dívida nacional financiada e sociedades anônimas — que eram vulneráveis aos caprichos do autocrático monarca francês.**

Para piorar a situação, Law se utilizou dos poderes absolutos do monarca para impor seu Sistema à nação francesa. A fim de tornar suas notas mais atraentes, Law, em diversas ocasiões, alterou por decreto o valor monetário do ouro e da prata. Ele forçou que a população se voltasse para as notas. Quando os líderes da Mississippi, liderados pelo Príncipe de Conti, começaram a *realizar* — outro neologismo lançado pela bolha, significando converter "propriedade *ideal* em alguma coisa *real*" — seus lucros ao trocar notas e ações por "outras coisas mais sólidas que papel", Law reagiu proibindo a posse de metais preciosos.*** Sua inclinação ditatorial é revelada em um panfleto de março de 1720 no qual ele reclamava contra o entesouramento de dinheiro. O governo não deve permitir

• • • • • • • •

* Trata-se da "teoria do gotejamento", um conceito utilizado para caracterizar políticas econômicas que favoreçem os ricos ou privilegiados, sendo de uso quase exclusivo dos críticos do capitalismo laissez-faire, mais especificamente, da economia pelo lado da oferta. [N. do T.]

** Quando Law levou seu esquema pela primeira vez ao Regente, o banqueiro Samuel Bernard foi contra, afirmando não haver "fundamento para o banco que ele propõe num país onde tudo depende da vontade do rei" (Buchan, *John Law*, p. 111). [N. do A.]

*** A definição de "realizar" é de Washington Irving (de seu ensaio de 1825, "A Grande Bolha do Mississippi"). Segundo um decreto de dezembro de 1719, todos os pagamentos públicos deveriam ser feitos em notas bancárias. No mês de fevereiro seguinte, a importação e o uso de metais preciosos, diamantes e pérolas foram proibidos e a Companhia recebeu poderes para procurar moedas acumuladas. No fim do mês, a posse de ouro e prata só era permitida a ourives regulamentados. [N. do A.]

que o capital "se torne um refúgio ou um porto durante uma tempestade".*
Mais tarde, Law acrescentou que, como o dinheiro se destinava a fazer a riqueza
circular, "você não tem permissão de usá-lo para outros propósitos". Medidas
tirânicas e às vezes caprichosas como essa de Law serviram apenas para minar a
confiança no novo papel-moeda.[42]

De outras formas o caráter de Law teve seu papel em viciar o sucesso de seu
projeto. Vaidade e ambição parecem ter-lhe subido à cabeça.[43] Defoe disse que
ele era "ousado, empreendedor, arrojado e imprudente além do alcance do plano
a que se propunha".[44] Madame o achava sobrecarregado de trabalho. Perto do
fim, se tornou "resmungão e mal-humorado, e às vezes falava de forma imprudente". Seu elevado estresse era óbvio, o que pode explicar suas muitas decisões
erradas. Apesar de brilhante para números, Law deu pouca atenção à gestão daquela que era, em valor de mercado e extensão comercial, a maior corporação da
história. Ele "odiava delegar, e quando o fazia empregava desesperados", como o
brutal Edouard de Rigby, que havia sido expulso da Marinha Real por sodomia
e estava encarregado de administrar o comércio da Louisiana.[45] Os caros navios
encomendados pela Companhia aos estaleiros britânicos foram construídos às
pressas e navegavam mal.

Em última análise, o Sistema era simplesmente ambicioso demais. É como
Laurent Dugas, um oficial de Lyon, escreveu no verão de 1719:

> Seja qual for o gênio do Sr. Law, era impossível para um único intelecto
> ser forte o bastante para conduzir um comércio que envolve o Oriente e o
> Ocidente, no qual cada parte requer dores infinitas e previsão ilimitada...
> Para o projeto ter êxito, seu autor deveria ser imortal e ter a certeza de
> gozar para sempre da mesma confiança de seu príncipe.[46]

No entanto, Law não estava interessado em operações comerciais detalhadas, e a
confiança do Regente francês era apenas provisória. Após partir, em uma carta
ao Regente, confessou que "sempre odiou o trabalho". Porém, mesmo que tivesse
sido menos impetuoso, agido menos ditatorialmente e prestado mais atenção às
operações, o Sistema ainda teria fracassado em razão dos seus instáveis fundamentos monetários. No fim de 1719, a enorme emissão de notas havia gerado
uma "inflação desenfreada", evidenciada pela quase duplicação de um índice
de preços de commodities desde o início do ano.[47] Conforme a confiança no
papel-moeda se esvaía, o dinheiro fugia do país. Law tinha pela frente um dilema intratável: continuar imprimindo dinheiro para sustentar o preço das ações

· · · · · · · ·

* Buchan escreve que Law está invocando uma "nova espécie de propriedade, na qual
seu capital é de uso para todo o corpo da nação". O desejo autocrático de Law de
impedir a acumulação de dinheiro é um prenúncio dos recentes apelos para abolir o
dinheiro físico, a fim de impedir que o dinheiro seja entesourado, em um momento no
qual os Bancos Centrais tentavam impor taxas de juros negativas (Buchan, *John Law*,
p. 271). [N. do A.]

e correr o risco de uma inflação galopante colapsando a moeda, ou enxugar a emissão excessiva arriscando estourar a bolha.

As ações da Mississippi caíram drasticamente em fevereiro de 1720, após o fechamento do escritório da Companhia para compra e venda de ações. Law, então, reabriu o escritório e prometeu fixar o preço das ações em 9 mil livres, com o qual, escreveu o tesoureiro Dutot, as ações "tornaram-se apropriadas para cumprir os usos do dinheiro".[48] Isso significava que um número potencialmente ilimitado de notas poderia ser emitido para manter o preço de mercado das ações. Nas bolsas estrangeiras, a moeda francesa continuou a cair em relação à libra lastreada em ouro. Em 21 de maio, Law mudou de posição de novo, fixando o preço das ações em 5 mil livres — cerca de metade do nível máximo. As cédulas também deveriam perder metade de seu valor em relação à moeda, e o número delas em circulação seria reduzido.

Com essa decisão de Law, um processo de deflação foi instaurado. Não foi uma medida popular. Houve tumultos, o Royal Bank foi invadido e a multidão despedaçou a carruagem pessoal de Law. O Regente rapidamente anulou o decreto e demitiu seu ministro das Finanças. Law recuperou a função, mas a confiança no Sistema foi toda abalada. No início de dezembro, Law renunciou. No mês seguinte, pouco mais de um ano após ser nomeado ministro das Finanças, Law fugiu do país, deixando seus sonhos, sua fortuna, sua esposa e sua filha para trás. Seu grande experimento monetário havia fracassado.

Vários de seus contemporâneos tiveram opiniões semelhantes sobre o Sistema. Mesmo antes do estouro da bolha, Defoe fez uma cáustica denúncia do esquema, intitulada "A Quimera, ou a Forma Francesa de Pagar a Dívida Nacional", na qual acusava Law de levantar

> uma espécie inconcebível de mero ar e sombra, realizando fantasias e imaginações, visões e aparições, simplesmente especulando sobre as coisas, agindo em todas as partes e realizando todos os ofícios das próprias coisas; e assim, em um instante, todas as suas dívidas somem, a substância respondida pela sombra...

Já Saint-Simon, em suas memórias, embora achasse Law pessoalmente envolvente, referiu-se à "quimera da Mississippi, suas ações, linguagem e ciência... seu hocus pocus [mágica] que tira dinheiro de alguns para dar a outros".[49] Voltaire também caracterizou a bolha como uma *chimère*. Em sua *Persian Letters*, Montesquieu representou Law alegoricamente: "Cujo pai era Éolo, deus dos ventos, e cuja mãe, uma ninfa caledônia... Tão logo ele cresceu, seu pai lhe ensinou o segredo de pegar o vento em balões."

À época, a análise mais aguda dos eventos veio de Richard Cantillon. Esse banqueiro parisiense de ascendência irlandesa já havia colaborado com Law, até mesmo enviando seu irmão Bernard para desenvolver um assentamento na Louisiana. Inicialmente otimista, Cantillon reconsiderou. Seu *Essai Sur La Nature du*

Commerce, escrito na década de 1730, é considerado um dos primeiros grandes trabalhos sobre economia.

No curto prazo, asseverou Cantillon, um banco nacional poderia reduzir as taxas de juros ao assumir a dívida do governo com dinheiro recém-impresso. A expectativa de novas quedas nas taxas de juros induziria o público a adquirir títulos, diminuindo ainda mais as taxas e elevando o preço dos títulos. Contudo, os riscos em tais operações bancárias eram muitos. A economia prosperaria somente enquanto o montante monetário adicional criado pelas emissões permanecesse no sistema financeiro: "Cédulas em excesso, emitidas nessas ocasiões, não perturbam a circulação [não causam inflação], porque, usadas para a compra e venda de ações [ou seja, ativos financeiros], não servem para despesas domésticas e não são convertidas em prata."[50]

Mas, se o dinheiro escapasse para a economia como um todo, os preços ao consumidor subiriam. Além do mais, disse Cantillon, tudo bem o banco comprar ações em um mercado em alta. Mas a quem as venderia na queda? "Se o Banco, por si, aumentar o preço das ações públicas comprando-as, a queda será muito expressiva quando as revender para anular sua emissão excessiva de notas." Por fim, havia o perigo de que os especuladores perdessem a confiança no papel-moeda: "Se uma corrida aos bancos ou uma crise imprevista levasse os detentores [de notas] a exigir prata do Banco, a bomba explodiria, deixando claro que essas são operações perigosas."[51] Dois séculos depois, Earl J. Hamilton desenvolveu a crítica monetária de Cantillon. Era nítido que as taxas de juros eram muito baixas durante os anos da bolha, mas o escocês estava "irrevogavelmente comprometido" com o dinheiro fácil, disse Hamilton.[52] Poucos anos antes, os empréstimos comerciais franceses custavam cerca de 6%. Mas, em 1719, o Royal Bank emprestou a 2% e os empréstimos privados custavam menos ainda.[53] Hamilton identificou uma discrepância entre a "taxa natural" de juros e a taxa artificialmente rebaixada do Royal Bank.* Se Law revertesse o curso e aumentasse as taxas, o preço das ações da Mississippi — que, como vimos, só era justificado pela taxa de desconto de 2% — teria desabado.

Com o estouro da bolha, as ações da Companhia do Mississippi perderam cerca de 90% de seu valor, recuando ao patamar dos negócios em 1718. François Velde, economista do Fed de Chicago, estima que um valor justo para as ações da Mississippi durante o ano da bolha era de uns 1.875 livres, cerca de 1/5 do pico do preço das ações.[54] Essa não foi a primeira vez, nem será a última, que

---

* "A política de crédito fácil de Law deve ter sido amplamente responsável", escreveu Hamilton, "pela taxa de juros do mercado não ter subido durante a bolha". De acordo com a teoria de Wicksell, a disparidade entre as taxas de juros naturais e de mercado incrementava a expansão do crédito e desempenhava um papel importante na forte alta dos preços" ("Prices and Wages at Paris under John Law's System", p. 63; ver também François Velde, "John Law's System", *American Economic Review*, 97 (2), 2007). [N. do A.]

especuladores jogam o preço muito lá no alto em algum novo desenvolvimento empolgante. Como escreve James Buchan, sua

> ilusão está *na concepção de tempo*. O mercado de ações procura condensar o futuro em poucos dias, descontar a longa marcha da história e capturar o valor presente de todas as riquezas futuras. A exigência gritante de ter tudo agora — possuir agora o futuro em dinheiro —, que não pode tolerar nem mesmo a noção de posteridade, é o que mergulha o especulador na psicopatia.[55]

Não parece coincidência que a errônea *concepção de tempo* tenha aparecido com frequência em ocasiões nas quais o preço do tempo estava anormalmente baixo, como na França em 1719. Law entendia o valor do dinheiro no tempo e já havia criticado os concorrentes de bancos de terras que propunham taxas de juros demasiadamente baixas.* Os "juros do dinheiro", escreveu o jovem Law, "não devem ser reduzidos criando uma espécie de dinheiro menos valioso do que o dinheiro de prata".[56] Entretanto, quando colocou em prática seu Sistema, ele ignorou o que escrevera e com suas manipulações monetárias inflou uma das maiores bolhas especulativas da história.

O veredito dos economistas modernos sobre Law e seu Sistema é surpreendentemente positivo. Alguns deles até negam haver existido uma bolha em 1719. O aumento no preço das ações da Companhia do Mississippi, dizem eles, tinha sua razão de ser na conversão de Law da dívida ilíquida do governo em ações negociáveis. Uma autoridade amplamente citada alega que "um mercado eficiente governou até que o Sistema [de Law] começou a entrar em colapso na primavera de 1720".[57] Outros sugerem que, em 1720, os especuladores estavam antecipando o crescimento do comércio atlântico, o qual beneficiaria a Companhia do Mississippi. Se for isso, estavam desesperadamente otimistas. Nas décadas seguintes, os lucros das operações comerciais da Companhia do Mississippi cresceram a uma medíocre taxa anual de 0,5%.[58]

Não obstante as políticas de Law tenham causado um surto inflacionário e provocado uma quebradeira no mercado de ações, os acadêmicos da Ivy League aplaudem calorosamente suas noções monetárias. Peter Garber, professor de economia na Brown University, afirma que a teoria do crédito de Law "é a peça central da maioria dos livros sobre dinheiro e macroeconomia produzidos nas duas últimas gerações e a *lingua franca* dos formuladores de políticas econômicas preocupados com o problema da economia subempregada". Para Garber,

....

* Em seu "Ensaio sobre o Banco de Terras" (escrito por volta de 1704), Law criticou o esquema de banco de terras rival de Hugh Chamberlen, que propugnava o fornecimento de £10 mil em notas bancárias como garantia de terras, gerando uma renda anual de apenas £150 (ou seja, uma capitalização à taxa de 1,5%), e atacou o plano de John Briscoe para um banco de terras que mencionava uma taxa de empréstimo ainda mais baixa. [N. do A.]

60　◈　*O Preço do Tempo*

o Sistema de Law tinha todas as chances de ser bem-sucedido.[59] William Goetzmann, de Yale, considera a crença de Law de que pouquíssimo dinheiro restringe a atividade econômica como "o princípio essencial inerente das decisões do Federal Reserve dos EUA hoje".[60]

As condições econômico-financeiras advindas do colapso do Lehman Brothers em setembro de 2008 — uma mistura tóxica de deflação, alto desemprego e dívida governamental crescente — têm certo paralelo com a vigente na França após a morte de Luís XIV. Os formuladores de políticas monetárias responderam a tais circunstâncias com uma prescrição constante do receituário de Law, diminuindo as taxas de juros e adquirindo grande parcela de suas dívidas nacionais (embora não indo tão longe quanto Law) com emissão de dinheiro novo. Há outra semelhança. Depois de 2008, o Fed implementou uma política deliberada de aumento dos preços dos ativos reduzindo a taxa de desconto. Enquanto Law criou milionários na Mississippi, seus imitadores do século XXI cunharam bilionários a granel.

Na década que se seguiu à crise financeira global, os Bancos Centrais justificaram suas políticas monetárias não convencionais baseados no fato de que a inflação dos preços ao consumidor estava estável. Porém, como Cantillon apontou, quando um banco nacional põe a impressora para funcionar e compra a dívida do governo, o dinheiro novo emitido fica, de início, circunscrito ao sistema financeiro, inflando os ativos financeiros em vez dos preços ao consumidor, e só pouco a pouco vai permeando a economia como um todo.* Como descreveremos em capítulos subsequentes, a descrição de Defoe do Sistema de Law como "uma espécie inconcebível de mero ar e sombra" pode igualmente ser aplicada à recuperação econômica arquitetada pelo Banco Central após 2008.

O irrefreável Law jamais admitiu as falhas inerentes a seu sistema. O Conde de Gergy, embaixador francês que visitou Law em Veneza pouco antes da morte do escocês em 1729, relatou que "nunca tinha visto um homem mais teimoso do que ele sobre seu maldito Sistema, e de tal maneira que é provável que, desde o início de suas operações, ele realmente acreditava na infalibilidade de seus projetos".[61] Os Bancos Centrais, ao recorrerem à impressão de dinheiro e à manipulação de taxas de juros, insuflando as bolhas de preços de ativos, emanam um ar semelhante de infalibilidade. Desprezam o aviso de Cantillon de que está tudo bem implementar um grande experimento monetário, mas que não há saída indolor. "O que os Bancos Centrais estão fazendo hoje é exatamente o que Law recomendou", escreveu o biógrafo de Law, Antoin Murphy, na esteira da crise financeira global. "Desse ponto de vista, pode-se argumentar que, *a despeito* do fracasso do Sistema Mississippi, os sucessores bancários de Law foram Ben Bernanke, Janet Yellen e Mario Draghi."[62]

· · · · · · · · ·

* O fato de as forças inflacionárias de início aumentarem os preços em algumas áreas da economia antes de se espalharem é conhecido como "efeito Cantillon". [N. do A.]

5

John Bull Não Suporta 2%

Diz a experiência que, quando o juro do dinheiro é de 2%, é comum o capital emigrar, ou, o que é a mesma coisa, é desperdiçado em especulações tolas, que nunca rendem um retorno adequado.

WALTER BAGEHOT, 1848

Se os investimentos antigos, testados e seguros já não rendem seus retornos habituais, é preciso pegar o que rendem ou tentar o que não foi tentado. Precisamos ser mais pobres ou menos seguros; menos opulentos ou menos seguros.

WALTER BAGEHOT, 1856

O CICLO COMERCIAL

A partir do início do século XVIII, e daí em diante, o comércio inglês apresentou um padrão de flutuações regulares. No princípio, recessões cíclicas tendiam a ser ocasionadas por eventos aleatórios, como o surgimento de uma guerra ou quebras de safra. Mas, com o tempo, as causas se concentraram em fatores monetários, algo semelhante ao nosso moderno ciclo de crédito. Quando o crédito era farto, as taxas de juros baixas e os lucros abundantes, os comerciantes tornavam-se mais ousados e os banqueiros faziam vista grossa à imprudência deles.

Períodos de baixas taxas de juros alavancaram indústrias de capital intensivo. Na década de 1750, várias dívidas do governo britânico (incluindo as emitidas em nome da Companhia dos Mares do Sul) foram convertidas, ou "consolidadas", em um único título perpétuo, resgatável por opção do governo. Passado esse período, verificou-se que a produção de tijolos tinha trajetória inversa à do rendimento dos Consols, como eram chamados os novos títulos.[1] Uma grande expansão imobiliária ocorreu em meados da década de 1760, quando as taxas hipotecárias caíram para o nível anormalmente baixo de 3,5%. O escritor Horace Walpole observou uma "fúria de construção em todos os lugares" acompanhada por um "embaraço de opulência". A "fúria, ou ao menos a pressa, de construir", relatou um jornal, "é tão grande hoje em dia que os tijolos são muitas vezes

62   *O Preço do Tempo*

levados aos pedreiros antes de estarem frios o bastante para serem manuseados; de tal modo que alguns dias atrás o piso de um carro carregado de tijolos pegou fogo em Golden Lane, Old Street".[2]

Assim como no século XXI, esse incipiente ciclo de crédito foi sensível a acidentes bancários e à reversão dos fluxos internacionais de capital. Do início do século XVII ao fim do século XVIII, os holandeses foram os concessores estrangeiros de empréstimos mais importantes na cidade de Londres. A primeira corrida aos bancos da cidade, ou "umidade repentina", como foi chamada, aconteceu em 1621, depois que comerciantes holandeses retiraram seu capital.[3] A forte expansão da construção nos anos 1760 findou em junho de 1772, com o colapso do banco escocês Ayr Bank, administrado por um financista desonesto, Alexander Fordyce. A falência do Ayr Bank provocou uma corrida aos bancos internacionais que derrubou uma das principais empresas de Amsterdã, a Clifford & Sons, exacerbando assim a crise de crédito em Londres.

As sucessivas etapas do ciclo de crédito foram descritas por Lord Overstone, o maior banqueiro da era vitoriana, que em 1837 caracterizou o "estado do comércio" como

> sujeito a várias condições que retornam periodicamente; ele gira aparentemente em um ciclo estabelecido. Primeiro, o encontramos em um estado de quietude — próxima melhoria — confiança crescente — prosperidade — excitação — crescimento exagerado — convulsão — pressão — estagnação — angústia — terminando novamente em quietude.[4]

Poucos vitorianos compreenderam melhor o ciclo comercial do que o contemporâneo de Overstone, Walter Bagehot. O renomado editor do *Economist* tinha as operações bancárias em suas veias. Diz a lenda que Bagehot havia nascido no alto de um banco; na realidade, sua mãe o deu à luz na casa ao lado do Stuckey's Bank, em Langport, uma cidade mercantil em Somerset. A Sra. Bagehot fazia parte da família Stuckey e seu marido trabalhava para o banco. Após terminar a universidade, o jovem Bagehot foi contratado pela Stuckey's como gerente da filial em Bristol, e mais tarde sucedeu a seu pai como vice-presidente do banco. Embora a partir de 1860 tenha se dedicado amplamente à edição do *Economist*, Bagehot se manteve ligado ao banco da família até falecer em março de 1877.

Enquanto Overstone elaborava as etapas do ciclo de crédito, Bagehot procurava suas causas. O ciclo surgia, disse ele, a partir dos "diferentes volumes de capital para empréstimos que poderia estar disponível em momentos diferentes para financiar o comércio".[5] Há uma série de motivos capazes de fazer com que a quantidade de capital para empréstimos varie — uma descoberta de ouro, a emissão excessiva de notas ou a expansão do comércio. Porém, havia também um elemento psicológico. "O crédito, a disposição de um homem para confiar em outro, varia de modo singular", escreveu Bagehot.[6] Os juros são o barômetro da confiança, subindo e descendo ao longo do ciclo. Muita confiança é algo perigoso. Bagehot descreveu o comportamento financeiro negligente característico dos picos dos ciclos de crédito:

> Os bons tempos favoráveis, de preços lá no alto, quase sempre também suscitam muitas fraudes. Todas as pessoas são mais crédulas quando estão mais felizes; e quando se acaba de ganhar muito dinheiro, quando alguns estão de fato ganhando, quando a maioria das pessoas pensa que está ganhando, há uma feliz oportunidade para engendrar mentiras convincentes.[7]

Com o ciclo entrando em seus estágios finais, o Banco da Inglaterra se veria obrigado a aumentar as taxas. O importante, disse Bagehot, é ele agir prontamente. Os maus empréstimos tinham de ser extirpados.* "O melhor método — o único método — para diminuir o volume de crédito neste ou em qualquer outro país é aumentar a taxa de juros." Se o Banco não agir em tempo hábil, uma crise torna-se inevitável. Em meio a uma corrida aos bancos, a confiança se esvai e as taxas de juros disparam. Contudo, após um período prolongado de taxas elevadas "os negócios são controlados, os preços caem [deflação], as trocas são corrigidas e a balança comercial, harmonizada".[8] Uma vez que a corrida aos bancos passa, o capital fica ocioso, as poupanças se acumulam e a oferta de capital que fica disponível para ser emprestado é maior que a demanda por financiamento, rebaixando a taxa de juros.

A Crise de 1825

Bagehot nasceu em 3 de fevereiro de 1826; algumas semanas depois, a mais severa corrida aos bancos da história de Londres tomou conta da cidade. A crise veio na esteira de uma onda especulativa abastecida por títulos emitidos por países da América do Sul que obtiveram sua independência recentemente, em minas de ouro e diversos outros empreendimentos do gênero. O cenário monetário decorrente foi uma queda nas taxas de juros. Antes de 1825, Londres havia sido o destino de influxos maciços de ouro do exterior: "Esse [influxo] reduz a taxa de juros, aumenta os preços dos títulos, públicos e outros, e permite aos banqueiros, aos corretores e a outros suprir as diversas categorias comerciais com empréstimos de dinheiro por períodos mais longos e em termos mais favoráveis do que o habitual", opinou o banqueiro contemporâneo Thomas Joplin.[9]

Com o declínio das taxas de juros de longo prazo, o preço dos Consols subiu. William Robinson, o responsável pelo Tesouro, se valeu da queda dos

....

* "Os maus negócios levam tempo para crescer — em especial aqueles com empréstimos, que são os mais perigosos porque, quando descobertos, minam o crédito e destroem a fonte da atividade econômica" (Bagehot, *Collected Works*, vol. X, ed. Norman St John-Stevas (Londres, 1978), p. 37). [N. do A.]

rendimentos para converter a dívida pública pendente em novos títulos com menor rendimento.* As conversões de dívida de Robinson, ocorridas em 1822, 1824 e 1825, assemelharam-se quanto aos efeitos ao que Law, pouco mais de um século antes, havia feito aos *rentistas* franceses.** As condições monetárias foram ainda mais facilitadas a partir de 1823, quando o Banco da Inglaterra mudou sua prática usual de empréstimos via desconto de títulos de curto prazo e passou a emprestar contra hipotecas, títulos do governo e até as ações do próprio banco.

No início de 1825, o rendimento dos Consols chegou a 3%, aquém dos 5% de alguns anos antes. Como as taxas dos empréstimos dos bancos escoceses caíram para 2,5%, os clientes sacaram depósitos para investir em sociedades anônimas ou para emprestar diretamente, e com pouca segurança, a construtores. Novos bancos pipocaram por todo o país. O primeiro-ministro, Lord Liverpool, lamentou que "qualquer pequeno comerciante, merceeiro ou queijeiro, por mais desprovido de posses que seja, possa abrir um banco em qualquer lugar".[10] Esses bancos interioranos inundaram a Grã-Bretanha com suas notas. "Tal excedente fictício", disse o membro do parlamento e banqueiro Alexander Baring, "foi o combustível que alimentou o fogo".[11]

Privados da renda habitual em investimentos seguros, os investidores foram atrás dos títulos estrangeiros. Rendimentos elevados estavam disponíveis em títulos emitidos pelas novas repúblicas da América Latina, que incluíam Brasil, Peru, Chile, México, Guatemala, Colômbia, Argentina e o "Reino de Poyais", um território pantanoso na península de Darien reclamado por um aventureiro escocês chamado Gregor MacGregor, que se autointitulava *Cacique* ou Príncipe de Poyais. Vários títulos latino-americanos de alto rendimento foram emitidos em Paris para contornar a arcaica lei de usura da Inglaterra — um dos primeiros casos de "arbitragem regulatória" offshore.***

Até mesmo as empresas mais escrupulosas de Londres buscavam rendimentos mais elevados. A crise, que eclodiu em dezembro de 1825, foi desencadeada

· · · · · · · ·

* As conversões da dívida do governo britânico em períodos de juros baixos foram um indicador coincidente de processos especulativos e um indicador importante de crises financeiras, desde a conversão da South Sea Company em 1720 até a conversão de Goschen em 1888. [N. do A.]

** "Ao liberar os recursos daqueles que não aceitaram a nova taxa [dos Consols] e ao deixar os atuais detentores 'ansiosos' por uma maior rentabilidade de seus fundos, as operações de conversão contribuíram um pouco para o grande aumento da flutuação [sic] e da Bolsa", escrevem Arthur Gayer, W. W. Rostow e Anna Jacobson Schwartz (*The Growth and Fluctuation of the British Economy, 1790–1850: An Historical, Statistical, and Theoretical Study of Britain's Economic Development*, vol. I (Hassocks, 1975), p. 172). [N. do A.]

*** O limite da taxa de juros sobre as letras de câmbio foi extinto em 1833. Em 1854, as leis de usura da Inglaterra foram finalmente removidas do Statute Book. [N. do A.]

pela falência do respeitável banco Pole, Thornton & Company.* "O declínio dessa casa de crédito, comentou o *Times*, é geralmente atribuído à ansiedade dos sócios em usar lucrativamente seu capital na época em que a taxa de juros estava baixa e, assim, foram levados a empregá-lo em títulos capazes de serem realizados apenas em um período distante, ou que fossem de um grau de crédito inferior."[12] O economista político Robert Torrens fez seu próprio juízo: "A crise foi ocasionada por excesso de especulação; a especulação excessiva foi ocasionada pelas baixas taxas de lucro e de juros; e as baixas taxas de lucro e de juros — o que foi que ocasionou isso?" Torrens não forneceu a resposta.

O Banco da Inglaterra demorou a apertar as taxas quando suas reservas começaram a cair no outono de 1824 e, mais tarde, foi alvo de muitas críticas pela lentidão. Quando um terror cego monopolizou a cidade em dezembro de 1825, o crédito desapareceu. O próprio Banco por pouco não faliu, sendo salvo por um empréstimo de ouro da França e pela descoberta de uma grande pilha de notas não emitidas em seus cofres. Por fim, o Banco da Inglaterra veio em auxílio das empresas em dificuldade da cidade: "Emprestamos por todos os meios possíveis e de maneiras que nunca antes adotamos... e, em certas ocasiões, não o fizemos de modo satisfatório", lembrou Jeremiah Harman, membro da administração do Banco.[13]

A corrida aos bancos se desfez com o empenho do Banco, mas o comércio inglês permaneceu seriamente deprimido. Enquanto o recém-nascido Walter Bagehot naturalmente estava alheio a esses eventos dramáticos, os temas que mais tarde dominariam seus escritos sobre finanças — os perigos dos empréstimos estrangeiros, a responsabilidade do Banco da Inglaterra de agir como fornecedor de empréstimos de último recurso durante a corrida aos bancos e, mais que tudo, o incentivo à imprudência financeira proporcionado pelas baixas taxas de juros — emergiram na crise de 1825. Em virtude da gravidade do choque financeiro, esse acontecimento deixou uma marca duradoura na consciência da classe comercial britânica, em particular em uma família de banqueiros como a de Bagehot, bem como em uma geração posterior de norte-americanos forjada na experiência da Grande Depressão.

Walter aprendeu o valor do conservadorismo bancário com seu tio Vincent Stuckey, presidente do Stuckey's Bank. Vincent, que se vangloriava de que as notas de Stuckey eram mais seguras do que as do Banco da Inglaterra, gerenciou seu banco durante a tormenta de 1825 sem quaisquer adversidades. Vincent era tão

. . . .

* O caso como um todo caiu em cima do sócio Henry Sykes Thornton, o filho mais velho de Henry Thornton, autor de *Paper Credit*. Sykes disse à irmã: "Que grande homem ter quebrado faz de mim; todas essas pessoas de primeira categoria arrastaram-se atrás de mim como se eu fosse o secretário de Estado. Sempre adorei o caráter de um comerciante e banqueiro da cidade, e é encantador ver como eles unem os poderes de um homem de negócios com os efeitos românticos dos heróis dos contos de fadas." [N. do A.]

conservador que proibia os funcionários de usar bigode e barba acima do queixo. Walter, que quando jovem exibia um rosto cheio de suíças pretas encaracoladas, parece ter sido isento dessa regra. Mas suas opiniões sobre o setor bancário eram mais próximas às de seu tio. "O setor bancário é um comércio vigilante, mas não trabalhoso", afirmou Bagehot. Cautela era sua bandeira. O banqueiro deve estar constantemente alerta com relação aos perigos ocultos e às crises de idiotice tão frequentes no mundo das finanças. Contos repletos de desatinos enchiam suas colunas do *Economist*, cujas páginas abrigaram os aforismos descontraídos e os paradoxos inteligentes que fazem de Bagehot um dos escritores mais citados.

TULIPAS IMPOSSÍVEIS E OUTRAS MANIAS

Como banqueiro e jornalista financeiro, Bagehot notou que surtos de imprudência financeira não eram obra do acaso. Em vez disso, tendiam a surgir em ocasiões nas quais o dinheiro era fácil e as taxas de juros baixas. Ele expressou essa percepção à sua inimitável maneira: "John Bull pode suportar muitas coisas, mas não pode suportar 2%."[14] Quando os juros caíram a um nível tão baixo assim, os investidores responderam à perda de receita assumindo riscos maiores. Na linguagem moderna, eles se envolvem na "caça ao rendimento". John Bull — a personificação do senso comum inglês — fez sua estreia nos escritos de Bagehot em um artigo do *Inquirer* publicado em 31 de julho de 1852:

> "John Bull", alguém disse, "pode suportar muito, mas não pode suportar 2%..." Aqui surge a obrigação moral. As pessoas não ficarão com 2%; elas não perderão receita. Em vez desse evento terrível, elas investem suas economias cuidadosas em alguma coisa impossível — um canal para Kamchatka, uma ferrovia para Watchet, um plano para animar o Mar Morto, uma corporação para enviar patins para a Zona Tórrida. Há um ou dois séculos, os burgomestres holandeses, entre todas as pessoas do mundo, inventaram a mais imaginativa das ocupações. Eles especularam em *tulipas impossíveis*.[15]

A afirmação de Bagehot de que os juros de 2% representavam o ponto de inflexão para um desatino financeiro foi emprestada de John Fullarton, um ex-médico da Companhia das Índias Orientais que se tornou banqueiro.[16] Fullarton, em seu livro *On the Regulation of Currencies* ["Sobre a Regulação das Moedas", em tradução livre], de 1844, observou que, em tempos de baixas taxas de juros, "tudo na natureza do valor se reveste de um aspecto de magnitude inchada", e todo artigo se torna objeto de especulação.[17] Longos períodos de dinheiro fácil, escreveu Fullarton, engendram "um espírito selvagem de especulação e aventura". Ele notou que a euforia financeira se deu após um período de declínio nas taxas de juros: "Desde o ano da bolha [ou seja, a Bolha dos Mares do Sul de 1720] para trás, eu questiono muito se haveria um exemplo de qualquer movimento especulativo grande ou simultâneo dos capitalistas, que não tenha sido precedido por uma redução acentuada da taxa de juros corrente."[18]

Por intuição, Bagehot percebeu como as pessoas estavam acostumadas a um certo retorno sobre seus investimentos e como elas, quando a renda habitual não estava disponível, tendiam a correr mais riscos: "O fato é que os que possuem poupanças que não encontram, em volume adequado, seu tipo usual de investimentos, correm para qualquer coisa com promessas capciosas."[19] No *Saturday Review* (agosto de 1856), ele tratou desse tema:

> a experiência nos diz que, sempre que o dinheiro fica muito barato, pode-se esperar que seja mal gasto. John Bull, como sabiamente observado, pode suportar um bom negócio, mas não pode suportar 2%. A forma particular desse desatino difere nos vários anos; mas, quando os empregos comuns e experimentados de dinheiro rendem apenas um lucro baixo, quem os têm recorrerá a novos e não experimentados, alguns dos quais não serão lucrativos e outros, absurdos. É apenas no início de tais desatinos que as advertências têm alguma utilidade — quando as insanidades atingem certo crescimento, os conselhos são jogados fora. Todos são vistos especulando; e o que cada um faz deve ser criterioso. A pessoa tola nº II imita a pessoa tola nº I.[20]

O próprio Bagehot nunca fez essa conexão entre a bolha do Mississippi de John Law e a taxa de juros de 2% que ele implementou na França em 1719. Contudo, ao considerarmos os eventos especulativos mencionados por ele, o vínculo com o dinheiro fácil logo se evidencia. Por exemplo, Bagehot estava correto quando dizia que "o dinheiro era abundante" na República Holandesa de meados da década de 1630, quando os burgomestres começaram a especular em "tulipas impossíveis". No início dessa década, entraram na Holanda grandes volumes de capital de estrangeiros, que achavam as notas do Banco de Amsterdã (fundado em 1609) mais convenientes para o comércio. O balanço do banco cresceu quase 2/3 entre 1633 e 1638.

Os juros holandeses, por volta de 8% no início do século, caíram para cerca de metade disso em meados do século.[21] Essa foi a época em que o "'dinheiro fácil' moderno foi descoberto", de acordo com Sidney Homer e Richard Sylla.[22] A busca por rendimento é tão antiga quanto o próprio capitalismo. No fim do século, José Penso de la Vega em seu livro *Confusion de Confusiones*, o primeiro relato da atividade do mercado de ações, escreveu que

> diariamente... a receita de investimentos a juros fixos fica menor, pois é difícil encontrar maneiras de aplicar o dinheiro. A taxa de juros sobre empréstimos comuns é de apenas 2,5%. Portanto, mesmo os homens mais ricos se veem na obrigação de comprar ações, e há quem não as venda quando os preços caem, para evitar perdas. Mas eles também não vendem a preços crescentes, porque não conhecem um investimento mais seguro para seu capital.[23]

A alegação de Bagehot de que a especulação é estimulada por baixas taxas de juros é confirmada pelo segundo episódio que ele menciona (ordenado cronologicamente), ou seja, um "plano para animar o Mar Morto". Tal plano nunca existiu, é claro. Bagehot refere-se às empresas envolvidas em bolhas que surgiram durante a Bolha dos Mares do Sul de 1720. Em seu livro *Lombard Street*, ele lista tanto as promoções genuínas — por exemplo, "Insurance of Horses and Cattle" e "For improving of Malt Liquors" —, quanto várias paródias — por exemplo, "For importing a large number of Jack Asses from Spain", "For a Wheel of Perpetual Motion" e, a mais famosa, "For an Undertaking which shall in due time be revealed".[*][24]

A Bolha dos Mares do Sul da Grã-Bretanha de 1720 foi uma imitação barata do Esquema do Mississippi. Tal como John Law, os diretores da empresa buscaram reduzir o custo da dívida do governo, então composta em grande parte por anuidades onerosas, convertendo a dívida em ações. Assim como no infausto projeto de Law, a bolha ocorreu em uma época de dinheiro fácil.[25] O rendimento da dívida governamental de longo prazo do país, que era de 8% em 1710, caiu para cerca de 4% no começo da década de 1720. Tal como na França, a redução dos juros estimulou os credores do governo a trocar suas anuidades por ações da Mares do Sul, cujo preço aumentou quase dez vezes durante a primeira metade de 1720. Porém, no fim daquele ano, o preço das ações despencou, varrendo quase todas as empresas-bolha.

Nunca houve um "canal para Kamchatka", assim como não houve um plano para animar o Mar Morto. Mas uma euforia financeira desvairada de construção de canais ocorreu na Inglaterra no início da década de 1790. Os canais eram projetos de capital intensivo cuja conclusão levava anos e ainda mais tempo para darem retorno. Investimentos de longo prazo são, inevitavelmente, sensíveis a mudanças na taxa de desconto. Não causa surpresa nenhuma, portanto, que a maior intensidade do projeto ocorria quando as taxas de juros atingiam um ponto baixo.[26] O economista e estatístico Thomas Tooke considerou o declínio das taxas de juros, que ficaram abaixo de 3% nos anos 1790, como "causa e efeito da grande extensão do sistema bancário do país que aconteceu naquela época".[27] Uma crise bancária em 1793, depois que o país entrou em guerra com a França revolucionária, deu um fim àquela mania de canais.

Em fevereiro de 1797, uma pequena força francesa desembarcou perto de Fishgard, em Pembrokeshire, País de Gales, e imediatamente se rendeu às tropas britânicas. Essa invasão do solo britânico teve como consequência principal uma corrida aos bancos, à qual se seguiu uma "Order in Council"[**] permitindo que

. . . .

* Respectivamente, em tradução livre: "Seguro de cavalos e gado", "Para aprimorar os destilados de malte", "Para importar um grande número de palermas da Espanha", "Para uma Roda de Movimento Perpétuo" e "Para um Empreendimento que será revelado no devido tempo". [N. do T.]

** Trata-se de um decreto com força de lei promulgado pelo monarca inglês após ouvir um Conselho formado por políticos seniores e membros do Parlamento. [N. do T.]

o Banco da Inglaterra suspendesse os pagamentos em ouro. A primeira experiência do país com um papel-moeda puro foi acompanhada por outra onda de dinheiro fácil. No período das guerras napoleônicas, a taxa de empréstimo do Banco permaneceu em 5%, o nível legal máximo. O banqueiro Henry Thornton considerou a taxa de juros no início de 1800 como "anormalmente baixa".[28] O rendimento real (descontada a inflação) dos Consols tornou-se negativo pela primeira vez.[29]

Entre 1800 e 1807, o montante de títulos comerciais descontados pelo Banco da Inglaterra mais que dobrou.[30] As atividades comerciais suscitaram "uma empolgação quase universal". Centenas de bancos foram fundados e dezenas de ações especulativas chegaram ao mercado — incluindo "sete cervejarias; cinco empresas viníferas; quatro destilarias; várias seguradoras... e empresas comerciais diversas".[31] As commodities foram envolvidas pelo turbilhão.[32] As ações do Banco da Inglaterra e da Companhia das Índias Orientais, bem como os Consols, experimentaram um "acentuado avanço especulativo".[33] Os mercadores ingleses, excluídos do mercado europeu pelo Bloqueio Continental de Napoleão, voltaram-se ansiosos para o comércio com a América do Sul. Segundo um relato contemporâneo,

> as exportações advindas da primeira abertura do comércio para Buenos Aires, Brasil e Caracas foram extraordinárias. A especulação atingiu patamares superiores até àqueles em que o jogo de azar em geral é confinado, e alcançou uma extensão e canais que dificilmente poderiam ser considerados praticáveis. Fomos informados pelo Sr. Mawe, um viajante inteligente, residente no Rio de Janeiro na ocasião, que mais mercadorias de Manchester foram enviadas ao longo de algumas semanas do que foram consumidas nos vinte anos anteriores... Conjuntos elegantes de vidro lapidado e porcelana eram oferecidos a pessoas cujos recipientes para beber mais esplêndidos consistiam em um chifre ou na casca de uma noz de cacau... e alguns especuladores chegaram até mesmo a enviar *patins* [de gelo] para o Rio de Janeiro.[34]

A história dos patins de gelo enviados ao sul do Equador virou lenda em Londres. Quando Bagehot mencionou esse episódio quase meio século depois, seus leitores teriam compreendido a referência. Depois que o frenesi especulativo diminuiu no verão de 1810, cerca de 1/3 dos bancos do país faliu.[35] Mais tarde, em um discurso na Câmara dos Lordes, Lord Liverpool comentou sobre esses eventos: "A tendência de um papel-moeda inconversível é criar riqueza fictícia, bolhas, que ao estourar produzem inconveniência."[36]

A mania ferroviária britânica da década de 1840 ocorreu enquanto o jovem Bagehot estudava matemática na University College London. A nação inteira estava fascinada com o potencial das viagens ferroviárias e um índice de ações britânicas desse setor mais que dobrou entre 1840 e 1845. Entre os especuladores estava o jornalista Charles Mackay, conhecido de Charles Dickens e autor de

70 O Preço do Tempo

Extraordinary Popular Delusions and the Madness of Crowds ["Extraordinários Delírios Populares e a Loucura das Multidões", em tradução livre] — o primeiro relato popular das primeiras loucuras especulativas, publicado em 1841.[37] As advertências do livro a respeito dos perigos da especulação se perderam, não só para o público britânico, mas também para o próprio Mackay.

Planejava-se a construção de uns 7.200km de trilhos, uma extensão maior que a rede de estradas com pedágios do país.[38] Em outubro de 1845, existiam cerca de 1.200 ferrovias planejadas, a um custo de £560 milhões.[39] Foram construídas, ou ao menos propostas, ferrovias para lugares tão distantes que nunca poderiam pagar o custo do investimento. Quanto a "uma ferrovia para Watchet", um porto marítimo em Somerset não muito longe de Langport, cidade natal de Bagehot, havia em 1845, de fato, três planos diferentes na prancheta.*

Essa euforia ferroviária coincidiu com mais um período de dinheiro fácil. As taxas de desconto sobre as letras de câmbio caíram para menos de 3% em meados de 1842 e para 2% no ano seguinte. O Banco da Inglaterra passou a conceder empréstimos com vencimentos mais longos e com base em uma ampla variedade de garantias, e até se envolveu em debêntures ferroviárias, fornecendo assim "uma alta sanção e um estímulo efetivo" ao boom do mercado de ações.[40] O *Times* reportou em 28 de abril de 1842 que

> os efeitos danosos da diminuição da taxa de desconto para 4% pelo Banco da Inglaterra são agora universalmente sentidos e reconhecidos. O dinheiro é tão farto que os negociantes não têm, literalmente, emprego para ele a não ser em títulos públicos e ações, que em alguns ramos de negócios não seriam um emprego adequado de capital.[41]

Em 1844, a taxa bancária estava em 2%; o banqueiro Fullarton alertou que uma taxa assim tão baixa normalmente excita espíritos especulativos. O *Economist*, fundado e editado por James Wilson, também culpou a euforia do dinheiro fácil: "Não há dúvida de que a especulação 'secundária' e a construção da ferrovia real foram largamente fomentadas, se não literalmente criadas, pela facilidade com que a acomodação poderia ser obtida no Banco e na Lombard Street."[42] Bagehot, futuro genro de Wilson, concordou, escrevendo muitos anos depois:

* * * * * * * *

* As ferrovias propostas incluíam a Bristol & English Channels Direct Junction Railway, a Somerset & North Devon Junction Railway & Porlock Harbour & Docks e a Bridgwater & Minehead Railway. Nenhuma delas saiu do papel. Em 1859, a West Somerset Mineral Railway foi inaugurada para transportar minério de ferro de Brendon Hills para Watchet. Não foi lucrativa. A Watchet, por fim, conseguiu sua linha de passageiros em 1862 com a inauguração da West Somerset Railway. Essa linha continua em operação atualmente. [N. do A.]

Algumas [ferrovias] foram, sem dúvida, necessárias, mas o dinheiro era abundante. Em consequência, todo lugar deveria ter uma ferrovia; cada uma delas pagaria 20%, "tão seguro quanto o Banco da Inglaterra"; títulos, em esquemas tão visionários quanto a mais imaginativa tulipa, eram comprados e vendidos diariamente. Não havia tolerância para ganhos seguros em atividades tranquilas, para as atividades comuns; *as pessoas não aguentavam 2%*.[43]

OVEREND GURNEY

Às 15h de 10 de maio de 1866, um aviso nas portas de um prédio na esquina da Birchin Lane com a Lombard Street, Londres, chamou a atenção. Quem o lia era informado de que a Overend Gurney, uma instituição financeira, encerrara suas atividades. No dia seguinte, sexta-feira, 11 de maio, um "reino do terror" tomou conta do distrito financeiro.[44] O efeito foi comparado "ao choque de um terremoto".[45] A cidade não testemunhava tais cenas desde dezembro de 1825. O choque repercutiu em todos os cantos do país. Uma "calamidade nacional", lamentou o *Times*.[46] Em uma carta ao chanceler, William Gladstone, Bagehot observou o "total colapso do crédito na Lombard St e uma ansiedade maior do que jamais vi".[47]

A Overend Gurney não era apenas mais uma empresa de Londres. Fundada em 1802, seu principal negócio era o desconto de duplicatas comerciais: trocava promissórias por dinheiro para comerciantes, industriais e outras empresas da cidade. O *Times* havia considerado a Corner House, como a instituição era familiarmente conhecida, como "o maior instrumento de crédito do Reino".[48] Mas, nos últimos anos, a Overend havia se desviado do caminho da prudência. D. W. Chapman, um jovem sócio, seguindo o conselho de pessoas inescrupulosas, tinha aplicado o capital da empresa em diversos investimentos ruins — a Greek & Oriental Steam Navigation Company, várias ferrovias e uma siderúrgica deficitária nos arredores de Londres: "Eles cobriram os mares com seus navios, lavraram a terra com suas estradas de ferro", disse o promotor no julgamento subsequente dos diretores da Overends.[49]

A questão não se restringia, porém, à má qualidade dos investimentos. Empréstimos contra garantias sem liquidez e de longo prazo não condiziam com as operações costumeiras da Overend, que descontava papéis comerciais de três meses financiados com resgates diários no mercado monetário. O *Times* descreveu assim como a Overend havia errado:

> Uma firma de descontos que havia abandonado o negócio de corretores de descontos pelo de "financiamento", que havia "travado" [não permitia a negociação] seus ativos em títulos que prometiam pagar uma alta taxa de juros, mas que era incapaz de converter em dinheiro em caso de emergência, também se viu com recursos próprios muito limitados frente

às demandas, exceto com um sacrifício ruinoso de sua propriedade e, portanto, suspendeu o pagamento.[50]

A Corner House não era a única empresa em Londres que "travava" os títulos [em inglês, "locked up"]. No início da década, surgiram várias novas instituições financeiras. Em 1863, centenas de empresas especulativas foram registradas, entre elas a General Credit and Financial Company of London, fundada por Albert Grant, um ex-comerciante de vinhos nascido em Dublin cujo negócio na área financeira, apenas dois anos antes, fora à falência. As novas casas de desconto, tal como a Overend, passaram a financiar ferrovias e outros negócios de capital intensivo com dinheiro obtido no mercado financeiro. Grant, em quem Trollope baseou o escroque financeiro Augustus Melmotte em seu romance *The Way We Live Now*, era um notório manipulador de novidades em seu campo. "O volume de movimentos especulativos tão à mostra... excedeu o que se sabe ter existido no período da grande bolha de 1824 a 25, ou da euforia ferroviária posterior de 1845 a 46", observou o jornalista financeiro vitoriano David Morier Evans.[51]

A euforia financeira decolou em uma ocasião na qual as taxas de juros estavam no nível mais baixo. No verão de 1862, a taxa de empréstimos do Banco da Inglaterra estava nos temidos 2% de John Bull. No entanto, isso não deixava o editor do *Economist* ficar excessivamente preocupado. Bagehot acreditava que as taxas baixas decorriam de um excesso de poupança. Em alguns anos, as taxas de juros deixaram muito para trás seus patamares mínimos. Em 1864, a taxa bancária atingiu um recorde de 9%. Bagehot animou-se bastante, a ponto de saudar uma nova era: "A administração do Banco da Inglaterra melhorou tanto", Bagehot exultou, "que não precisamos mais recear aquelas crises periódicas e corridas aos bancos que costumavam marcar cada longo período de câmbio muito desfavorável."[52] Ao findar o ano de 1865, o *Economist* afirmou que "não há dívidas incobráveis nem colapso. Os elevados lucros brutos dos banqueiros não serão comprometidos por grandes perdas ou contas ruins".[53]

Bagehot estava gravemente enganado. Outra enorme expansão do sistema ferroviário da Grã-Bretanha estava em andamento — as novas linhas projetadas representavam metade da rede ferroviária existente no país. À semelhança dos processos de investimentos em que a euforia dita as condutas, muito do capital foi desperdiçado. As finanças ferroviárias eram instáveis. Os empreiteiros aceitavam o pagamento em títulos e ações, que vendiam para as empresas financeiras. Foi essa miríade de maus investimentos domésticos e o financiamento associado que provocou o aumento das taxas de juros. Em *O Capital*, Marx fez um comentário perspicaz sobre o fracasso da Overend Gurney. Juros altos podem indicar prosperidade, escreveu, mas também podem indicar "que o país está debilitado pelos cavaleiros errantes do crédito que podem se dar ao luxo de pagar juros altos porque o fazem com o bolso de outras pessoas... enquanto vivem em grande estilo com lucros antecipados".[54]

Ao contrário de Bagehot, Marx escreveu com a vantagem da retrospectiva. Em julho de 1865, a sociedade da Overend foi extinta, suas ações listadas na Bolsa de Valores de Londres e suas dívidas incobráveis transferidas para uma conta secreta garantida por ex-sócios. Isso foi saudado pela *Bankers' Magazine* como o "maior triunfo da responsabilidade limitada". Bagehot estava menos entusiasmado, mas não fez críticas abertas. Houve excesso de subscrições na emissão e as ações da Overend foram negociadas com um alto prêmio no pós-venda. A Corner House sobreviveu menos de um ano como uma empresa de capital aberto. Logo depois do Dia de Ação de Graças, Bagehot juntou-se à condenação geral. A firma, escreveu ele, negociava "de maneira tão imprudente e tola que alguém pensaria que uma criança que tivesse emprestado dinheiro em Londres teria emprestado melhor".[55] John Mills, o banqueiro de Manchester, comentou, de maneira sagaz, que "em regra, uma corrida aos bancos não aniquila o capital; ela apenas mostra até que ponto ele foi destruído anteriormente por sua traição em obras irremediavelmente improdutivas."[56]

A REGRA DE BAGEHOT

A quebra da Overend Gurney inspirou Bagehot a sistematizar seus pensamentos sobre as operações do mercado financeiro de Londres. Publicado pela primeira vez em 1873, *Lombard Street* deve sua fama duradoura às ideias do autor sobre como deveria ser o comportamento adequado de um Banco Central durante uma crise financeira. Sendo o detentor da reserva de ouro do país, o Banco da Inglaterra tinha o dever de emprestar durante a corrida aos bancos. "A corrida aos bancos, em uma palavra, é uma espécie de neuralgia e, de acordo com as regras da ciência, não se deve deixá-la passar fome", escreveu Bagehot. Para esse fim, ele recomendou que, durante uma corrida aos bancos, o Banco da Inglaterra emprestasse fartamente contra bons títulos e a altas taxas de juros.

Não era inédita a sugestão de Bagehot de que o Banco Central tinha a responsabilidade de atuar como credor de última instância. Essa honra pertence a um banqueiro inglês de uma geração anterior. "O crédito", escreveu em 1797 Sir Francis Baring, o responsável-mor pela empresa bancária da família, "nunca deve estar sujeito a convulsões". Essa afirmação de Baring ocorreu após a falência dos bancos de Newcastle em face da quebradeira decorrente da "loucura financeira" dos canais. O Banco da Inglaterra se assustou e permitiu que a corrida aos bancos aumentasse. Isso foi um erro, disse Baring: "Não há recurso para a recusa deles, pois eles são o *dernier resort*" ["o último recurso", em tradução livre].[57] Henry Thornton, contemporâneo de Baring, concordou que era dever do Banco fornecer crédito durante corridas aos bancos (então conhecidos como "drenos internos"), ocasiões em que o dinheiro era acumulado. John Fullarton comparou o Banco a um "vasto celeiro nacional" ao qual em tempos de crise a comunidade tinha o direito de recorrer.[58]

A "regra de Bagehot", como ficou conhecida, formalizou uma abordagem para as corridas aos bancos que já estava bem estabelecida. Como vimos, ao longo de uma delas, em 1825, o Banco da Inglaterra emprestou freneticamente contra uma ampla variedade de garantias. Embora o Bank Charter Act de 1844 limitasse a quantidade de notas que o Banco poderia emitir acima de sua reserva de ouro, essa lei sempre foi suspensa em momentos de dificuldades financeiras. Decorridos poucos meses do ocorrido com a Overend, Henry Lancelot Holland, presidente do Banco da Inglaterra, em uma reunião, dirigiu-se assim à mesa diretora da instituição: "Esta casa se esforçou ao máximo — e com muito sucesso — para enfrentar a crise", vangloriou-se Holland. "Não nos afastamos de nosso posto... ao longo da semana seguinte, fizemos adiantamentos que dificilmente teriam sido creditados."[59]

O argumento de Bagehot de que o Banco deveria servir como credor de último recurso não teve aceitação unânime dos contemporâneos. O sentimento predominante era que tal política encorajaria a imprudência financeira (risco moral). Durante a corrida aos bancos que se espalhou após o Dia de Ação de Graças, o *Times* criticou duramente os bancos falidos por operarem com capital insuficiente. "Se os bancos privados e os 'joint-stock banks' [bancos organizados como sociedades anônimas] mantiverem saldos de caixa no valor de pouco mais de 5% de suas exigibilidades, não têm o direito de esperar que possam escapar das consequências de sua imprudência e imprevidência recorrendo ao Banco da Inglaterra", trovejou o Thunderer ["Trovão", apelido do *Times*].[60]

Essa controvérsia ganhou força após a publicação de *Lombard Street*. Thomson Hankey, ex-presidente do Banco, condenou o conselho dado por Bagehot:

> A doutrina mais perniciosa já trazida ao mundo monetário ou bancário deste país; a saber, que é função própria do Banco da Inglaterra manter disponível o tempo todo o dinheiro capaz de suprir as demandas dos banqueiros que tornaram seus próprios ativos indisponíveis. Até que tal doutrina seja repudiada pelos interesses bancários, a dificuldade de seguir qualquer princípio sólido de operações bancárias em Londres será sempre das maiores.[61]

No *Times*, um crítico simpático aos *Principles of Banking* ["Princípios Bancários", em tradução livre] de Hankey alertou contra a suspensão do Bank Charter Act: "Sempre que houve [a suspensão], casas que estavam insolventes e deveriam ter sucumbido aos ataques de seus credores desconfiados foram capazes de resistir à tempestade tão somente para cair finalmente em maior ruína."[62] O crítico não se estendeu muito, mas, se o Bank Charter Act não tivesse sido suspenso durante a crise bancária anterior de 1857, a Overend Gurney provavelmente teria quebrado naquela ocasião, poupando assim Londres do "reino do terror" quase uma década depois.[63]

Não é por acaso que os principais proselitistas da acomodação do Banco Central eram provenientes de famílias de banqueiros. As fortunas das famílias de Baring e de Bagehot ficaram sob risco por corridas aos bancos que fugiram do controle. Por dever de justiça, deve-se notar que a regra de Bagehot, em sua forma original, procurou minimizar o risco moral. O descendente da Stuckey's recomendou que, durante a corrida, o Banco da Inglaterra só emprestasse por um curto período, contra garantias de alta qualidade e cobrando uma alta taxa de juros por seu dinheiro.*

A regra de Bagehot é muito citada pelos formuladores de políticas monetárias no século XXI. Após a crise financeira global de 2008, Tim Geithner, o secretário do Tesouro dos EUA e ex-presidente do Fed de Nova York, referiu-se ao *Lombard Street* como a "bíblia dos bancos centrais". Em suas memórias, *The Courage to Act* ["Coragem para Agir", em tradução livre], o ex-chefe de Geithner, Ben Bernanke, menciona Bagehot com mais frequência do que qualquer outro economista.[64] Quando o Fed de Bernanke e outros bancos centrais se tornaram emprestadores de último recurso na crise, Bagehot deu retaguarda aos trilhões de dólares em empréstimos do Banco Central.

No entanto, as condições rigorosas de Bagehot não foram seguidas. É tênue a conexão dos emprestadores modernos de último recurso com seus antecedentes vitorianos. Estes não emprestavam a juros altos, mas a taxas mais baixas. Seus empréstimos de emergência não eram concedidos por um curto período, mas por anos a fio. Eles não emprestavam sob garantias de alta qualidade, mas alcançavam as beiradas do espectro de crédito. Os bancos centrais modernos revelam muito menos preocupação com o risco moral do que Bagehot — e seus atos dariam a Thomson Hankey um caso agudo de neuralgia. A deflação é mencionada por eles com frequência como justificativa para medidas extremas. No entanto, em nenhum lugar Bagehot considera a deflação um risco financeiro, e seria surpreendente se tivesse feito isso, afinal, a Era Vitoriana foi caracterizada por longos períodos de leve deflação, descartada a pontual deflação severa durante as corridas aos bancos. Nessas ocasiões, a deflação que aparece teria sido vista como um sintoma da doença do crédito — a febre, por assim dizer, e não a causa da doença. Na descrição de Bagehot do ciclo comercial, o declínio dos preços é parte integrante do processo de retorno à normalidade.

. . . .

* Tal prática era padrão na época. Após o fracasso da Overend, o chanceler, Gladstone, aconselhado por seu "chanceler sombra" Bagehot, permitiu que o Bank Charter Act fosse suspenso desde que a taxa bancária fosse mantida em 10%. [N. do A.]

Investimentos Estrangeiros

O centro financeiro de Londres se recuperou, ainda que muito lentamente, da quebra da Overend Gurney. Na esteira dos eventos posteriores ao Dia de Ação de Graças, o rendimento dos Consols caiu para 3,5% e os empréstimos de curto prazo custavam menos de 2%. George Goschen, um jovem diretor do Banco da Inglaterra, escreveu um ensaio sobre juros para a *Edinburgh Review*. As circunstâncias financeiras descritas em "Two Per Cent" de Goschen, publicado em 1868, diferiam bastante das que prevaleciam antes da recente corrida aos bancos. As poupanças aumentavam sem controle algum. Goschen apontou para enormes acumulações de ouro em Londres e Paris. A estagnação secular estava na ordem do dia: "O comércio era feito de forma precária" e o Court of Chancery [uma espécie de tribunal cível] foi "bloqueado com a liquidação de empresas falidas ou morrendo de atrofia". O crédito foi interrompido. "O barateamento do dinheiro não deu seus frutos habituais", observou Goschen. "A especulação permanece fria e se recusa a ser confortada. Dois por cento corteja em vão!"[65]

Empréstimos estrangeiros estavam disponíveis rendendo cinco vezes mais. Bagehot não se deixou persuadir. Em Londres, nada provocava mais loucura do que títulos estrangeiros. Os primeiros empréstimos latino-americanos foram concedidos antes de Bagehot ter nascido. Seus defeitos apareceram quando o bebê Walter ainda se deitava em seu berço. Nos últimos anos, ninguém ficou mais apreensivo com os investimentos estrangeiros do que o editor do *Economist*. A questão, como a via Bagehot, era que em muitas partes do mundo a "ideia de juros é desenvolvida de forma muito imperfeita". O problema fundamental era a falta de confiança. No Oriente, ele presumia, uma pessoa poderia colocar seu dinheiro em ouro ou diamantes, ou até mesmo enterrá-lo, em vez de emprestar a juros.

Em um editorial (*The Economist*, 23 de novembro de 1867), Bagehot escreveu "Sobre os Perigos dos Empréstimos a Países Semicivilizados". O país em referência era o Egito. O ponto não era a fertilidade agrícola ou os grandes recursos desse país. Em vez disso, o que é necessário para o pagamento de dívidas externas, escreveu Bagehot, é "uma continuidade política; uma moralidade política estável; e uma posse constante de dinheiro". O Egito não satisfazia esses requisitos. O editorial concluía, de maneira severa: "Nós emprestamos a países cujas condições desconhecemos e cuja carência civilizatória não consideramos e, portanto, perdemos nosso dinheiro."[66]

As palavras de Bagehot foram em vão. O Egito prometia pagar 10%, uma quantia grande o suficiente para cegar os investidores para o fato de que o Quedive — um governante momeado pelo sultão da Turquia —, era um perdulário cujas dívidas superavam em ao menos 15 vezes suas receitas anuais. Nos anos seguintes, os títulos estrangeiros se tornaram uma febre. As repúblicas latino-americanas voltaram a ser favorecidas. O Japão fez seu primeiro empréstimo estrangeiro em 1870, pagando 9%. Um Comitê Parlamentar, em julho de 1875, pronunciou-se a respeito da extrema euforia com os empréstimos estrangeiros: "Suas revelações sobre manipulação de mercado, sobre emissões de empréstimos feitas tão só com o propósito de ganhar comissões gordas, sobre juros sempre se mantendo exclusivamente à parte dos juros dos empréstimos deixaram sob séria desconfiança várias firmas de banqueiros cosmopolitas.[67] Nessa ocasião, muitos empréstimos estrangeiros já haviam ficado inadimplentes. Costa Rica, República Dominicana e Paraguai interromperam os pagamentos em 1872. A Espanha segurou as pontas até junho de 1873. Bolívia, Guatemala, Libéria e Uruguai suspenderam o pagamento de juros. O Egito quase parou de fazê-lo em 1873, mas conseguiu rolar sua dívida vencida a taxas exorbitantes. Por fim, o Quedive conseguiu um fôlego vendendo uma participação no Canal de Suez ao governo de Disraeli [primeiro-ministro do Reino Unido] por £4 milhões.

Em fevereiro de 1876, Bagehot refletiu sobre a loucura dos empréstimos estrangeiros. Aquela era uma história familiar. Os períodos de baixas taxas de juros domésticas, ao que parecia, tornavam especialmente atraente a promessa ilusória de altos rendimentos da dívida externa:

> A mente humana gosta de 15%; gosta de coisas que prometem muito, que parecem trazer grandes ganhos, que de alguma forma excitam o sentimento e a imaginação. Os fabricantes de "esquemas financeiros" sabem disso e vivem disso. Ensinar aos homens que "15%" é perigoso requer uma experiência longa e dolorosa; que esquemas novos e chamativos devem ser vistos com desconfiança; que o instinto popular sobre eles é essencialmente falível e tende a preferir a política cintilante à sólida — aquela que promete muito e não paga nada, acima daquela que, prometendo pouco, paga aquele pouco.[68]

A CRISE DO BARINGS

Passada essa última ruína financeira causada pelos empréstimos estrangeiros, as taxas de juros de longo prazo inglesas continuaram caindo e não atingiram seu ponto mais baixo senão no início do século que se avizinhava. Aquele foi também um período de deflação moderada que vigorou em todo o mundo industrializado. Alguns atribuíram a redução nos rendimentos do Consol à falta de demanda por capital após a conclusão das redes ferroviárias norte-americana e europeia. Outros puseram a culpa da deflação persistente na ausência de descobertas significativas de ouro. A expansão do comércio global e a imigração em larga escala para os EUA também parecem ter sido um fator reducionista importante no processo de formação de preços, renda e taxas de juros.

Quaisquer que tenham sido as razões, no início de 1888, George Goschen, agora responsável pelo Tesouro, aproveitou o declínio das taxas de juros para converter Consols de 3%, com valor de face de £600 milhões, em títulos com rendimento menor.[69] Foi a maior conversão da dívida pública na história da Grã-Bretanha, e suas consequências, quase inevitáveis. "Ao restringir o interesse dos capitalistas húngaros, [a conversão] teve um lugar na história do boom e da crise da década", assinalou o historiador econômico Sir John Clapham.[70] O espírito animal incorporou em muita gente no mercado de ações de Londres, no qual a cotação da cervejaria irlandesa Guinness produziu um grande colarinho e uma "febre sul-africana" acometeu as ações de mineração. Uma mina é "um buraco no chão pertencente a um mentiroso", proclamava um novo adágio do mercado frequentemente atribuído a Mark Twain. Um novo instrumento para reunir as economias da classe média deu o ar de sua graça pela primeira vez. Fundos de investimento atraíam "investidores que achavam que não podiam mais obter um retorno adequado com os títulos do governo".[71]

Em outubro de 1889, William Lidderdale, o presidente do Banco da Inglaterra, fez uma dura advertência ao centro financeiro londrino:

> A tendência atual das finanças... segue claramente rumo ao perigo, muito capital está sendo forçado para desenvolvimentos industriais, os financiadores estão assumindo riscos cada vez maiores em títulos que requerem prosperidade e dinheiro fácil de carregar sem se tornar um fardo, e um número crescente de investimentos teve seu preço elevado pelos efeitos combinados de um longo período de dinheiro barato e depressão no comércio... temos a maioria dos elementos de uma crise.[72]

Não pela primeira vez, a origem da crise pode ser atribuída à América Latina. Dona de vastos recursos naturais, com população em grande parte europeia, a Argentina era tida pelos contemporâneos como um futuro Estados Unidos.* Os investidores estrangeiros deixaram passar em branco o fato de que a república não havia pago seu primeiro empréstimo estrangeiro na década de 1820 e, desde então, seu crédito era questionável.** Buenos Aires "aproveitou a baixa taxa de juros e a fartura de dinheiro na Europa para contrair tantos empréstimos quanto possível, com os novos empréstimos muitas vezes sendo feitos para quitar os juros dos anteriores".[73] Alguns dos empréstimos argentinos pagavam tão pouco quanto 5% — baixo em termos absolutos ou em relação ao risco, mas ainda

· · · · · · · ·

*   A Argentina vinha crescendo rapidamente desde 1870, depois da "pacificação dos índios" na década anterior, e sua população duplicou entre 1870 e 1890. Nos anos 1880, o país estava sob o domínio estável de um homem forte, o general Roca. No início dessa década, a moeda foi reformada — as novas notas de peso eram conversíveis em ouro ao par. [N. do A.]

**   Quando se trata de empréstimos para países em desenvolvimento, a capacidade do mercado de se lembrar do passado varia proporcionalmente à taxa de juros doméstica: uma taxa baixa ofusca a memória. [N. do A.]

alguns pontos acima do rendimento miserável de "Goschens", como os Consols recém-emitidos foram nomeados.

Caso a Argentina pretendesse se tornar uma nação rica e industrializada, precisaria de uma infraestrutura moderna. Em 1888, a Baring Brothers lançou a Buenos Aires Water Supply and Drainage Company, um empreendimento de saneamento básico. A emissão fracassou e o Barings ficou com as ações. A atenção do setor financeiro londrino foi se dando conta, gradualmente, da corrupção generalizada que existia em Buenos Aires. Bancos da Argentina, como ficou claro, tomaram empréstimos hipotecários com base em terras inflacionadas de forma fraudulenta. Tais bancos se financiavam com títulos em moeda local (*cédulas*) de alto rendimento vendidos nos mercados europeus — a *Revista dos Banqueiros* chamava-os de "operação bancária gaúcha". Os projetos de investimento foram realizados de maneira precipitada.[74] As ferrovias do país estavam atopetadas de dívidas (três partes de dívida para uma parte de capital) e o tráfego ficou muito aquém das projeções.* O custo do serviço da dívida externa da Argentina consumiu quase 2/3 de suas receitas de exportação.[75]

Uma corrida aos bancos irrompeu em Buenos Aires em abril de 1890. Dois meses depois, o Banco da Inglaterra elevou sua taxa de desconto de 3% para 4%, após volumosas solicitações de investimentos estrangeiros diminuírem sua reserva de ouro. Em outubro, o gerente do Banco de Londres e River Plate relatava a seus superiores a "anarquia, a corrupção e o caos financeiro em ambos os lados do Rio da Prata".** Em novembro, o Baring Brothers — que já foi tido como a "quinta potência na Europa" — quebrou. A notícia causou tumulto na Bolsa de Valores de Buenos Aires, onde corretores furiosos quebraram móveis. Apesar da longa experiência do Barings na América do Sul, a visão de Londres era que havia ansiedade demais por negócios e acuidade de menos para o que estava acontecendo.[76]

Bagehot teria, sem dúvida, compartilhado essa opinião. Mas o banqueiro, o político fracassado (Bagehot concorreu duas vezes ao Parlamento), o jornalista e o homem de letras há muito haviam saído de cena. Ele morreu de pneumonia em março de 1877, com a relativamente tenra idade de 51 anos. Bagehot é mais

· · · · · · · ·

*   Paul Emden, *Money Powers of Europe in the Nineteenth and Twentieth Centuries* (Nova York, 1937), p. 279: "Uma ferrovia [Argentina] foi construída para ser compatível com um tráfego muito além dos limites da probabilidade por muitos anos." Durante a década de 1880, a rede ferroviária argentina cresceu de 4 mil km para cerca de 16 mil km. Em 1893, quase 22,4 mil km foram concluídos.

** H. G. Anderson, o gerente de Buenos Aires do London and River Plate Bank, há muito esperava uma crise. Em 1886, informou aos superiores em Londres que o dia do ajuste de contas poderia ser adiado enquanto os argentinos continuassem a contrair empréstimos e a pagar juros sobre dívidas antigas. Anderson culpou as baixas taxas de juros em Londres pelo fluxo de empréstimos externos (David Joslin, *A Century of Banking in Latin America* (Londres, 1963), pp. 121-5).

lembrado hoje em dia por ter tornado popular a doutrina do emprestador de último recurso. Ele continua sendo o economista favorito dos responsáveis pelos bancos centrais. Contudo, nossos mandarins monetários modernos nunca param para considerar as advertências de Bagehot sobre as consequências danosas do dinheiro fácil — como as taxas de juros fixadas em 2% ou menos alimentam desatinos especulativos, levam poupadores a entrar em investimentos arriscados, estimulam empréstimos de péssima qualidade e enfraquecem o sistema financeiro. Alguém pode se perguntar se algum deles realmente folheou as páginas do *Lombard Street* e encontrou suas ruminações sobre John Bull e sua louca propensão a investir.

6

Um Golinho de Uísque

O dinheiro fácil é a grande causa do excesso de empréstimos. Quando um investidor pensa que pode ganhar mais de 100% ao ano tomando empréstimos a 6%, será tentado a tomar empréstimos e investir ou especular com o dinheiro.

IRVING FISHER, 1933

Não há nada tão instável quanto um nível de preços estabilizado.

JAMES GRANT, 2014

A manchete do *New York Herald* anunciava: "O Clube mais Exclusivo do Mundo se Encontra Aqui pela Primeira Vez." Esse "clube" consistia de quatro banqueiros centrais, hospedados por Benjamin Strong, presidente do Fed de Nova York. Entre eles, Montagu Norman (Banco da Inglaterra), Hjalmar Schacht (Reichsbank) e Charles Rist (Banco da França). O quarteto se reuniu na mansão de verão de um alto funcionário do Tesouro, localizada na costa norte de Long Island, refúgio favorito dos ricos banqueiros de Wall Street. Era julho de 1927. Na agenda, a cooperação entre os principais bancos centrais.

Schacht, o presidente do Reichsbank, foi o responsável por domar a hiperinflação da Alemanha quatro anos antes. Agora, preocupava-se com o fato de que muito capital estrangeiro estava entrando em seu país, superaquecendo a economia. Montagu Norman, que cruzou o Atlântico com Schacht, via-se diante do problema oposto. Com o retorno da Grã-Bretanha ao padrão-ouro alguns anos antes a um nível que deixou a libra sobrevalorizada em relação ao dólar norte-americano, seu país enfrentava agora uma depressão econômica. As reservas do Banco da Inglaterra estavam perigosamente baixas e os franceses pareciam decididos a pegar o que restava de seu ouro. Norman queria que o Fed reduzisse as taxas dos EUA para aliviar a pressão sobre a libra esterlina.

Strong era amigo íntimo do excêntrico Norman — um ex-paciente psiquiátrico de Carl Jung —, que compareceu à reunião vestindo uma capa de veludo e um chapéu de abas largas. Os dois banqueiros centrais mais poderosos do mundo costumavam passar férias juntos, reservando estadas em resorts sob nomes falsos para não chamar atenção. Portanto, não é de admirar que o presidente do

81

O Preço do Tempo

Fed de Nova York tenha concordado na reunião de Long Island em cortar sua taxa de referência e fornecer ouro ao Banco da França nas mesmas condições que os britânicos. Com a inflação permanecendo controlada, um ligeiro afrouxamento da política monetária parecia representar pouco perigo para a economia dos EUA. Havia outra consideração. Strong disse a Rist que o corte na taxa forneceria um "golinho de uísque" ao mercado de ações de Nova York. Acabou sendo puro "moonshine".*

UMA MOEDA ELÁSTICA

Na época da reunião de Long Island, o Fed dos EUA existia há pouco mais de uma década. A lei de 1914 que o instituiu estipulava que o novo Banco Central "forneceria uma moeda elástica". Em outras e mais significativas palavras, as taxas de juros não mais seriam determinadas pela exigência dos bancos de converter suas notas em ouro. Uma moeda elástica implicava a possibilidade de ajustes finos da política monetária. Essa não foi uma medida inteiramente nova. Nos primeiros anos do século, Leslie Shaw, o subsecretário do Tesouro dos Estados Unidos, frequentemente intervinha nos mercados monetários com o intuito de "verificar todos os rigores incipientes", e um contemporâneo criticou as intervenções monetárias do predecessor de Shaw, o secretário Lyman Gage: "Eles haviam semeado vento e seu sucessor colheria uma tempestade. Eles tinham ajudado a erguer a torre de crédito a uma altura que a tornou titubeante, e agora a menor agitação de qualquer tipo com certeza provocaria um colapso.**

A tempestade veio na forma do Knickerbocker Panic de 1907, quando a quebra da Knickerbocker Trust Company de Nova York levou consigo dezenas de outras empresas similares.*** A corrida aos bancos foi rapidamente debelada

....

* Nome dado às bebidas destiladas de alto teor alcoólico e produzidas ilicitamente. [N. do T.]

** Shaw, que serviu sob Teddy Roosevelt entre 1902 e 1907, concebia apenas três males: "Taxas de juros elevadas, declínio da cotação das ações e contração do crédito; mas esses males, em sua opinião, eram tão graves que deveriam ser corrigidos a qualquer custo." O autor de tal comentário culpou os sucessivos secretários do Tesouro por resistirem com "todos os vastos recursos do tesouro do governo à tendência natural das taxas de juros de seguir o nível crescente de preços. Eles haviam, de fato, conseguido manter a taxa monetária de juros abaixo da taxa que teria sido 'normal' ou 'natural' com uma moeda depreciada. Mantiveram viva uma demanda por crédito continuamente excessiva, tornando-o disponível a um custo inferior ao normal". (Ver A. Piatt Andrew, "The United States Treasury and the Money Market: The Partial Responsibility of Secretaries Gage and Shaw for the Crisis of 1907", *American Economic Association Quarterly*, 9 (1), 1908: 228.) [N. do A.]

*** Empresas de Wall Street como o Knickerbocker Trust (que agora seriam chamadas de "sistema bancário paralelo") não eram regulamentadas. Elas pagavam taxas de juros mais altas do que os bancos de poupança e investiam seus depósitos em empreendimentos ilíquidos e muitas vezes especulativos. [N. do A.]

pelos banqueiros de Wall Street liderados por J. Pierpont Morgan e a economia norte-americana se recuperou rapidamente. A população norte-americana, porém, desconfiava do "Money Trust"* de Wall Street e Morgan morreu em 1913, sem que alguém ocupasse seu lugar. No futuro, seria papel do Fed dos EUA administrar o dinheiro dos EUA e intensificar essa função durante corridas aos bancos.

O primeiro teste do novo Banco Central ocorreu após o término da Grande Guerra. Entre 1914 e 1916, a taxa de redesconto dos bancos do Fed foi reduzida à metade do nível pré-guerra.[1] Uma vez terminada a guerra e o país desmobilizado, a inflação disparou. O Fed reagiu com brutal eficácia. No início de 1920, a taxa de desconto do Fed de Nova York aumentou de cerca de 4,5% para 7%. Os preços das mercadorias e do consumidor colapsaram, a produção industrial caiu 25% e mais de 500 bancos faliram na crise econômica que se seguiu. Entre os muitos fracassos comerciais estava a loja de roupas e miudezas de Kansas City do futuro presidente dos EUA, Harry Truman.[2]

A deflação, aguda, foi muito bem recebida por William Harding, do Fed: "Acreditamos", disse Harding, "que o encolhimento ocorrido é um tanto análogo ao que ocorre quando um balão é perfurado e o ar escapa".[3] Ao menos o amargo remédio monetário de Harding funcionou na cura. A economia dos EUA saiu da depressão em 1922, com os lucros disparando e acompanhados pela maior melhora na produtividade dos EUA já registrada.[4] Mas o pedágio a ser pago pelo bem-estar foi alto. Ao longo da breve depressão, o desemprego havia subido para 12%. Em 1921, o país sofreu com uma "onda de suicídio", segundo a Save-A-Life League de Nova York.[5] Os republicanos colocaram no governo do presidente Woodrow Wilson a culpa pelo que chamaram de "Crime de 1920".[6] Quase sessenta anos se passariam antes que o Fed voltasse a tentar expurgar a inflação com altas taxas de juros.

MAIS ELASTICIDADE

Em sua versão clássica, o padrão-ouro serviu quase o bastante como regulador automático das taxas de juros. Quando uma economia estava superaquecida — ou seja, quando o total de dispêndios e investimentos superava a renda e a poupança —, o ouro saía do país; então, o Banco Central, em face do declínio de suas reservas de ouro, era obrigado a aumentar as taxas de juros; e, quando tais reservas do Banco Central eram vastas e havia monotonia nos negócios, as taxas eram mantidas em um nível baixo. Sob o padrão-ouro, regular a quantidade de crédito em circulação era algo tão direto que, até o fim do período vitoriano, os

....

* A principal crença subjacente ao conceito de "Money Trust" é que a maior parte da riqueza financeira e do poder político do mundo pode ser controlada por uns poucos poderosos. [N. do T.]

responsáveis pelo Banco da Inglaterra eram oriundos das fileiras de eminentes comerciantes de Londres, em vez de banqueiros comerciais ou, Deus nos livre, professores de economia política.

O início da guerra em 1914 levou a maioria dos bancos centrais a suspender os pagamentos em ouro (os EUA foram uma exceção). Em 1922, ministros das finanças de várias dezenas de nações se reuniram em Gênova para debater um modo de reconstruir a ordem monetária internacional. Decidiram não ressuscitar o padrão-ouro de antes da guerra, propondo substituí-lo por uma versão modificada.[7] A principal ideia por trás do Gold Exchange Standard, como foi chamado, era economizar ouro: a partir de então, os títulos do governo mantidos por um banco central seriam contabilizados como reservas, da mesma forma que o ouro.

O Gold Exchange Standard pretendia ser mais "elástico" do que seu antecessor. Mas a elasticidade trouxe seus próprios problemas. Os desequilíbrios de crédito entre os países podem agora perdurar por mais tempo sem haver uma correção. Os juros já não eram mais determinados automaticamente pelos fluxos internacionais de ouro. Por exemplo, os EUA tiveram grandes entradas de capital estrangeiro no início dos anos 1920, mas o Fed "esterilizou" essas entradas vendendo títulos.* Mais tarde, o economista francês Jacques Rueff afirmou que o Gold Exchange Standard "reduziu o sistema monetário internacional a um jogo de pai para filho no qual uma das partes concordava em devolver a aposta do perdedor após cada jogo de bolinhas de gude".[8]

Pela primeira vez, foi possível para os bancos centrais implementar uma política monetária "ativa" em busca de certos objetivos econômicos.** Mas a recém-descoberta discricionariedade dos banqueiros centrais significou que a fixação das taxas de juros foi inevitavelmente politizada, em particular na Grã-Bretanha, cuja tentativa de devolver a libra esterlina ao padrão-ouro foi acompanhada por altas taxas de juros, desemprego e deflação prolongada.

No verão de 1920, a taxa de empréstimo do Banco da Inglaterra havia subido para 7%. Quando Norman tentou apertar ainda mais, foi contestado pelo responsável pelo Tesouro, Austen Chamberlain. "As taxas de juros", disse Norman a um funcionário do Fed de Nova York, "são agora uma questão política e também financeira".[9] Anos depois, o presidente do Banco da Inglaterra

· · · · · · · ·

* Sob o padrão-ouro clássico, os influxos de ouro estrangeiro são adicionados automaticamente à oferta de ouro de um país. Mas sob o Gold Exchange Standard os influxos de ouro poderiam ser "esterilizados" por um Banco Central emitindo títulos. Assim, o mecanismo de fluxo de espécies descrito por David Hume em meados do século XVIII não funcionava mais adequadamente e os países que tinham grandes entradas de ouro, como a França e os EUA nos anos 1920, foram capazes de acumular grandes quantidades dos recursos limitados do metal no mundo. [N. do A.]

** A primeira referência a uma "política monetária ativa" vem do *Economist* em 1925, em referência a uma redução de um ponto percentual nas taxas de juros pelo banco central holandês. [N. do A.]

comentou com seu colega do Banco da França que não poderia aumentar as taxas de juros "sem provocar uma rebelião".[10] As tensões sociais provocadas pelas elevadas taxas de juros da Grã-Bretanha e uma taxa de câmbio não competitiva desembocaram, por fim, na Greve Geral de 1926. O malfadado retorno da Grã-Bretanha ao ouro transformou Keynes em um crítico veemente do padrão-ouro e das altas taxas de juros em geral. "Enquanto o desemprego for uma questão de importância política geral", escreveu ele em 1923, "é impossível que a taxa bancária seja considerada, como costumava ser, como o *peculium* secreto do papa e dos cardeais da cidade".[11] Pelo resto da vida, o economista mais proeminente do mundo nunca perdeu uma oportunidade de defender taxas de juros mais baixas.

ESTABILIDADE DE PREÇOS

A nova ordem monetária foi arquitetada não somente para economizar ouro, mas também para evitar que os preços ao consumidor caíssem. "Foi principalmente para evitar a deflação que o Gold Exchange Standard foi recomendado em Gênova", observou um economista contemporâneo.[12] Os britânicos, que ansiavam reconquistar a conversibilidade da libra esterlina em ouro, queriam evitar a deflação porque ela envolvia cortes nos salários, algo politicamente controverso. Os norte-americanos desejavam evitar que a grave deflação de 1921 se repetisse. Ben Strong, no Fed de Nova York, converteu-se à nova ortodoxia monetária, ou seja, que a política de taxas de juros deveria ser orientada pelo objetivo da estabilidade de preços.

A noção de que os bancos centrais deveriam tentar evitar tanto a inflação quanto a deflação foi ganhando terreno desde a publicação, por volta de duas décadas antes, de um influente livro de economia do economista sueco Knut Wicksell. Em *Interest and Prices* (1898) ["Juros e Preços", em tradução livre], Wicksell descreveu um mundo sem dinheiro, no qual bens e serviços eram trocados por escambo. Nesse construto imaginário, a "taxa natural" de juros era refletida pelo retorno sobre o capital. No mundo real, onde o dinheiro existe, Wicksell identificou a taxa natural pela ausência de inflação ou deflação. Isso porque, caso a taxa monetária de juros fosse muito baixa, o crédito se expandiria rapidamente e a inflação surgiria. E, por outro lado, se os juros fossem mantidos a uma taxa muito alta, o crédito se contrairia e os preços cairiam. Wicksell concluiu seu livro com um capítulo intitulado "Propostas Práticas para a Estabilização do Valor do Dinheiro", no qual recomendava que as taxas de juros fossem definidas de maneira a manter um nível de preços estável.[13] Ele previu a cooperação entre os bancos centrais para alcançar essa meta. Para manter a balança de pagamentos entre as nações, Wicksell propôs um padrão internacional de papel para substituir o Gold Standard.

O Gold Exchange Standard endossado em Gênova foi um meio caminho andado para realizar a visão de Wicksell. Os principais banqueiros centrais levaram a ideia de colaboração aos colegas estrangeiros. Norman discutiu com

Strong a ideia de formar uma "comunidade de interesse e cooperação entre todos os bancos centrais".[14] Muitos dos principais economistas do mundo defendiam a estabilização de preços, entre eles Keynes e Ralph Hawtrey no Tesouro Britânico. Irving Fisher fundou a Stable Money League em 1921 para fazer campanha por uma legislação que obrigasse o Fed a estabilizar o nível de preços.* Strong não precisou ser convencido. "Eu acreditava, e pensei que isso fosse compartilhado por todos os outros no Sistema do Fed", escreveu ele alguns anos depois, "que toda nossa política no futuro, tal como no passado, seria direcionada para a estabilidade dos preços na medida em que nos fosse possível influenciar os preços".[15]

Preços estáveis eram tanto o que Strong queria quanto o que os EUA conseguiram. Entre o fim de 1922 e 1929, o índice de preços ao consumidor dos EUA quase não se mexeu. Na ausência de inflação, o Banco Central norte-americano pôde adotar uma política menos restritiva. A partir do verão de 1924, o Fed se envolveu em operações de mercado aberto em larga escala, comprando aproximadamente US$500 milhões em títulos do governo.[16] As taxas de juros desabaram. Em setembro, a taxa de desconto do Fed estava em 3%, uma redução de 1,5 ponto percentual em relação aos 12 meses anteriores. Na campanha daquele ano, Calvin Coolidge vangloriou-se de que "tem sido a política deste governo reduzir as taxas de juros".[17]

Alguns meses depois, em seu discurso presidencial inaugural, Coolidge afirmou que os EUA estavam "entrando em uma era de prosperidade que está gradualmente alcançando todas as partes da nação".[18] Nem todos estavam tão otimistas sobre essa "Nova Era". Para Benjamin Anderson, economista-chefe do Chase National Bank, a política monetária era muito frouxa. O Banco Central dos EUA, lamentou Anderson, foi criado para fornecer assistência durante uma crise financeira, "mas desde o início de 1924 até a primavera de 1928, foi usado... para financiar um boom do mercado de ações".[19] Durante esse período, o crédito bancário no país mais que dobrou. Grande parte dos novos empréstimos não foi aplicada na indústria — os empréstimos com essa finalidade de fato diminuíram —, mas no financiamento de ações, nas hipotecas imobiliárias e na compra de títulos estrangeiros.

Depois da reunião de Long Island, o Fed de Nova York reduziu sua taxa de desconto em 50 pontos-base (para 3,5%) e os bancos do Federal Reserve aumentaram suas compras de títulos do governo. As compras em margem** dispararam

· · · · · · · ·

* A motivação de Fisher estava em sua crença de que as pessoas confundiam mudanças de preços reais e nominais. Para ele, a "ilusão monetária" era uma causa importante das flutuações nos negócios porque os salários não caíam em termos nominais quando os preços ao consumidor caíam. Mais tarde, isso se tornou a teoria dos "preços rígidos" dos economistas neokeynesianos (ver Perry Mehrling, *The New Lombard Street: How the Fed Became the Dealer of Last Resort* (Princeton, 2011), p. 57). [N. do A.]

** Um empréstimo tomado contra o valor de títulos ou ações que já se possui e que pode ser usado para adquirir mais ações ou para satisfazer necessidades de liquidez de curto prazo. [N. do T.]

e os preços das ações aceleraram. Ao longo de 1927, o índice Standard & Poor 500 subiu 37,5%.[20] Enquanto Anderson, do Chase, lastimava haver uma crescente "atmosfera de boom psicológico", Strong permanecia otimista. Em sua opinião, o Banco Central não tinha a responsabilidade de acalmar o espírito animal. Além disso, Strong receava, valendo-se de um argumento semelhante ao usado pelos bancos centrais modernos, que elevar as taxas de juros para reduzir as compras em margem produziria danos colaterais:

> Entendo que a conclusão inescapável é que qualquer política voltada somente para forçar a liquidação na conta de empréstimo de ações e simultaneamente nos preços dos títulos terá um efeito generalizado e um tanto parecido em outras direções, principalmente em detrimento da prosperidade saudável deste país.[21]

O economista sueco Gustav Cassel endossou a opinião de Strong de que era função dos banqueiros centrais manter a estabilidade de preços e não se preocupar com o mercado de ações.[22]

Na década de 1920, uma das metas da política monetária dos EUA era amortecer as flutuações sazonais das taxas de juros ocasionadas pelo ciclo agrícola, que levavam à escassez monetária em certas épocas do ano. O Fed foi tão bem-sucedido nessa tarefa que o secretário do Tesouro, Andrew Mellon, chegou até a saudar o fim do ciclo de altos e baixos. "Não somos mais vítimas dos caprichos dos ciclos econômicos. O Fed é o antídoto para a contração monetária e a escassez de crédito", declarou Mellon um ano após a reunião de Long Island.[23] Contudo, ao controlar o ciclo econômico, o Fed sem querer deu asas ao comportamento especulativo. Como escreve o economista Perry Mehrling: "A intervenção para estabilizar as flutuações sazonais e cíclicas redundou em taxas de juros monetárias baixas e estáveis, que apoiaram o boom de investimentos que alimentou os famigerados anos 1920, mas também produziu uma bolha insustentável de preços de ativos."[24]

O nível absoluto das taxas de juros teve um papel fundamental, ainda que menos óbvio, no impulso ao boom de Wall Street. Se a taxa de juros natural é revelada por um nível de preços estável, como sustentavam Wicksell e seus seguidores, então a política de taxa de juros do Fed antes e imediatamente depois da reunião de Long Island foi adequada. Como vimos, após 1921, o índice de preços ao consumidor dos EUA permaneceu estável pelo restante da década. O custo dos empréstimos tomados descontada a inflação — ao qual Irving Fisher foi o primeiro a chamar de taxa de juros "real" — manteve-se relativamente alto durante esse período.[25] Entre 1922 e 1929, a taxa de desconto do Fed, em termos reais, foi em média superior a 4%. Caso as taxas de juros fossem mais altas, então o índice de preços ao consumidor quase certamente teria caído.

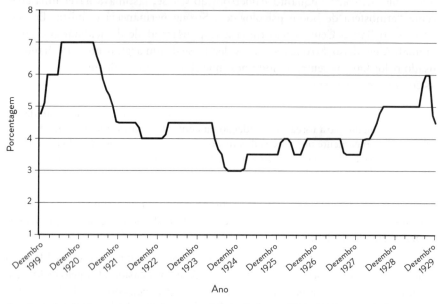

Taxa de desconto do Fed de Nova York, 1920-1930

A ausência de inflação permitiu ao Fed manter o dinheiro fácil entre 1922 e 1928, apesar do forte crescimento econômico.

No entanto, vista sob outro ângulo, a postura do Fed em relação à taxa de juros foi negligente. Wicksell afirmou que a taxa natural de juros derivava do retorno sobre o capital em toda a economia. Ainda que não seja explicitada, a taxa natural pode ser calculada de maneira aproximada a partir da taxa de crescimento da tendência de uma economia.* Os anos 1920 foram um período de notável crescimento da produtividade, ocasionado pela eletrificação e outras novas tecnologias e por técnicas de gerenciamento aprimoradas (conhecidas como "Fordismo"). Entre 1923 e 1928, a economia dos EUA cresceu a uma taxa anual de quase 8%. Porém, a taxa de desconto do Fed de Nova York ficou, em média, em menos da metade desse número. Se o índice de preços ao consumidor não deu sinais do baixo nível em que estavam os juros foi porque as melhorias do lado

---

* Isso é explicado pelo economista-chefe da Bloomberg, Tom Orlik: "Como regra geral, as taxas de empréstimo devem estar mais ou menos alinhadas com o ritmo de crescimento nominal do PIB — uma proxy para o retorno esperado do investimento. Se forem muito mais altas, ninguém tomará empréstimos, prejudicando o crescimento e o emprego. Muito mais baixas e a demanda por crédito será grande demais, alimentando a inflação e as bolhas de preços de ativos." Orlik se refere às taxas de juros na China no século XXI, mas a questão vale também para os EUA nos anos 1920 (Thomas Orlik, *China: The Bubble that Never Pops* (Nova York, 2020, p. 73). [N. do A.]

da oferta, que geraram ganhos de produtividade, também mantiveram a inflação sob controle.*

O dinheiro fácil fomentou o crédito, e o crescimento do crédito fomentou os excessos especulativos. Milhares de novas casas bancárias — principalmente bancos estatais e empresas emprestadoras não regulamentadas — foram fundadas para facilitar o crédito em projetos imobiliários.[26] Bolhas imobiliárias pipocaram em todo o país, desde a Flórida, onde um vigarista financeiro chamado Carlo Ponzi estava ativo, até Chicago, onde quase 100 mil novas casas foram construídas. Mais arranha-céus foram erguidos na década de 1920 do que em qualquer outra década daquele século.[27] Em Nova York, os incorporadores financiavam suas atividades com títulos hipotecários de alto rendimento e competiam entre si na construção dos edifícios mais altos que o mundo já havia visto (o Empire State Building, de 102 andares, foi planejado naquela época, mas só foi concluído em 1931).

Os empréstimos sobre títulos representaram quase 1/3 dos empréstimos dos bancos membros do Federal Reserve. No início de 1929, o total de empréstimos em aberto de corretores tinha chegado a quase US$7 bilhões.[28] Quanto mais dinheiro entrava no mercado de ações, mais os preços das ações subiam. No fim da década, as ações na Bolsa de Valores de Nova York mudavam de mão conforme as avaliações da bolha.** Empresas com novas e empolgantes tecnologias, como a Radio Corporation of America e a General Motors, cujos lucros estavam em um futuro distante, atraíam enorme atenção. Benjamin Anderson considerava o mercado dos anos 1920 similar ao boom do fim da década de 1890: "O 'dinheiro barato' caracterizou ambas as 'novas eras', e dinheiro assim é o intoxicante mais perigoso conhecido na vida econômica, em especial se for algo que se estende por muitos anos."[29]

Ao colocar um desconto muito baixo nos lucros futuros das empresas, os investidores terminam pagando demais. Esse erro era amplamente percebido na época. No início de 1928, a Moody's Investors Services declarou que os preços das ações haviam "descontado demais o progresso antecipado".[30] Após a quebradeira, Benjamin Graham e David Dodd escreveram, em seu livro *Security*

. . . .

* Ver Barry J. Eichengreen e Kris Mitchener, "The Great Depression as a Credit Boom Gone Wrong", BIS Working Paper, setembro de 2003. O Fed também esterilizou as entradas de ouro do exterior, o que diminuiu ainda mais as pressões inflacionárias. Perry Mehrling afirma que a política de Strong de manter as taxas de juros baixas e estáveis enquanto esterilizava influxos temporários de ouro "foi o combustível que disparou a bolha do mercado de ações... Inadvertidamente, a política de taxa de juros de Strong provou ser o mercado de opções original" (Mehrling, *The New Lombard Street*, p. 41). [N. do A.]

** Tanto a relação preço/lucro ajustada ciclicamente quanto a medida *q* de Tobin do valor de mercado em relação ao custo de reposição sugerem que o mercado de ações dos EUA estava extremamente caro em relação ao seu valuation médio histórico no fim dos anos 1920. [N. do A.]

Analysis ["Análise de Valores Mobiliários", em tradução livre], que o fim da década de 1920 testemunhou "uma transferência de ênfase [no valuation de ações] da renda atual para a renda futura e, portanto, inevitavelmente para o aumento futuro do valor principal".[31] Ou, como descrito magnificamente pelo analista de mercado Max Winkler: "A imaginação de nosso público investidor foi bastante avivada pela descoberta de uma nova frase: descontando o futuro. Contudo, um exame cuidadoso das citações de muitas questões revelou que não somente o futuro, mas também o além, estava sendo descontado."[32]

As taxas de juros relativamente baixas nos EUA estimularam um fluxo enorme de capital norte-americano rumo a países nos quais os rendimentos oferecidos eram mais elevados. O Dawes Loan de 1924 aparentemente resolveu os problemas de reparação da Alemanha. Lá, com o país então se recuperando de um processo hiperinflacionário, as taxas de juros eram de dar água na boca em comparação com as dos EUA. Ao longo de 1925, as taxas alemãs para empréstimo de curto prazo eram em média de 8,5%, três vezes mais do que as letras do Tesouro dos EUA. "O mercado de títulos estrangeiros de alto rendimento nos EUA parecia insaciável", observou Anderson.[33]

A emissão de títulos estrangeiros nos EUA, no auge, chegou a mais de US$1,5 bilhão em 1927, cerca de 6 vezes seu valor 4 anos antes.[34] Cerca de metade dos empréstimos externos dos EUA foram para a Europa e 1/4 para a América Latina.[35] Ao longo da década, a qualidade de crédito das emissões de títulos estrangeiros se deteriorou. Em 1928, o National City Bank vendeu títulos em nome do estado brasileiro de Minas Gerais, em que pese um relatório interno destacar a "ineficiência e inépcia... [e] completa ignorância, descuido e negligência dos ex-funcionários do Estado em relação aos empréstimos externos de longo prazo".[36] Posteriormente, 2/3 dos títulos estrangeiros emitidos naquele ano não foram honrados. Bagehot não teria ficado surpreso.

Em meio a uma onda especulativa, os EUA passaram a se assemelhar a uma bolha econômica. O investimento de capital foi incentivado pelo aumento dos preços das ações; mercados imobiliários otimistas estimularam a construção; os dólares norte-americanos que fluíam para o exterior para adquirir títulos estrangeiros eram, por sua vez, gastos por estrangeiros nas exportações dos EUA (o "jogo de bolinhas de gude" de Rueff); e, em casa, os gastos do consumidor foram estimulados pelo crédito parcelado e pelos lucros do mercado de ações. "A especulação em imóveis e valores mobiliários crescia rapidamente", comentou Anderson, do Chase, na véspera da reunião de Long Island,

> e uma parte bem considerável da suposta renda das pessoas que sustentava nosso varejo e outros mercados provinha, não de salários e ordenados, aluguéis e royalties, juros e dividendos, mas sim de ganhos de capital em ações, títulos e imóveis, que as pessoas estavam tratando como renda comum e gastando cada vez mais em consumo de luxo.[37]

Um Golinho Amargo de Uísque

Na reunião de Long Island em julho de 1927, os principais banqueiros centrais do mundo se posicionaram em campos opostos. Strong e Montagu Norman propuseram uma política de dinheiro barato. Os representantes do Reichsbank e do Banco da França discordaram. "Não me dê uma taxa baixa, dê-me uma taxa verdadeira, e então saberei como manter minha casa em ordem", teria dito Schacht.[38] A reunião terminou sem acordo. Rist e Schacht retornaram para a Europa, Norman ficou algum tempo nos EUA e Strong foi adiante com o corte nas taxas sem o acordo total da diretoria do Fed.

Adolph Miller, um dos diretores discordantes do Fed que se opôs veementemente àquela medida, foi substituído. Mais tarde, Miller considerou o que chamou de "tentativa de se levantar puxando os próprios cabelos" de 1927 pelo Fed como "um dos erros mais caros cometidos pelo banco ou por qualquer outro sistema bancário nos últimos 75 anos".[39] O jovem economista austríaco Friedrich Hayek, que recentemente havia passado um ano na Universidade de Nova York estudando política monetária, também criticou o "experimento" do Fed. A "inflação do crédito não é a resposta para as dificuldades europeias", aconselhou o secretário de Comércio Herbert Hoover, acrescentando que "essa especulação... só pode nos levar à beira da depressão".[40] O presidente Coolidge, porém, que era a favor do dinheiro fácil e do aumento dos preços das ações, recusou-se a intervir.

Ao se aproximar o fim do verão de 1927, o Fed de Nova York havia intensificado suas compras de títulos do governo, bem como diminuído sua taxa de empréstimo. Os outros bancos do Federal Reserve seguiram o exemplo — embora Chicago resistisse e tivesse que ser forçado a cortar sua taxa.[41] "O novo crédito criado pela renovação do dinheiro barato pelo Fed... logo afluiu para empréstimos de títulos e investimentos bancários em títulos", relatou Anderson.[42] Entre julho e dezembro, o índice da Standard & Poor's Industrials subiu quase 20%. No fim do ano, a piora da saúde de Strong forçou-o a se aposentar precocemente. Diz-se que o principal banqueiro central dos EUA se arrependeu de ter dado um golinho de uísque ao mercado de ações.[43]

Aos colegas de Strong coube retirar a garrafa. A proximidade de um novo ano trouxe bom humor a Wall Street. Em uma única semana em dezembro, mais ações mudaram de mãos do que em qualquer semana anterior na história da Bolsa de Valores de Nova York.[44] No fim de 1927, o montante de empréstimos para corretagem atingiu um recorde de US$4,4 bilhões, 1/3 a mais desde janeiro. A Casa Branca deu vivas ao mercado em alta. Em janeiro, o presidente Coolidge declarou publicamente que não considerava muito alto o nível de empréstimos aos corretores. Não era essa a visão dos membros do Conselho do Fed, agora libertos da presença dominante de Strong. Mudando de posição, o Fed vendeu títulos para drenar a liquidez de Wall Street, e a taxa de desconto do Fed de Nova York aumentou de 3,5% em fevereiro de 1928 para 5% em julho.[45]

Enquanto o dinheiro fácil é capaz de estimular o espírito animal, um leve aperto na política monetária raramente basta para extinguir um fogaréu especulativo, como os inexperientes banqueiros centrais dos EUA descobririam. O crescimento do crédito continuou a superar o crescimento econômico do país, os empréstimos a corretores permaneceram subindo e o mercado de ações não interrompeu sua ascensão quase vertical (entre fevereiro de 1928 e agosto de 1929, o índice Standard & Poor's Composite subiu perto de 30%).

Mas o aperto monetário teve uma consequência não intencional. Taxas mais elevadas nos EUA, em especial os generosos juros oferecidos nas compras em margem, reverteram a direção do fluxo de capitais internacionais. Os investidores norte-americanos passaram a retirar seus empréstimos da Europa, ao passo que os europeus intensificaram seus empréstimos a Wall Street. "Wall Street tornou-se uma colossal bomba de sucção, que está drenando o mundo do capital, e a sucção está rapidamente formando um vácuo aqui", lamentou o barão da imprensa britânica Lord Rothermere.[46] Tanto a Alemanha quanto a Grã-Bretanha perderam ouro e se viram forçadas a subir as taxas de juros. O Banco da França se tornou menos colaborativo do que nunca. Em outubro, Ben Strong não resistiu à tuberculose. Tudo isso foi demais para seu amigo Montagu Norman, que caiu em profunda depressão. Cecil Lubock, o vice-presidente do Banco da Inglaterra, vítima das frequentes implicâncias de seu chefe, também sofreu um colapso nervoso.[47]

A reversão dos fluxos de capital, agora indo para fora da Europa, implantou uma bomba-relógio que acabou explodindo com o crash de Wall Street em outubro de 1929, seguido 18 meses depois pelo colapso do maior banco da Áustria, o Creditanstalt.* O efeito mais imediato foi o corte do fornecimento de crédito norte-americano aos europeus, que fez com que estes se vissem obrigados a diminuir suas compras de produtos manufaturados norte-americanos. Assim, era apenas uma questão de tempo até que a produção industrial dos Estados Unidos começasse a se contrair. Em 1928, várias bolhas imobiliárias regionais nos EUA, da Flórida a Illinois, estavam colapsando.

Um punhado de figuras importantes de Wall Street começou a esperar o pior. Em março de 1929, Russell Leffingwell, ex-funcionário sênior do Tesouro e agora sócio do JP Morgan, comentou com um colega que "Monty e Ben semearam o vento. Pelo jeito todos nós teremos que colher tempestades... Acho que haverá uma crise de crédito mundial".[48] Para Paul Warburg, o homem à frente da Kuhn Loebe, uma empresa de Wall Street, e fundador do Fed, o receio era que a rápida expansão das compras com chamada de margem tornasse a

. . . .

* No início de 1929, o Creditanstalt assumiu outro banco austríaco, o Bodenkreditanstalt, que havia financiado investimentos de longo prazo com crédito inglês e norte-americano de curto prazo. Este último banco quebrou após os credores norte-americanos terem se retirado. A aquisição acabou por ser fatal para o próprio futuro do Creditanstalt. [N. do A.]

estabilidade do sistema financeiro dependente do nível dos preços das ações. Warburg acreditava que as taxas de juros deveriam ter subido mais cedo e mais rápido.[49] Acontece que em 1929 já era tarde demais. "A posição atual é das mais dolorosas. Uma taxa mais alta para quebrar o mercado de ações ou uma taxa mais baixa para afastar a atração dos empréstimos de curto prazo — uma ou outra pode trazer alívio."[50]

Os defensores da estabilidade de preços, contudo, permaneceram otimistas. O brilhante Irving Fisher foi muito ridicularizado pela posteridade devido à inoportunidade da confiança que exibia às vésperas do Grande Crash. Ele perdeu uma fortuna na quebradeira do mercado que se seguiu e teve de ser resgatado por Yale. O histórico de previsões e investimentos de outro grande economista da época não foi muito melhor. Keynes, que tinha amplos interesses em jogo — investimentos pessoais, uma posição como tesoureiro do King's College e presidente de uma companhia de seguros de vida — foi pego de surpresa pelo aperto do Fed. Ele acreditava que, dada a estabilidade dos preços ao consumidor e considerando que "não havia nada que pudesse ser chamado de inflação ainda à vista", o dinheiro escasso era desnecessário. Keynes permaneceu confiante de que o Fed "faria tudo a seu alcance para evitar" uma depressão nos negócios.[51]

Em abril de 1928, em Berlim, Keynes conheceu o banqueiro suíço Felix Somary na casa de Carl Melchior, um amigo em comum.[52] O estado de ânimo de Somary era de tamanha desolação que ele chamou suas memórias de *The Raven of Zürich* ["O Corvo de Zurique", em tradução livre.] No mesmo mês em que Keynes opinou que o Fed interromperia qualquer depressão incipiente, Somary alertava seus clientes quanto a um colapso iminente. O perigo, disse Somary, espreitava da "grande lacuna entre os rendimentos das ações de maior preço na bolsa de valores e as taxas de juros comuns. Quanto mais baixos os rendimentos que os especuladores esperam das melhores ações nos mercados, maior o perigo de um crash — e era isso que estava acontecendo em Nova York."[53] O suíço registrou sua conversa com Keynes:

> Keynes me perguntou o que eu estava aconselhando aos clientes.
>
> "Para se afastar o máximo possível da crise que se aproxima e evitar os mercados", respondi.
>
> Keynes tinha uma visão contrária. "Não teremos mais quebradeiras em nosso tempo", ele insistiu, e pediu minha opinião em detalhes sobre empresas individuais.
>
> "Penso que o mercado está muito atraente e os preços estão baixos", disse Keynes. "E de onde está vindo esse desastre, afinal?"
>
> "Virá da lacuna entre as aparências e a realidade. Nunca vi nuvens de tempestade tão escuras se acumulando", eu disse. Mas a especulação em valores mobiliários interessava apaixonadamente a Keynes e, a despeito

de minha óbvia recusa em responder, ele repetidamente perguntava sobre quais ações nos mercados continentais eram compras atraentes.*

Se Keynes ignorou esse alerta, foi porque, antes, não havia se dado bem na aplicação de taxas de juros e outros elementos macroeconômicos em seu próprio processo de investimento e desistiu do que chamou de "investimento do ciclo de crédito". Entre 1927 e o fim de 1929, a fortuna pessoal de Keynes encolheu mais de 3/4, de £44 mil para £7,8 mil, como resultado de pesadas perdas em especulações com commodities, por fazer uso de alavancagem de portfólio, e em razão de seu fracasso como economista em antecipar "as nuvens de tempestade tão escuras se acumulando", de Somary.[54]

Somary estudou economia em Viena, onde participou dos seminários privados de Eugen von Böhm-Bawerk. Nesses encontros estiveram presentes futuros luminares da escola austríaca de economia, incluindo Ludwig von Mises, Joseph Schumpeter e Friedrich Hayek. Um axioma da escola austríaca era que os juros são necessários para que as decisões de investimento e de consumo possam ser coordenadas ao longo do tempo.[55] Como vimos, Böhm-Bawerk argumentou que a taxa de juros é um reflexo da preferência temporal da sociedade. É dele também a afirmação de que o nível de juros determina quanto capital está vinculado à produção e, portanto, o retorno sobre o capital.** Segundo ele, quando os juros são determinados em um mercado livre, a preferência temporal e o retorno sobre o capital devem se igualar. O perigo acontece em face da interferência das autoridades nas taxas de juros. Se as taxas de juros são empurradas muito para baixo, o crédito dispara e os maus investimentos proliferam.

Os austríacos concordaram com o conceito de uma taxa de juros natural, mas não com a ideia de Wicksell de que ela poderia ser adivinhada simplesmente observando as mudanças nos preços ao consumidor. Entre eles, para começar, havia ceticismo com respeito à própria noção de um índice de preços ao consumidor. Como um deles, Oskar Morgenstern, comentou, "pensar que um fenômeno tão complexo quanto a mudança em um 'nível de preços', ela mesma uma heroica e teórica abstração, poderia no momento ser medido com tal grau de precisão é, no entanto, simplesmente absurdo."[56] E, ainda que o índice de preços ao consumidor pudesse ser medido, os austríacos ainda não acreditavam que os banqueiros centrais deveriam tentar estabilizar o nível de preços.

. . . .

* Felix Somary, *The Raven of Zürich* (Londres, 1986), pp. 146–7. Keynes e Fisher não foram, na época, os únicos economistas cujas opiniões eram otimistas. Somary menciona uma noite em sua casa, realizada na mesma ocasião, em que vários economistas alemães ilustres "concordaram, todos, que não havia crise iminente porque os preços dos bens não haviam aumentado; isso soava exatamente como as próprias visões de Keynes (*Raven of Zürich*, p. 153). [N. do A.]

** W. S. Jevons, um economista inglês do século XIX, que desenvolveu uma teoria da utilidade marginal independente do economista austríaco Carl Menger, também afirmou que o nível de juros determina a duração dos processos de produção. [N. do A.]

Em 1927, Hayek foi nomeado o primeiro diretor do Austrian Institute for Business Cycle Research; antes, havia estudado política monetária em Nova York. Hayek achava que a política de estabilização de preços — defendida por Irving Fisher e outros, e implementada por Ben Strong no Fed — era equivocada, e lamentou que a Fisher's Stable Money Association (sucessora da Stable Money League) tivesse tornado o "conceito da estabilização de preços como meta da política monetária em um dogma praticamente inatacável".[57]

Segundo Hayek, em uma economia capitalista, melhorias de produtividade recorrentes significam que os preços ao consumidor tendem naturalmente a cair. Ao longo de períodos de rápido desenvolvimento tecnológico e abundância de mercadorias, como nos anos 1920, é justo esperar que o nível de preços decline rapidamente. A busca de preços estáveis pelos banqueiros centrais, todavia, operou contra essa tendência natural.[58] De acordo com Hayek, a política monetária voltada para a estabilização dos preços "administra um estímulo excessivo à expansão da produção e, conforme os custos de produção vão regularmente decrescendo, é inevitável haver uma queda subsequente nos preços acompanhada de uma contração simultânea da produção". Palavras do futuro ganhador do Prêmio Nobel em 1928. Na verdade, Hayek estava prevendo que os loucos anos 1920 terminariam em um estouro deflacionário.[59]

Hayek, em seu livro *Monetary Theory and the Trade Cycle* ["Teoria Monetária e o Ciclo Comercial", em tradução livre] publicado na Alemanha no ano do crash, criticou o Fed, ao qual acusou de fixar juros abaixo de sua taxa natural.* O erro do Fed não se mostrou na inflação aberta dos preços ao consumidor, como sugeriu Wicksell. Em vez disso, Hayek aludiu a uma "inflação relativa" ou oculta, acompanhada por crescimento de crédito desestabilizador e maus investimentos.[60] Defensores de preços estáveis, na visão de Hayek, não compreenderam a função do capital e dos juros.[61] A crítica à busca dos banqueiros centrais pela estabilidade de preços espalhou-se ainda mais após 1929. Qualquer política destinada a estabilizar um único índice de preços estava destinada a estabelecer tendências compensatórias em outros setores do sistema econômico, escreveram Chester Phillips, T. F. McManus e R. W. Nelson em *Banking and The Business Cycle* (1937):[62] "A futilidade da estabilização do nível de preços como objetivo da política de crédito é salientada pelo fato de que o resultado final do que foi provavelmente o maior experimento de estabilização de preços da história provou ser, simplesmente, a maior e pior depressão."[63]

· · · · · · · ·

* "A taxa de juros na qual, em uma economia em expansão, a quantidade de dinheiro novo que entra em circulação basta apenas para manter o nível de preços estável é sempre menor do que a taxa que manteria o montante de capital para empréstimo disponível igual à quantidade simultaneamente poupada pela população: e, desse modo, não obstante a estabilidade do nível de preços, isso torna possível um desenvolvimento que se afasta da posição de equilíbrio." (Hayek, *Monetary Theory and the Trade Cycle*, traduzido por N. Kaldor e H. M. Croome (Londres, 1933), p. 114). [N. do A.]

Com relação à inflação de crédito da década de 1920, à distorção da atividade econômica e ao boom e queda do mercado de ações, Phillips e seus coautores concluíram que "todos tiveram sua origem na política de estabilização de preços, ou experimento de moeda administrada, do Conselho do Fed".[64] Outros economistas ilustres chegaram a uma conclusão semelhante. Refletindo sobre as origens da depressão, Dennis Robertson, contemporâneo de Keynes em Cambridge, escreveu:

> Em retrospectiva, penso que se pode cada vez mais argumentar que a grande "estabilização" norte-americana de 1922 a 1929 foi na realidade uma ampla tentativa de desestabilizar o valor do dinheiro em termos de esforço humano... Se o homem de negócios é psicologicamente avesso a engolir reduções moderadas de preços derivadas do aumento da produtividade, ele se torna mais, e não menos, sujeito a sofrer as quedas catastróficas de preços devido ao deslocamento industrial e à crise.[65]

Até mesmo Keynes teve dúvidas. Em seu *Treatise on Money* ["Tratado sobre o Dinheiro", em tradução livre] (1930), ele expressou algo próximo a um *mea culpa*:

> Qualquer um olhando apenas para o índice de preços [durante a década de 1920] não veria razão para suspeitar de nenhum grau material de inflação; enquanto quem olhasse somente para o volume total de crédito bancário e para os preços das ações ordinárias teria se convencido da presença de uma inflação real ou iminente.

Keynes parecia sugerir que a inflação de crédito, e não a inflação dos preços ao consumidor, era o verdadeiro sinal de que as taxas de juros não estavam em equilíbrio — uma posição próxima à de Hayek, a qual não demorou a renegar.*

"Melhor nenhum controle de crédito", proclamou o economista alemão Wilhelm Röpke, "do que um baseado em tal critério traiçoeiro e perigoso [de estabilidade de preços]!".[66] Os banqueiros centrais também tinham a mesma opinião. Em 1937, os *Objectives of Monetary Policy* ["Objetivos da Política Monetária do Fed", em tradução livre] afirmavam "a inadequação da estabilidade de preços como um guia para a política". Na Austrália, a Comissão Monetária e Bancária concluiu no mesmo ano que "as flutuações de preços são pouco mais que sintomas" e que as autoridades monetárias não deveriam tentar regular o crédito tendo por referência um índice de preços selecionado.[67]

A maioria das histórias financeiras dos anos 1920 e suas consequências não mencionam as críticas contemporâneas à política de estabilização de preços do Fed e ignoram o "golinho de uísque" oferecido ao mercado de ações dos

---

* Na data de *General Theory* (1936), Keynes havia perdido a fé na noção de uma taxa de juros natural. [N. do A.]

EUA após a reunião de Long Island. Segundo essa narrativa ortodoxa, não havia nada de inapropriado na economia dos EUA naquele período, nem bolhas — imobiliárias ou de ações. Tudo estava em ordem até que Ben Strong adoeceu e se aposentou do Fed de Nova York no fim de 1927. Depois disso, os ex-colegas de Strong, apavorados diante da orgia especulativa em Wall Street, apertaram indevidamente a política monetária e, com isso, induziram uma forte recessão econômica. "A verdadeira história [da Grande Depressão]", disse o futuro presidente do Fed, Ben Bernanke, "é que a política monetária tentou com excesso de zelo impedir o aumento dos preços das ações".*

O Fed respondeu ao crash de outubro cortando as taxas de juros — a taxa de desconto do Fed de Nova York passou de 6% em outubro de 1929 para 1,5% no verão de 1931. Mas o Fed, dizem seus críticos, deveria ter feito mais para evitar um colapso na oferta monetária. A questão era que os membros do conselho diretor estavam paralisados por um medo injustificado de que qualquer outra ação deflagrasse outro surto especulativo.[68] A consequência dessa inação é que o Fed permitiu que uma deflação da dívida se estabelecesse, fato que aprofundou ainda mais a crise. Essas decisões equivocadas foram exacerbadas pelos "grilhões" do padrão-ouro, que restringiam a liberdade de ação dos banqueiros centrais: no fim de 1931, o Fed foi forçado a aumentar as taxas de juros depois de ver declinar suas reservas de ouro e as taxas de juros reais (ou seja, o custo do empréstimo quando a deflação é levada em conta) subirem para dois dígitos. A "relíquia bárbara", não a política de estabilização de preços, foi a responsável pela Grande Depressão.

Essa narrativa da Grande Depressão é moldada em dois textos seminais: "Debt-Deflation Theory of Great Depressions" (1933), de Irving Fisher, e *A Monetary History of the United States*, de Milton Friedman e Anna Schwartz, publicado trinta anos depois ["Teoria da Deflação da Dívida das Grandes Depressões" e "História Monetária dos EUA", em tradução livre, respectivamente]. As expectativas iniciais de Fisher de que os EUA se recuperariam após o Grande Crash mostraram-se tão equivocadas quanto suas opiniões anteriores sobre o mercado de ações. Em seu artigo sobre a deflação da dívida, Fisher se fundamentou na sua experiência pessoal para descrever como a dívida se torna mais difícil de administrar quando o nível de preços cai. Um ciclo vicioso se forma conforme a deflação acontece: os tomadores de empréstimos pagam suas dívidas, com isso diminuindo os gastos das famílias; o dinheiro provê os contratos, o que faz com

· · · · · · · ·

* Ben Bernanke, "Asset Price 'Bubbles' and Monetary Policy", em discurso perante o Chapter de Nova York da National Association for Business Economics, 15 de outubro de 2002. Uma questão que Bernanke não toca é por que a economia dos EUA era muito mais vulnerável a altas taxas de juros no fim da década de 1920 do que no início da década. A resposta é que o boom de crédito interveniente e várias bolhas de preços de ativos levaram seu sistema financeiro a ficar instável. A história se repetiria durante o tempo de Bernanke no Fed no início dos anos 2000. [N. do A.]

que os preços caiam ainda mais; e, consequentemente, os mutuários acabam devendo mais em termos reais (ou seja, após a inflação) do que no início. A deflação da dívida continua até o ponto da "falência universal", disse Fisher.

O economista de Yale prescreveu "medicação científica" para sanar a doença do dólar: "As grandes depressões são curáveis e evitáveis por meio da reflação* e da estabilização [do nível de preços]". Os vislumbres teóricos de Fisher são incorporados à história monetária de Friedman e Schwartz. Entre agosto de 1929 e março de 1933, quando a oferta monetária dos EUA caiu mais de 1/3, o país sofreu com três crises bancárias sucessivas e cerca de 1/4 dos trabalhadores perderam seus empregos. Tais eventos, escreveram Friedman e Schwartz, foram "um trágico testemunho da relevância das forças monetárias... O drástico declínio na quantidade de dinheiro durante esses anos e a ocorrência de uma corrida aos bancos de uma severidade sem precedentes não foram a consequência inevitável de outras mudanças econômicas".[69]

Ninguém levou essa mensagem mais a sério do que Ben Bernanke, diretor do departamento de economia de Princeton e presidente do Fed de 2002 em diante. Bernanke descrevia a si mesmo como um "aficionado pela Grande Depressão". Há "evidências robustas", escreve Bernanke na introdução de seu Essays on the Great Depression ["Ensaios sobre a Grande Depressão", em tradução livre], "de que o principal fator que deprimiu a demanda agregada foi uma contração generalizada na oferta monetária mundial". O futuro presidente do Fed conclui que a Grande Depressão resultou de "desafortunados formuladores de políticas tentando entender os eventos para os quais sua experiência não os preparara".[70]

Uma aversão profunda à queda dos preços não era novidade no século XX. Em 1819, o economista francês Jean-Baptiste Say afirmou que a deflação inesperada deveria ser considerada ilegal, pois "os contratos são quebrados quando os devedores são forçados a pagar mais do que devem, tal e qual os credores quando não recebem tudo o que lhes é devido".[71] Wicksell alertou que em períodos deflacionários os negócios congelam, o desemprego aumenta e os credores se beneficiam às custas dos devedores.[72] Nos anos 1890, fazendeiros norte-americanos endividados, sofrendo com os baixíssimos preços agrícolas, protestaram contra a deflação induzida pelo padrão-ouro — a "cross of gold" ["cruz de ouro"] na famosa frase de William Jennings Bryan [político dos EUA, muito atuante no fim do século XIX e no início do século XX].

No entanto, um menor custo de vida pode, na verdade, melhorar a vida dos trabalhadores. Alfred Marshall, economista de Cambridge, valeu-se desse argumento ao se dirigir a uma Comissão Real em 1888, dizendo que "os males resultantes de uma queda de preços [deflação] são normalmente superestimados... penso que não está nitidamente estabelecido que um aumento de preços

----

* Ações de estímulo à economia por meio de políticas fiscais e/ou monetárias. [N. do T.]

é... preferível a uma queda". Devido aos reflexos na remuneração, Marshall sugeriu, a deflação "tende quase imperceptivelmente a estabelecer um padrão de vida mais alto entre as classes trabalhadoras e a diminuir as desigualdades de riqueza". Tais benefícios, disse o tutor de economia de Keynes, constituem uma forma importante de compensar a queda dos preços quando o comércio está deprimido.[73]

Hayek argumentou que as novas tecnologias e melhorias de eficiência da década de 1920 trouxeram uma deflação "boa", a espécie de deflação à qual Marshall se referia ao falar à Comissão Real. Quando os formuladores de políticas atuam de modo a flexibilizar as condições monetárias no intuito de evitar uma redução tão benigna no nível de preços, as pessoas são estimuladas a contrair mais empréstimos. Como Irving Fisher observou, a deflação da dívida tem início a partir de uma situação de superendividamento — um aspecto que Bernanke, em seus escritos sobre o assunto, visivelmente ignora. Sendo assim, Hayek concluiu que as tentativas de evitar uma deflação boa apenas tornam mais provável a deflação "ruim". Além disso, a forte deflação que surge durante uma crise financeira deve ser vista como sintoma, e não causa de perturbações econômicas. A deflação da dívida, deduziu Hayek, é "um fenômeno secundário, um processo induzido pelos desajustes das atividades econômicas que resistiram ao boom".[74]

Enquanto Fisher postulava que resvalar para a deflação após uma crise era algo a ser contido, Hayek sustentava que tentar fazer frente a uma queda nos preços impediria o processo curativo da recessão e manteria a economia em estado de desequilíbrio. Como disse outro célebre economista austríaco, Joseph Schumpeter, a deflação "restaura a saúde do sistema monetário".[75] Qualquer tentativa de evitar a deflação, disse Wilhelm Röpke, levaria a "um prolongamento e agravamento da crise".[76] Röpke criticou a reação das autoridades norte-americanas ao se iniciar a deflação em 1930, quando as taxas de juros foram cortadas e o presidente Hoover exortou os líderes empresariais a manterem os investimentos e os salários em face da queda dos preços. Para Hayek, escrevendo no início de 1932, a política monetária pós-Crash representou a

> primeira tentativa em grande escala de reativar a economia imediatamente depois de uma súbita reversão do processo de ascensão, fazendo uso de uma política sistemática de diminuição da taxa de juros acompanhada de todas as outras medidas possíveis para impedir o transcurso normal de liquidação, na qual, como resultado, a depressão assumiu facetas das mais devastadoras e perdurou por mais tempo do que nunca.[77]

Para Keynes, a atitude de Hayek e de seus companheiros "liquidacionistas" era sádica.* A evidência histórica, contudo, sugere apenas uma ligação

· · · · · · · ·

* Mais informações a respeito no Capítulo 10.

tênue entre deflação e fragilidade econômica. James Grant, em *The Forgotten Depression* ["A Depressão Esquecida", em tradução livre], aponta que o nível de preços caiu a uma taxa anualizada de 15% ao longo de 1921, um período em que o Fed manteve uma política monetária tão apertada que as taxas de juros reais atingiram cerca de 20%. Entretanto, como vimos, a economia norte-americana logo se recuperou da deflação e a produtividade disparou nos anos seguintes.[78] Mais recentemente, a experiência de ligeira deflação do Japão desde o início dos anos 1990 parece ter causado pouco impacto no crescimento da produtividade.

Esses episódios não são pontuais. Um artigo de 2015 do Bank for International Settlements examina dados de 39 países durante quase um século e meio (1870 a 2013). Nele, verifica-se que vários períodos prolongados de deflação, incluindo o dos EUA no fim do século XIX, foram acompanhados por acentuado crescimento econômico. "De um modo geral, a relação entre as mudanças no índice de preços ao consumidor e o crescimento da produção é episódica e fraca", conclui o BIS. A Grande Depressão da década de 1930 é uma exceção à regra. No entanto, essa experiência deixou marcas permanentes na profissão de economista com o horror da deflação.[79]

Diz-se que a história é escrita pelos vencedores. No fim dos anos 1920, Hayek afirmou que a política monetária estava deveras equivocada e previu uma enorme deflação. Irving Fisher, por outro lado, nessa mesma época, não via nada de errado com a economia norte-americana ou com a política monetária desse país, e no verão de 1929 sua opinião era que as ações norte-americanas haviam atingido um "platô permanentemente alto". Se for considerado que a precisão da previsão é o que importa para a teoria econômica, como Milton Friedman afirmou mais tarde, então a interpretação de Hayek deveria ter se tornado um saber incorporado à sua profissão. Entretanto, a interpretação austríaca da década de 1920 e suas consequências foram mais ou menos desvirtuadas nos livros de história, ao passo que a visão monetarista de Fisher tornou-se o saber adquirido.

Ben Bernanke, em seu livro sobre a Grande Depressão, sugeriu que compreender adequadamente esse período era o "Santo Graal da macroeconomia". Segundo a leitura que ele fez dos eventos, o principal erro do Fed foi não impedir que os preços ao consumidor caíssem depois de 1929. No 90° aniversário de Milton Friedman, em novembro de 2002, Bernanke, como diretor do Fed, pediu desculpas em nome de seu empregador pela catástrofe da década de 1930 e jurou que não aconteceria novamente. Na ocasião, isso parecia uma fala retórica. Contudo, apenas seis anos depois, os EUA enfrentavam a mais grave crise financeira em décadas. Recém-empossado presidente do Fed, Bernanke se encontrava em posição de cumprir sua promessa. Era a hora da verdade, e ele não cometeria os mesmos erros novamente.

PARTE DOIS

Como Taxas Baixas Levaram a Taxas Mais Baixas

A Lei de Goodhart

Quando uma medida se transforma em uma meta, ela deixa de ser uma boa medida.

A LEI DE GOODHART

Não temos como meta as coisas que deveríamos ter como meta, e temos como meta as coisas que não deveríamos ter como meta; não há saúde na economia.

EX-PRESIDENTE DO BANCO DA INGLATERRA, MERVYN KING, 2016

ESTABILIDADE MONETÁRIA NO JAPÃO NOS ANOS 1980

O insucesso da interpretação de Hayek sobre o boom dos anos 1920 e as consequências de obter ampla aceitação explicam por que as gerações posteriores de economistas e formuladores de políticas retornaram com tanto entusiasmo ao propósito de alcançar a estabilidade do nível de preços. Anna Schwartz, coautora de *The Monetary History of the United States*, afirmou que "a estabilidade monetária é um pré-requisito da estabilidade de preços, e a estabilidade de preços é um pré-requisito da estabilidade financeira."[1] Em 1995, quando Schwartz escreveu essas linhas, deveria ter ficado claro pelo que se passava no Japão que algo estava terrivelmente errado com esse dogma.

No transcorrer do século XX, o Japão viu-se às voltas com surtos de extrema instabilidade monetária. Entretanto, em meados da década de 1980, a inflação estava firmemente sob controle. O crescimento econômico foi robusto — o PIB do Japão cresceu mais de 5% ao ano no fim dos anos 1980.[2] A meta oficial da política monetária do Banco do Japão durante esse período era "controlar a inflação e corrigir os desequilíbrios internacionais".[3] Livres de preocupações com a inflação, os funcionários do Banco do Japão responderam aos apelos de cooperação econômica internacional. Na sequência do Louvre Accord (um acordo internacional cuja pretensão era segurar a depreciação do dólar norte-americano) em fevereiro de 1987, o Banco do Japão [BOJ] reduziu sua taxa de desconto para um mínimo no pós-guerra de 2,5%, com o objetivo de apoiar a cotação do dólar nos mercados de câmbio. A taxa de desconto permaneceu nesse nível por pouco mais de dois anos. Após o crash do mercado de ações global em outubro daquele ano, o BOJ ampliou ainda mais as facilidades para concessão de crédito, objetivando com isso impulsionar a demanda doméstica e o crescimento econômico global.[4] Era crença geral que os juros japoneses se manteriam baixos por algum tempo.

A grande bolha econômica do Japão agora inflava. A oferta monetária e o crédito do país expandiram-se rapidamente com as taxas de juros mantidas muito aquém da taxa de crescimento do PIB.[5] O investimento empresarial disparou. As corporações japonesas, que emitiram títulos de warrants em moeda estrangeira, beneficiaram-se de um custo negativo de empréstimos após converter os rendimentos em ienes. Conhecida como *zaitech*, essa engenharia financeira era onipresente: empresas tomavam empréstimos para especular em ações por meio de suas corretoras ou contas *tokkin*. O dinheiro fácil inflou uma bolha de ações e de propriedades. Estima-se que o valor imobiliário do palácio imperial em Tóquio tenha superado o de todo o estado da Califórnia.

Taxa de desconto do Banco do Japão e crescimento nominal do PIB japonês, 1985–1995

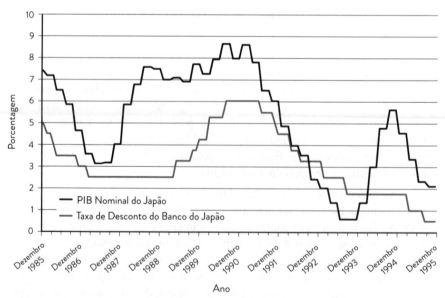

Na segunda metade dos anos 1980, a taxa básica de juros do Banco do Japão foi mantida bem abaixo do crescimento econômico, criando assim as condições para a criação da notória "Economia da Bolha".

A inflação começou a subir no fim da década. Em 1989, o novo presidente do Banco do Japão, Yasushi Mieno, decidiu furar a bolha do mercado de ações. A taxa de desconto foi elevada em três ocasiões naquele ano, em maio, outubro e no dia de Natal, quatro dias antes de o índice Nikkei atingir seu topo histórico.[6] Como os imóveis continuaram a se valorizar no início de 1990, o BOJ continuou a aumentar a taxa de desconto, que chegou a 6% em agosto.[7] Quando ficou evidente que a economia do Japão estava desacelerando, o Banco Central mudou abruptamente de rumo: entre julho de 1991 e setembro de 1995, a taxa de desconto oficial foi reduzida de 6% para 0,5%.

O afrouxamento do torniquete monetário não trouxe muito fôlego, no entanto. Ao longo do restante da década de 1990, a economia do Japão sofreu com o declínio dos preços dos imóveis, um sistema bancário enfraquecido pelos volumosos empréstimos inadimplentes, retornos sobre o capital cada vez menores e deflação persistente, à medida que empresas excessivamente alavancadas buscavam diminuir os encargos de suas dívidas. No rescaldo da economia da bolha, o Japão teve duas "décadas perdidas". Funcionários do Banco do Japão reconheceram, mais tarde, que a política monetária havia estimulado a bolha ao criar a impressão de que as taxas de juros permaneceriam permanentemente baixas.[8] E também admitiram que a inexistência de inflação na época dificultou a resposta deles à bolha em tempo hábil.[9] A lição mais importante da bolha, na opinião deles, foi que a política monetária deveria ser conduzida com uma visão mais perspicaz:

> A estabilidade de preços, que é o objetivo da política monetária, não é a estabilidade em um determinado momento, mas sim uma estabilidade sustentável capaz de apoiar o crescimento econômico no médio e no longo prazos. Portanto, ainda que a inflação medida esteja estável, uma pronta elevação dos juros será necessária.[10]

Os autores acrescentaram que o Banco do Japão "poderia ter extraído informações úteis de dados tais como um aumento na oferta monetária e no crédito" caso se dispusesse a fazê-lo. Essa visão foi apoiada pelo Bank for International Settlements. "No Japão [da década de 1980], os preços estáveis de fato ampliaram o ciclo econômico ao desviar a atenção do crescimento do dinheiro e do crédito", disseram os economistas daquela instituição, acrescentando que um "foco singular, se não fixação, sobre a inflação dos preços provavelmente cegou o Banco do Japão para o que ocorria nos mercados de crédito e para o potencial de ruptura financeira caso a bolha estourasse.["11]

Uma explicação alternativa apresentada pelos formuladores de políticas monetárias norte-americanos argumenta que a economia da bolha originou-se de uma liberalização malfeita dos mercados financeiros japoneses. Conforme essa visão, Mieno errou ao endurecer a política de modo agressivo em 1989 a fim de estourar a bolha imobiliária, e o BOJ acentuou esse erro por ter sido lento demais em afrouxar as medidas quando a economia do Japão desabou no início dos anos 1990, possivelmente por temer que a bolha inflasse novamente.[12] O BOJ também é acusado de ter sido pouco ousado em lidar com a deflação e de não fazer o bastante para diminuir as taxas de juros de longo prazo.[13]

As ações do BOJ na segunda metade dos anos 1980 lembram a política do Fed na década de 1920. Ambas as economias combinaram crescimento robusto com inflação baixa. Os dois bancos centrais centraram-se na estabilidade de preços e, de início, ignoraram o forte crescimento do crédito e o surgimento de bolhas especulativas. Com a inflação doméstica controlada, o Fed e o BOJ ajustaram a política monetária interna para fins de cooperação internacional. E, no fim de seus respectivos booms, ambos os Bancos Centrais aumentaram os juros com o objetivo de estourar a bolha do mercado de ações. Como o Fed no início dos anos 1930, o BOJ deixou a deflação se instalar após o colapso da bolha econômica.

Se o BOJ não tivesse tentado estourar a bolha, ou se o Banco Central tivesse afrouxado a política mais rapidamente após a bolha começar a desinflar, então a hipótese dos monetaristas, elaborada pela primeira vez por Fisher e contestada por Hayek — que a estabilidade de preços é pré-requisito para o crescimento econômico e para a estabilidade financeira —, poderia ter sido devidamente testada. Ainda assim, os preços ao consumidor no Japão ficaram estáveis por quase uma década: só a partir de meados dos anos 1990 a deflação se instalou. Também não se deve esquecer que a deflação no Japão foi leve em comparação à que os EUA experimentaram nos anos da Depressão, e que a oferta monetária japonesa continuou crescendo durante todo esse período. Graças a essas diferenças, os monetaristas tendem a enfatizar a grave deflação dos EUA no início da década de 1930, quando afirmam que preços estáveis ao consumidor criam condições financeiras estáveis.[14]

A BATALHA CONTRA A INFLAÇÃO

Nos EUA, a estabilidade de preços foi alcançada da maneira mais difícil. A inflação estava fora de controle no fim dos anos 1980, contribuindo para um baixo crescimento econômico ("estagflação") e agitação social.* Em agosto de 1979, o presidente Carter nomeou Paul Volcker, um ex-funcionário do Tesouro que

· · · · · · · ·

* Este livro defende que a estabilidade de preços não deve ser a única meta da política monetária, mas isso não quer dizer que a inflação seja desejável. O argumento contra a inflação é muito conhecido. Ela prejudica o crescimento econômico ao interferir nos preços e dificultar o planejamento de longo prazo; e distorce os lucros de muitos modos. Não antecipada, envolve uma redistribuição injusta de renda e de riqueza. [N. do A.]

fora recentemente diretor do Fed de Nova York, para presidir o Federal Reserve. Carter escolheu o homem certo. O trabalho de graduação de Volcker havia sido sobre os riscos representados por taxas de juros excessivamente baixas e seu Cânone profissional foi William McChesney Martin, o presidente do Fed que certa vez observou que o trabalho do Fed era remover o ponche quando a festa começava.* Em 1979, a festa já durava há muito tempo e chegara a hora de apagar as luzes.

Volcker pretendia esmagar a inflação reduzindo o crescimento da oferta monetária — o que ele chamou de "monetarismo prático", em oposição à variedade acadêmica de Friedman — não importando o quão altas as taxas de juros subissem para atingir seu objetivo. "Os três anos seguintes testemunharam uma volatilidade sem precedentes de taxas e rendimentos, e sua elevação no fim de 1981 aos níveis mais altos da história dos EUA", escrevem Homer e Sylla.[15] Sob Volcker, a taxa de fundos do Fed foi de 10% para pouco menos de 19% em dezembro de 1980, e a uma média de mais de 16% no ano seguinte. A taxa preferencial dos bancos comerciais atingiu um máximo de 21,5%. Os títulos do Tesouro de longo prazo foram emitidos com um rendimento de 15%, o maior cupom de títulos já pago pelo governo norte-americano.[16]

Houve alvoroço público quando o aperto monetário de Volcker estrangulou a economia dos EUA e elevou o nível de desemprego a dois dígitos. Foi necessário proporcionar segurança pessoal para o presidente do Fed depois que um intruso armado invadiu os escritórios do Edifício Eccles do Federal Reserve, ameaçando matar membros da Comissão de Open Markets do Fed. Construtores de casas, furiosos, enviaram tábuas serradas de dois por quatro para Volcker (uma das quais trazia um sonoro conselho: "Abaixe as taxas de juros, corte a oferta de dinheiro"). Distribuidores de veículos raivosos enviaram caixões recheados com as chaves de carros não vendidos para o mesmo endereço.[17] O Fed foi acusado de "assassinato a sangue frio de milhões de pequenas empresas" e de liquidar "o sonho norte-americano da casa própria".[18] Mas seu presidente permaneceu, como ele lembrou mais tarde, "amarrado ao mastro". Todos estavam de acordo que taxas de juros mais baixas eram desejáveis, porém, como disse Volcker, "a

· · · · · · · ·

* Durante o tempo em que esteve no Fed, Martin foi pressionado pelo presidente Lyndon B. Johnson para manter as taxas de juros baixas. Em dezembro de 1965, o presidente do Fed visitou Johnson em seu rancho no Texas. Johnson levou Martin para um passeio rápido em seu jipe por uma trilha acidentada, a fim de amolecer Martin e induzi-lo a diminuir as taxas de juros. Em uma reunião anterior na Casa Branca, o presidente Johnson disse a Martin que aumentar as taxas "equivaleria a espremer o sangue do trabalhador norte-americano no interesse de Wall Street". No fim, Martin manteve a tigela de ponche no lugar por muito tempo e a inflação disparou sob sua supervisão (Paul Volcker e Christine Harper, *Keeping at It: The Quest for Sound Money and Good Government* (Nova York, 2018), p. 55). [N. do A.]

questão é se, alcançando rápido demais esse objetivo, podemos não conseguir mantê-las baixas".[19]

No fim da recessão de 1981/982, a batalha contra a inflação foi ganha. A chegada do maior bull market de títulos da história foi afirmada pelo Dr. Henry Kaufman, economista-chefe do Salomon Brothers, em 17 de agosto de 1982. As taxas de juros estavam caindo, disse o homem conhecido em Wall Street como "Dr. Doom" ["Dr. Ruína", em tradução livre]. Cinco anos depois, Volcker foi substituído no Fed por Alan Greenspan, um economista de negócios bem--sucedido com conexões com o Partido Republicano. Greenspan não era um servidor público de carreira, como Volcker, nem um economista acadêmico (ele desistiu de seu programa de doutorado e mais tarde recebeu um título honorário de doutor da Universidade de Nova York). Ele já pertencera ao "Coletivo" de Ayn Rand, o grupo de admiradores fervorosos em torno da autora de *A Revolta de Atlas*, e até escreveu um artigo "randiano" que apoiou o padrão-ouro e culpou o Fed pelo crash de 1929.[20]

Não obstante esse histórico libertário radical, Greenspan demonstrou ser um banqueiro central intervencionista. Enquanto esteve à frente do Fed, a política monetária era frequentemente ajustada para dar aos mercados financeiros o que eles queriam. Postura pela qual Greenspan recebeu muitos elogios, tornando--se, com o tempo, uma figura emblemática para Wall Street, um xamã monetário cujos encantamentos indecifráveis tinham o poder de manter os mercados nas alturas. Certa vez, o senador John McCain disse, brincando, que, se Greenspan morresse no cargo, ele o apoiaria e colocaria óculos escuros nele. No fim de seu mandato de quase duas décadas foi saudado como o "maior banqueiro central de todos os tempos"; mas a verdadeira conquista de Greenspan foi inflar uma série de bolhas de preços de ativos e proteger os investidores de consequência funestas.

Antes de se voltar para a economia, Greenspan estudou clarinete na Juilliard School de Nova York. Seus acordes sobre política monetária eram difíceis de seguir. No início de sua gestão, ele observou que, "se eu for particularmente claro, você provavelmente não entendeu o que eu disse". A descrição que o romancista H. G. Wells fez daquele outro banqueiro central de longa data, Montagu Norman — um daqueles "estranhos homens misteriosos... ligeiramente visível em meio a uma névoa de combate a evasões e distorções, manipulação de preços e câmbios" — é aplicável também a Greenspan.

Em outubro de 1987, após alguns meses no exercício de sua nova função, Greenspan se deparou com o pior colapso do mercado de ações desde 1929. Sua resposta foi cortar a taxa alvo de depósitos interbancários do Fed e inundar Wall Street com liquidez. O mercado de ações se recuperou. Pouco tempo depois, o Fed recuou de tentar influenciar o crescimento dos empréstimos bancários, optando por direcionar diretamente as taxas de juros.* A política monetária, de agora em diante, teria como foco a inflação de curto prazo; outros desequilíbrios financeiros — como deficits em conta corrente, expansão do crédito e padrões de subscrição, alavancagem do setor privado e bolhas de preços de ativos — não foram objeto de nada mais que tentativas ocasionais de correção via pressão sobre o mercado.

Depois da crise do Savings & Loan na virada da década, quando mais de mil bancos hipotecários norte-americanos, "thrifts", faliram, a taxa interbancária do Fed caiu para menos de 3%, o menor nível em muitos anos e aproximadamente metade do porcentual de crescimento (nominal) do PIB. Greenspan queria ajudar Wall Street: empréstimos baratos de curto prazo possibilitavam aos bancos e aos fundos de hedge gerar lucros "cavalgando na curva de rendimentos".** Uma recuperação da produtividade nos Estados Unidos em meados da década de 1990 sugeria que a taxa de juros natural estava subindo. Ao mesmo tempo, os preços dos bens importados caíam e a inflação permanecia latente. Se a taxa de juros acompanha o retorno sobre o capital, então as taxas norte-americanas deveriam ter subido em conjunto. Mas isso não aconteceu. Em vez disso, as taxas de juros de curto prazo foram mantidas abaixo da taxa de crescimento da economia dos Estados Unidos durante a maior parte do período entre o início de 1992 e o fim da década.

Portanto, diante de um choque de oferta positivo similar ao que os EUA haviam experimentado nos anos 1920, o Fed de Greenspan permaneceu acomodado.[21] Outra Nova Era se aproximava — porém, para não matar de susto os de longa memória, ela foi rebatizada de Novo Paradigma ou Goldilocks Economy [menção à história infantil "Cachinhos Dourados e os Três Ursos"], por ser "nem muito quente, nem muito fria". Em dezembro de 1996, Greenspan sacudiu Wall Street ao perguntar em público se a "exuberância irracional" havia infectado o mercado de ações, mas, como essa pergunta foi interpretada como retórica e não provocou maiores reações, o mercado acionário manteve-se em alta.

Com o baixo patamar de inflação, Greenspan viu o caminho livre para aplicar o bálsamo monetário em ocasiões de dificuldade financeira. No fim de setembro de 1998, a taxa interbancária do Fed foi cortada em 25 pontos básicos após o Long Term Capital Management, um fundo de hedge superalavancado, quase quebrar. Os mercados receberam com entusiasmo o advento do que foi

· · · · · · · ·

* Greta Kippner, *Capitalizing on Crisis: The Political Origins of the Rise of Finance* (Londres, 2011, p. 113). Kippner sugere que o Fed mudou sua política após o crash de outubro usando as taxas de juros para apoiar os mercados financeiros e ampliar a transparência e a previsibilidade. Daí em diante, o Fed se deu conta que aumentar as taxas de juros era politicamente mais complicado. [N. do A.]

** Estratégia de compra e venda de títulos de longo prazo antes de seu vencimento, com a finalidade de se beneficiar do rendimento decrescente que ocorre ao longo da curva de juros de um título. [N. do T.]

chamado de "Greenspan put" — um contrato de opção com Wall Street que comprometia o Fed a intervir para interromper as quedas do mercado. Entre outubro de 1997 e sua máxima, dois anos e meio depois, o índice Nasdaq de ações de tecnologia beneficiou-se de um ganho de quase três vezes. Em termos de valoração, essa foi a maior bolha da história dos EUA. Ela desinflou, como muitas de suas antecedentes, após uma série de altas ter levado a taxa de juros do Fed a 7% no verão de 2000.

Em 2002, Ben Bernanke ingressou no Fed vindo de Princeton, onde chefiou o departamento de economia.[22] Bernanke forneceu o arcabouço intelectual para a prática de Greenspan de ignorar as bolhas de preços de ativos. Segundo Bernanke, como era impossível identificar as bolhas em tempo real, à política monetária não caberia agir preventivamente contra elas, mas sim deveria lidar com suas repercussões. No entanto, Bernanke foi um grande defensor de atuar — desta vez preventivamente — contra a deflação. Em novembro de 2002, ele sugeriu que o Fed poderia impedir uma queda nos preços em quaisquer circunstâncias: caso fosse necessário, poderia jogar "dinheiro do helicóptero" (ou seja, dólares recém-impressos) nas mãos da população norte-americana. Na primavera de 2003, a taxa interbancária do Fed foi reduzida para 1%, ficando inalterada por mais de um ano. Nos cinco anos seguintes, a taxa básica de juros do Fed manteve-se bem abaixo da taxa de crescimento econômico do país. A era do dinheiro fácil começou bem e para valer.

Ao mesmo tempo, a inflação permanecia sob controle. Em todo o mundo desenvolvido, os banqueiros centrais cumpriam suas metas de inflação. Os economistas se referiram à baixa inflação e às discretas desacelerações do início dos anos 2000 como a "Grande Moderação", um estado de coisas benigno que atribuíram a aprimoramentos na formulação de políticas monetárias. Os banqueiros centrais acharam difícil discordar. No Reino Unido, o Banco da Inglaterra cunhou o termo NICE [acrônimo em inglês para "expansão consistente não inflacionária"], a fim de descrever tão esplêndidas circunstâncias.[23] Gordon Brown, o chanceler britânico do Tesouro, enalteceu o fim dos altos e baixos. Em 2004, Greenspan vangloriou-se de que "nossa estratégia de lidar com as consequências da bolha, e não com a bolha em si, foi bem-sucedida".[24] Bernanke saudou a "forte" e "autossustentável" recuperação dos EUA.[25]

Em uma reprise da postura do Fed sob a liderança de Ben Strong em meados da década de 1920, os formuladores de políticas do Banco Central norte-americano prestaram pouca atenção ao rápido crescimento do crédito ou ao declínio na qualidade do crédito. Não houve nenhuma tentativa para conter as bolhas imobiliárias que surgiam em todo o país.[26] No início de 2006, quando estava perto de se aposentar, Greenspan reconheceu, tarde demais, que alguns mercados imobiliários regionais pareciam "efervescentes" e ponderou que períodos anteriores de estabilidade haviam tido um final ingrato. O presidente

Bernanke manteve-se um verdadeiro crente, dizendo ao Congresso, alguns meses antes, que os aumentos dos preços das casas nos EUA "são em grande parte o reflexo de sólidos fundamentos econômicos".[27]

A questão não eram os fundamentos. Os registros mostram que o Fed utilizou seus consideráveis poderes para impulsionar o mercado imobiliário. Em uma audiência no Congresso, em novembro de 2002, Greenspan disse que a política de juros baixos do Fed havia incrementado as vendas e a construção de residências. "O mercado de hipotecas", observou o presidente do Fed, "também tem se constituído em uma poderosa força estabilizadora... facilitando a extração de parcela do patrimônio que os proprietários acumularam."[28] De fato, na década até 2008, os norte-americanos extraíram um total geral de US$9 trilhões em home equity.*[29] A retirada de capital hipotecário parece bastante inofensiva, mas na realidade é um nome elegante para as famílias que se endividam. Mais incisivo, em uma reunião do Federal Open Market Committee (FOMC) em 14 de março de 2004, o presidente Donald Kohn admitiu que

> a acomodação política — e a expectativa de que ela persistirá — está distorcendo os preços dos ativos. A maior parte dessa distorção é *deliberada* e tem um efeito *desejado* por tal postura. *Tentamos reduzir as taxas de juros para aquém das taxas de equilíbrio de longo prazo e elevar sobremaneira os preços dos ativos para estimular a demanda.*

Não houve nenhuma discordância dessa opinião entre os colegas de Kohn presentes na reunião, incluindo Greenspan e Bernanke.** Alguns meses mais tarde, o presidente do Fed de Dallas, Robert McTeer, foi questionado se os banqueiros centrais eram capazes de prolongar indefinidamente o ciclo de negócios. McTeer respondeu que:

> se está lidando com o ciclo de negócios muito melhor do que costumava ser. Os formuladores de políticas são mais inteligentes. Eles têm muitos erros com os quais podem aprender... No início da década de 1930, quando esse episódio começou, ocorreram muitas falências de bancos que destruíram muito dinheiro... *Veja, hoje, sempre que há uma grande*

---

* "Home equity", como conceito, é o valor de mercado de uma casa, subtraído dos ônus nela incidentes, que pode ser utilizado como garantia de um empréstimo para qualquer finalidade. [N. do T.]

** A ideia de criar uma bolha para lidar com uma bolha já havia sido discutida por Paul Krugman no *New York Times* em agosto de 2002: "Para combater essa recessão, o Fed precisa de mais do que agir agressivamente; ele precisa de gastos crescentes das famílias para compensar o investimento empresarial moribundo. E, para isso, como disse Paul McCulley, da PIMCO, Alan Greenspan precisa criar uma bolha imobiliária para substituir a bolha da Nasdaq..." Krugman, aparentemente, não tinha nada contra essa sugestão (Paul Krugman, "Dubya's Double Dip?", *The New York Times*, 2 de agosto de 2002). [N. do A.]

emergência, a primeira coisa que fazemos é pegar o microfone e anunciar — anunciar que abrimos uma torneira de liquidez.[30]

Estabilidade de Preços Não Basta

Nem todos estavam convencidos de que era um truque a política do Fed sob Greenspan, de se concentrar nos preços ao consumidor e ignorar outros desequilíbrios financeiros. Mas foram poucos esses dissidentes que estavam em posições relevantes nos círculos de formulação de políticas monetárias ou em seus mandatos nas universidades de primeira linha. William White, economista-chefe do Bank for International Settlements — o banco central dos banqueiros centrais — foi uma exceção ao pensamento de grupo majoritário.

Em um artigo intitulado "Is Price Stability Enough?" ["A Estabilidade de Preços Basta?", em tradução livre], o economista canadense sugeriu que alcançar preços estáveis pode não ser suficiente para evitar graves distúrbios macroeconômicos no longo prazo. Como Hayek, White fez uma distinção entre deflação boa, que surge de melhorias de produtividade, e deflação ruim, que acontece após uma crise do crédito. White observou que crises financeiras anteriores muitas vezes apareceram sem que tenha havido qualquer aumento prévio da inflação — como exemplo, a recente crise asiática. O crescimento do crédito, a inflação dos preços dos ativos e os influxos de capital em larga escala — ou seja, as condições financeiras vigentes nos EUA — eram mensageiros mais confiáveis de uma crise se avizinhando.

White também questionou a política, defendida por Bernanke, de lidar com as consequências de uma bolha em vez de preveni-la. Uma economia superendividada pode entrar em uma armadilha de liquidez, tornando-a contrária a estímulos monetários. Caso o capital tenha sido mal alocado durante o período expansionista, as baixas taxas de juros após o colapso podem contribuir para a esclerose econômica, tal como o Japão experimentou na década anterior. Diminuir as taxas de juros após uma bolha estourar pode desencorajar a poupança, reduzindo assim as perspectivas de crescimento econômico: "Se as taxas baixas forem mantidas por um longo período", sugeriu White, "elas podem ou não ter o efeito desejado sobre a demanda agregada, mas com certeza têm efeitos negativos de longo prazo em relação à oferta agregada". Por fim, ele previu que taxas baixas levariam a uma busca por rendimento por parte das seguradoras e dos planos de pensão de benefício definido.

Esse artigo brilhantemente presciente, que indiretamente repercutia as críticas de Hayek à política monetária nos anos 1920, caiu em ouvidos moucos. Ademais, na data de sua publicação, abril de 2006, era muito tarde para mudar de rumo. Os preços das casas em nível nacional haviam ultrapassado o limiar da bolha e vários mercados imobiliários regionais estavam saturados de novas ofertas.[31] A bolha imobiliária dos EUA já havia superado seu auge e os preços das casas estavam a ponto de iniciar um declínio de vários anos. O sistema financeiro dos EUA estava recheado de títulos hipotecários complexos que ainda não haviam sido testados em uma recessão de mercado. Alguns comentaristas financeiros astutos notaram que a inadimplência de certas hipotecas subprime recém-criadas aumentava a um ritmo alarmante.

Incontáveis livros e artigos foram escritos sobre as causas da crise financeira global. Economistas convencionais, que antes ignoravam qualquer sinal de fragilidade financeira, de repente encontraram mil explicações. O reitor de uma universidade norte-americana lamentou ter "todo um departamento de economistas capazes de dar uma brilhante explicação *ex post facto* do que aconteceu — e nenhum deles previu o que viria".[32] A rainha Elizabeth II, em visita à London School of Economics em novembro de 2008, fez um comentário semelhante. Bernanke, um expoente entre os não videntes, tendia a ver na má regulamentação financeira a culpa pelos excessos de crédito que antecederam a falência do Lehman. (Isso exigiu dele alguma responsabilidade pessoal, já que o Fed, que Bernanke presidiu desde o início de 2006, era o principal regulador financeiro dos EUA.) Entre os formuladores de políticas, a interpretação regulatória da crise financeira foi a vencedora.

Ao mesmo tempo, o papel da política monetária do Fed no período anterior à crise foi minimizado: a decisão de reduzir a taxa básica de juros ao menor nível do pós-guerra e mantê-la assim por 18 meses; fixar a taxa interbancária aquém da taxa de crescimento econômico por 5 anos; o ritmo muito lento de aperto, com as taxas subindo "pé ante pé" para não assustar os mercados financeiros; o fomento intencional do mercado imobiliário e o incentivo ao endividamento das famílias; e a abertura das torneiras monetárias — tudo foi convenientemente esquecido. Bernanke negou que a política monetária dos EUA tenha sido muito frouxa desde 2002, argumentando que as previsões do Fed sugeriam um risco elevado de deflação.* Ele também contestou a noção de que o dinheiro fácil havia inflado a bolha imobiliária:

> Economistas [na verdade, economistas do Fed a seu serviço] que examinaram a questão geralmente descobriram que, com base em relações históricas, *apenas uma pequena parte do aumento dos preços das casas no início desta década pode ser atribuída à postura da política monetária*

. . . .

* Ben Bernanke, "Monetary Policy and the Housing Bubble", discurso no Annual Meeting of the American Economic Association, 3 de janeiro de 2010. "A política monetária após a recessão de 2001 parece ter sido razoavelmente adequada, ao menos em relação a uma regra de política simples." Isso levanta a questão de saber se a "regra de política simples" era adequada. [N. do A.]

dos EUA. Essa conclusão foi obtida usando modelos econométricos e análises puramente estatísticas que não fazem uso da teoria econômica.*

Bernanke admitiu que a queda das taxas de juros de longo prazo dos EUA deu maior acessibilidade às hipotecas, aumentando assim os preços das casas, mas atribuiu a redução nos rendimentos do Tesouro a uma "abundância de poupança global" e não aos atos do Fed. Há outras explicações para o declínio das taxas de longo prazo dos EUA (discutidas em um capítulo posterior).** Mas a hipótese da fartura de poupança absolveu os formuladores de políticas monetárias da culpa pelo desmoronamento do subprime e tornou-se parte essencial das explicações convencionais para a crise financeira global.

A análise de Bernanke, porém, omite o fato de que os empréstimos subprime mais arriscados foram precificados com taxas de curto prazo, incluindo a opção de hipotecas com o recurso de taxa ajustável por amortização negativa (em que os juros eram somados ao principal). Foi somente depois que a política de dinheiro fácil do Fed foi implementada que houve maior crescimento do crédito, a alavancagem financeira disparou, os mercados imobiliários efervesceram, os padrões de subscrição diminuíram e a reembalagem da dívida hipotecária subprime em obrigações de dívida garantidas decolou. Juros baixos estimularam a demanda por crédito, enquanto a inovação financeira aumentou sua oferta. O crescimento explosivo do mercado de títulos hipotecários complexos foi proveniente, em grande parte, de uma procura desesperada por rendimento em

· · · · · · · ·

* Bernanke, "Monetary Policy and the Housing Bubble". O argumento de Bernanke baseou-se em um artigo recentemente publicado por pesquisadores do Fed (Jane Dokko *et al.*, "Monetary Policy and the Housing Bubble", Federal Reserve Board, 22 de dezembro de 2009). Segundo os autores do artigo, as taxas baixas em 2003 e 2004 se justificam pela precaução em face do "risco significativo" de deflação (embora admitam que as revisões subsequentes das estatísticas de inflação mostraram que tal risco era exagerado). Além disso, dizem eles, o Fed estava apenas agindo de maneira convencional: "O estabelecimento da política monetária parecia seguir os contornos amplos que seriam esperados dadas as visões macroeconômicas convencionais"... analistas externos, no geral, consideraram a postura política adotada pelo FOMC como consistente com os objetivos do FOMC" (p. 13). Eles afirmam, um tanto forçadamente, que o "boom" imobiliário nos EUA começou em 1998, muito antes do início da política de dinheiro fácil (como observamos, os preços das casas nos EUA excederam apenas dois desvios-padrão acima da tendência após 2002). Os autores concluem que "ao todo, as evidências parecem, na melhor das hipóteses, confusas sobre se a postura política dos bancos centrais das economias avançadas está entre os fatores relevantes que contribuem para o aumento do setor imobiliário". [N. do A.]

** Em resumo, a queda nos rendimentos do Tesouro após 2000 decorreu em grande parte da recirculação dos fluxos internacionais de capital (o "jogo das bolinhas de gude" de Rueff, no qual as perdas são devolvidas pelo vencedor), que decolou após o Fed cortar as taxas na virada do século. Isso é discutido com mais detalhes no Capítulo 17. [N. do A.]

uma ocasião na qual as taxas de juros estavam nos níveis mais baixos em várias décadas.

Bem depois da crise financeira, os economistas do Fed continuaram a negar que os preços das casas tivessem sido afetados pela política monetária.[33] Mas alguns banqueiros centrais norte-americanos admitiram que erros foram cometidos. William Poole, presidente do Fed de St. Louis, reconheceu que as baixas taxas de juros deram força ao boom imobiliário. Em uma reunião da comissão de definição de taxas do Fed em 2007, um ano antes da falência do Lehman, Poole afirmou: "Tivemos um boom impulsionado por um período de taxas de juros muito baixas. Esse período na verdade começou quando mantínhamos a taxa alvo de depósitos interbancários do Fed em 1%. Então, houve uma série de inovações financeiras e hipotecas subprime que se somaram a um setor que tradicionalmente não existia."[34] Na mesma linha, o colega de Poole no Fed de Kansas City, Thomas Hoenig, encontrou "fortes evidências de apoio" para o argumento de que as taxas de juros reais negativas entre 2002 e 2004 contribuíram para o boom imobiliário e de crédito.[35]

Alguns economistas importantes concordaram. Anna Schwartz, que havia exaltado antes a meta da estabilidade de preços, agora atribuiu a responsabilidade pela crise do subprime ao Fed: "O propagador subjacente básico [da crise] foi uma política monetária muito flexível e taxas de juros muito baixas que induziram as pessoas comuns" a tomar emprestado e especular.* O professor John Taylor, da Universidade de Stanford, autor da "Regra de Taylor", um método prático utilizado pelo Banco Central na definição das taxas de juros (com base nas expectativas de inflação e nas estimativas da capacidade ociosa na economia), sugeriu que "excessos monetários foram a principal causa do boom e da recessão resultante".[36]

O cientista político norte-americano Mancur Olson advertiu contra o recurso a explicações *ad hoc* para eventos econômicos não apoiados por uma teoria que pudesse ser testada. Um sem-número de elementos causais, afirmou Olson, pode fazer uma teoria falsa parecer verdadeira e vice-versa.[37] Mas a maioria dos relatos da crise financeira fundamenta-se nessa multiplicidade de elementos causais — alegando que a crise surgiu graças à proliferação de títulos de dívida complexos, às classificações de crédito não confiáveis, aos modelos de risco defeituosos, a uma abordagem "pass-the-parcel" [desdobramento de títulos]

. . . .

* Em 2008, Schwartz escreveu: "Se você investigar individualmente as loucuras financeiras [do passado]... em todos os casos, o que gerou o boom de um ativo foi a política monetária expansionista. O ativo específico variou de um boom para outro. Mas o propagador subjacente básico era uma política monetária muito flexível e taxas de juros muito baixas." (Citado em Steven Horwitz e William Luther, "The Great Recession and Its Aftermath from a Monetary Equilibrium Theory Perspective", Mercatus Center, Outubro de 2010, p. 5.) [N. do A.]

para dívidas hipotecárias, às regulamentação deficiente, ao espírito animal, à poupança global excessiva e por aí vai.

Política monetária dos EUA no início dos anos 2000

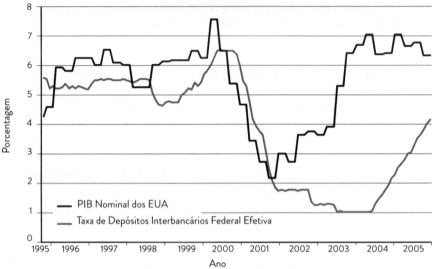

Com as danosas consequências da bolha das empresas PontoCom, o Fed de Greenspan levou a taxa de juros ao nível mais baixo do pós-guerra. Foi nessa época que os preços das casas nos EUA começaram a decolar.

Essas contas não consideram o fato de que as práticas e as regulamentações financeiras diferem de um país para outro. Os bancos norte-americanos podem ter criado instrumentos capciosos de dívida hipotecária a fim de serem passados para a frente, mas na Espanha os títulos hipotecários (lá denominados *cédulas*) permaneceram nos balanços dos bancos. O Banco da Espanha chegou a exigir que os bancos aumentassem suas reservas de capital durante o boom. Mas, apesar dessas salvaguardas, o choque financeiro na Espanha foi pior que o dos EUA e quase todos os seus bancos de poupança locais (*cajas*) faliram. Como a crise foi global, parece razoável supor que suas origens também foram globais. As hipotecas subprime não podiam arcar com a conta, já que eram um caso norte-americano. No entanto, as perdas em títulos hipotecários complexos, emitidos nos EUA, mas de posse em grandes quantidades por bancos europeus, foram suficientes para desencadear uma reação em cadeia que se espalhou rapidamente por todo o sistema financeiro global.

Por que os sistemas de crédito de tantos e tão diferentes países, da Austrália à Islândia, eram muito vulneráveis na época? O denominador comum parece ser a política de juros baixos do Fed na virada do século, a qual, em virtude da situação especial do dólar como moeda de reserva global, criou as condições para um boom de crédito que envolveu grande parte da economia mundial. Antes da crise, em termos reais, as taxas de juros globais eram negativas e muito abaixo da taxa de crescimento da economia mundial. Até mesmo países cujas taxas de juros eram relativamente altas não escaparam de ser inundados por fluxos de capital estrangeiro.* Não há necessidade de recorrer a explicações *ad hoc*: o dinheiro fácil produziu o boom, que foi seguido pelo inevitável colapso.

A fechada comunidade de banqueiros centrais e economistas monetaristas não abandonou sua obstinação por explicações monetárias para a crise. Eles haviam investido muito tempo e esforço em seus modelos econômicos e resistiam em renunciar a eles. Segundo tais modelos, uma economia só se desvia do curso devido a choques aleatórios ou "exógenos", como a crise do petróleo de 1973. Não há espaço para outros fatores, como dinheiro e crédito. As taxas de juros são um dado e os erros na política monetária são evidenciados pela instabilidade nos preços ao consumidor, mas não nos preços dos ativos. Bolhas especulativas e exuberância irracional não são admissíveis. Em vez disso, no modelo o mundo está repleto de atores racionais capazes de fazer previsões certeiras. Todavia, não descreve, nem remotamente, o que de fato acontece em Wall Street ou em qualquer outro mercado de ações. Não é de admirar que os economistas acadêmicos encarregados do que James Grant chamou de "Padrão de PhD" tenham sido atropelados pelos acontecimentos.

Fatores institucionais pesaram nesse estado de dissonância cognitiva. O Fed é o maior empregador mundial de PhDs [doutores] em finanças e tem fortes vínculos com revistas econômicas especializadas em questões monetárias. Causa espécie que, em uma pesquisa de 2010, a grande maioria dos economistas acadêmicos acreditava que taxas baixas provocaram ou ao menos colaboraram muito para a bolha imobiliária, mas a maioria dos economistas especializados em política monetária tenham ficado ao lado da visão do Fed.[38] Se Bernanke, em sua condição de presidente do Fed, sustentou que a crise não havia sido um fracasso da "ciência econômica", mas de gestão econômica (regulamentação), era de se esperar que a própria equipe de pesquisa do Fed seguisse o exemplo de seu chefe.[39] Eles formavam uma câmara de eco na qual as crenças existentes eram reforçadas e as questões incômodas, ignoradas.

"O Fed de Bernanke", conclui o historiador Paul Mirowski, "evitou sofrer quaisquer consequências por sua incompetência intelectual" ao lidar com a crise. Em vez de ser retirado do cargo, Bernanke recebeu o crédito por salvar o mundo de outra Grande Depressão e foi ungido como a "Pessoa do Ano" da revista *Time* em 2009. Sua postura negacionista significou que o Fed pouco aprendeu com a crise. Além de uma "mexida" estranha, os formuladores de política monetária não viram necessidade de mudar seus modelos deficientes. Se não foram os juros baixos que causaram a crise, não haveria problema em rebaixá-los ainda mais no futuro.

. . . .

* Para mais a respeito, consulte o Capítulo 17. [N. do A.]

Estabelecendo Metas de Inflação

A crise financeira reavivou a ameaça de deflação — o tipo de contração da dívida identificada por Irving Fisher que acontece após booms de crédito, quando as pessoas, tendo assumido muitas dívidas, procuram solvê-las. Após 2008, o medo da deflação — que Martin Feldstein, um economista de Harvard, chamou de "bicho-papão da deflação" — tornou-se uma obsessão para os formuladores de políticas. De acordo com o *Economist*, a deflação foi o "maior problema econômico do mundo".[40] Christine Lagarde, presidente do Fundo Monetário Internacional, disse que a deflação é um "ogro" que pode "se mostrar desastroso para a recuperação". Haruhiko Kuroda, presidente do Banco do Japão, considerou-a uma "doença crônica". A deflação deveria ser evitada mediante o estrito cumprimento de metas de inflação: a estabilidade de preços teria que ser alcançada a qualquer custo.

Os anos 1990 testemunharam a adoção generalizada de metas oficiais de inflação pelos bancos centrais. O da Nova Zelândia foi o primeiro a adotar uma meta explícita em 1990 — por coincidência, o mesmo ano no qual a bolha japonesa começou a desinflar. O Canadá fez a mesma coisa em 1991. Seis anos depois, um recém-independente Banco da Inglaterra estabeleceu uma meta de inflação. Em 1998, o Banco Central Europeu surgiu com uma meta determinada por tratado. Embora o Fed sob Alan Greenspan tenha evitado uma meta formal, buscou uma abordagem similar.[41] Não obstante a ampla adoção de metas de inflação não ter fornecido proteção contra a crise financeira, o processo continuou após 2008. No início de 2012, Bernanke realizou sua antiga ambição, e o Fed adotou uma meta de inflação formal.* O BOJ logo acompanhou.

Agora, os principais bancos centrais do mundo desenvolvido não só tinham uma meta, mas se fecharam, todos eles, em torno de um número que adquiriu a aura de um talismã: 2% — o que o presidente Kuroda chamou de "padrão global".[42] O número foi escrito na constituição do BCE. Era recorrentemente invocado pelos banqueiros centrais, como se entoar esse mantra os ajudasse a atingir seu propósito. Eis aqui o que disse Janet Yellen, sucessora de Bernanke no Fed, em uma reunião do Federal Open Market Committee em setembro de 2016:

> Quero ser bem clara — 2% é o nosso objetivo. Queremos que a inflação volte a 2%; esse número não é um teto para a inflação. Portanto, não estamos tentando empurrar a taxa de inflação acima de 2%. Nosso objetivo é sempre voltar a 2%, mas 2% não é um teto. E, se fosse um teto, seria preciso conduzir uma política que, em média, mantivesse a taxa de

· · · · · · · ·

* Em 2003, Bernanke notou que metas de inflação eram vistas nos EUA como algo "estrangeiro, impenetrável, e talvez ligeiramente subversivo". Mas, em sua opinião, "uma inflação baixa e estável é um elemento-chave — quem sabe eu devesse dizer *o* elemento-chave — do sucesso de uma política monetária". ("A Perspective on Inflation Targeting", p. 2). [N. do A.]

inflação abaixo de 2%. Essa não é a nossa política. Queremos ver essa taxa voltar a 2% o mais rápido que pudermos.

Vimos como a busca do Fed pela estabilização de preços nos anos 1920 contribuiu para o boom de crédito e os excessos especulativos daquela época. Fixar uma meta específica para a mesma política nada mais faz que aumentar os problemas. Há muito se reconhece as limitações de gerenciar instituições tendo por referência um indicador quantitativo fixo.* Metas quantitativas tendem a ser escolhidas pela facilidade de serem estabelecidas. Porém, fatores que não são facilmente medidos tendem a ser negligenciados. Em decorrência, o uso de metas está associado a vários resultados adversos, que incluem visão de curto prazo, desvio de recursos para a burocracia, aversão ao risco, recompensas injustificadas e enfraquecimento da cultura institucional.

Métricas se prestam a sufocar a inovação e a criatividade; emulam a ciência, mas se parecem com a fé. Quando uma instituição é guiada por alguma meta específica, a análise crítica é interditada. Na década de 1970, o cientista social norte-americano Donald Campbell apontou que "quanto mais qualquer indicador social quantitativo for utilizado para a tomada de decisões sociais, mais estará sujeito a pressões de corrupção e mais apto a distorcer e corromper os processos sociais que pretende monitorar". O historiador Jerry Muller acrescenta um corolário à Lei de Campbell: "Qualquer coisa que possa ser medida e recompensada será colocada em jogo."

A mais famosa das leis de metas surgiu há várias décadas no campo da economia monetária. No início dos anos 1980, os banqueiros centrais de ambos os lados do Atlântico procuraram controlar a inflação definindo um crescimento para a oferta monetária, um conceito impreciso que pode ser medido de maneiras variadas (os economistas referem-se a M0, M1, M2, M3 etc.). Charles Goodhart, da London School of Economics, observou que, sempre que o Banco da Inglaterra estabelecia um determinado nível de oferta monetária, a relação anterior dessa medida com a inflação era quebrada. A Lei de Goodhart diz *não ser confiável qualquer medida usada para controle.*

O que há de errado no estabelecimento de metas é a suposição de que as relações entre as variáveis — no caso, uma determinada medida da oferta monetária e da inflação — são fixas. No mundo real, as pessoas respondem a tentativas

. . . .

*   Há uma lenda soviética que fala de uma fábrica de pregos para a qual Moscou estabeleceu cotas: quando estas envolviam quantidade, a fábrica produzia pregos pequenos e inúteis e, quando Moscou estabelecia uma cota por peso, os gerentes fabricavam pregos ferroviários que pesavam meio quilo cada um. O fracasso do planejamento central ensina que devemos evitar a "tirania das métricas". Nas últimas décadas, entretanto, o uso imprudente de indicadores de desempenho em universidades e escolas, saúde, policiamento e negócios levou a uma série de erros. Ver Jerry Muller, *The Tyranny of Metrics* (Princeton, 2018.) [N. do A.]

de controle. "A essência da Lei de Goodhart", escrevem John Kay e Mervyn King em seu livro *Radical Uncertainty* ["Incerteza Radical", em tradução livre], é que "seja qual for, a política comercial ou governamental que presuma que as relações sociais e econômicas são imutáveis provavelmente fracassará, pois sua implementação modificaria o comportamento dos afetados e, portanto, destruiria essa imutabilidade".[43] Coube a Lord King, como ex-presidente do Banco da Inglaterra, a responsabilidade maior de colocar em prática a meta de inflação de 2%. Após se aposentar, em 2013, ele questionou abertamente as limitações dessa regra: "Não temos como meta aquilo que deveríamos ter como meta, e temos como meta aquilo que não deveríamos ter como meta; não há saúde na economia."[44]

Paul Volcker, outro banqueiro central aposentado, foi ainda mais crítico em relação à meta de inflação. "A lógica me confunde", escreveu o ex-presidente do Fed. "Uma meta, ou limite, de 2% não figurava em meus livros anos atrás. Não conheço nenhuma justificativa teórica. É difícil ser uma meta e um limite ao mesmo tempo." Nenhum índice de preços poderia refletir com precisão a mudança real nos preços ao consumidor, acrescentou Volcker. Além do mais, em uma economia em crescimento, há uma tendência de os preços subirem e descerem um pouco, não lateralmente. A respeito da ideia de que a política monetária deveria ser flexibilizada quando a economia estava robusta e o desemprego baixo apenas porque a inflação estava aquém da meta, bem, Volcker pensou, "certamente, isso seria um absurdo".[45]

Segundo Axel Leijonhufvud, um economista da UCLA, um problema com a meta de inflação é que "uma taxa de inflação constante não fornece absolutamente nenhuma informação quanto à correção de sua política monetária". Ao contrário, sustentou Leijonhufvud, a meta incentiva os bancos centrais a adotar políticas que minam a estabilidade financeira.[46] Como veremos, ter ido em busca de uma meta de inflação de 2% em uma ocasião de deflação prolongada forçou, de fato, os banqueiros centrais a fixar taxas de juros em patamares extremamente baixos e até negativos, estimulando, assim, empréstimos especulativos e outras maneiras de assunção de riscos financeiros.*

Nem mesmo ficou claro que os bancos centrais com metas de inflação tenham exercido muito controle sobre a inflação interna. Com o avanço da globalização, a inflação assumiu um aspecto global. Quando os preços das importações caíam, os banqueiros centrais eram obrigados a inflar o preço de bens e serviços não comercializáveis — como saúde, educação e construção — a fim de evitar um declínio do nível geral de preços. Poucos questionaram se isso era ou não desejável. Ademais, o período de tempo definido para a meta de inflação era inapropriado: em princípio, a estabilidade de preços deveria ser medida ao longo de vários anos (como o BOJ admitiu depois de 1990), mas a maioria dos

· · · · · · · ·

* Ver Capítulo 15. [N. do A.]

banqueiros centrais desejava alcançar sua meta em tempo real. Outra crítica, levantada por William White, foi que aquela abordagem de metas de inflação era assimétrica: o horror [dos banqueiros centrais] à deflação os inclinava a ultrapassar a meta, em vez de ficar abaixo dela. A consequência foi um viés sistemático da política monetária em direção à flexibilização das taxas.

Depois de 2008, perseguir metas de inflação pelos banqueiros centrais tornou-se, tal como o medo de um processo deflacionário, uma obsessão. "O único e definitivo mandato que precisamos cumprir é trazer a inflação de volta a um nível próximo, mas abaixo de 2%", afirmou o presidente do Banco Central Europeu, Mario Draghi, em outubro de 2014.[47] Lançando outra série de medidas monetárias não convencionais no início de 2016, Draghi observou que "não há limites para nossas ações, dentro de nosso mandato".[48] O principal banqueiro central da Europa "rejeitou completamente" as tentativas de tolher as ações do BCE para aumentar a inflação e "jurou" não desistir de sua meta de inflação.[49] No Banco do Japão, o presidente Kuroda demonstrou um fanatismo semelhante: sua nova meta "inabalável" seria perseguida com "inexorável determinação".[50] Kuroda, tendo colocado suas fichas no plano mais ambicioso do mundo para expandir o balanço patrimonial do Banco Central e definir taxas de curto prazo abaixo de zero, repetiu os comentários de Draghi de que "não há limite para a flexibilização monetária" e que o BOJ "faria o que for necessário para alcançar" sua meta, acrescentando que, para o bem da medida tomada, "não é exagero que [a nossa] seja a política monetária mais poderosa estruturalmente da história dos bancos centrais modernos."[51] Fracassar em atingir sua meta significaria apenas que o BOJ não fora agressivo o suficiente.

A busca por metas de inflação parecia um enorme experimento de Milgram em tempo real, com os cidadãos do mundo como cobaias. Obcecados com suas metas, os banqueiros centrais tecnocratas não enxergavam, ou ao menos tendiam a minimizar, quaisquer resultados adversos de suas políticas. Questionado se as ações do BCE estavam causando desigualdade, Draghi respondeu que sua preocupação era com a meta. A uma pergunta sobre possíveis perdas na carteira de títulos do BCE, ele deu a mesma resposta. Políticas monetárias radicais podem ensejar movimentos especulativos, ele reconheceu, mas o BCE não havia estabelecido taxas para "precificar bolhas localizadas".

Quaisquer que fossem as circunstâncias, boas ou más, os banqueiros centrais se agarrariam à sacrossanta meta. A credibilidade deles dependia disso.[52] Não importa que as políticas impostas pelas metas de inflação pareçam estar matando o crescimento econômico. Não importa que taxas de juros zero desencorajassem a poupança e o investimento e prejudicassem o crescimento da produtividade. Não importa que taxas baixas levassem as empresas menos aptas a apenas sobreviver, como zumbis mantidos na UTI. Não importa que as políticas do banco central tenham contribuído para o aumento da desigualdade, prejudicado a estabilidade financeira, estimulado fluxos de capital de "hot money"* e fomentado inúmeras bolhas de preços de ativos — de apartamentos de luxo a criptomoedas. Como Draghi expressou: "Esta não é uma questão de trade-offs. Não podemos deixar de implementar uma política que garanta a estabilidade de preços por causa de potenciais efeitos colaterais."[53] O BCE perseguiria sua meta, que se danem as consequências.

* Fluxos especulativos de capital que se deslocam entre os países, a fim de obter um lucro de curto prazo aproveitando-se das diferenças nas taxas de juros e/ou mudanças antecipadas nas taxas de câmbio. [N. do T.]

8

Estagnação Secular

*Afinal, o diabo da economia excessiva não passa de um mero bicho-
-papão?*

Dennis Robertson, 1937

Um ano após a falência do Lehman em setembro de 2008, o mundo havia recuperado mais da metade da produção industrial que fora perdida. Embora grande parcela da recuperação tenha vindo dos mercados emergentes, as economias desenvolvidas também se beneficiaram de um desempenho melhor do que o esperado. A economia mundial parecia seguir uma regra estabelecida pelo economista Victor Zarnowitz, da escola de Chicago, ou seja, que "recessões profundas são quase sempre seguidas por recuperações agudas".[1] Tal como uma bola de borracha, quanto mais forte uma economia é jogada para baixo, mais rápido pode-se esperar que ela suba. Porém, passados alguns anos, ficou claro que algo estava muito errado. Apesar dos grandes esforços dos banqueiros centrais, que diminuíram os juros e adquiriram trilhões de dólares em títulos, as economias ocidentais estavam estagnadas.

Em 2014, cinco anos após o fim da Grande Recessão, o crescimento da produtividade nos EUA caiu à metade de sua média histórica.[2] Sob Ben Bernanke, a postura do Banco Central dos EUA estava longe de ser inflexível, como estivera no início dos anos 1930. Na verdade, o balanço patrimonial do Fed expandiu-se mais do que o incremento total em dólares da renda nacional dos EUA.[3] Do outro lado do Atlântico, a situação era ainda pior. Na década após 2008, a produtividade do trabalhador da Grã-Bretanha diminuiu e sua economia cresceu no ritmo mais lento desde a Revolução Industrial. A economia da Zona do Euro ficou girando em torno do nível que ocupara na pré-crise. Os economistas deram tratos à bola para explicar a combinação de crescimento econômico medíocre e taxas de juros ultrabaixas. Larry Summers, professor de Harvard e ex-secretário do Tesouro dos EUA, deu uma resposta: o mundo ocidental sofria de "estagnação secular". (Para os economistas, a palavra "secular" descreve um estado mais ou menos permanente do mundo, em oposição a um evento cíclico.)

Essa noção de Summers nada tinha de original. Ele a pegou emprestada de um antigo economista de Harvard, Alvin Hansen, mais conhecido por introduzir ideias keynesianas nos EUA. No início dos anos 1930, Hansen argumentou que a economia dos Estados Unidos havia passado por uma mudança estrutural. Na opinião dele, a questão relacionava-se principalmente à demografia. Hansen acreditava que o crescimento populacional do país estava diminuindo e que isso era uma má notícia econômica: se menos pessoas ingressassem na força de trabalho, ponderou, haveria menos necessidade de novas fábricas, instalações, maquinário e casas.[4] Hansen também afirmou que as novas indústrias não requeriam tanto investimento de capital quanto as tecnologias anteriores. E previu que, conforme a demanda por investimento caísse, a oferta de poupança superaria a demanda por capital.

Na Europa, o argumento de Hansen encontrou apoio de Keynes, seu mentor. Keynes também acreditava que a população da Grã-Bretanha estava prestes a diminuir. Ele afirmou que uma população declinante tornaria "imensamente mais difícil do que antes manter a prosperidade". Para aumentar o investimento e enfrentar esse refluxo demográfico, ele prescreveu seu remédio favorito: forçar uma queda das taxas de juros. "Caso a sociedade capitalista rejeite uma distribuição mais igualitária de renda e o poder dos bancos e das finanças consiga manter a taxa de juros próxima do vigente em média durante o século XIX", alertou, "...então uma tendência crônica para o subemprego de recursos deve, no final, minar e destruir essa forma de sociedade".[5]

Nem todos concordaram com essa ideia. Em seu livro *The Bogey of Economic Maturity* ["O Bicho-Papão da Maturidade Econômica", em tradução livre] (1945), o economista George Terborgh foi de encontro à noção de estagnação secular. Como um movimento secular é, por definição, uma tendência de longo prazo, argumentou Terborgh, a estagnação secular da década de 1930 deveria ter sido evidente anos antes. Nos loucos anos 1920 havia um otimismo universal sobre a economia dos EUA, cujo crescimento populacional diminuía há décadas, mas Terborgh não encontrou correlação entre mudança demográfica e crescimento da produtividade. Também não havia evidência de que o investimento (*per capita*) fosse influenciado pela demografia, como afirmou Hansen. O receio dos adeptos da estagnação secular de haver excesso de poupança era igualmente infundado: uma queda na quantidade de novos trabalhadores implicava em menor demanda por investimento, mas a oferta de poupança total diminuiria em paralelo.* "A maturidade econômica é um bicho-papão concebido por um corpo de doutrina infundado e insubstancial", bufou Terborgh.[6]

· · · · · · · ·

* George Terborgh, *The Bogey of Economic Maturity* (Chicago, 1950). Terborgh observa (p. 63) que o ato de poupar não é independente do investimento (a compra de um bem de capital). Assim, uma queda nos dispêndios de capital causado pela desaceleração do crescimento populacional diminuiria automaticamente a poupança. "O declínio do crescimento populacional tende a reduzir tanto o volume de poupança quanto a proporção desse menor volume disponível para formação de capital." [N. do A.]

Três anos antes, Joseph Schumpeter havia antecipado muito do que Terborgh criticara. Em *Capitalism, Socialism and Democracy* (1942), Schumpeter discordou das afirmações contemporâneas de que as inovações ao redor do mundo eram cada vez menos presentes, que as novas tecnologias requeriam menos capital e que ventos demográficos contrários reduziam as oportunidades de investimento.[7] O desempenho econômico dos EUA após a guerra justificou plenamente Schumpeter e Terborgh. As previsões demográficas de Hansen e de Keynes demonstraram ser extremamente pessimistas. Embora Hansen tivesse previsto estagnação, a população dos EUA cresceu a uma taxa anual de mais de 1% nas décadas seguintes. O crescimento da produtividade aumentou e novas tecnologias — como energia nuclear, viagens aéreas e televisão — atraíram capital de investimento. Não muito depois da guerra, a economia dos EUA retornou à tendência de crescimento de antes de 1929. Como disse o investidor bilionário Warren Buffett, norte-americanos como ele, nascidos nas profundezas da Grande Depressão e que sobreviveram até a segunda década do novo milênio, foram testemunhas de um aumento de mais de seis vezes no PIB *per capita* dos EUA.[8]

A afirmação de estagnação secular de Hansen é um dos piores erros de previsão já cometidos por um economista acadêmico. Esse sonoro fracasso faz com que seja ainda mais curiosa a ideia ter ressurgido, um pouco alterada, cerca de oito décadas mais tarde. A nova argumentação sobre a estagnação consistia em três alegações principais, semelhantes às apresentadas 3/4 de século antes. A primeira, que o crescimento populacional nos EUA e na Europa estava diminuindo e sua força de trabalho, envelhecendo. A segunda era a afirmação de que as novas tecnologias requeriam menos capital de investimento e eram menos produtivas do que haviam sido até então. E a última, que havia no mundo um "excesso de poupança global". Esse excesso de poupança em um período de fraco crescimento econômico explicaria o acentuado declínio das taxas de juros.*

Assim como havia ocorrido na década de 1930, narrativas de estagnação secular surgiram em ambos os lados do Atlântico. Pesquisadores do Banco da Inglaterra argumentaram que o menor ritmo de crescimento populacional no Reino Unido havia feito com que as taxas de juros de longo prazo cedessem em um ponto percentual.[9] Essa foi uma afirmação ousada, considerando que, no decorrer dos séculos anteriores, não foi incomum o crescimento populacional e as taxas de juros do país caminharem em direções opostas. Às vezes, períodos de grande crescimento populacional coincidiam com taxas de juros em queda.[10] (Por exemplo, a população da Grã-Bretanha cresceu mais de 50% na segunda metade do século XIX. Contudo, no fim do reinado da rainha Vitória, os rendimentos do Consol caíram para os níveis mais baixos já registrados.) De fato, nas primeiras décadas do século XXI, a população da Grã-Bretanha cresceu em um

---

* A hipótese da fartura de poupança global é detalhada nos capítulos 17 e 18. [N. do A.]

ritmo robusto graças à imigração em larga escala, ao passo que os rendimentos do ouro atingiram mínimos históricos.

Um argumento que se pode apresentar é que o declínio nas taxas de longo prazo antecipou uma futura queda no crescimento populacional. As previsões demográficas de longo prazo, porém, carecem de confiabilidade, como mostraram Hansen e Keynes. E, ainda que as terríveis previsões de declínio demográfico se confirmem, não está claro que o excesso de poupança e a redução das taxas de juros sejam uma consequência. Nos modelos econômicos padrão presume-se que as famílias poupam apenas o suficiente para manter constante a relação capital/trabalho, deixando a taxa de juros inalterada pelas mudanças populacionais.[11] Terborgh havia comentado a respeito. Para alguns economistas, entre eles Charles Goodhart, as sociedades maduras exigem mais investimento em relação à poupança, caso em que as taxas de juros devem subir conforme a população envelhece.[12] Testes estatísticos revelam que aumentos na taxa de dependência dos EUA (ou seja, o número de pessoas que não trabalham em relação à população total) são acompanhados por uma elevação nas taxas de juros de longo prazo.[13]

Além disso, em teoria, se o capital estiver circulando livremente entre os países, as taxas de juros devem ser determinadas por forças globais. É verdade que o crescimento da população mundial diminuiu desde a década de 1970, porém a desaceleração mais forte ocorreu na década de 1980, quando as taxas de juros reais eram elevadas. Nos primeiros anos do novo milênio, a população mundial crescia a uma taxa anual por volta de 1%.[14] Parece inverossímil atribuir a "estagnação secular" e a expressiva queda das taxas de juros a uma desaceleração gradual de várias décadas no aumento da população global.

A demografia não conseguia explicar o fraco crescimento econômico e as taxas de juros ultrabaixas, mas os adeptos da estagnação secular pensavam diferente. De novo, chegaram perto de reprisar o argumento original de Hansen. Um declínio no preço dos bens de capital, sugeriu Summers, pode explicar por que as taxas de juros haviam caído.[15] Trata-se de um argumento curioso. Teoricamente, a taxa de juros (ou desconto) atribui um valor presente aos lucros futuros gerados por qualquer bem de capital. Também não ficou claro como as mudanças nos preços dos equipamentos fabris afetaram a taxa de desconto. Pode-se argumentar plausivelmente que bens de capital mais baratos devem aumentar a produtividade dos trabalhadores, o que resulta em maior crescimento econômico e elevação das taxas de juros.

Summers também alegou que a tecnologia estava reduzindo a demanda por capital. Empresas digitais, como Facebook e Google, estabeleceram franquias globais dominantes com relativamente pouco capital investido e reduzida força de trabalho. Em seu livro de 2014, publicado no Brasil com o título *Sociedade com Custo Marginal Zero*, o teórico social Jeremy Rifkin anunciou o fim do capitalismo tradicional.[16] Se a Velha Economia era marcada pela escassez e retornos marginais em declínio, Rikfin argumentou que a Nova Economia era caracterizada por custos marginais nulos, retornos de escala crescente e aplicativos de "compartilhamento" de capital-lite* (como Uber, Lyft, Airbnb etc.). A demanda por capital e as taxas de juros, disse ele, devem cair nessa "economia de abundância".

As afirmações de Rifkin tinham certo apoio factual. Os balanços patrimoniais das empresas norte-americanas as mostravam usando menos ativos fixos (fábricas, instalações, equipamentos etc.) e mais "intangíveis" — ou seja, ativos derivados de patentes, propriedade intelectual e decorrentes de uma fusão. Em grande parte do resto do mundo, no entanto, a demanda por capital em seu conceito tradicional permaneceu forte como sempre. Após a virada do século, o mundo em desenvolvimento demonstrou um apetite voraz por mercadorias para uso industrial que exigiam investimentos maciços em mineração. A China embarcou no que provavelmente foi o maior boom de investimentos da história. Antes e depois de 2008, o consumo global de energia cresceu sem parar. O investimento total mundial (em relação ao PIB) permaneceu em linha com sua média histórica.[17] A "economia da abundância" de Rifkin manteve sua tentadora chama especulativa.

Talvez o problema não tenha a ver com o excesso de poupança ou com a fraca procura de investimento, mas sim com a eficiência econômica. Robert Gordon sugeriu isso em seu artigo de 2012 "Is U.S. Economic Growth Over?" ["O Crescimento Econômico dos EUA Chegou ao Fim?", em tradução livre], no qual lamentou que a revolução digital "tenha fornecido novas oportunidades de consumo no trabalho e nas horas de lazer, em vez de uma continuação da tradição histórica de substituir o trabalho humano por máquinas".[18] As preocupações de Gordon trazem à memória um conhecido comentário feito pelo economista do MIT, Bob Solow, em 1987, de que "pode-se ver a era do computador em qualquer lugar, menos nas estatísticas de produtividade". Solow, que ganhou o Nobel, falou cedo demais. Não muito tempo depois, o crescimento da produtividade dos EUA aumentou, presumivelmente impulsionado pelos avanços na tecnologia da informação.

Quando o livro de Gordon, *The Rise and Fall of American Growth* ["A Ascensão e o Declínio do Crescimento dos EUA", em tradução livre] foi impresso no início de 2016 (sua publicação foi facilitada por tecnologias digitais), a internet continuou a desarranjar inúmeras atividades econômicas, enquanto a mídia fermentava o medo de uma iminente "segunda Era da Máquina", na qual os robôs substituem trabalhadores humanos. O colega de Gordon na Northwestern, Joel Mokyr, sugeriu que uma "falta de imaginação [é] em boa parte responsável por grande parcela do pessimismo de hoje". Mokyr relacionou uma série de novas e revolucionárias tecnologias, então em desenvolvimento, que incluíam a

---

* Estratégia de negócios na qual a empresa mantém a menor quantidade possível de ativos, apenas aqueles de fato operacionalmente necessários. [N. do T.]

impressão em 3D, grafeno e engenharia genética, bem como os carros autônomos e a energia limpa.[19] William Bernstein, que escrevia sobre finanças, acusou os adeptos da estagnação secular de confundir o que eles não podiam conceber com o que não era possível.[20] Hansen cometeu o mesmo erro. A previsão mais confiável, concluiu Bernstein, é presumir a continuidade das tendências econômicas passadas.

Segundo Hansen, uma desaceleração no crescimento econômico levaria a um excesso de poupança em relação ao investimento. Essa ideia ressurgiu, um tanto modificada, após a virada do século. Depois que o Fed aumentou as taxas de curto prazo dos EUA a partir de meados de 2004, os rendimentos do Tesouro dos EUA se mantiveram teimosamente baixos. Seu presidente Bernanke explicou: o excesso de poupança na China e em outros mercados emergentes (como evidenciado por seus grandes superavits em conta corrente) foi responsável pela redução nas taxas de juros de longo prazo dos EUA.[21]

John Taylor, de Stanford, sustentou, *contrariando* Bernanke, que a poupança global antes de 2008 era na verdade menor do que nas décadas anteriores.[22] Superada a crise financeira, o "excesso de poupança" mundial diminuiu e as taxas de juros de longo prazo desabaram. Assim, parece razoável concluir que a poupança global "não parece ser um fator importante no nível persistentemente baixo das taxas de juros e na lenta taxa de crescimento econômico".[23]

Se demografia, investimento e poupança não são capazes de explicar o torpor das economias ocidentais e suas baixas taxas de juros, há de haver alguma outra explicação. As narrativas de estagnação secular enfatizam o que os economistas consideram fatores "reais" (poupança, população, investimento etc.) e ignoram os fatores monetários e financeiros. Todavia, a grande ideia de Hansen surgiu não muito depois do crash de outubro de 1929. No artigo de 1934 em que ele menciona pela primeira vez a estagnação secular, Hansen afirma que na década anterior a economia dos EUA tinha sido "artificialmente estimulada por uma overdose de crédito fácil... [e essa] é a causa básica da depressão".[24] Oitenta anos mais tarde, após outra overdose de dinheiro fácil, a economia norte-americana sofreu outro surto de indigestão.

Alguns anos depois de lançar o debate da estagnação secular, o próprio Larry Summers mudou de ideia. Foi-se sua anterior preocupação com a demografia ou o custo dos bens de capital. Summers, que uma vez foi o nome favorito para substituir Bernanke como presidente do Fed, passou agora a culpar os banqueiros centrais: "Eles [os banqueiros centrais]", tuitou Summers no verão de 2019, "não levam em consideração a possibilidade de que rendimentos nominais extremamente baixos podem, de fato, reduzir a demanda agregada ao mesmo tempo em que geram instabilidade financeira, falência bancária, 'zumbificação' e redução do dinamismo econômico". A alegação de que taxas ultrabaixas poderiam ser responsáveis pela estagnação secular, e não o contrário, era um pensamento radical. Mas Summers não foi o primeiro a cogitá-lo.

O Corvo de Basel

O muito anormal está se tornando desconfortavelmente normal.

Claudio Borio, 2014

Como vimos no Capítulo 3, para David Hume o dinheiro era uma mera representação das coisas. Um empréstimo pode ser denominado em dinheiro, porém o que é de fato emprestado é uma certa quantidade de trabalho ou estoque, afirmou ele. Em razão do dinheiro ter um valor fictício, Hume acreditava que uma mudança no volume de dinheiro teria influência nos preços, mas não nos juros. Na opinião dele, os juros eram determinados pela frugalidade (poupanças) e pela operosidade (o retorno sobre o capital). O filósofo escocês imaginou o que aconteceria se o dinheiro caísse como maná do céu:

> Pois, suponha que, por milagre, todo homem na GRÃ-BRETANHA tivesse cinco libras no bolso em uma noite; isso seria muito mais do que o dobro de todo o dinheiro atualmente no reino; entretanto, não no dia seguinte, nem por algum tempo, haveria mais emprestadores, nem qualquer variação nos juros... esse dinheiro, por mais abundante que fosse... serviria apenas para aumentar os preços de tudo, *sem maiores consequências... O superavit dos tomadores de empréstimos acima do superavit dos emprestadores continua o mesmo, não haverá nenhuma redução de juros.* Isso depende de outro princípio; e tem que proceder de um aumento da operosidade e da frugalidade, das artes e do comércio.[1]

Hume foi um brilhante e original pensador econômico, mas suas opiniões sobre o dinheiro fugiam da realidade.[2] Sua compreensão sobre as finanças da Grã-Bretanha do século XVIII, um país cujo comércio era amplamente financiado por letras de câmbio, era deficiente. Hume lamentou a devoção popular pelo crédito, ridicularizou o que chamou de "nossos queridos projetos de crédito de papel", repudiou as transações com ações no Exchange Alley, duvidou que os bancos tivessem "muito valor" e pensou que a enorme dívida nacional da Grã-Bretanha com certeza levaria o país à falência — "onde um governo hipotecou todas as suas receitas", escreveu, "ele necessariamente afunda em um estado de languidez, inatividade e impotência". O país continuou a hipotecar suas receitas, mas sua falência nunca chegou.

No entanto, as ideias de Hume sobre dinheiro e juros deixaram uma marca indelével na economia moderna. Sua descrição dos efeitos de colocar cinco libras em cada bolso antecipa o "dinheiro de helicóptero" de Milton Friedman. Hume foi o primeiro a afirmar o que mais tarde seria chamado de "neutralidade do dinheiro". Segundo essa visão, o dinheiro é um lubrificante do comércio, permitindo que as pessoas evitem as inconveniências do escambo. Mas o dinheiro não molda a atividade econômica. Como Arthur Pigou, contemporâneo de Keynes em Cambridge, expressou: "O dinheiro é um véu atrás do qual se oculta a ação das verdadeiras forças econômicas."[3] A argumentação de que os juros são determinados apenas por fatores *reais* faz parte do modelo canônico aceito pelos banqueiros centrais. As taxas de juros desse modelo decorrem da demografia, das poupanças e da lucratividade do investimento, mais ou menos como Hume imaginou.

Não obstante a propalada preocupação com os fatores econômicos "reais", nesse seu mundo-modelo não há desmedidos entusiasmos financeiros, pânico ou quebradeiras, e não há delírios populares ou a loucura das multidões. Erros de política monetária são mostrados como sendo apenas distúrbios no nível de preços, "sem qualquer outra consequência", como disse Hume. A inadequação desses modelos explica a surpresa com que foram pegos quase todos os banqueiros centrais quando eclodiu a crise do subprime. "A maioria dos economistas não compreendia o caminho peculiar da economia antes da crise e se manteve atarantada depois dela", escreve Paul Mirowski.[4] Superada a crise, não ocorreu nenhuma mudança de paradigma intelectual. Uma crença fixa no véu do dinheiro permaneceu, firme, no lugar — uma venda que obscurecia as verdadeiras operações da economia por aqueles que a erodiam.

Essa crença explica a razão pela qual os banqueiros centrais se negaram a assumir a responsabilidade pelo colapso das taxas de longo prazo após 2008, mesmo quando forçaram para zero ou menos que isso as taxas de curto prazo e tentaram de várias maneiras manipular os rendimentos dos títulos.[*] Eles também não podiam admitir qualquer impacto duradouro que suas ações pudessem ter na taxa de crescimento da economia: "É importante reconhecer... que a política monetária não afeta a taxa de crescimento potencial, a taxa de crescimento de longo prazo, mas sim a parte cíclica", disse o presidente do Fed, Bernanke, em 2013.[5] As taxas de juros mais baixas da história e o modesto crescimento econômico foram rotineiramente atribuídos pelos banqueiros centrais à estagnação secular.

· · · · · · · ·

* Depois de 2008, o Fed sinalizou ao mercado suas futuras movimentações nas taxas de juros (orientação futura), comprou enormes quantidades de títulos (quantitative easing) e trocou suas participações em carteira de títulos de curto prazo para longo prazo (Operação Twist). Todas essas ações visavam reduzir os rendimentos dos títulos de longo prazo. [N. do A.]

Os economistas do Bank for International Settlements, em Basel, foram uma exceção a essa regra. Como vimos, o economista-chefe do BIS, William White, foi um dos poucos economistas renomados que previram a crise financeira. Após White se aposentar, alguns meses antes do Lehman quebrar, seu papel como principal fustigador dos bancos centrais foi assumido por seu ex-colega Claudio Borio. Em 2003, Borio e White, educados em Oxford, entregaram um artigo no animado encontro festivo de verão do Fed em Jackson Hole, Wyoming.[6] Os economistas do BIS argumentaram que nuvens de tempestade financeira estavam se acumulando. Borio comparou a situação a uma tragédia grega, na qual uma calamidade é anunciada, mas não pode ser evitada. Alan Greenspan, do Fed, não se deixou persuadir por essa atrevida Cassandra. Cinco anos depois, White e Borio foram inocentados.

O relato de Borio, que era diretor do Departamento Monetário e Econômico do BIS desde 2013, diferia radicalmente da ideia de estagnação secular de Summers. Ele deu novo rumo à visão heterodoxa do BIS e disponibilizou (ao orientar os esforços de sua equipe de pesquisa) evidências empíricas para contrariar a narrativa convencional dos banqueiros centrais. Borio afastou o véu do dinheiro para revelar um mundo de bolhas de preços de ativos, ciclos financeiros e booms e quedas de crédito. "Pense monetariamente! Modelar corretamente o ciclo financeiro... exige reconhecer de modo pleno a natureza monetária fundamental de nossas economias", foi o alerta de Borio.[7] O sistema financeiro, afirmou ele, não apenas aloca recursos, mas também gera poder de compra. Tem vida própria. Finanças e macroeconomia estão "inextricavelmente ligadas". Habitamos um mundo de espelhos. As finanças não refletem a realidade, mas agem sobre ela.* *Economia sem finanças*, disse Borio, *é como Hamlet sem o príncipe*.

Borio, ao rejeitar os relatos convencionais das principais questões em pauta, deixou a economia ortodoxa de ponta-cabeça. A crise financeira, sustentou, adveio por um excesso, não de poupança, mas de crédito — um "excesso bancário". Um banco, ao emprestar, disse, evoca depósitos, poder aquisitivo e até poupança. A inflação, na visão de Borio, não era uma simples questão monetária, mas é gerada no mundo real. Depois que a China inundou o Ocidente com exportações baratas, a taxa de inflação caiu nos EUA e em outros lugares. O declínio dos preços ao consumidor não foi, em si, um desastre absoluto, e os episódios de deflação não previram de maneira confiável a calamidade econômica. Em vez disso, Borio descobriu que o forte crescimento do crédito e as bolhas imobiliárias eram sinais de alerta mais confiáveis.

. . . .

* "A questão não é perguntar o que o lado real da equação significa para sua contraparte financeira, mas o que o lado financeiro significa para sua contraparte real." (Claudio Borio *et al.*, "The International Monetary and Financial System: A Capital Account Historical Perspective", BIS Working Paper, agosto de 2014, p. 20). [N. do A.]

132 O Preço do Tempo

A equipe de Borio vasculhou os dados históricos em busca de evidências da afirmação de Hume de que os juros eram determinados por fatores reais. Mas encontraram pequena relação entre taxas de juros e poupança, investimento ou lucros. Não havia sequer uma ligação estável entre dados demográficos e taxas de juros.* Em vez disso, o BIS sugeriu que os juros eram influenciados pelos regimes monetários. Tal como os juros babilônicos eram mais altos que os da Grécia Antiga, os juros reais eram mais altos em média sob o padrão-ouro (pré-1914) do que sob o sistema de Bretton Woods (depois de 1945) e os menores de todos depois de Bretton Woods (de 1971 em diante).

A pesquisa de Borio concluiu que as taxas de juros do mercado foram muito influenciadas pelas ações dos banqueiros centrais; que as taxas eram, de fato, uma "variável política". Óbvio para o leigo, mas negado veementemente pelos banqueiros centrais. É em geral aceito que os Bancos Centrais têm a influência maior sobre as taxas de curto prazo, mas diz-se que as de longo prazo derivam da poupança, da produtividade e de outros fatores "reais". Mas, segundo o economista de Chicago (e ex-chefe do Banco Central da Índia), Raghuram Rajan, os bancos centrais influenciam as expectativas dos investidores em títulos:

> Caso se espere que no curto prazo os juros permaneçam baixos nos próximos dez anos, no longo prazo eles serão baixos... Ao manter a taxa de curto prazo baixa, especialmente se o mercado crê que ela será mantida baixa por um período prolongado, o Fed pode influenciar as expectativas da taxa futura de curto prazo e, portanto, a de longo prazo.[8]

Era exatamente isso que o Fed de Bernanke tentava alcançar após 2008 ao dar mais transparência às suas decisões e publicar as "forward guidance" [descrição das decisões] sobre o rumo das taxas de juros no futuro.

Os economistas do BIS também questionaram a sabedoria convencional sobre a "taxa natural" de juros (representada como r-star ou r^* no jargão econômico). Em teoria, a taxa natural é aquela na qual a economia funciona em seu maior potencial e a inflação permanece sob controle. Mas Borio argumentou, como Hayek nos anos 1920, que um nível de preços estável não indica necessariamente que as taxas de mercado estão em equilíbrio. O fato de as crises financeiras de 1929 e 2008 terem ocorrido em tempos de inflação baixa e estável sugere que a sabedoria convencional está equivocada. Se um nível de preços

· · · · · · · ·

* "No geral, os resultados vão na mesma direção: nenhum fator real único, ou combinação deles, explica de fato a evolução de longo prazo dos juros reais, tanto global como domesticamente. E sugerem que a correlação entre os fatores poupança/investimento e a taxa de juros real na amostra mais recente é em grande parte coincidência, derivada principalmente por tendências temporárias, mas não relacionadas, nas variáveis." (Borio *et al.*, "Why So Low for So Long? A Long-Term View of Real Interest Rates", BIS Working Paper, dezembro de 2017. Ver também Borio *et al.*, "Monetary Policy in the Grip of a Pincer Movement", BIS Working Paper, março de 2018.) [N. do A.]

estável não indica a taxa natural de modo confiável, é difícil entender como os banqueiros centrais poderiam descobri-la. Em vez disso, Borio desenvolveu seu próprio ciclo financeiro, baseado no crescimento do crédito e nos preços dos ativos, que ele julgava ser um melhor indicador da produção potencial de uma economia e dos desvios do crescimento sustentável.

Taxas de juros de longo prazo nos EUA, 1945–2021

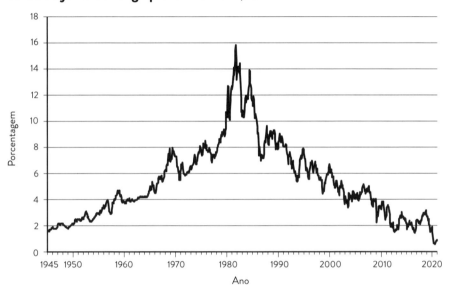

Os rendimentos dos títulos subiram por três décadas e meia após a Segunda Guerra Mundial e depois caíram nos quarenta anos seguintes.

Os dados apoiaram a visão de Rajan e Borio de que as taxas de longo prazo são influenciadas pelos bancos centrais. Testes estatísticos de Agnieszka Gehringer e Thomas Mayer do Flossbach von Storch Institute, em Colônia, revelaram que a taxa interbancária do Fed teve uma influência extraordinariamente forte nos rendimentos do Tesouro a partir da virada do século, coincidindo com o início da flexibilização monetária de Greenspan.[9] Foi somente a partir dessa data que as taxas de longo prazo dos EUA caíram decisivamente abaixo da média do pós-guerra.* Segundo a conclusão dos economistas alemães, "as taxas de juros de longo prazo do mercado são fortemente influenciadas pela percepção da realidade dos bancos centrais, e não pelas percepções dos participantes do

. . . .

* Até o fim dos anos 1990, o nível de tendência das taxas reais de longo prazo estava em linha com os 3% em média do pós-guerra. A subsequente tendência de queda nas taxas de longo prazo coincidiu, aproximadamente, com o início da política de dinheiro fácil do Fed de Greenspan. (Ver Jamie Dannhauser, "What is the Normal Level of Real Rates...", *The Ruffer Review*, setembro de 2014.) [N. do A.]

mercado". Dada a semipermanente influência do banco central sobre os rendimentos dos títulos, Gehringer e Mayer acrescentaram, de modo alarmante, que há uma "grande chance de desalinhamento das taxas de mercado... [que] pode causar graves distorções econômicas.[10]

A ideia de que erros na política monetária poderiam produzir outras distorções econômicas que não sejam os transtornos no nível de preços, não era tolerada pela cultura dominante do banco central. Mas a pesquisa de Borio levou inexoravelmente a essa conclusão. Desequilíbrios financeiros — um termo polido para booms de crédito e especulação desmedida — tendem a ocorrer durante períodos de baixas taxas de juros e baixa inflação, observou ele.* Antes da crise financeira, as taxas de juros globais eram baixas, em termos reais e em relação à taxa de crescimento da economia global. Os booms de crédito e as bolhas imobiliárias normalmente ocasionam choques econômicos terríveis seguidos por recuperações fracas. A economia pós-Lehman foi conveniente com a de certos precedentes, em especial a do Japão depois de 1990. Os banqueiros centrais responderam à estagnação econômica após 2008 baixando ainda mais as taxas. Assim, taxas baixas geraram taxas baixas.

A dívida era a conexão que faltava na narrativa da estagnação secular, disse Borio. O caminho para taxas cada vez mais baixas cruzava uma montanha de dívidas. O BIS definiu os juros como o "preço da alavancagem". Era de se esperar que, à medida que o preço da alavancagem — empréstimos — caísse, o estoque da dívida aumentasse. O resíduo da dívida deixado pela crise produziu o que Borio chamou de "arrasto financeiro". Conforme as famílias sobrecarregadas se dedicavam a restaurar seu patrimônio, tomavam empréstimos e gastavam menos. Borio e seus colegas descobriram que a parcela da renda da sociedade voltada ao serviço da dívida (a relação dívida/serviço) tende a permanecer constante ao longo do tempo. Assim, taxas de juros cada vez mais baixas são necessárias para sustentar um estoque crescente de dívida. Tem início, então, um ciclo vicioso, com mais dívidas exigindo taxas mais baixas e taxas mais baixas levando a ainda mais dívidas. Alguns comentaristas se referiram a esse processo de décadas como o "superciclo da dívida".

Assim como não se cura uma ressaca com mais álcool, taxas ultrabaixas não são o remédio para uma ressaca de dívidas. "Afinal", perguntou Borio, "se a origem do problema era o excesso de dívidas, como uma política que incentiva os setores privado e público a acumular mais dívidas pode ser parte da solução?"[11] Quando a economia entra na "armadilha da dívida", fica mais complicado elevar as taxas de juros sem provocar grandes danos. "Taxas muito baixas no passado",

· · · · · · · ·

* "É bem possível que a inflação fique estável enquanto a produção segue uma trajetória insustentável, em face do acúmulo de desequilíbrios financeiros e das distorções que eles mascaram na economia real." (Borio, "The Financial Cycle and Macroeconomics: What Have We Learnt?", BIS Working Paper, dezembro de 2012, p. 9.) [N. do A.]

concluiu Borio, "são um dos motivos para taxas mais baixas hoje".[12] E não se tratava apenas de o estoque da dívida ser alto demais. Grande parte da dívida não conseguiu gerar retornos decentes. "A questão", observou Borio, "não é tanto o valor total do crédito, mas sua qualidade".[13] Durante os booms de crédito, o capital é alocado de forma imprudente. Os pesquisadores do BIS descobriram que, quando os mercados imobiliários estão aquecidos, os recursos são ali aplicados, mas a construção de imóveis gera pouco crescimento de produtividade. Isso explica, em parte, por que as bolhas imobiliárias reduzem o crescimento econômico.

Superada a crise, os bancos precisaram colocar seus balanços em ordem. A forma como a Escandinávia agiu em sua crise bancária no início dos anos 1990 mostrou que lidar prontamente com dívidas incobráveis acelerou a recuperação econômica. Mas as taxas de juros ultrabaixas depois de 2008 permitiram aos bancos atrasar esse doloroso processo, estimulando-os a manter dívidas incobráveis em seus balanços. A interminável "recessão do balanço patrimonial" do Japão tornou evidentes as armadilhas de não encarar o desafio de frente. A maioria dos países ocidentais agora trilhavam o mesmo caminho japonês. Empréstimos inadimplentes, tal como células cancerígenas, proliferaram nos balanços dos bancos. A questão da renovação de dívidas incobráveis era das mais problemáticas na Europa. Empresas zumbis se tornaram comuns. O efeito cumulativo das dívidas incobráveis e da má alocação de capital foi a redução do crescimento potencial da produção. "Quando as condições econômicas se tornam mais hostis, más alocações geram más alocações", afirmou Borio.[14] A diminuição do crescimento potencial da produção deu aos banqueiros centrais mais uma razão para baixar as taxas de juros.

Dívidas incobráveis não foram o único desafio enfrentado pelos bancos nos anos após a crise. O ganho dos bancos vem dos empréstimos que concedem com base nos depósitos — ou seja, tomam emprestado a curto prazo e emprestam a longo prazo, como diz o ditado. Taxas de juros ultrabaixas, porém, corroeram os spreads [a "margem líquida de juros"] dos bancos, comprometendo sua lucratividade e deixando-os relutantes em praticar novos empréstimos.[15] E, embora políticas monetárias extremas parecessem tornar os bancos avessos ao risco, o efeito delas sobre os investidores foi o oposto. Em face de uma perda de receita de depósitos, o BIS se deu conta de que os poupadores abandonaram os bancos convencionais para investir nos mercados financeiros, assumindo riscos maiores em busca de retornos mais expressivos.[16] Uma busca similar por rendimento ocorreu antes da crise financeira e foi, em larga medida, responsável por sua gravidade. Borio observou "um elemento decepcionante de *déjà vu* em tudo isso".[17]

A tendência do Fed de sempre reagir a turbulências nos mercados flexibilizando as condições monetárias incentivou ainda mais a tomada de riscos. Borio notou que os banqueiros centrais demoravam a aumentar as taxas durante os booms, mas eram ligeiros em reduzi-las após cada retração. Essa abordagem assimétrica conferiu um viés de baixa às taxas de juros e um viés de alta à dívida, observou ele. O perigo proveniente da inconsistência do Fed era uma preocupação antiga: "Diminuir as taxas ou aumentar amplamente a liquidez quando os problemas se materializam, mas não elevar as taxas conforme os desequilíbrios se acumulam, pode ser bem danoso no longo prazo. Essa atitude promove uma forma de risco moral que pode semear a instabilidade e as dispendiosas flutuações na economia real."[18] Borio e seu colega Philip Lowe fizeram esse comentário em 2002, quando o Fed estava reduzindo as taxas após as consequências da quebra das PontoCom. Meia década depois, suas palavras proféticas foram confirmadas.

Dado seu papel como o "banco central dos banqueiros centrais", o BIS ficou muito atento aos fluxos internacionais de capital. A prática convencional era que os economistas se concentrassem nos saldos de conta corrente entre os países, uma vez que eles refletem as diferenças na poupança nacional. Borio, contudo, argumentou que a ligação entre poupança e crédito era frágil. Enquanto a conta corrente mede o superavit ou o deficit na poupança de um país, os empréstimos entre nações são registrados pelos fluxos brutos de capital. Estes, afirmou Borio, se constituem em um indicador mais apurado da fragilidade financeira em nível internacional.[19]

Como muitos empréstimos estrangeiros são denominados em dólares, as baixas taxas de juros nos EUA depois de 2002 provocaram uma elevação substancial dos fluxos de capital internacional. Os investidores tomavam empréstimos baratos em dólares e aplicavam os recursos no exterior, que ofereciam rendimentos mais altos. As brasas do Lehman Brothers nem haviam esfriado quando esse movimento global as reviveu, suas chamas oxigenadas pelas taxas de juros zero do Fed e pelas compras massivas de títulos. Os anos seguintes se caracterizaram por uma orgia de empréstimos nos mercados emergentes, gerando trilhões de dólares em dívidas externas. Com isso, seus sistemas financeiros tornaram-se extremamente sensíveis a qualquer movimento restritivo do Fed. No verão de 2013, os mercados financeiros globais estrilaram quando o presidente do Fed, Bernanke, sinalizou a intenção do Fed de reduzir o ritmo das compras de títulos. No âmbito internacional, tal como no doméstico, diminuir os juros era mais fácil do que normalizá-los.

Borio se afligia com a "excessiva elasticidade" do sistema monetário internacional, que não impunha limites ao trânsito de empréstimos entre os países, mas ameaçava retroceder bruscamente quando as coisas fugiam ao controle. Ele temia que, quanto mais as taxas de juros dos EUA se mantivessem próximas de zero, maior seria a proliferação de desequilíbrios financeiros globais. O Fed não era o único culpado. Os bancos centrais estrangeiros "ajudaram" imprimindo dinheiro para adquirir reservas cambiais e mantendo baixas as taxas de juros internas (o que fizeram para impedir a valorização de suas moedas em relação ao dólar). Borio previu um grande desfecho, nos moldes do colapso do sistema financeiro mundial na Grande Depressão. O regime do dinheiro fácil ameaçava terminar no que ele chamou de "ruptura sísmica definidora de uma época", proclamando o fim da globalização, a volta dos controles de capital e o aumento da inflação.[20]

Decorridos poucos meses da falência do Lehman, Borio advertiu sobre o risco da manutenção por muito tempo de políticas monetárias radicais.[21] Nos anos seguintes, ele se destacou de outros economistas monetários ao alertar o mundo sobre as consequências não intencionais da taxa de juros zero (ZIRP), da política de taxa de juros negativa (NIRP) — siglas em inglês para ambas as expressões — e de outras inovações monetárias. "O muito anormal está se tornando desconfortavelmente normal", lamentou Borio após o "flash crash" [alta volatilidade e recuperação em curto período de tempo] do mercado de títulos de outubro de 2014. Conforme os anos se sucediam, as políticas monetárias não convencionais tornaram-se ainda mais não convencionais. A anormalidade passou a ser o novo normal.

A política monetária depende da trajetória, disse Borio. Quando os banqueiros centrais se equivocam, desviam o curso do sistema financeiro e da economia: o crescimento econômico vacila, os desequilíbrios financeiros se multiplicam e o capital é mal alocado. Bolhas inflam. Muita dívida vai se formando. Após a crise, os banqueiros centrais experimentaram novas medidas monetárias — flexibilização quantitativa, pagamento de juros aos bancos sobre suas reservas, taxas de juros zero e negativas e diversas outras inovações. Pisavam no acelerador sempre que a economia perdia impulso ou quando o motor financeiro titubeava. A taxa de juros caía, no entanto as rodas da economia continuaram a perder tração. Todos os sinais apontavam na direção de taxas cada vez menores. Como voltar aos trilhos?, perguntaram a Borio. "Se eu fosse você", respondeu ele, "não começaria daqui".[22] É uma velha piada.

Borio temia que a política monetária estivesse perdendo eficácia. Os banqueiros centrais estavam sobrecarregados e sem munição. Ele subestimou o poder de criação deles. Rachaduras apareceram na estrada. Os mercados financeiros entraram em erupção no verão de 2015, quando o Fed assinalou o fim das taxas zero. "Não se trata de tremores isolados", comentou Borio, "mas da liberação da pressão gradualmente acumulada durante anos ao longo de grandes fissuras."[23] As referências à "ruptura sísmica" foram recorrentes nos anos vindouros. Os banqueiros centrais ganharam tempo — um tempo desperdiçado. O dia do acerto de contas foi procrastinado. Os débitos se acumularam.

Economistas do *establishment* desdenharam a enxurrada de artigos produzidos pela equipe do BIS de Borio. O BIS "é ouvido, mas ignorado", disse o economista-chefe de uma autoridade monetária internacional rival. "Borio não pode servir de modelo", zombavam os críticos da academia. Comentários do mesmo teor haviam sido dirigidos ao economista dissidente Hyman Minsky, cujas percepções brilhantes a propósito da instabilidade financeira foram tardiamente reconhecidas após a crise do subprime. Minsky e Borio têm muito em comum; ambos são pensadores heterodoxos e ecléticos, que dispensaram os modelos formais para observar como as coisas aparecem no mundo — o mundo *real*, em oposição à ficção construída por acadêmicos. Ambos asseveraram a primazia das finanças no capitalismo moderno. Dinheiro importa, disse Minsky. Taxas de juros também importam, acrescentou Borio. Imprimir dinheiro e manipular as taxas de juros mudou o mundo depois de 2008, e não necessariamente para melhor. O pânico financeiro refluiu, mas o mundo terminou com mais dívidas, mais bolhas, mais zumbis e mais riscos financeiros. A estagnação secular, vista da perspectiva de Borio, era uma doença monetária. A despeito de toda sua genialidade, Hume estava enganado — não completamente, mas exagerara ao descartar as finanças. O dinheiro não é um véu. A política monetária não é neutra. As taxas de juros não são determinadas tão somente pela poupança e pela operosidade. Mexer com eles é estar por sua conta e risco.

Nos capítulos seguintes, examinamos com mais detalhes a tese de Borio de que "taxas baixas geram taxas mais baixas". Esses capítulos estão estruturados segundo as várias funções dos juros, ou seja, sua influência na *alocação* do capital, no *financiamento* das empresas, na *capitalização* da riqueza, no nível da *poupança*, na *distribuição* da riqueza, na mensuração do *risco* e na regulação dos *fluxos de capitais internacionais*.

10

Seleção Não Natural

Acabe com a mão de obra, com as ações, com os fazendeiros, com os imóveis... Isso eliminará a podridão do sistema. Os altos custos de vida e a alta qualidade de vida cairão... pessoas empreendedoras vão pegar os destroços de pessoas menos competentes.

ANDREW MELLON, 1932

Em seu livro, *Capitalism, Socialism and Democracy* ["Capitalismo, Socialismo e Democracia", em tradução livre], Joseph Schumpeter descreve o capitalismo como um "processo de mutação industrial... que incessantemente revoluciona a estrutura econômica por dentro, incessantemente destruindo a antiga, incessantemente criando uma nova. Esse processo de Destruição Criativa é o fato essencial a respeito do capitalismo."[1] Essa frase colou. Se Schumpeter é amplamente conhecido hoje, é porque são dele os direitos autorais intelectuais sobre a destruição criativa — o processo evolutivo em que novas tecnologias e métodos de negócios substituem formas mais antigas e menos eficientes de fazer as coisas. O empréstimo que Schumpeter fez da teoria da seleção natural de Darwin é tão importante para nossa compreensão da natureza do capitalismo quanto a "mão invisível" de Adam Smith.

A discussão sobre a destruição criativa gira, em sua maior parte, em torno da adoção de novas tecnologias, dos papéis desempenhados pelos empreendedores como arautos da mudança e pela competição na seleção dos negócios mais eficientes. Menos reconhecida é a relevante função dos juros nesse processo dinâmico. Arthur Hadley, economista norte-americano de fins do século XIX e presidente da Universidade de Yale, apontou isso décadas antes da brilhante percepção de Schumpeter. Para Hadley, os juros "ajudam a seleção natural dos empregadores mais competentes e dos melhores processos, e a eliminação dos empregadores menos competentes e dos piores processos". Os juros colaboram para eliminar os "operosamente inaptos". Ao orientar a seleção das empresas mais capazes, acrescentou Hadley, os juros asseguram que as "forças produtivas da comunidade sejam melhor utilizadas".[2]

O próprio Schumpeter via os juros como resultantes dos lucros da destruição criativa. "A verdadeira função dos juros", escreveu, "é, digamos assim, o freio, ou regulador" da atividade econômica.[3] E, na opinião dele, "um freio

139

O Preço do Tempo

necessário".[4] Os juros transformam o tempo em custo de produção. Tempo é dinheiro. Os empreendedores que gastam menos tempo na produção, que levam os produtos mais rapidamente ao mercado, vencem o jogo da destruição criativa. Os juros racionam o capital.* A partir desse ponto de vista, os juros não são um peso morto, mas um incentivo à eficiência — uma barreira que determina a viabilidade ou não de um investimento. A taxa de juros, escreveu Schumpeter, "entra em todas as deliberações econômicas".

Matthew Klecker, um investidor de Chicago, faz uma analogia entre a taxa de juros e o cronômetro do basquete profissional, cujo objetivo é acelerar o jogo. Segundo as regras da NBA, os jogadores no ataque têm apenas 24 segundos de posse de bola para irem à cesta. "Taxas de zero por cento", escreve James Grant, "institucionalizam o atraso nas transações diárias de negócios e investimentos. Elas levam ao adiamento dos ajustes necessários".[5] Em outra analogia, Grant compara a taxa de juros a um metrônomo, cuja batida auxilia os músicos a tocar no tempo certo. "Taxas de juros apropriadamente ajustadas contribuem para um ritmo de crescimento sólido", escreve ele.[6] A atividade econômica desacelera em conformidade com a redução da taxa de juros. *Adagio... Larghetto... Lento... Largo... Grave... Adagissimo... Larghissimo* — com o último tempo sendo "muito, muito lento". Com juros zero, a economia avança no ritmo solene de uma marcha fúnebre.

As forças da destruição criativa nunca relaxam durante crises econômicas agudas. Quando o pânico se alastra, o custo dos empréstimos sobe.** As vendas despencam. Os banqueiros executam seus empréstimos e relutam em fornecer novos créditos. As empresas precisam cortar custos rapidamente, dispensando trabalhadores menos produtivos e procurando outras melhorias de eficiência. Os participantes menos competitivos fracassam. Os que sobrevivem agora estão mais enxutos e em forma, melhor adaptados às novas condições de negócios. A economia em geral se beneficia dessa purgação. Andrew Mellon, secretário do Tesouro, aconselhou o presidente Hoover, no início da Grande Depressão, a "acabar com a mão de obra, com as ações, com os fazendeiros, com os imóveis". Hoover discordou do rico banqueiro, cujas opiniões se revelaram tão impopulares em sua cidade natal, Pittsburgh, que aparecer em público se tornou inseguro para os membros da família de Mellon.[7]

· · · · · · · · ·

* Joseph Conard observa que os juros racionam o capital em três dimensões: entre os tipos de bens produzidos, entre os empresários e entre os métodos de produção (ver Joseph Conard, *An Introduction to the Theory of Interest* (Berkeley, Calif., 1966), p. 95). [N. do A.]

** Karl Marx escreveu que "a taxa de juros atinge seu auge durante as crises, quando o dinheiro é tomado emprestado a qualquer custo para atender aos pagamentos". (Marx, *O Capital*, vol. III, p. 361). Sob o padrão-ouro, a alta das taxas de juros durante as crises tendia a ser mais acentuada, uma vez que havia uma corrida para converter um excedente de crédito de papel em uma quantidade limitada de ouro. [N. do A.]

Keynes também rechaçou a abordagem laissez-faire [não intervencionista] sobre as depressões, ideia que ele pensava ser aceita apenas por "almas austeras e puritanas". "Não entendo", disse Keynes em 1931, "como a falência universal pode trazer algum bem ou nos aproximar da prosperidade".[8] O economista de Cambridge, para quem os juros existiam para desencorajar as pessoas a juntar dinheiro, responsabilizou as taxas de juros excessivamente altas de meados da década de 1920 em diante pela depressão.[*] Em outubro de 1931, o Fed se viu obrigado a aumentar as taxas para 3,5% a fim de proteger suas reservas de ouro. Conforme a deflação se instalava, as taxas de juros reais nos EUA disparavam para dois dígitos. A partir daí, a visão de Keynes inclinou-se para a ortodoxia. As ideias "vamos acabar com tudo" de Mellon há muito são ridicularizadas. O economista ganhador do Nobel, Paul Krugman, considera o que ele chama de "teoria da ressaca" da depressão "digna de um estudo tão sério quanto a teoria do flogisto[**] do fogo".[9]

Entretanto, estudos recentes sobre o impacto da Grande Depressão na indústria norte-americana sugerem o contrário. É o caso da fabricação de automóveis, uma das indústrias em expansão nos anos 1920. As vendas de carros nos EUA diminuíram cerca de 2/3 durante a depressão. Porém, mesmo nesse baixo patamar os fabricantes mais eficientes continuaram a investir em novas fábricas. Novas técnicas de produção em massa surgiram na época, entre elas correias transportadoras e vernizes de secagem rápida. A Packard reduziu à metade a necessidade de espaço de fábrica por unidade. Inúmeros fabricantes de automóveis ineficientes faliram e, com isso, as empresas sobreviventes prosperaram. Com a recuperação da economia norte-americana, os salários pagos pela indústria automobilística aumentaram em valores reais. "Portanto, no nível industrial, a Depressão foi um evento evolutivo", conclui um estudo sobre a fabricação de carros nos EUA no início dos anos 1930.[10]

A Grande Depressão deu vazão a melhorias de produtividade em diversos outros setores, de companhias aéreas a armazéns. Em seu livro *The Great Leap Forward* ["O Grande Salto Adiante", em tradução livre], Alexander Field, da Universidade de Santa Clara, afirma que os anos 1930 foram, tecnologicamente, o período mais progressista da história dos EUA. Depois de 1929, as ferrovias responsáveis por 1/3 dos trilhos do país entraram em concordata. "Enfrentando

. . . .

* Em seu *Treatise on Money* ["Tratado sobre o Dinheiro", em tradução livre], (1931), Keynes escreveu que "a mudança mais marcante nos fatores de investimento do mundo pós-guerra, em comparação com o mundo pré-guerra, pode ser vista no elevado nível da taxa de juros de mercado" (p. 337). Na ocasião, Keynes acreditava que a taxa de juros do mercado no fim dos anos 1920 estava acima da taxa natural. Mais tarde, abandonou a ideia de uma taxa de juros natural. [N. do A.]

** Teoria segundo a qual haveria nos materiais combustíveis uma matéria chamada flogisto, liberada durante a combustão. Com a descoberta acidental do oxigênio feita por Joseph Priestley, essa teoria foi derrubada por Lavoisier. [N. do T.]

142   O Preço do Tempo

tempos difíceis, com mudanças radicais nas condições de demanda, sobrecarga de dívidas e falta de acesso a mais capital", escreve Field, "as empresas ferroviárias reduziram suas linhas principais, seus funcionários, suas frotas de trens e seus equipamentos... eles passaram a usar locomotivas modernizadas". No fim da década, as ferrovias tinham o mesmo volume de tráfego dos anos de boom, com menos composições circulando em uma malha ferroviária mais restrita e um menor número de trabalhadores.[11]

As melhorias de produtividade em uma série de indústrias tiveram como resultado o retorno da produção econômica dos EUA à tendência anterior à Depressão. Entre 1929 e 1941, a economia do país cresceu a uma taxa anual de 2,8%, em linha com sua média de longo prazo. Os norte-americanos que cresceram após a guerra não sofreram nenhuma perda permanente de bem-estar. Para a Grande Geração, a Depressão foi apenas uma memória traumática. Essa não foi uma experiência única. Já havíamos visto ganhos de produtividade ainda mais notáveis ocorridos após a "depressão esquecida" de 1921, um choque curto e agudo na economia dos EUA no qual a produção nominal caiu 24%, e o Fed elevou sua principal taxa de empréstimo para 6%. (Em termos reais, as taxas de juros eram mais que o dobro.) À medida que a economia se recuperava no ano seguinte, a produtividade industrial aumentava, chegando a 20%.[12] A produtividade continuou a crescer de forma consistente ao longo dos loucos anos 1920. E lá se vai a teoria do flogisto!

"Por mais paradoxal que possa parecer, a riqueza das nações pode ser medida pela violência das crises que elas vivenciam", opinou Clément Juglar, economista francês do século XIX.[13] Levando em conta a destruição criativa, a observação de Juglar não parece tão intrigante. Na perspectiva de alguns economistas, as "breves interrupções" das recessões são vistas como períodos em que há maior probabilidade das medidas de eficiência serem adotadas.[14] As falências de empresas aumentam durante as recessões econômicas, e são tidas como fundamentais para a evolução da economia ao longo do tempo. Como diz o ditado atribuído ao ex-astronauta e chefe de uma companhia aérea Frank Borman, "capitalismo sem falência é como cristianismo sem inferno".* Em outras palavras, se a estabilidade financeira é desestabilizadora (como sustentava Hyman Minsky), muita estabilidade econômica induz à esclerose.

---

* Essa visão é fortemente expressa por Perry Mehrling, da Universidade de Boston: "O crédito é crítico para o processo de 'destruição criativa', que é a fonte do dinamismo do capitalismo, porque se constitui no mecanismo crucial que permite que o novo lance recursos para longe do velho. A instabilidade é, desse ponto de vista, inseparável do crescimento, e um banco central que intervém para controlar a instabilidade corre o risco de matar o crescimento, sufocando o novo na subida e mimando o velho na descida." (Mehrling, *The New Lombard Street* (Princeton, 2011), p. 12). [N. do A.]

A Crise da Dívida Soberana da Europa

A crise da dívida soberana da zona do euro, que eclodiu em 2010, é frequentemente considerada como uma questão de competitividade. Na década anterior, os custos trabalhistas dos países periféricos da UE subiram muito mais rápido do que os da Alemanha. Tendo contraído muitas dívidas, como eles iriam pagá-las? Do nosso ponto de vista, porém, a crise pode ser vista como resultado do desalinhamento das taxas de juros. O problema essencial da Zona do Euro, nesse quesito, era que um só tamanho não serve para todos.

Antes de a moeda única ser adotada em 1999, cada um dos onze membros fundadores da zona do euro (a Grécia ingressou em 2001) tinha seu próprio complexo de taxas de juros. Taxas diferentes refletiam diferentes condições econômicas em todo o continente, bem como as distintas percepções do risco de crédito do mercado. Contudo, a partir de meados da década de 1990, as taxas de juros entre os futuros membros da zona do euro convergiram para a referência alemã. Conforme as taxas caíam na Irlanda, um boom imobiliário ganhou tração. Nos primeiros anos do século, a política monetária do Banco Central Europeu era orientada no sentido de atender às necessidades de uma Alemanha letárgica, estabelecendo taxas muito baixas para a expansão da Irlanda e da Grécia. Ao mesmo tempo, o risco se espalhava pela comprimida zona do euro. A Grécia aproveitou a redução das taxas de juros para incorrer em grandes deficits fiscais, ainda que amplamente mascarados. Empréstimos entre fronteiras na área do euro financiaram um épico boom imobiliário e de infraestrutura na Espanha.

Terminada a festa, os PIIGS (Portugal, Itália, Irlanda, Grécia e Espanha) se viram chafurdando na lama. O declínio nas taxas de juros que ocorria desde a criação do euro tinha feito as economias do sul da Europa se voltarem em direção aos empreendimentos imobiliários. Os colegas de Borio no BIS descobriram que os booms de construção tiveram um impacto negativo duradouro no crescimento econômico. Gita Gopinath, um acadêmico de Harvard e futuro economista-chefe do Fundo Monetário Internacional, notou que a mudança para a construção fez cair a produtividade: "Ao reduzir as taxas de juros e estimular um fluxo de capital, a adoção do euro pode ter sido parcialmente responsável pela má alocação de capital e pela baixa produtividade observada no sul [da Europa]".[15]

Quando as dúvidas sobre a sobrevivência da moeda única vieram à tona em 2010, os mercados financeiros passaram a ver os países na periferia da Europa, da Irlanda à Grécia, como superendividados e não competitivos. Limitados pelos grilhões do euro, os membros da zona do euro não puderam recuperar a competitividade desvalorizando suas moedas. Em vez disso, as taxas de juros em toda a região divergiram, com países altamente endividados, incluindo Itália e Grécia, de súbito obrigados a pagar sufocantes prêmios de risco. Nesse meio tempo, os rendimentos de títulos alemães entraram em território negativo. A deflação começou a dar as caras. A desalavancagem estava na ordem do dia. Para reduzir os custos trabalhistas, os PIIGS teriam que implementar profundas reformas estruturais. O desemprego na Espanha subiu para os níveis da Grande Depressão. As forças da destruição criativa de Schumpeter estavam a ponto de ser desencadeadas, e em larga escala.

Eis, então, que Mario Draghi (ex-professor de economia, diretor-gerente do Goldman Sachs e, mais recentemente, presidente do Banco da Itália), na condição de presidente do Banco Central Europeu, prometeu, em julho de 2012, "fazer o que for necessário" para manter a integridade da zona do euro. Deixe para lá a cláusula da Constituição do BCE que proibia empréstimos de países-membros — ela era contornável. Não se tratava de uma crise de solvência, disse Draghi, mas de liquidez. (Na verdade, enquanto uma entidade for apoiada por um banco central, não pode haver insolvência.) Não importava que a política monetária não fosse um substituto das reformas políticas e econômicas necessárias para a sobrevivência a longo prazo da moeda única — isso podia ser ignorado no momento. O que importava era que os mercados acreditavam no poder de fogo do BCE. Apoiados pelo forte compromisso de Draghi, os bancos na Espanha, em Portugal e na Itália usaram empréstimos baratos do BCE para comprar sua própria dívida soberana, rebaixando os spreads de crédito e ganhando muito dinheiro no processo.[16] Draghi teve êxito em acabar com a crise da dívida da Europa e deixou a salvo a moeda única, mas em breve um problema de outra ordem se tornaria evidente.

O Morto-vivo

O termo "zumbi" foi aplicado pela primeira vez no sentido corporativo às associações de poupança e empréstimos nos EUA no fim da década de 1980. As operações dessas instituições locais de poupança ("thrifts") foram distorcidas pelas altas taxas de juros do Fed sob administração de Volcker, que elevaram o custo do financiamento muito acima dos retornos de seus empréstimos em aberto. Essas empresas "zumbis" sobreviveram ao oferecer taxas de depósito mais altas e assumir mais riscos para os empréstimos concedidos. Segundo a Lei de Gresham, dinheiro ruim afugenta dinheiro bom. Sob certas circunstâncias, também se aplica às condições dos negócios. "Em uma espécie de cenário da Lei de Gresham, zumbis ruins tendem a afugentar a competição saudável", escreveu o economista Edward Kane em 1989.[17] Eis aí uma percepção das mais aguçadas.

O colapso da Bolha da Economia do Japão fez surgir um cemitério cheio de zumbis corporativos no Oriente. Na primeira metade dos anos 1990, os bancos japoneses decidiram rolar ("evergreen") seus empréstimos inadimplentes, em vez de reconhecer as perdas. Uma "seleção não natural" passou a determinar a alocação de capital.[18] Estudos posteriores demonstraram que as empresas japonesas não lucrativas tinham mais acesso ao crédito bancário do que as lucrativas. A Lei de Gresham estava, mais uma vez, em pleno funcionamento. A zumbificação da economia do Japão estava associada ao excesso de capacidade em muitos setores — com os fabricantes variando de geladeiras a carros —, situação que permaneceu assim por anos. Os lucros e retornos corporativos do capital diminuíram. O crescimento da produtividade esmoreceu. A deflação persistiu. Com as forças da destruição criativa aquietadas, a Japão Ltda. parecia cada vez mais esclerosada.

Os bancos japoneses com restrição de capital, auxiliados e estimulados pelo Ministério das Finanças em Tóquio, geralmente são responsabilizados pelo fenômeno zumbi. A política monetária, todavia, desempenhou um papel importante, mas menos óbvio. Entre 1991 e 1995, o Banco do Japão reduziu os juros de 6% para 0,5 %, a caminho de zero. Taxas de juros ínfimas espalham a tolerância a empréstimos em todos os recantos da economia. Os economistas do FMI descobriram que a política de taxa de juros zero ajudou os bancos a mascarar seus empréstimos problemáticos e relaxou as pressões sobre os formuladores de políticas para realizar reformas estruturais, contribuindo assim para o torpor econômico do país.[19] Conforme diminuía o ritmo da mudança econômica, o Japão embarcou em uma década perdida, aparentemente incapaz de recuperar seu antigo vigor.

Os Zumbis se Espalham

A Europa pós-2012 provou ser um terreno fértil ideal para uma nova geração de zumbis corporativos. Grande parte dos créditos bancários disponibilizados pelas "transações monetárias diretas" de Draghi pouco fez para aumentar o emprego ou os dispêndios de capital. Afora comprar a dívida de seus governos, os bancos da zona do euro incrementaram os empréstimos para seus clientes corporativos mais endividados e menos lucrativos.[20] Taxas de juros zero mantiveram as empresas deficitárias na UTI. Em 2016, a Organização para Cooperação e Desenvolvimento Econômico constatou que 10% das empresas não conseguiam lucrar o suficiente para cobrir seus pagamentos de juros — a definição de zumbi da OCDE. A Europa, ao que parecia, estava se tornando japonesa.

O fenômeno zumbi não se confinou à Europa continental. Tanto nos EUA quanto no Reino Unido, taxas ultrabaixas preveniram falências corporativas. A taxa de inadimplência dos títulos podres dos EUA após a Grande Recessão foi de apenas metade da média das duas recessões anteriores. "A intervenção extraordinária do Fed", disse o analista de crédito Martin Fridson, "permitiu que empresas que deveriam ter falido [sobrevivessem]".[21] Na Grã-Bretanha, a taxa de insolvência também foi menor na recessão de 2008/2009 do que ao longo da recessão econômica mais branda do início dos anos 1990. Lá, de cada dez pequenos negócios, cerca de um foi mantido vivo com dinheiro fácil.[22] "Evitar a insolvência é a nova norma", protestou um infeliz membro da Associação Britânica de Profissionais de Recuperação.[23]

As menores taxas de insolvência ocorreram na Grécia, na Espanha e na Itália — os países mais atingidos pela crise da dívida soberana e nos quais se poderia esperar haver a maior concentração de falências. A Itália teve a pior infestação de zumbis. A capacidade ociosa industrial era generalizada. Havia no país por volta de duas dezenas de produtores de cimento, muitos deles trôpegos graças ao "doping financeiro".[24] A empresa italiana de roupas Stefanel era um zumbi típico. Superada pela forte concorrência, a empresa de moda com sede em Veneto acumulou prejuízos e passou por várias reestruturações de dívidas. A cotação de suas ações despencou. A Stefanel se segurou graças à tolerante concessão de empréstimos de seus bancos e à política de taxa de juros negativa do BCE. Por fim, em junho de 2019, a negociação de suas ações nas bolsas foi suspensa após a empresa anunciar que estava solicitando recuperação judicial.

Tal como no Japão, as empresas zumbis da Europa minaram o dinamismo econômico da região. Tal como no Japão, zumbis corroeram os órgãos vitais do sistema bancário europeu. Em 2015, estimou-se que os bancos europeus tinham mais de €1 trilhão em dívidas incobráveis, um aumento de duas vezes em relação a 2009, cifra equivalente, em termos aproximados, a 1/10 de seus empréstimos ao setor privado.[25] Os bancos italianos foram os mais afetados. O Monte dei Paschi di Siena, a instituição bancária mais antiga da Europa — e o principal credor da Stefanel — precisou de um socorro financeiro estatal.[26] Atulhados de antigos empréstimos inadimplentes, os bancos europeus relutaram em conceder novos empréstimos. (O achatamento das margens líquidas de juros dos bancos decorrentes da política monetária amplificou esse problema.) Surgiu um curioso caso de seleção reversa: em setores dominados por zumbis, empresas mais eficientes foram obrigadas a pagar mais por seus empréstimos bancários do que aquelas em outros setores.[27]

Outra característica em comum com o Japão foi a maneira como o bálsamo monetário do BCE neutralizou o ímpeto para reformas estruturais na zona do euro. Antes da chegada de Draghi ao BCE, cerca de metade das iniciativas de crescimento recomendadas pela OCDE foram adotadas em toda a Europa.[28] Aliviada a crise da dívida soberana, os políticos se acomodaram. Quatro anos após a intervenção "faça o que for preciso" de Draghi, somente uma em cada cinco medidas reformistas ainda estava sendo implementada.* O FMI abominou a lentidão das reformas estruturais na França, na Itália e na Espanha, alertando que "sem mudanças drásticas, é provável que sigam o caminho do Japão para uma longa estagnação econômica".[29]

O Japão, ao menos, tinha poupança interna suficiente para financiar sua crescente dívida nacional e para imprimir sua própria moeda. Já a periferia europeia atingida não teve tanta sorte. É o caso da terra natal de Draghi. Nos quinze anos desde o início do projeto do euro, a Itália não teve aumento na renda *per capita* e os custos trabalhistas subiram em relação aos da Alemanha, o que

....

* Para o Deutsche Bank, as ações do BCE "reduziram a perspectiva de reformas significativas nos mercados de trabalho e sistemas jurídicos, de bem-estar e tributários em todo o continente" (David Folkerts-Landau, "The Dark Side of QE: Backdoor Socialization, Expropriated Savers and Asset Bubbles", Pesquisa do Deutsche Bank, 1° de novembro de 2016, p. 1). [N. do A.]

tornava as exportações italianas pouco competitivas. Quanto à dívida pública, a da Itália era superada apenas pela do Japão e pela da Grécia. Os bancos italianos carregavam centenas de bilhões de euros em dívidas incobráveis. Muitas de suas maiores empresas eram zumbis de carteirinha. A esclerose política acompanhou sua versão econômica. O FMI alertou que "na ausência de reformas estruturais mais profundas, o crescimento de médio prazo deverá continuar baixo".[30] Carente de um adequado crescimento econômico, os problemas da dívida soberana da Itália e a crise existencial da zona do euro permaneceram sem solução. Como no Japão, o dinheiro fácil comprava tempo, mas o tempo era desperdiçado.*

UMA MANADA DE UNICÓRNIOS

Os zumbis não são os únicos maus investimentos induzidos por taxas de juros ultrabaixas. O dinheiro fácil incentiva as pessoas a investir em projetos cujos retornos estão em um futuro distante.[31] Imóveis residenciais são bens duráveis e os booms de construção facilitados por baixas taxas de juros são uma forma comum de "mau investimento". Depois da implosão da bolha imobiliária dos EUA em 2006, a construção de casas refluiu por vários anos. Com as taxas de juros mais baixas do que nunca, os investidores foram atrás de outros tipos de investimentos de longo prazo. O Vale do Silício ficou muito feliz em suprir suas necessidades.

Em 2013, a gestora de Venture Capital Aileen Lee cunhou o termo "unicórnio" para caracterizar startups avaliadas em mais de US$1 bilhão. Lee chamou essas empresas de "unicórnios", disse ela, porque "significa algo extremamente raro e mágico".[32] Seus valuations podem ter sido mágicos, mas não demorou e os unicórnios foram se tornando muito menos raros. Em 2015, havia quase 150 deles, com um valor de mercado conjunto de cerca de US$0,5 trilhão.[33] "Um fato pouco conhecido sobre os unicórnios", refletiu James Grant, "é que eles se alimentam de taxas de juros. Gostam de taxas baixas — quanto menores, melhor".[34] As taxas baixas induziram os investidores a optar pelo "growth", aplicando em empresas cujos lucros estavam em algum lugar no futuro remoto. O baixo nível das taxas de juros os protegeram de anos de perdas. Os juros baixos justificaram os fabulosos valuations dos unicórnios.

O Vale do Silício abraçou com todo fervor esse dinheiro fácil. "Este talvez seja o melhor momento da história, desde a época dos antigos egípcios, para qualquer tipo de negócio, em qualquer setor, arrecadar dinheiro", disse um

· · · · · · · ·

* Como George Soros disse ao *New York Review of Books* em janeiro de 2016, a crise grega ensinou aos europeus a prática "popularmente conhecida de 'deixar como está para ver como fica', embora seja mais preciso descrevê-la como chutar uma bola para cima para que continue rolando para baixo" (George Soros e Gregor Peter Schmitz, "The EU is on the Verge of Collapse" — An Interview', *New York Review of Books*, 11 de fevereiro de 2016). [N. do A.]

entusiasmado chefe unicórnio muito interessado na história das finanças contada pelo *Economist* em 2015. Ele não exagerava. Dinheiro fácil era dinheiro tolo. Ao aplicar seus recursos, os investidores de risco dispensaram uma análise cuidadosa dos lançamentos contábeis das startups, e optaram por "atirar para todo lado". Conforme levantavam fundos cada vez maiores, eles os investiam em conceitos cada vez mais duvidosos. "Basicamente, o Fed está imprimindo dinheiro", escreveu um especialista da indústria de tecnologia, "e muito dele vai para fundos de risco e de lá para os bolsos de um bando de garotos criando startups em São Francisco. Com o Fed imprimindo dinheiro e o mercado de ações subindo, a festa vai continuar".[35]

Bons tempos e fraude têm muito a ver, disse Bagehot. Alguns unicórnios se mostraram tão fantasiosos quanto o nome sugeria. Elizabeth Holmes, a fundadora da Theranos, vinte e poucos anos de idade, afirmou ter desenvolvido uma tecnologia capaz de realizar uma série de exames médicos a partir de uma gota de sangue extraída do dedo. Holmes se espelhou em Steve Jobs, da Apple, até nos suéteres pretos de gola alta. Tal como seu herói, criou um "campo de distorção da realidade". Coisas impossíveis poderiam ser alcançadas se as pessoas agissem como se fossem possíveis. A hipérbole estava na ordem do dia. Holmes afirmou que seu "minilaboratório" era a "coisa mais importante que a humanidade já havia construído". Na realidade, a tecnologia de caixa preta da Theranos não funcionava como apregoado. Muito antes da descoberta desse fato, a empresa chegou a um valor de mercado de US$9 bilhões no Vale do Silício. Essa fortuna, porém, assim como a invenção de Holmes, era falsa. A Theranos sangrou em mais de US$1 bilhão seus investidores antes de ir à falência — um prejuízo do tamanho de um unicórnio.[36]

Outros unicórnios se engajaram na "construção da narrativa". A Uber não via a si mesma pelo que era — um negócio online de táxi —, mas como parte integrante da nova "gig economy",* cuja plataforma de software poderia ser alavancada para entrar em uma enormidade de outras linhas de negócios. O planejamento da Uber incluía táxis voadores e carros autônomos que, eliminando os incômodos custos com motoristas, a colocariam rumo a uma eventual lucratividade. Fundada em 2010, a Uber levantou nos anos subsequentes US$20 bilhões dos investidores. Nos quatro anos anteriores ao seu lançamento no mercado de ações em 2019, as perdas totalizaram mais de US$14 bilhões. A Uber era frequentemente tida como um negócio "disruptivo". De certa forma, era uma boa descrição, segundo o economista especializado em transportes Hubert Horan: "A disrupção causada pela Uber é a ideia de que mercados competitivos de consumo e capital maximizarão o bem-estar econômico geral ao recompensar as empresas com maior eficiência. Seus subsídios multibilionários distorceram

---

* Mercado caracterizado por trabalhadores temporários sem rigidez de expediente, com pouca ou nenhuma segurança no emprego. [N. da T.]

por completo os preços de mercado e o modo de ser dos serviços, ocasionando enorme má alocação de recursos."[37]

A WeWork foi outro unicórnio distorcedor da realidade. A grandiosa missão da empresa era "mudar a consciência do mundo" — uma tarefa um tanto ambiciosa para uma empresa cujo principal negócio era arrendar escritórios utilizando um aplicativo. Também fundada em 2010, a WeWork tomou emprestado e perdeu somas extraordinárias ao longo dos anos. Como a Uber, essas perdas foram aumentando com o tempo. Em agosto de 2019, o *Reuters Breakingviews* comentou sobre as operações comerciais da WeWork:

> Nos primeiros seis meses de 2019 a receita quase dobrou para US$1,5 bilhão em relação ao mesmo período do ano anterior. Mas os prejuízos operacionais cresceram ainda mais rapidamente, de US$678 milhões para US$1,4 bilhão. Dinheiro fácil e crescimento econômico desde sua fundação em 2010 permitiram à WeWork se expandir tão rápido enquanto queimava dinheiro. Nesse sentido, a WeWork é um "famigerado" exemplo da mais longa recuperação econômica dos EUA já registrada e de uma era em que o dinheiro é virtualmente gratuito.[38]

> "Os unicórnios podem ser vistos como uma segunda classe de zumbis", escreveu um correspondente do *Financial Times*, cujos proprietários e investidores podem mantê-los vivos por constantes infusões de propaganda sobre sua tecnologia de ponta que ainda não produziu lucro (Uber, por exemplo), mas supostamente faz parte da cultura de "disrupção". Essa publicidade mantém ativo o fluxo de investimentos.
>
> Empresas assim se valem do talento de engenheiros, de programadores e de especialistas em marketing que poderiam ser usados em empresas mais produtivas. A esperança de um dia serem lucrativas não justifica a destruição de modelos de negócios úteis e lucrativos.[39]

A má alocação de recursos em grande escala em negócios deficitários nos quais os lucros existem na Terra do Nunca é um sinal de que o custo do capital é muito baixo. Diminuir as taxas de juros o suficiente faz os unicórnios voarem em disparada e, quando estão nas alturas, inevitavelmente desabam e quebram. Antes de sua oferta pública inicial planejada para 2019, a WeWork era avaliada em US$47 bilhões. Antes do início do IPO, com a incredulidade de Wall Street, cerca de US$40 bilhões foram subtraídos de seu valor de mercado. Um conto não tanto de destruição criativa, mas de destruição de capital em larga escala.

O Quebra-cabeças da Produtividade

Nas economias de ambos os lados do Atlântico houve um colapso no crescimento da produtividade na década que se seguiu à crise. Foi de 0,5% o crescimento anual da produtividade nos EUA — 1/4 do nível de duas décadas antes. A produção por hora dos trabalhadores britânicos quase não mudou; o desempenho

150   O Preço do Tempo

de produtividade mais sombrio desde a Revolução Industrial. O PIB *per capita* da zona do euro de fato caiu nos dez anos após 2008. O colapso da produtividade não foi previsto pelos banqueiros centrais — seus modelos não os abrangiam. Para os formuladores de políticas, a produtividade era um "enigma" e um "quebra-cabeças", que depois se tornou uma "carga pesada" e, mais tarde, um "desafio". Mentes foram sondadas. Trabalhos acadêmicos foram escritos. Funcionários públicos foram consultados.

Houve várias explicações para o discretíssimo desempenho da produtividade: ventos demográficos contrários, regulamentação excessiva dos negócios, falta de inovação, incentivos corporativos fracos, piora nos padrões educacionais e por aí vai. O problema com essas explicações era serem duvidosas (como a suposta falta de inovação) ou não igualmente aplicáveis a todas as economias afligidas. Por exemplo, os regulamentos comerciais dos EUA diferiam dos da Europa. Além disso, os prazos não batiam. Os estagnacionistas seculares não conseguiram explicar por que o colapso da produtividade em todo o mundo desenvolvido só se agravou nos anos após a quebra do Lehman.

A febre das startups não se espalhou muito além do Vale do Silício. De fato, a criação de novas empresas nos EUA caiu drasticamente após 2008. Em 2016, as mortes de empresas superaram os nascimentos pela primeira vez desde que o Census Bureau começou a manter registros em 1978. Além disso, as novas empresas se concentraram em um pequeno número de localidades (incluindo o Vale do Silício). A burocracia regulatória contribuiu para desestimular os empreendedores.[40] Ao confinar o excesso de capacidade e, de fato, aumentar as barreiras à entrada, as políticas monetárias não convencionais provavelmente tiveram mais influência. Até funcionários do Banco da Inglaterra admitiram, em privado, que a leve recessão do Reino Unido não havia "gerado destruição suficiente para permitir a criação de empresas mais produtivas".[41]

A vitalidade econômica também é indicada pela rotatividade no mercado de trabalho. Recessões normalmente levam a um "chega pra lá" de empresas menos eficientes, acelerando a realocação de trabalhadores entre as empresas. A eliminação de empregos foi especialmente severa nos EUA quando as taxas de juros dispararam durante as recessões de 1980 e 1982. A recuperação econômica que se seguiu foi caraterizada por uma forte criação de empregos. Schumpeter teria aprovado. Após 2008, a situação foi diferente. Menos falências e menos startups significava menos criação e destruição de empregos. A queda na rotatividade do emprego (conhecida como "taxa de rotatividade") acompanhou, aproximadamente, o declínio da taxa de juros.*

· · · · · · · ·

*   Segundo um artigo do FMI, "aumentos nas taxas de juros afetam significativamente a destruição de empregos, ao passo que quedas nas taxas não estimulam a criação de empregos". (Pietro Garibaldi, "The Asymmetric Effects of Monetary Policy on Job Creation and Destruction", IMF Working Paper, abril de 1997, p. 580.) [N. do A.]

Enquanto na mídia jorravam histórias terríveis sobre a "Segunda Era das Máquinas", na qual os robôs estavam substituindo os humanos no local de trabalho, a realidade mostrava que menos empregos foram criados ou destruídos pela tecnologia do que em qualquer outro momento desde a Revolução Industrial.[42] Mais norte-americanos sofreram períodos de prolongado desemprego. A despeito da recuperação da economia dos EUA, a taxa de participação da força de trabalho caiu, atingindo em 2014 o menor nível em três décadas. "Sufocar a realocação [de empregos] também sufoca o crescimento", concluíram os economistas trabalhistas Steven Davis e John Haltiwanger. Um mercado de trabalho flácido também foi associado ao fraco crescimento da renda.[43] Quase uma década depois da quebra do Lehman, os trabalhadores norte-americanos precisaram trabalhar mais horas para simplesmente manter seu padrão de vida.[44]

Uma das maiores preocupações da década pós-Lehman não era tanto um excesso de poupança, mas uma escassez de investimentos. Taxas ultrabaixas deveriam induzir as empresas a tomar empréstimos e investir. Mas, não obstante a ação dos bancos centrais, o investimento se retraiu em todo o mundo desenvolvido e assim ficou por anos. Nas economias de ambos os lados do Atlântico a capacidade ociosa era excessiva.[45] Era natural que as empresas que não estavam operando a pleno vapor tivessem poucos motivos para investir. Os parcos dispêndios de capital eram compatíveis com as fracas vendas corporativas e os gastos das famílias. O aumento da incerteza sobre o futuro levou as empresas a adiar investimentos, embora a extensão de quanto essa incerteza (medida pela dispersão das previsões econômicas) se devia à persistência das políticas monetárias na época da crise fosse, em si, uma questão de debate.[46] Para piorar a situação, as formas de remuneração de executivos estimulavam as empresas a incorrer em dívida barata para recomprar suas ações em vez de investir no futuro.*

O investimento nos EUA diminuiu a tal ponto que o estoque de capital existente enferrujou pela falta de movimentação.[47] Um estudo de 2017 do Fed de Nova York mostrou que, ajustado para as taxas de depreciação mais rápidas de novas tecnologias, os EUA usufruíram de pouco investimento em termos líquidos nos anos anteriores. Sem investimento adequado, a economia patinou. Um declínio no crescimento do estoque de capital de um país leva a um menor crescimento futuro da produção.[48] Até o Fed concordou que a queda do investimento nos EUA teve seu papel no recuo do crescimento da produtividade.[49] O que o Fed não reconheceu — nem podia reconhecer — foi que a política monetária desempenhou algum papel nessa questão.

Um corpo de pesquisa cada vez mais robusto sugere que zumbis estão por trás do fiasco da produtividade. Empresas incapazes de quitar suas dívidas

---

* Ver Andrew Smithers, *Productivity and the Bonus Culture* (Oxford, 2019). O autor argumenta que os incentivos vinculados a ações fizeram com que os executivos seniores de empresas listadas em bolsa ficassem excessivamente obcecados com o preço corrente de suas ações, relutando em investir a longo prazo. [N. do A.]

O Preço do Tempo

investiram menos. Os zumbis desencorajaram outras empresas a investir também.[50] Os zumbis impediram a criação de novas empresas, pois os empreendedores não estavam dispostos a entrar em setores de atividade atormentados por excesso de capacidade ociosa e retornos miseráveis. Os zumbis retardaram a adoção de novas tecnologias e práticas de negócios. Como Phil Mullan escreve em seu livro *Creative Destruction* ["Destruição Criativa", em tradução livre]:

> Quando muitos recursos estão aplicados em áreas de baixa produtividade e em empresas zumbis — empresas fracas demais para investir em suas operações subjacentes, mas com renda suficiente de algum lugar para sobreviver —, então o potencial para o impacto positivo mais amplo de investimentos em empresas inovadoras específicas será frustrado.[51]

Os banqueiros centrais viram a queda da produtividade como motivo para implementar políticas monetárias não convencionais. Aposentado do Fed, Ben Bernanke descreveu as implicações da taxa de juros de afundar a produtividade dos EUA como "dovish".[52] Um estudo do Banco da Inglaterra estimou que cada ponto de declínio na produtividade ocasionou uma redução duas vezes maior na taxa de juros de "equilíbrio" (ou natural).[53] Claudio Borio, no BIS, virou de ponta-cabeça esse pensamento convencional. Ele se referiu a um "nexo taxa de juros/produtividade", com a causalidade indo de baixas taxas de juros a baixo investimento e queda na produtividade.

Segundo ele, taxas de juros ultrabaixas explicam tanto o fenômeno zumbi quanto o fato de que, uma vez zumbificada, uma empresa permanece por um longo tempo entre os mortos-vivos. O BIS identificou uma estreita relação entre a participação de empresas zumbis e a queda nas taxas de juros. Taxas baixas geraram zumbis, e estes geraram taxas mais baixas.* Segundo essa visão, a taxa de juros reflete *e* determina o retorno sobre o capital. As taxas de juros baixíssimas reduziram as barreiras para o investimento. À medida que mais capital era aplicado em empresas de baixo retorno, fossem zumbis ou unicórnios, a taxa marginal de retorno sobre o capital declinava.

Taxas de juros ultrabaixas e outras políticas monetárias não convencionais reduziram a volatilidade econômica. Mas esta, como Clément Juglar observou há tempos, é uma fonte de vitalidade. "O capitalismo, então, é por natureza", escreveu Schumpeter, "uma forma ou método de mudança econômica e não apenas nunca é, mas nunca pode ser, estacionário."[54] Ele falou cedo demais. Os menores juros da história frearam o processo evolutivo de Schumpeter. A destruição criativa foi substituída pela seleção antinatural e pela destruição do capital.

. . . .

* Claudio Borio, "A Blind Spot in Today's Macroeconomics?", discurso no BIS, 10 de janeiro de 2018. O ponto cego ao qual Borio se refere é a tendência da macroeconomia de ignorar a má alocação de recursos. Uma má alocação de recursos entre setores não é possível no modelo canônico que considera somente uma única empresa, a "empresa representativa". [N. do A.]

Conforme o andamento da vida empresarial desacelerava, a economia voltava a um estado estacionário.

BOMBEIROS E INCENDIÁRIOS

Economias de mercado são sistemas complexos. Sua ordenação é espontânea — ou seja, elas operam sem nenhuma orientação central. Os sistemas ecológicos funcionam da mesma forma, e também sofrem, às vezes, interferências equivocadas, ainda que bem-intencionadas, de instituições públicas. O papel desempenhado pelas crises econômicas na promoção da destruição criativa tem um paralelo na natureza.

Incêndios desempenham um papel importante na regeneração das florestas. As árvores ficam estressadas quando há excesso de vegetação nas florestas, o que as deixa suscetíveis a doenças e infestações de insetos. Abaixo da cobertura florestal, um bosque secundário se forma, um emaranhado de galhos, folhas podres e arbustos. As árvores jovens têm dificuldade em competir por luz, nutrientes e água. Ao limpar essa vegetação, os incêndios florestais servem a um propósito ecológico. As árvores mais fracas são incineradas pelo fogo e as que sobrevivem têm mais espaço para crescer. Certas espécies de árvores nativas são especialmente adaptadas ao fogo. A casca espessa do abeto Douglas o capacita a resistir a altas temperaturas. A sequoia gigante e o pinheiro precisam do fogo para espalhar suas sementes.

Criado em 1905, o Serviço Florestal dos EUA tem combatido incêndios durante a maior parte de sua história. Ele assumiu o papel de combate ao fogo após o Big Burn, um incêndio de enormes proporções em 1910 que matou muitas pessoas e consumiu pouco mais de 2 milhões de hectares de floresta nos estados do noroeste. Nos anos subsequentes, o Serviço Florestal transformou-se no "Serviço de Bombeiros". Antes de 1934, apenas incêndios provocados pelo homem eram apagados. Depois dessa data, quaisquer tipos de incêndio eram combatidos. O serviço adotou uma "política das 10h" — qualquer incêndio relatado deveria ser contido antes do meio da manhã do dia seguinte. Pesquisas desfavoráveis à política de combate a incêndios foram ignoradas ou suprimidas.

Contudo, na década de 1970, os funcionários do governo encarregados do setor florestal se deram conta dos custos da supressão de incêndios. Quanto mais incêndios o Serviço Florestal extinguia, mais extensos eles se tornavam. Enquanto pequenos incêndios na floresta são cirúrgicos, destruindo com precisão, grandes conflagrações causam danos indiscriminados, matando até as árvores mais saudáveis.[55] Como os custos financeiros do combate a incêndios também estavam fora de controle, aquela política de ação foi suspensa. No entanto, essa decisão foi revertida após um grande incêndio no Parque Nacional de Yellowstone em 1998. Nas últimas décadas, a incidência de incêndios florestais em larga escala aumentou e o número de hectares consumidos pelo fogo tem tendência ascendente. Como é natural, o orçamento do Serviço Florestal cresceu de maneira proporcional. Os cínicos sugeriram que o nexo causal ia do aumento do financiamento dos contribuintes ao aumento da incidência de incêndios em larga escala, e não o contrário.[56]

Traçar um paralelo entre o Serviço Florestal dos EUA e o Fed é irresistível. O Fed foi criado menos de uma década depois de sua contraparte ambiental. Nos anos 1920, o Fed estava tentando acabar com o ciclo econômico. Enquanto "a supressão federal de incêndios age no sentido de subsidiar desenvolvimentos de terras privadas em áreas propensas a incêndios", a política do Fed de suprimir a volatilidade econômica incentivou o aumento da alavancagem financeira. Tanto o Serviço Florestal quanto o Fed concentraram sua atenção em problemas imediatos — incêndios e pânicos — deixando de lado as consequências de longo prazo de suas ações.

Com o passar do tempo, as florestas e a economia dos EUA tornaram-se menos robustas, e os custos dos desastres naturais e financeiros aumentaram inexoravelmente. Os ecologistas ao menos reconhecem a loucura da supressão de incêndios. Já os economistas estão menos arrependidos. Em suas memórias, Ben Bernanke descarta, sem se constranger, a noção de que "os bombeiros causam incêndios".[57] O ex-chefe do Fed justifica sua posição lembrando o argumento de Bagehot de que os bancos centrais devem intervir durante as crises financeiras. Isso pode ser verdade. Mas as políticas monetárias não convencionais de Bernanke foram mantidas muito tempo após os incêndios financeiros serem extintos.

Se for aceito que o inferno financeiro de 2008 não teria ocorrido não fosse o período anterior de dinheiro fácil, então se chega à conclusão de James Grant de que o "mandato funcional duplo do Fed tornou-se o de incendiário e bombeiro".[58] Superada a crise financeira, o Fed trabalhou incansavelmente para apagar incêndios e proteger o sub-bosque da economia. Empresas zumbis proliferaram na floresta, empresas mais fortes lutaram com concorrentes mais fracos por capital e vendas. Novas empresas tiveram dificuldade para se propagar, com exceção dos unicórnios que, semeados no rico composto do capital livre, cresceram rapidamente, altos e como ervas daninhas. O emaranhado de empresas mortas e doentes adensou-se cada vez mais, aguardando a próxima conflagração, potencialmente mais devastadora.*

- - - - - - - -

* Como escreveu William White em 2012, "ao mitigar a eliminação de maus investimentos em ciclos sucessivos, a flexibilização monetária elevou a probabilidade de uma eventual desaceleração cuja gravidade seria muito maior que uma normal". (White, "Ultra Easy Monetary Policy and the Law of Unintended Consequences", Federal Reserve Bank of Dallas, Working Paper 126, agosto de 2012, p. 25). [N. do A.]

O Lucro de Quem Promove

*Quando uma nação ruma para a decadência e a ruína, o comercian-
te e o homem endinheirado, faça você o que puder, irão certamente
morrer de fome por último.*

JOHN LOCKE, 1691

*O capital financeiro, quando livre de seu papel original de modesto
auxiliar de uma economia real de produção para atender às necessidades humanas, torna-se inevitavelmente um capital especulativo
interessado somente em sua própria autoexpansão.*

PAUL SWEEZY, 1994

Em 1892, a General Electric Company foi constituída a partir da fusão entre os negócios de Thomas Edison e um conglomerado do setor elétrico, Thomson-Houston, administrado por um empresário chamado Charles Coffin. Desde o início, a empresa era uma criatura de Wall Street.[1] Pouco depois de ser criada, a General Electric, administrada por Coffin, fez uma oferta para adquirir a Westinghouse Electric, seu principal concorrente. Como escreveu Thomas Lawson, o banqueiro de Boston que defendeu a Westinghouse, o "sumo sacerdote da General Electric era J. Pierpont Morgan; sua casa, Wall Street; seus donos, os principais devotos do 'Sistema'".[2] O Sistema a que Lawson se referia eram os meios pelos quais as poupanças das pessoas comuns estavam "sempre ao serviço absoluto e à mercê dos devotos das finanças delirantes".

Eis como o Sistema funcionava. Trabalhadores depositavam suas economias em um banco ou investiam em uma seguradora; essas economias eram distribuídas por intermédio da rede Morgan para abastecer de capital fusões de empresas dos EUA, como a General Electric. O imenso poder de Morgan decorria do controle sobre as poupanças da população. "A galinha dos ovos de ouro", escreveu o juiz Louis Brandeis, "tem sido considerada um bem dos mais valiosos. Mas ainda mais lucrativo é o privilégio de pegar os ovos de ouro postos pela galinha dos ovos de ouro de outra pessoa. Os banqueiros de investimento e seus associados agora desfrutam desse privilégio. Controlam o povo por meio do dinheiro do próprio povo".[3]

Em um financiamento, a maior parte dos custos corresponde aos juros. Como é de se esperar, Wall Street agita-se mais quando os ovos de ouro podem ser comprados a baixo custo. Após a crise financeira de 1873, as taxas de juros nos EUA caíram por mais de 25 anos. Na década em que a General Electric foi fundada, os rendimentos dos títulos do Tesouro dos EUA estavam abaixo de 2% e os depósitos de um ano rendiam míseros 1%. A regulamentação financeira adicionou um atrativo a mais ao bull market de títulos. O National Banking System, criado nos anos 1860, limitou o número de notas que um banco poderia emitir legalmente às suas participações em títulos do Tesouro. A oferta desses títulos, porém, estava restrita devido a uma série de superavits federais — a dívida nacional dos EUA caíra pela metade entre 1880 e 1893. A forte demanda dos bancos nacionais levou os rendimentos de alguns títulos do Tesouro a ficar abaixo de zero. Foi a primeira e única vez que as taxas de juros de longo prazo foram negativas antes do século XXI.[4]

O dinheiro fácil permitiu que Wall Street fortalecesse setores da indústria norte-americana. Foi mais ou menos nessa época que Arthur Hadley, o economista de Yale que conectou os juros com a seleção natural, definiu os juros como "o preço pago pelo controle da indústria".[5] A razão ostensiva para fusões de companhias era substituir a competição destrutiva por monopólios, ou trustes, como eram conhecidos, que eram mais organizados e lucrativos. Entre as indústrias dos EUA que ficaram sob o controle de trustes durante esse período estavam carvão e ferro, equipamentos de iluminação para carros elétricos, cimento, tabaco em barras, fios de algodão, fósforos, baterias de armazenamento elétrico, canos de esgoto, produtos químicos, açúcar, tabaco cubano, uísque, papel, prataria, bombas a vapor, petróleo, produtos de borracha, farinha, cola, couro, botas e sapatos de borracha, e verniz.[6]

Os trustes originaram os chamados "barões ladrões", magnatas dos negócios apelidados com o nome de senhores feudais medievais que cobravam pedágios dos mercadores nas passagens pelas montanhas onde se situavam seus castelos. De acordo com Brandeis, os barões ladrões de nossos tempos cobravam pedágios tão altos quanto o tráfego podia suportar. O mais proeminente entre eles foi John D. Rockefeller, que forçou os concorrentes a vender para sua Standard Oil, conhecida como "Anaconda" por sua capacidade de estrangular a concorrência na indústria do petróleo. Outro foi Edward H. Harriman, que começou sua carreira como "pad-shover", ou garoto de cotações, em Wall Street e se transformou no magnata ferroviário mais poderoso dos EUA depois que Morgan organizou a fusão de sua empresa Union Pacific com a Great Northern e diversas outras ferrovias em 1901.

No mesmo ano da criação da Northern Securities Company de Harriman, Morgan fundiu a Carnegie Steel — empresa resultante da fusão entre as usinas siderúrgicas de Andrew Carnegie e as operações de mineração de coque de Henry Frick — com várias outras empresas siderúrgicas. O resultado foi a United States Steel Corporation, cujo nome ostentava, em si, seu domínio de mercado.

A Corporação, como era conhecida em Wall Street, não era apenas a maior produtora de aço do mundo, a sua capitalização era maior do que qualquer outra companhia. Quando abriu o capital, a US Steel tinha um valor de mercado de US$1,4 bilhão, mais que o dobro do valor contábil de suas fábricas e outros ativos.[7] Essa "supercapitalização" antecipou os lucros que seriam acumulados em seu monopólio e também sinalizou que, em um momento de baixas taxas de juros, os investidores atribuíam um valor maior a esses lucros futuros.

Entretanto, a maior parte dos lucros auferidos com a formação de trustes foi responsabilidade dos habitantes de Wall Street.[8] O truque era comprar uma empresa alavancada, "regar" as ações (aumentar sua capitalização), fundir operações com outras empresas e lançar a empresa assim amalgamada a um preço mais alto no mercado de ações.[9] Os investidores eram abastecidos com juros baixos para comprar em margem e aumentar a demanda no IPO das ações. Em seu *Theory of Business Enterprise* (1904), Thorstein Veblen afirmou que os gerentes de empresas públicas tornaram-se versados na arte de manipular ações:

> A certeza do ganho... parece um pouco mais segura na manipulação em larga escala do capital vendável [isso é, negociado] do que na gestão de negócios... Na verdade, tão seguro e lucrativo é esse tipo de negócio, que é principalmente com os ganhos obtidos, direta e indiretamente, desse tráfico de capital vendável que as grandes fortunas modernas estão sendo acumuladas.[10]

Rudolf Hilferding, em um livro influente, *Finance Capital*, publicado em 1910, apresentou o conceito de "lucro de quem promove". O marxista nascido na Áustria, por duas vezes ministro das finanças da Alemanha na década de 1920, observou que os preços das ações subiam e desciam em relação inversa à taxa de juros. (Brandeis também notou que "o dinheiro fácil tende a fazer os títulos subirem no mercado. Já o dinheiro apertado quase sempre os faz cair".) Hilferding fez uma observação mais original: quando os retornos da indústria eram superiores ao custo dos empréstimos, os financiadores estavam preparados para colher ganhos inesperados.[11] Quanto menor a taxa de juros, maior o lucro de quem promove.

Quando Morgan estava em seu apogeu, Wall Street se interessava mais em chicanas financeiras do que em orientar o capital para o desenvolvimento econômico do país. Dos US$375 milhões em títulos emitidos no início de 1900 pela Union Pacific Railroad, controlada por Harriman, uma pequena parcela foi aplicada em ativos fixos, com o resto indo "principalmente para fornecer fundos para o envolvimento em combinações ilegais ou especulação com ações".[12] O próprio Pierpont Morgan, que tinha pouco interesse em novas tecnologias, recusou uma solicitação de capital de William Crapo Durant, o fundador do que mais tarde seria a General Motors. A maioria dos empréstimos de Morgan foram concedidos com base na garantia de negócios existentes, em vez de direcionados para novos investimentos.

A maneira mais fácil de manipular ações era fazendo alavancagem. E nisso a Casa de Morgan reinava soberana. Na primeira década de 1900, o montante da dívida ferroviária por saldar mais que dobrou.[13] À medida que a dívida crescia, sua qualidade diminuía. Não obstante, as baixas taxas de juros geraram uma demanda insaciável por títulos ferroviários. Na virada do século, foram emitidos títulos ferroviários de cem anos com rendimento de 3,5%.[14] Para Brandeis, a altamente endividada New Haven Railroad era um exemplo típico de tudo de errado que havia nas finanças dos EUA. Conforme esse fundo controlado por Morgan consolidava as ferrovias em toda a Nova Inglaterra, o peso das dívidas aumentou vinte vezes.[15] Para Brandeis, os financiadores da New Haven davam menos atenção às operações ferroviárias do que ao valor de mercado de seus títulos. Os dispêndios com manutenção foram cortados e os dividendos em aberto foram pagos com dinheiro emprestado.

A New Haven finalmente chegou a um ponto insustentável em 1910, depois que Wall Street ficou sobrecarregada com o que Morgan chamou de "títulos não digeridos". O preço das ações da New Haven caiu, prejudicando milhares de pequenos investidores. A essa altura, o público estava farto da "Morganização". O movimento dos trustes foi visto como apoiado por "interesses investidos" (termo cunhado por Veblen) que tinham Washington no bolso. Em *Other People's Money* ["O Dinheiro dos Outros", em tradução livre], publicado pela primeira vez em 1914, Brandeis investiu contra a "imprudência financeira", a "busca louca do monopólio" e a "maldição da grandeza" — grandes sistemas ferroviários, grandes trustes industriais, grandes empresas de serviços públicos e grandes bancos. No ano em que o polêmico best-seller de Brandeis surgiu, vários diretores, em plena gestão e anteriores da New Haven Railroad, incluindo o irmão de John D. Rockefeller, William, foram indiciados por conspiração para monopolizar o tráfego interestadual da Nova Inglaterra. Nessa ocasião, o grande Pierpont Morgan já não era mais vivo.

Os trustes não estavam confinados aos EUA. A indústria alemã era dominada por cartéis de carvão, produtos químicos, açúcar etc.[16] Na Grã-Bretanha, havia até um cartel de fabricantes de camas, conhecido como "Bedstead Alliance".[17] Alguns cartéis atuavam além das fronteiras nacionais. A gigante da eletricidade alemã AEG dividiu o mercado mundial com sua correspondente norte-americana, a General Electric. Os principais fabricantes de explosivos se uniram para criar o International Dynamite Trust.[18] Para Vladimir Lenin, escrevendo na véspera da Revolução Russa, os monopólios estavam inseridos em todos os círculos econômicos.[19] O capital, disse Lenin, já não mais elevava os padrões de vida nos países onde se originou, mas era desviado para o exterior, servindo para aumentar o poder das corporações monopolistas. Em casa, uma carência crônica de demanda de trabalhadores mal pagos e subempregados levou à estagnação econômica. "O estado rentista é um estado de capitalismo parasitário e decadente", escreveu Lenin.[20]

Em seu ensaio de 1917, *The Highest Stage of Capitalism*, ["O Estágio mais Alto do Capitalismo", em tradução livre] o futuro líder soviético colocou esses pensamentos. Esperava-se que tal estágio fosse o último. A previsão de Lenin não se realizou. No entanto, cem anos à frente, observamos semelhanças impressionantes entre a conjuntura financeira do início do século XX e a da Era Pós-Lehman. Mais uma vez, o "preço pago pelo controle da indústria" era o mais baixo de todos os tempos, criando condições para uma onda de fusões anticompetitivas. De novo, os esforços de Wall Street foram dedicados à manipulação dos preços das ações, e o "lucro de quem promove" foi obtido em detrimento do investimento produtivo. E, de novo, os trabalhadores sentiram o baque e a conversa sobre estagnação econômica encheu o ar.

"THE GOLD-DIGGERS' SONG"

No início de maio de 2018, o diretor executivo da Sainsbury's, uma grande cadeia de supermercados britânicos, estava a postos, esperando para ser entrevistado na televisão sobre a aquisição, por US$10 bilhões, de um supermercado rival. Quando as câmeras foram acionadas, o CEO Mike Coupe foi inadvertidamente flagrado sussurrando a letra de uma canção interpretada por Ginger Rogers em um filme de 1933: "Estamos com dinheiro/ vem cá querido/ Vamos pegar emprestado, gastar, vamos nessa" [em tradução livre da letra]. "The Gold Diggers' Song" foi um hino apropriado para o maior e, pelo menos para os banqueiros, o mais lucrativo boom de "takeover" [processo de aquisição/tomada de controle de empresas] da história.

Fusões e aquisições se recuperaram acentuadamente depois da crise financeira global. O "tsunami" de fusões, como o executor de ações antitrustes do presidente Obama chamou, não repercutiu em Washington. O Departamento de Justiça dos EUA não conseguiu registrar um único caso antitruste em 2014.[21] Ao longo do ano seguinte, as fusões globais superaram US$5 trilhões pela primeira vez — aproximadamente a metade disso nos EUA. O porte dos negócios também estava ficando maior. Quase 70 acordos gigantes, avaliados em mais de US$10 bilhões, foram concluídos naquele ano. "Estamos levando os emissores a pensar fora da caixa — em termos da arte do possível", disse um funcionário do JP Morgan à Bloomberg em novembro de 2014.[22]

Mais importante do que a passividade de Washington frente aos trusts que surgiam foi o colapso nos custos de empréstimos corporativos. As fusões foram facilitadas por um "forte apetite de investidores em dívidas (principalmente por aquelas de boa qualidade) e baixas taxas de juros [que] permitiram aos adquirentes obter financiamento em condições atraentes".[23] As grandes empresas poderiam tomar emprestado a uma taxa mais baixa do que auferiam com seu capital, proporcionando aos banqueiros uma oportunidade de extrair o "lucro de quem promove". A dívida teve um papel de destaque na aquisição, em março de 2015, da gigante do setor alimentício Kraft pelo fabricante de ketchup H. J. Heinz, ela mesma uma compra alavancada controlada pelos financiadores brasileiros 3G Capital e pela Berkshire Hathaway, de Warren Buffett. Essa enorme e inchada empresa não foi criada para borrifar o mundo com mais ketchup e maionese: o objetivo era elevar os retornos adicionando dívidas e cortando custos. Nos dois anos seguintes, a dívida líquida aumentou mais da metade e os ganhos por ação por pouco não dobraram.[24]

A Kraft Heinz foi uma das várias assim denominadas "empresas de plataforma", similares aos trustes da era dos "barões ladrões", que usaram dívidas para financiar fusões anticompetitivas. Outras empresas de plataforma notáveis incluíram a gigante cervejeira Anheuser-Busch InBev (também controlada pelo 3G brasileiro), a fabricante de cereais Post Holdings, bem como diversas empresas de saúde. Nenhuma empresa de plataforma chegou tão alto quanto a Valeant Pharmaceuticals. Um filhote criativo da Michael Pearson, ex-consultora da McKinsey, a Valeant adquiriu mais de vinte negócios médicos e medicamentos, entre os quais a fabricante de lentes de contato Bausch & Lomb. A empresa listada em bolsa no Canadá aumentou seus lucros cortando custos e promovendo grandes aumentos de preço em seu portfólio de medicamentos patenteados.[25] As aquisições foram financiadas com dívidas. Até 2015, os passivos de longo prazo da Valeant somavam quase US$30 bilhões, três vezes mais que nos últimos anos e, ainda assim, apesar desse montante de dívidas, os custos de empréstimos da empresa se mantiveram abaixo de 6%.[26] Em outubro de 2015, as ações da Valeant subiram mais de 15 vezes desde o início da década, e o pacote de remuneração vinculado às ações de Michael Pearson excedeu US$1 bilhão.

A onda de fusões levou a um aumento nos monopólios corporativos, algo não visto desde a "Idade do Ouro" do fim do século XIX. O número de empresas dos EUA listadas em bolsa era metade das que estavam nessa situação nas duas décadas anteriores a 2016.[27] Um estudo acadêmico mostrou que 3/4 das indústrias dos EUA haviam se tornado significativamente mais concentradas.* Tal como no fim do século XIX, as baixas taxas de juros desempenharam novamente um papel fundamental na consolidação da indústria dos EUA. Economistas da Universidade de Michigan descobriram que, ao fixarem preços, os cartéis são mais influenciados pelo nível das taxas de juros do que por qualquer outro fator. Cartéis tendem a se formar em ocasiões de baixas taxas de juros, e a quebrar quando as taxas são altas.[28]

. . . .

* Uma lista incompleta de setores altamente concentrados nos EUA inclui: sistemas operacionais de computadores, telefones celulares, redes sociais, mecanismos de pesquisa, leite, cerveja, refrigerantes, ferrovias, sementes, microprocessadores, funerárias, supermercados, sistemas de pagamentos, sistemas operacionais por telefone, publicidade online, diálises, óculos, agências de crédito, cálculos de impostos, companhias aéreas, bancos, seguro de saúde, assistência médica, organizações de compras em grupo, gestão de benefícios de farmácia, atacadistas de medicamentos, carne e aves, agricultura, mídia, apólices de seguro, corretores de fundos de índice e fornecedores de índices financeiros. (Ver Jonathan Tepper e Denise Hearn, *The Myth of Capitalism: Monopolies and the Death of Competition* (Hoboken, NJ, 2019), pp. 115–16.) [N. do A.]

Empresas em setores com o maior aumento na concentração tiveram lucros mais altos. Porém, como Adam Smith observou, os monopólios não servem ao bem público. Em vez disso, criam barreiras à entrada que desencorajam o estabelecimento de novas empresas e inovação.[29] O aumento da concentração da indústria foi associado a uma remuneração mais elevada para executivos seniores, uma diminuição do poder de barganha dos trabalhadores e uma queda de investimento em pesquisa e desenvolvimento. Economistas do National Bureau of Economic Research descobriram que, a despeito de "baixas taxas de juros terem sido tradicionalmente vistas como positivas para o crescimento econômico... taxas de juros extremamente baixas podem levar a um crescimento *mais lento*, aumentando a concentração de mercado".*

Private Equity**

Assim como as fusões corporativas, as compras alavancadas aumentam quando o "custo do controle corporativo" diminui. O regime de dinheiro fácil de Greenspan na virada do século levou a verdadeiras pechinchas para aquisição de empresas. As companhias de private equity acumularam reservas monetárias multibilionárias com as quais adquiriram empresas cujo valor de mercado estava em queda livre, alavancando suas compras mais do que nunca e obtendo lucros rápidos vendendo rapidamente ("flipping") ou fazendo dinheiro com acordos de dividendos. Algumas aquisições na época foram financiadas inteiramente com dívidas.

Esse negócio lucrativo perdurou enquanto os mercados de crédito estiveram abertos. Quando a orquestra parou de tocar em 2008, chegou a conta do longo baile do private equity. No entanto, graças a condições monetárias ainda mais fáceis após a falência do Lehman, o acerto foi evitado. Além de algumas falências famosas por sua dimensão (como a da empresa de energia TXU, a maior aquisição de todos os tempos ocorrida em 2007, que quebrou 7 anos depois com dívidas de US$40 bilhões), relativamente poucas compras alavancadas foram objeto de críticas. A maioria das aquisições pré-crise conseguiu refinanciar seus empréstimos em termos ainda mais favoráveis.

Dez anos após a falência do Lehman, a indústria de aquisições estava se dando melhor do que nunca. Em virtude do barateamento das dívidas, níveis de

. . . .

*   Para os autores da NBER, "conforme os juros se aproximam de zero, é certo que as medidas econômicas da concentração de mercado aumentarão e o crescimento agregado da produtividade cairá". (Ver Ernest Liu, Atif Mian e Amir Sufi, "Low Interest Rates, Market Power, and Productivity Growth", NBER Working Paper, janeiro de 2019, pp. 1–2. E também Ernest Liu, Atif Mian e Amir Sufi, "Could Ultra-Low Interest Rates be Contractionary?" Project Syndicate, 17 de setembro de 2019.) [N. do A.]

** Investimento privado de capital diretamente em empresas com potencial de crescimento a médio e longo prazos, com o intuito de lucrar em uma futura venda. [N. do T.]

inadimplência lá embaixo e aumento dos preços dos ativos, o private equity premiou com retornos de dois dígitos os investidores da década anterior. Famintos por outras oportunidades de obter retornos decentes, os investidores bateram nas portas das principais empresas de aquisições. Um fundo de private equity que visava arrecadar US$2 bilhões captou três vezes mais. Outro fundo fechou com compromissos recordes em dinheiro de quase US$25 bilhões. Acordos de grande porte estavam de volta, como a compra de US$18 bilhões da Bain Capital do negócio de microchips da Toshiba, concluído em maio de 2018. Nos acordos de compra os ganhos eram bem mais elevados e com maior alavancagem. Até 2018, a Worldwide, uma empresa de private equity, dispunha de reservas altamente líquidas que somavam por volta de US$1 trilhão e eram destinadas a financiar negócios futuros.[30]

O private equity alegou ter uma abordagem de prazo mais longo para administrar negócios do que aquela encontrada nos mercados públicos. Mas a propensão do setor de incrementar os retornos com "acordos de dividendos" alavancados e atiçar as empresas para obter um lucro rápido desmentiu tais afirmações. O modelo de negócios de aquisição normalmente envolvia adquirir firmas saudáveis e colocá-las no espremedor financeiro: retornos suculentos provenientes da aplicação de alavancagem. Pesquisas sugeriam que na maioria das aquisições houve discreto aprimoramento nas operações ou na estratégia de negócios. Um estudo de 2018 descobriu que a maioria das empresas de private equity na verdade corta investimentos de longo prazo. "Essa colheita [de compras] tem tudo a ver com extração de riqueza, não com criação de riqueza", conclui um comentarista.[31] Nenhum grupo de indivíduos se beneficiou mais do dinheiro fácil do Fed do que os barões das aquisições. E nenhum foi menos merecedor.

RECOMPRAS

O grande consultor de gestão Peter Drucker certa vez escreveu que os lucros não eram a razão das decisões empresariais, mas sim o teste de sua eficácia.[32] O que Drucker quis dizer é que os lucros de uma empresa acontecem como decorrência do trabalho bem executado de entregar bens ou serviços aos clientes a preços competitivos. Contudo, a partir do início dos anos 1980, houve uma redefinição dos propósitos de uma corporação. Não se tratava mais de atender clientes ou mesmo gerar lucros. Em vez disso, as empresas deviam buscar o "valor para o acionista", uma filosofia de gestão cujo objetivo é maximizar o valor de mercado da empresa.

Em nome do "valor para o acionista", os executivos seniores recebiam opções de ações gratuitas e outros incentivos associados a ações. Com a pele em jogo, os interesses da administração estariam alinhados aos dos acionistas. Na época do New Deal do presidente Roosevelt, era ilegal as empresas adquirirem suas próprias ações no mercado, prática considerada uma forma de manipulação. Mas essa lei foi revogada em 1982, por volta da data em que as taxas de juros iniciaram seu declínio de várias décadas. Sob o mantra do valor para o acionista, as administrações foram estimuladas a trocar ações "caras" por dívidas "baratas". Contanto que o custo do empréstimo fosse baixo o bastante, os executivos poderiam elevar os ganhos de sua empresa recomprando suas ações com dívidas (ver box, p. 165). Como as empresas com substancial crescimento dos lucros tinham um bom desempenho no mercado acionário, os executivos seniores auferiram ganhos inesperados com essa simples jogada de engenharia financeira. O lucro de quem promove estava de volta.

A partir da virada do século, o custo da dívida nos EUA permaneceu abaixo do custo do patrimônio líquido. Essa "lacuna de financiamento" se constituiu em forte impulso para recompras de ações. Superada a crise financeira global, a lacuna de financiamento se alargou ainda mais. "Uma vez que o custo do capital ainda continua elevado em relação ao custo da dívida", comentou um estrategista de Wall Street, "faz sentido as empresas se descapitalizarem — usar financiamentos baratos para recomprar suas próprias ações".[33] A expectativa das autoridades monetárias era que as empresas se valessem de seu acesso à dívida barata para impulsionar o investimento. Porém, a OCDE observou que uma taxa de juros muito baixa, em combinação com uma estrutura tributária que favorece a dívida sobre o patrimônio, "atua diretamente contra o investimento de longo prazo".[34]

As administrações de grandes empresas de capital aberto, nas quais são abundantes os incentivos vinculados a ações, preferiram as recompensas certas e imediatas de alavancar os lucros correntes aos retornos mais duvidosos do investimento no futuro. Recompras e gastos de capital passaram a ser inversamente relacionados; conforme as recompras de ações cresciam rapidamente, o investimento diminuía.[35] As empresas norte-americanas gastaram mais em recompras no período pós-crise do que haviam investido em suas operações.[36] Como parcela do fluxo de caixa, o investimento corporativo caiu para uma mínima histórica em 2014.[37] O Office for Financial Research, uma instituição autônoma do Tesouro dos Estados Unidos, alertou que a engenharia financeira estava prejudicando "as oportunidades de investir capital para apoiar o crescimento orgânico de longo prazo".[38]

Esse problema foi detectado em primeira mão por Richard Fisher, presidente do Fed de Dallas e um dos poucos "falcões" do Open Markets Commitee ["Comitê de Mercados Abertos", em tradução livre] do Fed. Em 2012, Fisher disse a colegas que a Texas Instruments, uma das maiores empresas de sua região, emitiu títulos de dívida cujas taxas eram as mais baixas da história, e que apesar disso nenhum emprego foi criado. Ao contrário, o dinheiro foi todo aplicado em recompras de ações. Em outra empresa na área de Dallas, Fisher acrescentou, o conselho de administração determinou que fossem cortados dispêndios de capital para "comprar mais ações devido à economia que essas baixas taxas de juros possibilitam".[39]

O estímulo para recompras também vinha de fora da empresa. Aquelas que tinham um desempenho inferior no mercado de ações tornaram-se alvos de aquisição para concorrentes ou empresas de private equity. Os fundos de hedge, com suas extraordinárias taxas de performance, eram fortemente incentivados a promover recompras. Investidores "ativistas" lançaram campanhas publicitárias e se movimentaram para obter procurações, visando com isso forçar os administradores a elevar ainda mais a recompra de ações. Até mesmo as empresas de maior lucratividade, como a Apple, atraíram as atenções. Quando a Apple recomprou suas ações, a fabricante do iPhone optou por tomar empréstimos em vez de gastar os bilhões de dólares disponíveis em seu balanço.

Recompras: As Regras do Jogo

Imagine uma empresa — vamos chamá-la de FinEng Corp — com faturamento de US$1 bilhão e margem de lucro de 5%. Os US$50 milhões de lucro são tributados a uma taxa de 30%. A empresa tem 500 milhões de ações em circulação e patrimônio líquido de US$500 milhões. As ações são negociadas a 15 vezes os ganhos. No plano de remuneração corporativo consta a oferta aos executivos seniores de 50 milhões de opções de ações, com strike no preço corrente de mercado. Nesse momento, a FinEng não tem dívidas.

Com base nesses números, sabemos que o lucro da empresa depois dos impostos é de US$35 milhões e que o retorno sobre o patrimônio líquido é de 7%. O lucro por ação é de US$0,07 (US$35 milhões divididos por 500 milhões). Em um múltiplo de 15, as ações são negociadas a US$1,05. A capitalização de mercado da empresa é de US$525 milhões.

A administração decide agora, aplicando a alavancagem, recomprar metade de suas ações em circulação. Para simplificar, digamos que a recompra ocorra ao preço corrente de mercado. A FinEng toma emprestado pouco mais de US$260 milhões a 5%. Como as despesas com juros são dedutíveis da base tributária, o custo efetivo dos juros é de aproximadamente US$9 milhões. Considerado o custo dos juros, os lucros após os impostos são reduzidos para menos de US$26 milhões.

Isso não parece muito bom.

No entanto, o impacto no lucro por ação (LPA) é muito positivo. Lucros após os impostos de US$26 milhões divididos pela metade do número de ações resultam em US$0,103 de LPA, um aumento de quase 50%. Dado que os investidores apreciam o crescimento do lucro por ação, esta é reavaliada para 17,5 vezes o lucro. Consequentemente, o preço da ação sobe acima de US$1,80 — mais de 70% — e as ações agora são negociadas com um prêmio substancial em relação ao valor contábil. O valor das opções de ações executivas aumenta em mais de US$35 milhões.

Embora a diretoria executiva não tenha desenvolvido nenhum produto novo, aumentado o investimento ou feito alguma outra coisa para melhorar as perspectivas de longo prazo da empresa, ela se beneficia dessa bonança. E por que não? O retorno sobre o patrimônio da FinEng subiu para 10%, um aumento de 3 pontos. Considerando que a empresa ainda não está altamente alavancada, que a política do Fed é de manutenção das baixas taxas de juros e que os spreads de crédito são apertados, o Conselho de Administração decide autorizar outra grande recompra, e recompensa seu CEO de alto desempenho com outra concessão de opções de ações.

Os números do estudo de caso da FinEng são difíceis de acompanhar para aqueles não familiarizados com finanças corporativas, mas a questão principal é que assumir dívidas de baixo custo para recomprar ações aumenta artificialmente a lucratividade e o valor das ações. Uma vez que a remuneração dos executivos geralmente está vinculada a medidas aprimoradas pela engenharia financeira — como retorno sobre o patrimônio, crescimento do lucro por ação e desempenho das ações — a alta administração tem um forte estímulo para entrar no jogo. Investidores de curto prazo, banqueiros e executivos seniores se beneficiam dessa engenharia financeira, mas ninguém está em uma situação melhor.

Na época da quebra do Lehman, as recompras basicamente cessaram, mas, mal superada a crise, voltaram com tudo. Dez anos depois, os volumes anuais com recompras de ações pelas empresas do S&P 500 chegaram a US$720 bilhões, quase a metade do nível pré-crise. Na década anterior, as maiores empresas de capital aberto dos EUA gastaram mais da metade de seus lucros totais em recompras.[40] Na realidade, as recompras de ações foram financiadas principalmente com dívida barata, e não por fluxo de caixa operacional. Trilhões de dólares em recompras efetuaram uma "compra alavancada em câmera lenta de todo o mercado [de ações]".[41] Graças ao milagre da engenharia financeira, os ganhos por ação das empresas S&P 500 cresceram mais rápido do que os lucros e as vendas relatados.[42] Até empresas com lucros em declínio conseguiram reportar um aumento nos ganhos por ação.[43] Algumas empresas, como a Exxon e a IBM, operaram verdadeiros esquemas Ponzi, distribuindo mais em recompras e dividendos do que obtiveram como lucro.[44]

A EMPRESA FINANCEIRIZADA

Sob a influência do valor para o acionista, a diferença entre empresas financeiras e não financeiras ficou nebulosa. As finanças corporativas tiveram precedência sobre as operações comerciais comuns, em virtude de as operações financeiras internas das empresas representarem uma parcela crescente dos lucros.[45] De acordo com um comentarista, "as atividades produtivas da corporação moderna são, portanto, incidentais à reestruturação dos balanços corporativos e ao ganho de dinheiro com a compra e venda de subsidiárias".[46] Thorstein Veblen teria compreendido o que estava acontecendo.

A General Motors já foi a personificação da indústria dos EUA. Como comentou o CEO da montadora no pós-guerra, Charlie Wilson, "o que era bom para nosso país era bom para a General Motors". Meio século depois, a General Motors era um emblema dessa financeirização. Antes da crise financeira, a montadora de automóveis de Detroit controlava uma instituição financeira hipotecária (GMAC) especializada em empréstimos subprime e aplicava dezenas de bilhões de dólares na recompra de ações.[47] Um mês após a quebra do Lehman, a GM entrou com um pedido de recuperação judicial em face do acúmulo de passivos previdenciários bem como da queda nas vendas de carros. No entanto, apenas um ano depois de sair da recuperação, a GM investiu pesado na aquisição de uma financiadora de automóveis cuja prática era emprestar para pessoas com baixa pontuação de crédito.* E, enquanto a indústria automobilística era desafiada a mudar para a fabricação de veículos elétricos, a GM mais uma vez desviava bilhões de dólares para recompras.[48]

Outro ícone empresarial norte-americano, a John Deere, encontrou maneiras melhores de cunhar dinheiro do que arando terrenos. O "Bank of John Deere" tornou-se um dos maiores credores agrícolas nos EUA, emprestando recursos aos agricultores para aquisição de sementes, produtos químicos e fertilizantes. O negócio de crédito representou 1/3 da receita líquida da Deere.[49] No período pós-crise, a Deere recomprou mais de US$12 bilhões em ações e quase dobrou sua dívida.[50] Mais ou menos na mesma ocasião, a AT&T passou a ser a empresa não financeira mais alavancada do mundo depois que adquiriu a Time-Warner, dona da HBO, em 2016. A dívida líquida da rede da AT&T, por volta de US$250 bilhões (incluindo passivos extrapatrimoniais), era equivalente às dívidas soberanas combinadas da Tailândia e de Portugal.[51]

A MALDIÇÃO FINANCEIRA

Na década de 1980, quando as empresas dos EUA estavam sob o jugo de enormes conglomerados, um argumento razoável poderia ser concebido para maximizar o valor do acionista. Porém, depois de mais de trinta anos de reestruturações corporativas, o valor para o acionista era pouco mais do que um pretexto para a engenharia financeira — o processo de fabricar lucros em Wall Street, e

· · · · · · · ·

* Segundo a Bloomberg, o objetivo da aquisição pela GM do credor subprime Ameri-Credit Corp por US$3,5 bilhões era "obter mais clientes com arrendamentos e empréstimos a tomadores de empréstimos com registros de crédito deficientes". (Caroline Dye e Betty Liu, "Gabelli Says GM 'Back in the Game' with AmeriCredit", Bloomberg, 22 de julho de 2010). [N. do A.]

não no mundo real. Assim como na época de Pierpont Morgan, a maioria dos empréstimos bancários eram concedidos com base em garantias existentes, em vez de aplicados em investimentos produtivos. No inteligente aforismo de Jan Toporowski, "em uma era de finanças, as finanças financiam principalmente as finanças".

O que era bom para o Goldman Sachs, todavia, não era necessariamente bom para os EUA. "Doença holandesa" é um termo aplicado aos danos sofridos por uma economia quando ela se torna excessivamente dependente de commodities. A "maldição dos recursos financeiros" acaba sendo igualmente debilitante.[52] Países como os EUA e a Grã-Bretanha, com deficits em conta corrente financiados com empréstimos estrangeiros baratos, tiveram perdas de competitividade nas exportações. Suas economias transitaram da manufatura para os serviços — bancos em particular — gerando um menor crescimento da produtividade. A Espanha foi atingida pela maldição das finanças nos anos anteriores à crise financeira — e séculos antes, quando seu comércio interno foi corrompido por importações maciças de ouro sul-americano.[53]

Em 2015, o Bank for International Settlements alertou que o setor financeiro estava colocando a economia real de lado. Mais empréstimos bancários foram direcionados para setores que dispunham de muitas garantias, como o imobiliário, que geravam poucas melhorias de eficiência. O crédito para segmentos que requeriam muita P&D [pesquisa e desenvolvimento] era escasso. Além de certo ponto, concluiu o BIS, "a expansão do sistema financeiro de um país é um empecilho ao crescimento da produtividade". Ou seja, maior crescimento no setor financeiro reduz o crescimento real.[54] O Banco da Inglaterra concordou com esta análise: "A financeirização poluiu todo o processo de investimento físico, os mercados de trabalho e o ciclo de inovação das empresas", observou o economista-chefe do Banco, Andrew Haldane. "O dano que causa ao investimento em capital físico e humano [fábricas e trabalhadores] é extremamente importante, porque é isso que segura o crescimento."[55] Nenhuma menção foi feita ao papel desempenhado pela política monetária do Banco da Inglaterra na promoção da financeirização da economia britânica.

A engenharia financeira contribuiu para um aumento alarmante dos empréstimos corporativos nos EUA. Em seu *Financial Stability Report* de 2017, o FMI apontou que as corporações norte-americanas assumiram quase US$8 trilhões em dívidas e outras exigibilidades desde 2010. A AT&T foi o grande exemplo desse mergulho corporativo em dívidas. O FMI observou que a relação entre lucros e pagamentos de juros corporativos havia caído para níveis vistos pela última vez antes da crise financeira, em que pese o fato de que a taxa de empréstimos de curto prazo paga por grandes corporações tenha entrado em colapso.[56] Mais da metade do fluxo de caixa corporativo foi usado para "assumir riscos financeiros" (fusões e aquisições, recompras e dividendos), diminuindo o montante para "assumir riscos econômicos" (investimento e P&D).[57] Tal atividade, alertou o FMI, "está associada a grandes e intermitentes oscilações

168   O Preço do Tempo

desestabilizadoras no sistema financeiro". Em linguagem simples, os riscos de outra crise financeira estavam aumentando.

A essa altura, o jogo da Valeant havia chegado ao fim. Um problema comum com "roll-ups corporativos" [fusão de pequenas empresas do mesmo setor por uma private equity], como a Valeant, é a necessidade de aquisições cada vez maiores para continuar elevando seus ganhos. No segundo semestre de 2015, o preço das ações da Valeant despencou depois de sua política de aumentar os preços dos medicamentos atrair a atenção dos legisladores. A queda no preço de suas ações e o aumento do custo dos empréstimos foi a pá de cal no processo de aquisições da Valeant. Vieram à tona questões sobre sua solvência. Depois que as práticas contábeis da farmacêutica começaram a ser oficialmente investigadas, o CEO Michael Pearson solicitou licença médica. Nessa data, as ações da Valeant caíram 95% em relação à sua cotação máxima.

Tendo se empanturrado de crédito, a Kraft Heinz Company também adoecera. Dois anos após a fusão, a dívida líquida da gigante alimentícia havia alcançado US$33 bilhões, subindo mais de 50%. A alavancagem inicialmente ajudou a aumentar seu lucro por ação. Os investidores se beneficiaram de vultosos pagamentos, mas menos lucro foi retido para apoiar as operações em andamento. Assim como a Valeant, as apresentações da Kraft Heinz aos acionistas foram minuciosamente examinadas. As vendas de seus alimentos processados emitiam sinais amarelos. Os gerentes brasileiros da empresa mostraram uma maior habilidade em fazer empréstimos e cortar custos do que em gerenciar marcas. No início de 2019, o valor das marcas da Kraft Heinz foi depreciado em US$15 bilhões e o preço de suas ações despencou.[58]

Essa depreciação foi só um sintoma de um mal muito maior. Quando uma empresa adquire outra com ágio, um ativo intangível conhecido como "goodwill" é registrado no balanço. Em tempos mais conservadores, isso era amortizado gradativamente ao longo dos anos. Na era da engenharia financeira, entretanto, ficava lá até ser considerado ruim. Após a última onda de fusões, empresas de todo o mundo relataram ter por volta de US$7 trilhões de "goodwill" em seus balanços. Durante a próxima crise, muito desse valor evanescente provavelmente terá que ser amortizado.[59]

Pouco antes de a Kraft Heinz sofrer sua desvalorização multibilionária, dois famosos varejistas dos EUA quebraram. Em março de 2018, a Toys 'R' Us encerrou as atividades. Em 2005, a loja de brinquedos havia sido adquirida por um consórcio de private equity. Altamente endividada, a administração não conseguiu se adaptar à competição online. A criação de novas megalojas por fusão foi considerada inviável e as lojas existentes tornaram-se precárias. Os lucros caíram, a alavancagem aumentou e os pagamentos de juros tornaram-se prementes. O IPO planejado foi engavetado. A Toys 'R' Us foi poupada de seu sofrimento por um grupo de fundos de hedge, os proprietários de sua dívida garantida, que consideraram que a empresa valia mais para eles morta do que viva. Trinta e três mil trabalhadores perderam seus empregos.[60]

A Sears solicitou recuperação judicial seis meses depois. Por mais de dez anos, a venerável loja de departamentos foi controlada por um gerente de fundos de hedge chamado Eddie Lampert. O ex-operador do Goldman Sachs fundiu a Sears com outro varejista, o Kmart, alienou seus imóveis, cortou custos e aplicou bilhões em recompras. Após assumir o cargo de executivo-chefe, Lampert administrou a rede de lojas com sede em Illinois a partir de sua mansão de US$40 milhões em Creek Island, Flórida. Ao mesmo tempo em que as despesas de marketing estavam sendo reduzidas, a Sears continuou pagando juros sobre seus empréstimos (o fundo de hedge do próprio Lampert era o maior credor) e aluguel para seu senhorio (no qual Lampert manteve uma participação). Incapaz de lidar com a concorrência online, a Sears quebrou.[61] Não obstante seu fracasso como varejista, Lampert conseguiu extrair mais de US$1 bilhão de seu envolvimento com a Sears e o Kmart.[62]

O Apagar das Luzes da General Electric

Nos anos do pós-guerra, a General Electric era um conglomerado em expansão; um tanto monótono, mas sólido. Tanto quanto a General Motors, a empresa simbolizava os EUA corporativos. Curiosamente, os executivos-chefes de ambas as empresas se chamavam Charles Wilson: "Engine Charlie" dirigia a General Motors e "Electric Charlie", a General Electric ["Charlie das Máquinas" e "Charlie da Eletricidade", em tradução livre, respectivamente]. Em 1981, Jack Welch assumiu o cargo de executivo-chefe da GE. Welch, engenheiro químico por formação, se destacou na alquimia financeira. Durante suas duas décadas no comando, ele devolveu a cultura da empresa às suas origens nos anos 1890, quando as corporações eram voltadas "ao serviço absoluto e à mercê dos devotos das finanças delirantes".

A General Electric tornou-se um modelo de financeirização. Welch simplificou seus negócios, alienando subsidiárias não dominantes no mercado e adquirindo empresas que competiam com operações retidas. Dezenas de milhares de funcionários foram dispensados, dando a Welch o apelido de "Neutron Jack" (uma analogia com o efeito de uma bomba de nêutrons, pois os edifícios permaneceram de pé após a demissão dos trabalhadores). Ele montou uma divisão de serviços financeiros, a GE Capital, que com o decorrer do tempo foi responsável por mais da metade dos lucros do conglomerado.

Os gerentes de divisão foram instruídos a administrar com o propósito de maximizar o preço das ações e foram generosamente recompensados por isso. Durante o mandato de Welch, a GE computou mais de uma centena de trimestres consecutivos de crescimento de lucros, algo impossível de ser obtido com base em uma contabilidade "quadradinha". Sob a batuta de Welch os lucros aumentaram oito vezes, enquanto o preço das ações disparou mais de quarenta vezes.[63] Welch foi nomeado CEO do ano pela revista *Fortune* em várias ocasiões; em 1999, foi coroado o "gestor do século" pela revista. Juntamente com os elogios abundantes, vieram recompensas materiais: cerca de US$400 milhões em pagamentos relacionados a ações e regalias generosas em sua aposentadoria em 2001.

A maioria dos investidores acreditava que Welch valia cada centavo. No entanto, a engenharia financeira enfraqueceu estruturalmente a General Electric. Durante a crise do subprime, a divisão de serviços financeiros por pouco não levou a empresa à falência, sendo resgatada pelo Fed. O sucessor de Welch, Jeff Immelt, desmontou a GE Capital. Mas ele também atendeu às exigências de um ativista corporativo por mais recompras. Dos anos seguintes a 2008, em uma época em que diversas divisões da GE estavam sendo esvaziadas, US$46 bilhões foram utilizados para recomprar ações. Após a saída de Immelt em 2017, soube-se que a GE havia pago dividendos acima do fluxo de caixa livre. Os reguladores anunciaram que seu negócio de geração de energia elevou os lucros com a venda de créditos de clientes para a subsidiária financeira. Compromissos com a venda de uma empresa de seguros de vida, desmembrada anos antes, acrescentaram US$15 bilhões à montanha de responsabilidades previdenciárias. Em 2018, a classificação de crédito da GE foi rebaixada para um degrau acima do "junk" [lixo]. No fim do ano, a cotação de suas ações havia caído mais de 90% em relação ao pico sob Welch. As perdas em recompras recentes ficaram próximas de US$20 bilhões.[64]

A ascensão e queda da General Electric se constitui em um estudo de caso sobre os perigos da financeirização. Os lucros gerados pela engenharia financeira e a avaliação desses lucros são pura quimera, ao passo que os custos só ficam evidentes no longo prazo. Administrar uma empresa com o único objetivo de maximizar o preço das ações leva, em geral, a más decisões corporativas. Quando aposentado, até mesmo Welch reconheceu que o valor para o acionista era provavelmente "a ideia mais idiota do mundo".[65]

12

Uma Bolha Grande, Gorda e Feia

O que é mais leve que a mente? Um pensamento. No que pensou?
Neste mundo de bolhas. O que, do que é essa bolha? Nada.

FRANCIS QUARLES, 1634

UMA BOLHA NO BANCO CENTRAL

No fim de abril de 2018, a cotação das ações de uma empresa listada na bolsa de valores de Zurique fechou em 8.380 francos suíços. Apenas dois anos antes, era negociada por cerca de 1 mil francos. O dividendo, de 15 francos, não havia mudado desde 1921 e era, na verdade, fixado por lei. Com um rendimento de dividendos de 0,18%, os investidores levariam quase 600 anos para recuperar seu dinheiro. Isso pode parecer caro, mas não era um negócio comum. Mil toneladas de barras de ouro estavam em seu balanço, bem como grandes posições em moedas, títulos e ações. Esses ativos foram financiados com empréstimos de clientes que até pagaram à empresa pelo privilégio de emprestar a ela. Os números mais recentes relataram um retorno sobre o capital acima de 60%. Não à toa os investidores queriam um pedaço da ação.

A empresa em questão era o Swiss National Bank. Tal como o Banco da Inglaterra, desde sua criação até a nacionalização em 1946, o Swiss National Bank tinha investidores públicos e suas ações eram negociadas na bolsa de valores local. Seus imensos lucros derivavam de suas políticas monetárias. As taxas de juros na Suíça estavam negativas desde o início de 2015, o que significava que o SNB cobrava uma pequena taxa sobre as centenas de bilhões de francos depositados por seus clientes bancários. Para evitar a valorização de sua moeda em relação ao euro, o SNB adquiriu muitos ativos estrangeiros, incluindo títulos e ações. Como observou o *Wall Street Journal*, imprimir dinheiro para comprar títulos era uma "receita para o sucesso".[1]

Três séculos antes, John Law, ao fundir o banco nacional da França com sua Companhia do Mississippi, tinha descoberto a mesma receita. No auge da bolha do Mississippi, Law afirmou que a cotação das ações de sua empresa era explicada pela baixa taxa de juros vigente. A mesma coisa pode-se dizer das ações do banco central suíço. Na data em que as ações do SNB atingiram seu auge na primavera de 2018, o rendimento dos títulos do governo suíço de dez anos beirava a zero. Aplique uma taxa de desconto de zero a um fluxo de dividendos futuros a título perpétuo — mesmo um dividendo tão ínfimo que mal dê para comprar uma xícara de café em uma lanchonete de Zurique — e você chegará a um valuation infinito. Com base nisso, as ações do SNB negociadas com um retorno de 600 anos eram uma barganha.

Em sua *Theory of Interest* (1930), Irving Fisher tratou da relação entre os preços das casas e as taxas de juros: "O preço de uma casa é o valor descontado de sua renda futura. Em meio ao processo de desconto, espreita uma taxa de juros. O valor das casas aumentará ou diminuirá conforme a queda ou a elevação da taxa de juros." Não muito tempo depois de Fisher, outro economista norte-americano, John Burr Williams, descreveu como o ato de desconto era fundamental para o valuation. "Valor de investimento", escreveu Williams em *The Theory of Investment Value* (1938), é "definido como o valor presente de dividendos futuros, ou de cupons e principal futuros".[2] A partir de então, estudantes de economia e de negócios aprenderam como descontar fluxos de caixa futuros e calcular valores presentes. A capitalização sem juros, como entendeu Sir William Petty, não faz sentido — é quase tão absurda quanto o preço das ações do Banco Nacional Suíço.

A BOLHA DE TUDO

Na década que se seguiu à quebra do Lehman, uma grande variedade de ativos obtiveram valuations extremos. Havia bolhas em commodities industriais e elementos de terras raras, em terras agrícolas dos EUA e bulbos de alho chineses, em belas artes ou nem tanto (dependendo do gosto de cada um), bolhas em carros antigos e bolsas sofisticadas, bolhas em apartamentos enormes, bolhas em títulos soberanos, bolhas em unicórnios e criptomoedas do Vale do Silício, e uma bolha gigante em ações dos EUA. Nunca antes na história tantas bolhas de preços de ativos inflaram simultaneamente. Mas nunca antes na história as taxas de juros em todo o mundo eram tão baixas.

As primeiras bolhas dessa nova era foram as de commodities. No fim de 2010, a maioria das matérias-primas industriais (paládio, minério de ferro, borracha, chumbo, cobre e níquel) e várias commodities agrícolas (milho, café, soja, linhaça, juta e lã) eram negociadas a dois desvios-padrão ou mais acima de seus níveis médios. Em outubro daquele ano, os preços de várias terras raras foram parar na estratosfera após a China estabelecer uma proibição de exportação. Em boa parte, o boom das commodities foi impulsionado pela forte demanda por matérias-primas da China, mas também se formaram bolhas em metais preciosos (platina, ouro e prata) que os países emergentes podem ter cobiçado, mas que não precisam para uso prático. Wall Street saudou um "superciclo de commodities" e estimulou os investidores a se expor a esse ativo alternativo "quente".

Adam Smith não teria ficado surpreso ao descobrir que os mercados imobiliários em todo o mundo reagiram favoravelmente ao estímulo dado por taxas de juros ultrabaixas. De Londres a Sydney, os preços dos imóveis residenciais nas principais cidades dançaram no compasso animado da música monetária.[3] Como comentou um executivo da Savills, um consultor imobiliário: "O que ocorreu foi que, pela primeira vez, o custo do dinheiro na maioria das cidades era semelhante — pode-se dizer que a flexibilização quantitativa [tem] nivelado o campo de jogo global."[4] Corretores de imóveis se referiam aos destinos preferidos dos super-ricos do mundo como "concreto dourado".[5]

No Reino Unido, a "crise imobiliária" do país foi geralmente imputada ao baixo volume de construção de casas. Mas a decisão do Banco da Inglaterra de manter as taxas de juros no menor nível em trezentos anos de história teve um impacto mais significativo na acessibilidade. Embora os preços das residências no Reino Unido em relação à renda familiar fossem extremamente caros, se comparados aos custos das hipotecas nunca foram tão baratos. O Office for National Statistics descobriu que a maior parte do aumento na riqueza imobiliária após 2008 foi proveniente do aumento do valor da terra, e não do que chamou de "ativos em cima da terra".[6] As taxas de juros negativas impulsionaram ainda mais os mercados imobiliários da Europa. Em 2016, em Zurique, a relação entre preços das casas e aluguel atingiu um nível recorde de 37. Naquela ocasião, a inflação dos imóveis suecos alcançava dois dígitos. Apesar dos níveis recordes de endividamento das famílias, os pagamentos de hipotecas na Suécia caíram para o nível mais baixo de todos os tempos.* Na vizinha Dinamarca, os adquirentes de imóveis eram, de fato, pagos para fazer hipotecas. O Danske Bank, maior agente hipotecário do país, receava que as taxas negativas estivessem catapultando os preços das casas para alturas jamais vistas. A Financial Supervisory Authority da Noruega também atribuiu a inflação galopante dos preços das casas ao colapso das taxas de juros.[7]

Do outro lado do Atlântico, o mercado imobiliário do Canadá — caracterizado por preços elevados, níveis recordes de endividamento familiar, "empréstimos mentirosos" e hipotecas baratas emitidas por "bancos paralelos" — parecia ter uma estranha semelhança com seu congênere dos EUA nos anos do subprime.[8] Segundo uma determinada análise, o estado canadense "usou seu poder sobre as taxas de juros e o financiamento habitacional para atrair novos ingressantes... nos mercados hipotecários, a fim de fortalecer os valores imobiliários

. . . .

* O Riksbank observou que as taxas de juros muito baixas na Suécia estavam "contribuindo para o [aumento] dos preços da habitação e para o endividamento das famílias". Em 2015, o endividamento das famílias suecas beirava a 180% da renda disponível (acima dos 100% em 2000) e a dívida média das famílias com hipotecas era mais de três vezes a renda disponível. Os pagamentos de juros pelas famílias, todavia, caíram para um nível recorde de 3% do PIB (*Financial Stability Report 2015*, Riksbank, 25 de janeiro de 2016). [N. do A.]

174   *O Preço do Tempo*

e salvar os bancos".[9] O epicentro da bolha imobiliária do país foi Vancouver, um destino favorito dos expatriados chineses. Em meados de 2016, as casas em Vancouver custavam em média C\$1,6 milhão, mais de 10 vezes a renda local.[10] Um site desafiou os espectadores a distinguir entre "casas de crack" e propriedades de US\$1 milhão, o que se revelou não ser uma tarefa fácil. "Vancouver depende de taxas de juros baixíssimas para evitar uma forte correção", concluiu um estudo sobre o mercado imobiliário local.[11] Houve uma situação similar na Austrália. Sydney, como Vancouver, também foi preferida por compradores de imóveis chineses.[12] Em 2016, uma residência na capital de Nova Gales do Sul era avaliada, em média, em mais de 12 vezes a renda local, tornando Sydney o segundo mercado imobiliário mais caro do mundo, só atrás de Hong Kong.[13] Em nível nacional, a casa própria na Austrália foi considerada "severamente inacessível", presa em uma bolha perpétua.[14]

Uma Bolha no Mercado de Ações

Durante a crise financeira, o Fed de Nova York desembolsou dezenas de bilhões de dólares para salvar o banco de investimentos Bear Stearns e a gigante dos seguros AIG. Morgan Stanley, Goldman Sachs e outras empresas de Wall Street foram incentivadas a se converter em holdings bancárias para poder tomar empréstimos diretamente do Fed. Agindo discricionariamente, o Banco Central dos EUA comprou grandes volumes de títulos do Tesouro e hipotecários. Quando 2008 se encerrou, o balanço patrimonial do Fed ultrapassava US\$2 trilhões, mais que o dobro do patamar de alguns meses antes. Funcionários do Fed se referiam a "compras de ativos em larga escala", mas o resto do mundo conhecia isso como flexibilização quantitativa (FQ).

Em 6 de março de 2009, o índice S&P 500 atingiu a mínima de 666 — o número da Besta. Os investidores haviam passado por um período infernal e estava na hora de voltar. Nesse mesmo mês, o Fed ampliou suas compras de ativos e lançou um fundo de US\$200 bilhões chamado TALF, sigla em inglês de um programa criado para ajudar investidores privados a adquirir títulos problemáticos a preços camaradas. O mercado de ações efervesceu. Até o dia de Ação de Graças, o S&P 500 havia subido mais de 66%. Uma década mais tarde, o índice de referência havia subido mais de quatro vezes em relação à mínima e as ações norte-americanas estavam mais caras na maioria das formas de valuation do que no auge da bolha das PontoCom.

Outros indicadores de bolhas eram visíveis: expansão da alavancagem corporativa, os bulls do mercado de ações superaram os bears pela maior proporção em décadas, e a dívida de compras em margem estavam em um nível recorde.[15] Nas palavras de um gestor de investimentos, essa foi "a maior bolha do mercado de ações da história".[16] Esse foi também o período mais longo de ganhos ininterruptos de ações já observado. No 10º aniversário da quebra do Lehman, o bull market dos EUA operava assim há 3.453 dias.[17] Não é surpresa nenhuma que os bears tenham ido para a floresta. Contudo, a ascensão do mercado de ações não pode ser atribuída, sem mais nem menos, a uma exuberância irracional; as ações ainda pareciam ter um valor relativamente bom quando seus rendimentos eram comparados aos miseráveis cupons dos títulos do Tesouro dos EUA.* Enquanto as taxas de juros de longo prazo permaneceram baixas, o grande bull market teve o vento a seu favor.

As bolhas do mercado de ações normalmente favorecem as empresas de tecnologia. Tem sido assim desde a década de 1690 no Exchange Alley de Londres para ações "diving-bell" ["escafandros", em tradução livre] até a bolha da internet três séculos depois. Inovações empolgantes atraem especuladores porque sua lucratividade só pode ser imaginada. Há, porém, outro motivo: como a maior parte de seus lucros está em um futuro distante, o valuation de empresas de tecnologia (também conhecidas como "empresas de growth") infla quando a taxa de desconto diminui. Durante os períodos de especulação desmedida, diz-se que os especuladores se envolvem em "descontos hiperbólicos". Nos anos após 2008, os investidores que não conseguiram "carregar" as fabulosas FAANG (Facebook, Apple, Amazon, Netscape e Google), empresas em situação de monopólio e perspectivas de grande crescimento, ficaram para trás. Envolvidos no frenesi do crescimento dos lucros, os investidores estavam prontos para ignorar a inexistência de lucros correntes. Por volta de 3/4 dos IPOs lançados em 2018 foram deficitários — a mesma proporção do auge da bolha PontoCom. Um analista de tecnologia comentou: "O aumento de IPOs não lucrativos reflete a preferência geral nos mercados públicos e privados pelo 'growth' (crescimento) em detrimento da lucratividade."[18]

Os unicórnios do Vale do Silício atraíam valuations mais altos em cada rodada de levantamento de fundos, inclusive quando as perdas eram superiores às vendas. Alguns poucos afortunados, como Uber e Lyft, chegaram aos mercados, onde disputaram a atenção com outra empresa que há muito prometia, melhor, prometia demais a chegada iminente de carros autônomos. Em 2017, a capitalização de mercado da Tesla, de Elon Musk, ultrapassou a da General Motors.[19] Três anos depois, a Tesla tinha maior valor de mercado que a Toyota, embora a montadora japonesa produzisse vinte vezes mais veículos.

Para manter esse valuation, Musk teria que produzir milhões de carros a mais todos os anos e, para conseguir isso, a Tesla exigia um grande investimento. Como seus títulos eram classificados como "junk", essa era uma preocupação em potencial. Como observa o investidor Vitaliy Katsenelson:

· · · · · · · ·

* A diferença entre o rendimento das ações e o dos títulos do governo sem risco é conhecido como "prêmio de risco de ações". Após 2008, esse prêmio ficou acima da média (ou seja, sinalizou que as ações estavam baratas), mesmo quando o mercado de ações começou a parecer extremamente caro em outras medidas de valuation. [N. do A.]

O Preço do Tempo

E então há um elemento de tempo... Alcançar uma produção anual de alguns milhões de carros vai requerer tempo — muito tempo. Muita tranqueira precisa ser removida, licenças emitidas, equipamentos instalados, pessoas contratadas. Em *Star Trek* há buracos de minhoca convenientes, que juntam cantos do espaço, levando você, em horas, àquela galáxia distante um bilhão de anos-luz. As baixas taxas de juros mexeram com as propriedades temporais do mercado e criaram um buraco no tempo e nas ações da Tesla... Levará anos, talvez até uma década, para a Tesla produzir carros suficientes para justificar seu valuation. O valor de mercado de hoje assume que já aconteceu — que o capital foi levantado, gasto e não custou nada.[20]

Na época de taxas de juros ultrabaixas, o tempo não tinha custo. O apetite dos investidores por ações conceituais com valuations exagerados não se circunscreveu aos carros elétricos (Tesla), mas foi muito além, encampando áreas como proteína não animal (Beyond Meat), biotecnologia (ações de terapia genética), internet chinesa (Alibaba, Tencent) e computação em nuvem. Os investidores estavam voando alto. Durante um surto de "loucura da maconha" em setembro de 2018, um produtor canadense da erva foi, em um curto período, mais valioso que a American Airlines.[21]

BOLHAS DE CRIPTOMOEDAS

O sistema financeiro mundial implodia no verão de 2008; nesse meio-tempo circulava um artigo de um engenheiro de software anônimo contendo uma cura para todos os males monetários. Os bancos comerciais haviam mostrado não poder confiar em dinheiro. Os bancos centrais azeitavam suas impressoras, prontos para depreciar suas moedas. A solução era usar a internet para criar "um novo sistema de caixa eletrônico totalmente ponto a ponto". Assim que o livro-razão, ou blockchain, estivesse funcionando, a confiança financeira seria restaurada e as crises monetárias teriam um fim.[22]

As coisas não saíram exatamente como o misterioso criador do Bitcoin, Satoshi Nakamoto, imaginava. O que ele colocou em andamento não foi tanto um novo tipo de moeda, mas sim o mais perfeito objeto de especulação já visto no mundo. Em uma das primeiras transações Bitcoin registradas em 2010, um geek faminto da Flórida gastou 10 mil da criptomoeda em algumas pizzas para viagem. No fim de 2017, o custo dessas pizzas no preço de mercado do Bitcoin chegava perto de US$200 milhões. Dizer, tal como fez na época o chefe interino do Banco Central da Nova Zelândia, Grant Spencer, que o Bitcoin se assemelhava a uma "bolha clássica" era uma espécie de eufemismo.

As bolhas acontecem em decorrência de uma rápida escalada no preço de mercado. Ao longo de 1719, o preço das ações da Companhia do Mississippi, de John Law, subiu quase vinte vezes. O acréscimo no preço de mercado do Bitcoin foi ainda maior. As ações da Mississippi mostraram enorme volatilidade.

As oscilações de preço do Bitcoin foram ainda mais extremadas. Em 2017, a principal criptomoeda havia sobrevivido a vários contratempos, condição necessária para a formação de uma "superbolha". A bolha da Mississippi atraiu no máximo meio milhão de estrangeiros para Paris, mas os seguidores do Bitcoin eram milhões. Enquanto a bolha da Mississippi gerou milionários de papel impresso, o Bitcoin conjurou bilionários digitais, incluindo os gêmeos Winklevoss, famosos no Facebook.

Em toda grande bolha há uma parcela de mitos urbanos — narrativas fantasiosas reveladoras do espírito da época. O Bitcoin não ficou devendo. O *Wall Street Journal* publicou que um trabalhador de TI de Swansea, País de Gales, cujo computador com 7,5 mil Bitcoins havia sido descartado durante uma limpeza no escritório, estava escavando um aterro sanitário em busca do disco rígido perdido.[23] Bitcoins eram mais facilmente roubados do que perdidos. Quando uma exchange líder, Mt. Gox, fechou em abril de 2014, centenas de milhões de dólares em Bitcoins sumiram. Alguns anos mais tarde, a morte do proprietário canadense de uma exchange de criptomoedas impossibilitou os clientes de acessar seus ativos digitais.[24] Para usar uma expressão inglesa do século XVIII, os proprietários de Bitcoin foram "bubbled" ["embolhados", em tradução livre].

"Quando os patos grasnam, alimente-os", é um velho ditado de Wall Street. O apetite dos entusiastas cibernéticos em 2017 foi saciado por um maná de "ofertas iniciais de moedas". Celebridades logo se dispuseram a endossar as novas criptomoedas. Paris Hilton tuitou apoio à Lydian Coin,* e o boxeador aposentado, que agora se autodenomina Floyd "Crypto" Mayweather, deu seu aval via redes sociais a várias questões (pelas quais foi posteriormente multado pela Securities and Exchange Comission). Como as "empresas bolha" de 1720, que prometiam extrair prata do chumbo ou construir uma bomba de ar para o cérebro, surgiram várias paródias das novas criptomoedas. Paródias ou não, isso não impediu que o Useless Ethereum Token, cujo logotipo mostrava o dedo do meio e cujo site recomendava "não compre estes tokens", subisse cinco vezes mais rápido que o Bitcoin nos vertiginosos últimos meses de 2017.[25]

Assim como as empresas de internet foram desmembradas de suas mães durante a bolha PontoCom, as "bifurcações" no blockchain criaram ainda mais moedas. O Bitcoin botou dois ovos, o Bitcoin Cash e o Bitcoin Gold. No fim do ano, o valor de mercado da criptomoeda líder superou muitas das maiores empresas do mundo, entre elas Boeing, Toyota e McDonald's. Em Charlotte, Carolina do Norte, uma rede de restaurantes viu o preço de suas ações subir após o lançamento de um programa de recompensas em criptomoeda para sua clientela.[26] Soube-se que uma jovem família holandesa vendeu sua casa e tudo

---

* Livremente traduzido como "Moeda Lidiana", é uma referência à Lídia, país que existiu no século XII a.C. e que é considerado o lugar onde pela primeira vez se cunhou moedas de ouro e de prata. [N. do T.]

que tinha e se mudou para um acampamento, onde viveriam dos lucros obtidos com as transações de criptomoedas.[27]

Verdadeiros crentes asseguravam que o blockchain iria "mudar o mundo". No entanto, as transações na rede do Bitcoin eram demasiadamente lentas e consumiam uma energia enorme. A Amazon não aceitaria Bitcoins em suas vendas a varejo, nem o governo dos EUA para quitação de impostos. E a volatilidade de seus preços era muito alta para que pudesse servir como reserva de valor, uma função fundamental do dinheiro. A criptomoeda lembrava a lendária lata de sardinha dos garimpeiros, que era boa para negociar, mas não para comer.

Essa euforia especulativa nasceu tanto das circunstâncias monetárias quanto dos desenvolvimentos tecnológicos. Sem computadores, não poderia haver blockchain ou criptografia digital. Sem a internet, o entusiasmo pelas criptomoedas não poderia ter se espalhado rapidamente. Contudo, como argumentaram os fãs desse "ouro digital", a adulteração das moedas pelos bancos centrais significava que havia a necessidade de um novo tipo de dinheiro. Criptomoedas se popularizaram entre os millennials, não só por serem conhecedores de tecnologia, mas também porque os baixos retornos prospectivos sobre investimentos convencionais os forçaram a arriscar.

Em termos financeiros, o Bitcoin pode ser visto como uma nota perpétua de cupom zero, algo intrinsecamente sem valor. Numa era de baixíssimas taxas de juros, uma variedade de ativos não geradores de receita — ouro, carros antigos, arte contemporânea ou criptomoedas — estava se tornando extremamente popular. Valuations racionais eram impossíveis em virtude da pouca taxa de desconto e nenhum fluxo de caixa.

A BOLHA VIRTUAL DA RIQUEZA

A grande inflação nos preços de títulos, ações, imóveis, criptos e quase todos os outros ativos financeiros levou a um aumento extraordinário na riqueza. Nos anos entre a mínima do mercado de ações no início de 2009 e o 10° aniversário da quebra do Lehman, a riqueza das famílias nos EUA quase dobrou. No fim de 2018, essa riqueza somou US$100 trilhões, o que equivale a cinco vezes o PIB do país. Em comparação, a riqueza das famílias nas décadas do pós-guerra era, em média, pouco mais de três vezes e meia o PIB. A riqueza total das famílias foi maior do que em seus picos congêneres nas recentes bolhas imobiliárias e da internet.[28] Nunca antes os norte-americanos foram tão ricos. Nunca antes eles fizeram tão pouco para acumular tanta riqueza.

Números grandes assim são interessantes, mas o que exatamente significa riqueza? O filósofo e economista vitoriano John Stuart Mill argumentou que a riqueza consiste naquilo que, "embora inútil em si mesmo", permite a uma pessoa "reivindicar dos outros uma parte de seu estoque de coisas úteis ou agradáveis". Pela definição de Mill, uma criptomoeda voando alto, mas de outra forma inútil, era riqueza, assim como outros ativos evanescentes: o portfólio de um "indivíduo de alto patrimônio líquido" aplicado em derivativos de ações e títulos; uma coleção particular de arte contemporânea, com obras de Jeff Koons, Lucien Freud e Francis Bacon, cujo valor poderia ser monetizado e usado como garantia para futuros investimentos; unicórnios deficitários ou semifraudulentos no Vale do Silício; promessas de aposentadoria sem financiamento; trilhões de dólares em "goodwill" em balanços corporativos; e mais trilhões de reservas bancárias mantidas no Fed, um artefato da impressão de dinheiro do Banco Central. Enquanto tivesse um valor de troca, qualquer coisa constituía riqueza.

A Grande Bolha de Riqueza dos EUA, 1954 a 2020

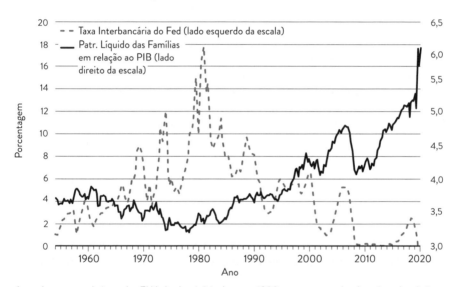

A queda nas taxas de juros dos EUA desde o início dos anos 1980 aumentou o valor dos ativos domésticos.

Essa visão ainda se mantém viva entre os economistas modernos. Contudo, o contemporâneo de Mill, John Ruskin, colocou uma questão. O crítico de arte vitoriano apontou que "riqueza" era derivada do latim, *valere*, significando estar bem ou forte. A verdadeira riqueza, na opinião dele, vinha da "posse de artigos úteis que podemos usar". Não existia na troca, mas devia ter alguma qualidade interna: "Onde não há valor intrínseco ou capacidade de aceitação, não há valor efetivo; isso é, nenhuma riqueza. Um cavalo não é riqueza para nós se não pudermos cavalgar." Por extensão, uma criptomoeda que não pode ser usada para trocar não é riqueza.[29] Ruskin também estava preocupado se a riqueza era obtida por meios morais ou imorais:

180   *O Preço do Tempo*

> Aquilo que parece ser riqueza pode na verdade ser apenas o indicador dourado de uma grande ruína; um punhado de moedas de um naufrágio colhido na praia vindo de um argosy [navio]; uma trouxa de roupas esfarrapadas tiradas dos peitos de bons soldados mortos; as peças de compra das terras do oleiro, onde serão enterrados juntos o cidadão e o estrangeiro.[30]

Na lápide de Ruskin estão inscritas as palavras "não há riqueza além da vida". No século XX, a concepção de riqueza de Ruskin foi adotada por Frederick Soddy, outro economista autodidata. Químico por formação, e ganhador do Prêmio Nobel pelo trabalho com isótopos radioativos, Soddy sustentava que a vida é uma luta por energia e que o capital era, na verdade, uma espécie de energia armazenada: "Toda riqueza é produto do trabalho, no sentido físico de gasto de energia disponível", escreveu ele. Soddy achava absurdo medir a riqueza pelo valor de troca, pois os especuladores podiam elevar o preço das mercadorias "sem qualquer acréscimo à riqueza nacional". Ele concluiu que a "riqueza" dos milionários, examinada, acaba sendo virtual... e consiste principalmente de reivindicações de riqueza.[31] Adam Smith teria concordado. "A verdadeira riqueza", escreveu Smith, deriva da "produção anual da terra e do trabalho da sociedade".[32] Sob essa perspectiva, grande parte da riqueza do milênio não era real, mas meras reivindicações de riqueza cujo valor de mercado se multiplicava conforme a taxa de desconto diminuía.

As visões de outra época a respeito de riqueza defendidas por Smith e Ruskin não tiveram influência no novo milênio. A riqueza, agora, era vista como algo criado nos mercados financeiros capaz de ser usado para estimular a economia. Foi esse o ponto de vista do professor John C. Edmunds, do Babson College, em Boston, em um artigo para a revista *Foreign Policy* no verão de 1996. Edmunds enalteceu o potencial do que chamou de "Máquina de Riqueza do Novo Mundo":

> Muitas sociedades, e na verdade o mundo inteiro, aprenderam como criar riqueza diretamente. A nova abordagem requer que o Estado encontre maneiras de aumentar o valor de mercado de seu estoque de ativos produtivos... *Uma política econômica que objetiva alcançar o crescimento pela criação de riqueza e, portanto, não tenta aumentar a produção de bens e serviços, exceto como meta secundária.*[33]

A maneira mais simples e eficaz de inflar o valor dos ativos produtivos (e daqueles nem tanto) era reduzindo a taxa de juros. Esse foi o caminho escolhido pelo Fed após 2008. A justificativa para taxas ultrabaixas foi expressa pelo presidente Bernanke em um artigo de novembro de 2010 para o *Washington Post*: "Taxas de títulos corporativos mais baixas irão estimular o investimento. E preços mais altos das ações elevarão a riqueza do consumidor ajudando a aumentar a confiança, algo que também pode incentivar os gastos. O aumento dos gastos levará a maiores receitas e lucros que, em um círculo virtuoso, apoiarão ainda mais a expansão econômica."[34] O Fed estava, de fato, usando a política monetária para alimentar a "Nova Máquina de Riqueza".

O Fed não foi a primeira autoridade monetária a seguir esse caminho. No fim dos anos 1980, os japoneses diminuíram as taxas de juros para impulsionar o consumo doméstico. Um funcionário não identificado do alto escalão do Banco do Japão descreveu seus pensamentos a respeito:

> Pretendíamos, em primeiro lugar, impulsionar os mercados de ações e imobiliário [com taxas de juros baixas]... Esse passo deveria, então, trazer um enorme crescimento de ativos em todos os setores econômicos. Esse efeito riqueza, por seu turno, afetaria o consumo pessoal e o investimento em residências, acompanhado por um aumento do investimento em instalações e equipamentos. Por fim, uma política monetária mais frouxa incentivaria o crescimento econômico real.[35]

No fim da década de 1980, a maioria dos japoneses formuladores de políticas acreditava que a "bolha econômica" e a economia real eram duas entidades distintas e que a primeira poderia ser deflacionada sem que a segunda fosse prejudicada.[36] Em 1990, após a queda da Nikkei, um alto funcionário disse ao *Washington Post*: "É hora de a bolha estourar... a economia real e produtiva não será de fato prejudicada. A terra e as pessoas não vão desaparecer, mas a falsa riqueza sim."[37] Tratava-se de uma ilusão. As empresas japonesas que praticavam a *zaitech* (engenharia financeira), fazendo apostas alavancadas em ações e imóveis, sofreram grandes perdas assim que o mercado imobiliário colapsou. Uma série de atividades econômicas "reais" dependia da "riqueza falsa" criada pela Economia da Bolha.

Bernanke havia estudado os traumas econômicos do Japão pós-1990, mas essa lição parecia ter sido esquecida por ele. A própria bolha econômica dos EUA inflou quando a do Japão murchou. O novo milênio viu milhões de empregos de chão de fábrica serem eliminados pelas importações chinesas. Navios carregados de contêineres que saíam de Los Angeles cruzavam o Pacífico não transportando produtos de exportação norte-americanos, mas lixo para ser despejado no Extremo Oriente. Em 2008, apenas um em cada dez trabalhadores norte-americanos estava empregado na indústria. A economia dos EUA foi sendo lentamente financeirizada. Antes da crise financeira, a maioria dos empregos novos estava nas atividades de construção ou serviços, como bancos e crédito, beneficiários do boom imobiliário. A produção dos setores financeiro, de seguros e imobiliário aumentou 50% mais do que a indústria. No país havia mais agentes imobiliários do que fazendeiros.[38]

182 O Preço do Tempo

A crise financeira global não liquidou a financeirização; ao contrário, a acelerou. Após a quebra do Lehman, o setor financeiro contribuiu com uma parcela ainda maior do crescimento econômico dos EUA do que antes.[39] Como vimos, taxas de juros baixíssimas facilitaram fusões corporativas e empréstimos, aumentando os rendimentos de Wall Street. Os preços inflacionados dos ativos elevaram a remuneração dos gestores de fundos de hedge e de outros ativos.[40] Em vez de investir em ativos reais, as empresas se valeram de dívidas para recomprar suas ações. A participação do setor financeiro no bolo econômico cresceu por volta de três vezes a média histórica. Um comentarista observou: "Substituímos a indústria por finanças como a locomotiva do crescimento econômico. Em termos de PIB, parece ótimo. Mas não é duradouro nem real."[41]

UMA BOLHA DE LUCROS

Os economistas clássicos faziam pouca distinção entre lucros (o retorno sobre o capital) e juros (o custo do aluguel do capital). Para eles, parecia óbvio que, se o empréstimo concedido resultasse em algum ganho, o credor deveria receber uma parte justa. Adam Smith achava que, como regra de ouro, os juros deveriam ser iguais à metade dos lucros. Vimos ainda que o economista sueco Knut Wicksell acreditava que a "taxa natural" de juros era a taxa média de lucratividade da economia. Se Wicksell estivesse correto, as taxas de juros ultrabaixas do período após a crise deveriam ter sido acompanhadas por lucros ultrabaixos. Mas não foi esse o caso.

Depois de 2008, os lucros se recuperaram nos EUA, a despeito das fábricas ociosas e do desemprego em alta. Entre 2010 e 2014, os lucros totais (em termos de participação no PIB dos EUA) ficaram cerca de 40% acima da média do pós-guerra. O fator mais importante para o aumento da lucratividade foi o declínio acentuado nos custos de empréstimos corporativos. "O maior componente individual para margens [de lucro] mais altas... provavelmente será a existência de taxas de juros reais muito mais baixas desde 1997", concluiu Jeremy Grantham, gerente financeiro de Boston. Tivessem as taxas de juros permanecido em níveis normais, os lucros não passariam de medianos.* Outro estudo sugeriu que a política de "manter a produção geral (PIB) enquanto reduz os custos de mão de obra e de capital inflou uma bolha de lucros".[42] Grande parte desses lucros provinha do setor financeiro. Depois de 2010, os serviços financeiros representaram

· · · · · · · ·

* Grantham escreve: "As taxas reais anteriores a 1997 eram em média 200 pontos mais altas do que agora e a alavancagem, 25% menor. Com as antigas taxa média e alavancagem, as margens de lucro do S&P 500 cairiam 80% comparado com a menor média de lucros anterior a 1997, muito mais baixa, deixando-as só 6% mais altas". (Jeremy Grantham, "This Time Seems Very, Very Different", GMO Quarterly Letter, 1º Trim. de 2017). [N. do A.]

mais de 20% dos lucros totais dos EUA, por volta de duas vezes a média do pós-guerra.*

A Economia da Bolha

Em 7 de abril de 2016, o atual e os ex-chefes do Fed se reuniram na cidade de Nova York. Durante um painel de discussão, foi solicitado a então presidente, Janet Yellen, comentar se os EUA eram uma economia de bolha. A resposta dela foi discursiva: ela apontou o crescimento recente do emprego e a inflação baixa. Em sua opinião, a economia dos EUA estava em um curso sólido. O Fed, disse Yellen, estava atento aos preços de ativos "claramente supervalorizados", crescimento acentuado do crédito e busca de rendimento — em outras palavras, as condições financeiras existentes antes da crise do subprime — mas não via razão para se preocupar no momento. Não, o principal banqueiro central dos EUA foi inflexível, o país não vivia uma economia de bolha. Ao lado de Yellen, o mais velho presidente sobrevivente do Fed, Paul Volcker, pegou um lenço e assoou o nariz ruidosamente.**

O que se entende por economia de bolha? A frase ficou popular no fim dos anos 1980 para descrever a economia distorcida pela bolha do Japão. O *baburu keiki* (bolha econômica) mostrava a condição pela qual a inflação no setor imobiliário e no mercado de ações havia atingido profundamente os sustentáculos da economia japonesa: lucros corporativos propelidos pela engenharia financeira; investimento empresarial alimentado por "warrants" [títulos emitidos como garantia], que vinculavam o custo corporativo do capital ao preço das ações do emissor; e gastos com luxos (flocos de ouro polvilhados em cereais matinais etc.) e outros itens de consumo incentivados pelo crescimento dos preços dos ativos e do crédito. No fim da década, a bolha contaminou tudo — como sabiam muito bem os próprios japoneses.

A referência mais antiga a uma economia de bolha data de várias décadas atrás: em 1948, Virgil Jordan, presidente no pós-guerra da American National Industrial Conference Board, alertou:

---

* A política monetária elevou os lucros financeiros de diversos modos: taxas de juros mais baixas aumentaram os preços dos ativos, elevando, assim, as taxas bancárias e as receitas dos gestores de ativos; as perdas com empréstimos ruins foram reduzidas; e graças aos baixos custos de empréstimos e ao aumento dos valores dos ativos, as aquisições alavancadas se revelaram extremamente lucrativas. Tudo isso foi muito bem-vindo em Wall Street. [N. do A.]

** Na reunião, Volcker concordou publicamente com Yellen. Mas, apenas alguns meses depois, perguntei pessoalmente a Volcker se ele mantinha suas palavras. "Não, claro que há uma bolha. Meus netos não conseguem comprar apartamentos em Nova York. Só não queria dizer isso na frente do *Wall Street Journal*." [N. do A.]

> Nossa economia, e grande parte da economia mundial, tem flutuado para cima em uma bolha iridescente e sempre inflando de dinheiro fabricado pelo governo para estimular, sustentar, acelerar e subsidiar o consumo individual e o coletivo... A perspectiva dos negócios hoje depende mais aqui, e em toda parte, dos movimentos futuros e das dimensões da bolha monetária dos EUA do que de qualquer outra coisa... Economias de bolhas de dinheiro sempre estouraram, em última análise, e esta também deve explodir, embora não possa dizer com certeza quando.[43]

Não por acaso, esse alerta foi dado em uma ocasião na qual as taxas de juros norte-americanas estavam sendo artificialmente rebaixadas pelo governo Truman. Os pressentimentos de Jordan não se concretizaram, mas isso se deveu ao fato de que após 1945 os norte-americanos tinham poupanças robustas, baixo endividamento, nenhuma bolha financeira e pouca engenharia financeira.

Não havia nem uma só dessas condições estabilizadoras em 2016. Mais tarde naquele ano, Donald Trump acusou o Fed de criar uma "falsa economia" e inflar uma "bolha grande, gorda e feia".[44] Trump acrescentou: "A única coisa forte é o mercado de ações artificial." Expressar tais pensamentos não condizia com um incorporador imobiliário de Nova York, cuja fortuna dependia de preços elevados de propriedades e financiamento barato; mas, em essência, o futuro presidente dos EUA estava certo. As medidas políticas extremas do Fed acabaram com a Grande Recessão, mas ao custo de criar uma "falsa economia".

Até Larry Summers, o revivalista da estagnação secular, admitiu que a economia dos EUA só se expandia nos períodos de bolhas inflando. Outro bilionário de Nova York, o gestor de fundos de hedge Paul Singer, afirmou que a *reflação* da economia dos EUA após 2008 foi baseada em "crescimento falso, dinheiro falso, estabilidade financeira falsa, números falsos de inflação e crescimento de renda falso". Singer concluiu que "boa parte do crescimento econômico e de empregos pós-crise é um falso crescimento com poucas chances de ser sustentável e de se autorreforçar. É baseado em dinheiro falso inventado pelo Fed para comprar ativos a preços falsos".[45]

Quando Yellen rejeitou a ideia de que houvesse uma economia de bolha nos EUA, os preços dos ativos norte-americanos estavam "claramente supervalorizados" em todos os métodos de mensuração, exceto em relação às taxas de juros que o Fed definia pressionando-as para baixo. As corporações norte-americanas estavam acumulando dívidas e realizando proezas de engenharia financeira mais amplas do que quaisquer outras tentativas dos praticantes japoneses de *zaitech* três décadas antes. As famílias estavam mais ricas do que nunca, porém, grande parte dessa riqueza consistia em créditos financeiros não sustentados por capital gerador de renda. Uma riqueza virtual. Os lucros eram cada vez mais desconectados das atividades econômicas reais. Uma bolha de lucros. O setor financeiro estava expulsando a economia real. Era uma economia de bolha.

O *Show* de *Truman*: Uma Alegoria para a Economia de Bolha

O Show de Truman é um filme dirigido por Peter Weir protagonizado por Jim Carrey. O personagem principal, Truman Burbank, é a estrela involuntária de um reality show. Desde que nasceu, toda a vida de Truman se passou diante das câmeras. Tudo é artificial. Apenas Truman desconhece esse fato. O enorme set de filmagem inclui uma cidade isolada bem-cuidada ("Seahaven"), completa com subúrbios delimitados por cercas, e envolta por uma enorme cúpula geodésica. A "Ecosfera Omnicam" é uma das poucas estruturas artificiais visíveis do espaço.

Na abertura do filme, o Show de Truman está em cartaz há 30 anos, "24 horas por dia, 7 dias por semana para o mundo todo". O público global fica fascinado com cada ocorrência na vida de Truman. Alguns espectadores chegaram a acreditar nesse mundo. Um fã diz à câmera: "É tudo verdade, é tudo real. Nada aqui é falso... é, simplesmente, controlado." Esse mundo "simulado" tem razões comerciais imperativas. Tudo no programa está à venda para o público telespectador: casas, roupas, comida e cerveja são merchandising. Montar o espetáculo requer a população de um país pequeno, mas é extremamente lucrativo.

A situação de Truman é aceita porque, como diz o criador do programa, Christof (uma figura semelhante a Deus que vê e controla tudo), "aceitamos a realidade do mundo com o qual somos apresentados".[46] A inclinação natural de Truman para aceitar o mundo em que vive é reforçada por seu medo de deixar Seahaven. O mundo exterior é retratado como um lugar assustador. A loja do agente de viagens está repleta de alertas sobre doenças no exterior, desastres de avião e terrorismo. Além disso, como diz a esposa de Truman na tela, "temos que pagar a hipoteca, Truman. Temos que pagar o carro. Ora, vamos simplesmente deixar para lá nossas obrigações financeiras?".

Mas as coisas começam a dar errado. Um equipamento de iluminação desaba do céu e cai aos pés de Truman. O rádio do carro acidentalmente sintoniza a frequência da produção do show. Tais incidentes são momentos de crise para os produtores do programa, que tentam explicar eventos estranhos. A questão-chave, como diz Christof, é que "qualquer comportamento imprevisível deve ser relatado". Truman fica com suspeitas. Quer ir embora, mas suas várias tentativas não dão certo. Até que, por fim, Truman parte em um barco. Christof ordena que se crie uma tempestade para detê-lo, mas Truman navega até o limite do cenário. Apalpando a superfície da enorme cúpula, ele começa a chorar. Christof o exorta a permanecer, sua voz vem direto dos céus: "No meu mundo, você não tem nada a temer... Você tem medo. É por isso que não pode ir embora." Mesmo assim, Truman decide ir embora.

O Show de Truman, lançado em 1998, foi mais tarde considerado um dos dez melhores filmes de ficção científica preditivos por antecipar a chegada do reality show. (O *Big Brother* começou no ano seguinte e, quase duas décadas depois, um astro de reality show tornou-se presidente dos EUA.) Também pode ser visto como uma alegoria para a bolha econômica, surgida igualmente mais ou menos nessa data. Alguns meses após a estreia de O *Show de Truman* nos cinemas, o "Greenspan put" se originou da resposta do Fed à crise no fundo de hedge Long-Term Capital Management.

Tal como em O *Show de Truman*, passamos a viver em um ambiente controlado, com seu dinheiro falso, taxas de juros falsas, economia falsa, empregos falsos e políticos falsos. Nosso mundo de bolhas é mantido por uma combinação de aquiescência passiva e poderosos interesses investidos. É um show 24 horas por dia, 7 dias por semana, com uma audiência global. Graças ao risco sob controle, nada temos a temer. Qualquer saída da bolha ameaça vir uma crise. Medidas radicais são adotadas: taxas de juros negativas, volumes ilimitados de flexibilização quantitativa e, em resposta aos desejos dos eleitores britânicos de deixar a União Europeia, até mesmo um "Projeto Medo". Tem muita coisa em jogo para deixar que a bolha estoure.

A realidade indesejável, contudo, de vez em quando se intromete na forma de crises financeiras (do tipo PontoCom, subprime e da zona do euro), "flash crashes" e resultados econômicos fora do normal — queda na produtividade, aumento da desigualdade e lucratividade nas alturas. As explicações convencionais — estagnação secular, ventos demográficos contrários e mudança tecnológica — não são convincentes. Como Truman, sentimos que as coisas não estão bem. Em um momento improvisado do show, Truman se apaixona por uma garota que tenta avisá-lo de que aquilo tudo é falso. Ela usa um crachá com as palavras: "Como isso vai acabar?" Ninguém sabe.

13

Sua Mãe Precisa Morrer

Elimine os rentistas com dinheiro barato.

Martin Wolf, 2014

Vimos, em capítulos anteriores, que os juros afetam tanto o valuation quanto a alocação do capital. Eles também exercem influência no volume de poupança. Quando as pessoas economizam para emergências ou para a aposentadoria, elas têm que consumir menos hoje. A frugalidade não é uma tarefa fácil. Prazeres imediatos são, em geral, mais atrativos do que gratificações adiadas. É como disse o primeiro professor de Economia Política de Oxford, Nassau Senior, em 1836: "Abster-se do prazer que está em nosso poder, e buscar resultados distantes em vez de imediatos, estão entre os mais dolorosos esforços da vontade humana."[1] Juros são o salário da abstinência, de acordo com Senior.

Quando, pela primeira vez, Senior sugeriu a abstinência como justificativa para os juros, socialistas dos mais diversos escarneceram. O líder socialista alemão Ferdinand Lassalle foi mordaz:

> Juros são o "salário da renúncia"! Palavra apropriada, palavra inestimável! Seus milionários europeus são ascetas. Como penitentes indianos, ficam eretos, como estilitas em um pé no topo de um pilar, e de semblante pálido se inclinam, estendendo um braço para o povo, na mão um prato para receber o salário de sua renúncia![2]

Era a abstinência do barão Rothschild tão dolorosa? O trabalhador que gastava cada centavo de seu parco salário para sustentar uma grande família era tão pródigo? Coube a John Stuart Mill apontar que, embora os ricos tivessem enormes recursos, as pessoas comuns também poupavam parte do que ganhavam. Os juros, segundo Mill, refletiam a dor *marginal* de sua abstinência. Talvez *abstinência* seja a palavra errada. A poupança ocorre ao longo do tempo. "Poupar", escreveu Frédéric Bastiat, "é deliberadamente dar um intervalo entre o momento em que os serviços são prestados à sociedade e o momento em que o equivalente é recebido dela".[3] Os juros são a recompensa por esse *adiamento*.

Diversos comentaristas de Bentham em diante trataram os juros como a diferença de valor entre os consumos presente e futuro. Vimos que o Teste do

Marshmallow mostra que ao menos certa proporção de crianças, quando instadas a escolher entre um marshmallow agora ou dois marshmallows mais tarde, se dispõem a esperar. O segundo marshmallow é a espera da recompensa. Irving Fisher expressou isso muito bem quando escreveu que "os juros são, por assim dizer, a impaciência humana cristalizada em uma taxa de mercado".[4] Os economistas falam sobre preferência temporal, em vez de impaciência, para descrever como as pessoas valorizam de modo diferente bens presentes e futuros. A preferência temporal de alguém pode ser vista como uma espécie de taxa de juros pessoal.

Imagine que presente e futuro sejam dois países separados por um rio. As finanças são a ponte intertemporal que os une, ligando o presente ao futuro. Com as ações de conceder e tomar empréstimos, e de poupar e investir, trocamos os dispêndios ao longo do tempo. Os juros são o pedágio cobrado dos tomadores de empréstimo por antecipar o consumo, e a taxa paga aos poupadores para transferir o consumo para o futuro.* O nível de juros regula o tráfego na ponte e seu vai e vem. Quando o pedágio de juros aumenta, os gastos são jogados para o futuro; quando diminui, o consumo é antecipado. Em um mundo ideal, as pessoas deveriam poupar o bastante para atender às suas necessidades futuras, mas não tanto que os gastos correntes venham a cair. Sob tais circunstâncias, o tráfego na ponte é regular em ambas as direções.

Este delicado equilíbrio é rompido quando a taxa de juros do mercado cai abaixo da "impaciência cristalizada" da sociedade. Para um indivíduo, quando a taxa de juros é maior do que sua preferência temporal, ele economiza mais para o futuro. Por outro lado, quando a taxa de mercado está aquém da preferência temporal do público, as pessoas tomam empréstimos para consumir. Uma taxa de juros anormalmente baixa aumenta os gastos correntes, mas os benefícios não são duradouros. Você não pode ter seu bolo e comê-lo, ao menos não indefinidamente. O bolo não é o único item do cardápio. As pessoas têm que fazer uma escolha: geleia hoje ou mais geleia amanhã. A taxa de juros influencia essa decisão. Veja como o economista desenvolvimentista William Easterly coloca tal questão:

> Ficar rico é uma escolha entre o consumo de hoje e o de amanhã. Se eu reduzir drasticamente meu consumo e poupar grande parcela de minha renda salarial, em poucos anos estarei mais rico porque terei tanto a renda salarial quanto os juros de minhas economias. Se eu consumir todos os meus ganhos salariais, poderei contar apenas com meus ganhos salariais.[5]

Uma boa característica do bônus representado pelos juros, ao menos para o poupador, é que ele aumenta no decorrer do tempo. Assim, uma pequena

----

* Em um contexto ligeiramente diferente, Irving Fisher disse que "a ponte ou o vínculo entre renda e capital é a taxa de juros". [N. do A.]

quantidade de poupança cresce a cada ano que passa. Graças aos juros, o dinheiro dá frutos. Como Benjamin Franklin escreveu em seu *Advice to a Young Tradesman*, "o dinheiro tem natureza geradora prolífica. O dinheiro pode gerar dinheiro, sua prole pode gerar mais, e assim por diante". Em seu livro *The Nature and Necessity of Interest* (1903), o economista sueco Gustav Cassel publicou uma tabela que mostra, considerando diferentes taxas de juros, quantos anos seriam necessários para que certa quantia poupada duplicasse:

Para uma	taxa de	juros de	6	por cento	Poupança dobra em	12	anos
"	"	"	3	"	...	24	"
"	"	"	2	"	...	35	"
"	"	"	1,5	"	...	47	"
"	"	"	1	"	...	70	"

Quando os juros são de 6%, a poupança dobra a cada 12 anos. A 1%, porém, são necessários 70 anos para a poupança duplicar. Cassel acreditava que, se a taxa de juros fosse menor que 1%, a poupança não seria mais viável. Diante de retornos tão baixos, os aposentados só poderiam manter os gastos no nível exigido consumindo seu capital.[6] "Se tal prática se generalizasse, teria um efeito bastante desastroso", concluiu Cassel, consolando a si mesmo ao afirmar que tal resultado era impossível.

Neste capítulo, mostramos como a política de taxas de juros ultrabaixas — que teve início com a quebra das PontoCom e reviveu após a crise do subprime — reduziu o nível de poupança nos EUA e em outros lugares. O colapso das taxas de juros impactou também os investimentos de aposentadoria, diminuindo seus retornos e elevando o valor de seus passivos. O resultado foi o surgimento de uma crise previdenciária nos EUA e na Europa. Aposentados em todo o mundo viram-se diante da perspectiva sombria de sobreviver às suas economias e morrer na penúria.

AS POUPANÇAS MINGUAM

A ideia de que os juros são o salário da abstinência não caiu nas graças da legião de economistas do Fed. O Banco Central dos EUA implementou sua política de dinheiro fácil na virada do século sem considerar devidamente o impacto sobre os poupadores do país. Os norte-americanos foram encorajados a tomar empréstimos e gastar como se não houvesse amanhã. Em virtude do dinamismo do mercado imobiliário, os proprietários ficaram mais ricos sem sofrer a dor da

190 ◥ *O Preço do Tempo*

abstinência. No auge da bolha imobiliária, a taxa de poupança pessoal dos EUA havia caído para apenas 1/3 do nível de uma década antes.[7]

Como os norte-americanos pouparam menos, tomaram mais empréstimos do futuro. A dívida das famílias disparou quando os proprietários obtiveram trilhões de dólares por meio de empréstimos imobiliários. O consumo pessoal atingiu picos inéditos.[8] Os EUA tiveram o maior deficit em conta corrente de sua história — um sinal de que o país gastava muito mais do que ganhava.[9] Enquanto Ben Bernanke, do Fed, alertava sobre uma "fartura de poupança" global, os EUA sofriam com a escassez de poupança doméstica. Após o estouro da bolha imobiliária, os consumidores se viram às voltas com pesadas dívidas. Os EUA pareciam estar à beira de uma "recessão do balanço patrimonial", nome dado às retrações econômicas que acontecem quando tomadores de empréstimos sobrecarregados cortam gastos para quitar suas dívidas. Na década de 1990, com a recessão do balanço patrimonial do Japão, as empresas de lá reduziram sua alavancagem — agora era a vez de as famílias norte-americanas apertarem os cintos.[10]

A pesquisa revelou que as regiões do país com o maior declínio no patrimônio líquido das famílias durante a crise imobiliária foram as que experimentaram a queda mais aguda nos gastos do consumidor.[11] As autoridades pressionaram todos os botões de comando fiscais e monetários para impulsionar o consumo. Washington teve deficits de trilhões de dólares e o Fed baixou as taxas de juros para zero e esparramou dinheiro por Wall Street. A recessão do balanço patrimonial foi evitada. Mas, como Nassau Senior poderia ter previsto, o colapso das taxas de juros diminuiu o estímulo para abster-se de consumir ou economizar para o futuro. Após 2008, a taxa líquida de poupança dos EUA (que inclui o consumo de capital) tornou-se negativa pela primeira vez desde a Grande Depressão. As poupanças pessoais cresceram um pouco em relação aos níveis extremamente baixos verificados durante o boom do crédito, mas permaneceram baixas quando do comparadas à média do pós-guerra.[12]

Os tomadores de empréstimos se beneficiaram do declínio das taxas de juros, mas os poupadores foram prejudicados. Depois de 2008, os depositantes norte-americanos perderam cerca de US$400 bilhões por ano em receita de juros.[13] Antes da quebra do Lehman, os pagamentos de juros representavam 1/10 da renda familiar total. Três anos depois, a parcela da receita de juros caiu em 1/3. Ao longo da década pós-crise, os depositantes norte-americanos se saíram pior do que durante a Grande Inflação da década de 1970, ocasião em que as taxas de juros reais eram, em média, mais elevadas. O termo no jargão econômico para a ação de manter as taxas de curto prazo abaixo da taxa de inflação é "repressão financeira". Como comentou James Grant, "o que está sendo reprimido hoje é o padrão de vida".[14]

Embora as taxas de poupança variem no mundo desenvolvido, o quadro geral é consistente. No Reino Unido, a dívida do consumidor disparou na década anterior a 2008. A crise financeira obrigou as famílias a apertar o cinto, mas não por muito tempo. A "austeridade" britânica produziu uma série de enormes deficits em conta corrente na década de 2010, um indicador de que o país como um todo consumia mais do que ganhava.[15] Em 2016, a poupança das famílias caiu para o nível mais baixo já registrado.[16] Segundo um correspondente escrevendo para o *Financial Times* em julho daquele ano, a "poupança [no Reino Unido] está no nível mais baixo em cinquenta anos porque os poupadores, nos últimos dez anos, obtiveram taxas de juros quase nulas. Portanto, não causa surpresa nenhuma que uma hora acabem desistindo e decidam gastar seu dinheiro".[17]

A queda na poupança das famílias canadenses também foi recorde.[18] Na Austrália, a poupança permaneceu deprimida enquanto a dívida das famílias continuou aumentando.[19] Até mesmo a antiga "superpotência da poupança" do mundo perdeu seu encanto. Quando, em 1999, o Banco do Japão colocou em prática pela primeira vez sua política de taxa de juros zero, os trabalhadores japoneses estavam guardando mais de 1/10 de sua renda. Nos anos seguintes, a poupança das famílias caiu dramaticamente, ficando negativa em 2014.[20] Como disse um comentarista: "Em um mundo de taxas baixíssimas, a maioria das famílias não tem esperança de acumular riqueza, não importa o quanto economizem. Na verdade, é melhor para elas serem perdulárias."[21] Gustav Cassel teria assinado em baixo.

Ocasionalmente, vozes solitárias do *establishment* da política monetária se manifestaram contra as taxas ultrabaixas. Um economista do Fed de St. Louis, chamado Daniel Thornton, sugeriu que a perda de US$400 bilhões por ano sofrida pelos depositantes norte-americanos foi um obstáculo ao crescimento do consumo.[22] Em 2013, o presidente do Banco da Índia, Raghuram Rajan, afirmou que "taxas de juros reais mais baixas são contracionistas, [já que] os poupadores reservam mais dinheiro quando as taxas de juros caem para atender à poupança que acham que precisarão quando se aposentarem".[23] Cassel fez uma observação semelhante há mais de um século. O economista sueco sugeriu que, se a taxa de juros caísse abaixo de 3%, a oferta de poupança poderia aumentar, pois ainda era viável acumular capital de aposentadoria suficiente ao longo da vida ativa.

Não muito depois da intervenção de Rajan, um membro do conselho do BCE, Yves Mersch, alertou que taxas de juros persistentemente baixas estavam obrigando os poupadores, em alguns países europeus, a poupar mais para acumular a mesma quantidade de riqueza que teriam obtido em uma época de juros mais altos. Mersch apontou para um aumento na taxa de poupança bruta na Alemanha.[24] Não há dúvida de que a perda de rendimentos da poupança era profundamente impopular naquele país, onde quase metade dos ativos financeiros das famílias era mantida em depósitos bancários.[25] As taxas de juros negativas eram consideradas como um imposto sobre a poupança. Os alemães se referiam a elas como *Strafzinsen* — taxas punitivas. O ministro das Finanças alemão, Wolfgang Schäuble, tornou-se um dos principais críticos do BCE. Em abril de

2016, Schäuble reclamou que as taxas de juros negativas estavam ocasionando "problemas extraordinários" para os aposentados e os bancos de seu país.[26]

Os bancos alemães não foram os únicos que sofreram com o colapso das taxas de juros. As seguradoras de vida europeias se viram contratadas para pagar mais indenizações do que seus investimentos na era de taxas negativas poderiam render com segurança. Assim como o setor de seguros do Japão foi aniquilado pela queda das taxas de juros nos anos 1990, as seguradoras da Europa enfrentaram a insolvência.[27] Em 2015, o FMI alertou que a quebra de uma única seguradora de vida alemã "poderia engolir o sistema financeiro".[28] Para um executivo de seguros, a pressão foi demais. Em dezembro de 2015, Martin Senn, presidente-executivo do Zurich Insurance Group, renunciou depois de uma série de "profit warnings" [aviso ao mercado de que os lucros futuros serão significativamente menores]. Senn sofria de depressão e seis meses depois cometeu suicídio.[29]

A Ilusão da Riqueza

Se os norte-americanos reclamaram menos do que os alemães sobre a perda de receita de juros, foi porque eram mais propensos a ter sua própria casa e se expor diretamente ao mercado acionário. Já a Alemanha era uma nação de inquilinos e seus cidadãos mantinham em depósitos bancários a maior parte de suas economias. Graças ao Fed, o S&P 500 disparou, o mercado imobiliário dos EUA se recuperou e a riqueza das famílias atingiu o maior nível de todos os tempos. A grande inflação da riqueza de papel tinha acostumado a maioria dos norte-americanos com a perda de rendimento de depósitos.

A questão é que a elevação dos preços dos ativos não faz com que uma nação fique mais rica. Isso só produz a ilusão de riqueza. Os investidores desfrutam de ganhos de capital quando os preços dos ativos aumentam, porém quaisquer ganhos imediatos são compensados por retornos de investimento mais baixos dali em diante. Esse é, claramente, o caso dos investidores em títulos. Quando as taxas de juros de longo prazo caem, os investidores auferem um ganho inesperado conforme os preços dos títulos aumentam. Mas, como o cupom do título é fixo, os investidores que seguram o título até o vencimento não estão em melhor situação. Na verdade, os detentores de títulos, como classe, são prejudicados quando as taxas de longo prazo caem, pois precisam reinvestir seus cupons com rendimentos mais baixos.

Os investidores do mercado de ações estão em posição semelhante. No longo prazo, os retornos das ações correlacionam-se inversamente com o valuation do mercado. Tal como se dá com os títulos, os preços elevados das ações implicam em retornos futuros mais baixos. Nos EUA, um portfólio equilibrado, em cuja composição há ações e títulos, tem um retorno histórico de cerca de 5% após a inflação.[30] Após dez anos da crise financeira, com a valorização do mercado acionário dos EUA perto de um recorde e o rendimento dos títulos do

Tesouro próximo de uma mínima histórica, o retorno esperado de uma carteira de investimentos equilibrada era cerca de metade de sua média histórica.[31]

Não havia escapatória, as famílias norte-americanas teriam que poupar mais se quisessem desfrutar do mesmo nível de renda de aposentadoria das gerações anteriores. Mas o pior de tudo não estava aí. Os compromissos de pagamento das pensões aos aposentados são uma obrigação das instituições do setor. Quando as taxas de juros caem, o valor atual dos passivos de aposentadoria aumenta — assim como acontece com o preço de mercado de um título se as taxas de juros caem. O declínio acentuado nas taxas de juros após 2008 levou ao que James Grant chamou de "bull market de passivos". A maioria das pessoas ignorou esse triste estado de coisas. Peter Fisher, ex-funcionário do Fed e do Tesouro, explicou como a ilusão de riqueza se instalou após a crise financeira:

> Uma vez que nossos ativos financeiros são negociados em mercados e porque recebemos extratos de fundos de investimento e contas de aposentadoria, vimos de imediato a mudança [ou seja, o aumento] no valor de nossos ativos. Somos mais lentos para apreciar a mudança no valor presente de nossos passivos, particularmente o valor de nossos gastos futuros de consumo.[32]

Os banqueiros centrais, que se valeram da política monetária para elevar os preços dos ativos e incentivar o consumo enquanto não davam atenção para o impacto adverso de suas ações na poupança, retornos de investimentos e passivos de aposentadoria, também sofreram com a ilusão de riqueza. Nem todo banqueiro central estava alheio ao que estava ocorrendo. Mervyn King, ex-presidente do Banco da Inglaterra, reconheceu que as baixas taxas de juros desestimulam a poupança e que, como resultado, o consumo das famílias cresceria mais lentamente no futuro. Lord King referiu-se ao que chamou de "paradoxo da política". Ou seja, após a crise financeira, as taxas de juros eram "muito altas para possibilitar um rápido crescimento da demanda no curto prazo, mas muito baixas para serem consistentes com um equilíbrio adequado entre gastos e poupança no longo prazo".[33] O problema, do ponto de vista dele, se resumia a diferentes horizontes de tempo. Medidas políticas que pareciam desejáveis no curto prazo eram o oposto do que era necessário no longo prazo. "Nossa economia de mercado, hoje", King concluiu, "não proporciona uma ligação efetiva entre o presente e o futuro".[34]

Lord King tinha razão, mas a *economia de mercado*, em si, dificilmente poderia ser considerada culpada. Como já argumentamos, são os juros que conectam o presente e o futuro; com as taxas de juros fixadas pelos bancos centrais no menor patamar da história, esse vínculo foi efetivamente quebrado. Níveis recordes de riqueza em papel incentivaram as famílias a continuar gastando. A ilusão de riqueza, contudo, era intrinsecamente frágil. Os formuladores de políticas monetárias só poderiam evocar mais ganhos de capital empurrando as taxas de juros cada vez mais para baixo. Qualquer tentativa de normalizar as taxas colocaria em risco a bolha de riqueza, provocando uma perda maciça de riqueza familiar. No curto prazo, as taxas de juros ultrabaixas impulsionaram o consumo ao substituir a poupança pela riqueza da bolha; no longo prazo, porém, foi um desastre. A poupança é necessária para a acumulação de capital. Sociedades que não investem o bastante estão destinadas à estagnação.

Mais de um século antes, Gustav Cassel previra que uma taxa de juros de 1% ou menos ocasionaria "uma revolução... na oferta total de espera [isso é, poupanças]".[35] Ele estava certo. Taxas de juros ultrabaixas levaram a essa indesejável revolução. Até mesmo Keynes, um inimigo declarado da classe rentista e um incansável defensor do dinheiro fácil, considerou pouco inteligente reduzir a taxa de juros para menos de 3%. Era "socialmente desejável", afirmou Keynes, que os poupadores recebessem um retorno positivo sobre seu capital.[36] Na condição de presidente de uma companhia de seguros de vida e tesoureiro de sua faculdade em Cambridge, Keynes falou a partir de uma posição de autoridade.

AGRURAS PREVIDENCIÁRIAS

A queda das taxas de juros não apenas desencorajou e reduziu o retorno esperado da poupança, mas também provocou dores de cabeça para os futuros aposentados e para as empresas previdenciárias. Na aposentadoria, muitas pessoas usam seus pés de meia para aplicar em produtos financeiros que lhes garantam uma renda vitalícia. Tais desembolsos são investidos em títulos do governo e outros títulos de alta credibilidade. Como os rendimentos dos títulos caíram após a crise financeira, a receita dessas aplicações também diminuiu. Por exemplo, um plano adquirido em 2016 por um norte-americano de 65 anos rendeu 1/4 menos do que 10 anos antes.[37]

O setor de planos de previdência é menos propenso à ilusão de riqueza do que as pessoas comuns. Isso ocorre porque os atuários têm que considerar o valor presente dos passivos de um fundo de pensão ao avaliar se ele possui ativos suficientes para cumprir suas obrigações. Para avaliar tais passivos, o atuário aplica uma taxa de desconto aos desembolsos de caixa futuros esperados do plano. Essa taxa equivale ao rendimento dos títulos do governo. Depois da crise financeira, o declínio das taxas de juros de longo prazo tornou os compromissos previdenciários existentes muito mais onerosos e, não raro, inacessíveis.

Muitos fundos de pensão que se comprometeram a pagar aos funcionários uma determinada renda na aposentadoria (os chamados planos de "benefícios definidos") descobriram que seus passivos excediam os ativos. Em 2016, os deficits previdenciários conjuntos dos órgãos do setor público dos EUA (governos estaduais e locais) somaram US$3 trilhões.[38] As pensões corporativas norte--americanas tinham um deficit de US$425 bilhões. Suas congêneres britânicas eram igualmente subfinanciadas.[39] Um estudo do Banco da Inglaterra verificou que o declínio nas taxas de juros foi o principal responsável pela elevação dos deficits previdenciários.[40]

Os crescentes deficits previdenciários provocaram diversas reações. Para começar, as empresas do setor tiveram que colocar mais dinheiro no pote. Nos EUA, cidades cortaram serviços públicos e demitiram trabalhadores para manter as pensões.[41] Empresas privadas em posição análoga reduziram investimentos e restringiram os dividendos.[42] Enquanto a maioria das empresas de previdência era cautelosa, adquirindo títulos de longo prazo para cobrir seus passivos, outras lançavam os dados — perseguindo retornos mais altos com investimentos de maior risco e assumindo mais alavancagem.* Mesmo quando os planos de pensão conseguiram retornos decentes e aumentaram as contribuições em dinheiro, seus deficits não pararam de crescer.[43] Manter em equilíbrio os arranjos previdenciários na era das taxas de juros ultrabaixas provou ser uma tarefa de Sísifo.

Em desespero, algumas empresas do setor tentaram reduzir os benefícios prometidos. Em 2015, o plano de pensão Teamsters Central States, cujos passivos foram estimados em mais do que o dobro de seus ativos, solicitou ao Tesouro dos EUA que cortasse as distribuições aos beneficiários.[44] A solicitação foi rejeitada. Mais ou menos na mesma ocasião, a Kansas City Central States anunciou cortes substanciais nos pagamentos de pensões.[45] Alguns anos depois, o Superannuation Scheme das Universidades da Grã-Bretanha tentou reduzir seus benefícios após anunciar um deficit multibilionário. Professores universitários furiosos reagiram com uma greve nacional.[46]

Sobrecarregados com o passivo previdenciário, vários municípios declararam falência, entre eles Detroit e San Bernardino. A classificação de crédito de Chicago caiu para "lixo" em 2015, após um tribunal decidir contra uma proposta de corte nos direitos previdenciários. A crise de solvência de Porto Rico deveu-se em grande parte às suas responsabilidades com pensões não financiadas.[47] Vários estados dos EUA se viram em apuros. A Moody's alertou que os deficits previdenciários constituíam a "maior nuvem pairando sobre" o multitrilionário mercado de títulos municipais.[48] Levando em conta que, por razões políticas, os créditos dos pensionistas tinham prioridade sobre os demais, independentemente

· · · · · · · · ·

* Em novembro de 2015, a Bloomberg informou que os fundos de pensão canadenses, não encontrando investimentos seguros para honrar suas obrigações, estavam "aumentando a alavancagem" — hipotecando prédios, investindo em derivativos etc. — para aumentar os retornos (Ari Altstedter, "Hedge Funds + Leverage are Hot Formula for Canada Pension Plans", Bloomberg, 10 de novembro de 2015). Meses antes, a OCDE alertou sobre o aumento da participação dos ativos de pensão e de seguro de vida investidos em fundos de hedge, títulos podres e commodities. Essa mudança para investimentos mais arriscados, sugeriu a OCDE, poderia resultar no "sério comprometimento da solvência das pensões e das seguradoras" (Chris Flood, "OECD warns pension funds over 'excessive search for yield'", *Financial Times*, 4 de julho de 2015). [N. do A.]

O Preço do Tempo

da estrita posição legal, os investidores em títulos municipais pareciam mal compensados pelo risco das pensões.[49]

No Reino Unido, a quebra de um grande varejista, a British Home Stores, em 2016, fez vir à luz um enorme deficit nas pensões. Como os aposentados da BHS enfrentavam um futuro incerto, o proprietário da empresa, Sir Philip Green, refugiou-se em seu recém-entregue iate de £100 milhões, equipado com heliporto, banheiras de hidromassagem e piscina.[50] No início de 2018, a Carillion, uma grande construtora do Reino Unido, quebrou, e seu plano de pensão apresentava um deficit de centenas de milhões de libras. As responsabilidades com pensões dessas duas empresas falidas foram assumidas pelo Pension Protection Fund do Reino Unido, cujas responsabilidades totais excediam em muito seus ativos. Nos EUA, a Pension Benefits Guarantee Corporation, órgão semiestatal que garantia as pensões corporativas, estava à beira da falência.

Planos de pensão de benefício definido em todos os cantos fecharam as portas para novos membros. Essas pensões tradicionais, com sua promessa de solidez para determinada renda de aposentadoria, foram substituídas por um produto menos apetitoso. Nos esquemas de pensão de "contribuição definida" os empregadores contribuíam com certa quantia em dinheiro para os fundos de pensão de seus trabalhadores, mas não havia garantia de renda na aposentadoria. Essas pensões "CD" normalmente recebiam contribuições mais baixas do empregador e proporcionavam retornos de investimento inferiores. (Retornos mais baixos em virtude de taxas de administração mais altas e alocação inferior de ativos.) Dali em diante, os trabalhadores com planos de pensão da empresa enfrentaram a perspectiva de rendas de aposentadoria menores.

Naturalmente, não faltaram "jeitinhos" para obscurecer toda a extensão da crise crescente. Nos EUA, as empresas de pensões assumiram retornos irrealisticamente elevados sobre os investimentos de seus planos.[51] Ao mesmo tempo, a taxa de desconto utilizada para calcular suas obrigações foi mantida acima da taxa de juros de mercado.[52] E, como cereja do bolo, o Internal Revenue Service permitiu que as companhias de planos de previdência privada utilizassem projeções de mortalidade desatualizadas, subestimando ainda mais as responsabilidades.[53] O uso generalizado de pressupostos previdenciários duvidosos gerou, nas palavras de um comentarista, um "erro contábil intertemporal".[54] Caso pressupostos mais realistas tivessem sido empregados, muitas das empresas do setor de pensões teriam sido declaradas insolventes. No curto prazo, porém, o jeitinho funcionou.

No entanto, não havia como esconder o fato de que os norte-americanos estavam economizando pouquíssimo para a aposentadoria. Um estudo de 2014 do Centro de Pesquisa de Aposentadoria do Boston College descobriu que a média de poupança para aposentadoria dos americanos à beira da aposentadoria era de apenas US$111.000. Investido em uma anuidade, esse fundo de pensão produziria uma renda anual de aposentadoria bem abaixo de US$10.000. Sempre havia a pensão do estado a que recorrer. Mas mesmo as pensões públicas não eram mais seguras, pois as receitas fiscais cresciam mais lentamente. Estima-se que os compromissos de pensões não financiados para os países-membros da OCDE (em 2016) sejam duas vezes maiores do que suas dívidas nacionais relatadas. Vários estados europeus agiram para aumentar a idade legal de aposentadoria.[55] Essas reduções iniciais nas pensões do estado foram nada mais que um primeiro passo.

"Nas últimas décadas, conduzimos um experimento social em larga escala com taxas de poupança baixíssimas, sem estender uma forte rede de segurança e sob a lei da corda bamba", escreveu o economista Tyler Cowen.[56] Michael Burry, o gerente de fundos de hedge apresentado em *The Big Short*, de Michael Lewis, foi mais direto. "A política de taxa de juros zero", disse Burry, "quebrou o contrato social para gerações de norte-americanos trabalhadores que pouparam para a aposentadoria, apenas para descobrir que suas economias não bastam".[57] Um número crescente de norte-americanos foi obrigado a trabalhar além da idade tradicional de aposentadoria.[58] Para os trabalhadores mais jovens, o sonho de desfrutar de uma velhice confortável não passaria de um sonho — outra ilusão de riqueza.

Os aposentados se viram na possibilidade de esvaziar seus pés de meia. O Fórum Econômico Mundial de 2019 observou que aposentados em vários continentes corriam o risco de sobreviver às suas economias. O aposentado norte-americano médio tinha poupança suficiente para menos de dez anos, ao passo que sua expectativa de vida era oito anos maior. A "lacuna de aposentadoria" para as mulheres norte-americanas era de quase onze anos. Os norte-americanos ao menos poderiam se sentir gratos por não estarem se aposentando no Japão, onde a lacuna de aposentadoria era de quinze anos para homens e vinte anos para mulheres.[59]

Aliado ao risco de longevidade, as empresas de pensões enfrentaram a perspectiva de que novas quedas nas taxas de juros elevariam seus deficits. Na verdade, suas ações extrapolaram esse risco. Incitados pelos reguladores, os administradores de fundos de pensão se protegiam da exposição às taxas de juros adquirindo títulos de longo prazo. Como os 300 maiores fundos de pensão detinham cerca de US$15 trilhões em ativos, as compras em larga escala de títulos contribuíram para o declínio das taxas de juros de longo prazo.[60] No Reino Unido, a ação de proteção de passivos dos fundos de pensão corporativos levou o rendimento dos títulos que vinham sendo indexados à inflação há cinquenta anos para território negativo.[61] Portanto, taxas baixas geraram uma crise previdenciária e a crise previdenciária gerou taxas mais baixas.

O mundo das pensões estava entre o fogo e a frigideira. Teoricamente, taxas de juros mais altas reduziriam as responsabilidades previdenciárias. Na prática, eles também atingiriam o valor dos ativos de pensão, causando um problema ainda pior.[62] O alívio veio de um lado inesperado. Alguns anos depois da crise financeira, a expectativa de vida nos EUA e no Reino Unido parou de se elevar e ficou brevemente em queda. No caso de essa tendência continuar, observou alegremente um consultor, metade dos deficits das pensões corporativas britânicas desapareceria.[63]

Os poupadores na era das taxas de juros zero pareciam o Homem Esquecido de Sumner, sofrendo nas mãos de formuladores de políticas que fracassaram em levar em consideração todos os resultados de suas ações. Um dos mais cruéis foram as contribuições cada vez maiores para o seguro de vida. Em agosto de 2016, o *New York Times* noticiou que as empresas previdenciárias estavam aumentando os prêmios para poupadores norte-americanos idosos. Os segurados que não podiam arcar com o aumento dos pagamentos perderiam todas as contribuições anteriores. A filha de um casal de idosos da Geórgia, que havia feito uma apólice de seguro de vida universal e não podia pagar o aumento dos prêmios, ouviu do consultor financeiro da família estas palavras, ditas com toda a seriedade: "Por favor, não leve isso a mal, mas, sem querer ser mórbido, sua mãe precisa morrer." O casal decidiu desistir de sua apólice, dando adeus às economias de uma vida inteira.*

---

* A apólice do casal da Geórgia era da TransAmerica Life Insurance. Segundo o *New York Times*, essa empresa realizou transações complexas para transferir grande parte de suas obrigações com os segurados para veículos fora do balanço patrimonial, o que lhe possibilitou pagar dividendos extraordinários de US$2 bilhões à sua controladora, a Aegon. (Julie Creswell e Mary Williams Walsh "Why some life insurance premiums are skyrocketing", *New York Times*, 13 de agosto de 2016.) [N. do A.]

14

Deixe que Eles Comam Crédito

Porque àquele que tem, para ele se dará, e terá mais em abundância; mas àquele que não tem, até aquilo que tem lhe será tirado.

MATEUS 13:12

Nunca no campo da política monetária se ganhou tanto por tão pouco à custa de tantos.

MICHAEL HARTNETT, 2015[1]

Desde a Antiguidade, cobrar juros tem sido visto como exploração. Em Lagash, a cidade da Mesopotâmia onde os juros compostos foram registrados pela primeira vez no terceiro milênio a.C., os aristocratas emprestavam a taxas tão elevadas que os mutuários perdiam suas terras e, às vezes, também a liberdade.[2] Devedores sobrecarregados com juros tiveram destinos semelhantes em todo o Antigo Oriente Próximo. Não causa surpresa nenhuma que os israelitas se referissem aos juros como uma "mordida" (*neschek*) e os filósofos gregos os condenassem.* Karl Marx foi mais convencional quando descreveu como a usura na Roma Antiga consumia todo o superavit, possibilitando aos patrícios sugar e escravizar pequenos produtores e camponeses: "O capital do usurário", escreveu ele em *O Capital*, "empobrece o modo de produção, paralisa as forças produtivas em vez de desenvolvê-las, ao mesmo tempo em que eterniza as condições miseráveis".[3] A usura, continuou Marx, "não altera o modo de produção, mas se prende a ele firmemente como um parasita e o deixa em estado deplorável. Ela lhe suga o sangue, o debilita e faz com que prossiga a reprodução em condições cada vez mais lamentáveis".[4] Em 1894, a primeira marcha de protesto em Washington D.C., no que ficou conhecida como O Exército de Coxey, carregava uma faixa na qual se lia "Boa vontade aos homens, mas morte aos títulos com juros".

....

* Em *A República*, Platão descreveu como a usura colocou tomadores de empréstimo pobres contra credores ricos. Em um Estado infectado pelo desejo de riqueza, escreveu Platão, jovens perdulários são incentivados a tomar empréstimos com juros, famílias são arruinadas e aqueles que perderam propriedades anseiam por uma revolução — "O mal arde como um incêndio." (Platão, *The Dialogues of Plato, vol. II: The Republic*, trad. B. Jowett, MA (Nova York, 1914), p. 324). [N. do A.]

As visões tradicionais sobre a usura sobreviveram até o século XXI. Em 2013, como vimos, o arcebispo de Canterbury lançou uma "guerra contra Wonga", uma empresa britânica que, segundo o primaz, se aproveitava de tomadores de empréstimo carentes. (Na verdade, a Wonga não cobrou juros suficientes para cobrir dívidas incobráveis e logo quebrou.) No ano seguinte, o Papa Francisco qualificou a usura como crueldade desumana. Os ativistas contra a mudança climática do Extinction Rebellion, que paralisaram o trânsito de Londres no verão de 2019, exigiram, entre outras coisas, a abolição dos juros.

Os juros surgem da desigualdade e também afetam a distribuição de renda e da riqueza. Denúncias justas da usura, contudo, escondem uma situação mais complicada. Antigamente, a usura servia para piorar a desigualdade, como sugeriu Marx. Mas até que ponto isso acontece depende da natureza do sistema econômico e de quem são os tomadores e os credores. Em sociedades tradicionais, a usura é com frequência praticada contra pessoas desesperadamente necessitadas, como camponeses. Mas a cobrança de juros em uma economia capitalista moderna nem sempre é algo injusto. O historiador R. H. Tawney descreveu as mudanças de atitude em relação à usura na Inglaterra do século XVI:

> A teoria da usura foi elaborada para uma época na qual quem emprestava era rico e quem tomava emprestado, pobre. Agora, o mutuário era muitas vezes um comerciante que levantava um empréstimo para especular nas bolsas ou para controlar a colheita de lã, e o credor um inocente econômico, que buscava um investimento seguro para suas economias.[5]

Como vimos no Capítulo 2, a aceitação social dos juros se fundamenta na premissa de que aquele que empresta não deve ser forçado a abrir mão de seu capital sem alguma recompensa, especialmente quando o tomador usa o empréstimo para obter lucro. Marx pode ter criticado a usura no mundo antigo, mas também entendeu que a questão dos juros em um mundo capitalista era diferente. No capitalismo, disse ele, os juros devem ser vistos como uma divisão do excedente econômico entre credores (a quem ele chamou de "capitalistas monetários") e tomadores de empréstimos ("capitalistas industriais"). Um declínio nas taxas de juros não necessariamente beneficiava os trabalhadores, escreveu Marx, uma vez que "os juros são uma relação entre dois capitalistas, não entre o capitalista e o trabalhador".[6]

Irving Fisher negou que houvesse uma clara divisão entre capitalistas, trabalhadores, proprietários de terras e empresários. Como mutuários e credores, essas diferentes classes se sobrepunham e as rendas de cada uma eram afetadas pelos juros.[7] Não é verdade, também, que os credores são invariavelmente mais ricos do que os tomadores de empréstimos. No mundo moderno, muitas famílias de menos posses têm depósitos bancários e apólices de seguro, ao passo que os ricos costumam estar muito endividados.[8] Como Locke apontou no século XVII, "viúvas e órfãos" sofrem quando as taxas de juros caem. Uma vez que precisam reservar em dinheiro vivo uma parcela maior de seus bens para enfrentar emergências, os menos abastados sofrem uma perda desproporcional de rendimentos de depósitos quando as taxas de juros caem.[9]

Desde a época de Josiah Child, o mundo dos negócios sempre foi a favor do dinheiro fácil — como escreveu o contemporâneo de Child, Daniel Defoe, "os juros do dinheiro são uma 'praga na lavoura' sobre o lucro do comerciante". Há outra classe envolvida na luta pelos juros. Os banqueiros de investimento e outros financiadores são, em geral, grandes tomadores de empréstimos. O mundo das finanças está dividido entre poderosos tomadores de empréstimos e fornecedores de empréstimos impotentes, grandes baleias se alimentando do plâncton da poupança. Como observou o juiz Brandeis, Wall Street usa o dinheiro de outras pessoas e, quanto menos pagar por esse uso, maiores serão seus lucros.

A questão subjacente envolvendo os juros é sempre a justiça, definida por Santo Agostinho como uma "virtude que dá a cada um o que lhe é devido".[10] De acordo com a justiça distributiva, os dois lados de uma operação de empréstimo devem receber valores equivalentes. A usura é definida como a cobrança de juros excessivos. Mas não existe uma definição para o que seriam juros baixos demais. A justiça não é respeitada quando os credores recebem pouco ou nada, enquanto os tomadores de empréstimo obtêm deles grandes lucros. Uma taxa de juros equitativa é aquela que não é nem muito alta nem muito baixa. Quando a balança está muito inclinada a favor de taxas de juros baixas, a injustiça é total.

QUEM SE BENEFICIA?

Não é coincidência que as maiores fortunas tenham sido ganhas durante períodos de taxas de juros anormalmente baixas. Na Europa do fim do século XVI, toda a riqueza de Augsburgo, cidade livre do Sacro Império Romano, concentrava-se em poucas mãos, principalmente nas do banqueiro Jakob Fugger. A "característica espantosa" dessa época era "a baixa taxa de desconto".[11] Fugger, que uma biografia recente descreveu como "o homem mais rico que já viveu", obteve sua fortuna assumindo empréstimos a taxas de juros tão baixas quanto 2% e emprestando o dinheiro a terceiros, principalmente para os imperadores Habsburgos, a 10% ou mais.[12] A magia dos juros compostos atuando durante mais de três décadas fez de Fugger, nas palavras de seu epitáfio, "inigualável na aquisição de riquezas extraordinárias".

Em 1720, no auge de sua fortuna, John Law se considerava a pessoa mais rica da história. Como vimos, a riqueza do escocês alcançou seu patamar máximo em uma época na qual as taxas de juros na França haviam caído para 2%, enquanto as ações de sua Companhia do Mississippi eram negociadas a 50 vezes os lucros (um rendimento de 2% dos lucros). John D. Rockefeller tem uma reivindicação ainda melhor do que Law para ser considerado o homem mais rico da história. As fortunas dos barões ladrões, como Rockefeller, foram sendo formadas no fim do século XIX, quando o declínio das taxas de juros aumentou a proporção entre a riqueza e a renda norte-americanas.[13] Antes da Grande Guerra, o chefão da Standard Oil valia 2,6 milhões de vezes o salário médio anual dos trabalhadores norte-americanos.[14] Quando o banqueiro Pierpont Morgan morreu, em 1913, deixando uma propriedade avaliada em US$80 milhões, Rockefeller comentou: "E pensar que ele nem mesmo era um homem rico."[15]

Pouco mais de um século depois, Jeff Bezos, o fundador da Amazon, deixou para trás o poderoso Rockefeller quando sua fortuna foi estimada em mais de US$200 bilhões — por volta de 3,5 milhões de vezes a renda média do norte-americano na época.[16] O magnata da internet alcançou esse marco no dia em que a taxa interbancária de juros do Fed estava firmemente atracada em zero. Impelidas pela baixa taxa de desconto vigente, as ações da Amazon foram transacionadas com uma relação preço/lucro acima de cem, mais de duas vezes a valorização máxima da Companhia do Mississippi, de Law.

FINANCEIRIZAÇÃO E DESIGUALDADE

Em sua história sobre desigualdade nos EUA, *Unequal Gains* [Ganhos Desiguais", em tradução livre], Peter Lindert e Jeffrey Williamson escrevem que a desigualdade cresce quando o desenvolvimento financeiro é maior que o crescimento econômico.[17] Como vimos, a constante queda das taxas de juros no fim do século XIX impulsionou a "Morganização" da indústria norte-americana, canalizando enormes fortunas para os banqueiros de Wall Street. No decorrer do século XIX, a parcela de riqueza dos norte-americanos mais ricos aumentou muito, com ganhos concentrados no topo da pirâmide.[18]

Financeirização e desigualdade se reconectaram nos anos 1920. Conforme o setor financeiro dos EUA se expandia ao longo da década, parte cada vez mais expressiva da renda era proveniente de ganhos de capital obtidos do mercado de ações em alta. Apenas 1/10 dos norte-americanos detinha mais da metade da renda total — um nível que não seria visto novamente até o fim do século.[19] A desigualdade de riqueza também aumentou, com a maior parte dos ganhos ocupando o percentil mais elevado.[20] Na elegante região de Hamptons, novas residências palacianas foram erguidas, enquanto "todo o décimo superior de uma nação [estava] vivendo com a despreocupação dos *grand ducs* e a casualidade das coristas", para citar F. Scott Fitzgerald em seu livro *Echoes of the Jazz Age.* ["Ecos da Era do Jazz", em tradução livre.]

A Grande Depressão deu início a um declínio de várias décadas na desigualdade, algo que os economistas chamam de Grande Compressão. A virada se deu no começo dos anos 1980, quando a queda das taxas de juros inaugurou um movimento altista de ações e de títulos que durou décadas. A Roda da Fortuna girou, favorecendo a recuperação de Wall Street. Surgiu a alavancagem, que cunhou fortunas para os fundadores de empresas de private equity e emissores de "junk bonds" [títulos com a pior classificação de crédito], como Michael Milken, da Drexel Burnham Lambert. As taxas de juros continuaram caindo nos anos 1990. Ao longo dessa década, "a desigualdade aumentou principalmente graças ao aumento dos preços das ações, valuations de ativos e receitas obtidas com a realização de opções de ações e ganhos de capital, bem como por salários pagos em setores financiados por novas ações".[21]

Durante a bolha PontoCom, as alterações na desigualdade de renda foram correlacionadas com movimentos no índice Nasdaq de ações de tecnologia, com a maioria dos ganhos de renda concentrados em torno do Vale do Silício e de Wall Street, os epicentros da bolha.[22] O estágio final da bolha ocorreu após o corte de juros do Fed no outono de 1998. Foi quando seu presidente, Greenspan, conheceu o apogeu de sua popularidade em Wall Street. O colapso do Nasdaq inaugurou novos cortes nas taxas, acompanhados por outro surto de desigualdade. Entre 2002 e 2007, a riqueza total das famílias norte-americanas disparou, equivalendo a 100% do PIB, mais ou menos o mesmo aumento dos anos 1920. O mercado de ações em alta inflacionou os salários dos executivos seniores, os bônus dos banqueiros e as taxas dos fundos de hedge. Em 2008, a parcela de renda do decil superior tinha voltado ao pico de 1929.[23] Como nos anos 1920, os norte-americanos mais ricos (os 0,1% mais ricos) detinham quase 1/5 do total de ativos das famílias.*

Como o setor financeiro emprega menos trabalhadores em relação à sua participação na renda nacional, sua expansão durante o boom do crédito exacerbou a desigualdade de renda.[24] Entre 1997 e 2007, as receitas dos gestores de fundos norte-americanos — altamente alavancados no mercado de ações — subiram de menos de 1% para 2,5% do PIB. Na última data, os principais gestores de fundos de hedge ganhavam mais de US$1 bilhão por ano.[25] Um "efeito cascata" da desigualdade aconteceu: "Embora a crescente remuneração dos executivos e da 'financeirização' da economia", escreve Walter Scheidel, historiador de Stanford, "seja diretamente responsável por apenas parte do crescimento recente das rendas superiores, sua influência em outros setores, como a lei e a medicina, ampliaram seu efeito desigual".[26]

Durante as bolhas PontoCom e imobiliária, a diferença salarial entre graduados e outros trabalhadores tornou-se mais pronunciada.[27] À medida que o setor financeiro se expandia, o "prêmio por habilidade" dado a funcionários com ensino superior aumentava.[28] Às vésperas da crise financeira global, os trabalhadores do setor financeiro desfrutavam de um bônus de 50%, calculado em função do nível educacional. Em 2007, mais de 1/4 dos formados em Harvard se

....

* Nas quatro décadas seguintes à Segunda Guerra Mundial, essa parcela mais privilegiada da população detinha, em média, por volta de 10% da riqueza doméstica do país. Após o estouro da bolha tecnológica, sua participação na riqueza ficou em 15%. Entre 2003 e 2008, os super-ricos abocanharam mais 4 pontos percentuais da riqueza total das famílias, elevando sua participação total para aproximadamente 1/5 do total de ativos das famílias. (World Inequality Database). [N. do A.]

candidataram a empregos em Wall Street.[29] Os graduados em universidades de renome eram espertos o suficiente para saber onde suas habilidades seriam mais generosamente recompensadas, mesmo que seu *timing* deixasse a desejar.

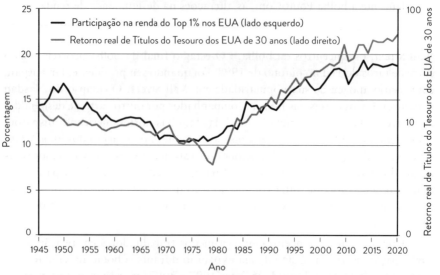

Taxas de juros e desigualdade, 1945 a 2020

O período de queda nas taxas de juros dos títulos (aumento dos preços dos títulos) desde o início dos anos 1980 foi acompanhado pelo aumento da renda e da desigualdade de riqueza.

Para alguns economistas, a desigualdade teve um papel fundamental na formação da crise financeira. Na virada do século, com relação à remuneração estagnada dos trabalhadores de chão de fábrica e não financeiros, a atitude dos formuladores de políticas, disse Raghuram Rajan, era "deixá-los comer crédito".[30] O crescimento do consumo foi mantido diminuindo as taxas de juros e aumentando a oferta de crédito às famílias de baixa renda. A expansão do crédito inflou uma bolha imobiliária, permitindo aos norte-americanos acesso a empréstimos garantidos pelo aumento do valor de suas residências, cujo destino era cobrir as despesas de subsistência. Segundo o economista francês Thomas Piketty, "não há dúvida de que o aumento da desigualdade nos EUA contribuiu para a instabilidade financeira do país".[31]

A desigualdade tem papel proeminente na maioria dos relatos de estagnação secular.[32] É voz corrente que a progressiva diferença entre o 1% mais rico e o resto da população contribuiu para a desaceleração econômica. O fato de que os super-ricos consomem proporcionalmente menos de quaisquer elevações de renda explica o modesto crescimento nos gastos do consumidor.[33] Economistas do Banco da Inglaterra sugeriram que o aumento da desigualdade forçava as famílias mais pobres a economizar mais e desestimulava o investimento empresarial.[34] (Na verdade, como vimos, as famílias norte-americanas e britânicas pouparam, em média, menos do que no passado.) Alguns comentaristas alegam que o aumento da desigualdade foi responsável pelo declínio nas taxas de juros. Segundo o blogueiro de economia Steve Waldman, "o comportamento das taxas de juros reais é a impressão digital empírica do efeito da desigualdade na demanda... a progressiva desigualdade exigia um incentivo cada vez maior a famílias cada vez menos solventes para tomar empréstimos com o propósito de manter a demanda adequada, e os bancos centrais se encarregaram de criar as condições necessárias para isso".[35]

Pode ser isso mesmo. Mas a relação entre desigualdade e taxas de juros se dá em ambas as direções. Como vimos, a desigualdade nos EUA só decolou depois de as taxas de juros começarem a cair na década de 1980. Na esteira do colapso das PontoCom, o dinheiro fácil inflou uma bolha de riqueza, e esta acentuou a desigualdade. O aumento da desigualdade, por sua vez, reduziu as perspectivas de crescimento da economia e, com a economia estagnando, a renda dos trabalhadores parou no tempo. Em outras palavras, taxas baixas geraram desigualdade e a desigualdade gerou taxas mais baixas.

O 1%

As repercussões da crise financeira global dificilmente poderiam ter sido mais diferentes do ocorrido após 1929. Uma segunda Grande Depressão foi evitada, mas também outra Grande Compressão. Políticas monetárias não convencionais impediram o colapso de Wall Street. Os detentores de títulos foram socorridos. Aqueles que conheciam os meandros do sistema financeiro tiveram acesso às facilidades de obtenção de empréstimos de emergência do Fed e conseguiram comprar títulos de risco a preços de barganha com empréstimos subsidiados. Apesar das perdas recordes em Wall Street, bilhões de dólares em bônus foram distribuídos. "O Fed", escreve Philip Mirowski, "concedeu aos bancos opções aparentemente permanentes para recompensar executivos e acionistas, estabelecendo uma proteção para as quedas e permitindo uma valorização ilimitada".*

Após 2008, outra grande bolha de riqueza inflou, maior do que qualquer uma de suas predecessoras recentes. Os ricos detinham, proporcionalmente, mais ativos financeiros, e graças a isso foram recolhendo a maior parte dos despojos à medida que os mercados se recuperavam. Por outro lado, a maior parte

········

* Paul Mirowski afirma que "o Fed também estava trazendo pessoas politicamente favorecidas e fundos de hedge para adquirir derivativos e outras dívidas securitizadas com dinheiro e garantias do governo... até as esposas dos ricos e famosos tiveram enormes oportunidades de enriquecer com o TALF, um programa nominalmente instituído para apoiar os títulos rançosos que o Fed permitiu que proliferassem na década anterior. (Mirowski, *Never Let a Serious Crisis Go to Waste* (Londres, 2013), p. 185). [N. do A.]

206 ❧ *O Preço do Tempo*

da riqueza da classe média estava atrelada ao mercado imobiliário falido.[36] Em 2013, o percentil superior das famílias norte-americanas havia recuperado a maior parte de suas perdas, ao passo que a riqueza dos 90% inferiores se exauria.[37] A parcela da riqueza privada em poder dos norte-americanos mais ricos (um em dez mil) ultrapassou a alta que tivera em 1929.[38]

A desigualdade de renda seguiu um rumo semelhante.[39] Os salários mais elevados apresentaram alta correlação com os lucros corporativos, os quais atingiram o auge no pós-guerra.[40] Os bônus dos banqueiros permaneceram notavelmente dinâmicos.[41] Os 25 principais gestores de fundos de hedge (em 2010) ganharam juntos quatro vezes mais do que a renda total dos principais executivos do S&P 500.[42] Isso não significa que os CEOs norte-americanos estivessem se dando mal. Seus rendimentos também foram alavancados para o mercado de ações. E, para cada ganho de um ponto no S&P 500, o salário do executivo-chefe aumentava em dois pontos e meio.[43] Em 1978, a proporção entre o salário de um CEO e a renda média estava abaixo de trinta. Nas décadas seguintes, o salário do CEO tendeu a aumentar. A taxa de remuneração caiu durante a crise financeira, mas em 2013 havia se recuperado para quase 1:300.[44] Um belo emprego, caso você consiga. Os donos das firmas de private equity, cujas aquisições alavancadas eram sustentadas por dinheiro fácil, se saíram melhor. Em 2015, dez dos quinze executivos norte-americanos mais bem pagos trabalhavam nessas empresas. Steven Schwarzman, da Blackstone, figurou em primeiro lugar na lista dos mais bem pagos, com ganhos anuais perto de US$800 milhões.[45]

A resposta dos formuladores de políticas à crise, disse Nouriel Roubini, economista da Universidade de Nova York, equivalia a "socialismo para os ricos, os bem relacionados e Wall Street".[46] Se os banqueiros centrais não tinham essa visão das coisas, era porque em seus modelos havia um ponto cego. Os modelos assumiam que todo "agente representativo" tem a mesma renda e possui a mesma quantidade de riqueza.[47] De acordo com essas premissas sem nexo e simplificadoras, "as questões distributivas são suprimidas [no modelo dos formuladores de políticas], não deixando espaço para considerar a justiça do resultado obtido".[48] O que isso significa, de fato, é que os banqueiros centrais prestaram pouca atenção ao impacto regressivo das taxas de juros zero e outras inovações monetárias na distribuição de renda e de riqueza.

Ao ser instado a falar sobre essa questão, o presidente Bernanke negou veementemente que as políticas do Fed tivessem tornado os ricos mais ricos, ou que taxas de juros ultrabaixas houvessem incrementado as avaliações de ativos. "O Fed basicamente devolveu os preços dos ativos e similares de volta à tendência", afirmou Bernanke em uma entrevista ao *Financial Times* em 2015.[49] Essa afirmação, no entanto, foi desmentida pelos próprios números do Banco Central, que mostraram que a riqueza das famílias norte-americanas estava em seu nível mais alto já registrado.[50]

CONSUMO CONSPÍCUO

O Fed esperava que, elevando os preços dos ativos com dinheiro fácil, os consumidores passassem a gastar mais. Mas, poucos anos após a crise, o "efeito riqueza" — a propensão das pessoas a gastar seus ganhos de capital — caiu para metade da média histórica.[51] Em razão dos muitos empréstimos assumidos durante o boom do crédito, a maioria dos norte-americanos se viu obrigada a reduzir seus gastos. A demanda por bens de luxo, porém, permaneceu robusta. Como disse, tomado pelo entusiasmo, um editor da lista Forbes 400 dos norte-americanos mais ricos, "os megarricos são megarricos" — e eles fizeram questão de ostentar essa condição.

No dia da quebra do Lehman, o "Golden Calf" de Damian Hirst — um bezerro morto, conservado em formol, com cascos e chifres com pontas em ouro de 18 quilates — foi leiloado pela Sotheby's em Londres por £10 milhões. Isso pareceu um final apropriado para um período espalhafatoso de excessos financeiros e do mercado de arte. Mas, nesse mercado, a depressão durou pouco. Nos anos seguintes, os recordes de leilões continuaram sendo superados. Em novembro de 2013, uma escultura de Jeff Koons, o *Balloon Dog (Orange)*, uma das cinco versões "únicas", foi arrematada por US$58 milhões em um leilão, uma soma recorde para uma obra de um artista vivo.* No mesmo leilão noturno, um retrato tríptico de Lucien Freud, feito por seu amigo Francis Bacon, foi vendido por US$142 milhões, na época uma quantia recorde em leilão para qualquer obra de arte. A receita total desse leilão da Christie's, realizado em três horas, totalizou US$692 milhões, tornando-o o maior da história.

Nessa ocasião, uma das pinturas contemporâneas foi *Apocalypse Now*, de Christopher Wool, que arrecadou US$26,5 milhões — uma valorização de preço de 350.000% em relação ao 1/4 de século anterior. (Em contraste, um índice de arte contemporânea aumentou dez vezes em relação à década anterior.)[52] A foto de Wool havia sido trocada de mãos várias vezes no passado e recentemente servira como garantia para um empréstimo do JP Morgan. Composto de "resina em alumínio e aço", o *Apocalypse Now* de Wool consistia em um fragmento de uma carta escrita pelo personagem Capitão Colby, de Scott Glenn, no filme de Francis Ford Coppola: "Venda a casa/Venda o carro/Venda as crianças." Ignorando tudo isso, seu dono decidiu vender a pintura. Alguns anos depois, o muito restaurado, oleoso e que lembra uma lesma *Salvator Mundi* de Leonardo da Vinci foi vendido pela Christie's por surpreendentes US$450 milhões. O fato de essa pintura ter sido leiloada em uma sessão noturna de "Pós-guerra e Arte Contemporânea" evidenciou onde as coisas de fato aconteciam. "As duas maiores lojas de riqueza internacionalmente falando hoje é [sic] a arte contemporânea",

· · · · · · · ·

* Esse recorde foi quebrado por outra escultura de Koons, *Rabbit*, vendida por US$91,1 milhões na Christie's em maio de 2019. [N. do A.]

208 ✎ O Preço do Tempo

opinou Larry Flink, o executivo-chefe da BlackRock, em novembro de 2015, e "apartamentos em Manhattan, apartamentos em Vancouver, em Londres".[53] Como dono da maior empresa de investimentos do mundo, Fink devia saber do que estava falando.

A recuperação dos imóveis de luxo acompanhou o mercado de arte. Em Nova York e Londres, as propriedades mais caras logo anularam suas perdas dos tempos de crise e continuaram subindo.[54] As incorporadoras imobiliárias das duas cidades concentraram-se no segmento de luxo. Em 2014, um montante recorde de US$12 bilhões foi aplicado em construção de residências na cidade de Nova York, mas 1/3 a menos de apartamentos foi concluído em comparação com os números de antes da crise. Desde a década de 1920, não se gastava tanto para abrigar tão poucos. Em Londres, mais de 50 mil propriedades estavam em construção em 2016, a maioria com preços acima de £1 milhão.[55] Inacessíveis para os londrinos comuns, várias dessas casas foram comercializadas na planta para compradores em Cingapura e Hong Kong.

Uma década após a crise financeira, o horizonte de Manhattan foi transformado pelo surgimento de arranha-céus "superaltos, superfinos [e] supercaros".[56] As ostentações de riqueza da elite sempre sinalizaram o aumento da desigualdade. As torres "esbeltas" de Nova York lembravam as casas-torre da cidade montanhosa de San Gimignano, perto de Siena, construídas por famílias patrícias no fim da Idade Média.[57] Em 2019, Ken Griffin, um gerente de fundos de hedge, pagou US$238 milhões pela cobertura em uma dessas torres esbeltas, tornando-a a propriedade mais cara já vendida nos EUA. Propostas para mais cem dessas torres estavam engatilhadas. "Como plantas pernudas que recebem muito fertilizante", escreveu Oliver Wainwright no *Guardian*, "esses edifícios são um sintoma de uma cidade irrigada com muito dinheiro".[58]

Já os incorporadores em Los Angeles tinham menos restrições de espaço e se valiam disso. Em Hollywood Hills, dezenas de "casas de alto padrão" construídas para "indivíduos de alto patrimônio líquido" foram construídas. Uma propriedade de US$35 milhões em Bel-Air foi lançada com uma festa temática estilo *Grande Gatsby*, na qual um trapezista, balançando de cabeça para baixo, servia champanhe nas taças dos convidados, enquanto um colega flutuava em uma piscina dentro de uma bolha de plástico transparente. A festa em outra casa com uma série de especificações, cujo preço era de US$ 39,995 milhões, foi inspirada no "Jardim das Delícias Terrestres" de Hieronymus Bosch, repleta de atores vestidos como Adão e Eva. Ao menos não houve nenhuma ação no sentido de replicar a representação da pintura original de um usurário defecando moedas de ouro em um poço sem fundo.[59] A casa com especificações mais grandiosas, modestamente chamada de "The One" ["A Casa", em tradução livre], custava US$500 milhões. Solicitado a descrever a estética do edifício, o incorporador respondeu: "Foda. É isso. É foda."[60]

No mercado de carros de luxo o dinheiro fácil era abundante. No fim de 2010, a Ferrari havia vendido todos os seus modelos mais caros, e seus executivos se vangloriavam de que "o ultraluxo continua à prova de recessão".[61] A Bugatti venceu uma corrida acirrada para construir o supercarro mais caro do mundo, um sósia do Batmóvel chamado "La Voiture Noire" ["O Automóvel Preto", em tradução livre], ao preço de US$19 milhões.[62] Mas dinheiro para valer estava reservado para carros antigos. Em agosto de 2018, uma Ferrari rara foi vendida em um leilão da Sotheby's em Monterey, Califórnia, por aproximadamente US$50 milhões. O índice OTX Classic Car — composto por uma cesta de carros antigos de primeira linha — quadruplicou entre 2005 e 2018, deixando para trás, com folga, os mercados de ações do mundo. Um banco alemão recomendou aos clientes a exposição a carros antigos, algo que era "uma adição atraente à sua carteira em termos de rendimento e estabilidade de valor".[63]

As fortunas em expansão da classe bilionária não eram apenas um fenômeno norte-americano. Entre 1987 e 2013, o número de bilionários, em dólares, no mundo todo aumentou dez vezes e sua participação na riqueza global quase quadruplicou. Em 2015, estimou-se que metade da riqueza total do mundo estava concentrada em 62 pessoas (em 2010 eram 388 pessoas).[64] Considerando que grande parte da riqueza privada fica escondida em paraísos fiscais no exterior, tais números subestimam a verdadeira extensão da desigualdade de riqueza.[65] A riqueza não estava diminuindo, disse a organização beneficente Oxfam, mas sendo "sugada para cima".[66]

Os 99%

É questionável se a desigualdade causou a crise financeira, mas não há dúvida de que os custos da crise foram distribuídos de maneira desigual. Nos meses que se seguiram à quebra do Lehman, a Chicago Dental Society informou que 2/3 de seus membros notaram um aumento no ranger de dentes e de mandíbulas cerradas entre os pacientes. Trata-se do bruxismo, cujos indícios incluem insônia, dores na mandíbula e nas orelhas, perda de obturações e dentes quebrados ou desgastados. Ranger e cerrar os dentes são causados por altos níveis de estresse. O estresse é uma resposta natural a tempos difíceis.

Em 2010, em cada dez trabalhadores norte-americanos, cerca de um estava desempregado.[67] Quase metade das famílias norte-americanas recebia benefícios.[68] A taxa de pobreza estava em alta há várias décadas.[69] Muitas casas nos EUA tinham dívidas hipotecárias pendentes superiores ao seu valor de mercado.[70] As execuções hipotecárias de moradias atingiram um nível recorde.[71] Famílias de classe média, cujo maior bem era sua casa, perderam em média 44% de sua riqueza durante a crise imobiliária. Considerando que as aplicações em ações são em grande parte realizadas pelos ricos, a maioria dos norte-americanos não participou da recuperação do mercado acionário.[72] Em vez disso, seus fundos de pensão encolheram e a renda de suas economias em dinheiro evaporou.[73] Em 2013, a riqueza familiar mediana voltou ao nível de 1969.[74] Os menos afortunados sofreram mais. O patrimônio líquido médio das famílias afro-americanas caiu para US$1.700,75.[75] A rede de segurança privada havia praticamente sumido. Não causa espanto que tantos norte-americanos estivessem rangendo os dentes.

Após o início da crise do subprime, a renda norte-americana diminuiu. A perda dos trabalhadores era o ganho de seu empregador. Cinco anos depois da quebra do Lehman, os lucros das empresas norte-americanas alcançaram seu nível mais alto desde 1929.[76] Enquanto a renda dos norte-americanos mais ricos crescia graças aos lucros (em grande parte provenientes das transações acionárias), os salários dos 90% mais pobres dos trabalhadores eram inversamente correlacionados com o mercado de ações.[77]

Em 2018, o desemprego nos EUA estava no nível mais baixo em meio século. Não era uma notícia tão boa quanto parecia, pois estavam sendo criados empregos com salários baixos duas vezes mais rápido do que aqueles com salários altos.[78] Ajustada pela inflação, a renda dos domicílios mais pobres (quintil inferior) em 2013 era inferior à de três décadas antes.[79] Uma pesquisa do Fed mostrou que os salários estagnados e em queda estavam minando a confiança do consumidor.[80] Os cuidados de saúde e outros custos de vida continuaram a aumentar mais rapidamente do que os rendimentos.[81] Mais de 3/4 dos norte-americanos viviam de salário em salário.[82] As reservas financeiras da família trabalhadora média não bastavam sequer para uma semana.[83]

A classe média estava encolhendo em todo o mundo desenvolvido.[84] Em ambos os lados do Atlântico, a participação dos trabalhadores na renda nacional diminuiu.[85] Em 2015, perto de 2/3 das famílias nos EUA e na Europa Ocidental — mais de meio bilhão de pessoas — viram suas rendas caírem em termos reais na década anterior.[86] Na Grã-Bretanha, os salários estavam aumentando mais lentamente do que em qualquer outro momento desde a Revolução Industrial.[87] A mobilidade social foi comprometida.[88] A maioria dos habitantes das economias avançadas, segundo o McKinsey Global Institute, enfrentava a perspectiva de acabar "mais pobre que seus pais".[89]

Como se viu, os pais deles estavam indo relativamente bem. Um artigo do Fed de St. Louis levantou a hipótese de que a política monetária deveria favorecer os interesses do maior grupo demográfico votante.[90] Isso parecia implicar que, quando o maior contingente de votantes é mais velho e procura reduzir o que poupava anteriormente, a política monetária deve ser direcionada para garantir altas valorizações. Os bancos centrais se comportam assim. A geração mais velha — que já não poupa para a aposentadoria — se beneficiou da queda das taxas de juros, que valorizou seus investimentos. No Reino Unido, os aposentados foram a única faixa etária a manter seus gastos após a crise financeira.

O que os pais ganharam, a geração mais jovem perdeu. Quando as taxas de juros caem, há um lapso de tempo maior no acúmulo de poupança para a aposentadoria — em especial quando a renda cresce mais devagar, como foi o caso na década pós-crise. De acordo com um trabalho de pesquisa de 2017, a combinação de taxas de juros ultrabaixas e altos preços de ativos

> cria uma barreira quase intransponível para aqueles sem meios financeiros para acumular o capital necessário para iniciar um negócio, comprar uma casa e alcançar as metas de aposentadoria. Não é surpresa, portanto, que a formação de novos negócios tenha desabado, a taxa de aquisição de casa própria tenha caído drasticamente para os jovens adultos e a poupança para a aposentadoria tenha se tornado um luxo.[91]

Uma "bolha" de dívida estudantil se formou, insuflada por baixas taxas de juros e garantias governamentais. A partir do início dos anos 1980, mais jovens foram para a faculdade, atraídos pelos rendimentos mais elevados obtidos pelos graduados. Mas, conforme a oferta de trabalhadores com formação superior crescia, a receita dos diplomados advinda de prêmios diminuía. Muitos não conseguiam encontrar trabalho compatível com seu nível educacional — um caso de "superprodução da elite".* Em 2017, o Fed de Nova York informou que 40% dos recém-formados estavam subempregados.[92] Dez anos após a crise financeira, a dívida estudantil nos EUA ultrapassava US$1,5 trilhão.[93] Em que pese a força do mercado de trabalho, quase 1/4 dos empréstimos estudantis federais estava inadimplente.[94]

A crise imobiliária causou aos jovens proprietários norte-americanos uma perda desproporcional de riqueza.[95] A recuperação do mercado imobiliário trouxe novos problemas para a geração mais jovem. Com os preços das casas subindo mais rápido do que a renda, muitos foram excluídos do mercado imobiliário em um período em que os incorporadores priorizavam a construção de propriedades de luxo e mais imóveis estavam sendo vendidos a investidores financeiros.[96] Nos EUA, na Europa e na Austrália, a taxa de aquisição da casa própria estava estagnada ou em queda.[97] Em 2018, a idade média dos compradores de imóveis nos EUA era de 46 anos, a mais velha já registrada.[98]

No Reino Unido, surgiu a "Generation Rent".**[99] Apesar dos baixos custos de hipoteca, a maioria dos adquirentes de primeira viagem não conseguia juntar um depósito. Muitos tiveram a assistência de uma nova instituição financeira conhecida como "Banco da Mamãe e do Papai". A casa própria estava rapidamente se tornando um privilégio da classe média alta.[100] Em 2013, o governo britânico ofereceu um subsídio aos que pretendiam comprar sua primeira casa, mas esse subsídio elevou ainda mais os preços desses imóveis.[101] Os políticos prometeram

. . . .

* Frase cunhada pelo acadêmico russo-americano Peter Turchin. [N. do A.]

** Traduzido livremente, a "Geração do Aluguel" é um termo que se refere, no caso, aos jovens adultos (18 a 40 anos) do Reino Unido que não têm acesso ao mercado imobiliário, pois, além dos altos preços das residências, enfrentam dificuldades devido ao elevado custo de vida, aos empréstimos estudantis e ao baixo crescimento salarial. [N. do T.]

212　　O Preço do Tempo

construir mais casas, mas o número necessário para tornar as moradias acessíveis novamente era incrivelmente enorme. Economistas da Universidade de Reading apresentaram uma alternativa, resumida em uma manchete da Bloomberg: "A única solução para a crise imobiliária britânica pode ser um colapso."[102]

A crise de acessibilidade à habitação na Grã-Bretanha provocou prejuízos econômicos. Uma economia dinâmica requer livre movimentação dos trabalhadores entre os empregos. Mas, à medida que os preços das casas subiam, houve um expressivo declínio no número de britânicos que mudaram de casa para começar um novo emprego.[103] Jovens proprietários que fizeram grandes hipotecas para adquirir uma casa tinham menos dinheiro para outras coisas. Recursos foram desviados para a construção de apartamentos de luxo, o que em nada contribuiu para melhorar o preço da moradia. Conforme o custo de fazer negócios aumentava e a migração interna diminuía, as áreas metropolitanas estavam se transformando em cidades de "acesso fechado". Em São Francisco, trabalhadores com baixo salário eram obrigados a dormir em carros.[104] Londres e Nova York tinham uma estranha semelhança com a Veneza do século XVIII, resorts decadentes para uma elite cosmopolita.

Os ricos ficaram mais ricos; enquanto isso, os pobres deixaram de ter filhos. Dívida estudantil enorme, fraco crescimento da renda e preços elevados das casas desestimularam os jovens casais a começar uma família. No Reino Unido, a taxa de natalidade e o mercado imobiliário tinham uma relação inversamente proporcional: conforme os preços das casas subiam, o número de nascimentos caía.[105] Nas regiões da Europa mais afetadas pela crise da dívida soberana, houve um arrefecimento demográfico semelhante. A população da Espanha caiu em 2012 pela primeira vez na história. A expectativa de vida nos EUA diminuiu em 2015.[106] Os economistas Anne Case e Angus Deaton apontaram para "Mortes por Desespero" entre trabalhadores norte-americanos brancos: dezenas de milhares se matavam com analgésicos prescritos.[107] Na era da estagnação secular, os opioides eram o ópio do povo.[108]

Os Forcados Estão Vindo

A crescente desigualdade é motivo de muita preocupação por parte dos Grandes e dos Bons. O Papa Francisco alertou para uma crescente "lacuna que separa a maioria da prosperidade desfrutada por uns poucos felizes", que o Pontífice atribuiu à "idolatria do dinheiro".[109] Para o presidente Obama, a desigualdade é o "desafio definidor de nosso tempo". Apesar dessa preocupação, sua primeira ação ao deixar o cargo foi tirar férias no Caribe, na ilha particular de Richard Branson, bilionário britânico e exilado fiscal. Mais tarde, os Obama gastaram quase US$12 milhões em uma residência de verão em Martha's Vineyard [uma ilha na costa nordeste dos EUA].

Os economistas debatiam a "crise da desigualdade", como era agora denominada. Os suspeitos de sempre foram trazidos à baila para explicar a crise:

impostos, tecnologia, globalização, sindicatos fracos, disparidades educacionais e a tendência dos ricos de se casarem entre si (conhecido como "casamento seletivo"). A desigualdade, tal como a produtividade, é um fenômeno complexo sujeito à influência de muitos e variados fatores. Ainda assim, é impressionante que as taxas de juros ultrabaixas nem mesmo foram relacionadas entre as eventuais causas. A maioria dos especialistas em desigualdade inclina-se para a visão tradicional, que argumenta que os juros são fundamentalmente injustos. Um economista atribuiu o aumento da desigualdade nos EUA às "políticas de taxas de juros agressivamente altas" do início dos anos 1980.[110] Outro sugeriu, de forma mais plausível, que o Fed havia contribuído para a desigualdade ao elevar as taxas de juros sempre que a renda do trabalho aumentava rapidamente.[111] Os banqueiros centrais se absolveram e jogaram a responsabilidade para os políticos.*

Na literatura acadêmica o impacto dos juros ultrabaixos não foi devidamente considerado. A reparação coube a um banqueiro Rothschild. Em carta ao *Financial Times* no início de 2018, Yves-André Istel destacou que, desde o início dos anos 1980, as taxas de juros caíram de 15% para menos de 2%:

> Por si só, o efeito mecânico de reduzir adequadamente a taxa de desconto aplicada aos fluxos de caixa futuros estimados explica em grande parte a elevação do valor das ações (portanto, opções de ações e remuneração dos principais executivos) e valores imobiliários. Os preços dos títulos subiram igualmente, as taxas caíram. A busca por retornos tornou-se desesperada, e a ampla liquidez incentivou empréstimos e alavancagem fáceis e de baixo custo. Tudo isso beneficiou, obviamente, os detentores desses ativos, com um efeito correspondente na desigualdade no Ocidente.[112]

É evidente que as políticas monetárias não convencionais implementadas em função da crise financeira tiveram um impacto formidável na desigualdade. Um estudo do Banco da Inglaterra (de 2012) estimou que a flexibilização quantitativa aumentou a riqueza das famílias britânicas em mais de £600 bilhões. Como o decil superior das famílias detinha mais de 2/3 dos ativos privados, eles se beneficiaram de maneira proporcional.[113] Em outro estudo sobre a política monetária do Reino Unido, "um dos efeitos colaterais da flexibilização quantitativa em particular foi exacerbar a já crescente disparidade de renda e riqueza entre [as] seções mais ricas e mais pobres da sociedade".[114] O mesmo aconteceu nos

· · · · · · · ·

* Agustín Carstens, gerente geral do BIS, resumiu assim a visão de mundo dos bancos centrais: "É importante frisar que a tendência da desigualdade é, em grande parte, o resultado de forças estruturais de longo prazo, largamente exploradas e documentadas na literatura. Entre elas, a mudança tecnológica, a globalização e as mudanças institucionais tiveram um papel importante nas últimas décadas. Tais forças são amplamente autônomas e insensíveis à política monetária, de modo que as tendências para as quais contribuem são mais bem corrigidas por políticas públicas, em particular políticas fiscais. (Carstens, "Central banks and inequality, remarks", BIS, 6 de maio de 2021). [N. do A.]

EUA, onde a desigualdade de renda e riqueza tornou-se mais extrema do que em qualquer outra época desde os anos 1920.[115]

Janet Yellen, presidente do Fed, estava tentando melhorar a vida das pessoas comuns: "Nossa meta", disse ela, "é ajudar a Main Street, não Wall Street".[116] Com carros e casas mais acessíveis, "tentamos ajudar as famílias a comprar o que precisam, e com isso maiores gastos impulsionam a criação de empregos e ainda mais gastos, fortalecendo a recuperação". Mas a batalha contínua do Fed contra a deflação elevou o custo de vida na Main Street. Além disso, os benefícios das taxas ultrabaixas não foram repassados às pessoas comuns. Após suas perdas no subprime, a maioria dos bancos dos EUA aumentou as taxas de juros para os tomadores de empréstimos com baixa pontuação de crédito, mesmo quando a taxa interbancária foi reduzida a zero.

É fácil notar um padrão duplo na abordagem dos formuladores de políticas. Bancos com crédito estourado foram socorridos, mas donos de imóveis com crédito estourado foram executados. Wall Street recebeu empréstimos a custo zero do Fed, mas milhões de famílias pagaram taxas porcentuais anuais de três dígitos sobre consignados, penhor e títulos. Dez anos após a crise financeira, as cobranças com cartão de crédito permaneceram aproximadamente no mesmo nível da virada do século.[117] Para o analista Jamie Lee,

> a necessidade determina a renda. Menos digno de crédito significa mais necessitado. Donos mais ricos pagam taxas de hipoteca menores... Há dois modos de interpretar essa relação. Uma é considerar que os tomadores mais necessitados são também os de maior risco... A outra é considerar que os mais necessitados podem ser mais espremidos.[118]

Tal como Bastiat previu, os pobres não se beneficiaram com o dinheiro fácil. Na era do juro zero, a usura dos velhos tempos estava viva e bem.*

Ben Bernanke disse que, para o "bem maior" da economia dos EUA, os poupadores deveriam arcar com uma perda de rendimentos de depósitos.[119] Mas, como vimos, os juros baixos não ajudaram a economia no longo prazo. Ademais, foi a elite financeira a maior beneficiária das políticas do Fed, que conseguiu aumentar sua fortuna com alavancagem barata em uma época em que os ativos tinham seu valor impulsionado pelo dinheiro fácil. Como disse um comentarista, "o 1% mais rico das famílias com rendas mais expostas à economia de mercado está superando dramaticamente os 99% restantes que estão expostos à economia real".[120]

· · · · · · · ·

* Mehrsa Baradaran afirma que nos EUA dos anos 2010, época em que a taxa interbancária do Fed era quase zero, as famílias com renda anual inferior a US$25 mil ainda gastavam mais em transações financeiras do que em alimentos, enquanto os credores clandestinos que cobravam taxas usurárias (de até 1.900%) se financiavam com empréstimos bancários baratos. (Ver Baradaran, *How the Other Half Banks: Exclusion, Exploitation, and the Threat to Democracy*. Cambridge, Mass., 2015.) [N. do A.]

O Erro de Piketty

O Capital no Século XXI, de Thomas Piketty, tornou-se uma sensação editorial da noite para o dia quando apareceu em tradução para o inglês na primavera de 2014 — mais comprado do que lido, mas muito discutido.[125] Piketty rejeitou as explicações convencionais para a desigualdade com base na educação e na tecnologia.[126] Em vez disso, propôs uma lei fundamental: a desigualdade aumenta sempre que o retorno do capital (composto por lucros, juros, dividendos e aluguéis) excede a taxa de crescimento de uma economia.

Piketty expressou esse conceito com a notação $r > g$, com r representando o retorno sobre o capital e g a taxa de crescimento da economia. Essa fórmula, simples de entender até mesmo para não economistas, tornou-se o slogan da nova luta de classes, impressa em camisetas e desfilada em cartazes nas manifestações do Occupy Wall Street.

Mas a teoria da desigualdade de Piketty sofreu intenso escrutínio. O FMI testou sua lei fundamental em 19 economias avançadas e constatou que, na maioria dos países, a desigualdade diminuiu quando a diferença entre os retornos do capital e do crescimento aumentou.[127] Nem os dados históricos dos EUA na primeira metade do século XIX corroboram a hipótese de Piketty. Ao longo desse período, a taxa de retorno do capital e as taxas de juros caíram e as avaliações dos ativos aumentaram. "Os ricos deixaram para trás o resto da sociedade", escreveram Peter Lindert e Jeffrey Williamson, "em especial nas cidades do Nordeste norte-americano, com base em suas economias, acesso ao crédito e ganhos de capital, e não em qualquer aumento na taxa de retorno. E os ricos foram mais à frente por outra razão: o desenvolvimento do setor financeiro doméstico".[128] Não que algo tenha mudado quanto a isso.

O pressuposto de Piketty era que a riqueza aumenta com o tempo, enquanto na realidade os ricos dividem suas fortunas e a maior parte do que poupam é gasta na aposentadoria.[129] Da miséria à riqueza e de volta à miséria em três gerações continua sendo a regra (algo que os economistas chamam de "efeito Buddenbrooks"). Além disso, se os ricos acumulassem capital sem fim, como Piketty previu, os retornos sobre o capital deveriam inevitavelmente declinar.*

Piketty cometeu um erro mais fundamental. Ele empregou os termos "capital" e "riqueza" de maneira intercambiável, não distinguindo entre *capital*, representado por ativos produtivos como fábricas e máquinas, e *riqueza* na forma de créditos financeiros que não têm vínculos com a produção, como títulos do governo ou metais preciosos. A maior parte do "retorno da riqueza privada",

(continua)

---

* Esta observação é central para a crítica marxista-leninista do capitalismo. Marx escreve em *Capital*, vol. III (p. 398) que "a taxa de lucro diminui proporcionalmente à crescente acumulação de capital e ao correspondente aumento na produtividade do capital". Piketty (O *Capital no Século XXI*, p. 212) faz o mesmo comentário de passagem. [N. do A.]

(continuação)

> que Piketty mencionou, ocorreu na forma de reivindicações financeiras, ou *riqueza virtual*, em uma ocasião na qual o investimento de capital na economia dos EUA estava enfraquecendo.[130]
>
> Com um olhar mais detalhista, percebemos que o "capital no século XXI" de Piketty acaba sendo nossa velha conhecida, a bolha da riqueza.* Como vimos, a partir de meados da década de 1990 as políticas monetárias do Fed inflaram uma sucessão de bolhas de riqueza. Como esta é distribuída de maneira desigual e os rendimentos superiores estão correlacionados com os preços das ações, essas bolhas de riqueza foram responsáveis por grande parte do aumento da desigualdade. Um argumento central deste livro é que as bolhas de riqueza acontecem quando a taxa de juros é mantida aquém de seu nível natural. O nível natural ou de equilíbrio dos juros não pode ser observado diretamente, mas é indicado pela taxa de crescimento da economia e pelo crescimento de seu estoque de capital. Portanto, a desigualdade tende a aumentar quando a taxa de juros é mantida abaixo da taxa de crescimento da economia.
>
> Nossa alternativa "lei de ferro da desigualdade" pode ser anotada como $r < g$, com r significando a taxa de juros e g a tendência de crescimento da economia. Essa fórmula é o inverso da de Piketty, e pode explicar não só as mudanças na distribuição de renda e de riqueza durante os anos 1920 como o aumento da desigualdade desde os anos 1980 e, em particular, a Grande Imoderação da década pós-Lehman.

A desigualdade de renda nas economias avançadas aproximou-se do limite além do qual o colapso social acenou.[121] Até mesmo os norte-americanos mais ricos receavam que a balança tivesse se inclinado demais a seu favor. "Main Street", escreveu "Bond King" Bill Gross, da PIMCO, "não conseguiu acompanhar Wall Street e os EUA corporativos na corrida para ver quem pode se beneficiar mais com rendimentos mais baixos".[122] Ray Dalio, o gerente de fundos de hedge cuja fortuna em 2018 foi estimada em quase US$17 bilhões, observou que "a disparidade de riqueza, em especial quando acompanhada de disparidade de valores, leva a conflitos crescentes e... revoluções de um tipo ou de outro".[123] Nick Hanauer, bilionário da tecnologia e um dos primeiros investidores na Amazon, escreveu um artigo alarmista para o *Politico* intitulado "Os Forcados estão Vindo... para nós plutocratas". Hanauer alertou que os EUA estavam se tornando menos capitalistas e mais feudais, "portanto, tenho uma mensagem para meus companheiros podres de ricos, para todos nós que vivemos fechados em nosso mundo-bolha: acordem, pessoal. Não vai durar".[124]

. . . .

* Piketty ignora as bolhas de riqueza, chamando-as de "erráticas e imprevisíveis" (Piketty, *Capital*, p. 172). [N. do A.]

15

O Preço da Ansiedade

Eu arrisco. Logo, existo.

SLOGAN PUBLICITÁRIO DA CORRETORA DE SEGUROS MARSH, 2007

A estabilidade monetária é condição necessária e suficiente para a estabilidade financeira.

BRENDAN BROWN, 2015[1]

"[A]queles que têm tanto a dizer sobre o pecado da usura geralmente não foram dotados pela Providência com os meios para cometê-lo."[2] Esse foi o comentário desdenhoso do abade napolitano Ferdinando Galiani, um dos grandes sábios do século XVIII e frequentador favorito dos salões parisienses. Para Nietzsche, Galiani era "o homem mais profundo, sagaz e talvez também o mais libertino de seu século". Também um economista de primeira categoria — "uma das mentes mais hábeis que já se ocupou com nossa área", de acordo com Schumpeter —, explicou por que coisas úteis como a água têm um valor de mercado inferior ao de diamantes, isso mais de um século antes de outros economistas desenvolverem a teoria da utilidade marginal.[3]

Em seu livro *On Money* ["Sobre o Dinheiro", em tradução livre] (1751), Galiani atentou para o antigo problema da usura. Ainda que pertencendo ao clero, ele pouco se valeu das contribuições de outros clérigos sobre esse assunto. Galiani rejeitou a visão tradicional de que cobrar por empréstimos era inerentemente injusto. Ao contrário, descreveu corretamente os juros como representando a diferença "entre o dinheiro presente e o dinheiro distante no tempo". No entanto, Galiani não estava se referindo à noção contemporânea de Turgot segundo a qual os humanos preferem o consumo atual em vez do futuro. Para ele, a existência de juros se justificava porque cada empréstimo traz em si algum risco de perda, o que provoca ansiedade no credor. "Manter alguém na ansiedade é doloroso, então deve ser recompensado por isso", concluiu Galiani. "O que se chama produto do dinheiro, quando legítimo, é simplesmente o preço da ansiedade: e engana-se quem pensa que é outra coisa."[4]

218   O Preço do Tempo

Galiani se deu conta de que o cálculo de probabilidades, na época já utilizado em seguros comerciais, também poderia ser aplicado no negócio de empréstimos. Os juros, escreveu ele, "têm a mesma proporção em relação ao capital que a probabilidade de perda em relação à probabilidade de reembolso". Considerando que cada empréstimo tem um risco diferente, os juros

> são tão variados quanto os quase infinitos graus de probabilidade de perda, algo muito grande em certos casos (como na usura marítima), às vezes chegam a zero (como nos bancos e empresas das repúblicas), e podem ficar abaixo de zero, tornando-se uma quantidade negativa (como se deu na França na época do Sistema de Law [ver Capítulo 4]).*

Sob essa perspectiva, para Galiani, os juros podem ser vistos como o "preço do seguro".[5]

A ideia de que juros e riscos estão interligados tem raízes antigas. Vimos que babilônios, gregos e romanos cobravam prêmios mais altos por empréstimos para viagens marítimas. Mas a descrição de Galiani dos juros como um prêmio de seguro também é surpreendentemente moderna. As finanças no século XXI baseiam-se no papel dos juros na precificação do risco. Uma enorme variedade de riscos está incorporada na taxa de juros: além do risco de crédito (que pode ser subdividido em risco de inadimplência e risco de recuperação), há os riscos legal, de liquidez e de inflação. Os títulos de renda fixa sujeitam-se a mudanças futuras nas taxas de juros (o chamado "risco da duration"). Um banco lembra muito uma companhia de seguros. O spread entre o que o banco cobra por seus empréstimos e o que paga em depósitos assemelha-se a um prêmio de seguro.** De fato, os títulos podem ser replicados com contratos de seguro, conhecidos como "credit default swaps" (CDS). Os rendimentos dos CDS variam com a probabilidade de inadimplência, tal como Galiani pensou.

As seguradoras empregam atuários para calcular as probabilidades de perda. Os tipos de risco segurados — casas, carros, negócios, vidas etc — normalmente independem uns dos outros. Mas apólices de seguro mal subscritas mudam o comportamento das pessoas. Por exemplo, se o seguro automotivo

....

*   Arthur Monroe, *Early Economic Thought* (Mineola, NY, 2006), p. 305. Não está claro por que Galiani pensou que as taxas de juros no Sistema de Law eram negativas — ao menos em termos nominais. Mas, depois de subtrair a inflação, as taxas de juros reais na França em 1720 eram extremamente negativas. Talvez Galiani estivesse antecipando a distinção entre taxas de juros nominais e reais (isso é, pós-inflação) mais adiante feita por Irving Fisher no fim do século XIX. [N. do A.]

**   As seguradoras subscrevem apólices e os banqueiros subscrevem empréstimos. Na terminologia de opções, um banco que faz um empréstimo "vende uma opção de venda", pois deve absorver perdas se o mutuário não pagar. Juros podem ser tidos como o prêmio do seguro, que deve ser fixado em um nível que proteja o credor contra o risco de perda e, ao mesmo tempo, dê um retorno adequado sobre o capital. [N. do A.]

for muito baixo, mais motoristas ruins vão para as ruas, levando a um aumento nos acidentes de trânsito. O seguro residencial subsidiado incentiva as pessoas a construir em áreas de risco, sem falar do risco moral, que pode induzir um segurado a incendiar sua casa para poder reivindicar o seguro.

O risco moral também ocorre quando a taxa de juros — o preço do seguro de Galiani — é muito baixa. Os booms de crédito acontecem em períodos de dinheiro fácil, em virtude da má avaliação dos riscos financeiros e da crença dos participantes do mercado de que as autoridades os protegerão de perdas. Na véspera da crise financeira, a Marsh, uma gigante dos seguros, veiculou uma campanha publicitária com o slogan "Eu arrisco. Logo, existo". O *timing* era ruim; o sentimento, correto. O capitalismo é um sistema econômico que recompensa e pune as pessoas por assumirem riscos. O *homo capitalisticus* é um tomador de risco, e uma economia estável exige precificações de riscos corretas. Quando o preço do risco é muito baixo, muito risco é assumido, novos riscos se multiplicam e o sistema financeiro se torna instável.

Walter Bagehot entendeu que os investidores tendem a se comportar imprudentemente quando as taxas de juros caem abaixo de certo nível. O desejo de manter o rendimento de seus investimentos os induz a especular. Um estudo recente revelou que, quando os rendimentos dos títulos do governo ficam abaixo da média, os investidores assumem mais riscos. "As taxas de juros têm um papel importante quanto a afetar o comportamento de tomada de risco", concluem os pesquisadores Yueran Ma e Wilte Zijlstra. A teoria financeira moderna afirma que isso não deveria ser assim. Os investidores, porém, "têm uma noção profundamente enraizada de que a poupança é a preservação da riqueza e esta deve crescer a uma taxa 'decente'". Eles não vão aceitar uma perda de renda. Além disso, sua predisposição a assumir riscos é inversamente proporcional à taxa de juros. Bagehot se enganou em um detalhe. Segundo Ma e Zijlstra, assumir riscos alcança extremos quando os rendimentos dos títulos caem abaixo de 3% — não o nível de 2% que levou John Bull a atos lendários de impetuosidade.[6]

CARRY TRADE

Quando as taxas de curto prazo estão baixas estimulam os investidores a contrair empréstimos a fim de adquirir ativos que gerem mais renda. A diferença entre o custo do empréstimo e o retorno dos empréstimos arriscados é conhecida como "carry". Há vários tipos de "carry trades", desde fundos de hedge alavancados para comprar títulos lastreados em hipotecas até proprietários que assumem hipotecas sobre suas propriedades para locação. Os retornos dos carry trades são assimétricos: os investidores geralmente desfrutam de um fluxo constante de pequenos ganhos, mas estão expostos a grandes perdas repentinas. No jargão do mercado, diz-se que tais aplicações catam moedas na frente de rolos compressores. (De forma mais escatológica, também se diz que eles "comem como um pássaro e cagam como um elefante".)

Não há como prever com precisão as perdas em carry trades, uma vez que seus retornos são distorcidos ou "fat-tailed" [ou "cauda gorda" — uma distribuição estatística que distorce as estimativas de risco]. Mas os cisnes negros financeiros não surgem de um céu azul-claro. Carry trades tendem a explodir após períodos de dinheiro fácil nos quais a alavancagem e outros riscos vão se acumulando no sistema financeiro. Quando a liquidez seca e os spreads de crédito aumentam, os que estão alavancados se veem obrigados a reduzir suas posições e um efeito dominó atinge todo o sistema. Foi o que houve nos EUA no início de 2007, quando começaram a pipocar inadimplências nas hipotecas subprime. Nos dois anos seguintes, inúmeros carry trades foram desfeitos. Bancos, fundos de hedge e bancos de investimento carregados de títulos hipotecários adquiridos com empréstimos de curto prazo faliram aos montes. Sociedades de Propósito Específico ou "bancos paralelos" — fundos de investimento imobiliário hipotecário, fundos de investimentos estruturados, "bank conduits" [empresas não bancárias que se financiam com títulos municipais] e similares — entraram em colapso um atrás do outro. Os vendedores de "credit default swaps" (CDS) subprime, incluindo a gigante seguradora AIG, descobriram que haviam vendido seguros muito baratos. No complexo e interconectado sistema financeiro moderno, calcular a probabilidade de perda revelou-se não tão fácil quanto Galiani acreditava.

UM DÉJÀ VU.
EM TODA PARTE. DE NOVO.

Em meio a todos os comentários acalorados sobre banqueiros gananciosos e seus títulos "tóxicos", fica fácil deixar de lado o fato de que os títulos subprime, originalmente, atraíam investidores porque aumentavam a renda em uma ocasião na qual as taxas de juros dos EUA tinham chegado a níveis historicamente baixos. O Tio Sam é capaz de suportar muitas coisas, mas não o 1%. Após a taxa interbancária do Fed ter sido reduzida a zero em 2008, os investidores ficaram mais desesperados do que nunca por obter ganhos. Um novo e completo regime de "carry" surgiu, com intermediação financeira paralela, securitizações complexas, padrões de crédito deteriorados e até dívidas subprime. Foi um "déjà vu. Em toda parte. De novo".[7]

Na era das taxas zero, "cash was trash" (dinheiro era lixo, em tradução livre). Bill Gross, da PIMCO, observou que, no fim de 2012, a taxa paga em seu fundo do mercado monetário de corretagem era de somente 0,01%, o que significava que US$10 mil aplicados não renderiam o bastante para comprar uma xícara de café. Era natural que a busca por rendimento fosse retomada. Depois de 2008, essa busca assumiu uma infinidade de formas, que iam de empréstimos ponto a ponto online a investimentos em "yieldcos" ["companhias de rendimentos", em tradução livre], listadas em Bolsa, que, como o nome sugere, foram projetadas para atrair investidores sedentos por rendimentos. Outros veículos de aumento de renda incluíam corporações de desenvolvimento de negócios (via empréstimos para pequenas empresas), sociedades limitadas, fundos de ações preferenciais, fundos de títulos municipais de alto rendimento, títulos lastreados em hipotecas comerciais e fundos de investimento imobiliário.

Com os títulos sendo negociados abaixo do par — ou seja, abaixo do valor de face — após a quebra do Lehman, os fundos do mercado monetário também se viram obrigados a assumir mais riscos de crédito para sobreviver na era das taxas zero.[8] Fundos de resseguro de alto rendimento, conhecidos como "catastrophe bonds" ["títulos da catástrofe", em tradução livre], mostraram ser tão populares que reduziram o custo do resseguro. Como disse um investidor ao *Wall Street Journal*, o mercado de renda fixa estava "agindo como uma seguradora gigante" —, bem como Galiani achava que deveria agir. No entanto, veteranos do mercado de resseguros ficavam incomodados com o fato de os riscos de seguros estarem sendo mal avaliados.[9]

O Fed não ficou somente no estímulo à busca por rendimento cortando as taxas de juros. Um dos propósitos explícitos da flexibilização quantitativa era incentivar Wall Street a assumir mais riscos. Os investidores que vendiam títulos do Tesouro e hipotecários ao Banco Central deveriam prover seus portfólios com títulos de maior rendimento (no Fedspeak [modo prolixo e obscurecedor dos pronunciamentos do Fed], esse era o "canal de saldo do portfólio"). Ao mesmo tempo, "o Fed tornou-se possivelmente o maior carry trader de todos: seu balanço é um imenso carry trade com grandes participações em títulos rentáveis, como títulos do Tesouro e títulos lastreados em hipotecas, financiados por passivos de custo muito baixo".[10] O Banco Central, na era da flexibilização quantitativa, demonstrou ser um negócio extremamente lucrativo. Em 2015, o Fed obteve lucros de aproximadamente US$100 bilhões em seu portfólio de títulos, financiado pela impressão de dólares.

"JUNK BONDS" E EMPRÉSTIMOS ALAVANCADOS

A busca pelo rendimento provocou um colapso dramático nos padrões de subscrição. Após a falência do Lehman, os rendimentos dos "junk bonds" [títulos classificados como "lixo"] dos EUA subiram mais de vinte pontos percentuais acima dos títulos do Tesouro. Mas, graças à pronta ação do Fed, o esperado tsunami de falências corporativas nunca aconteceu. Em vez disso, os spreads de crédito se contraíram e o mercado de alto rendimento reabriu. As empresas que operavam com valores mobiliários não perderam tempo em explorar a avidez dos investidores por renda. Henry Kravis, o fundador veterano da empresa líder de aquisições KKR, vangloriou-se de que a aquisição da Del Monte Foods por sua empresa, em março de 2011, foi efetuada com "o financiamento mais atraente que já fizemos".[11]

A qualidade do crédito se deteriorou à medida que mais títulos de classificação mais baixa (CCC) chegavam ao mercado.[12] O professor Edward Altman, da Universidade de Nova York, principal autoridade mundial em dívidas inadimplentes, atribuiu a incipiente bolha de crédito a um "apetite insaciável por rendimentos mais elevados neste ambiente de taxas de juros baixas".[13] Essa cartilha era estranhamente familiar, como observou um relatório de 2015 da Ellington Capital Management:

> Essas mesmas características da bolha hipotecária subprime — concessão de empréstimos elevadíssimos para tomadores de empréstimos mais arriscados, taxas de juros baixas recordes, práticas duvidosas na subscrição e na avaliação de garantias, desalinhamento de incentivos entre gestores e investidores, e enfraquecimento dos fundamentos — tudo isso está presente hoje em mercados de dívida corporativa de alto rendimento. A diferença, agora, é que o Fed vem tentando reanimar a economia com juros zero há sete anos.*

Assim como os junk bonds, os empréstimos alavancados são feitos por empresas com baixa classificação de crédito e geralmente para financiar acordos de aquisição. Ao contrário dos junk bonds, eles pagam taxas flutuantes em vez de taxas fixas. Conforme os padrões de subscrição diminuíam, o mercado de empréstimos alavancados foi sendo dominado pelas chamadas emissões "covenant-lite": aquelas sem as proteções tradicionalmente oferecidas aos credores, como limites para assumir mais dívidas. Alguns empréstimos alavancados possibilitavam pagamentos em espécie, o que permitia que fossem efetuados pagamentos de juros com seu próprio papel, em vez de dinheiro.[14] Em 2018, havia mais de US$1 trilhão em empréstimos alavancados em aberto, quase o mesmo valor devido no mercado de títulos de alto rendimento.

As empresas de aquisição usavam empréstimos de alavancagem e títulos de risco para financiar seus negócios, ganhar dinheiro de suas empresas de portfólio ("acordos de dividendos"), e transferir suas empresas para negócios concorrentes de private equity (a "daisy chain" ["cadeia em série", em tradução livre]). Em virtude da facilidade nas condições de financiamento, as empresas de private equity conseguiram levantar mais dinheiro para adquirir mais empresas e acumular mais alavancagem do que nunca.[15] Os lucros das aquisições foram provenientes do amplo spread entre os custos de empréstimos baratos e os retornos obtidos

. . . .

* "It's Déjà Vu All Over Again", p. 1. A sugestão de Ellington de que estávamos na "nona entrada" da bolha de alto rendimento mostrou-se equivocada. Após oscilarem no fim de 2015 e no início de 2016, os junk bonds tiveram, nos meses seguintes, um de seus melhores desempenhos já registrados. [N. do A.]

pelas empresas do portfólio. Os credores de empresas de private equity se beneficiaram de mais receita de juros, mas, como os padrões de crédito e os rendimentos desabaram, mal foram compensados pelos riscos que assumiram.[16] Ir atrás de rendimento nada mais é senão míope.

O apetite dos investidores aumentava ainda mais quando os títulos eram de maior qualidade. Na década após 2008, as empresas norte-americanas emitiram quantidades recordes de títulos com grau de investimento com rendimentos baixos sem precedentes, à medida que seu endividamento alcançava níveis recordes.[17] A Lei de Gresham operava à medida que proliferava a dívida emitida por empresas no degrau mais baixo da escada do grau de investimento (BBB), enquanto os títulos corporativos de primeira linha (AAA) se tornavam uma raridade.[18] A maior parte do dinheiro captado pelas empresas não foi usada para investimentos produtivos, mas para financiar recompras de ações em volume recorde (ver Capítulo 11). Assim, o carry trade em títulos corporativos financiou um carry trade em recompras de ações, o carry trade mais extenso de todos.

Uma fome cega e irrefreável por rendimentos reviveu o moribundo mercado subprime. Janet Yellen afirmou que a intenção do Fed era ajudar as pessoas comuns facilitando o acesso a casas e a carros. Desta vez, os empréstimos subprime foram para compradores de carros com baixa pontuação de crédito, e não para compradores de casas. "Auto receivables" ["recebíveis de automóveis", em tradução livre] — títulos de dívida de curto prazo originados e embalados por financiadores de automóveis especializados — encontraram um mercado pronto, apesar do aumento da inadimplência.[19] Os empréstimos para carros não quitados ultrapassaram, nos EUA, a marca de US$1 trilhão pela primeira vez em 2015, dos quais cerca de 1/5 eram devidos por tomadores de empréstimos subprime. A farra de empréstimos fez as vendas de carros atingirem um recorde. Assim como o crédito subprime na década anterior havia sobrecarregado o mercado imobiliário norte-americano, agora um excesso de veículos cujo prazo de arrendamento chegava ao fim inundou o mercado de carros usados, derrubando os preços e sobrecarregando os proprietários de carros com mais dívidas do que seus veículos valiam. No jargão da indústria, dizia-se que eles estavam "de cabeça para baixo".*

---

* O mercado de carros usados foi salvo pela chegada da Covid-19, que produziu um aumento na demanda. Em abril de 2021, o Índice Manheim para veículos usados nos EUA subiu um recorde de 54% em relação aos 12 meses anteriores. [N. do A.]

Risco de "Duration"

Quando a curva de juros se inclina para cima, os títulos com vencimentos mais longos proporcionam mais renda do que títulos de curto prazo ou dinheiro. Possuir títulos com vencimentos mais longos — o que é conhecido como "duration" — também gera ganhos de capital quando as taxas de juros caem. Durante um bull market de bonds, possuir títulos de longo prazo com até mesmo o menor dos juros pode gerar lucros de dar água na boca. No fim de 2015, por exemplo, o governo do Japão emitiu um título de 40 anos com cupom de apenas 1,4%. Logo depois, o Banco do Japão anunciou o início das taxas de juros negativas e o preço desse título subiu mais de 33%.[20]

Depois de 2008, investidores famintos por rendimentos adotaram a duration como nunca antes. Os bancos norte-americanos, desesperados para ganhar ao menos algum juro sobre seus ativos, estenderam a duration em suas carteiras de títulos.[21] Até os banqueiros centrais buscavam rendimento. Uma pesquisa de 2016 com gestores de ativos do Banco Central mostrou que diversos deles alongaram a duration de suas carteiras de títulos e adquiriram títulos lastreados em ativos para obter uma renda extra.[22]

A duration foi aplicada até mesmo para proprietários de títulos com rendimentos negativos. Por volta de US$12 trilhões em títulos pertenciam a essa categoria no verão de 2016.[23] "Os juros não importam", declarou um executivo de seguros de Tóquio quando os juros de resgate de um título de trinta anos do governo japonês se tornaram negativos.[24] Não foi um comentário tão maluco quanto pode parecer, pois qualquer perda de renda sofrida pelos detentores de títulos foi mais do que compensada pela perspectiva de ganhos de capital com o declínio das taxas de juros. Enquanto o Japão adotava taxas negativas, seus títulos públicos geravam seus melhores retornos em décadas. A perspectiva de mais cortes nas taxas, conforme as taxas de juros avançavam para território negativo, apenas aguçava o apetite. Assim, podia-se dizer (com alguma seriedade estampada no rosto) que os investidores deveriam comprar títulos de juros negativos para obter renda de ganhos de capital e ações.

Enquanto isso, os governos capitalizaram esse frenesi da duration para alongar os vencimentos dos empréstimos que tomaram. "Estamos felizes em alimentar o mercado com o produto que eles desejam", declarou o gestor da dívida nacional da França.[25] Em 2015, Irlanda e Bélgica emitiram títulos com vencimento de 100 anos.[26] Várias companhias privadas, incluindo a empresa química alemã Bayer e a concessionária francesa EDF, também emitiram títulos centenários.[27] A Petrobras, gigante de energia do Brasil envolvida em escândalos, encontrou uma forte demanda de investidores por títulos que prometiam resgatar no século XXII. A Itália, sempre à beira de uma crise de dívida soberana, lançou um título de 50 anos com juros inferiores a 3% que foi largamente subscrito. Na época, os juros dos títulos italianos de curto prazo eram impressos com um sinal de menos.

A duration pode ser lucrativa quando um mercado de títulos está em processo de alta, mas também é um fator de risco. Quando as taxas de juros sobem, os detentores de títulos de longo prazo sofrem mais. À medida que a duration se alongou e o tamanho do mercado global de títulos se ampliou após 2008, a exposição total à perda para investidores de renda fixa cresceu inexoravelmente. Com títulos somando trilhões de dólares negociados com juros negativos, seus detentores teriam enormes perdas se as taxas de juros subissem inesperadamente. Segundo o Goldman Sachs, a duration agregada dos títulos corporativos em todo o mundo dobrou entre 2006 e 2016. Nesta última data, a Bloomberg estimou que uma elevação de taxa de apenas meio ponto porcentual geraria US$1,6 trilhão em perdas nos mercados de renda fixa.[28] Um deslocamento nos mercados de títulos representava uma ameaça potencial ao mercado de derivativos financeiros, essas armas financeiras de destruição em massa, como Warren Buffett as chamava, cuja exposição nominal era medida em quatrilhões (mil milhões de milhões) de dólares, com a maioria deles vinculados a contratos de taxa de juros.

Na segunda década do novo milênio, o mercado de títulos apresentava diversos sintomas da existência de uma bolha: valorizações anormais; uma mentalidade "desta vez é diferente" entre os investidores; risco moral induzido por intervenções contínuas do Banco Central; enorme emissão de títulos; e uma miopia generalizada que impedia os investidores de enxergar a perspectiva de perdas. O vigilante dos títulos, sempre alerta para os riscos do investimento em renda fixa e exigindo proteção na forma de compensação de juros adequada, jazia em paz. Nenhum capitalista foi mais desleixado do que o millennial investidor de renda fixa. De que outra forma se explicar títulos suíços de trinta anos pagando menos que zero, ou a dívida soberana da zona do euro ser considerada um "paraíso negativo" apenas alguns meses após a região emergir de sua crise de dívida?[29]

"A noção de que os títulos de juro negativo, denominados em uma moeda fiduciária, são um ativo 'seguro' é um equívoco que pertence à próxima edição de *Extraordinary Popular Delusions and the Madness of Crowds*", afirmou James Grant, editor da *Grant's Interest Rate Observer* no verão de 2016.[30] "A maior bolha de títulos da história mundial", declarou o gestor de fundos de hedge Paul Singer, um mês antes.[31] Alan Greenspan tinha a mesma opinião. "Sob qualquer medida, as taxas de juros reais de longo prazo são muito baixas e, portanto, insustentáveis", comentou o chefe aposentado do Fed à Bloomberg em julho de 2017. "Estamos passando por uma bolha, não nos preços das ações, mas nos preços dos títulos."[32] Mas o que o Maestro sabia? Durante seu longo mandato no Fed, Greenspan não conseguiu identificar uma única bolha. Enquanto seus sucessores no Fed e seus colegas do Banco Central permanecessem rodando para trás o botão das taxas de juros, e enquanto a inflação estivesse sob controle, títulos de renda fixa eram uma compra.

RISCO DE LIQUIDEZ

Keynes acreditava que os juros existiam porque os poupadores precisavam ser subornados para dispensar a segurança do dinheiro em mãos. "A taxa de juros", escreveu Keynes em sua *Teoria Geral*, "é a recompensa por despedir-se da liquidez por um período especificado".[33] Como vimos, desde ao menos o século XVII persiste a ideia de que os juros impedem as pessoas de acumular dinheiro. A liquidez ainda é valorizada nos modernos mercados de títulos, nos quais os títulos menos líquidos têm, em geral, rendimentos mais altos do que os títulos de referência, como os do Tesouro dos EUA de dez anos.

Contudo, quando as taxas de juros caem para níveis muito baixos, os investidores, alegremente, abrem mão da liquidez por um tantinho de renda extra. Ao longo do regime de "dinheiro fácil" de Greenspan, o dinheiro foi esparramado em títulos lastreados em ativos e outros produtos ilíquidos dos "bancos paralelos". A crise do subprime originou uma "corrida por dinheiro", pois os agentes alavancados rapidamente desfizeram suas posições, ocasionando perdas extraordinárias para os proprietários de títulos ilíquidos. Após terem ganhado tostões durante vários anos, os carry traders de Wall Street foram, de fato, totalmente esmagados.

Alguém poderia pensar que essas perdas dolorosas teriam sido indelevelmente gravadas na memória coletiva de Wall Street. Mas taxas de juros ultrabaixas causaram amnésia entre os investidores. Depois de 2008, surgiu um novo sistema bancário paralelo com muito em comum com seu extinto antecessor. As obrigações de empréstimos garantidos (CLOs) — um título quase idêntico às obrigações de dívida garantidas (CDOs) "tóxicas" que alimentaram os empréstimos subprime e depois imploiram espetacularmente — encontraram um mercado pronto. Os ETFs, fundos de títulos "ultracurtos" negociados em bolsa, se constituíram em uma alternativa de aumento de renda em relação aos fundos do mercado monetário e depósitos bancários [siglas acima em inglês].[34] Contanto que a liquidez permanecesse abundante, esses veículos de investimento poderiam ser considerados substitutos do dinheiro. Uma década após a crise financeira, mais de US$1 trilhão foi investido em ETFs de créditos.[35] Isso representou apenas uma pequena fração da atividade do sistema bancário paralelo.[36]

Os investidores estavam navegando em águas muito rasas. A negociação de ETFs e fundos de títulos, que permitiam resgates diários aos investidores, superava o volume de negócios de seus ativos subjacentes.[37] O risco de liquidez foi agravado pelas novas regulamentações bancárias, cuja finalidade era impedir que as empresas de Wall Street especulassem com seu capital. Esses regulamentos tiveram o efeito não intencional de induzir os corretores a deixar seu papel tradicional de criar mercados para títulos governamentais e corporativos.

A consequência disso foi a diminuição do giro diário nos mercados de títulos.[38] A BlackRock alertou (em 2014) que o mercado secundário de títulos corporativos estava quebrado:

> [A] extensão da quebra é camuflada pelo ambiente atual de baixas taxas de juros e baixa volatilidade, bem como pelo impacto positivo da QE nos mercados de crédito... Um ambiente de mercado menos favorável mostrará que a estrutura subjacente está quebrada, com potencial para liquidez ainda menor e deterioração acentuada e descontínua dos preços.[39]

No caso de muitos investidores tentarem simultaneamente fazer saques de seus investimentos ilíquidos, se deparariam com a dura verdade do comentário de Keynes de que "não existe liquidez de investimento para a comunidade como um todo". De tempos em tempos, os riscos de liquidez vinham à tona. No fim de agosto de 2015, depois que a desvalorização da moeda chinesa pegou os mercados de surpresa, centenas de ETFs passaram a ser negociados abaixo de seu valor patrimonial líquido, e as transações foram suspensas para muitos deles. No mês de dezembro seguinte, uma administradora de fundos sediada em Nova York chamada Third Avenue interrompeu os resgates de um fundo exposto a dívidas corporativas ilíquidas.[40] No verão de 2018, o gerente de um fundo de títulos administrado pela Global Asset Management, uma respeitável empresa de investimentos suíça, foi demitido após a revelação de que ele havia investido recursos de clientes em ativos obscuros e ilíquidos.* No ano seguinte, dificuldades de liquidez afligiram uma empresa europeia de gestão de ativos chamada, ironicamente, H2O. Os investidores da empresa haviam prometido resgates diários, mas seu dinheiro estava aplicado em ativos de difícil negociação avaliados como tendo "informações não observáveis".[41] Para o *Financial Times*, esse caso de "amor ilíquido" sinalizava "as armadilhas potenciais da busca frenética por retornos mais altos em uma era de taxas de juros baixas".[42]

---

* Em julho de 2018, Tim Haywood, gestor do GAM's Absolute Return Bond Fund foi suspenso (e, mais tarde, demitido por "má conduta grave") e o fundo foi encerrado. Haywood colocou uma parcela grande do capital desse fundo em títulos de dívida ilíquidos vinculados ao magnata do aço indiano Sanjeev Gupta e ao financista australiano Lex Greensill. O banco de Greensill faliu menos de dois anos depois. [N. do A.]

O Preço da Volatilidade

Se a liquidez representa a capacidade de negociar títulos sem alterar seus preços, a volatilidade mede o movimento de preços entre as transações. Liquidez e volatilidade estão inversamente relacionadas: aquela diminui quando esta é abundante; mas, quando a liquidez diminui, a volatilidade aumenta. A teoria financeira vê a volatilidade como uma medida de risco, enquanto os que atuam no mercado a descrevem como o preço da incerteza. A volatilidade também foi denominada de preço da liquidez do mercado. O índice VIX é apontado como a medida de volatilidade mais frequente; ele calcula a volatilidade implícita do mercado de ações dos EUA a partir dos preços das opções das empresas individuais que constituem o índice S&P 500.

Depois da quebra do Lehman, esse "medidor de medo" atingiu um recorde (pouco abaixo de 90, aproximadamente 6 vezes seu nível médio). Nos anos pós-crise, a volatilidade do mercado evaporou e o VIX permaneceu mais baixo por mais tempo do que nunca. As três rodadas de flexibilização quantitativa do Fed ocorreram em níveis sucessivamente mais baixos de volatilidade do mercado de ações.[43] Não foi coincidência. A flexibilização quantitativa, observou Kevin Warsh, ex-membro do Federal Open Market Committee do Fed, "funciona porque eliminamos a volatilidade dos mercados financeiros".[44] Dan Galai, professor de finanças israelense que criou o VIX, sugeriu haver um elo entre as taxas de juros ultrabaixas e a volatilidade ultrabaixa do mercado: "Tamanha liquidez no mercado suprime a volatilidade", pensou Galai enquanto o VIX se aproximava de um recorde histórico de baixa em setembro de 2017, "e isso vem com as taxas de juros [serem] baixas demais. A volatilidade baixa por muito tempo é algo relativamente novo, mas talvez esteja correlacionada com as mesmas causas".[45]

Como a volatilidade diminuiu, os operadores voltaram à estratégia lucrativa de comprar ações nas quedas do mercado, confiantes de que o Fed os protegeria. A própria volatilidade se tornou uma nova e atraente classe de ativos. Os operadores de mercado venderam futuros do VIX, "shorting vol", que lhes era lucrativo desde que os mercados permanecessem calmos.* Na realidade, os vendedores de volatilidade estavam protegendo outros carry traders contra perdas. Esse carry trade de carry trades provou ser o mais lucrativo de todos. Um fundo patrocinado pelo Credit Suisse que vendia futuros de volatilidade, conhecido por

· · · · · · · ·

* Na maior parte desse período, a curva de futuros do VIX inclinava-se acentuadamente para cima, um sinal de que o mercado estava antecipando algum choque desagradável no futuro próximo. Os operadores de volatilidade obtiveram lucros vendendo os futuros e "descendo a curva" (ver Christopher Cole, "Volatility and the Alchemy of Risk", Artemis Capital, outubro de 2017). Cole chamou a moda de vender volatilidade de "bull market do medo" e estimou que um total de US$2 trilhões estava sendo apostado, globalmente, na permanência da baixa volatilidade. [N. do A.]

seu "ticker" [um código identificador] XIV (VIX invertido), subiu 11 vezes de preço entre seu lançamento no fim de 2010 e início de 2018.

O FMI estimou (em 2017) que por volta de US$500 bilhões foram envolvidos em estratégias de direcionamento à volatilidade e alertou que o regime de baixa volatilidade estava estimulando os investidores a assumir maior alavancagem.[46] Os fundos de hedge, incluindo a Bridgewater Associates, de Ray Dalio, movimentaram centenas de bilhões de dólares na implementação de uma estratégia conhecida como "paridade de risco", que alocou investimentos em títulos, ações e outras classes de ativos com base em sua volatilidade histórica, alavancando os ativos menos voláteis. As seguradoras de vida comercializaram grandes quantidades de "annuities" ["anuidades", em tradução livre — em geral, são planos de previdência de renda futura] variáveis protegidas pelo principal, que prometiam retornos vinculados ao patrimônio, ao mesmo tempo em que protegiam os segurados contra qualquer queda no mercado de ações.[47] (As seguradoras protegiam sua exposição ao mercado adquirindo ações quando o mercado subia e vendendo quando ele caía.) Essas complexas estratégias de investimento tinham muito em comum com o seguro de portfólio, cujas vendas programadas levaram ao crash do mercado de ações em outubro de 1987.[48]

Em 5 de fevereiro de 2018, uma ligeira subida do índice VIX forçou os vendedores de volatilidade a cobrir suas posições. Uma corrida para comprar proteção contra volatilidade elevou o VIX, gerando um ciclo de perdas e liquidações. No decorrer do dia, o VIX duplicou, o maior aumento já registrado. A nota negociada em bolsa do Credit Suisse perdeu 97% do valor, provocando um "evento de liquidação". Os investidores perderam cada centavo de seus lucros, bons demais para ser verdade. As ações dos EUA sofreram seu declínio mais acentuado em anos, cortando cerca de um trilhão de dólares da capitalização do mercado e ainda assim... absolutamente nada havia acontecido na Main Street, onde as pessoas comuns ganhavam a vida. O "Volmageddon" [fusão de "volatilidade" com "armagedom"] acabou sendo uma falha na Matrix. A riqueza que evaporou naquele dia era virtual, sem contrapartida no mundo real.

ÓCULOS COR-DE-ROSA

O modo de agir dos banqueiros centrais em relação à busca de rendimentos, à bolha do mercado de títulos, ao aumento do risco de crédito, à duration, à liquidez, e à volatilidade, foi de negação plausível. Seus modelos teóricos afirmavam que a política monetária não deveria mudar a percepção de risco dos investidores. Mas, em termos práticos, essa era uma posição indefensável, uma vez que o Fed fazia tudo a seu alcance para induzir os investidores a assumir mais riscos. O presidente Bernanke lidava com a perplexidade dessa situação com um gracejo, dizendo que a flexibilização quantitativa funcionava na prática, mas não na teoria.

Os banqueiros centrais negaram ter sido responsáveis pelo colapso das taxas de juros de longo prazo. Uma narrativa de estagnação secular que obteve respaldo entre os formuladores de políticas monetárias foi o argumento de que as taxas de longo prazo haviam caído porque a demanda por títulos "sem risco" era maior que sua oferta. Aparentemente, o mundo financeiro depois de 2008 estava sofrendo de muita cautela. No entanto, uma observação superficial de Wall Street sugeriu que os investidores eram muito tolerantes com o risco. No que se refere à suposta escassez de dívida com grau de investimento, o estoque de dívida do Tesouro dobrou na década pós-crise. Os títulos do Tesouro norte-americano estavam em falta, mas isso ocorria em grande parte porque o Fed (e outros bancos centrais) havia adquirido muitos deles.

Em 2014, Larry Summers sugeriu que as taxas de juros no período pós-crise eram compatíveis com o pleno emprego, mas não com a estabilidade financeira.* Observadores experientes do mercado estavam convictos de que as taxas ultrabaixas eram as responsáveis pela busca frenética por rendimento e que os riscos financeiros foram mal avaliados. "Nunca... os investidores alcançaram um preço tão elevado por um retorno tão baixo", escreveu Bill Gross da PIMCO.[49] "A política do Fed de taxas de juros zero e expansão monetária", comentou James Grant, "tem, por definição, obrigado os investidores a se afastarem ainda mais do espectro risco/retorno do que teriam sido caso as taxas de juros reais de curto prazo tivessem sido positivas". Grant comparou baixas taxas de juros a "óculos cor-de-rosa" que cegaram os investidores para o risco financeiro.[50] Christopher Cole, da Artemis Capital, sugeriu que os formuladores de políticas monetárias traziam retornos de investimento do futuro para o presente e, simultaneamente, atiravam o risco financeiro do presente para o futuro.[51]

Para ser justo, alguns banqueiros centrais expressaram preocupação sobre o impacto da política monetária no comportamento dos investidores. Em um discurso memorável proferido em fevereiro de 2013, Jeremy Stein, um economista de Harvard que cumpria um único mandato de conselheiro do Fed, afirmou que as mudanças no ambiente monetário alteraram o comportamento de assunção de riscos. Stein observou a proliferação de empréstimos "covenant-lite", títulos

· · · · · · · ·

* A observação de Summers de que a taxa de juros consistente com o pleno emprego não era consistente com a estabilidade financeira é semelhante ao "paradoxo da política" de Mervyn King (ver Capítulo 13): os dois sugerem, implicitamente, que a economia e o sistema financeiro estavam longe do equilíbrio. Summers acrescentou que "baixas taxas de juros nominais e reais prejudicam de vários modos a estabilidade financeira". Elas aumentam a assunção de riscos conforme os investidores buscam rendimento, tomam empréstimos irresponsáveis à medida que as obrigações de cupom se tornam muito baixas e fáceis de cumprir, e tornam as estruturas financeiras à la Ponzi mais atraentes, uma vez que as taxas de juros parecem baixas em comparação com as taxas de crescimento esperadas". (Ver L. Summers, "Reflections on the New Secular Stagnation Hypothesis", em *Secular Stagnation, Facts, Causes and Cures*, eds. C. Teulings e R. Baldwin (Londres, 2014), pp. 32–3.) [N. do A.]

de pagamento em espécie e a crescente alavancagem no mundo das aquisições. "[Um] período prolongado de baixas taxas de juros, do tipo que estamos vivendo hoje", disse Stein, "é capaz de criar incentivos para os agentes assumirem maior duration ou riscos de crédito, ou incrementar a alavancagem financeira, em um esforço para 'obter rendimento'". Taxas baixas, acrescentou, estimularam o desenvolvimento de novos produtos financeiros para satisfazer a demanda por renda de investimento.* A regulamentação estava muito boa, disse Stein, porém somente a política monetária "entra em todas as rachaduras". Mais tarde, Stein disse que a política do Fed de aumentar as taxas de juros em pequenos incrementos, ou "passos de bebê", para não assustar os mercados, foi um tiro no pé. A previsibilidade do Banco Central encorajou os agentes financeiros a assumir mais alavancagem. Quanto mais o Fed se preocupava com Wall Street, mais cauteloso se tornava, e as taxas de juros, já baixas, caíam mais.[52]

Em 2016, o Fed de Dallas alertou sobre o ressurgimento do sistema bancário paralelo, não regulamentado, enquanto o presidente do Fed de Boston sugeriu que o mercado imobiliário comercial dos EUA estava sendo "movido em parte pela corrida por retornos no mundo de baixo rendimento trazido pelo Fed e seus congêneres no exterior, e não pelos fundamentos da oferta e demanda".[53] Conforme se aproximava o 10º aniversário da quebra do Lehman, o FMI "soou o alarme" sobre os empréstimos alavancados, a deterioração dos padrões de crédito e o retorno de complexas securitizações de dívidas.[54] Entretanto, nenhuma dessas advertências vinha apoiada por uma ação substantiva. A sabedoria convencional entre os banqueiros centrais ainda se mantinha: a política de juros deveria perseguir a meta de inflação, ao passo que a tarefa de proteger o sistema financeiro deveria ficar por conta dos reguladores.

O desfecho da crise financeira global foi, de fato, caracterizado pela geração de muito mais regulamentação. As regras da Lei Dodd-Frank de 2010 abrangiam dezenas de milhares de páginas. Como o economista-chefe do Banco da Inglaterra, Andrew Haldane, comentou: "Dodd-Frank faz Glass-Steagall [o marco regulatório da era da Depressão, que tinha apenas 37 páginas] parecer um pigarro", enquanto os novos regulamentos planejados da Europa foram considerados duas vezes mais longos que o de Dodd-Frank.[55] As regras bancárias internacionais, definidas pelo Comitê da Basileia, também aumentaram exponencialmente do Basileia I (1988) com 30 páginas para o Basileia III (2011) com 616 páginas. "Os bancos centrais estão imprimindo regras quase tão rápido quanto imprimem dinheiro", brincou James Grant.

· · · · · · · ·

* Segundo Stein, "baixas taxas de juros aumentam a demanda dos agentes para se envolver em formas de tomada de risco abaixo do radar, demanda essa que pode levar a inovações facilitadoras desse tipo de assunção de risco". (Jeremy Stein, "Overheating in Credit Markets: Origins, Measurement, and Policy Responses", em discurso na diretoria do Fed, 7 de fevereiro de 2013). [N. do A.]

Mais regulamentos implicam em mais reguladores. Tal como nas histórias infantis, era uma vez um distrito financeiro governado por uma sobrancelha — o distrito era o de Londres, e a sobrancelha, do presidente do Banco da Inglaterra.* Mesmo no fim dos anos 1970, o Banco da Inglaterra empregava menos de 80 reguladores — um para cada 11 mil trabalhadores da cidade. Após a crise de 2008, a proporção entre os reguladores financeiros do Reino Unido e os funcionários em finanças caiu para 1:300. Uma proliferação semelhante ocorreu nos EUA. Grandes bancos daquele país contrataram milhares de funcionários de compliance a um custo de dezenas de bilhões de dólares para acompanhar o crescente emaranhado de burocracia financeira.**

Nunca foi provável que os regulamentos pós-crise satisfizessem o objetivo pretendido de proteger o sistema financeiro de revezes. Os financiadores mais espertos sempre podem encontrar brechas nas regras. Como vimos no Capítulo 1, a arbitragem regulatória existe desde os tempos da Babilônia. Por mais amplos que sejam os regulamentos ou o número de reguladores empregados, as autoridades nunca conseguem reunir informações suficientes para prever e controlar todas as manobras evasivas.*** Esse é o problema principal do planejamento central. O regime de taxas de juros ultrabaixas tornou sua tarefa ainda mais intratável. Como apontou Claudio Borio, a política monetária e o que agora se denominava, com grandiloquência, a regulamentação "macroprudencial" caminhavam em direções opostas. Quando o preço da alavancagem diminui, a quantidade de empréstimos aumenta, e Wall Street tem um estímulo mais forte do que o normal para se evadir dos regulamentos e ir atrás de uma graninha extra.[56]

....

* Em *The City of London*, vol. III (p. 391), David Kynaston descreve uma reunião do Committee of London Clearing Bankers em novembro de 1936, realizada no Banco da Inglaterra, na qual o governador Montagu Norman ergueu as sobrancelhas: "O governador referiu-se ao recente aumento nas cotações da Bolsa de Valores e à possibilidade da existência de uma posição de superespeculação. Embora não houvesse, em sua opinião, necessidade de ação no momento, ele pediu aos banqueiros que observassem a situação cuidadosamente e se reportassem a ele em um mês ou dois." [N. do A.]

** Em 2013, o JP Morgan Chase anunciou que contrataria cerca de 13 mil funcionários de "compliance" extras, a um custo de US$4 bilhões. Até o fim de 2014, esperava-se que o Citigroup empregasse mais de 30 mil desses profissionais (Sital Patel, "Citi Will Have Almost 30,000 Employees in Compliance by Year-End", MarketWatch, 14 de julho de 2014). [N. do A.]

*** Como observou Hyman Minsky, a maior parte da inovação financeira visa contornar as regulamentações vindas depois da última crise. Assim, a regulamentação financeira se assemelha à Linha Maginot, construída pelos franceses após a Grande Guerra como proteção a uma outra invasão alemã. Durante a Segunda Guerra Mundial, o exército alemão simplesmente contornou essa enorme fortificação atravessando as florestas supostamente impenetráveis das Ardenas [N. do A.]

O Preço da Ansiedade ⚡ 233

Desse modo, taxas de juros ultrabaixas e outras novidades monetárias após 2008 induziram um aumento na alavancagem, uma grande ampliação de fusões alimentada por dívidas e incontáveis operações de carry trade (a maioria delas envolvendo "venda de volatilidade" de uma maneira ou de outra). A busca por rendimento provocou um abandono dos padrões de subscrição e o retorno de "bancos paralelos" menos regulamentados. Havia abundância de arbitragens regulatórias. Na Suíça, onde os novos regulamentos restringiram o tamanho das hipotecas bancárias, as empresas de construção, intervindo, se dispuseram a fornecer empréstimos imobiliários.[57] Em 2017, o principal regulador financeiro do Reino Unido identificou inúmeros casos do que chamou de "arbitragem regulatória pura" por iniciativa dos bancos britânicos, mas se esqueceu de mencionar que a política monetária implementada pelo Banco da Inglaterra fornecia um forte incentivo para fugir das regras.[58]

Andrew Haldane encontrou outro problema. Ele disse que a regulamentação financeira talvez não tenha reduzido o risco sistêmico, mas apenas exerceu influência onde surgiu o risco. Haldane destacou o fato de que a poupança havia trocado um sistema bancário cada vez mais regulamentado pelos mercados de crédito. "O risco, como a energia, tende a ser conservado e não dissipado, para mudar sua composição, mas não seu quantum", disse Haldane. "Portanto, é possível que o sistema financeiro exiba uma nova cepa de risco sistêmico... desta feita originada nos balanços dos fundos mútuos."[59]

O principal economista do Banco da Inglaterra estava no rumo certo, mas subestimou a questão. O quantum de risco não permanece o mesmo sejam quais forem as condições. Taxas de juros ultrabaixas, como Bagehot entendeu e pesquisas modernas confirmam, incentivam os investidores a assumir mais riscos. Taxas ultrabaixas e impressão de dinheiro pelos bancos centrais podem ter atenuado a volatilidade do mercado, mas, como Hyman Minsky assinalou — e a experiência recente da crise do subprime confirmou — a estabilidade financeira está se desestabilizando. O risco moral nos ensina que, quando os prêmios de seguro são muito baixos, as pessoas constroem casas em áreas sujeitas a inundações. Bancos centrais ativistas, que intervieram durante todos os tumultos do mercado e definiram o "preço do seguro" do abade Galiani em nada, tiveram uma influência igualmente perniciosa no comportamento de Wall Street.

Havia uma solução para o enigma regulatório: taxas de juros mais altas e uma política monetária menos condescendente. O comentário inteligente de Jeremy Stein sobre a política monetária "entrar em todas as rachaduras" foi, infelizmente, a voz que clama no deserto. Além disso, Stein fez esse comentário em fevereiro de 2013, quando as coisas já estavam fora de controle. Um apetite insaciável por rendimento já havia desencadeado um milhão de carry trades. Não havia como voltar atrás.

Os formuladores de política monetária temiam que remover suas medidas extraordinárias induziria turbulências financeiras. Depois que o Fed começou, aos poucos, a aumentar as taxas de juros a partir do fim de 2015, o Volmageddon mostrou como o desenrolar de um obscuro carry trade poderia causar estragos. Assim, taxas baixas geraram mais riscos, e a onipresente fragilidade financeira exigia que as taxas permanecessem baixas.

16

Dinheiro Enferrujado

A ironia central de [uma] crise financeira é que, ainda que ela seja causada por muita confiança, muitos empréstimos e muitos gastos, só pode ser resolvida com mais confiança, mais empréstimos e mais gastos.

LARRY SUMMERS, 2011[1]

Será que eles [os banqueiros centrais] não consideram a possibilidade de que os rendimentos nominais ultrabaixos possam de fato reduzir a demanda agregada enquanto provocam instabilidade financeira, falência de bancos, "zumbificação" e diminuição do dinamismo econômico?

LARRY SUMMERS, 2019[2]

A TAXA DE REVERSÃO

Os economistas revelam a inveja que têm da física pela escolha de metáforas. "Na física, a velocidade de escape é a velocidade necessária para escapar da atração gravitacional de um planeta", observou o presidente do Banco da Inglaterra, Mark Carney, no início de 2014. "O análogo econômico é o impulso necessário para uma economia escapar dos muitos ventos contrários que se seguem a uma crise financeira."[3] Carney justificou, com essas palavras, a manutenção próxima de zero da taxa básica de juros do Banco. Como se viu, a economia britânica durante o mandato de Carney (ele se aposentou em 2020) nunca alcançou a velocidade de escape.

Os experimentos de política monetária após a crise do Lehman poderiam ter feito mais mal do que bem? Exibindo suas próprias credenciais científicas, essa foi a opinião de Bill Gross, da PIMCO, que sugeriu que, assim como a física newtoniana funciona até a velocidade da luz, uma economia de mercado deixa de funcionar normalmente quando as taxas de juros se aproximam do limite inferior a zero.[4] Kenneth Rogoff, economista de Harvard, tratou desse tema:

235

Assim como as leis normais da física parecem não mais vigorar quando um objeto se aproxima de um buraco negro (ou, para ser mais preciso, as leis normais implicam consequências estranhas), as leis da economia parecem não mais vigorar quando uma economia em recessão atinge (ou ao menos se aproxima) do limite zero.[5]

Em seus comunicados aos investidores, o gestor de títulos da PIMCO descreveu como o sistema financeiro precisa de um spread positivo ou carry entre as taxas de empréstimos tomados e concedidos. Com taxas zero, os fundos do mercado monetário são forçados a se retrair, e os bancos acham que emprestar não é lucrativo. Gross comparou o carry com o oxigênio que alimenta o sangue. "Um carry seguro", ele sustentava, "era essencial para o capitalismo. A taxas zero, o sangue torna-se anêmico, carente de oxigênio e até leucêmico".[6]

Gross apontou para o fechamento de agências bancárias no Reino Unido, demissões de funcionários, empresas zumbis e bloqueios no encanamento financeiro induzidos pelas compras maciças de títulos do Tesouro do Fed.* "Baixos rendimentos, baixo carry [e] retornos futuros baixos esperados têm efeitos cada vez mais negativos na economia real... Talvez as taxas de juros de limite zero e os programas de flexibilização quantitativa estejam se tornando tanto o problema quanto a solução", escreveu Gross no verão de 2013. Cinco anos depois, dois economistas norte-americanos publicaram um artigo modelando as perdas sofridas pelos bancos quando os juros caem abaixo de determinado nível. Markus Brunnermeier e Yann Koby chamaram esse ponto de inflexão de "taxa de juros reversa". (O ponto de inflexão varia de um sistema bancário para outro, mas ocorre quando as taxas de juros estão acima de zero.)[7]

Como Gross apontou, os bancos precisam de um spread de empréstimo positivo (margem líquida de juros) para incentivá-los a conceder empréstimos.** Se os bancos não emprestam, também não criam dinheiro. A flexibilização quantitativa fez aumentar os preços dos ativos e encolher os spreads de crédito, porém, a maior parte desse dinheiro novo não foi emprestado a consumidores ou empresas, mas depositado pelos bancos no Fed. O fato de o Fed, em 2008, começar a pagar juros sobre o excesso de reservas (ou seja, depósitos bancários no Banco Central) deu aos bancos um motivo a menos para emprestar. A circulação de dinheiro na economia desacelerou.[8] Resumindo: a política do Fed de

. . . .

* Os bancos usam títulos "sem risco" do Tesouro dos EUA como garantia para transações financeiras conhecidas como compromissadas. Como o QE do Fed reduziu a flutuação dos títulos do Tesouro, não havia disponibilidade para serem emprestados ou novamente hipotecados para promover o crescimento do crédito privado (ver Gross, "Wounded Heart", PIMCO Insights, 4 de junho de 2013). [N. do A.]

** O fato de que os juros são necessários para levar as pessoas a emprestar foi observado pelos primeiros economistas. Como escreveu o economista e mercador Sir Dudley North, nos anos 1690, "juros altos trarão dinheiro de Hoards, Plate etc., para o comércio, enquanto juros baixos o reterão". [N. do A.]

manter as taxas próximas de zero não gerou inflação, mas causou uma deflação prolongada.

No Capítulo 10, vimos como taxas de juros ultrabaixas afetaram de modo adverso o lado da oferta da economia. No próximo capítulo, discutimos como o crédito comercial barato estimulou as empresas a formar cadeias de suprimentos mais longas, algo que, por sua vez, diminuiu os preços dos bens comercializados. A proliferação de zumbis corporativos aumentou ainda mais as pressões deflacionárias.* Muitas indústrias enfrentaram excesso crônico de capacidade. A dívida corporativa disparou nos EUA após 2008, mas um montante expressivo desses empréstimos foi utilizado para fins financeiros — recompra de ações ou aquisições alavancadas (ver Capítulo 11). As baixas taxas de juros viabilizaram um boom de aquisições, que diminuiu as pressões competitivas e fomentou monopólios e oligopólios. Tal como os zumbis, monopólios e firmas financeirizadas tendem a investir menos e, do ponto de vista coletivo, reduzem a capacidade inata de crescimento da economia.

O baixíssimo nível das taxas de juros também prejudicou a economia do lado da demanda. É tudo de bom trazer os gastos do consumidor do futuro para o presente, mas no longo prazo as famílias altamente endividadas e com poupanças inadequadas gastarão menos no futuro. Foi o que ocorreu depois de 2008, quando as famílias norte-americanas e britânicas começaram a quitar parte do excesso da dívida contraída ao longo do boom do crédito.** Em certa medida, a deterioração dos balanços patrimoniais das famílias foi ocultada pela disparada do mercado de ações e outras bolhas de preços de ativos. Todavia, conforme discutido no Capítulo 13, ao elevar o custo dos passivos de aposentadoria, desestimular a poupança e diminuir os retornos dos investimentos previdenciários, o regime de juros baixos colocou o consumo futuro em uma trajetória descendente.

Além disso, o principal beneficiário da grande bolha de riqueza foi o 1%, enquanto os 99% restantes viram-se diante do fraco crescimento da renda, habitação inalcançável e excesso de dívidas. O aumento da desigualdade, como os economistas nunca se cansam de frisar, não favorece o crescimento econômico

---

* Sobre o impacto deflacionário dos zumbis, consulte Viral V. Acharya *et al.*, "Zombie Credit and (Dis-) Inflation: Evidence from Europe", NBER Working Paper, maio de 2020. Esse artigo afirma que fornecer crédito a empresas deficitárias resultou em excesso de capacidade, o qual, por seu turno, "pressiona para baixo as margens de lucro e os preços dos produtos e, assim, reduz a inflação". [N. do A.]

** As mudanças na dívida das famílias variaram de país para país. Entre 2000 e 2008, a dívida das famílias norte-americanas aumentou 25 pontos percentuais em relação ao PIB e caiu 20 pontos percentuais na década seguinte. A dívida das famílias britânicas seguiu uma trajetória parecida. Em ambos os países, a desalavancagem das famílias gerou um movimento contrário à deflação. Em várias outras economias avançadas (incluindo Suécia, Canadá e Austrália), a dívida do consumidor cresceu para níveis recordes depois de 2008 (dados do BIS). [N. do A.]

O Preço do Tempo

— especialmente a "desigualdade ruim", proveniente do rentismo corporativo do tipo que prosperou após 2008.

Ainda que as taxas de juros ultrabaixas e as compras massivas de títulos pelos bancos centrais tenham atenuado a volatilidade do mercado, o sistema financeiro foi debilitado em face do prolongado período de dinheiro fácil. Uma busca frenética por rendimento encorajou os investidores a assumir maiores riscos e os subscritores a rebaixar os padrões para concessão de empréstimos. O carry trade internacional acelerou, com os investidores acumulando dívidas de maior rendimento emitidas por mercados emergentes. Dez anos após a crise, o mundo em desenvolvimento estava, de novo, à beira do abismo.* Quando se leva em conta os vários "mecanismos de transmissão" pelos quais taxas de juros ultrabaixas afetaram a economia e o sistema financeiro, fica fácil entender por que as economias ocidentais nunca alcançaram a velocidade de escape.

Ao contrário, o resultado não intencional de políticas monetárias não convencionais foi diminuir a taxa de crescimento tendencial da economia, reduzindo, assim, a taxa de juros natural. Embora o Fed não tenha assumido a responsabilidade por isso, os banqueiros centrais aos poucos entenderam que a taxa natural tendia a cair. Alguns anos após a crise, o Federal Open Market Committee — o órgão que define a taxa interbancária do Fed — começou a publicar gráficos de previsão de cada membro para a trajetória futura das taxas de juros. Esses "gráficos de pontos", como eram chamados, mostravam que os formuladores de política monetária dos EUA superestimavam consistentemente o nível futuro das taxas de juros. A mediana da previsão do FOMC para a taxa de "longo prazo" (o nível normal esperado das taxas de juros) tendeu para baixo ao longo do tempo.[9]

SEM SAÍDA

No verão de 2009, Ben Bernanke escreveu um artigo de opinião para o *Wall Street Journal* no qual havia a promessa de que o Fed retiraria suas medidas monetárias de emergência de maneira "suave e oportuna". Não era pra ser. Com Bernanke no comando do Banco Central dos EUA, a taxa interbancária do Fed não se moveu. Enquanto o dinheiro fácil de Greenspan (uma taxa de 1%) durou apenas 12 meses, durante 7 anos após a crise financeira a taxa interbancária do Fed permaneceu em zero ou próxima de zero. O balanço do Fed também nunca se contraiu sob a supervisão de Bernanke. De fato, entre a data do comentário de Bernanke no *Wall Street Journal* e sua saída do cargo, o balanço do Fed aumentou cerca de US$4 trilhões.

Na era do "novo normal", inúmeras desculpas podem ser encontradas para atrasar a volta à normalidade. Quando a crise da dívida soberana da Europa

....

* Discutido no próximo capítulo. [N. do A.]

estourou em 2010, o presidente do Fed de Nova York, William Dudley, argumentou que a QE devia continuar em vigor para acalmar Wall Street.[10] Assim, rodadas de compras de ativos seguiam uma à outra. O QE1 deu lugar ao QE2 (novembro de 2010). Em setembro de 2011, o Fed lançou a Operation Twist, que envolveu o Banco Central vendendo títulos de curto prazo para comprar títulos do Tesouro com vencimentos mais longos. Depois do Twist veio o QE3 (setembro de 2012). Bernanke também estabeleceu coletivas de imprensa após as reuniões do Federal Open Market Committee, e passou a fornecer "orientações futuras" sobre os movimentos esperados das taxas futuras. Ao prometer manter as taxas baixas no futuro e comprar títulos com vencimentos mais longos, a intenção do Fed era forçar a queda das taxas de juros de longo prazo.[11]

É bem conhecida a comparação que Keynes fez entre o investimento no mercado de ações e a dança das cadeiras, um jogo de salão infantil. Um banco central no século XXI lembrava mais um jogo de "esconde-esconde". Os mercados financeiros — sob forte tratamento medicamentoso, supervalorizados, extremamente alavancados e cada vez mais ilíquidos — determinavam quão longe os banqueiros centrais ousavam ir. Os mercados estavam sempre prontos para estrilar quando não gostavam do que viam. Após o entrevero de junho de 2013, o presidente do Fed de St. Louis (e membro do FOMC), James Bullard, sugeriu que a flexibilização quantitativa deveria, dali em diante, ser "aberta".* Bullard era um ex-falcão do Fed, habituado a se preocupar com políticas monetárias radicais. Agora, eram as pombas que governavam o poleiro do Fed, com os falcões se tornando uma espécie em extinção.

Outra gritaria do mercado ocorreu no verão de 2015, quando o Fed anunciou a intenção de elevar as taxas pela primeira vez desde a quebra do Lehman. E depois que o Fed manteve o ritmo lento, passo a passo, de aumento das taxas, houve no mercado de ações dos EUA uma repentina convulsão no início de 2018, seguida por um declínio acentuado no fim do ano. A essa altura, o Fed anunciou que não reduziria mais seu balanço patrimonial, como planejado anteriormente. A taxa interbancária do Fed foi cortada em agosto de 2019. No mês seguinte, o Fed começou a adquirir títulos para ajudar um mercado congelado de "repo" — o método de Wall Street levantar dinheiro colocando títulos como garantia. A taxa interbancária do Fed atingiu um pico de 2,5%, menos da metade de seu nível mais alto no ciclo anterior.

As taxas de juros, ao redor do mundo, convergiram para o nível definido pelo detentor da moeda de reserva mundial. As tentativas dos bancos centrais no exterior, de normalizar as taxas, foram invariavelmente frustradas. Por exemplo, o Reserve Bank da Austrália aumentou sua taxa para 4,75% em outubro de 2010 e a manteve nesse patamar elevado durante pouco mais de um ano, e a seguir foi reduzindo paulatinamente a taxa. A Noruega seguiu o exemplo da Austrália,

....

* O entrevero é discutido com mais detalhes no Capítulo 17. [N. do A.]

caminhando timidamente antes de reconsiderar. O Banco Central Europeu sob Jean-Claude Trichet elevou as taxas em meio à crise da zona do euro, e duas vezes de novo em 2011, mas inverteu o curso de ação no fim daquele ano. Taxas baixas geraram, sem sombra de dúvida, taxas mais baixas.

Um jeito de manter perpetuamente a acomodação monetária no lugar era mover as traves do gol. A flexibilização quantitativa foi originalmente instituída para restabelecer a ordem nos mercados financeiros em um período de pânico — uma extensão moderna da regra do emprestador de último recurso de Bagehot (mas sem as condições restritivas vitorianas). Porém, quando o Fed colocou em ação sua terceira rodada de QE em setembro de 2012, o objetivo era auxiliar o mercado de trabalho.* O próprio nível de desemprego se revelou um outro alvo em movimento. A orientação futura do Fed tinha estabelecido, no princípio, uma taxa de desemprego de 6,5% como o limite para normalizar a política monetária. Entretanto, quando a taxa de desemprego chegou a esse nível em 2015, o FOMC concluiu que mais atrasos se justificavam, já que a "taxa natural" de desemprego havia caído.

Segundo as reflexões da presidente do Fed, Janet Yellen, que substituiu Bernanke no início de 2014, os riscos associados às taxas de juros no limite zero justificavam manter a taxa básica de juros nesse nível por mais tempo do que agir de modo contrário.[12] Com efeito, Yellen estava dizendo que a existência de taxas ultrabaixas era, por si só, motivo suficiente para mantê-las.

As intervenções monetárias tornaram-se progressivamente mais ousadas. O Fed começou em 2008 adquirindo algumas centenas de bilhões de dólares em títulos do Tesouro de curto prazo, porém, depois, passou a adquirir títulos com vencimentos mais longos a fim de reduzir as taxas de longo prazo. O Banco Central dos EUA também assumiu risco de crédito ao comprar títulos hipotecários. Mesmo com o desaparecimento das lembranças da crise financeira, o ritmo das compras de títulos pelo Fed acelerou.[13] Paul Volcker, ex-presidente do Fed, lamentou que o Fed tenha "se estendido até o limite de seu poder legal e implícito, transcendendo certos princípios e práticas de bancos centrais há muito arraigados".[14]

Bernanke, contudo, não compartilhava dos escrúpulos de Volcker. O Fed tinha seus mandatos de inflação e desemprego para serem levados em conta. (O terceiro mandato do Fed, manter "taxas de juros moderadas no longo prazo", quase nunca era mencionado). Como Mario Draghi disse mais tarde, o principal risco consistia em fazer pouco e não demais. O chefe do BCE tinha razão. Em teoria, uma elevação acentuada dos juros poderia ter estimulado os bancos a

....

* A justificativa do Fed para o QE3 foi que "sem acomodação política suficiente, o crescimento econômico pode não ter força o bastante para gerar uma melhoria sustentada nas condições do mercado de trabalho". ("Federal Reserve Issues FOMC Statement", Federal Reserve Board, 12 de dezembro de 2012). [N. do A.]

emprestar e a reduzir o ônus dos passivos previdenciários, mas as consequências negativas de tal atitude eram potencialmente devastadoras: zumbis e outras empresas superendividadas quebrando; uma diminuição dos lucros corporativos; declínio na cotação das ações e dos preços dos imóveis; pânico em Wall Street com a liquidez secando e a volatilidade disparando; turbulência nas bolsas estrangeiras, ao lado de mais uma crise de dívida dos mercados emergentes; o retorno da crise da dívida soberana da zona do euro; e, em toda parte, um aumento no custo do serviço da inchada dívida pública. Tudo isso era doloroso demais para contemplar. Então, os banqueiros centrais escolheram avançar com cautela. O problema, na visão de Claudio Borio, do BIS, era que se havia tomado o caminho errado.

O Fed serviu de referência para outros bancos centrais. O cronograma para a adoção da flexibilização quantitativa depois da quebra do Lehman ia do Fed (novembro de 2008) ao Banco da Inglaterra (março de 2009), coincidente com a expansão maciça das compras de títulos do próprio Fed, até o Banco do Japão (agosto 2011), o Banco Central Europeu (janeiro de 2015) e o Riksbank sueco (fevereiro de 2015). O Banco da Inglaterra, o Banco do Canadá e o BCE também adotaram a "orientação futura" do Fed. Em abril de 2013, quando o Banco do Japão estipulou uma meta de inflação, a meta de 2% de Bernanke foi considerada a "referência global".[15] Os principais bancos centrais não se limitaram apenas em adotar a maioria das mesmas ferramentas de política, mas também às vezes agiram em conjunto. À medida que a crise da dívida soberana da Europa se intensificava no fim de 2011, o Fed e os bancos centrais do Japão, da Europa, do Reino Unido, da Suíça e do Canadá anunciaram em conjunto "ações coordenadas para aumentar sua capacidade de fornecer suporte de liquidez ao sistema financeiro global". Cinco anos depois, dizia-se que os principais bancos centrais estavam cooperando novamente, desta vez para impedir a alta do dólar norte-americano nas bolsas estrangeiras.*

Com o decorrer dos anos, o Fed começou a parecer conservador em comparação com seus pares. No início de 2013, o Fed tinha ativos cujo valor equivalia a cerca de 1/5 do PIB dos EUA, em uma época na qual os ativos do Swiss National Bank quase se igualavam ao PIB da Suíça.[16] As compras de ativos do Fed se restringiam a títulos do Tesouro e títulos hipotecários de alta qualidade, ao passo que o SNB adquiria papéis estrangeiros. Nos dois anos e meio após 2015, período em que o programa QE do Fed estava suspenso, o Banco Central Europeu e o Banco do Japão adquiriram mais US$5 trilhões em valores mobiliários. No ano

. . . .

* Em uma reunião do G-20 ocorrida em Xangai em fevereiro de 2016, concordou-se pela primeira vez que os países fariam consultas entre si a respeito das taxas de câmbio. Os mercados apelidaram esse suposto acordo informal entre os bancos centrais de Shangai Accord, em homenagem ao Plaza Accord de 1985. No entanto, sua existência não foi confirmada oficialmente. (Ver Rich Miller, "Shades of Plaza Accord Seen in Barrage of Stimulus after G-20", Bloomberg, 17 de março de 2016.) [N. do A.]

seguinte, esses dois bancos centrais compraram mais títulos soberanos do que os emitidos por seus governos.

Após o público britânico ter aprovado, em junho de 2016, um referendo para deixar a União Europeia, o Banco da Inglaterra começou a adquirir títulos corporativos estrangeiros. De que maneira, exatamente, a aquisição de títulos emitidos por empresas como McDonald's e Apple, ambos na lista de compras de mercadorias da Grã-Bretanha, poderia ajudar a economia do Reino Unido nunca foi claramente explicado.* No início do ano seguinte, os principais bancos centrais do mundo foram às compras de títulos mais do que nunca. "É da natureza dos estratagemas monetários radicais que um gere o outro", escreveu James Grant. "Quanto mais eles experimentam, menos conseguem. Quanto menos conseguem, mais experimentam. Não há 'saída'."[17]

Nem toda inovação monetária foi "cozinhada" em Washington, D.C. O Banco da Inglaterra contribuiu com a "flexibilização do crédito". O BCE tinha suas "operações de refinanciamento de longo prazo", seu "programa de mercados de títulos" e suas "transações monetárias integrais". A paridade cambial dos bancos centrais dinamarquês e suíço lhes servia de pretexto para adquirir títulos estrangeiros com dinheiro recém-impresso. O Banco do Japão, que havia sido o primeiro a iniciar a flexibilização quantitativa (em março de 2001), mais tarde veio com a "flexibilização quantitativa e qualitativa", à qual adicionou o "controle da curva de juros".[18] Enquanto as taxas de juros nos EUA e no restante do mundo anglófono nunca ficou abaixo do "limite inferior zero", os bancos centrais da Europa e do Japão cruzaram o Rubicão, aventurando-se no território desconhecido das taxas negativas.

A MALDIÇÃO DAS TAXAS NEGATIVAS

Entre as guerras mundiais, surgiram vários monetaristas excêntricos, cada um oferecendo sua própria cura idiossincrática para moléstias econômicas. Nos anos 1920, um ex-major do exército britânico, C. H. Douglas, propôs "créditos sociais" sem juros para aumentar a demanda na moribunda economia da Grã--Bretanha.** Outro inglês, Frederick Soddy, com cujos pensamentos sobre riqueza virtual já nos deparamos, sugeriu um novo papel-moeda cuja emissão seria baseada no modelo matemático usado pelo "tote board" [um placar com as chances de vitória dos cavalos] no hipódromo de Sydney. Menos atraente era o padre Coughlin, um radialista demagogo que na década de 1930

....

* A justificativa ostensiva para o Banco da Inglaterra comprar títulos emitidos pela Apple e pelo McDonald's era que muitos emissores de títulos corporativos em libras esterlinas não eram empresas britânicas, e discriminar seus papéis teria sido odioso e distorceria o mercado. [N. do A.]

** Em linha com a moda política da época, os acólitos de Douglas eram conhecidos como "camisas verdes" por causa da cor de seus uniformes. [N. do A.]

pediu a nacionalização do Fed e a emissão de dinheiro de prata em quantidades ilimitadas.[19]

Entre os hereges da economia dessa época figurava um empresário nascido na Alemanha chamado Silvio Gesell. Ele trabalhava como comerciante em Buenos Aires no início dos anos 1890, onde testemunhou a grande crise financeira da Argentina. Na visão de Gesell, a crise econômica subsequente foi exacerbada pelo acúmulo de dinheiro. Ele tinha uma solução original para esse problema. Com a finalidade de aumentar a circulação de dinheiro durante as depressões, Gesell propôs uma lei exigindo que as cédulas fossem carimbadas toda semana. O custo anual dos selos seria fixado em 5% do valor de face das notas. Conforme o plano de Gesell, o dinheiro não serviria mais como reserva de valor em tempos difíceis, e muito menos acumularia juros sobre o depósito. "O dinheiro tem que enferrujar" era seu lema.

Após deixar Buenos Aires, o monetarista radical voltou para a Alemanha, onde montou uma comunidade vegetariana. Em 1916, publicou um livro, *The Natural Economic Order* ["A Ordem Econômica Natural", em tradução livre], pedindo terras sem aluguel e dinheiro sem juros, dedicado ao economista radical norte-americano Henry George, a Moisés e ao líder escravo romano Spartacus. No ano seguinte, Gesell escreveu a Lenin, recomendando ao líder bolchevista assumir o controle do setor monetário em vez de tentar planejar a economia real. Alguns anos mais tarde ele atuou como Ministro das Finanças na efêmera República Soviética da Baviera (cuja conquista mais notável do governo foi declarar guerra à Suíça pela recusa em emprestar alguns motores a vapor). Sua organização Free Economy atraiu milhares de seguidores na década de 1920.

Pouco depois da morte de Gesell em 1930, um experimento em pequena escala com dinheiro enferrujado (*Schwundgeld*) ocorreu na Áustria. A quebra, em maio de 1931, do banco Creditanstalt levou a economia austríaca a uma séria depressão. Os vereadores de Wörgl, uma pequena cidade do Tirol, decidiram combater o desemprego local com um programa de obras públicas. Sua ideia gesselliana era financiar seus gastos imprimindo sua própria moeda. Para permanecerem válidas, as notas de Wörgl tinham de ser carimbadas mensalmente, com o custo do selo fixado em 1% do valor de face. Segundo um relato contemporâneo, o esquema teve êxito na redução do desemprego — ao menos até que o Banco Nacional da Áustria, nada contente com a invasão de seu monopólio monetário, deu cabo às aventuras monetárias de Wörgl.[20]

Mas a história não acaba aí. Em Yale, Irving Fisher soube do esquema de Wörgl. Fisher compartilhava da opinião de Gesell de que acumular dinheiro exacerbava as depressões. Ele escreveu ao prefeito de New Haven, propondo um "título de isenção de imposto de selo autoliquidável de emergência" para facilitar o emprego e, posteriormente, fez uma petição ao presidente Roosevelt com um esquema semelhante. (Fisher fixou a taxa anual de depreciação de seu título em 26%.) O maior economista dos EUA foi rejeitado.[21] Mais tarde, Keynes saudou

Gesell em sua *Teoria Geral* como um "profeta estranho e indevidamente negligenciado". Gesell poderia ter permanecido como uma nota de rodapé na história do pensamento econômico não fosse a Grande Recessão.

Em dezembro de 2008, o Fed cortou sua taxa de empréstimos para um mínimo recorde, estabelecendo uma faixa de 0% a 0,25%. O Banco Central dos EUA chegou ao que os economistas chamam de "limite inferior zero". Os banqueiros centrais não conseguiriam incentivar empréstimos e gastos com novos cortes nas taxas. Ficaram sem balas. Ou assim parecia. Apenas alguns meses depois, Greg Mankiw, um economista de Harvard, sugeriu uma solução para esse impasse. Em um artigo de opinião do *New York Times*, Mankiw recomendou ao Fed impor uma taxa negativa sobre os depósitos bancários. Acumular dinheiro poderia ser desencorajado, disse ele, se uma proporção fixa de notas de dólar fosse invalidada aleatoriamente a cada ano. De uma maneira ligeiramente diferente, ainda que igualmente inviável, Gesell estava de volta.

Em meio às discussões entre os economistas sobre diferentes formas de implementar taxas de juros negativas, os banqueiros centrais seguiam em frente. Em 1656, o Stockholms Banko da Suécia embarcou na primeira experiência da Europa com um papel-moeda puro. O banco não demorou a quebrar após emitir muitas notas e seu fundador, Johan Palmstruch, foi condenado à morte. O Riksbank sueco emergiu das ruínas. Nada mais justo, portanto, que o banco central mais antigo do mundo também fosse o pioneiro a praticar taxas de juros negativas. Em julho de 2009 — menos de um ano após a falência do Lehman — o Riksbank estabeleceu uma taxa de menos 0,25% sobre os depósitos.

O estoque global de títulos negociados com rendimentos negativos

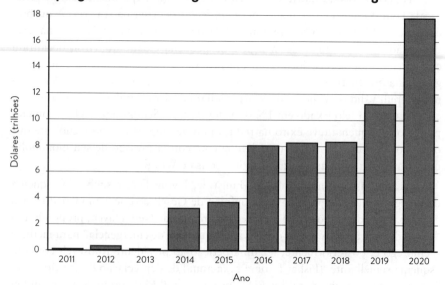

Em dezembro de 2020, quase US$18 trilhões em títulos estavam rendendo menos de zero.

Uma vez o tabu quebrado, outros bancos centrais seguiram o exemplo. Em julho de 2012, a Dinamarca introduziu uma taxa de juros negativa para ajudar a manter a paridade cambial entre a coroa e o euro castigado pela crise. Dois anos depois, o Banco Central Europeu, com seus 19 membros da união monetária reunindo uma população de cerca de 340 milhões de pessoas, trouxe sua própria taxa sobre depósito para abaixo de zero. A Suíça acompanhou. O Banco do Japão, que rejeitara por muito tempo solicitações de taxas negativas, chocou os mercados financeiros ao anunciar em janeiro de 2016 que também imporia uma taxa negativa sobre os depósitos. Até aquela data, houve 637 cortes de juros em todo o mundo desde a quebra do Bear Stearns no início de 2008; os bancos centrais compraram mais de US$14 trilhões em títulos, e mais de US$8 trilhões em títulos do governo renderam menos de zero.[22]

O intuito das taxas de juros negativas, como disse Kenneth Rogoff, de Harvard, era "turbinar a economia para sair de uma recessão deflacionária".[23] Mas eles fracassaram no cumprimento dessa promessa. Na verdade, intensificaram os problemas já ocasionados pelas taxas ultrabaixas. Desde o início, as taxas negativas se constituíram em um tremendo desafio para os bancos convencionais. Quando foram introduzidas na Europa, o presidente do Banco Central de Portugal as enxergava como ameaça ao sistema financeiro.[24] Os bancos europeus se sentiram incapazes de repassar o custo aos depositantes. Os bancos alemães auferiram enormes perdas, que compensaram assumindo mais riscos.[25] Os problemas de solvência das empresas de seguro de vida e fundos de pensão europeus se agravaram.[26] A liquidez nos mercados de títulos secou. O mercado de recompra também sofreu.[27] Bolhas imobiliárias inflaram na Suíça e na Suécia.[28]

As taxas negativas fracassaram em turbinar o investimento.[29] Os investimentos dinamarqueses na verdade diminuíram nos anos depois de sua introdução.[30] Uma explicação era que a política monetária dava sustentação ao excesso de capacidade da indústria naval global, na qual os dinamarqueses eram partícipes importantes.[31] Também foi sugerido, de maneira não inverossímil, que taxas negativas minavam a confiança dos empresários por criar a impressão de uma crise sem fim.* A política de juros negativos foi um fracasso inclusive em seu objetivo primordial de trazer a inflação de volta à meta. Quatro anos após a taxa básica de juros dinamarquesa ter se tornado negativa em 2012, a inflação girava em torno de 1%.

· · · · · · · ·

* O *Wall Street Journal* citou o diretor financeiro da Messer, fornecedora de gás industrial alemã, que disse que as taxas negativas eram um sinal de que "a situação econômica não está melhorando". (Georgi Kantchev *et al.*, "Are Negative Rates Backfiring? Here's Some Early Evidence", *Wall Street Journal*, 8 de agosto de 2016.) [N. do A.]

As taxas de juros negativas não só impediram os bancos de criar dinheiro, mas a política em si induziu uma mentalidade deflacionária.[32] Em vez de desestimular o entesouramento — o objetivo original da proposta de "dinheiro enferrujado" de Gesell —, taxas negativas provocaram o efeito oposto. Um dos maiores bancos da Alemanha, o Commerzbank, anunciou que consideraria deixar o dinheiro em seus cofres para evitar o imposto do BCE sobre depósitos. No Japão, as vendas de cofres dispararam depois da implementação das taxas negativas.[33] Essas reações deveriam ter sido previstas. Keynes tinha razão: os juros eram realmente necessários para impedir que as pessoas acumulassem capital.

Os efeitos deletérios das taxas negativas foram observados pelos principais investidores.[34] "Para que as economias funcionem normalmente", observou David Hoag, do Capital Group, uma grande empresa de investimentos dos EUA, "elas precisam de taxas de juros positivas e que o capital seja alocado com eficiência".[35] Larry Fink, da BlackRock, achava que o impacto dessa política radical sobre os poupadores não havia sido devidamente considerado.[36] Paul Singer, um gestor de fundos de hedge, afirmou que as taxas negativas apagaram os sinais que orientam os investidores sobre como alocar capital e gerenciar riscos.[37] Bill Gross sugeriu que os trilhões de dólares em títulos com rendimentos negativos se constituíam em "uma supernova que explodirá um dia".[38] Outro investidor comparou a política a buracos negros se chocando.[39] O veredito de Jeffrey Gundlach, da DoubleLine Capital, foi mais incisivo: as taxas negativas, disse ele, foram "a ideia mais estúpida que já experienciei".[40]

Um punhado de banqueiros centrais já aposentados voltaram à cena para criticar essa inovação monetária. William White, ex-economista-chefe do BIS, alertou que taxas negativas colocam em risco a economia global.[41] Charles Goodhart, ex-membro do Bank of England's Monetary Policy Committee (e criador da Lei de Goodhart), lamentou a "falta de tanta gente com autoridade para pensar sobre os prováveis efeitos de suas políticas no sistema financeiro mais amplo, especialmente nos bancos".[42] William Poole, ex-chefe do Fed de St. Louis, advertiu que as taxas negativas estavam desviando a atenção das reformas econômicas necessárias.[43]

NADA DE ESTRANHO

Até este momento, a noção de que se poderia cobrar juros a uma taxa negativa só havia sido aventada por monetaristas excêntricos, como Gesell, ou considerada um experimento mental por alguns economistas.

A conclusão dos economistas não foi positiva. Até mesmo o herói de Gesell, o radical do século XIX Henry George, pensava que o capital não poderia ser mantido se as taxas de juros caíssem abaixo de zero.[44] Eugen von Böhm-Bawerk, contemporâneo de George, acreditava que as taxas de juros negativas se opunham à natureza humana. O grande economista sueco Gustav Cassel, autor de *The Nature and Necessity of Interest*, rejeitou o "absoluto absurdo de se pensar" que a taxa de juros poderia cair para zero ou menos.[45] O convite para desperdiçar capital, disse Cassel, seria excruciante. Embora Irving Fisher apoiasse a proposta de Gesell na Grande Depressão, ele acreditava que juros zero ou negativos eram "praticamente quase impossíveis". Os juros negativos, disse Fisher, só dariam certo se o dinheiro fosse transformado em uma "mercadoria perecível, como frutas".[46]

O Prêmio Nobel Paul Samuelson também acreditava que o conceito de uma taxa de juros negativa era absurdo. O economista do MIT sugeriu que, caso as taxas negativas fossem mantidas por tempo suficiente, poderia ser lucrativo nivelar as Montanhas Rochosas a fim de economizar o combustível usado pelos veículos que sobem até elas.[47] Axel Leijonhufvud, economista da UCLA, pensou que, se as taxas de longo prazo se tornassem mais negativas do que as taxas de curto prazo, isso poderia ser apenas um sinal de um mundo decadente.[48] O mundo viraria de ponta-cabeça. Os bancos teriam que tomar empréstimos longos e emprestar para o curto prazo, e as famílias teriam que remunerar os bancos por custodiar seu dinheiro. O sistema financeiro, disse Leijonhufvud, nunca poderia sobreviver a taxas de juros incursionando profundamente em território negativo.

No início do século XXI, os juros já eram cobrados sobre empréstimos há uns 5 mil anos, possivelmente mais. Os juros haviam sobrevivido às injunções bíblicas, à indignação aristotélica e ao violento ataque dos canonistas medievais e dos socialistas modernos. Ao longo dos milênios, os tomadores de empréstimos sempre tiveram que pagar alguma coisa pelo uso da riqueza de outras pessoas. Até hoje em dia, os rendimentos dos títulos caíram abaixo de zero apenas em algumas ocasiões, e isso se deveu apenas a peculiaridades regulatórias e fiscais.* Agora, os dinamarqueses proprietários de imóveis recebiam descontos em suas hipotecas e as empresas eram remuneradas para emitir títulos com rendimentos negativos. Os rendimentos de alguns junk bonds europeus caíram abaixo de zero.

No verão de 2009, quando a Suécia adotou a taxa de juros negativa, o vice-governador do Riksbank, Lars Svensson, minimizou a mudança: "Não há nada de estranho nas taxas de juros negativas", disse Svensson ao *Financial Times*.[49] Nada de estranho talvez para esse "especialista de renome mundial em teoria da política monetária", como o jornal descreveu Svensson. Contudo, se "o surgimento dos juros para estimular empréstimos é a mais significativa de todas as

....

* No início dos anos 1880, as novas regulamentações bancárias dos EUA geraram uma demanda tão forte por títulos do Tesouro que os rendimentos de resgate de certos títulos se tornaram negativos. No fim da década de 1930, alguns títulos do Tesouro dos EUA foram vendidos com rendimentos negativos porque estavam isentos do imposto sobre propriedade pessoal cobrado por alguns estados (Ver Sidney Homer e Richard Sylla, *A History of Interest Rates*, 3ª ed. (Hoboken, NJ, 1996), pp. 285, 354.) [N. do A.]

inovações na história das finanças", como argumenta o historiador econômico William Goetzmann, então o advento dos juros negativos pode ser considerado o segundo mais significativo, possivelmente o mais estúpido, e com certeza a mais estranha das inovações na história das finanças.

PARTE TRÊS

O Jogo das Bolinhas de Gude

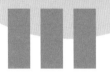

17

A Mãe e o Pai
de Todo o Mal

O dólar é nossa moeda, mas um problema seu.

JOHN CONNALLY, SECRETÁRIO DO TESOURO DOS EUA, 1971

O PADRÃO DÓLAR

As taxas de juros sempre regularam os fluxos internacionais de capitais. Na era do padrão-ouro, isso acontecia de forma automática. Se o Banco da Inglaterra fixasse taxas muito aquém dos níveis estrangeiros, o ouro escaparia de seus cofres rumo a terras estrangeiras. "O capital suscetível de ser emprestado, como qualquer outra mercadoria, vem de onde há mais a ser feito com ele", escreveu Bagehot sobre as práticas de empréstimos vitorianas. Para atrair o ouro de volta para Londres, o Banco da Inglaterra teria que elevar sua taxa de empréstimo. Depois do colapso do sistema de Bretton Woods em 1971, o dólar norte-americano tornou-se a moeda de reserva global. Após essa data, a maior parte do comércio internacional passou a ser denominada na moeda dos EUA, bem como uma grande parcela das transações financeiras internacionais. Dezenas de países atrelaram suas próprias moedas ao dólar.

Se o padrão-ouro era caracterizado por seus "grilhões dourados", o principal vício do Padrão Dólar é sua extrema elasticidade. As reservas do Fed constituem-se principalmente de títulos denominados em dólares (títulos do Tesouro dos EUA e títulos emitidos por agências federais), que, ao contrário do ouro, podem ser lançados sem limitação. Como detentor da moeda de reserva mundial, os EUA não precisam manter suas próprias reservas em moeda estrangeira, nem se preocupar com seu balanço de pagamentos. Não há limite para quantos dólares fluem para o exterior nem quanto os EUA tomam emprestado de estrangeiros. O país pode gerenciar o que Jacques Rueff chamou de "deficits sem lágrimas" e, ao longo dos anos, valeu-se desse privilégio exorbitante para se tornar o maior devedor internacional do mundo.

251

As taxas de juros dos EUA não são influenciadas pelos fluxos internacionais de capital. Na ausência de uma perspectiva inflacionária, não há limite para a queda das taxas de juros. (Quanto à questão de saber se o Fed poderia definir taxas negativas, há certa obscuridade do ponto de vista legal.) Nem tudo mudou, no entanto. Os diferenciais nas taxas de juros entre os países ainda influenciam o valor e a direção dos empréstimos entre eles. O spread de taxa de juros mais importante é aquele entre o custo dos empréstimos nos EUA e em outros lugares. As nações que atrelam suas moedas ao dólar são obrigadas a seguir a política monetária norte-americana: elas devem afrouxar quando o Fed afrouxa e apertar quando o Fed aperta. Quando o Banco Central dos EUA relaxa, os indexados do dólar geralmente intervêm nas bolsas estrangeiras: a fim de evitar que suas moedas se valorizem, seus bancos centrais compram dólares com moeda local recém-impressa, afrouxando ainda mais as condições monetárias domésticas.

Em resumo, quando os EUA adotam o dinheiro fácil, provocam uma "praga monetária global".[1] A praga não está confinada nos países vinculados ao dólar: mesmo aqueles com sistemas flutuantes de câmbio são infectados. Quando as taxas de juros dos EUA caem abaixo das taxas estrangeiras, os carry trades internacionais disparam. Os investidores tomam dólares emprestados e os investem no exterior com rendimentos mais altos. Os estrangeiros também são estimulados a assumir empréstimos baratos denominados em dólares. (O iene e o euro também são comumente usados para financiar carry trades transfronteiriços.) Por exemplo, quando a economia da Islândia superaqueceu no início dos anos 2000, seu banco central aumentou as taxas. Mas isso atraiu hordas de carry traders que tomaram empréstimos em moedas estrangeiras (dólares, euros e ienes) para comprar títulos denominados em coroas, conhecidos como "títulos glaciais", e emprestaram diretamente aos bancos islandeses; com isso, em vez de apertar, afrouxaram as condições monetárias.[2]

A PRIMEIRA FASE
DA LIQUIDEZ GLOBAL

Nos anos iniciais deste século houve um notável crescimento das reservas de Bancos Centrais. É convencional sustentar que o acúmulo de reservas cambiais indicou um "excesso de poupança global", e que os mercados emergentes acumulavam reservas para se proteger de outra crise de estilo asiático. Mas a ligação entre o crescimento das reservas cambiais e o "excesso de poupança" (ou seja, superavits em conta corrente) é tênue.[3] Vários países, entre eles a Turquia, aumentaram suas reservas estrangeiras enquanto registravam deficits em conta corrente. Alguns economistas, incluindo John Taylor, de Stanford, não encontraram evidências de que a taxa de poupança global tenha realmente crescido.

Uma explicação alternativa sustenta que o mundo nos primeiros anos do novo milênio sofria de um excesso de finanças — um "excesso bancário global".[4]

Segundo essa interpretação, o dinheiro fácil do Fed de Greenspan estimulou o aumento dos fluxos de capitais entre os países, que triplicaram nos primeiros anos do século.[5] Essa enorme expansão de empréstimos internacionais inflou uma bolha de crédito global.[6] Os países que operavam indexados ao dólar reagiram ao crescimento dos influxos de capital adquirindo os dólares que ingressavam. Daí o aumento extraordinário das reservas cambiais.

Na condição de moeda de reserva mundial, o dólar norte-americano funcionou como a principal moeda de financiamento para operações de carry trade internacionais. Os bancos europeus tomaram empréstimos nos mercados monetários de Nova York para adquirir títulos subprime. A Europa tinha seus próprios carry trades. Empréstimos bancários transfronteiriços financiaram o enorme deficit em conta corrente da Grécia e os booms imobiliários na Espanha e na Irlanda.[7] Os empréstimos estrangeiros para a Europa Central somaram US$1 trilhão em 2007, possibilitando ao crédito romeno crescer a uma taxa anualizada de 66%, financiando um deficit em conta corrente da Letônia na ordem de 1/4 do PIB, e permitindo que poloneses e húngaros assumissem hipotecas baratas, denominadas em euros e francos suíços.[8] No início da crise financeira global, a dívida externa da Islândia havia crescido quase nove vezes a produção nacional.*

A SEGUNDA FASE DA LIQUIDEZ GLOBAL

As convulsões financeiras de 2007 e de 2008 podem ter sido ocasionadas por perdas nas hipotecas subprime norte-americanas, porém o mais correto é descrever a crise global como um "gigantesco carry trade que deu errado".** Após a quebra do Lehman, os bancos estrangeiros que haviam tomado empréstimos em dólares para comprar títulos hipotecários norte-americanos perderam o acesso aos mercados financeiros internacionais. O Fed os socorreu, fornecendo linhas massivas de crédito em dólares para os bancos centrais da Europa e da Ásia.

· · · · · · · · ·

* Os empréstimos transfronteiriços financiaram uma onda de aquisições no exterior por banqueiros islandeses, entre elas um clube de futebol inglês decadente, uma famosa loja de brinquedos londrina e um supermercado de segunda linha no Reino Unido (por coincidência chamado de Islândia). Considerando o valor de seus ativos estrangeiros, as dívidas externas líquidas da Islândia totalizaram o dobro de sua renda nacional. O influxo de capital estrangeiro financiou um deficit em conta corrente equivalente a 1/4 do PIB islandês. [N. do A.]

** Em 7 de agosto de 2007, o banco francês BNP Paribas suspendeu os resgates de três fundos que tinham títulos hipotecários dos EUA. Isolado dos mercados de capitais internacionais, o Northern Rock, banco britânico de médio porte, quebrou alguns meses depois. A corrida bancária ao Northern Rock foi a primeira corrida bancária inglesa desde o colapso do Overend Gurney em 1866. (Ver Viral Acharya e Sascha Steffen, "The Banking Crisis as a Giant Carry Trade Gone Wrong", *VoxEu*, 23 de maio de 2013.) [N. do A.]

254 ❧ *O Preço do Tempo*

O presidente Bernanke agiu imediatamente, impedindo o colapso do sistema monetário global, como havia ocorrido no início dos anos 1930.[9]

No entanto, esse mesmo êxito, aliado à mudança para taxas de juros zero no centro do sistema financeiro global, reviveu o carry trade internacional. O economista Hyun Song Shin, do BIS, cunhou o termo "segunda fase da liquidez global" para descrever a volta dos fluxos internacionais de capital após 2008. Ambas as fases da liquidez global foram caracterizadas por taxas de juros anormalmente baixas nos EUA, baixos níveis de volatilidade do mercado (conforme mensurado pelo VIX) e grandes empréstimos internacionais.[10] Na primeira fase, os fluxos internacionais de capital financiaram booms de crédito e bolhas imobiliárias que se restringiram ao âmbito europeu. Na segunda fase, o capital estrangeiro fluiu principalmente para os mercados emergentes. Na primeira fase, os sistemas financeiros da periferia da Europa ficaram perigosamente expostos. Na segunda fase, a fraqueza financeira contagiou todo o mundo em desenvolvimento.

A segunda fase da liquidez global teve um começo explosivo. Durante 2009, os fundos de títulos de mercados emergentes registraram entradas recordes.[11] Em novembro, o FMI observou que o dólar estava "agora servindo como moeda de financiamento para carry trades".[12] Nouriel Roubini, economista da Universidade de Nova York, deu um alerta mais severo. A combinação de dinheiro fácil, flexibilização quantitativa e enfraquecimento do dólar produziu a "mãe de todos os carry trades", disse Roubini:

> Um dia, porém, essa bolha estourará, levando à maior quebra coordenada de ativos de todos os tempos... quanto mais longos e maiores forem os carry trades, e quanto maior for a bolha de ativos, maior será o estouro resultante da bolha de ativos. O Fed e outros formuladores de políticas parecem inconscientes da bolha monstruosa que estão inflando. Quanto mais permanecerem cegos, mais os mercados cairão.[13]

Uma preocupação mais imediata para os formuladores de políticas nos mercados emergentes foi a rápida valorização de suas moedas, induzida por um dólar fraco e por fluxos de capital sem restrições. O ministro da Fazenda do Brasil, Guido Mantega, reclamou que os EUA estavam envolvidos em uma guerra cambial. Para desestimular os fluxos de hot money, Mantega tributou as compras estrangeiras de ações e de títulos brasileiros. Adotando uma postura defensiva nas guerras cambiais, os bancos centrais do mundo intervieram nos mercados de câmbio comprando dólares. No processo, aumentaram sobremaneira suas reservas cambiais. Em 2013, as reservas cambiais globais somavam US$12 trilhões, contra US$2 trilhões na virada do século. (Como os desequilíbrios comerciais estavam diminuindo, agora se falava menos de qualquer excesso de poupança global.)

Compras massivas de títulos em dólares pelos bancos centrais pressionaram para baixo os rendimentos do Tesouro dos EUA. Intervenções cambiais por bancos centrais, combinadas com fluxos de hot money e elevação de empréstimos por bancos estatais (principalmente na China, na Índia e no Brasil), facilitaram a obtenção de crédito nos mercados emergentes, cujas taxas de juros domésticas estavam caindo, submetendo-se à atração gravitacional de taxas de juros zero no coração do sistema financeiro mundial.[14] A inflação começou a crescer nos mercados emergentes. No início de 2010, os BRICs — sigla capciosa* do Goldman Sachs para Brasil, Rússia, Índia e China — estavam superaquecendo.[15] Em outubro, os contratos futuros de borracha e de algodão atingiram picos recordes. Os preços do café arábica alcançaram o maior nível em treze anos. As inundações no sudeste asiático afetaram a colheita de arroz, aumentando os futuros de arroz em mais de 50%.[16]

A PRIMAVERA ÁRABE

Em 17 de dezembro de 2010, um jovem vendedor ambulante da Tunísia encharcou suas roupas com gasolina e ateou fogo em si mesmo em frente ao gabinete do governador na cidade provincial de Sidi Bouzid. O suicídio de Mohamed Bouazizi era um protesto contra a polícia local, que havia confiscado seus produtos e destruído seu carrinho. No dia seguinte, tumultos eclodiram em Sidi Bouzid. A agitação foi se espalhando rapidamente pelo norte da África e pelo Oriente Médio. Em um mês, o presidente da Tunísia, Zine El Abidine Ben Ali, foi obrigado a renunciar, seguido logo depois pela saída do coronel Gaddafi da Líbia e do egípcio Hosni Mubarak.

Tal como muitos levantes populares na história, a Primavera Árabe começou como um motim do pão.[17] Ao longo do ano, os preços mundiais dos cereais subiram 29%.[18] Bouazizi ganhava uma ninharia vendendo vegetais, o que pode explicar por que funcionários corruptos estavam ansiosos para se apoderar dos produtos dele. O norte da África, outrora o celeiro de grãos do Império Romano, era hoje o maior importador de alimentos do mundo. Metade do trigo do Egito — o alimento básico dos 80 milhões de habitantes do país — vinha do exterior. Um manifestante muito fotografado na Praça Tahrir, no Cairo, usava um "capacete de pão" feito de um croissant e duas bengalas de pão presos com uma película transparente de plástico. Os comentaristas colocaram nas mudanças climáticas a culpa das quebras de safra entre os principais exportadores de alimentos do mundo.

Mas algum outro fator deve ter contribuído para a forte alta dos preços dos alimentos, pois o preço das commodities industriais, cuja oferta não foi afetada pelo clima, também subiu muito nos meses anteriores à Primavera Árabe.

· · · · · · · ·

* A pronúncia de BRIC é igual à de BRIK, um termo informal para "negócio" [N. do T.]

O *Preço do Tempo*

Acontece que a maioria das commodities industriais e dos metais preciosos, do cobre à prata, estava sendo transacionada em níveis de bolha.* Esse fator adicional foram as políticas monetárias do Fed. Ronald McKinnon, economista de Stanford, argumentou que a Primavera Árabe surgiu com as taxas de juros ultrabaixas nos EUA, o que, como vimos, impulsionou fluxos de capital para o mundo emergente e provocou "superaquecimento" da variedade não climática. Em particular, a insaciável demanda da China por matérias-primas exacerbou o "superciclo de commodities".[19] O dinheiro fácil também fomentou a especulação em commodities, tida em Wall Street como uma "classe de ativos alternativos" extremamente interessante. McKinnon apresentou um contrafactual tentador: "Caso a Primavera Árabe tivesse sido reconhecida principalmente como uma revolta alimentar, a reação dos governos ocidentais teria sido mais criteriosa em tomar partido, enquanto se concentrava mais ativamente em medidas monetárias para atenuar os ciclos nos preços das commodities primárias."[20]

O "Taper Tantrum"

Após a crise financeira, os tomadores de empréstimos nos países em desenvolvimento aproveitaram ao máximo as baixas taxas disponíveis no Ocidente. O capital estrangeiro fluiu para o mundo em desenvolvimento, do Azerbaijão ao Zimbábue. Os empréstimos em dólares fora dos EUA aceleraram.[21] Os investidores ocidentais também elevaram suas participações em dívida em moeda local emitida por mercados emergentes.[22] Os países cujos títulos proporcionavam o maior carry (ou seja, spread sobre títulos do Tesouro) demonstraram ser destinos populares para investidores ávidos por rendimento.[23] Uma vez que as taxas de juros nos mercados emergentes estavam agora mais correlacionadas com as taxas dos EUA, seus sistemas financeiros ficaram mais sensíveis a mudanças na política monetária norte-americana — em particular, a qualquer valorização do dólar.[24]

· · · · · · · ·

* Jeremy Grantham, "Time to Wake Up: Days of Abundant Resources and Falling Prices are Over Forever", GMO Quarterly Letter, abril de 2011. À época da publicação, eis as commodities industriais com mais de 2 desvios-padrão acima de sua tendência de preço de longo prazo: chumbo (2,4), platina (2,4), petróleo (2,5), ouro (2,6), níquel (2,7), paládio (3,4), prata (3,7), cobre (3,9), carvão (4,1) e minério de ferro (4,9). [N. do A.]

A Mãe e o Pai de Todo o Mal ✦ 257

O destino econômico dos mercados emergentes dependia de decisões tomadas no Eccles Building, em Washington, sede do Fed. Em 22 de maio de 2013, Ben Bernanke anunciou ao Congresso a pretensão do Fed de reduzir aos poucos as compras de títulos que vinha fazendo. Os mercados financeiros tiveram uma convulsão — ou "taper tantrum", como ficou conhecido. Os carry trades internacionais paralisaram bruscamente. Os fundos de títulos, a principal fonte de empréstimos estrangeiros para muitos mercados emergentes, sofreram resgates. Leilões de títulos soberanos fracassaram na Coreia do Sul, na Rússia e na Colômbia. Na China, os caixas eletrônicos de um dos grandes bancos interromperam os saques. As bolhas de commodities em todo o mundo implodiram. A cotação da moeda norte-americana subiu abruptamente nas bolsas estrangeiras, aumentando o peso das dívidas denominadas em dólares. Os mercados emergentes haviam perdido as guerras cambiais.

O taper tantrum baixou a cortina do milagre econômico do Brasil. A despeito das reclamações de Mantega, o Ministro da Fazenda, a maior economia da América do Sul voltou a todo vapor depois da crise financeira: o crescimento do PIB brasileiro chegou perto de 10% (no início de 2010) e o nível de desemprego era o mais baixo de todos os tempos. A demanda do consumidor cresceu tão rapidamente que as cervejarias locais ficaram sem latas de cerveja. Em setembro de 2010, a petrolífera estatal Petrobras levantou US$70 bilhões na maior oferta de ações da história. Insuflado pelos fluxos de capital, o real brasileiro foi considerado a "moeda mais supervalorizada do mundo". O *Wall Street Journal* noticiou que táxis e Coca-Cola eram mais caros em São Paulo do que em Manhattan.[25]

O Brasil, um dos principais produtores de minério de ferro, soja e petróleo, foi um dos principais beneficiários do boom global de commodities. Nenhum brasileiro se beneficiou mais do que Eike Batista, um ex-corretor de seguros que se tornou garimpeiro. Batista formou um enorme conglomerado de energia e logística, a EBX. A certa altura, ele se vangloriava de que as reservas de sua petroleira, a OGX Petróleo e Gás, valiam US$1 trilhão. Sua empresa de navegação, a OSX, estava ocupada construindo o maior estaleiro do hemisfério sul. (O X nos nomes das várias empresas de Batista significava a multiplicação de valor.) O extravagante empresário curtiu tudo aquilo que costuma acompanhar a fama e a riqueza no século XXI: namoros com estrelas da moda, carrões, lanchas, jatos particulares e um milhão de adoradores seguindo-o no Twitter. Em 2010, a *Forbes* considerou Batista a oitava pessoa mais rica do mundo.

No entanto, a roda da fortuna de Batista começou a girar ao contrário em 2012, quando veio à tona a notícia de que as reservas de petróleo da OGX haviam sido superestimadas. O golpe mortal em seu império empresarial veio com o colapso do preço do petróleo, que coincidiu com o taper tantrum. Em outubro de 2013, a OGX entrou com pedido de recuperação judicial, com dívidas superiores a US$5 bilhões, dos quais cerca de US$3,6 bilhões em títulos denominados em dólares que eram mantidos por alguns dos principais fundos de títulos do mundo. Em 12 meses, a riqueza pessoal de Batista encolheu US$34 bilhões, o que lhe valeu o título de pessoa menos rica do mundo — um "bilionário menor". Um gestor financeiro de Nova York resumiu o destino de Batista: "Ele tentou fazer demais, rápido demais e tentou fazer isso com dinheiro emprestado."[26]

A economia brasileira seguiu a trajetória de seu mais famoso empresário. Conforme os influxos de capital estrangeiro diminuíam, a moeda se depreciava fortemente. O real mais barato, porém, não impediu a enorme expansão do deficit em transações correntes. A alta da inflação obrigou o Banco Central do Brasil a aumentar as taxas de juros para mais de 14%. Afastadas dos mercados de capitais internacionais, as empresas locais se viam às voltas com suas dívidas em moeda estrangeira e com o aumento dos custos dos juros. Para a agência de classificação Fitch, a maioria das empresas brasileiras estava em "modo sobrevivência".[27] O país passou a sofrer sua mais longa recessão desde os anos 1930, um aperto tão forte que o Goldman Sachs temeu que pudesse se transformar em uma depressão total.

Cinco anos depois de sua emissão recorde de ações, os papéis da Petrobras definhavam e seus títulos haviam sido rebaixados para "junk". Mas esses acabaram sendo o menor de seus problemas. A estatal brasileira de petróleo estava agora no centro de um grande escândalo de corrupção, apelidado de Operação Lava Jato, que envolvia bilhões de dólares em propinas pagas a políticos e funcionários do governo. A Operação Lava Jato acabou levando à prisão do ex-presidente Lula e ao impeachment de sua sucessora, Dilma Rousseff.[28] Também enroscado na teia da corrupção estava o infeliz Batista, que recebeu uma sentença de trita anos de prisão por subornar funcionários públicos. (Em um julgamento subsequente, mais oito anos foram acrescentados à pena devido à acusação de informações privilegiadas.) O escândalo de suborno, aliado à queda dos preços do petróleo, forçou a Petrobras a amortizar ativos no valor de US$17 bilhões.

O Brasil não foi o único mercado emergente a enfrentar um épico escândalo de corrupção. No fim de 2015, descobriu-se que bilhões de dólares haviam desaparecido do fundo de desenvolvimento da Malásia, 1MDB — dos quais grande parte pousou nas contas bancárias do primeiro-ministro do país, Najib Razak. Parcela importante do dinheiro roubado foi desviado para os EUA, onde foi gasto em obras de arte, iates elegantes e propriedades de luxo. Os fundos perdidos da Malásia também financiaram o filme de Martin Scorsese, *O Lobo de Wall Street*, que, considerando o envolvimento do Goldman Sachs na arrecadação de dinheiro para o 1MDB, era muito adequado. Ou seja, os dólares de carry trade que deixaram os EUA em busca de retornos mais expressivos no exterior voltaram para casa, lavados por meio de centros financeiros off-shore — na Suíça, Seychelles, Ilhas Virgens Britânicas, Ilhas Cayman, Panamá e outros lugares. O grande roubo no fundo de desenvolvimento da Malásia teve réplicas menos dignas de nota elaboradas por inúmeros cleptocratas de mercados emergentes, cujas fortunas obtidas de maneira ilícita foram recicladas em propriedades de primeira classe em Londres, Miami, Nova York, Sydney e outros destinos acolhedores.

O Lobby das Taxas de Juros

Após a queda do Brasil em 2013, os BRICs "esfriaram". Wall Street agora se preocupava com os "Cinco Frágeis": Índia, Indonésia, Turquia e África do Sul juntaram-se ao Brasil no hall da vergonha dos mercados emergentes. A Turquia estava endividada após seus bancos e suas empresas se empanturrarem de capital estrangeiro. Os empréstimos estrangeiros fomentaram um boom de construções — uma terceira ponte sobre o Bósforo, o maior aeroporto do mundo em construção, inúmeros arranha-céus circundando Istambul e dezenas de novos shoppings. Os recursos vindos do exterior preencheram o buraco na conta corrente da Turquia. Nos balanços das empresas turcas, dívidas externas se acumulavam, entre elas níveis recordes daquelas denominadas em moedas estrangeiras. Somente os passivos externos dos bancos turcos equivaliam a mais de 1/3 do PIB do país.[29]

O primeiro-ministro da Turquia, Recep Tyyip Erdogan, não via problema nenhum em toda essa dívida externa. O que irritou sobremaneira o autocrata turco foram as altas e crescentes taxas de juros do país. Nos meses após o taper tantrum, a lira despencou. Um declínio no mercado de ações turco e o aumento dos rendimentos dos títulos em junho de 2013 coincidiram com manifestações na Praça Taksim, em Istambul, onde os populares entraram em confronto com a tropa de choque.[30] O Banco Central da Turquia reagiu à crise estabelecendo uma série de aumentos emergenciais nas taxas — em um único dia no mês de janeiro seguinte, elevou-as em mais de 4,25 pontos percentuais. "Traição", exclamou Erdogan, que imaginou uma cabala de especuladores internacionais — o "lobby das taxas de juros", como ele os chamou — que lucraram com as altas taxas de juros às custas da Turquia.

Nos anos seguintes, Erdogan persistiu nessa obsessão. Em maio de 2018, às vésperas de uma eleição presidencial, Erdogan (que havia sido eleito presidente em 2014) identificou seu principal oponente. As taxas de juros, declarou ele, eram a "mãe e o pai de todos os males". Ele prometeu não desistir até obter "a vitória na luta contra essa maldição dos juros".[31] Nessa data, a lira estava a ponto de enfrentar uma crise cambial, enquanto as corporações turcas se debatiam com suas enormes dívidas externas. Em setembro de 2018, com a moeda caindo vertiginosamente e a inflação fora de controle, o Banco Central aumentou sua taxa de empréstimo para 24%. Erdogan colocou a culpa em "tramoias de moeda fictícia online" pelo colapso da lira.

Todavia, se existe um "lobby das taxas de juros" global, sua campanha é, invariavelmente, a favor de taxas de juros mais baixas e, na Turquia, o principal representante do lobby é ninguém menos que o próprio presidente. Sua invectiva contra a usura fazia parte de uma venerável tradição islâmica, mas, no caso presente, foi mal direcionada. As altas taxas de juros não colocaram a Turquia em dificuldades. Em vez disso, foram as taxas de juros ultrabaixas nos EUA e na Europa que levaram os credores estrangeiros à costa turca. A política monetária doméstica também foi frouxa: nos cinco anos após 2008, as taxas de empréstimo turcas, em termos reais, foram baixas e ficaram muito aquém da taxa de crescimento da economia.[32] O dinheiro fácil financiou o boom da construção e a bolha imobiliária do país. O dinheiro fácil incentivou as corporações turcas a assumir muitas dívidas, tomando empréstimos em liras e moedas estrangeiras. O dinheiro fácil fomentou o aumento da inflação, que atingiu um pico de 25% em 2018.

À medida que se aproximava o 10° aniversário da falência do Lehman, o mercado imobiliário da Turquia se parecia com o da Espanha às vésperas da crise financeira global. Aquilo que um importante agente do setor imobiliário de Istambul chamou de "grande esquema Ponzi" estava quebrado. Os empreendimentos residenciais, em face de o mercado imobiliário da Turquia estar sobrecarregado com alguns milhões de casas não vendidas, foram interrompidos. O Brooklyn Dream, um projeto em desenvolvimento no lado asiático de Istambul, destinava-se "àqueles que querem uma vida ativa e onírica no centro da cidade". Mas o incorporador ficou sem dinheiro e os residentes locais, aos quais se havia prometido novos apartamentos, foram encontrados em tendas no canteiro de obras onde estiveram suas casas demolidas.[33] Um pesadelo ao vivo.

Os problemas financeiros da Turquia foram compartilhados nos mercados emergentes, uns mais outros menos. Uma década de taxas de juros ultrabaixas no mundo desenvolvido sobrecarregou de dívidas os países em desenvolvimento: entre 2008 e 2018, a dívida não financeira deles passou de 107% para 192% do PIB.[34] Uma proporção crescente desses passivos era devida a estrangeiros.[35] Os empréstimos em dólares estrangeiros superaram US$11 trilhões (em 2016), dos quais quase US$4 trilhões eram devidos por mercados emergentes — cerca de duas vezes mais do que alguns anos antes.[36] Parcela importante desses empréstimos foi mal aplicada e gerou pouco crescimento econômico, ou foi usada para engenharia financeira, pois empresas em mercados emergentes assumiam empréstimos em dólares e emprestavam em seus mercados domésticos com juros mais altos.

Fim da Globalização?

Há um ciclo de retroalimentação entre globalização e taxas de juros: mais comércio entre os países tende a reduzir as pressões inflacionárias e a enfraquecer o poder de barganha da força de trabalho, ambos com impacto no nível das taxas de juros.* Ao longo da primeira onda de globalização, iniciada nos anos 1860 e que se prolongou até o fim do século, houve uma leve deflação e declínio das taxas de juros de longo prazo. Durante a recente fase de globalização, a partir de 1980, a China e outros países em desenvolvimento se apropriaram de uma parcela cada vez maior do comércio mundial. Os preços dos bens comercializados caíram e milhões de empregos industriais foram "deslocados" para os mercados emergentes. Assim, a globalização reduziu a inflação e o crescimento dos salários, permitindo aos bancos centrais ocidentais diminuir as taxas de juros, estimulando o maior bull market de títulos da história.

Contudo, o declínio das taxas de juros também impulsionou a globalização. Como o crédito comercial internacional é principalmente denominado em dólares, quando o custo dos empréstimos em dólares cai, as empresas multinacionais tendem a formar cadeias de suprimentos mais longas. Na era do dinheiro fácil, a manufatura global ocorria em vários continentes e vários países (seis em média). Por exemplo, motores de carros fabricados no Japão eram enviados para o Canadá para trabalhos posteriores, em seguida montados em chassis de veículos no México, com os carros acabados vendidos nos EUA. Cadeias de suprimentos mais longas vinculavam grandes quantidades de capital de giro e exigiam amplo financiamento.[37] Fabricantes em mercados emergentes foram os que mais se beneficiaram com o alongamento das cadeias de suprimentos.

Economistas do BIS sugeriram que a rápida expansão do comércio mundial na virada do século pode ter sido "uma bolha, possibilitada pela ampla liquidez global".[38] Tal como todas as bolhas, a "bolha" do comércio global era inerentemente frágil. Cadeias de suprimentos excessivamente alongadas requerem condições monetárias acomodativas. Embora muitas vezes esquecido, o apoio político tem igual importância. Nos EUA, a perda de empregos industriais para a China acabou ocasionando uma reação contra a globalização.** A campanha de Donald Trump em 2016, que prometia trazer de volta empregos industriais, colaborou para levá-lo à Casa Branca.

. . . .

* O economista radical Henry George via uma conexão entre taxas de juros e salários, proveniente da competição entre capital e trabalho: "Juros", escreveu George, "não podem ser aumentados sem aumentar os salários; nem salários serem reduzidos sem juros rebaixados. Pois, se os salários caem, os juros também devem cair proporcionalmente, caso contrário fica mais lucrativo transformar o trabalho em capital do que aplicá-lo diretamente; por outro lado, se os juros caírem, os salários também têm que cair proporcionalmente, ou então o incremento de capital seria contido". (Henry George, *Progress and Poverty* (Nova York, 1923), p. 199.) [N. do A.]

** Nos cinco anos depois da adesão da China ao World Trade Organization em 2001, o emprego industrial na Grã-Bretanha e nos EUA caiu 1/3. Os trabalhadores deslocados parecem ter encontrado empregos menos remunerados e de menor produtividade em outros lugares. (Ver Stewart Paterson, *China, Trade and Power: Why the West's Economic Engagement Has Failed*. Londres, 2018). [N. do A.]

Normalmente, atribui-se o colapso do comércio internacional nos anos 1930 às tarifas protecionistas dos EUA que foram impostas pela Lei Smoot-Hawley de 1930. Mas as tarifas eram apenas uma parte da história. A ênfase maior cabe ao lado financeiro. Durante a década de 1920, os dólares saíam dos EUA atraídos pelas taxas de juros mais altas oferecidas na Europa Central e na América do Sul. Grandes fluxos internacionais de capital foram facilitados pelo Sistema de Câmbio Flutuante. Foi o aumento das taxas de juros dos EUA em 1928 que interrompeu os empréstimos estrangeiros dos EUA e deu início à crise econômica global.

Isolado dos mercados de capitais, o banco austríaco Creditanstalt foi o primeiro dominó a cair, em 1930. Depois disso, a livre circulação de capital internacional chegou ao fim, e controles cambiais, "moedas não conversíveis" e "acordos de suspensão" sobre dívidas estrangeiras inadimplentes tomaram para si as rédeas do mercado. O comércio internacional murchou. Como as tarifas estavam em vigor, o comércio internacional foi organizado bilateralmente entre os países. O nacionalismo econômico atraiu alguns novos e surpreendentes defensores: "Deixe os bens serem fabricados em casa", escreveu o grande liberal Keynes em 1933, "e, acima de tudo, deixe as finanças serem principalmente nacionais".[39]

Pode acontecer de novo? Decorrida uma década da crise financeira, o presidente Trump estava travando guerras comerciais com a China e o antigo aliado dos EUA, a União Europeia. Ao mesmo tempo, a decisão da Grã-Bretanha de deixar a União Europeia colocou em questão a livre circulação de bens e serviços em toda a Europa. Após 2008, controles de capital foram introduzidos em várias ocasiões na Europa (Islândia, Chipre e Grécia) e em diversos mercados emergentes (Azerbaijão, Egito, Nigéria e Turcomenistão). Pequim estreitou seus próprios controles de capital, fazendo com que ficasse mais difícil para multinacionais estrangeiras repatriar lucros, e para suas próprias empresas e cidadãos tirar dinheiro da República Popular. Depois que a fuga de capitais dos mercados emergentes acelerou em 2015, o presidente do Banco Central do México sugeriu que era hora de eles "se tornarem não convencionais".

O "calcanhar de Aquiles" do sistema monetário internacional, de acordo com Claudio Borio, do BIS, era seu "persistente viés expansionista". Tal estado de coisas não era saudável para os norte-americanos, pois o apetite ilimitado dos estrangeiros por dólares pressionava cada vez mais os EUA como penhor para o resto do mundo.* Uma situação que não era saudável nem para os estrangeiros. O "persistente viés expansionista" resultou no acúmulo contínuo de desequilíbrios financeiros globais. O prolongado período de taxas ultrabaixas esticava a elasticidade do sistema monetário internacional à medida que os países

....

* Em 2018, os EUA tinham uma posição de investimento internacional líquida negativa de US\$10 trilhões, um aumento de 5 vezes desde antes da crise financeira. [N. do A.]

acumulavam grandes passivos externos — em particular, dívidas denominadas em dólares norte-americanos.

A elasticidade do Padrão Dólar não é seu único problema. Como vimos, a política monetária norte-americana tem uma influência excessiva no exterior. O Fed não considera, formalmente, o impacto de suas ações em países estrangeiros, mas mantém seu mandato de controlar a inflação e diminuir o desemprego doméstico. O Banco Central dos EUA exerce um poder sem que haja responsabilização. Como o secretário do Tesouro do presidente Nixon, John Connally, disse aos ministros das finanças estrangeiros em 1971, "o dólar é nossa moeda, mas um problema seu". Na mesma linha, o presidente do Fed, Bernanke, minimizou as reclamações estrangeiras sobre as guerras cambiais em 2011, argumentando que "países com políticas monetárias, orçamentárias e comerciais sólidas poderiam resistir melhor a quaisquer interrupções de curto prazo de nossa flexibilização".[40] Vários anos depois, o presidente Jerome Powell negou que o Fed e outros bancos centrais ocidentais fossem responsáveis pelo crescimento dos fluxos de capital estrangeiro para os mercados emergentes.[41]

Nenhuma dessas afirmações suporta um exame mais crítico. É como escreve Borio: "A interação dos regimes monetários espalha as condições monetárias fáceis das economias centrais para o resto do mundo e, portanto, aumenta o risco de acúmulo de desequilíbrios financeiros."[42] A política do Fed de dinheiro fácil e flexibilização quantitativa provocou o que foi eufemisticamente chamado de "efeitos de transbordamento" nos mercados emergentes. Os surtos de turbulência financeira global a partir do taper tantrum de 2013 coincidiram com o aperto monetário nos EUA. A taxa interbancária do Fed atingiu 2% em 2018, um nível extremamente baixo para os padrões históricos, mas o bastante para induzir crises cambiais na Argentina e na Turquia.

Assim como a estabilidade financeira semeia instabilidade nos mercados domésticos, acontece a mesma coisa com as bolsas estrangeiras. Como advertiu Hyun Song Shin, colega de Borio, "quanto mais tempo a política amortecer a instabilidade, maior o risco de um retrocesso".[43] A crescente vulnerabilidade dos mercados emergentes à política monetária dos EUA constitui-se em mais um motivo, se necessário, para o Fed manter baixas as taxas de juros. Com o passar do tempo, as crises do Padrão Dólar tornaram-se mais onerosas e geograficamente mais disseminadas. Trata-se de uma tendência preocupante. Borio sugeriu (em 2014) que o sistema monetário e financeiro internacional precisava urgentemente de uma reforma:

> Os riscos de falhar na implementação dos ajustes políticos necessários não devem ser subestimados. Eles incluem a instabilidade encalacrada no sistema global, retornando ao equivalente moderno das desvalorizações competitivas divisoras dos anos entre as grandes guerras e, finalmente, desencadeando uma ruptura sísmica que marcou época nos regimes

políticos, de volta a uma era de protecionismo comercial e financeiro e, possivelmente, estagnação combinada com inflação.[44]

Peter Thiel, o dissidente bilionário da tecnologia, acrescentou um pensamento preocupante: todas as grandes bolhas históricas, desde a Bolha do Mississippi até os dias atuais, coincidiram com os avanços da globalização. No quarto de século anterior ocorreram uma série de bolhas e estouros que "representavam diferentes facetas de um único Grande Boom de tamanho e duração sem precedentes". Ou a globalização teria sucesso, disse Thiel, "ou é a última e a maior bolha da história".[45]

18

Repressão Financeira com Características Chinesas

[O] maior problema com a economia da China é que o crescimento é instável, desequilibrado, descoordenado e insustentável.

PRIMEIRO-MINISTRO
WEN JIABAO, 2007

Ter êxito no desenvolvimento econômico requer alocação de crédito eficiente. Esse trabalho é mal feito quando o Estado mantém o controle sobre o sistema bancário e quando as taxas de juros são fixadas em níveis inadequados. No início dos anos 1970, Ronald McKinnon, economista de Stanford, cunhou o termo pejorativo "repressão financeira" para descrever as consequências negativas de manter as taxas de juros abaixo do nível da inflação. Em circunstâncias assim, os tomadores de empréstimos se beneficiam às custas dos poupadores. As forças do mercado deixam de determinar como o crédito é distribuído. Os bancos tornam-se avessos ao risco, preferindo emprestar a grandes corporações e entidades estatais. Os poupadores procuram proteger sua riqueza da inflação investindo em imóveis ou mandando seu dinheiro para o exterior. Em resumo, a repressão financeira sufoca o desenvolvimento econômico e enfraquece o sistema financeiro.[1]

Pode-se dizer que a repressão financeira foi inventada na China. A tradição de controlar as taxas de juros remonta ao período da dinastia Han no início da Era Comum [ou d.C.].[2] A dinastia Tang limitou os juros cobrados pelos credores privados enquanto emprestava seu próprio dinheiro a taxas mais altas por meio dos escritórios de "escriturários que pegam dinheiro".[3] Sob a dinastia Song, as guildas foram obrigadas a emprestar ao governo a taxas aquém das de mercado. Os mongóis emprestavam a taxas muito favoráveis aos mercadores uigures, que "usavam os fundos em empréstimos de dinheiro e em vários outros empreendimentos comerciais, inclusive comércio exterior". Os primeiros títulos estatais da China foram emitidos apenas no fim do século XIX e, ainda assim, alguns funcionários questionaram se o imperador deveria pagar juros.*

Dada a insegurança do comércio e a imaturidade do desenvolvimento financeiro no Reino do Meio, "a compra de terras era o único método de investimento".[4] Os empréstimos garantidos por imóveis atraíam os juros mais baixos. Isso é resumido em *Remarks on a Regular Livelihood*, de Chang Ying, escrito no início do período da dinastia Qing:

> Já vi muito deste mundo. A agiotagem, o comércio e os empréstimos a juros compostos são tamanhos que, inevitavelmente, a ruína vem em pouco tempo. Mesmo que no começo você obtenha ótimos lucros rapidamente, por certo no final não dará em nada. Somente a terra e as casas podem ser usadas por muito tempo.[5]

Embora a China tenha inventado o papel-moeda, a visão da maioria dos historiadores sobre a história monetária do país é contundente: "De ter começado como uma solução brilhante para a escassez de dinheiro em cobre, o papel-moeda se transformou aos poucos em uma monstruosidade burocrática que dificultava as forças produtivas cujo crescimento originalmente havia feito muito para promover."[6] A repressão financeira serviu como ferramenta de repressão política.** Alain Peyrefitte, em seu brilhante relato sobre a embaixada de Lord Marcartney na Corte de Qianlong, afirma que "a exploração da pobreza por usurários era tudo o que a China conhecia do capitalismo. No entanto, até mesmo isso não era de fato capitalismo, mas seu oposto: o dinheiro não foi feito para ser investido, mas para ser gasto".[7]

A ERA DA REFORMA

Em 1974, quando Deng Xiaoping liderou uma delegação do país para uma sessão especial das Nações Unidas em Nova York, quase não havia moeda estrangeira suficiente em toda a China para financiar a viagem: o total de moeda estrangeira que poderia ser localizada em bancos de Pequim somava apenas US$38 mil.[8] Na ocasião, o Banco Popular da China era uma agência do Ministério das Finanças. No entanto, em 2010, a República Popular havia se transformado em uma

· · · · · · · · ·

* Lien-sheng Yang, *Money and Credit in China: A Short History* (Cambridge, Mass., 1952), p. 97. A tradicional relutância do estado chinês em pagar juros é resumida no comentário de um funcionário da dinastia Qing que disse que "como o empréstimo é de pessoas para funcionários públicos, não é inconveniente ter juros". [N. do A.]

** Richard von Glahn, *Fountain of Fortune: Money and Monetary Policy in China, 1000–1700* (Londres, 1996), p. 1. Glahn escreve que "o estado exercia maior controle direto sobre o dinheiro do que sobre praticamente qualquer outro aspecto econômico, em especial porque a economia política chinesa considerava a política monetária a ferramenta mais importante de gestão econômica à disposição do governo". [N. do A.]

superpotência financeira. Seu Banco Central detinha o maior volume de reservas cambiais do mundo. O Banco de Desenvolvimento da China, um dos vários bancos de políticas públicas, era o maior banco do mundo em ativos. Dois bancos chineses de capital aberto figuravam entre as dez empresas mais valiosas.[9] Os empréstimos bancários em aberto excediam o PIB da China.[10]

O período de rápido crescimento econômico teve início com as reformas econômicas de Deng no fim dos anos 1970. O "aprofundamento financeiro" — definido como a acumulação de ativos financeiros mais rapidamente do que a riqueza não financeira — desempenhou um papel importante no que foi chamado de milagre chinês.[11] Robert King e Ross Levine, economistas do Banco Mundial, encontram um forte vínculo entre a expansão do setor financeiro e o subsequente crescimento da renda. Segundo a pesquisa deles, o setor financeiro leva ao crescimento, e não o contrário. Como escrevem King e Levine, "quando os países apresentam níveis relativamente altos de desenvolvimento financeiro, o crescimento econômico tende a ser relativamente rápido nos dez a trinta anos seguintes".[12]

O acelerado crescimento econômico da China nas décadas posteriores a 1980 parece dar razão a essa afirmação. Porém, durante a crise financeira global a economia do país ressentia-se de uma série de graves desequilíbrios — bolhas de preços de ativos e booms de crédito, excesso de poupança e desperdício de investimentos. Segundo McKinnon, tais desequilíbrios eram produto da repressão financeira. Em um artigo de 2012 escrito pouco antes de morrer, McKinnon sugeriu que as taxas de juros reais negativas sobre os depósitos bancários chineses haviam diminuído a renda familiar. As taxas de referência mantidas abaixo da taxa de compensação do mercado estavam gerando uma demanda excessiva por crédito, acrescentou.

As empresas estatais, que tinham recebido acesso preferencial ao crédito, estavam expulsando as empresas privadas, sugeriu McKinnon. As baixas taxas de juros foram um fator de estímulo ao investimento, contudo, de um modo geral, a qualidade dos empréstimos era ruim. Além disso, as poupanças estavam deixando os bancos para abastecer um sistema bancário paralelo nada transparente.[13] A repressão financeira afastou a economia da China do consumo, desviando-a para investimentos de qualidade duvidosa e fomentando a criação de bolhas de preços de ativos. O *aprofundamento financeiro* pode estar na raiz do milagre da China, mas a *repressão financeira* ameaçou desfazê-lo.

COMO A REPRESSÃO FINANCEIRA FUNCIONA

Vejamos, agora, como a repressão financeira foi implementada na China. As poupanças permaneciam dentro do país graças aos controles impostos sobre o capital. As famílias não tinham outra escolha a não ser depositar suas economias em um dos grandes bancos. Os quatro maiores bancos eram majoritariamente estatais e rigidamente controlados pelo estado. Seu Banco Central operava com uma taxa de depósito abaixo da taxa de crescimento econômico da China e, não raro, abaixo da inflação. Os bancos emprestavam a empresas estatais a taxas abaixo do mercado. Como a taxa de depósito estabelecida era ainda mais baixa, os lucros dos bancos eram substanciais e garantidos. Corporações controladas pelo governo usavam o crédito barato que recebiam para investir, muitas vezes favorecendo setores selecionados pelos planejadores econômicos de Pequim. Bancos e empresas estatais foram os principais beneficiários da repressão financeira; já os poupadores domésticos foram os grandes perdedores.

O controle estatal do dinheiro e dos juros e a distribuição de crédito barato para favorecidos pertencem a uma venerável tradição chinesa. Mas a reforma de Deng espelhou-se diretamente em seus vizinhos asiáticos. O modelo de desenvolvimento econômico asiático, baseado no aumento das exportações e do investimento em larga escala, ajudou as economias atrasadas da região a alcançar suas concorrentes ocidentais.[14] Nos anos 1960, o governo da Coreia do Sul, comandado pelo general Park Chung-hee, valeu-se de bancos estatais para conceder empréstimos a taxas de juros reais negativas a exportadores e favorecendo projetos industriais.[15] A China adotou o modelo sul-coreano.

No fim dos anos 1990, a repressão financeira estava firmemente estabelecida. Essa década havia começado com o Banco do Povo aplicando altas taxas de juros a fim de expulsar a inflação do sistema. A moeda foi desvalorizada no início de 1994 e mais tarde atrelada a um nível significativamente desvalorizado em relação ao dólar norte-americano. Para evitar que o yuan se valorizasse muito rapidamente, o que prejudicaria as exportações chinesas, o Banco do Povo interveio nos mercados de câmbio vendendo yuan e comprando dólares. Os títulos em dólares assim adquiridos eram adicionados às reservas cambiais do país. Com isso, a China emprestava indiretamente aos consumidores norte-americanos para que eles adquirissem suas exportações. Tais compras maciças de títulos norte-americanos pressionaram para baixo as taxas de juros de longo prazo dos EUA.

Juntar-se ao Bloco do Dólar era compatível com as inclinações mercantilistas de Pequim. Em dezembro de 2001, a China tornou-se membro da Organização Mundial do Comércio. Essa adesão coincidiu com o início da política de dinheiro fácil de Alan Greenspan. O Banco do Povo manteve as taxas de juros baixas para manter a paridade do yuan com o dólar. A repressão financeira surgiu como uma "consequência da política governamental de manter uma taxa de câmbio desvalorizada".[16] As exportações e os investimentos relacionados foram os principais motores do milagre econômico da China. Nos 6 anos após a adesão à OMC, as exportações cresceram a uma impressionante taxa anual de 30%. Em 2007, a China ultrapassou os EUA e se tornou o maior exportador mundial.[17] O capital estrangeiro se esparramou pelo país, em virtude das expectativas de valorização do yuan. As baixas taxas de juros da China foram em parte destinadas a desencorajar esses fluxos de dinheiro.[18]

Grande parte do dinheiro novo criado pelas intervenções cambiais do Banco Central foi parar nos bancos chineses, facilitando ainda mais as condições monetárias.[19] Outra consequência da paridade do dólar foi que a política monetária doméstica era cada vez mais influenciada pelas decisões do Fed. Acreditava-se que o Banco do Povo visava um spread de 2,5 pontos percentuais acima da taxa interbancária do Fed.[20] Um mês após o Fed baixar sua taxa para 1,5% em janeiro de 2002, o Banco do Povo cortou sua própria taxa de referência. Em termos reais, as taxas de curto prazo chinesas permaneceram negativas.*

Repressão financeira da China

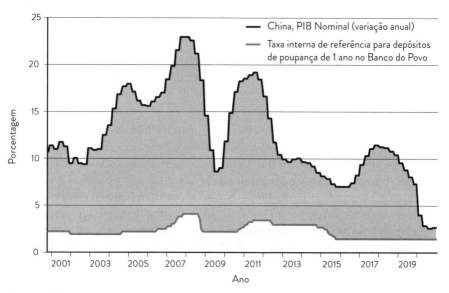

A enorme diferença entre as taxas de depósito e o crescimento nominal do PIB é um indicador da dimensão da repressão financeira à qual os poupadores chineses foram submetidos.

Às vésperas da crise financeira global, o superavit em conta corrente da China era de 10% do PIB. Mais da metade da renda nacional do país estava sendo poupada. À medida que a poupança abocanhava uma fatia maior do bolo econômico, a participação do consumo das famílias no PIB caiu para pouco mais da metade do nível dos EUA. A remoção da "tigela de ferro de arroz" (a política de bem-estar universal da era Mao) é muitas vezes considerada responsável pelo

----

*   Entre 1997 e 2002, os depósitos bancários renderam em média 3% acima da inflação. Na década seguinte, a taxa de depósito bancário de 1 ano, em termos reais, foi em média de 0,3% negativos. [N. do A.]

excesso de poupança da China e por substanciais superavits comerciais. Contudo, os dados mostram apenas um ligeiro crescimento da poupança familiar (como proporção do PIB) após 1990, cuja maior parte veio da elite rica.[21] Ao longo desse período, a renda dos trabalhadores ficou, de fato, aquém do crescimento econômico, e a poupança das famílias viu diminuída sua proporção em relação à poupança total.[22]

Coube à repressão financeira grande parte da responsabilidade por esse estado de coisas.* Em *The Great Rebalancing* (2013), Michael Pettis, professor da Universidade de Pequim, calculou os custos para os poupadores domésticos e os benefícios para os tomadores de empréstimos de taxas de depósito artificialmente rebaixadas. "A transferência total das famílias para empresas estatais, investidores em infraestrutura e outras instituições beneficiadas chega a algo entre 3% e 8% do PIB anualmente", concluiu Pettis.[23] O crédito barato possibilitou às empresas chinesas investir mais:[24] "O problema não é que a propensão familiar a poupar seja muito alta", escreveu Ronald McKinnon, "mas sim que as empresas economizam demais — principalmente na forma de excesso de investimento em ativos fixos".[25] A poupança governamental também cresceu em virtude da elevação das receitas com vendas de terras e investimentos maciços em infraestrutura.[26]

A visão de Claudio Borio sobre a poupança chinesa difere da sabedoria convencional. As pessoas em sua maioria veem a poupança como um fenômeno "real", ou seja, elas assumem que a poupança acontece quando os indivíduos se abstêm voluntariamente de consumir sua renda. Mas não é assim que as coisas funcionam no mundo real, diz Borio. No mundo real, os bancos criam crédito do nada. Poupança e investimento são dois lados da mesma moeda. Assim, quando um empréstimo bancário é aplicado em um investimento ocorre um aumento automático da poupança reportada.[27] Na China, a repressão financeira incentivou o crescimento do crédito; grande parte do novo crédito foi investido, elevando, por sua vez, a taxa de poupança.

Instável, Desequilibrado, Descoordenado e Insustentável

Em março de 2007, o primeiro-ministro Wen Jiabao observou que a economia da China era "instável, desequilibrada, descoordenada e insustentável". Presume-se que Wen tinha em mente o baixo nível de consumo doméstico e a elevada taxa de investimento, financiada por uma enorme poupança doméstica. A falha de

. . . .

* Um relatório do BIS de 2010 afirma que "a parcela da renda familiar também foi levada para baixo por sua renda líquida de juros encolhendo". Em relação ao PIB, a receita líquida de juros caiu à metade nos últimos 15 anos [até 2010], respondendo por 1/4 da queda na parcela da renda familiar. (Guonan Ma e Wang Yi, "China's High Saving Rate: Myth and Reality", BIS Working Paper, junho de 2010, p. 18). [N. do A.]

coordenação econômica identificada pelo primeiro-ministro Wen é o que Hayek sugeriu que ocorreria se as taxas de juros fossem mantidas abaixo de seu nível natural. Mas o comentário do primeiro-ministro Wen, reiterado em ocasiões subsequentes, trazia sua "combinação de sentimento nobre e falta de ação".[28] Nenhuma reforma relevante foi iniciada. Como as autoridades não admitiriam que houvesse uma recessão, permitiu-se que os desequilíbrios aumentassem. É como disse um alto funcionário de Pequim: "Melhor um pouco mais de desequilíbrio... do que muito colapso."[29]

Como resposta à crise financeira global, Pequim implementou um estímulo econômico massivo em novembro de 2008 com a injeção de 4 trilhões de yuans (nada menos que 12,5% do PIB) na economia, a maior parte do dinheiro fornecida pelos bancos. Ao longo de 2009, houve uma ampliação do crédito equivalente a 30% do PIB. A repressão financeira fincou suas raízes ainda mais profundamente. No mês seguinte à quebra do Lehman, o Banco do Povo cortou as taxas de juros duas vezes.[30] Em janeiro de 2009, a taxa interbancária da China era de 1%, uma queda de 4 pontos percentuais desde o verão anterior.[31] Nos 5 anos seguintes, a taxa de referência foi em média inferior a 1% em termos reais e ficou muito aquém do crescimento nominal do PIB do país. O yuan continuou frouxamente atrelado ao dólar norte-americano. O capital estrangeiro continuou a irrigar o país. O Banco do Povo continuou imprimindo dinheiro para comprar dólares.*

Não obstante o superavit em conta corrente da China tenha diminuído depois da crise financeira global, as reservas cambiais do país dobraram entre 2008 e 2014, alcançando mais de US$4 trilhões. Até 2014, cerca de 1/3 dessas reservas derivavam de capital estrangeiro.[32] Nem todas essas entradas foram provenientes de investidores ocidentais. As multinacionais chinesas assumiram empréstimos em dólares por meio de suas subsidiárias estrangeiras e trocaram os dólares por yuan, usando-os para investimento ou emprestando a taxas mais altas fora do sistema bancário formal.[33] Reivindicações de bancos estrangeiros sobre a China atingiram US$1,7 trilhão em 2014.[34]

Graças à oferta quase ilimitada de crédito barato, os desequilíbrios da China aumentaram. Como escreve Tom Orlik, da Bloomberg,

> gigantes industriais estatais afundaram em dívidas, pagando por novas siderúrgicas, minas de carvão e cimenteiras, aumentando o já crescente excesso de capacidade. Incorporadores imobiliários escrituraram seus balanços com tinta vermelha, assumindo empréstimos para construir cidades fantasmas de propriedades não vendidas. Os governos locais esquivaram-se dos regulamentos voltados ao controle da dívida pública, criando obscuros veículos de investimentos para tomar empréstimos "por fora".[35]

· · · · · · · ·

* Durante esse período, houve uma forte relação entre o ingresso de capitais estrangeiros e o crescimento dos depósitos no sistema bancário chinês. [N. do A.]

A repressão financeira da China veio na forma de bolhas *instáveis*, investimento *descoordenado*, dívida *insustentável* e um sistema bancário paralelo *desequilibrado*, e também viabilizou que interesses *inescrupulosos*, incluindo os de membros da própria família do primeiro-ministro Wen, colhessem os benefícios do fluxo ilimitado de dinheiro fácil.

BOLHAS INSTÁVEIS

"Sempre há uma bolha na China", disse um gestor de fundos cansado da vida ao *Wall Street Journal* em novembro de 2016. Não havia como contestar isso. Nos anos anteriores, uma miríade desconcertante de minibolhas pipocou em todo o país, variando de um fungo de lagarta com propriedades afrodisíacas a bulbos de alho; de vinhos de safras especiais ao espumante caseiro da China, o Moutai; de obras de arte a porcelana fina; e bolhas em quase todas as commodities industriais, do cobre ao minério de ferro. No mercado de ações de Xangai houve uma sucessão de bolhas esplendorosas. Ofuscando todas elas, uma bolha imobiliária que, épica, provou ser resiliente na adversidade, moldou o desenvolvimento econômico do país e foi a fonte última de todas as outras bolhas.

Em outubro de 2007, o mercado acionário de Xangai havia subido mais de quatro vezes em pouco mais de 18 meses. O valor combinado das empresas listadas em bolsa mais que dobrava o PIB da China. A política monetária contribuiu para o boom do mercado de ações. Na época, o Banco Central estava imprimindo e vendendo bilhões de yuans para manter a paridade com o dólar. Em julho de 2005, o Banco Central permitiu que o yuan se valorizasse, mas compensou esse movimento diminuindo as taxas de juros (que continuaram negativas em termos reais). O crédito bancário foi autorizado a ser expandido dramaticamente.[36] Quase duas décadas antes, o Banco do Japão tinha percorrido um caminho semelhante, afrouxando as condições monetárias na esteira do acordo cambial internacional conhecido como Plaza Accord. O especialista em Japão Peter Tasker traçou um paralelo entre esses dois episódios:

> Tal como no Japão nos anos 1980, a política monetária da China acabou refém de sua máquina exportadora. As taxas de juros são mantidas bem abaixo de seu nível natural para conter o yuan. Ao mesmo tempo, a liberalização financeira abriu as portas dos mercados de valores mobiliários para milhões de investidores chineses pouco sofisticados que finalmente dispõem de uma alternativa aos depósitos bancários que se depreciam. É difícil imaginar um rol de circunstâncias mais dignas de bolhas.[37]

Nos meses seguintes ao pico de outubro de 2007, o mercado de ações de Xangai caiu mais de 70%. Contudo, o estímulo de Pequim não tardou para vir em socorro dos especuladores em maus lençóis. No verão de 2009, o Shanghai Composite saltou quase o dobro de seu ponto mais baixo. O valor em dólares das ações negociadas em Xangai ultrapassou o volume de negócios combinado das bolsas de Londres, Nova York e Tóquio. Sete empresas chinesas integravam a lista das dez maiores empresas do mundo por valor de mercado.

O frenesi do mercado de ações diminuiu no fim de 2009, mas não por muito tempo. Entre novembro de 2014 e o verão de 2015, o Shanghai Composite dobrou mais uma vez. De novo, o espírito animal foi incitado por Pequim, agora para compensar a fraqueza do mercado imobiliário. O Banco Central baixou sua taxa de referência e expandiu seu próprio balanço patrimonial. Depois que as restrições aos empréstimos para corretores foram relaxadas, as compras em margem cresceram e ultrapassaram US$1 trilhão.[38] As ações de tecnologia foram vendidas por mais de duzentas vezes o lucro, "fazendo com que os dias inebriantes da bolha das PontoCom pareçam monótonos em comparação".[39] O IPO da China National Nuclear Power do início de junho foi superado em 137 vezes, com US$273 bilhões em subscrições. As ações subiram 44% no primeiro dia de negociação.

Essa febre especulativa também durou pouco. Em julho de 2015, o Shanghai Composite caiu 1/3. Suspensões de negociação atingiram a maioria das ações. Receosa de uma derrocada completa do mercado, Pequim se esforçou para criar um ambiente de "energia positiva". Reguladores alertaram os cidadãos contra comentários negativos sobre a economia. O Banco Central cortou as taxas de juros e os requisitos de reservas bancárias e emprestou dinheiro para sustentar o mercado. Uma "equipe nacional" de empresas estatais emprestou grandes somas para comprar ações.* Na cerimônia de formatura na Universidade de Tsinghua, os alunos foram instruídos a "gritar bem alto o slogan: 'Reviva as ações A, beneficie o povo; reviva as ações A, beneficie o povo'."[40]

Os altos e baixos do mercado de ações foram um espetáculo secundário se comparado aos eventos do mercado imobiliário da China. Durante a crise financeira global, os preços das casas caíram drasticamente em Pequim e outras cidades importantes. As autoridades agiram com força para inverter a situação. Os bancos receberam ordens para amenizar os padrões de empréstimo e fornecer mais segundas hipotecas. Os compradores de casas conseguiram empréstimos com um grande desconto em relação à taxa de referência. Ao longo de 2009, os empréstimos hipotecários quintuplicaram e as vendas de imóveis aumentaram

• • • • • • • • •

* No início de setembro, a "equipe nacional" de empresas estatais (SOEs), segundo o Goldman Sachs, gastou cerca de 1,5 trilhão de yuans apoiando o mercado de ações, assumindo a propriedade de 9% das ações negociáveis (free float) no continente. Outras medidas para apoiar o mercado incluíram: a proibição de vendas a descoberto, obrigando as empresas a fazerem recompras, corretores fortemente equipados para comprar ações, o relaxamento das regras de garantia sobre empréstimos de margem e a suspensão de novos IPOs. (Ver Kana Nishizawa, "China's Stock-Rescue Tab Surges to $236 Billion, Goldman Says", Bloomberg, 7 de setembro de 2015.) [N. do A.]

em 2/3.[41] O *Wall Street Journal* informou sobre uma corrida para comprar terras em Pequim. Os preços das casas nas cidades Tier 1 — os imóveis mais "quentes" do mundo, de acordo com Savills — subiram mais de 2/3.

A China ultrapassou os EUA, tornando-se o maior mercado imobiliário do mundo em valor.[42] A essa altura, as autoridades decidiram esfriar o mercado imobiliário. As taxas de juros e os requisitos de capital bancário foram elevados no início de 2010 e os padrões de hipotecas ficaram mais rígidos. Os bancos foram orientados a interromper os empréstimos para a compra de uma terceira casa.[43] Demorou um pouco para essas medidas surtirem efeito, mas no fim de 2011 os preços dos imóveis estavam caindo em quase todas as 70 cidades monitoradas pelo National Bureau of Statistics. As vendas de casas diminuíram em Xangai e Pequim. Isso fez com que a política fosse revertida novamente. No verão de 2012, as taxas de juros foram cortadas como parte de uma "campanha global coordenada de flexibilização global" (segundo a Bloomberg) ligada à crise da dívida soberana da Europa.

Ao sobreviver a inúmeros contratempos, o mercado imobiliário da China ganhou uma reputação de invencibilidade — uma condição fundamental, de acordo com o magnata dos fundos de hedge, George Soros, para a formação de uma "superbolha". Depois que o mercado de ações quebrou em 2015, a política monetária foi ainda mais flexibilizada. Em outubro, a taxa de referência do Banco Central atingiu a mínima histórica de 2%. No ano seguinte, os empréstimos bancários aceleraram, com as hipotecas assumindo uma parcela maior dos novos empréstimos.[44] Em partes de Xangai e na vizinha Suzhou, lotes vazios foram vendidos por mais do que terrenos vizinhos com edifícios concluídos — um caso de "farinha mais cara que pão". No fim de 2016, os preços das casas em todo o país eram avaliados em oito vezes a média da renda chinesa, quase o dobro do pico de valorização das casas nos EUA dez anos antes.

As avaliações de propriedades na China não eram completamente irracionais. Sir James Steuart alegava que o valor da Companhia do Mississippi se justificava pelo baixo custo dos empréstimos aplicados no mercado imobiliário da China. O Royal Bank de John Law fixou as taxas de juros em 2% em 1719. Quase três séculos depois, o Banco do Povo fixou as taxas de juros no mesmo patamar. Um estudo divulgado em 2015 pelo National Bureau of Economic Research demonstrou que os rendimentos dos aluguéis em Pequim e Xangai ficaram abaixo de 2%, em linha com a taxa de desconto.[45] Entretanto, rendimentos de aluguel de menos de 2% implicavam que o retorno levaria quase sete décadas — aproximadamente o mesmo período de tempo que os arrendamentos de terrenos residenciais, após o qual o título era revertido para o estado. O mercado imobiliário da China foi saudado como a "bolha que nunca estoura".[46] Mas, como comentaram os pesquisadores do NBER, "apenas quedas modestas na valorização esperada parecem necessárias para gerar grandes quedas nos valores das casas".

No fim de 2016, o total de imóveis foi avaliado em US$43 trilhões, equivalente a quase quatro vezes o PIB e em pé de igualdade com o valor agregado dos imóveis japoneses (em relação ao PIB) no auge da bolha.[47] Assim como o Japão três décadas antes, a China havia se transformado em uma economia de "bolha imobiliária". Em 2011, o banco francês Société Générale calculou que, na década anterior, a China havia construído 16 bilhões de metros quadrados de área residencial, o equivalente a construir a Roma moderna a partir do zero a cada 14 dias, repetidas vezes. Decorridos dez anos após o estímulo, mais da metade dos cem edifícios mais altos do mundo estavam em construção na República Popular, e mais de 1/4 da produção econômica relacionava-se, direta ou indiretamente, com os empreendimentos imobiliários.[48]

A justificativa aparente para a incrível onda de construção da China foi a migração urbana. No entanto, os grandes contingentes de migrantes que trabalhavam nos canteiros de obras não tinham meios para adquirir as propriedades que construíam. Grande parte da demanda por novas casas veio de investidores. Em novembro de 2009, Melissa Chan, da Al Jazeera TV, deu informações sobre o novo empreendimento de Ordos (também conhecido como Kangbashi) na Mongólia Interior.[49] Construída em cinco anos, a cidade pretendia abrigar mais de um milhão de pessoas. Porém, quando Chan visitou Ordos, não encontrou nada além de "casas vazias, novas e arrumadas, quarteirão após quarteirão". Os apartamentos, dizia-se, teriam sido adquiridos por ricos mineradores da Mongólia a título de investimento. Da noite para o dia, Ordos se tornou a "cidade fantasma" mais famosa do mundo.

Diversos apartamentos novos na China foram vendidos como cascas de concreto, conhecidas como "casas vazias" (*maopeifang*), às quais faltavam itens básicos, como fiação elétrica e encanamento. Muitos imóveis permaneceram assim e desocupados por anos a fio. Proprietários de apartamentos que não os ocupavam economizavam dinheiro deixando de fazer a manutenção dos elevadores, o que levou a ocasionais acidentes trágicos.* Blocos residenciais vagos podiam ser identificados à noite por suas janelas escuras. Em 2010, foi amplamente divulgado que por volta de 65 milhões de propriedades conectadas à rede elétrica não estavam usando eletricidade.[50] Estimativas posteriores sugeriram que 1/5 do parque habitacional urbano permanecia desocupado.[51] Dizia-se que na China havia propriedades vazias capazes de abrigar toda a população do Canadá.[52]

A bolha imobiliária da China pôs em xeque o milagre econômico do país, reduzindo o crescimento da produtividade e alimentando a corrupção.[53] Um alto

. . . .

* O alto número de acidentes com elevadores deveu-se, em parte, ao fato de não haver associações de condomínios na China e os moradores dos andares inferiores muitas vezes não contribuírem para os custos associados aos elevadores. [N. do A.]

funcionário aposentado de Pequim descreveu a situação: "A prosperidade excessiva do setor imobiliário não somente sequestrou os governos locais, mas também sequestrou as instituições financeiras ao restringir e até prejudicar o desenvolvimento da economia real, inflando bolhas de ativos e acumulando riscos de endividamento."[54] O setor imobiliário era a única coisa na China mais poderosa do que seu presidente imperial. Em dezembro de 2016, Xi Jinping proclamou que "as casas são para morar, não para especular". Todavia, na época, quase 1/3 das famílias chinesas tinha uma ou mais propriedades vagas.[55] Era tal a devoção do país à propriedade, que a taxa de divórcio disparou após Pequim impor restrições às famílias com mais de uma propriedade.[56]

INVESTIMENTO NÃO COORDENADO

O plano de estímulo de Pequim era constituído de milhares de projetos cuja engenharia prévia os deixava prontos para o rápido início das obras para novos aeroportos, pontes, rodovias, metrôs e assim por diante. O esquema mais ambicioso tratava da rápida expansão da rede ferroviária de alta velocidade, supostamente o projeto de obras públicas mais caro do mundo desde que as rodovias interestaduais dos EUA foram construídas nos anos 1950.[57] Esse megaprojeto estava sob os cuidados do ministro das Ferrovias, Liu Zhijun, cuja exortação maoista de que "para alcançar um grande salto, uma geração inteira deve ser sacrificada" lhe rendeu o apelido de "Grande Salto Liu". Os dispêndios com o projeto somaram 2% do PIB da China.

Em 2010, o Ministério das Ferrovias devia mais de 1 trilhão de yuans só em títulos ferroviários. Ao lado dos inevitáveis estouros de custos, havia rumores de que os empreiteiros usaram materiais baratos, prática conhecida como "roubar as vigas para colocar no pilar". Os receios quanto à segurança chegaram ao auge em 23 de julho de 2011, quando um trem-bala com destino a Fuzhou colidiu com outro trem parado no sentido contrário, matando 40 passageiros e ferindo muitos outros. Nessa data, Liu estava sob investigação por "graves violações disciplinares". O ministro recebia propinas em contratos de construção, gerenciava um caixa dois para subornar editores de jornais e tinha nada menos que dezoito amantes. (Em julho de 2013, um tribunal condenou o ex-chefe ferroviário à morte, transformada depois em prisão perpétua.)

O legado da expansão ferroviária de alta velocidade foi um enorme desperdício de recursos, montanhas de dívidas, uma economia viciada em gastos com construção e um nível estratosférico de corrupção pública. Em grande escala, essa é a história do desenvolvimento econômico recente da China. Quando o custo do empréstimo é baixo o suficiente, até mesmo os investimentos mais absurdos podem parecer viáveis. Na China do século XXI, o dinheiro fácil nivelava montanhas. Ou, mais precisamente, o governo local da cidade de Shiyan, na província de Hubei, ordenou que as montanhas locais fossem desbastadas para abrir espaço para novas fábricas. "Nivelar montanhas", declarou o órgão de regulação de terras local, "tornou-se a chave de ouro para resolver o problema do impasse de desenvolvimento de Shiyan".[58]

Os dispêndios com infraestrutura normalmente acompanham o desenvolvimento econômico: pontes são erguidas, túneis escavados e trilhos ferroviários assentados porque há demanda pelos serviços que prestam. Na China, no entanto, os planos de investimento foram retirados do roteiro de *Campo dos Sonhos*: "Se você construir, ele virá."* A nova infraestrutura, em tese, levaria à urbanização e melhoraria a produtividade. Mas os pesquisadores da escola de negócios de Oxford descobriram que "longe de ser um motor de crescimento econômico, um investimento típico em infraestrutura destruiu o valor econômico na China".[59]

Entre os outros projetos de infraestrutura de grande envergadura na época estavam um novo aeroporto ao sul de Pequim, que se dizia ser do tamanho das Bermudas, e a ponte mais longa do mundo, ligando Hong Kong ao continente. Os mandarins da China têm uma longa tradição de autorizar investimentos impressionantes. O Grande Canal, a hidrovia mais longa do mundo, foi construído no século VII com o trabalho forçado de milhões de pessoas. "O que é de admirar na China", escreveu o monge dominicano Gaspar da Cruz no século XVI, "é que há pontes em lugares ermos por todo o país, e elas não são menos bem construídas nem menos caras do que aquelas perto das cidades, mas todas são caras e muito bem trabalhadas".[60] No Império Imóvel algumas coisas nunca mudam.

O investimento não foi encaminhado apenas para projetos de infraestrutura. Fazia parte do estímulo de Pequim um plano de "indústrias emergentes estratégicas", que promovia o investimento em novas tecnologias, incluindo biotecnologia e veículos elétricos.[61] Vários setores, do aeroespacial a telecomunicações, foram destinados à "inovação nativa".[62] Diversos "megaprojetos de engenharia" foram acelerados, entre eles um plano para desenvolver um avião civil de grande escala. Setores menos charmosos também foram apoiados com fundos de estímulo, incluindo máquinas, têxteis, construção naval, fabricação de automóveis, aço, metais não ferrosos e logística. O problema era que a maioria desses setores já produzia mais do que conseguia vender.[63]

O excesso na produção de aço da China era notório. Antes da crise financeira, a República Popular produzia cerca de metade do aço mundial, em uma época em que suas siderúrgicas operavam com apenas 2/3 da capacidade.[64] O boom imobiliário e de infraestrutura provocou um aumento na demanda por aço. Mas todo o investimento extra em siderúrgicas significava que a oferta

· · · · · · · ·

* Menção literal — e segundo o autor, apropriada — de uma exortação bem conhecida que é dita no filme norte-americano cujo título original é *Field of Dreams*. [N. do T.]

continuava a superar a demanda. Os preços do aço desabaram, caindo a ponto de se dizer que "o aço era mais barato que o repolho".*

Uma série de outras indústrias, incluindo cimento, vidro plano, papel, energia solar e eólica, também sofreram com os flagelos gêmeos de excesso de investimento e excesso de oferta.[65] Assim como se deu com o aço, o estímulo aumentou a demanda por cimento. Em um factoide muito citado do US Geological Survey afirmava-se que, nos três anos após 2008, a China consumiu quase 1,5 vez mais cimento do que os EUA usaram ao longo do século XX. Anualmente, quase duas toneladas de cimento são derramadas para cada homem, mulher e criança no país mais populoso do mundo.[66] Apesar disso, a indústria de cimento da China continuou a sofrer com o excesso de capacidade e continuou a aumentá-la.

Coube às empresas estatais o maior quinhão do crédito bancário barato, bem como vários outros subsídios.** Mas seu acesso a capital de baixo custo impactou negativamente nos retornos sobre o capital. Em 2014, as empresas estatais ganhavam apenas metade do que suas contrapartes privadas.[67] Conforme sua base de ativos se expandia, sua lucratividade declinava.[68]

Como na Europa, a economia da China ficou infestada de zumbis corporativos, nutrida à base de crédito barato, subsídios estatais e tolerância ao empréstimo. Em janeiro de 2016, o *People's Daily* publicou uma entrevista com uma "pessoa autorizada", que se acredita ser Liu He, o principal assessor econômico do presidente Xi, que aconselhou reduzir o excesso de capacidade industrial.[69] O primeiro-ministro Li Keqiang reforçou o conselho, declarando que "aquelas 'empresas zumbis' cuja supercapacidade é absoluta devem ser impiedosamente decapitadas".[70] Do lado da oferta foram anunciadas várias reformas, e houve a

· · · · · · · ·

* O consumo de aço da China cresceu a uma taxa anual de 15% de 2000 a 2008 e manteve esse nível de crescimento após a crise financeira. Em 2009, o consumo de aço aumentou surpreendentes 157 milhões de toneladas. Em 2017, a indústria siderúrgica operou com 70% da capacidade (Dinny McMahon, *China's Great Wall of Debt* (Nova York, 2018), p. 42; Nicholas Lardy, *Sustaining China's Economic Growth after the Global Financial Crisis* (Washington, D.C., 2012), p. 21; Thomas Orlik, *China: The Bubble That Never Pops* (Nova York, 2020, p. 14). [N. do A.]

** Giovanni Ferri e Li-Gang Liu, pesquisadores do Hong Kong Monetary Institute, afirmam que toda a lucratividade das SOEs da China (entre 2001 e 2005) teria sido anulada se elas fossem forçadas a pagar as mesmas taxas de juros que as empresas privadas. O professor Christopher Balding, da Universidade de Pequim, descobriu que as empresas chinesas listadas em bolsa pagaram uma média de 1,6% em seus empréstimos no 1º semestre de 2015, uma época em que a dívida do governo rendeu mais de 3%. Balding estima que uma cobrança de juros de 5% teria diminuído os lucros relatados em quase 40%. (Giovanni Ferri e Li-Gang Liu, "Honor thy Creditors before thy Shareholders: Are the Profits of Chinese State-owned Enterprises Real?", *Asian Economic Papers*, 9 (3), outubro de 2010; Christopher Balding, "Guest post: Sizing up NPL risk in China", *Financial Times*, 28 de outubro de 2015; para outros subsídios SOE, ver Usha Haley e George Haley, *Subsidies to Chinese Industry* (Oxford, 2013, p. 45). [N. do A.]

Repressão Financeira com Características Chinesas ⚡ 279

fusão de duas siderúrgicas estatais deficitárias — Baosteel e Wuhan Steel.[71] No entanto, transcorridos apenas alguns meses após os comentários de Li, as siderúrgicas dos EUA reclamaram que os concorrentes chineses estavam sendo mantidos vivos com subsídios estatais e despejando seu excedente de aço nos EUA.[72] O FMI identificou cerca de 3.500 zumbis estatais em 11 províncias chinesas.[73]

O que o *People's Daily* chamou de "doença do desenvolvimento" causou imenso custo social e ambiental.[74] Lar de 1/5 da população mundial, a República Popular consumia aproximadamente a metade da produção mundial de aço, cimento, cobre, alumínio, níquel e carvão.[75] Em 2009, a China superou os EUA e se tornou o maior produtor mundial de gases de efeito estufa. Entre 2000 e 2014, as emissões anuais de carbono da China triplicaram.[76] "Quando uma economia tão grande quanto a da China", escreve o analista econômico Henry Maxey, "é capaz de engendrar um boom improdutivo de infraestrutura abusando de um sistema de crédito puro, não causa surpresa nenhuma ver as emissões globais de dióxido de carbono aumentando... a política monetária catalisou atividades que aceleraram o problema".[77]

A má alocação de capital na China ocorreu em uma escala nunca vista desde o apogeu da União Soviética. Os planejadores centrais soviéticos também operaram sob condições de repressão financeira. Em seu livro *Political Economy of Socialism* ["Economia Política do Socialismo", em tradução livre], o economista húngaro János Kornai explicou como as condições monetárias na Rússia comunista e seus satélites contribuíram para seu fracasso econômico:

> [A] coordenação do mercado não havia se tornado predominante nessas economias. Se a taxa de juros real for negativa por um longo período, ela é incapaz de controlar a alocação dos investimentos e dá informações falsas aos tomadores de decisão para todas as decisões que comparam receitas e despesas presentes e futuras.[78]

Em 1994, Paul Krugman publicou um aclamado ensaio na revista *Foreign Affairs* intitulado "The Myth of Asia's Miracle" ["O Mito do Milagre Asiático", em tradução livre]. Nele, Krugman diz que "o rápido crescimento econômico soviético [nos anos 1950] fundamentava-se inteiramente em um atributo: a disposição de poupar, de sacrificar o consumo atual em prol da produção futura".[79] Em uma época na qual o Banco Mundial saudava o "milagre econômico do leste asiático", Krugman apontou que a maioria das economias asiáticas, como a Rússia de Khrushchev, necessitava de investimentos cada vez maiores para crescer. O que Krugman não disse foi que diversas economias asiáticas atrelavam suas moedas ao dólar norte-americano e financiavam investimentos com empréstimos estrangeiros baratos. Não muito tempo após a publicação desse artigo a crise asiática estourou.

A análise de Krugman é aplicável também à China, país que implementou o "modelo de desenvolvimento asiático com esteroides", segundo Michael Pettis. Como parcela do PIB, a China investiu muito mais do que qualquer outro país asiático fizera antes. Conforme o investimento subia a níveis sem precedentes, a eficiência do investimento — o que os economistas chamam de "taxa incremental de capital/produto" — desabou em espiral.* Todas aquelas enormes quantias gastas em pontes, trens de alta velocidade e estradas não conseguiam gerar as tão apregoadas melhorias de produtividade. A República Popular estava presa em uma "esteira para o inferno" de investimentos.[80] Mas sair da esteira equivaleria a "beber veneno para matar a sede".

DÍVIDA INSUSTENTÁVEL

O surto de crédito causado pelo estímulo de Pequim em 2009 atuou como um gigantesco desfibrilador colocado sobre o coração de uma economia vacilante. Mas crédito é uma substância viciante cujo efeito diminui com o excesso de uso. Mesmo com o menor ritmo de crescimento da China nos anos seguintes, sua economia exigia doses cada vez maiores. Após o estímulo, o aumento do PIB para cada 100 yuans de novos créditos caiu para 30 yuans, cerca de 1/3 de seu nível anterior.[81] O declínio da contribuição do crédito para o crescimento econômico "bate" com a queda da eficiência do investimento. Algo a ser esperado, pois a maior parte do investimento era financiado com dívida.[82]

A capacidade de uma nação contrair dívidas está relacionada com seu desenvolvimento econômico. Países ricos, de forma geral, são capazes de arcar com mais dívidas do que os mais pobres. O que tornou chocante o crescente endividamento da China foi que sua economia permaneceu relativamente subdesenvolvida, com renda média ainda muito abaixo dos níveis ocidentais. A rapidez do crescimento do crédito (em relação ao PIB) também foi além da maioria dos booms de crédito anteriores, neles incluído o do Japão nos anos 1980, e ficou praticamente no mesmo nível das experiências espanhola e irlandesa antes de 2008.[83] Em seguida, houve a escalada. Em dez anos até 2015, a China foi responsável por cerca de metade da criação total de crédito do mundo.[84] Essa farra de empréstimos constituiu "a maior bolha de crédito da história".[85]

Cada setor da economia ficou saturado de dívidas. O passivo do sistema bancário cresceu três vezes o PIB. Na ocasião da quebra do Lehman, as famílias da República Popular eram muito menos endividadas do que as norte-americanas.

. . . .

* Michael Pettis argumenta que a situação era realmente pior do que parecia, pois os investimentos chineses eram carregados a preço de custo nos números do PIB. Consequentemente, mesmo os piores investimentos aumentaram o PIB, ao mesmo tempo em que diminuíram a relação entre a dívida e o PIB da China. (Michael Pettis, "China's Economy Needs Institutional Reform Rather Than Additional Capital Deepening", Carnegie Endowment for International Peace, 24 de julho de 2020). [N. do A.]

Contudo, como o tão alardeado "reequilíbrio" da economia nunca chegou, os consumidores recorreram ao crédito para elevar seu poder aquisitivo. Entre 2008 e 2018, as famílias chinesas dobraram seu nível de endividamento (em relação à renda) e acabaram com mais encargos do que as famílias norte-americanas no início da crise do subprime. No mesmo período, as empresas chinesas tomaram emprestado US$15 trilhões, passando a responder por aproximadamente metade do crescimento total da dívida corporativa global. Empresas imobiliárias assumiram empréstimos para financiar seus empreendimentos — a maior delas, a Evergrande, acumulou passivos totais equivalentes a 3% do PIB. Os governos locais criam veículos de financiamento obscuros para investir em projetos de infraestrutura com dinheiro emprestado. A dívida dos governos locais chegou a US$8,2 trilhões (até o fim de 2020), cifra equivalente a mais da metade do PIB.[86]

Embora tenham obtido empréstimos mais baratos do que as empresas privadas, as empresas estatais tiveram dificuldades para cobrir seus custos de juros.* Após 2012, o custo total do serviço da dívida foi maior que o crescimento econômico da China.[87] Segundo se diz, uma economia que não consegue crescer mais rápido do que seus custos de juros entrou em uma "armadilha da dívida". A China evitou as consequências imediatas da armadilha da dívida camuflando dívidas incobráveis. Chamou-se de "Capitalismo Vermelho" algo que se assemelhava a um jogo de "passa o anel" em que empréstimos inadimplentes eram passados de um jogador ligado ao estado para outro.

O jogo começou na virada deste século, quando os bancos estatais se viram lotados de empréstimos inadimplentes, que não foram baixados, mas vendidos pelo valor de face para empresas estatais de gestão de ativos (AMCs, na sigla em inglês). Essas empresas pagaram por eles emitindo títulos de dez anos, os quais, por sua vez, foram adquiridos pelos bancos estatais. Na prática, os bancos haviam trocado dívidas incobráveis de curto prazo por dívidas incobráveis de longo prazo. Quando finalmente chegou o dia marcado para as AMCs resgatarem seus títulos, os empréstimos foram rolados sem alarde. Escamotear ou "perenizar" as dívidas incobráveis exigia baixas taxas de juros. Os cortes de juros da China em 2001 e 2002 foram, em parte, destinados a ajudar os bancos a lidar com seus problemas de dívida. Nos anos seguintes, as taxas de empréstimos bancários foram mantidas bem abaixo do crescimento nominal do PIB do país, ao passo que as taxas de depósito ficaram abaixo de 3%. Assim, os depositantes chineses indiretamente resgataram o sistema bancário.[88]

. . . .

* A Reuters informou que a dívida das empresas chinesas totalizava US$18 trilhões, o equivalente a 169% do PIB do país. Apenas 1/4 das empresas do continente listadas em bolsa em Hong Kong tiveram lucros suficientes para cobrir os custos dos juros. Um funcionário de uma delas disse à Reuters que "há muita liquidez no mercado e a taxa de juros é baixa... Os empréstimos dos bancos não têm sido um problema. Ser SOE também ajuda" (Umesh Desai, "Road to Stagnation? China Inc Gets a Break from Lenders", Reuters, 4 de outubro de 2016). [N. do A.]

Depois de 2008, as rachaduras no sistema de crédito foram disfarçadas com novos empréstimos — um princípio do Capitalismo Vermelho é que "enquanto os bancos se mantiverem emprestando, não haverá problemas de reembolso".[89] Mas ficava cada vez mais difícil esconder empréstimos problemáticos. Em 2015, a Baoding Tianwei Group, uma empresa de engenharia industrial, se tornou a primeira empresa estatal a deixar de honrar seus títulos domésticos.[90] O fluxo de inadimplência continuou. Só se podia adivinhar a escala das dívidas incobráveis da China. A analista bancária Charlene Chu sugeriu que, até 2017, por volta de 1/4 dos empréstimos bancários não estavam rendendo — um número cinco vezes maior do que os dados oficiais.[91]

Como Chu comentou: "Se as perdas não se manifestarem nos balanços patrimoniais das instituições financeiras, elas o farão por intermédio da deflação e da desaceleração do crescimento."[92] A deflação da dívida, como assinalou Irving Fisher, acontece depois que há um acúmulo de dívidas muito grande. Ao mesmo tempo, o excesso de capacidade industrial pressionava para baixo os preços ao produtor, levando a China a exportar deflação para o exterior — por exemplo, despejando seu excedente de aço nos mercados europeu e norte-americano. Zumbis corporativos aumentaram as pressões de deflação. Apesar da elevação da oferta monetária após 2008, os preços ao consumidor ficaram praticamente constantes. Em novembro de 2015, o índice de preços ao produtor caiu durante 44 meses consecutivos, um recorde.[93]

Se o investimento da China tivesse sido produtivo, teria gerado o fluxo de caixa necessário para quitar sua dívida. Contudo, para a economia como um todo, não foi esse o caso.[94] Então, a dívida continuou crescendo. Os altos funcionários em Pequim sabiam que a situação era insustentável. No verão de 2016, um conselheiro anônimo do presidente Xi alertou, ao ser entrevistado pelo *Diário do Povo*, que a alavancagem tinha que ser contida. "Uma árvore não pode crescer até o céu", declarou a "pessoa com autoridade". "Alta alavancagem traz consigo altos riscos."[95] O ex-ministro das Finanças, Lou Jiwei, colocou o dedo na ferida de Pequim: "O primeiro problema é impedir o acúmulo de alavancagem", disse Lou. "Porém, também não podemos permitir que a economia ande mais devagar."[96] Como essas duas ambições são incompatíveis, Pequim optou pelo caminho de menor resistência. Uma década após o lançamento do estímulo, a "Grande Muralha da Dívida" da China chegou a 250% do PIB, um acréscimo de 100 pontos percentuais desde 2008.[97] Ainda havia mais para vir.

Repressão Financeira com Características Chinesas 283

Um Shadow Banking*
Desequilibrado

Em 1984, a primeira "casa de dinheiro" privada na China comunista abriu em Wenzhou, uma cidade costeira na província de Zhejiang, no sudeste. Fundada por um ex-administrador de hospital chamado Fang, a Ascendant Money House of Cangnan County abastecia de crédito as empresas locais. Na ocasião, os bancos estatais monopolizavam os empréstimos, mas seu expediente diário era de apenas algumas horas e emprestavam somente para pessoas politicamente conectadas. Um empréstimo demorava meses para ser aprovado. Mas a empresa de Fang estava aberta 24 horas por dia, 7 dias por semana. Os negócios eram tão rápidos que o agiota cobrava juros por hora: "Tempo é juro" era seu lema.[98]

Um sistema duplo de taxas de juros surgiu na China depois de 1979. Empréstimos baratos eram concedidos por bancos estatais para empresas estatais, e créditos mais onerosos eram fornecidos por bancos clandestinos para empresas privadas. Decorridos alguns anos do estabelecimento da Fang's Money House, dezenas de concorrentes operavam em Wenzhou. Entre eles figuravam associações de crédito, cooperativas de crédito e casas de penhor — esta última uma antiga instituição chinesa que data do período das Seis Dinastias no início do primeiro milênio da Era Comum [d.C.]. O mercado informal de empréstimos de Wenzhou era abalado por esquemas de pirâmide ocasionais e permanentemente assediado por bancos estatais. O Banco Popular da China, naturalmente, desaprovava. A Ascendant Money House, ao lado de várias outras casas de dinheiro e cooperativas de crédito, foi "retificada" — ou seja, fechada — no fim dos anos 1980.

Funcionários públicos reclamaram que os agiotas de Wenzhou exploravam os tomadores de empréstimos. Mas, na verdade, esses juros elevados serviam para racionar o capital, garantindo que o dinheiro fosse endereçado às empresas que faziam o melhor uso dele. No intuito de evitar acusações de especulação, as cooperativas rurais cobravam uma "taxa de uso do capital" — uma definição de juros tão boa quanto outra qualquer — e registravam os empréstimos em seus livros como "capital administrado por outra pessoa". Apesar de seus aspectos desagradáveis, os bancos clandestinos financiaram dezenas de milhares de empresas locais em Wenzhou, muitas delas dedicadas à produção em massa de relógios, óculos, isqueiros e sapatos para exportação. História semelhante se repetiu em toda a República Popular, com inúmeros empreendedores estabelecendo negócios com a ajuda de credores informais.

---

* "Shadow Banking" (ou Sistema de Bancos-sombra), também conhecido como sistema bancário paralelo, é um sistema financeiro não bancário que fornece serviços semelhantes aos dos bancos comerciais. Eles também são supervisionados, mas têm regulação própria e mais simples que as dos bancos tradicionais. [N. do T.]

284 O Preço do Tempo

Na época de Fang, o principal negócio do sistema de crédito não oficial de Wenzhou era suprir os empreendedores com capital de giro. Após 2008, contudo, os lucros da indústria local foram achatados pelo crescimento dos custos das commodities e pela desaceleração das exportações. Com isso, os credores passaram a financiar movimentos especulativos. Os comerciantes de Wenzhou se constituiriam na força propulsora de uma série de bolhas, de bulbos de alho a casas de férias na ilha de Hainan. Ao abandonar a manufatura tradicional pela especulação, eles "trocaram o real pelo vazio".

O setor imobiliário era o principal objeto de especulação, financiado com empréstimos de credores clandestinos.[99] No período após o estímulo, os preços dos imóveis em Wenzhou duplicaram. Os locais privilegiados ficaram quase tão dispendiosos quanto os de Xangai e de Pequim.[100] Os apartamentos no que era grandiosamente chamado de "Versailles Residential de Luxe La Grande Maison" foram comercializados a US$11 mil o metro quadrado — mais caro que Mayfair ou Manhattan.[101] Wenzhou aparentava toda espécie de prosperidade. As concessionárias de automóveis de luxo ocupavam suas ruas — um vídeo online de uma carreata de casamento em Wenzhou, com uma procissão de Rolls-Royces, Bentleys, Ferraris e Lamborghinis, viralizou.[102]

Em meados de 2011, entretanto, o sistema bancário informal da cidade implodiu subitamente. A causa mais imediata da crise de crédito foram os recentes aumentos das taxas de juros pelo Banco do Povo.* O pânico teve início após um parque industrial local deixar de quitar seus empréstimos.[103] Alguns meses antes, o dono do maior fabricante de óculos do país sumiu, deixando para trás grandes dívidas com credores privados. Casas de penhores, empresas de crédito e agiotas pediram seus empréstimos de volta e aumentaram suas taxas de empréstimo. Mais empresários deixaram o local. Comerciantes de Wenzhou correram para despejar propriedades adquiridas com empréstimos clandestinos. Conforme os preços dos imóveis caíam, mais credores cobravam seus empréstimos. Um gerente de vendas de imóveis relembrou que houve uma "debandada, como animais correndo para escapar de morrer em um incêndio florestal".[104] A rede de empresas de garantia de crédito da cidade caiu feito dominó. Lá fora, diante dos portões fechados da fábrica, a polícia coibia manifestações de trabalhadores não remunerados.

A crise de crédito de Wenzhou chamou a atenção do país e do exterior. O primeiro-ministro Wen visitou a cidade, acompanhado do ministro das Finanças e do presidente do Banco Central. A missão era "parar o cavalo na beira do abismo". Os bancos foram forçados a emprestar e as condições de crédito foram

· · · · · · · ·

* No início de 2011, com a inflação acima da meta, o Banco Popular da China aumentou em três vezes a taxa de depósito de um ano. Isso coincidiu com uma repressão aos bancos paralelos, que minou ainda mais a confiança entre tomadores e credores. No fim do ano, um tribunal em Lishui condenou três operadores de esquemas de pirâmide à morte. [N. do A.]

relaxadas — chegou-se até a autorizar que os agricultores locais oferecessem porcos como garantia de empréstimos.[105] As condições monetárias foram facilitadas em todo o país. A crise de crédito foi confinada com sucesso à província de Zhejiang.

A essa altura, os bancos paralelos do tipo Wenzhou já haviam sido substituídos por um novo tipo de empréstimo, também à margem do sistema bancário oficial. Como assinalou Ronald McKinnon, a repressão financeira estimula os poupadores a sacar suas economias dos bancos e a buscar retornos mais elevados em outros lugares. Isso ocorreu nos EUA na virada do século, depois que o Fed de Greenspan baixou a taxa interbancária para 1% e as vendas de produtos financeiros estruturados decolaram. Os "shadow banks" dos EUA colapsaram espetacularmente na crise do subprime. Após a quebra do Lehman, o sistema bancário paralelo não desapareceu; em vez disso, encontrou um novo lar na República Popular.

A versão chinesa do shadow bank abrangia uma série de produtos financeiros. O mais popular era o "produto de gestão de patrimônio" (WMP, na sigla em inglês), um instrumento de crédito vendido por bancos que normalmente pagava por volta de 2% a mais do que os depósitos bancários e era amplamente (ainda que falsamente) considerado garantido pelo emissor. Os produtos fiduciários tinham risco maior, pois muitas vezes estavam vinculados a empreendimentos imobiliários, porém pagavam mais. As empresas com pouco caixa descontavam recebíveis. As empresas estatais tomavam empréstimos baratos dos bancos estatais a fim de emprestar para empresas privadas. O empréstimo online era dominado pelos gigantes da internet Alibaba e Tencent.

Em 2016, o mercado de WMPs havia crescido para 23,5 trilhões de yuans, o equivalente a mais de 1/3 da renda nacional da China. Estima-se que o financiamento paralelo total seja duas vezes maior.[106] Mesmo o mercado relativamente pouco transparente de recebíveis de dívida foi maior que o tamanho do mercado subprime dos EUA em seu pico.[107] George Soros notou uma "semelhança assustadora" entre os bancos paralelos da China e a desacreditada versão norte-americana.[108] A motivação de ambos estava na busca de rentabilidade em uma ocasião na qual as taxas de juros eram baixas; eram ambos obscuros; envolviam bancos que originavam e vendiam empréstimos questionáveis; dependiam da abertura permanente dos mercados de crédito; e foram, os dois, expostos a bolhas imobiliárias.[109]

O Banco do Povo, com base em sua autoridade sobre os depósitos bancários e as taxas de empréstimo, já havia controlado as taxas de juros. Mas, à medida que o mundo das finanças paralelas se ampliava, essa ferramenta se tornou ineficaz. Bancos fortemente expostos a produtos de gestão de patrimônio exigiam quantias cada vez maiores para rolar no vencimento, utilizando empréstimos de curto prazo obtidos em outros bancos. No fim de junho de 2013, o mercado interbancário da China repentinamente parou: as taxas overnight subiram para quase 30%, o mercado de ações de Xangai caiu mais de 5% e os caixas eletrônicos em Pequim deixaram de disponibilizar dinheiro. O Banco do Povo inicialmente se recusou a acomodar a situação dos bancos para lhes dar uma lição, mas logo cedeu. O Banco Central passou a administrar a volatilidade das taxas do mercado interbancário.[110] A taxa overnight de empréstimos bancários (conhecida como SHIBOR) foi estabilizada em 2%.

As finanças paralelas foram rapidamente integradas ao jogo de "passa o anel" do Capitalismo Vermelho. Não muito depois da crise de Wenzhou, um WMP emitido pelo Huaxia, um pequeno banco comercial, ameaçou inadimplir. Uma empresa de garantia de crédito sem conexão aparente com o instrumento de crédito afetado foi encarregada de proteger os investidores.[111] No ano seguinte, uma empresa estatal de gestão de ativos absorveu alguns fundos imobiliários que estavam quase quebrando.[112] Em 2015, uma empresa de mineração de carvão da província de Shanxi não quitou um WMP de US$500 milhões, fatalmente chamado de "Credit Equals Gold N°1" ["Crédito Igual a Ouro N°1", em tradução livre]. Com certeza apareceu alguém para assumir as dívidas da empresa e perdoar os juros em aberto.[113] Colocando uma rede de segurança sob o sistema de crédito, Pequim comprou estabilidade no curto prazo. Mas a um alto custo. Tinha-se amplamente como certo que os grandes tomadores de empréstimos sempre seriam resgatados, e certas classes de credores (entre eles os detentores de WMP) sempre seriam protegidos. A consequência é que as taxas de juros na China não refletiam o risco de crédito.[114]

Hyman Minsky cunhou o termo "finanças Ponzi" para descrever a situação na qual um mutuário não tem como pagar suas dívidas com a renda atual e permanece solvente apenas se os preços dos ativos continuarem a subir. O 10° aniversário do estímulo se aproximava, e o ex-presidente do Banco do Povo, Zhou Xiaochuan, alertou sobre riscos "ocultos, complexos, súbitos, contagiosos e perigosos" no sistema de crédito da China.[115] O presidente apontou esquemas de empréstimos Ponzi operados por empresas de internet.* (Alguns meses antes, o colapso de um esquema de empréstimos "ponto a ponto" havia provocado grandes protestos públicos no distrito financeiro de Pequim.)[116] Ele também avisou sobre os riscos financeiros de empresas zumbis, modelos de risco ruins, bolhas especulativas e inovação financeira. O principal banqueiro do país temia que a China enfrentasse seu próprio "momento Minsky" [diz-se de um colapso repentino da economia].[117]

Não muito tempo depois, o governo assumiu o controle do Baoshang Bank, uma instituição financeira regional com sede em Baotou, na Mongólia Interior.

....

* No fim de 2015, um credor via internet, Ezubo, foi exposto como um verdadeiro esquema Ponzi, cujos investimentos de 50 bilhões de yuans acabaram sendo menos substanciais do que o anel de diamante rosa de 12 milhões de yuans com o qual o executivo-chefe da Ezubo presenteou sua amante. (Orlik, *China*, p. 47). [N. do A.]

O Baoshang havia crescido rapidamente emitindo certificados de depósito negociáveis para outros bancos. O acionista controlador teria feito uso indevido desses recursos. O Banco Popular de Zhou acabou sendo um cúmplice involuntário. Os empréstimos do Baoshang elevaram-se enormemente após 2013, quando o Banco Central começou a administrar a volatilidade no mercado de empréstimos interbancários.[118] Minsky não teria ficado surpreso: no mundo do capitalismo financeiro, disse ele, "a estabilidade é desestabilizadora".

FUGA DE CAPITAIS

As autoridades conseguiram evitar que os problemas de crédito aumentassem principalmente porque os controles de capital "acorrentaram" a poupança doméstica na China. A lógica da repressão financeira, todavia, fez com que a poupança do país buscasse melhores retornos no exterior. Enquanto o Fed dos EUA mantivesse as taxas de juros próximas de zero e continuasse imprimindo dinheiro, a pressão sobre a conta de capital da China era limitada. Mas assim que o Fed passou a apertar a política monetária, como fez cinco anos após a crise do Lehman, grandes quantias de dinheiro começaram a vazar da República Popular.

Eram inúmeras as maneiras, legais e ilegais, de os cidadãos se desvencilharem dos controles de capital. Em Macau, os cassinos ofereciam um "serviço de lavanderia" recebendo em yuans e pagando em dólares de Hong Kong. Os contrabandistas de dinheiro conseguiam que empresas chinesas forjassem faturas de importação.[119] Outro canal para a fuga de capitais foi o turismo, com chineses ricos empregando amigos para tirar dinheiro do país — uma prática conhecida como "Smurfing". Em 2015, as autoridades colocaram em ação medidas de repressão às saídas de capital. A polícia prendeu centenas de contrabandistas de dinheiro.[120] Os bancos também foram instruídos a restringir suas transações cambiais. As empresas multinacionais instaladas na China tiveram dificuldade em repatriar lucros. Executivos enfrentaram problemas para conseguir dólares norte-americanos para viagens ao exterior.[121]

A aquisição de empresas no exterior por companhias chinesas foi mais uma maneira de tirar o capital do país. Em outubro de 2014, uma seguradora chinesa, a Anbang Insurance, desembolsou quase US$2 bilhões para comprar o Waldorf Astoria de Nova York, um preço recorde para um hotel norte-americano que lembrava a farra de compras no exterior do Japão cerca de três décadas antes. A Anbang se parecia mais um shadow bank do que uma seguradora de vida tradicional. Seu produto mais vendido, "Anbang Longevity Sure Win Number 1", proporcionava uma renda generosa, permitindo que os investidores recuperassem o investimento passados alguns anos. A Anbang usou o dinheiro obtido com a colocação desse produto para adquirir hotéis estrangeiros, casas de repouso, seguradoras e outros negócios.

Pequim passou a reprimir a tomada de controle de empresas estrangeiras. A Anbang, em virtude de seu destacado papel como banqueiro paralelo e comprador em série de empresas estrangeiras, era um bode expiatório perfeito. A empresa foi condenada a se desfazer de seus investimentos estrangeiros. O presidente da Anbang, Wu Xiaohui, um empresário bem relacionado, casado com uma neta de Deng Xiaoping, foi preso por "crimes econômicos" (e mais tarde sentenciado a dezoito anos de prisão). Os bens da companhia foram confiscados. Nem as fronteiras internacionais nem as leis estrangeiras se constituíram em um impedimento para as tentativas de Pequim de estancar a fuga de capitais. Em janeiro de 2017, um magnata sino-canadense chamado Xiao Jianhua, foi sequestrado por policiais à paisana de sua suíte no Four Seasons Hotel de Hong Kong e levado de volta ao continente, onde foi preso, acusado de lavagem de dinheiro.[122] "Crocodilos" — o nome que se dá a tipos de negócios exagerados — estavam se tornando uma espécie em extinção.

Pequim pode desafiar as leis internacionais. Mas por quanto tempo ela poderia desafiar as leis da economia? Como John Law havia descoberto em 1720, não é possível para um país fixar o preço de sua moeda nas bolsas estrangeiras ao mesmo tempo em que amplia rapidamente a oferta monetária interna. Desde 2008, a oferta monetária da China aumentou de maneira implacável em relação ao porte de sua economia e à oferta monetária total do mundo. Trilhões de dólares em reservas cambiais forneciam uma ilusão de segurança, pois grande parte estava empatada em investimentos ilíquidos. Além disso, os depósitos em dinheiro nos bancos da China eram muito maiores que as reservas cambiais. Mas, caso apenas uma fração desses depósitos deixasse o país, a República Popular enfrentaria uma crise cambial debilitante.

JUROS INESCRUPULOSOS

Edward Shaw, economista de Stanford, que ao lado de Ronald McKinnon desenvolveu a teoria da repressão financeira, chamou a atenção para os aspectos políticos dessa teoria. Shaw sugeriu que o controle sobre as taxas de juros aumentava o poder dos funcionários públicos, que podiam conceder crédito barato a privilegiados, fomentando a desigualdade. Os burocratas, zelosos de seus poderes monetários, resistiriam às exigências de liberalização financeira, acrescentou.[123] Segundo a escola de economia da "escolha pública", os "rents"* surgem quando o estado interfere nos mercados e os preços estão em desequilíbrio.[124] A repressão financeira na China gerou rents abundantes e alimentou o capitalismo de favorecimento.

. . . .

* O termo "rents" — traduzido como "aluguéis" — tem, nesse caso, o sentido de "alugar ilicitamente as prerrogativas de um cargo público". [N. do T.]

"Um embuste desordenado costuma estar associado a uma baixa taxa de juros", observou o perspicaz jornalista financeiro Karl Marx.[125] John Kenneth Galbraith, economista de Harvard, cunhou um termo, "o bezzle", para descrever o "estoque de peculato não revelado" de uma economia que varia com o ciclo de negócios.[126] O bezzle da China estava inversamente relacionado com a taxa de juros: quando estas caíam, o bezzle subia.* A corrupção se concentrou nos setores, como imobiliário, mineração e construção, que mais se beneficiaram do dinheiro fácil. Os projetos de investimento eram selecionados conforme o tamanho das rendas extraíveis.[127] Os funcionários encarregados de distribuir o crédito fizeram empréstimos não autorizados e retiraram juros.[128] Quadrilhas eram mantidas por subornos pagos em dinheiro, terras, propriedades e ações, e por presentes e entretenimentos de luxo. Funcionários públicos de festas VIP nos cassinos de Macau lavavam subornos enquanto viviam sua paixão pelo bacará.[129] Os preços obtidos com o uso ilícito de cargos públicos (ou seja, o valor capitalizado dos rents) dispararam.[130] À medida que a riqueza de papel aumentava, os quadros do Partido sugavam a economia de ativos e esmagavam a oposição política.[131]

Tal como no Ocidente, a repressão financeira inclinou a balança em favor dos ricos e bem relacionados. Aqueles com acesso a crédito barato e aqueles que controlavam ativos reais e financeiros se beneficiaram de ganhos inesperados. Famílias comuns, sem um retorno justo sobre a poupança, e pequenas empresas obrigadas a assumir empréstimos a taxas elevadas financiaram essa grande transferência de riqueza. A partir do início dos anos 1980, a elevação da renda de centenas de milhões de trabalhadores chineses contribuiu para a diminuição da desigualdade global. Porém, durante esse período, a própria China deixou de ser uma das nações mais igualitárias do mundo para se transformar em uma das menos iguais. Após 2008, o coeficiente de Gini para a renda chinesa subiu para 0,49: um indicador de extrema desigualdade e mais que o dobro do nível do início da era da reforma.**

O problema da desigualdade era pior do que sugeriam os dados oficiais.[132] Um relatório de 2010 do Credit Suisse afirmou que a renda "ilegal ou quase

· · · · · · · ·

* Ver Michael Pettis, "Why the Bezzle Matters to the Economy", China Financial Markets, Carnegie Endowment for International Peace, 23 de agosto de 2021. Segundo Pettis, o bezzle da China inclui o mercado imobiliário, no qual os valores de mercado, maiores que os fundamentais, criaram o que Galbraith chamou de "aumento líquido da riqueza psíquica" e projetos de infraestrutura perdulários considerados a preço de custo na renda nacional. O tamanho total do bezzle da China, diz Pettis, é aproximadamente indicado pelo crescente estoque de dívida impagável do país. [N. do A.]

** Em 1978, o coeficiente de Gini da China era de 0,22. Em 2001, o primeiro-ministro Zhu Rongji sugeriu que seria intolerável se o coeficiente de Gini superasse 0,4. Quando a desigualdade excedeu esse limite em 2012, Pequim deixou de publicar os dados. (Evan Osnos, *Age of Ambition: Chasing Fortune, Truth, and Faith in the New China* (Nova York, 2014), p. 18). [N. do A.]

legal" somou quase 1/3 do PIB da China.[133] Grande parte dessa renda "cinzenta" provinha dos rents extraídos por membros do Partido. O caso de Bo Xilai, o jovem príncipe que se tornou chefe do Partido em Chongqing, é instrutivo. Em tal condição, e com o município em franca expansão, Bo fez crer que ele havia erradicado a corrupção. Mas, depois que caiu em desgraça em 2012, veio à luz a informação de que sua família valia centenas de milhões de dólares. A fortuna da família do primeiro-ministro Wen foi estimada em US$2,7 bilhões.[134]

O 1% mais rico da população controlava 1/3 da riqueza do país, enquanto o quartil mais pobre detinha apenas 1%.[135] A bolha imobiliária foi responsável por grande parte desse aumento da desigualdade. Pesquisadores da Universidade de Pequim verificaram que 70% da riqueza familiar consistia em imóveis. Por volta de 1/4 dos bilionários em dólares da China eram magnatas do setor imobiliário.[136] No topo da lista dos ricos estava Xu Jiayin, presidente da incorporadora imobiliária China Evergrande, cuja fortuna (em 2018) foi estimada em US$40 bilhões. Muitos incorporadores imobiliários de sucesso eram descendentes de membros importantes do Partido.[137] Funcionários do governo local que expulsaram os aldeões de suas terras para entregá-las a incorporadores agiram como "motores da desigualdade".[138]

A repressão financeira representou um atraso na liberalização econômica da China. Ao longo de sua história, o progresso do Império do Meio "tem um caráter intermitente e é cheio de percalços, regressões e recaídas".[139] De modo geral, quando o Estado era relativamente fraco e o dinheiro abundante, o Reino do Meio avançava. É provável que as rendas fossem mais elevadas no século XII, sob o relativamente laissez-faire Song, do que em meados do século XX, com os comunistas no poder. Mas, quando o Estado se mostrou mais autoritário, a produção econômica estagnou ou diminuiu. O desejo dos mandarins pelo controle monetário total contribuiu para a "grande divergência" da China imperial em relação ao desenvolvimento econômico ocidental.

Nos últimos anos, houve na China uma recaída autoritária. O líder supremo Xi Jinping exerce poderes imperiais. Um sistema à la Orwell de vigilância eletrônica rastreia os cidadãos. Milhões de uigures teriam sido presos em acampamentos. As empresas privadas são forçadas a colocar os interesses do Estado em primeiro lugar. Os planos de desenvolvimento econômico "China 2025" visam estabelecer a predominância chinesa em uma série de novas tecnologias, da inteligência artificial à robótica. Um sistema de créditos sociais, que recompensa e pune o comportamento dos cidadãos, suplementará o crédito convencional. Um yuan digital, emitido pelo Banco do Povo, complementará — ou até substituirá — o dinheiro convencional. Tais processos são melhor resumidos por uma frase que virou lugar-comum na década de 2010: "O Estado vai em frente enquanto o [setor] privado recua."[140]

A repressão financeira teve seu papel nesse movimento regressivo. A farra de crédito proporcionada pelo estímulo de 2008/9 aumentou a influência de

Pequim sobre a economia. Conforme o Estado avançava, o crescimento da produtividade diminuía. Como as taxas de juros não refletem o retorno do capital nem o risco de crédito, a economia chinesa sofreu com o impacto duplo da má alocação de capital e do excessivo endividamento. No setor imobiliário, alimentado por crédito de baixo custo, houve o que o presidente Xi chamou de "crescimento fictício". Em 2019, o aumento do PIB chinês (*per capita*) caiu para metade do nível de 2007.

A Terceira Plenária do 18° Congresso do Partido Comunista Chinês, realizada em Pequim em 2013, anunciou profundas reformas nas práticas bancárias. Foi aumentado o teto das taxas de depósito bancário e os bancos puderam definir suas próprias taxas de empréstimo. As famílias tiveram um ganho um pouco maior nos depósitos bancários, mas as taxas de juros ficaram abaixo do crescimento nominal do PIB. O Banco Central passou a administrar a volatilidade da taxa de juros do mercado interbancário.[141] O Banco do Povo ainda não tinha autonomia e precisava recorrer ao Conselho de Estado para qualquer mudança na política monetária.

Deixar a definição das taxas de juros por conta do mercado exigiria mudanças drásticas. Obrigados a competir por depósitos, os bancos controlados pelo Estado teriam uma perda de lucratividade. Empréstimos ruins ficariam mais difíceis de ser escondidos. Sem acesso ao crédito subsidiado, as empresas estatais se tornariam ainda menos lucrativas. Zumbis corporativos cairiam. Os planejadores econômicos perderiam a capacidade de direcionar capital barato para setores favorecidos. O custo de controlar a moeda nas bolsas estrangeiras se tornaria proibitivamente oneroso. Pequim não mais conseguiria manipular imóveis ou ajustar outros mercados.[142]

O monopólio de poder do Partido sobreviveu à liberalização da maioria dos preços comerciais e de muitas atividades econômicas, mas nunca abriu mão de controlar o preço mais importante de todos. O Estado, não o mercado, determinaria o nível de juros. O legado da repressão financeira da China foi, nas palavras do presidente Xi no Congresso Nacional em 2017, uma "contradição entre o desenvolvimento [econômico] desequilibrado e inadequado e as necessidades cada vez maiores do povo por uma vida melhor", o que, por sua vez, forneceu a Xi uma justificativa para avançar ainda mais o papel do Estado.[143]

Conclusão
O Novo Caminho para a Servidão

A grande divisão na política, a divisão entre aqueles que acreditam em uma economia planejada e centralmente controlada e aqueles que acreditam em uma economia em desenvolvimento livre, não contorna as fronteiras da política monetária, mas corre pelo meio. Aqueles que se dividem dessa maneira quanto a outros aspectos de políticas também estarão divididos sobre a política monetária.

J. ENOCH POWELL, 1959

Uma piora das finanças públicas está associada a uma menor taxa de juros da dívida pública.

MARIA BELEN SBRANCIA, 2011[1]

A crise financeira global causou uma elevação substancial da dívida pública, e o aumento do endividamento ofereceu aos formuladores de políticas monetárias outro motivo para manter baixas as taxas de juros.[2] Enquanto o rendimento dos títulos do governo ficasse abaixo do nível da inflação, então, ao longo do tempo, a dívida nacional poderia ser administrada. Essa foi a versão ocidental da repressão financeira. Claro, são os credores do governo que são reprimidos. A experiência dos EUA e da Europa após a Segunda Guerra Mundial mostra o funcionamento da repressão financeira na prática. Durante os anos de guerra, o rendimento dos títulos de longo prazo foi limitado a 2,5%, ao passo que os títulos do Tesouro pagavam menos de 0,5%.[3] O Fed adquiriu títulos diretamente do governo. Após a guerra, o Tesouro continuou mantendo as taxas de juros baixas mesmo com a inflação subindo para dois dígitos.[4] A repressão financeira duraria mais de uma geração. Entre 1945 e 1980, as taxas de juros nos EUA e no Reino Unido ficaram, em média, negativas 3,5% em termos reais (isso é, após a inflação). Taxas reais negativas forneciam um subsídio anual ao governo dos EUA equivalente a 1/5 das receitas fiscais. Graças à repressão financeira, a dívida nacional dos EUA (em relação ao PIB) caiu quase 3/4. Os britânicos liquidaram suas dívidas de guerra de maneira semelhante.[5]

Vimos no caso da China que, para a repressão financeira funcionar, o Estado precisa manter em casa a poupança doméstica. Os arranjos monetários internacionais introduzidos em Bretton Woods em 1944 impuseram controles de capital que impediam os cidadãos de mandar seu dinheiro para o exterior. O governo dos EUA, então, impôs um limite máximo nas taxas de depósito. Novos regulamentos exigiam que os bancos e as seguradoras norte-americanos aplicassem mais em títulos do governo. "Quando o crédito é racionado", escreve o estrategista de investimentos Russell Napier, "determinado por algo que não seja seu preço [juros], ele é politizado".[6] Na Europa, a alocação de capital ficou sob maior controle do Estado. Na Grã-Bretanha do pós-guerra, levantar até quantias moderadas de capital exigia a aprovação de uma comissão específica ["Capital Issues Commitee"]. O Banco da Inglaterra aplicou um "espartilho" para controlar a quantidade de crédito bancário. Na França do pós-guerra, a maioria dos empréstimos bancários estava sob a alçada do Estado.[7]

A repressão financeira voltou ao Ocidente depois de 2008. As taxas de curto prazo nos Estados Unidos e na Europa foram mantidas abaixo do nível da inflação e permaneceram negativas em termos reais por anos a fio. A crise financeira abriu um grande buraco no erário, mas graças à queda das taxas de juros, o custo do serviço da dívida aumentada permaneceu estável.* Os investidores ocidentais não tinham para onde fugir: se tentassem evitar a repressão interna levando suas poupanças para os mercados emergentes, enfrentariam a perspectiva de controles de capital (impostos por países como o Brasil).[8] Tal como no período pós-guerra, novos regulamentos obrigaram os bancos a manter mais títulos do governo.[9] Em alguns países europeus, os bancos se desfizeram de títulos estrangeiros para adquirir sua própria dívida soberana.[10]

Com a perspectiva de as taxas de juros de curto prazo serem mantidas abaixo da inflação por anos a fio, o magnata dos fundos de hedge Ray Dalio antecipou o que chamou de "bela desalavancagem".[11] Mas, contrariando a expectativa de Dalio, as dívidas pública e privada não interromperam a escalada. Os atrativos produtos da engenharia financeira levaram as empresas a assumir mais dívidas, ao mesmo tempo em que a queda nos rendimentos dos títulos do governo removia qualquer incentivo à prudência fiscal. Daí o deficit federal de quase US$1 trilhão do governo Trump em 2019, quando a economia dos EUA estava em seu décimo ano de expansão. Entre as economias avançadas, só a Alemanha freou o impulso de tomar empréstimos e gastar.[12]

No fim de 2020, a dívida nacional dos EUA era mais elevada em relação ao PIB do que em 1945. A flexibilização quantitativa tornou mais fácil para os

....

* Embora a dívida pública dos EUA tenha subido mais de 40% do PIB (2007 a 2018), o serviço da dívida do governo manteve-se em pouco mais de 2% do PIB. No Japão, a dívida pública dobrou entre 2000 e 2018, atingindo quase 250% do PIB, mas o serviço da dívida do Japão ficou abaixo de 2% do PIB. (Ver Charles Goodhart e Manoj Pradhan, *The Great Demographic Reversal* (Cham, Suíça, 2020), p. 173). [N. do A.]

governos incorrer em grandes deficits. Contudo, do ponto de vista financeiro, essa operação envolveu a troca de títulos públicos de longo prazo por passivos de curto prazo (depósitos em dinheiro nos bancos centrais). A consequência foi que as finanças do governo ficaram ainda mais vulneráveis até mesmo a um pequeno aumento nas taxas de juros. No Reino Unido, por exemplo, estimou-se que um aumento de 1% nas taxas de juros custaria ao governo britânico cerca de 0,8% do PIB em pagamentos adicionais de juros.[13] O imperativo político de manter a repressão financeira era esmagador.

Da mesma forum que no pós-guerra, com o retorno da repressão financeira, houve um maior envolvimento do governo na economia. Como observou o presidente da França, Nicolas Sarkozy, em 2009: "A principal característica desta crise é o retorno do Estado." O capitalismo de Estado — descrito como um "capitalismo burocraticamente engendrado" marcado por um "compromisso de longo prazo com um controle estatal progressivamente maior" — tornou-se mais arraigado.[14] A China liderava esse caminho com seu estímulo econômico maciço, financiado por bancos estatais, planejado por governos locais e implementado por empresas estatais.

No Ocidente, o Estado não avançou em face de nenhuma questão ideológica, mas por conveniência.[15] Tomemos, por exemplo, o mercado imobiliário dos EUA. As entidades patrocinadas pelo governo, Fannie Mae e Freddie Mac, há muito tinham sob seu domínio o mercado hipotecário doméstico (e contribuíram em grande parte para a crise do subprime). Após a crise, Washington ocupou-se com o financiamento habitacional. O primeiro programa de flexibilização quantitativa do Fed visava aos títulos lastreados em hipotecas com o intuito de estabilizar o mercado imobiliário. Nos anos seguintes, o Banco Central dos EUA adquiriu trilhões de dólares em títulos hipotecários.[16] Da mesma forma, os fundos do mercado monetário dos EUA experimentaram um processo gradual de nacionalização à medida que os operadores privados eram expulsos do mercado por taxas ultrabaixas, sendo substituídos por fundos "somente do governo" carregados com títulos do Tesouro.

A displicência dos banqueiros durante o boom do crédito minou a confiança nos bancos como principais intermediários de crédito — e com razão. Uma abordagem laissez-faire para a distribuição de crédito seria agora substituída por um *dirigismo* controlado pelo Estado. Essa reviravolta transparece nos escritos de Adair Turner, um ex-consultor de gestão que era o principal regulador financeiro do Reino Unido quando a crise estourou. Turner defendeu um reforço do papel do estado na oferta de crédito. A "política pública", sugeriu ele, poderia ser usada "para fazer uma alocação de crédito diferente daquela que resultaria de decisões puramente privadas". Em 2016, mais assertivo, ele afirmou que "a criação de crédito é importante demais para ser deixada para os banqueiros".[17] Alguns anos depois, o governo britânico estabeleceu um comitê constituído pelo

Banco da Inglaterra e por outras instituições oficiais para estudar como alocar o capital de maneira mais produtiva.*

A criação de crédito pode ter sido importante demais para ser deixada para banqueiros comerciais em desgraça, mas não para quem os supervisionava. Uma pilha crescente de regulamentações "macroprudenciais" era apenas a ponta do iceberg. Os banqueiros centrais deixaram seu papel tradicional de definir taxas de curto prazo para manipular as de longo prazo, gerenciando a curva de rendimentos e visando aos spreads de crédito. Eles também passaram a direcionar de que maneira o crédito era alocado na economia. Na Europa, o domínio dos banqueiros centrais sobre os mercados de crédito foi mais firmemente estabelecido. Em 2014, o Banco Central Europeu lançou um programa para fornecer financiamento gratuito de longo prazo para os bancos contra a garantia de empréstimos a empresas e famílias.[18] Ao decidir qual dívida era elegível para ser apoiada, o BCE de fato direcionou o crédito para os fins que considerava desejáveis. Dois anos depois, o BCE acrescentou a dívida de empresas com grau de investimento à sua lista de ativos qualificados, beneficiando assim as grandes empresas em detrimento das pequenas.[19] Por sua vez, o Banco da Inglaterra passou a comprar os títulos de grandes empresas estrangeiras, alegando que elas contribuíam para a economia do Reino Unido.[20]

O Banco Central Europeu substituiu os mercados financeiros como o árbitro final do crédito soberano. (Para cumprir as obrigações do tratado, o Banco Central de Mario Draghi manteve a ficção de que a crise da dívida soberana da zona do euro refletia liquidez em vez de problemas de solvência.) Houve ocasiões em que o BCE exerceu poderes imperiais sobre seus membros. Por exemplo, diz-se que o BCE teve um papel fundamental em 2011 ao derrubar o primeiro-ministro italiano Silvio Berlusconi, cujo lugar foi ocupado por um ex-funcionário não eleito da União Europeia.[21] Anos depois, o BCE cortou o financiamento à Grécia após um referendo local rejeitar as medidas de austeridade da UE. Com efeito, a soberania foi transferida dos povos da Europa para tecnocratas não eleitos em Frankfurt.**

Alguns bancos centrais se envolveram diretamente no mercado de ações. Vimos que o Banco Nacional Suíço adquiriu participações estrangeiras no valor

· · · · · · · ·

* O Productive Finance Working Group foi convocado em novembro de 2020 pelo Banco da Inglaterra, HM Treasury e Financial Conduct Authority "para desenvolver soluções práticas para as barreiras ao investimento em ativos de longo prazo e menos líquidos". [N. do A.]

** Curiosamente, foi isso que o economista canadense Robert Mundell, o "pai do euro", originalmente imaginou. Mundell afirmou que a moeda única europeia "retira a política monetária do alcance dos políticos", com o efeito de que "outra democracia é removida do sistema econômico". (Michael Hudson, *Killing the Host: How Financial Parasites and Debt Bondage Destroy the Global Economy* (Petrolia, Ontario, 2015), p. 326). [N. do A.]

de dezenas de bilhões de dólares. Após ir de cabeça no mercado de ações em 2010, o Banco do Japão se valeu da compra de ações, primeiro para impulsionar o setor imobiliário japonês, e depois para influenciar a governança corporativa.[22] Em 2016, o Banco do Japão possuía cerca de 2% da Primeira Seção da Bolsa de Valores de Tóquio e era o maior acionista de muitas empresas públicas. Houve comentaristas que sugeriram que as ações japonesas não refletiam mais os fundamentos.[23]

A mudança para taxas de juros negativas foi o movimento mais audacioso dos banqueiros centrais. Afinal, o que é uma taxa de juros negativa senão um imposto sobre o capital, uma tributação informal? Parecia não haver limite para até onde os banqueiros centrais poderiam ir para aplicar suas políticas. Se o entesouramento acabou por frustrar sua política negativa de taxas de juros, então era hora de abolir o dinheiro.[24] O "papel-moeda", escreveu Kenneth Rogoff em seu livro de 2016, *The Curse of Cash* ["A Maldição do Dinheiro", em tradução livre], "tornou-se um grande impedimento do bom funcionamento do sistema financeiro global".[25] O que o ex-economista chefe do FMI quis dizer é que a existência de dinheiro manuseável era um empecilho para banqueiros centrais se dedicarem a experimentos monetários radicais.

Um mundo sem dinheiro vivo, admitiu Rogoff, seria diferente daquele a que estávamos acostumados. Os mendigos teriam que portar leitores de cartão de débito (como já era o caso na Suécia progressista). Os cheques ficariam sem serem convertidos em dinheiro em espécie — uma forma alternativa de entesouramento. As pessoas declarariam seus impostos antecipadamente (como supostamente ocorreu em Wörgl nos anos 1930). Haveria algumas desvantagens, com certeza. Os pobres e os desfavorecidos desbancarizados teriam de ser forçados a entrar no mundo dos pagamentos eletrônicos. Muitas pessoas perderiam seus meios de subsistência conforme fossem desaparecendo a economia informal e o dinheiro em mãos.

As propostas para abolir o dinheiro em espécie adequavam-se ao comentário de Keynes sobre o esquema do dinheiro selado de Gesell, de que produziria a "extensão das funções tradicionais do governo". Em um mundo sem dinheiro, o Estado seria capaz de registrar todas as transações ao longo da vida de uma pessoa, desde a primeira compra de doces causadores de cáries feita por uma criança. Rogoff previu o dia em que todo o dinheiro seria digitalizado e todos os cidadãos teriam uma conta bancária no Banco Central. Decorridos alguns anos, os bancos centrais começaram a avaliar a questão das moedas digitais — dinheiro emitido pelos bancos centrais sem qualquer manifestação física. Desnecessário dizer que tal ideia se originou na China autoritária.

"O dinheiro", escreveu Friedrich Hayek, "é um dos maiores instrumentos de liberdade já inventados pelo homem."[26] E, como disse Dostoiévski, "dinheiro é cunhado como liberdade".[27] O dinheiro em espécie dá às pessoas a condição de fazer transações discretamente, ainda que às vezes se abuse disso. É verdade que os pagamentos financeiros por cheque, cartão e transferência eletrônica já representam a maioria das transações. Mas um mundo sem dinheiro em mãos destruiria os últimos vestígios de privacidade, criando um "panóptico digital" supervisionado por um único vigilante, neste caso o Banco Central (e, não há dúvida, agências de inteligência também), inspecionando tudo, julgando se as transações iam ou não ao encontro de alguma noção arbitrária de bem público.[28] Desde que essa ameaça à privacidade e à liberdade individuais não integre o modelo dos formuladores de políticas monetárias, ela poderia seguramente ser ignorada.

O Caminho para a Servidão Revisitado

O comentário de Hayek sobre o dinheiro está em seu livro best-seller *The Road to Serfdom* ["O Caminho para a Servidão", em tradução livre], uma longa crítica ao planejamento central, publicado em 1944. Hayek receava que o papel aprimorado do Estado durante a guerra corroesse de modo perene as liberdades econômicas e políticas tradicionais. Embora o economista austríaco, em outros escritos, tenha tratado extensivamente das questões envolvendo política monetária e taxas de juros — e, em particular, de que maneira o dinheiro fácil interferiu no "mecanismo de direção" da economia — esses tópicos não são abordados diretamente em *The Road to Serfdom*. Contudo, como a definição das taxas de juros é tão somente um aspecto do planejamento central, as preocupações de Hayek são relevantes para nossa compreensão do mundo após a quebra do Lehman.

The Road to Serfdom foi direcionado para as *consequências não intencionais* da formulação de políticas econômicas centralizadas. "[Nós] podemos escolher o caminho errado", escreveu Hayek na Introdução, "não por deliberação e decisão combinada, mas porque parece que estamos errando feio nessa questão".[29] Hayek era cético sobre a mentalidade de planejadores centrais, cientistas e certos tipos de engenharia cujos "hábitos de pensamento... tendiam a não dar crédito a resultados de estudos anteriores da sociedade que não estivessem de acordo com seus preconceitos".[30] Ele rejeitou o pensamento de que o planejamento deveria ser retirado dos políticos e colocado "nas mãos de especialistas — funcionários permanentes ou órgãos autônomos independentes".[31] Mesmo tecnocratas tinham interesses e, deixados por conta própria, imporiam suas preferências à comunidade.

Na opinião de Hayek, o planejamento central não funciona porque os funcionários públicos nunca conseguem reunir todas as informações necessárias para fazê-lo funcionar. Já o capitalismo, por outro lado, funciona porque é um sistema no qual a tomada de decisões é descentralizada: os preços, quando estabelecidos em condições competitivas, condensam todas as informações sobre as preferências infinitamente variadas das pessoas. Hayek refere-se à "regulação pelo mecanismo de preços". Caso os recursos não sejam alocados pelo mercado, aí então as autoridades devem intervir. A preocupação dele era com o fato de que "uma vez que o livre funcionamento do mercado seja impedido além de um certo grau, o planejador será obrigado a ampliar seus controles até que eles se tornem inteiramente abrangentes".[32]

Em *The Road to Serfdom*, Hayek alerta a respeito das tentativas oficiais de alcançar o pleno emprego por intermédio da política monetária, que ele acreditava ser prejudicial às perspectivas de crescimento. Ele também afasta as políticas voltadas para atenuar flutuações econômicas e subscrever riscos de mercado:

> Quanto mais tentamos prover segurança total interferindo no sistema de mercado, maior se torna a insegurança; e, o que é pior, maior se torna o contraste entre a segurança daqueles a quem é concedida como um privilégio e a insegurança cada vez maior dos menos favorecidos.[33]

Sob um regime de planejamento central, previu ele, as pessoas buscariam segurança em vez de autonomia, enquanto "a insegurança se torna o temido estado do pária".[34] O economista e filósofo se preocupava com a forma pela qual a desigualdade seria percebida sob o planejamento central: "A desigualdade é, não resta dúvida, mais facilmente suportada e afeta muito menos a dignidade da pessoa, caso seja determinada por forças impessoais do que quando é devido ao design."[35] Na visão de Hayek, a estabilidade política depende da existência de uma classe média forte: "O único fator decisivo na ascensão do totalitarismo no continente", escreveu ele, "é a existência de uma grande classe média recentemente despojada".[36]

Hayek não tinha abandonado de todo a esperança. O futuro do capitalismo e da democracia dependia do crescimento econômico, afirmou. Sem uma economia forte, todavia, tudo estava perdido, pois "a única coisa que a democracia moderna não suportará sem quebrar é a necessidade de uma diminuição substancial dos padrões de vida em tempos de paz ou mesmo uma estagnação prolongada de suas condições econômicas".[37] Alguns anos antes do lançamento de *The Road to Serfdom*, Joseph Schumpeter, contemporâneo austríaco de Hayek, publicou um livro igualmente notável. *Capitalism, Socialism and Democracy* (1942) é mais conhecido por introduzir o conceito de destruição criativa (conforme discutido no Capítulo 10). Schumpeter acreditava que um sistema econômico capitalista atrofiaria caso se tornasse estacionário. Em tal situação, previu Schumpeter, os lucros e os juros convergiriam para zero:

> As camadas burguesas que vivem de lucros e juros tenderiam a desaparecer. A gestão da indústria e do comércio passaria a ser assunto da administração vigente, e o pessoal adquiriria, inevitavelmente, as características de uma burocracia. O socialismo de um tipo muito sóbrio passaria a existir quase automaticamente.[38]

Schumpeter compartilhou os receios de Hayek para o futuro. A maior parte da população, pensava ele, tinha como certas as melhorias no padrão de vida, ao mesmo tempo em que se ressentia da insegurança produzida pelo capitalismo. Enquanto Hayek citava o livro de Julien Benda de 1927, *La Trahison des Clercs* ["A Traição dos Intelectuais", em tradução livre], que criticava o culto da expertise científica, Schumpeter acreditava que o capitalismo estava sob ataque dos intelectuais — um grupo que se caracterizava por sua "ausência de responsabilidade direta para assuntos práticos", em cujas fileiras constava um número crescente de universitários graduados tomados por uma "justa indignação sobre os erros do capitalismo".[39] Em dado momento, Schumpeter pergunta: "Pode o capitalismo sobreviver?" Ao que ele responde, melancolicamente: "Não. Acho que não."

Esse pessimismo acabou por se mostrar equivocado. Quem naufragou e desmoronou nas décadas seguintes foi o socialismo. O capitalismo triunfou. Mas nenhuma vitória é permanente. As preocupações com o futuro do capitalismo, do liberalismo e até da própria democracia ressurgiram. Somos, de novo, confrontados com as consequências não intencionais do planejamento central. Isso talvez pareça menos óbvio agora do que na época de Hayek, porque nosso planejamento central até agora não envolveu a nacionalização de indústrias, investimento público em larga escala, regulamentação de preços e rendas, altos níveis de tributação, racionamento ou outras medidas de guerra.

Em vez disso, o planejamento central no século XXI voltou-se para a manipulação do preço mais importante em uma economia baseada no mercado: o preço universal, ou seja, a taxa de juros. Os juros estão no coração do capitalismo. Conforme escreve James Grant, as taxas de juros são os sinais de trânsito que orientam a economia de mercado.[40] Desligue esses sinais e ocorrerão congestionamentos. Se o dinheiro a ser injetado for muito barato, o mecanismo de direção do mercado falha, como Hayek explicou em outro de seus escritos.* Sem juros, não há como avaliar fluxos de renda futuros. O capital não pode ser alocado adequadamente e pouquíssimo é economizado. Se tal situação se mantiver por muito tempo, o investimento do Estado terá que substituir o investimento privado e os bancos centrais terão que substituir os bancos comerciais como principais fornecedores de crédito. Sem os juros para regular o comportamento das finanças, um sistema financeiro inerentemente instável exigiria uma infinidade de novos regulamentos.

· · · · · · · ·

* Por exemplo, em *The Denationalisation of Money* (Londres, 1990), p. 104, Hayek escreve que "fundos emprestáveis e tornados artificialmente baratos pela criação de mais dinheiro para emprestá-los, não só ajudam a quem os toma emprestados, embora às custas de outros, mas durante algum tempo estimulam de modo geral a atividade empresarial. Não é tão fácil de ver que, ao mesmo tempo, tais questões tenham o efeito de destruir o mecanismo de direção do mercado. Mas o fornecimento de tais fundos para compras adicionais de bens distorce a estrutura de preços relativos, atraindo recursos para atividades que não podem ser mantidas de forma duradoura e, assim, tornam-se a causa de uma inevitável reação posterior". [N. do A.]

Assim como Bastiat, Hayek entendeu que os efeitos estimulantes imediatos do dinheiro barato foram percebidos, mas o dano econômico provocado por ele não foi tão óbvio. Conforme descrevemos ao longo deste livro, em todas as vezes que as autoridades monetárias se dispuseram a lidar com algum problema real e urgente — colapsos do sistema bancário e do crédito internacional, ou o aumento do desemprego em 2008 e a crise da dívida soberana da Europa alguns anos depois — seguiram-se consequências secundárias que nunca foram apropriadamente consideradas ou resolvidas.

Até agora, cada passo caminhado rumo a essa nova servidão foi incremental e justificado com base na conveniência. À direção geral em que estamos indo, pouca atenção está sendo dispensada. Ao contrário do marxismo não há um grande plano mestre no qual concentrar as mentes. Em vez disso, erramos feio — para usar o termo de Hayek — em ter um maior controle governamental da economia. E quanto mais feio erramos, mais o sistema parece falhar, o que por sua vez justifica novas intervenções.

As recentes falhas do capitalismo — evidenciadas pela queda do crescimento econômico, pelo aumento da desigualdade e pelo surgimento de corporações todo-poderosas — parecem dar razão às antigas críticas socialistas. Marx imaginou um "crepúsculo dos deuses" burguês, com os retornos sobre o capital declinando inexoravelmente e a demanda do consumidor sendo incapaz de acompanhar a produção, cuja consequência final seria uma revolução. Lenin acreditava que o avanço do imperialismo (globalização) e o poder crescente do monopólio constituíam o derradeiro estágio do capitalismo.

No entanto, o autor de *A Riqueza das Nações* teria ficado igualmente chocado com os desenvolvimentos econômicos recentes. Adam Smith criticava com vigor os monopólios em geral, e o da Companhia do Mississippi de John Law em particular. A onda de fusões, que levou a uma queda na competição baseada no mercado, e a proliferação de companhias financeirizadas não o teriam agradado. Em 2019, um livro sobre a ascensão de oligopólios corporativos e o declínio da concorrência foi apropriadamente intitulado *O Mito do Capitalismo*.[41] O colapso das taxas de juros não é o único responsável por esse estado de coisas, mas seu papel tem sido relevante.

Outra característica essencial do capitalismo é a assunção de riscos. Contudo, os banqueiros centrais usaram os poderes que têm para garantir os mercados, disseminando o risco moral por toda parte. Uma economia na qual o risco é socializado já não é capitalista. As tentativas dos banqueiros centrais de criar segurança econômica saíram pela culatra, como previu Hayek. Embora seja verdade que o desemprego nos EUA e em outros lugares tenha caído drasticamente depois da crise financeira, as perspectivas da classe média se deterioraram. Em todo o mundo desenvolvido, grandes contingentes se veem diante de crescimento de renda insignificante, poupança inadequada para a aposentadoria e falta de moradia acessível. A insegurança tornou-se mais uma vez o "temido estado do pária", como Hayek receava que seria o caso sob o planejamento central.

302 O Preço do Tempo

Em sua maioria, os comentários sobre a desigualdade a discutem como sendo uma questão de grau, mas nem toda desigualdade pode ser vista da mesma maneira. Na verdade, os economistas desenvolvimentistas fazem uma distinção entre desigualdade "boa" e "ruim". A desigualdade boa promove o crescimento econômico ao incentivar as pessoas a aprimorar suas competências, enquanto a desigualdade ruim beneficia uma classe específica (os que buscam renda). A desigualdade boa faz crescer o bolo econômico, enquanto a desigualdade ruim está associada à estagnação. Políticas monetárias não convencionais promoveram o pior tipo de desigualdade.

Como Hayek percebeu, a disposição do público em aceitar a desigualdade depende de uma crença compartilhada de que resultados desiguais refletem diferenças na contribuição econômica ou são uma questão de sorte. Poucos invejam as fortunas conquistadas por empresários de sucesso e personalidades esportivas. Porém, quando os altos executivos ganham fortunas cortando investimentos e contraindo dívidas, e com isso diminuindo as perspectivas de crescimento de suas empresas (e da economia), e quando trabalhadores demitidos são obrigados a aceitar salários inferiores com benefícios reduzidos em outros lugares, o ressentimento contra o sistema começa a ganhar corpo.

Com o vacilo do crescimento econômico, as sociedades ocidentais tornaram-se mais polarizadas. A crise financeira abalou a fé do público no poder político. Embora recessões de menor dimensão não esgarcem o tecido político, a Grande Recessão o fez. Se é verdade que a democracia abomina a estagnação econômica, como sustentava Hayek, então a democracia em si está sob ameaça.[42] Não é nada surpreendente que o apoio à democracia entre a geração mais jovem tenha enfraquecido nos últimos anos.[43] Políticas monetárias não convencionais também têm seu quinhão de responsabilidade no surgimento do populismo. O ministro das Finanças alemão, Wolfgang Schäuble, colocou a culpa das taxas de juros negativas do BCE na ascensão do partido nacionalista alemão AfD.[44] Na campanha presidencial de 2016, Donald Trump denunciou Wall Street e a supressão das taxas de juros pelo Fed. O sistema foi manipulado, disse ele aos apoiadores. (Na Casa Branca, no entanto, o presidente Trump encheu seu gabinete com ex-alunos do Goldman e pressionou fortemente o Fed a cortar as taxas.)

Nos anos 1930, o economista alemão Wilhelm Röpke ponderou sobre o crescente descontentamento da população norte-americana com o capitalismo. "Um dos ingredientes mais característicos da atual psicologia de massa", escreveu Röpke, "parece ser a *desconfiança geral do mecanismo de nosso sistema econômico*, uma desconfiança fundamentada na crença de que algo aconteceu a esse mecanismo que faz com que não se possa mais confiar nele". Röpke comparou a economia dos EUA durante a Grande Depressão a uma centopeia nervosa que, tendo perdido a confiança, começa a contar as pernas e fica paralisada.[45] Agora, mais uma vez, a centopeia perdeu a confiança e está tropeçando em si mesma.

O Contrafactual Islandês

Em meio às consequências da crise financeira global, os banqueiros centrais afirmaram que não havia alternativa à sua política de corte nas taxas de juros, flexibilização quantitativa e proteção dos bancos contra a falência. Se não o tivessem feito, alegaram, o desemprego alcançaria os níveis da Grande Depressão e a desigualdade teria sido ainda maior. A forte recuperação da Islândia após 2008, no entanto, sugere o contrário.

As condições de crédito eram, em relação a qualquer outro lugar do mundo, mais extremas na nação insular próxima do Círculo Polar Ártico. Os três grandes bancos do país — Glitnir, Landsbanki e Kaupthing — acumularam ativos perto de dez vezes a produção nacional da Islândia. Seus passivos externos estavam fora do padrão. Cortados dos mercados de capitais após a quebra do Lehman, os bancos islandeses não eram grandes demais para falir. Eram grandes demais para socorrer.

Diferentemente de vários outros bancos centrais, o Banco Central da Islândia (ICB) não recebeu swaps de dólares do Fed. Não houve flexibilização quantitativa ou cortes nas taxas de juros. Em vez disso, depois que a coroa desmoronou nas bolsas estrangeiras (perdendo cerca de metade de seu valor em relação ao dólar), a inflação foi às alturas. Controles de capitais foram impostos em 2009 para impedir que o dinheiro deixasse o país. O ICB viu-se obrigado a aumentar as taxas de juros, que mais à frente atingiram o pico de 18%. A Islândia recebeu empréstimos de emergência do FMI e dos vizinhos escandinavos e, em troca, engoliu o amargo remédio da austeridade. A poupança aumentou. O consumo caiu. Os impostos foram elevados. Os gastos do governo foram cortados.

Os bancos da Islândia foram desmantelados, seus depósitos domésticos e empréstimos repartidos em novos bancos que receberam capital novo do ICB. Os antigos bancos ficaram com seus ativos e passivos estrangeiros e foram liquidados. Dívidas foram reestruturadas, baixadas ou perdoadas. Uma nova lei exigia que os antigos bancos pagassem um "imposto de estabilidade", equivalente a 39% dos ativos (no fim, os credores estrangeiros passaram por "tosquias" voluntárias). Pessoas cujas propriedades foram avaliadas por menos do que suas hipotecas receberam benefícios fiscais. Um tribunal decidiu que as hipotecas em moeda estrangeira eram ilegais. O governo socorreu os mutuários que tinham hipotecas indexadas à inflação. Em certos aspectos, a abordagem islandesa para a crise da dívida remonta aos jubileus da dívida do mundo antigo.

(continua)

(continuação)

O FMI observou que em 2015, quando seu empréstimo foi pago antecipadamente, a economia da Islândia voltou ao normal. Nessa ocasião, o PIB da Islândia havia retornado ao nível pré-crise. A inflação estava sob controle. As taxas de juros caíram. O mercado imobiliário havia se recuperado. Os bancos estavam bem capitalizados. Contudo, a crise teve um impacto profundo na atividade financeira. O ICB relatou que "mudanças comportamentais profundas e duradouras provocadas pela experiência traumática da crise financeira... haviam resultado em maior prudência, forte propensão a poupar e crescimento menos alavancado".[47] A Islândia se transformou em um gêiser de economia. Ao findar 2017, a dívida do setor privado havia caído para menos da metade de seu nível máximo.[48] A dívida pública, que subira para 95% do PIB durante a crise, também caiu pela metade. Os saldos em conta corrente e fiscal estavam superavitários.

O setor financeiro não contribuiu para a recuperação da Islândia, mas continuou encolhendo. Em vez disso, o novo crescimento foi proveniente de uma variedade de setores: turismo, energia renovável e tecnologia. Enquanto o restante do mundo desenvolvido estava mergulhado em uma intratável crise previdenciária, a poupança privada da Islândia para fins de aposentadoria confortavelmente superava a renda nacional. Transcorrida uma década após a crise, o PIB da Islândia estava 15% acima de seu pico pré-crise — um desempenho melhor do que na maior parte do mundo desenvolvido. Em 2018, a Islândia estava em sétimo lugar no ranking de produção *per capita* da OCDE, subindo quatro posições desde 2007. Conforme a economia se afastava das finanças, tornava-se mais diversificada. À medida que os níveis de dívida diminuíram, ficaram mais sustentáveis. Durante a crise, a taxa de desemprego na Islândia atingiu 9%, quase o mesmo patamar dos EUA. Mas o desemprego em breve recuou para seu nível médio. Quanto à desigualdade, o coeficiente de Gini da Islândia para renda diminuiu depois de 2008. A Islândia é um país pequeno que se beneficiou de uma forte desvalorização da moeda. Não era uma opção aberta a todos os países atingidos pela crise. Ainda assim, a experiência da Islândia mostra que havia uma alternativa à diminuição das taxas de juros e à proteção do sistema financeiro a qualquer custo. A resposta da Islândia foi deixar os bancos falirem, processar banqueiros malfeitores (duas dúzias deles foram mandados para a prisão) e dar guarida a depositantes domésticos e proprietários de imóveis às custas de outros credores. A abordagem dos EUA para a crise do subprime foi o oposto em quase todos os aspectos.

Seria um equívoco entrar na próxima crise equipado com as mesmas ferramentas e mentalidade que não conseguiram recuperar a saúde de nossas economias após 2008. No início da década de 1930, Hayek argumentou que a solução para um boom de crédito não viria da redução das taxas de juros ou de grandes deficits fiscais. Se as taxas de juros já eram muito baixas antes da crise, reduzi-las ainda mais não era a resposta. Em vez disso, ele acreditava que as taxas de juros deveriam subir, bem como a poupança (que antes estava muito baixa). Os maus investimentos devem ser liquidados, acrescentou. O economista austríaco não conseguiu convencer as pessoas naquela época. Entretanto, a Islândia adotou muitas das prescrições de Hayek, mais por necessidade do que por fervor ideológico, e saiu da crise em melhor forma do que a maioria.

Hayek não era a favor de que a economia se prestasse a experimentos da vida real.[49] Ainda assim, talvez tenha se sentido reconhecido por esse resultado. Perto do fim da vida, o veterano economista visitou a Islândia. Sugeriram a ele que os princípios econômicos não se aplicavam a um pequeno país como a Islândia. Hayek discordou. Princípios econômicos eram válidos em qualquer lugar, disse ele.[50]

The Road to Serfdom foi publicado em tempos de guerra, quando a maioria das economias do mundo estava sob o controle do Estado. Hayek antecipou, erroneamente, como se viu, que, por haver avançado tanto, o domínio do estado inevitavelmente se estenderia. Em vez disso, as sociedades ocidentais estabeleceram-se em tempos de paz com o que costumava ser chamado de "economia mista", uma fórmula nem capitalista nem socialista. A experiência de repressão financeira do pós-guerra também não foi um desastre econômico absoluto. De fato, depois de 1945, a França experimentou um longo período de forte crescimento econômico, conhecido como *Les Trente Glorieuses*. A Alemanha desfrutou de seu *Wirtschaftswunder*. A economia dos EUA voltou à tendência de crescimento anterior à Depressão. A Grã-Bretanha coxeava como o "homem doente da Europa", mas sua economia saiu-se melhor do que nos últimos anos. O período de Bretton Woods (1945 a 1971) foi praticamente isento de bolhas especulativas e crises financeiras. Décadas de repressão financeira, combinadas com altos impostos, concretizaram a ambição de longa data de Keynes pela *eutanásia do rentista*.*

O erro de Hayek parece ter sido de timing. Nos anos após a guerra, a sabedoria convencional sustentava que a inflação poderia ser controlada sem que fosse preciso recorrer às taxas de juros. Quando a inflação voltou na década de

· · · · · · · ·

* A viúva de Keynes, Lydia, foi um dos muitos rentistas cuja fortuna foi dizimada pela crescente onda de inflação do pós-guerra. [N. do A.]

1960, a resposta política inicial foi introduzir controles de preços e rendas, que levaram o Estado a todos os recantos da vida econômica. A era da estagflação se aproximava. Hayek usou sua caneta novamente para resistir às invasões do Estado, apontando a futilidade dos controles de preços na batalha contra a inflação. Os governos, escreveu ele, estavam segurando "um tigre pela cauda".[46]

A roda deu uma volta completa. De novo nos deparamos com a supressão dos juros acompanhada do avanço do Estado em diversos setores da vida econômica. Economistas de renome, como Larry Summers, pedem maior investimento público. Os democratas dos EUA propõem um Green New Deal. Surgiu uma nova geração de planejadores centrais que propõem soluções tecnocráticas para nossos males econômicos e sociais. Se quisermos evitar progredir muito no novo caminho para a servidão, tais suposições e políticas requerem um exame mais profundo dos políticos e do público em geral.

Trinta anos depois de *The Road to Serfdom*, Hayek foi agraciado com o Prêmio Sveriges Riksbank em Ciências Econômicas em memória de Alfred Nobel. Em sua palestra premiada, intitulada "The Pretense of Knowledge" ["A Pretensão do Conhecimento", em tradução livre], o veterano economista repreendeu seus colegas economistas por não considerarem a complexidade da vida humana. Hayek concluiu seu discurso com uma advertência:

> O reconhecimento dos limites intransponíveis de seu conhecimento precisa, de fato, ensinar a quem estuda a sociedade uma lição de humildade que deve protegê-lo de se tornar um cúmplice no esforço fatal dos homens para controlar a sociedade — um esforço que o transforma não apenas em um tirano sobre seus semelhantes, mas que também pode muito bem torná-lo o destruidor de uma civilização que nenhum cérebro projetou, mas que cresceu com os esforços livres de milhões de indivíduos.*

· · · · · · · ·

* F. A. Hayek, "The Pretence of Knowledge", palestra proferida na cerimônia do prêmio Sveriges Riksbank in Economic Sciences in Memory of Alfred Nobel, 11 de dezembro de 1974. Segundo William White (em um e-mail pessoal ao autor): os banqueiros centrais cometem um erro epistemológico profundo ao não tratar a economia como um sistema adaptativo complexo. Todos os outros erros derivam desse. [N. do A.]

Posfácio
O Mundo Virou de Ponta-cabeça

Enquanto outros países estiverem se beneficiando com as Taxas Negativas, os EUA devem aceitar o "PRESENTE". Grandes números!

TUÍTE DE DONALD TRUMP, MAIO DE 2020

Na verdade, não parece muito certo.

ELON MUSK, MARÇO DE 2021 (AO RECUSAR
UMA OFERTA DE US$1,1 MILHÃO POR UM TOKEN NÃO FUNGÍVEL DE UM TUÍTE)

Em um discurso no fim de 2019, Mervyn King destacou que a dívida global em relação ao PIB era muito maior do que em 2008. Altos níveis de dívida e elevada incerteza estavam deprimindo o consumo, disse o ex-presidente do Banco da Inglaterra. A política monetária não oferecia nenhuma solução para essa armadilha de baixo crescimento — apenas fazia remendos. Além disso, novos regulamentos financeiros, complexos e caros, forjaram uma falsa impressão de segurança. Lord King concluiu que caminhávamos como sonâmbulos para outra crise. Sua palestra intitulava-se "O mundo de ponta-cabeça".[1] Mal sabia ele o que estava ali, virando a esquina.

Na quinta-feira, 12 de março de 2020, os mercados financeiros mundiais despencaram. Pode-se pensar que era uma resposta natural à crescente pandemia do coronavírus. Mas não se tratava de um deslocamento comum do mercado. Se a crise financeira global se assemelhava a um desastre de trem em câmera lenta, isso de agora foi "o [desastre] mais rápido e violento da história".[2] O Dow Jones perdeu 10% de seu valor e o índice MIB da Itália caiu quase 18% em um único dia. A liquidez nos mercados de crédito evaporou. Os spreads da dívida corporativa cresceram desmedidamente. Os títulos municipais experimentaram "seu pior dia na história moderna".[3] A cotação dos fundos de bonds sofreram enormes descontos em relação ao seu valor subjacente. Moedas e títulos de mercados emergentes despencaram. Uma série de fundos de hedge ("vol shops") que apostaram na volatilidade permanecendo baixa não conseguiram atender suas chamadas de margem e faliram.

307

Quando os mercados financeiros desmoronam, os investidores normalmente buscam segurança em títulos do governo. Nesses momentos, os rendimentos dos títulos caem e os preços dos títulos do Tesouro sobem. Mas desta vez o rendimento dos títulos do Tesouro de dez anos começou a subir. Os corretores, pasmos, olhavam para telas em branco, um vazio de negócios naquele que era, supostamente, o mercado financeiro mais substancial e líquido do mundo. "Estávamos olhando para o dia do juízo final", disse um negociante de títulos ao *Financial Times*.[4]

PRECONDIÇÕES

Anos em busca de rendimentos, padrões de subscrição fracos e alavancagem crescente tornaram os mercados financeiros sujeitos a um choque repentino. Muitos investidores conseguiram um dólar extra adquirindo títulos ilíquidos ou vendendo volatilidade (na verdade, apostando que os mercados permaneceriam calmos). O acidente da Covid revelou essas "condições preexistentes" — para usar um termo médico popularizado pela pandemia. Uma "corrida insana por dinheiro" ocorreu quando players alavancados tentaram cobrir suas posições.

A Casa Branca lançou a Operação Warp Speed ["Velocidade de Dobra", em tradução livre] para desenvolver uma vacina contra a Covid. Os bancos centrais do mundo agiram ainda mais rápido para dar um fim ao tumulto do mercado. O famoso conselho de Mario Draghi "faça o que for preciso", ou algo parecido, era a palavra de ordem de todos os banqueiros centrais. O presidente do Fed, Jerome Powell, evocou o espírito de Dunkirk: "Era hora de entrar nos barcos e pegar as pessoas. Não para checar os registros de inspeção e coisas assim." O Fed reduziu sua taxa de referência para zero e se comprometeu a comprar US$700 bilhões em títulos do Tesouro e títulos hipotecários. Seguiu-se uma sopa de letrinhas de medidas monetárias de emergência — Primary Market Corporate Facility; Money Market Mutual Fund Liquidity Facility; Main Street Business Lending Program, e assim por diante. Pela primeira vez, o Fed estendeu suas compras de títulos a fundos de títulos contendo os avaliados como "junk". "A escala de seus atuais esforços de compra de títulos já se parece com os programas de compra que empreendeu após a última crise financeira", informou a Bloomberg.[5]

Nos meses seguintes, o balanço do Fed dobrou (de US$4 trilhões para US$8 trilhões). Outros bancos centrais seguiram o exemplo. Juntos, criaram mais dinheiro do que em todos os anos desde a quebra do Lehman. Direta e indiretamente, os bancos centrais financiaram o Grande Lockdown com seus pagamentos de desemprego, esquemas de licenças temporárias, apoio a empresas atingidas e inúmeros outros dispêndios de emergência. Nunca, fora do período de guerra, os governos contraíram tantas dívidas, tomaram empréstimos tão baratos ou gastaram tão rapidamente. Nunca os governos fecharam grandes partes de suas economias enquanto mantinham e, em alguns casos, aumentavam a renda das pessoas. O mundo realmente havia virado de ponta-cabeça.

A impressão de dinheiro e os gastos públicos tiveram o apoio de uma nova escola de economia. Os expoentes da Moderna Teoria Monetária afirmavam que o dinheiro era uma criatura do Estado. Compreendida a natureza essencial do dinheiro, seguiram-se várias conclusões radicais. Governos nunca poderiam falir. Não era nem mesmo necessário aumentar impostos ou emitir títulos para financiar seus gastos, eles podiam simplesmente imprimir mais dinheiro. Os governos poderiam quitar a dívida nacional amanhã, se quisessem. Deficits fiscais não eram o problema, mas a cura. Os empréstimos do governo, alegaram, geram poupança privada.

Os monetaristas teóricos modernos argumentam que os juros são uma "variável de política" e devem ser mantidos o mais baixo possível. Os gastos governamentais financiados pelo Banco Central seriam "uma arma potente na luta contra a desigualdade, a pobreza e a estagnação econômica".[6] O anarquista Proudhon havia utilizado muito desse argumento no debate com Bastiat. Tais noções, enquanto teoria, foram desprezadas pelos principais economistas. Mas, por uma questão de política prática, a Árvore do Dinheiro Mágico recebeu uma boa sacudida. No decorrer de 2020, o deficit federal dos EUA atingiu US$4 trilhões, uma soma quase igualada, dólar por dólar, pela nova criação de dinheiro do Fed.

A BOLHA DE TUDO REVISITADA

Populações inteiras se dispersaram, confinando-se em suas bolhas particulares — bolhas *sociais*, bolhas de *apoio*, bolhas de *classe* e bolhas de *viagem*. Os mercados financeiros abriram o caminho. O derretimento de Wall Street foi acompanhado por um fenômeno oposto ainda mais dramático. Bolhas de preços de ativos proliferaram: bolhas em ações e títulos, em imóveis e patrimônio das famílias, em criptomoedas e arte digital, em bens de luxo (supercarros e relógios suíços) e animais de estimação (Cockapoos vendidos por US$5 mil o filhote) e em itens colecionáveis ("cards" de beisebol e Pokémon). Foi a Bolha de Tudo. Richard Bernstein, um gestor de fundos baseado em Nova York e ex-estrategista de Wall Street, criou um "checklist da bolha" (constituído de maior liquidez, alavancagem crescente, rotatividade elevada do mercado, um boom de novas emissões e a "democratização do mercado").[7] Todas essas condições de bolha foram atendidas.

As ações dos EUA foram negociadas com valuations sem precedentes. Os preços das residências nos EUA cresceram mais rapidamente do que durante a bolha imobiliária. A riqueza das famílias norte-americanas aumentou mais rápido do que nunca, batendo o recorde anterior. Após o deslocamento inicial, os rendimentos do Tesouro caíram para o nível mais baixo de todos os tempos. Os rendimentos dos "junk bonds" dos EUA também caíram para o nível mais baixo de todos os tempos. No mundo como um todo, por volta de US$18 trilhões em títulos renderam menos de zero. Na Europa, os títulos de alto risco apresentavam rendimentos negativos. Para Charlie Munger, o parceiro de longa data de Warren

Buffett, o frenesi do mercado foi "a coisa mais dramática que quase já aconteceu em toda a história mundial das finanças".[8] Ele não estava exagerando.

O dinheiro fluía dos cheques de estímulo norte-americanos para os milhões de novas contas abertas no Robinhood Markets. O corretor baseado em um aplicativo oferecia negociações com comissão zero, empréstimos com margem de 2% e negociação de opções massificadas, e combinava técnicas desenvolvidas no Vale do Silício para atrair usuários para seu aplicativo com aquelas desenvolvidas em Las Vegas para manter os jogadores viciados. Especuladores de primeira viagem se reuniram no WallStreetBets, um fórum da plataforma social Reddit, no qual se autodenominavam "retardados", "autistas" e "degens" [abreviatura de "degenerados", em tradução livre]. A multidão virtualmente reunida no WallStreetBets zombou das normas de investimento. Em vez disso, procuraram o próximo estoque de "memes", ou "stonk" na linguagem deles. Seu mantra comercial era YOLO — You Only Live Once ["Você Só Vive uma Vez", em tradução livre]. A motivação dessas pessoas combinava medo e ganância — Medo de Perder. Uma aposta que chegou à estratosfera foi chamada de "mooner" [Trocadilho: diz-se de alguém que "vive no mundo da lua"].

Mais dinheiro foi arrecadado pelos IPOs dos EUA em 2020 do que em qualquer ano anterior, inclusive no auge do frenesi das PontoCom. Entre as empresas-bolhas presentes na Bolha dos Mares do Sul, há três séculos, estava a "empresa que realizará um empreendimento de grande vantagem, mas que ninguém sabe o que é". Agora, dezenas de companhias com um cheque em branco nas mãos chegaram ao mercado. Conhecidas como Special Purpose Acquisition Companies (SPACs), elas se dedicavam a comprar empreendimentos especulativos, em tecnologia de veículos elétricos, viagens espaciais, táxis voadores, cultivo de cannabis e uma empresa voltada a "aumentar o tamanho dos humanos para aprimorar a produtividade e a segurança". Tal como as empresas da bolha original, algumas SPACs eram fraudes óbvias. Outras não se levaram a sério, adotando emoticons (LMFAO, a saber: "rindo pra cacete") para cotações de ações.

Os estoques de memes não se restringiam às novas tecnologias. Os autistas também aumentaram as ações de empresas falidas (Hertz) e quase falidas (GameStop, AMC Entertainment). A jogada deles era espremer os vendedores a descoberto em Wall Street, alavancando apostas com opções de ações e empréstimos com margem. Um frenesi de compra de ações da GameStop, um varejista problemático de jogos eletrônicos, elevou a cotação de suas ações de US$20 no início de janeiro de 2021 para mais de US$480 algumas semanas depois. Um fundo de hedge que estava a descoberto com as ações da GameStop perdeu bilhões de dólares. Isso não pode ser considerado uma democratização das finanças promovida por Robinhood, porque já está no âmbito mafioso.

As criptomoedas se juntaram ao carnaval. O preço do Bitcoin subiu quase dez vezes (entre janeiro de 2020 e abril de 2021), sua capitalização de mercado ultrapassando US$1 trilhão pela primeira vez. Esse desempenho não foi nada comparado a criptos menos conhecidas. Originalmente concebida como uma paródia do Bitcoin, o preço da Dogecoin aumentou quase 150 vezes. Não deixando por menos, uma paródia da Dogecoin, chamada Shiba Inu, se deu ainda melhor. Uma colagem digital, transferida em formato eletrônico como um "token não fungível" ou NFT, foi vendida na Christie's por US$69 milhões. Um NFT contendo uma imagem de Dogecoin foi dividido em ações fracionárias e avaliado em centenas de milhões de dólares. Um artista conceitual italiano foi mais longe ainda ao leiloar uma "escultura imaterial" que consistia em, bem, nada.[9] Jamais, em tempo algum, a riqueza foi tão virtual.

Seth Klarman, gestor de fundos de hedge de Boston, sugeriu que a política monetária extrema estava promovendo complacência extrema no mundo dos investimentos. Em uma carta de fim de ano aos clientes, Klarman escreveu isto:

> A ideia de taxas baixas persistentes permeou tudo: pensamento do investidor, previsões de mercado, expectativas de inflação, modelos de valuation, índices de alavancagem, classificações de dívida, métricas de acessibilidade, preços de imóveis e comportamento corporativo... Além disso, ao interromper a volatilidade negativa, prevenir fracassos de empresas e adiar o dia do ajuste de contas, essas políticas persuadiram os investidores de que o risco hibernou ou simplesmente desapareceu.[10]

Warren Buffett concordou que os valuations hiperestimados estavam apoiados por taxas de juros ultrabaixas. "As taxas de juros", disse o Sábio de Omaha, "são, basicamente, para o valor dos ativos, o que a gravidade é para a matéria".* Após essa força gravitacional ter sido removida, Dogecoins, NFTs, ações de memes e outros ativos especulativos ficaram livres para flutuar na estratosfera.

Uma desconexão entre as finanças e o mundo real está no âmago de todas as grandes bolhas. Defoe descreveu o sistema Mississippi de John Law como "uma Espécie inconcebível de Ar e Sombra... fazendo as meras especulações das Coisas, agirem em todas as Partes e executarem todos os Ofícios das próprias Coisas". O banqueiro de Zurique, Felix Somary, alertou Keynes em 1928 que "a lacuna entre a aparência e a realidade" fazia prever uma quebra no mercado de ações. Na era da Covid, um popular promotor de ações no Twitter, Dave Portnoy, que atendia pelo nome de "Davey Day Trader", postou um vídeo de si mesmo selecionando ações tirando letras do jogo Scrabble de um saco. "A boa notícia", tuitou Portnoy, "é que eu sei que é fraude... o mercado de ações está

· · · · · · · ·

* "Warren Buffett Wants to Make You Happier, Smarter and Richer", Bloomberg, 2 de maio de 2021. Três anos antes, Buffett havia dito que "o item mais importante ao longo do tempo no valuation são, obviamente, as taxas de juros. Se as taxas de juros estão destinadas a níveis baixos... isso faz qualquer fluxo de ganhos de investimentos valer mais dinheiro. O espantalho é sempre o que os títulos do governo rendem". [N. do A.]

fora da realidade. A coisa toda é um esquema de pirâmide. Estamos vivendo na Matrix".

Lewis Carroll poderia ter imaginado um País das Maravilhas financeiro no qual os títulos dispensam os juros, os unicórnios pastam em exuberantes pradarias monetárias e as empresas valem mais falidas do que quando em atividade; no qual o dinheiro que não pode ser usado em trocas sobe em valor; no qual os banqueiros centrais criam riqueza imprimindo dinheiro e os deficits governamentais criam poupança privada. Acontece que Carroll chegou a conceber muitas dessas coisas. Em seu romance menos conhecido, *Sylvie and Bruno*, o Imperador das Terras Distantes deseja tornar seus súditos duas vezes mais ricos. É então proposto um "novo ato monetário" que duplica o valor de cada moeda e nota. "Eu me pergunto por que ninguém nunca pensou nisso antes!", diz o conselheiro do Imperador, o Professor Outland. "E você nunca viu uma alegria tão universal. As lojas estão cheias de manhã à noite. Todos estão comprando tudo!"

Do outro lado do Espelho, Carroll virou os valores convencionais de ponta-cabeça: dois ovos custam menos que um e um "puff [um trocadilho com uma promoção especulativa] vale mil libras". O autor chegou até a inventar sua própria ordem de pagamento criptográfica. Em seus livros, Carroll jogava com o tempo. O tempo parou na Festa do Chá do Chapeleiro Maluco. O próprio Chapeleiro é acusado de "assassinar o tempo" (por cantar desafinado). Alice é acusada de perder tempo. O tempo é valioso ("vale mil libras por minuto"). A flecha do tempo está invertida. O mensageiro do rei é castigado antes de cometer um crime. A Rainha grita, antecipando a picada da agulha no dedo. Em *Sylvie and Bruno*, uma fiança deve ser reembolsada antes que o dinheiro seja emprestado. O Professor Outland tem um relógio com Ponteiros Reversos, o que faz com que os eventos ocorram na ordem inversa.

Carroll teria tido a compreensão de que, quando o *preço do tempo* é fixado em zero ou se torna negativo, e os bancos centrais imprimem dinheiro sem limites, as finanças se tornam absurdas. Os autistas do WallStreetBets acharam a situação extremamente divertida. Investidores sérios, como Klarman, a consideraram profundamente preocupante.

A Transição Covid

O romancista Michel Houellebecq afirmou que o "vírus banal" não mudaria nada. "Não vamos acordar após o lockdown em um novo mundo. Será o mesmo, só um pouco pior", anunciou um pessimista Houellebecq na rádio francesa. Era verdade que a Covid tornava mais graves os males existentes. No mundo financeiro, as paralisações foram acompanhadas por mais impressão de dinheiro, mais dívidas e taxas de juros ainda mais baixas. As grandes empresas prosperaram — e as pequenas fecharam. Os lucros do monopólio das Big Techs engordaram graças ao maior tempo de exibição forçado. Os super-ricos ficaram ainda mais ricos, se mandaram para seus superiates e voaram em foguetes para o espaço. Os velhos continuaram a se beneficiar às custas dos jovens. A moradia tornou-se menos acessível. Os governos tiveram deficits maiores — como o presidente Trump disse com sua franqueza habitual: "Quem se importa com o orçamento?" O Estado avançou aos trancos e barrancos.

No entanto, a aceleração dessas tendências os aproximou de um ponto final. Na China, a pandemia deixou o mercado imobiliário em alta. Até esta data, perto de 1/3 da atividade econômica na República Popular estava ligada de alguma forma ao desenvolvimento imobiliário. O estoque imobiliário da China foi avaliado em quase quatro vezes o PIB. O presidente Xi decidiu mexer nesse vespeiro. No fim de 2020, Pequim introduziu suas "três linhas vermelhas" — medidas destinadas a reduzir o uso de alavancagem por incorporadoras imobiliárias. No verão seguinte, a Evergrande, a maior incorporadora do país, com dívidas de cerca de US$300 bilhões, estava quase falida. As vendas de imóveis caíram. A "bolha que nunca estoura" havia estourado.

Geralmente, quando as bolhas imobiliárias estouram, segue-se um processo deflacionário. No Ocidente, por outro lado, a pandemia trouxe uma onda de inflação. As cadeias de suprimentos globais foram interrompidas quando os países entraram em lockdown. E, assim que estes foram suspensos, os EUA e outros países ocidentais enfrentaram escassez de mão de obra. O crescimento dos salários acelerou. O preço do barril de petróleo, que havia ficado brevemente negativo em abril de 2020, passou de US$75 e continua aumentando. Os preços do gás natural também subiram. A oferta monetária disparou nos EUA e na Europa à medida que mais dinheiro recém-criado chegava aos bolsos do público. Os preços ao consumidor nos EUA alcançaram uma taxa anualizada acima de 5% no início de 2021, mas o Fed insistiu que a inflação era transitória.

"Não estamos pensando em aumentar as taxas, nem mesmo pensando em pensar em aumentar as taxas", declarou o presidente do Fed, Jerome Powell, no verão de 2020. O vice-presidente do Fed, Richard Clarida, acrescentou posteriormente de forma mais prosaica que "o declínio em taxas de política neutras, desde a crise financeira global, é um fenômeno global amplamente esperado por analistas e mercados financeiros para persistir nos próximos anos". Entretanto, poucas coisas em finanças são mais difíceis de prever do que a direção das taxas de juros.

Mudanças no mercado de títulos ocorrem com pouca frequência, apenas uma vez a cada várias décadas e, quando isso acontece, pega a maioria dos especialistas de surpresa. Em 1899, o presidente da Equitable Life pediu a opinião de respeitados financiadores norte-americanos sobre o rumo futuro das taxas de juros de longo prazo. Na ocasião, os rendimentos dos títulos vinham caindo há décadas. Os sábios de Wall Street presumiram que essa tendência continuaria. Das 69 respostas recebidas pela Equitable Life, nenhuma anteviu qualquer alteração. Para Lyman Gage, o secretário do Tesouro, as taxas de juros estavam direcionadas "permanentemente para baixo".[11] Gage estava errado. O período do

O Preço do Tempo

bull market de títulos já havia terminado e, nas décadas seguintes, os rendimentos do Tesouro subiram.

A condição baixista do mercado de títulos que começou no fim do século XIX coincidiu com a reversão da globalização. O bear market de títulos que começou em 1945 ocorreu depois de um período em que as taxas de juros dos EUA foram mantidas em níveis artificialmente baixos e os bancos do Federal Reserve fizeram empréstimos diretamente ao governo norte-americano para financiar o esforço de guerra. A inflação voltou com tudo após a guerra e os rendimentos do Tesouro aumentaram nas três décadas e meia seguintes. Não é difícil traçar um paralelo entre esses períodos e a conjuntura da Covid.

Andrew Haldane, ao deixar o cargo de economista-chefe do Banco da Inglaterra em meados de 2021, alertou que a balança de riscos se inclinava para a inflação. O papel do Banco Central, disse Haldane, era remover a tigela de ponche quando a festa começasse. "Se continuarmos servindo o ponche, a ressaca amanhã será bem ruim", previu. Àquela altura, muito ponche havia sido servido.[12] À medida que a globalização vai sendo revertida e a força de trabalho da China se retrai, a inflação provavelmente aumentará e as taxas de juros terão que subir para contê-la.[13] A "ruptura sísmica que definiu uma época" de Claudio Borio — uma mistura tóxica de inflação elevada, protecionismo financeiro e comercial e estagnação — já não parece mais uma perspectiva tão distante.

UMA TAXA REAL

O economista Dennis Robertson, contemporâneo de Keynes em Cambridge, ficou fascinado por Lewis Carroll. Em cada capítulo de seu popular livro *Money* há uma epígrafe de *Alice no País das Maravilhas* e *Através do Espelho*. Robertson achava que a teoria dos juros de Keynes era tão insubstancial quanto o sorriso do Gato de Cheshire.* [Ver nota de rodapé da tradução, Cap. 1, p. 12]. Ao contrário de Keynes, ele acreditava na necessidade de juros:

É necessário fazer alguma coisa para garantir a igualdade entre a quantidade de chá que os vendedores estão dispostos a colocar no mercado e a quantidade que os compradores estão dispostos a retirar dele; e essa coisa é um certo preço do chá.

Da mesma forma, é necessário fazer alguma coisa para garantir a igualdade entre a quantidade de dinheiro que os credores estão dispostos a

. . . .

* Keynes havia argumentado que as pessoas juntavam dinheiro porque esperavam uma taxa de juros mais alta no futuro. "Assim", escreveu Robertson, "a taxa de juros é o que é porque se espera que se torne diferente do que é; se não se espera que se torne diferente do que é, não há razão para dizer por que é — o órgão que a secreta foi amputado, mas de alguma forma ainda existe — um sorriso sem gato". [N. do A.]

colocar no mercado para conceder empréstimos e a quantidade de dinheiro que os tomadores de empréstimo estão dispostos a assumir; e essa coisa é uma certa taxa de juros.[14]

O que Hjalmar Schacht, presidente do Reichsbank, chamou de "taxa real" de juros reflete a oferta e a demanda por poupanças reais. Já vimos que essa taxa real ou natural não é, necessariamente, revelada pela presença ativa de inflação ou deflação. Os banqueiros centrais que fixam as taxas de juros com base nas mudanças em um índice de preços ao consumidor estão se preparando para o fracasso. A fonte do problema é que, sendo o capital limitado, o meio pelo qual as poupanças são transferidas — ou seja, o dinheiro — pode ser criado sem limitação nenhuma pelos bancos centrais (moeda fiduciária) e pelos bancos comerciais (dinheiro escritural de crédito). Consequentemente, a taxa de juros dos empréstimos em dinheiro se desvincula da poupança.

Hayek imaginou um mundo no qual o dinheiro era emitido por bancos privados que competiam entre si para que seu dinheiro fosse aceito pelo público. O dinheiro bom expulsaria o ruim, ele previu. Um banco que oferecesse juros muito baixos perderia clientes.[15] O advento das criptomoedas tem o potencial de realizar a visão de Hayek. Já se pode tomar empréstimos em criptomoedas em várias plataformas (uma delas se autodenomina "Compound"). Os juros cobrados sobre empréstimos em criptomoedas atingem taxas tão altas que levantam suspeitas, sugerindo a existência de esquemas Ponzi, e o início da história das criptomoedas foi marcado por um comportamento sórdido e pela incerteza no que se referia à sua real escassez. Ainda assim, é possível que um dia surja uma criptomoeda segura para armazenar, eficiente para transações e cuja oferta seja limitada. A questão que se levanta é que os governos não desistirão voluntariamente de seu monopólio monetário.

Há uma alternativa. Os bancos centrais estão desenvolvendo moedas digitais para competir com as criptomoedas livres de regulamentação. As moedas digitais do Banco Central podem ser usadas para adquirir títulos do governo com garantia de ativos. Caso sua emissão fosse limitada a não mais do que a taxa de crescimento da tendência da economia, esse dinheiro valeria como ouro.[16] Em relação ao padrão-ouro clássico, um padrão-ouro digital manteria algumas das vantagens e teria menos desvantagens. Uma vantagem é que os banqueiros centrais não mais seriam capazes de buscar uma política monetária ativa. O custo dos empréstimos refletiria com mais precisão a oferta e a demanda por poupanças reais. Guiada pela mão invisível do mercado, a taxa de juros encontraria seu nível natural.

Agradecimentos

"A teoria dos juros deve ser um dos aspectos da análise econômica de maior dificuldade de compreensão, com uma variedade desencorajadora de teorias sobrepostas e contraditórias", escreve Paul Millett em *Lending and Borrowing in Ancient Greece*. "Talvez em nenhum outro campo da economia tanto foi escrito com resultados tão divergentes", acrescenta o padre Thomas Divine em sua história intelectual dos juros. Não causa espanto, então, que o economista vitoriano Henry Dunning Macleod tenha concluído que "o estudo de questões monetárias é uma das grandes causas de insanidade".

Se fui capaz de terminar este livro sem enlouquecer ou, ao menos, sem perder o rumo, é porque tive muita ajuda de meus amigos. Em primeiro lugar, gostaria de agradecer àqueles que me abasteceram de pesquisas ou dados: Rui Antones, Charles Carter, Tim Congdon, Jamie Dannhauser, Charles Dumas, Albert Edwards, Marc Faber, James Ferguson, Martin Fridson, Julien Garran, Andrew Hunt, Seth Klarman, Andrew Lapthorne, Tim Lee, Andy Lees, Gerard Minack, Russell Napier, Stewart Paterson, Andrew Smithers, Jonathan Tepper, Gillem Tulloch, Peter Warburton e Al Wojnilower.

A semente foi plantada há quase duas décadas, quando Crispin Odey me encarregou de escrever um relatório sobre o atual boom de crédito na Grã-Bretanha e nos EUA, que concluí sob a orientação de Patrick Macaskie (e que mais tarde foi publicado como "Crunch-Time for Credit?"). Ao longo dos anos, escrevi um sem-número de artigos sobre crédito, taxas de juros e bolhas para Rob Cox, meu editor na *Reuters Breakingviews*. Minha pesquisa sobre taxas de juros e títulos se aprofundou no período em que estive na GMO, em Boston, e tenho uma dívida de gratidão para com meu amigo e mentor James Grantham, bem como com os ex-colegas Anna Chetoukhina, Simon Harris, Anthony Hene, Eric Ikauniks, Ben Inker, Matt Kadnar, Jamie Lee, Ara Lovitt, James Montier, John Pease, Toby Rodes e Tina Vandersteel, para citar apenas alguns.

Também me beneficiei de discussões com diversas pessoas, entre elas Richard Bernstein, Scott Bessent, Mike Biggs, Frank Brosens, Jim Chanos, Bernard Connolly, Charlene Chu, Yasheng Huang, Martin Hutchinson, Paul Isaacs, Henry Kaufman, Steve Keen, Alex Kinmont, Antoin Murphy, Doug Noland, Michael Panzner, Minxin Pei, Paul Singer, Jeremy Stein e o falecido Paul Volcker (com quem Bevis Longstreth gentilmente me colocou em contato). Ao longo dos anos, *O Preço do Tempo* teve vários rascunhos. Minhas primeiras tentativas foram lidas por Bill Bernstein, Jamie Lee, Felix Martin, Thomas Mayer e Baer Pettit. Andrew Odlyzko examinou o capítulo sobre Bagehot, e Michael Pettis e Logan Wright me deram seus comentários sobre a seção da China.

Tenho escrito sobre finanças, de uma perspectiva tanto histórica quanto contemporânea, há mais de um quarto de século. Nesse tempo todo, ninguém influenciou mais meu pensamento ou me deu mais apoio do que Jim Grant, que, além de escrever vários dos livros citados na bibliografia, também me supriu com uma assinatura do *Grant's Interest Rate Observer*, me convidou às suas conferências, dirimiu minhas dúvidas e corrigiu vários disparates em um rascunho tardio. Achei o *Credit Bubble Bulletin* de Doug Noland um recurso inestimável para notícias financeiras (bem como os comentários semanais do próprio Doug). Andy Lees me forneceu sua "MacroStrategy News Review". Obviamente, este livro deve muita coisa aos brilhantes e destemidos economistas do Bank for International Settlements, William White e Claudio Borio, que tiveram a gentileza de comentar a versão final. Minha esposa e editora interna, Antonia Phillips, também leu o manuscrito final, além de Anthony Hene e Hamish Robinson. Meu obrigado a todos vocês.

Também gostaria de agradecer ao meu agente David Godwin por encontrar um lar para este livro, e a Stuart Proffitt, da Allen Lane, e a Morgan Entrekin, da Grove Atlantic, por fornecer não um, mas dois deles. O livro foi editado de maneira muito profissional por Charlotte Ridings e indexado por Mark Wells, enquanto Alice Skinner e Richard Duguid, da Allen Lane, supervisionaram um tranquilo processo de produção. Annabelle Whitestone gentilmente ajudou a selecionar as ilustrações. Stevie Shukman passou várias semanas verificando as notas de rodapé e compilando a bibliografia. Se com toda essa atenção cuidadosa ainda houver algum erro sério, você pode adivinhar quem é o responsável. Devido à complexidade e à polêmica que envolvem este assunto, minha interpretação não irá satisfazer a todos os leitores. No entanto, mantenho, como John Locke fez em seu ensaio sobre juros, que "se minhas noções estão erradas, tenho certeza de que minha intenção está certa".

O ímpeto para fazer este livro veio de Henry Maxey, que persuadiu Jonathan Ruffer a subsidiar a pesquisa inicial. Ao longo dos anos, Henry não só me nutriu com suas próprias ideias e corrigiu muitas das minhas, mas também leu vários esboços. Por haver tomado tanto de seu tempo, me parece apropriado que *O Preço do Tempo* seja dedicado a ele.

Bibliografia Selecionada

Acharya, Viral V. e Steffen, Sascha, "The Banking Crisis as a Giant Carry Trade Gone Wrong", *VoxEu*, 23 de maio de 2013.

Acharya, Viral V., Crosignani, Matteo, Eisert, Tim e Eufinger, Christian, "Zombie Credit and (Dis-)Inflation: Evidence from Europe", NBER Working Paper, maio de 2020.

Acharya, Viral V., Eisert, Tim, Eufinger, Christian e Hirsch, Christian, "Whatever It Takes: The Real Effects of Unconventional Monetary Policy", SAFE Working Paper, 2017.

Adrian, Tobias e Shin, Hyun Song, "Financial Intermediaries and Monetary Economics", Federal Reserve Bank of Nova York, Staff Report N° 398, maio de 2010.

Adrian, Tobias, Natalucci, Fabio e Piontek, Thomas, "Sounding the Alarm on Leveraged Lending", IMF blog, 15 de novembro de 2018.

Ahamed, Liaquat, *Lords of Finance: The Bankers Who Broke the World* (Nova York, 2009). Ahearne, A., Gagnon, J., Haltmaier, J. e Kamin, S., "Preventing Deflation: Lessons from Japan's Experience in the 1990s", Federal Reserve International Finance Discussion Paper, junho de 2002.

Aho, James, *Confessions and Bookkeeping: The Religious, Moral, and Rhetorical Roots of Modern Accounting* (Albany, NY, 2005).

Aizenman, Joshua e Jinjarak, Yothin, "Current Account Patterns and National Real Estate Markets", *Journal of Urban Economics*, maio de 2009.

Aked, Michael, Mazzoleni, Michele e Shakernia, Omid, "Quest for the Holy Grail: The Fair Value of the Equity Market", Research Affiliates, março de 2017.

Allen, Frederick Lewis, *Only Yesterday: An Informal History of the 1920's* (Nova York, 1957). Altman, Edward e Kuehne, Brenda, "Defaults and Returns in the High-yield Bond Market: Third-quarter 2013 Review", *Journal of Financial Management*, agosto a dezembro de 2013.

Altman, Edward e Kuehne, Brenda, "Special Commentary: A Note on Credit Market Bubbles", *International Journal of Banking, Accounting and Finance*, 5 (4), janeiro de 2015. Anderson, Benjamin McAlester, *Economics and the Public Welfare* [1949] (Indianapolis, 1979).

Anderson, Jonathan, "China Real Estate — Final Destination", UBS, 25 de agosto de 2011. Andrew, A. Piatt, "The United States Treasury and the Money Market: The Partial Responsibility of Secretaries Gage and Shaw for the Crisis of 1907", *American Economic Association Quarterly*, 9 (1), abril de 1908: 218–31.

Anon, *The Interest of Money Mistaken; ou A Treatise Proving That The Abatement of Interest is The Effect and Not The Cause of The Riches of A Nation* (Londres, 1668).

Ansar, Atif, Flyvbjerg, Bent, Budzier, Alexander e Lunn, Daniel, "Does Infrastructure Investment Lead to Economic Growth or Economic Fragility? Evidence from China", *Oxford Review of Economic Policy*, 32 (3), outono de 2016.

Appleby, Joyce, *Economic Thought and Ideology in Seventeenth Century England* (Princeton, 1978).

Aristotle, *Politics*, em *Early Economic Thought: Selected Writings from Aristotle to Hume*, ed. Arthur E. Monroe (Mineola, NY, 2006).

Arkwright, Francis, *Memoirs of the Duke de SaintSimon, An Abridged Translation* (Londres, 1918).

Arnott, Rob, Bernstein, William J. e Wu, Lillian, "The Myth of Dynastic Wealth: The Rich Get Poorer", *Cato Journal*, 35 (3), outubro de 2015.

Arnott, Rob, Cornell, Bradford e Shepherd, Shane, "Yes. It's a Bubble. So What?" Research Affiliates, abril de 2018.

Arslan, Yavuz, Contreras, Juan, Patel, Nikhil e Shu, Chang, "Globalisation and Deglobalisation in Emerging Market Economies: Facts and Trends", BIS Working Paper, dezembro de 2018.

Ashton, T. S., *Economic Fluctuations in England 1700–1800* (Oxford, 1959).

Atkeson, Andrew e Kehoe, Patrick J., "Deflation and Depression: Is There an Empirical Link?" NBER Working Paper, janeiro de 2004.

Bagehot, Walter, "Art. II — Principles of Political Economy", *Prospective Review: A Quarterly Journal of Theology and Literature*, 4, 1848: 460–502.

Bagehot, Walter, *The Collected Works of Walter Bagehot*, ed. Norman St. John--Stevas (Londres, 1978).

Balazs, Etienne, *Chinese Civilization and Bureaucracy: Variations on a Theme* (Londres, 1974). Banerjee, Ryan, *et al.*, "(Why) is Investment Weak?", *BIS Quarterly Review*, março de 2015.

Bank for International Settlements, "Chapter VI: Understanding Globalization", em 87th Annual Report, BIS, 25 junho de 2017.

Baradaran, Mehrsa, *How the Other Half Banks: Exclusion, Exploitation, and the Threat to Democracy* (Cambridge, Mass., 2015).

Barbon, Nicholas, *A Discourse of Trade* (Londres, 1690).

Barbour, Violet, *Capitalism in Amsterdam in the Seventeenth Century* (Ann Arbor, Mich., 1963).

Baring, Sir Francis, *Observations on the Establishment of the Bank of England and on the Paper Circulation of the Country* [1797], reimpresso por Forrest Capie e Geoffrey E. Wood, *The Lender of Last Resort* (Londres, 2007).

Bass, J. Kyle, "The $34 Trillion Experiment: China's Banking System and the World's Largest Macro Imbalance", Hayman Capital Management, 10 de fevereiro de 2016.

Bastiat, Frédéric, *Economic Sophisms and "What is Seen and What is Not Seen"* [1873] (Indianápolis, 2016).

Bastiat, Frédéric, The Bastiat–Proudhon Debate on Interest [1849–50], https://praxeology.net/ FB-PJP-DOI-IV-14.htm.

Baudino, Patrizia, *et al.*, "The Banking Crisis in Iceland", The Financial Stability Institute, BIS, março de 2020.

Bean, Charles, *et al.*, "Low For So Long? Causes and Consequences of Persistently Low Interest Rates", International Center for Monetary and Banking Studies, *VoxEU*, 23 outubro de 2015.

Beardson, Timothy, *Stumbling Giant: The Threats to China's Future* (Londres, 2014).

Benigno, Gianluca e Fornaro, Luca, "The Financial Resource Curse", *Scandinavian Journal of Economics*, 30 dezembro de 2013.

Bentham, Jeremy, *Defence of Usury* [1787] (Londres, 1816).

Bernanke, Ben, "A Perspective on Inflation Targeting", discurso no Annual Washington Policy Conference of the National Association of Business Economists, 25 de março de 2003.

Bernanke, Ben, "Asset Price 'Bubbles' and Monetary Policy", discurso de abertura do Nova York Chapter of the National Association for Business Economics, 15 outubro de 2002.

Bernanke, Ben, "Chairman Bernanke's Press Conference", Federal Reserve, 18 de setembro de 2013. Bernanke, Ben, *Essays on the Great Depression* (Princeton, 2000).

Bernanke, Ben, "Monetary Policy and the Housing Bubble", discurso no Annual Meeting of The American Economic Association, 3 janeiro de 2010.

Bernanke, Ben, "Monetary Policy and the State of The Economy", depoimento ao Committee on Financial Services, US House of Representatives, 2 de maio de 2011.

Bernanke, Ben, *The Courage to Act: A Memoir of a Crisis and Its Aftermath* (Nova York, 2017).

Bernanke, Ben, "The Fed's Shifting Perspective on the Economy and Its Implications for Monetary Policy", Brookings, 8 de agosto de 2016.

Bernanke, Ben, "The Global Savings Glut and the U.S. Current Account Deficit", discurso no Sandbridge Lecture, Virginia Association of Economists, 10 de março de 2005.

Bernanke, Ben, "Why are Interest Rates So Low?, Part 2: Secular Stagnation", Brookings, 31 de março de 2015.

Bernard, H. e Bisignano, J., "Bubbles and Crashes: Hayek and Haberler Revisited", *Asset Price Bubbles: Implications for Monetary and Regulatory Policies* (Amsterdam, 2001).

Bernstein, William, *The Delusion of Crowds* (Nova York, 2021).

Bernstein, William, "The Paradox of Wealth", *Financial Analysts Journal*, 69 (5), setembro/outubro de 2013.

Binder, Sarah e Spindel, Mark, *The Myth of Independence: How Congress Governs the Federal Reserve* (Princeton, 2017).

Blundell-Wignall, Adrian e Roulet, Caroline, "Long-Term Investment, the Cost of Capital and the Dividend and Buyback Puzzle", OECD, 2013.

Böhm-Bawerk, Eugen von, *Capital and Interest: A Critical History of Economical Theory*, vol. I [1884] (South Holland, Ill., 1959).

Booth, Danielle Dimartino, *Fed* Up (Londres, 2017).

Borio, Claudio, "A Blind Spot in Today's Macroeconomics?", discurso no BIS, 10 de janeiro de 2018. Borio, Claudio, "BIS Quarterly Review September 2015 — Media Briefing", 11 de setembro de 2015.

Borio, Claudio, "Central Banking Post-Crisis: What Compass for Uncharted Waters?", BIS Working Paper, setembro de 2011.

Borio, Claudio, "Macroprudential Policy and the Financial Cycle: Some Stylized Facts and Policy Suggestions", artigo apresentado no Rethinking Macro Policy II: First Steps and Early Lessons Conference, IMF, 16 e 17 de abril de 2013.

Borio, Claudio, "Monetary Policy and Financial Stability: What Role in Prevention and Recovery?", BIS Working Paper, janeiro de 2014.

Borio, Claudio, "Persistent Unusually Low Interest Rates: Why? What Consequences?", apresentação no 85th Annual General Meeting of the Bank for International Settlements, 28 de junho de 2015.

Borio, Claudio, "The Financial Cycle and Macroeconomics: What Have We Learnt?", BIS Working Paper, dezembro de 2012.

Borio, Claudio, "The International Monetary and Financial System: Its Achilles Heel and What to Do About It", BIS Working Paper, agosto de 2014.

Borio, Claudio e Disyatat, Piti, "Capital Flows and the Current Account: Taking Financing (More) Seriously", BIS Working Paper, outubro de 2015.

Borio, Claudio e Disyatat, Piti, "Global Imbalances and the Financial Crisis: Link or No Link?", BIS Working Paper, maio de 2011.

Borio, Claudio e Disyatat, Piti, "Unconventional Monetary Policies: An Appraisal", BIS Working Paper, novembro de 2009.

Borio, Claudio e Hofmann, Boris, "Is Monetary Policy Less Effective When Interest Rates are Persistently Low?", BIS Working Paper, abril de 2017.

Borio, Claudio e Lowe, Philip, "Asset Prices, Financial and Monetary Stability: Exploring the Nexus", BIS Working Paper, julho de 2002.

Borio, Claudio e White, William, "Whither Monetary and Financial Stability? The Implications of Evolving Policy Regimes", BIS Working Paper, fevereiro de 2004.

Borio, Claudio, *et al.*, "Labour Reallocation and Productivity Dynamics: Financial Causes, Real Consequences", BIS Working Paper, dezembro de 2015.

Borio, Claudio, *et al.*, "Monetary Policy in the Grip of a Pincer Movement", BIS Working Paper, março de 2018.

Borio, Claudio *et al.*, "The Cost of Deflations: A Historical Perspective", *BIS Quarterly Review*, março de 2015.

Borio, Claudio, *et al.*, "The International Monetary and Financial System: A Capital Account Historical Perspective", BIS Working Paper, agosto de 2014.

Borio, Claudio, *et al.*, "Why So Low for So Long? A Long-Term View of Real Interest Rates", BIS Working Paper, dezembro de 2017.

Boyle, Andrew, *Montagu Norman; A Biography* (Nova York, 1968).

Brandeis, Louis D., *Other People's Money and How the Bankers Use It* (Nova York, 1914).

Braudel, Fernand, *Civilization and Capitalism 15th–18th Century: The Wheels of Commerce* (Londres, 1979).

Brenner, Ian, *The End of the Free Market: Who Wins the War between States and Corporations?* (Londres, 2010).

Bresnahan, Timothy e Raff, Daniel, "Intra-industry Heterogeneity and the Great Depression: The American Motor Vehicles Industry, 1929–1935", *Journal of Economic History*, 51 (2), junho de 1991.

Brightman, Chris, Aked, Michael e Treussard, Jonathan, "Public Policy, Profits, and Populism", Research Affiliates, junho de 2017.

Brosens, Frank, "Has Volatility Reached a Permanently Low Plateau?", Apresentação na Grant's Conference, 10 de outubro de 2017.

Brown, Brendan, *A Global Monetary Plague: Asset Price Inflation and Federal Reserve Quantitative Easing* (Londres, 2015).

Brownstein, Andrew R., *et al.*, "Mergers and Acquisitions — 2016", Harvard Law School Forum on Corporate Governance, 10 de fevereiro de 2016; https://corpgov.law.harvard.edu/2016/02/10/. Brunnermeier, Markus K. e Koby, Yann, "The Reversal Interest Rate", NBER Working Paper, dezembro de 2018.

Bruno, Valentina e Shin, Hyun Song, "Capital Flows and the Risk-Taking Channel of Monetary Policy", NBER Working Paper, abril de 2013.

Bruno, Valentina e Shin, Hyun Song, "Currency Depreciation and Emerging Market Corporate Distress", BIS Working Paper, outubro de 2018.

Bruno, Valentina, *et al.*, "Exchange Rates and the Working Capital Channel of Trade Fluctuations", *AEA Papers and Proceedings*, 108, maio de 2018: 531–6.

Buchan, James, *Frozen Desire* (Londres, 1997).

Buchan, James, *John Law: A Scottish Adventurer of the Eighteenth Century* (Londres, 2018). Buchan, James, "Mississippi Dreaming", *New Left Review*, 210, março de 1995.

Bullard, James, "Permazero", Cato Institute — 33rd Annual Monetary Conference, novembro de 2015.

Bullard, James, Garriga, Carlos e Waller, Christopher J., "Demographics, Redistribution, and Optimal Inflation", *Federal Reserve Bank of St Louis Review*, 94 (6), novembro/dezembro de 2012.

Bunn, Philip, Mizen, Paul e Smietanka, Pawel, "Growing Pension Deficits and the Expenditure Decisions of UK Companies", Bank of England Staff Working Paper, fevereiro de 2018. Caballero, Ricardo e Hammour, Mohamad, "The Cleansing Effects of Recessions", *American Economic Review*, 84 (5), dezembro de 1994: 1356–68.

324 ❧ *O Preço do Tempo*

Cain, Peter J. and Hopkins, Anthony G., *British Imperialism: Innovation and Expansion, 1688–1914* (Londres, 1993).

Caldwell, Bruce, *Hayek's Challenge* (Chicago, 2004). Cannadine, David, *Mellon: An American Life* (Londres, 2006).

Cantillon, Richard, *Essai Sur La Nature du Commerce en Général* [1755], trad. Henry Higgs (Londres, 1931).

Capie, Forrest e Wood, Geoffrey, eds., *The Lender of Last Resort* (Londres, 2007).

Case, Anne e Deaton, Angus, *Deaths of Despair and the Future of Capitalism* (New Haven, Conn., 2020).

Case, Bradford, *et al.*, "Global Real Estate Markets — Cycles and Fundamentals", NBER Working Paper, fevereiro de 2000.

Cassel, Gustav, *The Nature and Necessity of Interest* (Londres, 1903).

Cecchetti, Stephen G. e Kharroubi, Enisse, "Why Does Financial Sector Growth Crowd Out Real Economic Growth?", BIS Working Paper, fevereiro de 2015.

Celarier, Michelle, "Eddie Lampert Shattered Sears, Sullied His Reputation, and Lost Billions of Dollars. Or Did He?", *Institutional Investor*, 3 de dezembro de 2018.

Chancellor, Edward, ed., *Capital Returns: Investing Through the Capital Cycle: A Money Manager's Reports 2002–15* (Londres, 2016).

Chancellor, Edward, *Devil Take the Hindmost: A History of Financial Speculation* (Nova York, 1999).

Chancellor, Edward e Monnelly, Mike, "Feeding the Dragon: Why China's Credit System Looks Vulnerable", GMO White Paper, janeiro de 2013.

Chen, Kaiji e Wen, Yi, "The Great Housing Boom of China", Working Paper Series, Federal Reserve Bank of St. Louis, agosto de 2014.

Chen Yufeng, Ye Zhipeng e Huang Guan, "The Financial Crisis in Wenzhou: an Unanticipated Consequence of China's 'four trillion yuan economic stimulus package'", *China: An International Journal*, 16 (1), fevereiro de 2018.

Child, Sir Josiah, *A New Discourse of Trade* (Glasgow, 1751).

Clapham, Sir John Harold, *The Bank of England: A History, 1797–1914*, vol. II (Cambridge, 1966).

Cochrane, John, "Lessons Learned", The Grumpy Economist blog, 23 de abril de 2016.

Cole, Christopher, "Volatility and the Alchemy of Risk", Artemis Capital, outubro de 2017. Cole, Christopher, "Volatility and the Allegory of the Prisoner's Dilemma: False Peace, Moral Hazard, and Shadow Convexity", Artemis Capital, outubro de 2015.

Conard, Joseph, *An Introduction to the Theory of Interest* (Berkeley, Calif., 1966). Connolly, Bernard, "The Fed: Grim Lessons from 2007", Connolly Insights, 2015.

Crosignani, Matteo, Faria-e-Castro, Miguel e Fonseca, Luis, "The (Unintended?) Consequences of the Largest Liquidity Injection Ever", Finance and Economics Discussion Series, Federal Reserve Board, janeiro de 2017.

Csabai, Zoltán, "Chronologische Aspekte der babylonischen Zinsen", em *Studies in Economic and Social History of the Ancient Near East in Memory of Péter Vargyas*, ed. Zoltán Csabai (Budapeste, 2014).

Cui, David, "Be Wary", BAML, 17 novembro de 2017.

Culpeper, Thomas, "A Small Treatise Against Usury", reimpresso em Josiah Child, *A New Discourse of Trade* [1692] (Glasgow, 1751).

Dalio, Ray, "An In-Depth Look at Deleveragings", Bridgewater Associates, fevereiro de 2012. Dalio, Ray, "Why and How Capitalism Needs to be Reformed", Parte 1, LinkedIn Pulse, 5 de abril de 2019.

Dannhauser, Jamie, "What is the Normal Level of Real Rates...", *The Ruffer Review*, setembro de 2014.

Das, Satyajit, *The Age of Stagnation: Why Perpetual Growth is Unattainable and the Global Economy is in Peril* (Amherst, NY, 2016).

Davis, Andrew, "An Historical Study of Law's System", *Quarterly Journal of Economics*, abril de 1887: 420–52.

Davis, Gerald, *Managed by the Markets: How Finance ReShaped America* (Oxford, 2009). Davis, Steven J. e Haltiwanger, John, "Labor Market Fluidity and Economic Performance", NBER Working Paper, setembro de 2014.

Dawson, Frank, *The First Latin American Debt Crisis: The City of Londres and the 1822-25 Loan Bubble* (Londres, 1990).

Defoe, Daniel, *Daniel Defoe: His Life, and Recently Discovered Writings: Extending from 1716 to 1729*, ed. William Lee (Londres, 1869).

Defoe, Daniel, *Political and Economic Writings of Daniel Defoe*, vol. VI, ed. William R. Owens (Londres, 2000).

Denby, Charles, "The National Debt of China — its Origin and its Security", *Annals of the American Academy of Political and Social Science*, 66 (155), julho de 1916: 55–70.

De Roover, Raymond, *The Rise and Decline of the Medici Bank, 1397-1494* (Cambridge, Mass., 1963).

Di Maggio, Marco e Kacperczyk, Marcin, "The Unintended Consequences of the Zero Lower Bound Policy", *Journal of Financial Economics*, 123 (1), janeiro de 2017. "The Distributional Effects of Asset Purchases", *Bank of England Quarterly Bulletin*, 52 (3), 2012.

Divine, Thomas, *Interest: An Historic and Analytical Study in Economics and Modern Ethics* (Milwaukee, Wisc., 1959).

Dobbs, Richard, *et al.*, "Poorer than Their Parents? Flat or Falling Incomes in Advanced Economies", McKinsey Global Institute, julho de 2016.

Dokko, Jane, *et al.*, "Monetary Policy and the Housing Bubble", Finance and Economics Discussion Series, Federal Reserve Board, 22 de dezembro de 2009.

Domanksi, Dietrich, *et al.*, "Wealth Inequality and Monetary Policy", *BIS Quarterly Review*, março de 2016.

Draghi, Mario, "The European Central Bank's Recent Monetary Policy Measures — Effectiveness and Challenges", European Central Bank, 14 de maio de 2015.

Drucker, Peter, *The Essential Drucker* (Oxford, 2011).

Easterly, William Russell, *The Elusive Quest for Growth: Economists' Adventures and Misadventures in the Tropics* (Cambridge, Mass., 2002).

Edmunds, John C., "Securities: The New World Wealth Machine", *Foreign Policy*, outono de 1996: 118–33.

Edwards, George, *The Evolution of Finance Capitalism* (Londres, 1938).

Ehlers, Torsten, Kong, Steven e Zhu, Feng, "Mapping Shadow Banking in China: Structure and Dynamics", BIS Working Paper, fevereiro de 2018.

Eichengreen, Barry, *Hall of Mirrors: The Great Depression, the Great Recession, and the Uses and Misuses of History* (Nova York, 2015).

Eichengreen, Barry, "Secular Stagnation: A Review of the Issues", em *Secular Stagnation, Facts, Causes and Cures*, eds. C. Teulings e R. Baldwin (Londres, 2014).

Eichengreen, Barry e Flandreau, Marc, *The Gold Standard in Theory and History* (Londres, 1985).

Eichengreen, Barry e Mitchener, Kris, "The Great Depression as a Credit Boom Gone Wrong", BIS Working Paper, setembro de 2003.

Elliott, Geoffrey, *The Mystery of Overend and Gurney: A Financial Scandal in Victorian London* (Londres, 2006).

Elvin, Mark, *The Pattern of the Chinese Past: A Social and Economic Interpretation* (Stanford, Calif., 1973).

Emden, Paul, *Money Powers of Europe in the Nineteenth and Twentieth Centuries* (Nova York, 1937).

Engen, Eric, *et al.*, "The Macroeconomic Effects of the Federal Reserve's Unconventional Monetary Policy", Finance and Economics Discussion Series, Federal Reserve Board, 14 de janeiro de 2015.

Evans, David Morier, *Speculative Notes and Notes on Speculation, Ideal and Real* (Londres, 1864).

Evelyn, John, *The Diary of John Evelyn*, vol. III (Londres, 1906).

Farhi, Emmanuel e Tirole, Jean, "Leverage and the Central Bankers' Put", *American Economic Review*, 99 (2), 1° de maio de 2009.

Faure, Edgar, *La Banqueroute de Law: 17 Juillet 1720* (Paris, 1977).

Feldstein, Martin, "The Deflation Bogeyman", Project Syndicate, 28 fevereiro de 2015.

Fenby, Jonathan, *Tiger Head, Snake Tails: China Today, How It Got There and Why It Has to Change* (Londres, 2012).

Ferri, Giovanni e Liu, Li-Gang, "Honor Thy Creditors before Thy Shareholders: Are the Profits of Chinese State-owned Enterprises Real?", *Asian Economic Papers*, 9 (3), outubro de 2010.

Fetter, Frank, "Interest theories, old and new", *American Economic Review*, 4 (1), março de 1914. Field, Alexander, "The Adversity/Hysteresis Effect: Depression-era Productivity Growth in the US Railroad Sector", em *The Rate and Direction of Inventive Activity Revisited*, eds. Josh Lerner e Scott Stern (Chicago, 2012).

Field, Alexander, *The Great Leap Forward* (New Haven, Conn., 2021).

Finley, Moses, "Debt Bondage and the Problem of Slavery", em *Economy and Society in Ancient Greece* (Londres, 1981).

Fisher, Irving, *Appreciation and Interest* [1896] (Nova York, 1908).

Fisher, Irving, *Booms and Depressions and Related Writings*, em *The Works of Irving Fisher*, vol. X, ed. William Barber (Londres, 1997).

Fisher, Irving, *The Theory of Interest: As Determined by Impatience to Spend Income and Opportunity to Invest It* [Nova York, 1930], em *The Works of Irving Fisher*, vol. IX, ed. William Barber (Londres, 1997).

Folkerts-Landau, David, "The Dark Side of QE: Backdoor Socialization, Expropriated Savers and Asset Bubbles", *Deutsche Bank Research*, 1° de novembro de 2016.

Foroohar, Rana, *Makers and Takers: How Wall Street Destroyed Main Street* (Nova York, 2016).

Fridson, Martin, *It Was a Very Good Year: Extraordinary Moments in Stock Market History* (Nova York, 1998).

Friedman, Milton e Schwartz, Anna, *The Great Contraction 1929–1932* [1965] (Princeton, 2009).

Fullarton, John, *On the Regulation of Currencies: Being an Examination of the Principles, on which it is Proposed to Restrict, Within Certain Fixed Limits, the Future Issues on Credit of the Bank of England, and of the Other Banking Establishments Throughout the Country* (Londres, 1845).

Gaitskell, Hugh, "Four Monetary Heretics", in *What Everybody Wants to Know About Money: A Planned Outline of Monetary Problems*, ed. G. D. H. Cole (Londres, 1933).

Galbraith, James K., *Inequality and Instability: A Study of the World Economy Just Before the Great Crisis* (Londres, 2012).

Galbraith, John K., *The Great Crash 1929* (Londres, 1993).

Galston, William e Kamarck, Elaine, "More Builders and Fewer Traders: A Growth Strategy for the American Economy", Brookings Paper, junho de 2015.

Gambacorta, Leonardo, "Monetary policy and the risk-taking channel", *BIS Quarterly Review*, dezembro de 2009.

Garber, Peter, "Famous First Bubbles", *Journal of Economic Perspectives*, 4 (2), primavera de 1990: 34–55.

Garfinkle, Steven, "Shepherds, Merchants and Credit: Some Observations on Lending Practices in Ur III Mesopotamia", *Journal of the Economic and Social History of the Orient*, 47 (1), 2004: 1–30.

Garibaldi, Pietro, "The Asymmetric Effects of Monetary Policy on Job Creation and Destruction", IMF Working Paper, abril de 1997.

Garnaut, John, *The Rise and Fall of the House of Bo: How a Murder Exposed the Cracks in China's Leadership* (Londres, 2012).

Gayer, Arthur, *et al.*, *The Growth and Fluctuation of the British Economy, 1790––1850: An Historical, Statistical, and Theoretical Study of Britain's Economic Development*, vol. I (Hassocks, 1975).

Gehringer, Agnieszka e Mayer, Thomas, "It's the WACC, Stupid!", Flossbach von Storch Research Institute, 13 de fevereiro de 2017.

Gehringer, Agnieszka e Mayer, Thomas, "Understanding Low Interest Rates", Flossbach von Storch Research Institute, 23 outubro de 2015.

George, Esther, "Supervisory Frameworks and Monetary Policy", *Journal of Economic Dynamics and Control*, 49, dezembro de 2014.

George, Henry, *Progress and Poverty, an Inquiry into the Cause of Industrial Depressions and of Increase of Want with Increase of Wealth: The Remedy* (Nova York, 1923).

Glahn, Richard von, *Fountain of Fortune: Money and Monetary Policy in China, 1000–1700* (Londres, 1996).

Gleeson, Janet, *The Moneymaker* (Londres, 2012).

Glotz, Gustave, *Ancient Greece at Work* (Nova York, 1926).

Góes, Carlos, "Testing Piketty's Hypothesis on the Drivers of Income Inequality: Evidence from Panel VARs with Heterogeneous Dynamics", IMF Working Paper, agosto de 2016.

Goetzmann, William, *Money Changes Everything: How Finance Made Civilization Possible* (Princeton, 2016).

Goodhart, Charles e Pradhan, Manoj, *The Great Demographic Reversal* (Cham, Suíça, 2020).

Goodman, David S. G., ed., *The New Rich in China: Future Rulers, Present Lives* (Londres, 2009).

Goodman, David S. G., "The New Rich in China: Why There is No New Middle Class", *Journal of the Sydney University Arts Association*, 32, 2010.

Gopinath, Gita, Kalemli-Ozcan, Sebnem, Karabarbounis, Loukas e Villegas-Sanchez, Carolina, "Low Interest Rates, Capital Flows and Declining Productivity in Southern Europe", *VoxEU*, 28 de setembro de 2015.

Gordon, Josh, "Vancouver's Housing Affordability Crisis: Cases, Consequences and Solutions", Simon Fraser University, maio de 2016.

Gordon, Robert J., "Is U.S. Economic Growth Over? Faltering Innovation Confronts the Six Headwinds", NBER Working Paper, agosto de 2012.

Gordon, Robert J., *The Rise and Fall of American Growth: The U.S. Standard of Living since the Civil War* (Princeton, 2016).

Goschen, George, "Seven Per Cent.", *Edinburgh Review, or Critical Journal*, 121, janeiro–abril 1865: 223–51.

Goschen, George, "Two per Cent.", *Edinburgh Review, or Critical Journal*, 127, janeiro–abril 1868: 242–80.

Gourinchas, Pierre-Olivier e Obstfeld, Maurice, "Stories of the Twentieth Century for the Twenty-first", *American Economic Journal*, 4 (1), janeiro de 2012.

Graeber, David, *Debt: The First 5.000 Years* (Nova York, 2011).

Grafton, Anthony, *Leon Battista Alberti* (Londres, 2001).

Graham, Benjamin e Dodds, David, *Security Analysis: Principles and Technique* [1940] (Nova York, 2009).

Grant, James, *Bagehot: The Life and Times of the Greatest Victorian* (Nova York, 2019). Grant, James, *Grant's Interest Rate Observer* (2008–2021).

Grant, James, *Money of the Mind: Borrowing and Lending in America from the Civil War to Michael Milken* (Londres, 1992).

Grant, James, *The Forgotten Depression: 1921: The Crash That Cured Itself* (Nova York, 2014). Grantham, Jeremy, "This Time Seems Very, Very Different (Parte 2 de Not With a Bang but a Whimper — A Thought Experiment)", GMO Quarterly Letter, abril de 2017.

Grantham, Jeremy, "Time to Wake Up: Days of Abundant Resources and Falling Prices are Over Forever", GMO Quarterly Letter, abril de 2011.

Green, Stephen, "China — Masterclass: Nick Lardy and the Consumption Thing", Standard Chartered, 31 janeiro de 2012.

Greenspan, Alan, "Gold and Economic Freedom", *Objectivist*, julho de 1966.

Greenspan, Alan, "Risk and Uncertainty in Monetary Policy", discurso no Meetings of the American Economic Associations, 3 de janeiro de 2004.

Greenwood, Robin e Scharfstein, David, "The Growth of Finance", *Journal of Economic Perspectives*, primavera de 2013: 3–28.

Gross, William, "Privates Eye", PIMCO Insights, 1º de agosto de 2010. Gross, William, "Wounded Heart", PIMCO Insights, 4 de junho de 2013.

Grullon, Gustavo, Larkin, Yelena e Michaely, Roni, "Are US Industries Becoming More Concentrated?" *Review of Finance*, julho de 2019.

Haberler, Gottfried, "Money and the Business Cycle", em *The Austrian Theory of the Trade Cycle and Other Essays* (Auburn, Ala., 1997).

Hadley, Arthur T., "Interest and Profits", *The Annals of the American Academy of Political and Social Science*, 4, novembro de 1893: 337–47.

Hadley, Arthur T., "The Relation between Interest and Profits", *Publications of the American Economic Association*, 9 (1), janeiro de 1894: 56–7.

Haldane, Andrew, "Halfway Up the Stairs", *Central Banking Journal*, 5 de agosto de 2014. Haldane, Andrew, "How Low Can You Go?", discurso no Bank of England, 18 de setembro de 2015.

Haldane, Andrew, "The Dog and the Frisbee", discurso no Federal Reserve Bank of Kansas City's 366th Economic Policy Symposium, 31 agosto de 2012.

Haley, Usha C. V. e Haley, George T., *Subsidies to Chinese Industry: State Capitalism, Business Strategy, and Trade Policy* (Oxford, 2013).

Hamilton, Earl J., "Origin and Growth of the National Debt in Western Europe", *American Economic Review*, maio de 1947: 118–30.

Hamilton, Earl J., "Prices and Wages at Paris under John Law's System", *Quarterly Journal of Economics*, novembro de 1936: 42–70.

Hanif, Farooq *et al.*, "The Coming Pensions Crisis: Recommendations for Keeping the Global Pensions System Afloat", Citi GPS, março de 2016.

Hansen, Alvin H., "Capital Goods and the Restoration of Purchasing Power", *Proceedings of the Academy of Political Science*, 16 (1), abril de 1934: 11–19.

Hanson, Samuel e Stein, Jeremy, "Monetary Policy and Long-Term Real Rates", Finance and Economics Discussion Series, Federal Reserve Board, julho de 2012.

Harper, Robert Francis, *The Code of Hammurabi, King of Babylon: About 2250 B.C.* [1904] (Eugene, Ore, 2007).

Hayek, F. A., *A Tiger by the Tail: A 40-Years' Running Commentary on Keynesianism by Hayek, with an Essay on "The Outlook for the 1970s: Open or Repressed Inflation?"*, compilado por Sudha Raghunath Shenoy (Londres, 2009).

Hayek, F. A., *Contra Keynes and Cambridge: Essays, Correspondence. The Collected Works of F. A. Hayek*, vol. IX, ed. Bruce Caldwell (Indianápolis, 1995).

Hayek, F. A., *Monetary Theory and the Trade Cycle*, trad. N. Kaldor e H. M. Croome (Londres, 1933).

Hayek, F. A., *Money, Capital, and Fluctuations: Early Essays* (Londres, 1984).
Hayek, F. A., *Prices and Production and Other Works* (Auburn, Ala., 2008).

Hayek, F. A., *The Denationalisation of Money: An Analysis of the Theory and Practice of Concurrent Currencies* (Londres, 1990).

Hayek, F. A., "The Fate of the Gold Standard" [1932], in *Good Money, Part 1: The New World. The Collected Works of F. A. Hayek*, vol. V, ed. Stephen Kresge (Indianápolis, 1999).

Hayek, F. A., "The 'Paradox' of Saving", *Economica*, 32, maio de 1931.

Hayek, F. A., "The Pretence of Knowledge", palestra no Sveriges Riksbank Prize in Economic Sciences in Memory of Alfred Nobel, 11 dezembro de 1974.

Hayek, F. A., *The Road to Serfdom. The Collected Works of F. A. Hayek*, vol. II, ed. Bruce Caldwell (Indianápolis, 2007).

Hazlitt, Henry, *Economics in One Lesson: The Shortest and Surest Way to Understand Basic Economics* (Nova York, 1979).

He, Dong e McCauley, Robert N., "Transmitting Global Liquidity to East Asia: Policy Rates, Bond Yields, Currencies and Dollar Credit", BIS Working Paper, fevereiro de 2014.

Herbener, Jeffrey, ed., *The Pure Time Preference Theory of Interest* (Auburn, Ala., 2011).

Hilferding, Rudolf, *Finance Capital: A Study in the Latest Phase of Capitalist Development* [1910] (Londres, 2006).

Hobson, J. A., *The Evolution of Modern Capitalism: A Study of Machine Production* [1894] (Londres, 1954).

Hoenig, Thomas, "The High Cost of Exceptionally Low Rates", Bartlesville Federal Reserve Forum, 3 de junho de 2010.

Homer, Sidney e Sylla, Richard, *A History of Interest Rates*, 3ª ed. (Hoboken, NJ, 1996). Hong, Sheng e Nong, Zhao, *Chinese Economics Research*, vol. 1. *China's State Owned*

Enterprises: Nature, Performance and Reform (Singapura, 2013).

Horan, Hubert, "Uber's Path of Destruction", *American Affairs*, 3 (2), verão de 2019.
Horwitz, Steven e Luther, William, "The Great Recession and Its Aftermath from a Monetary Equilibrium Theory Perspective", Mercatus Center, outubro de 2010.

Hoshi, Takeo e Kashyap, Anil, "Will the U.S. and Europe Avoid a Lost Decade? Lessons from Japan's Postcrisis Experience", *IMF Economic Review*, 63, 2015.

Hoyt, Homer, *One Hundred Years of Land Values in Chicago: The Relationship of the Growth of Chicago to the Rise of its Land Values, 1830-1933* [1933] (Washington, D.C., 2000). Huang, Yasheng, *Capitalism with Chinese Characteristics* (Cambridge, 2008).

Hudson, Michael, "How Interest Rates Were Set, 2500 bc to 10 ad: Máš, Tokos and Fœnus as Metaphors for Interest Accruals", *Journal of the Economic and Social History of the Orient*, 2000: 132-61.

Hudson, Michael, *Killing the Host: How Financial Parasites and Debt Bondage Destroy the Global Economy* (Petrolia, Ontário, 2015).

Hudson, Michael, "Reconstructing the Origins of Interest-bearing Debt and the Logic of Clean Slates", em *Debt and Economic Renewal in the Ancient Near East*, eds. Michael Hudson e Marc van der Mieroop (Bethesda, Md, 2002).

Hudson, Michael, *"The Archaeology of Money"*, *Credit and State Theories of Money: The Contributions of A. Mitchell Innes*, ed. L. Randall Wray (Cheltenham, 2004).

Hume, David, "Of Interest", *Selected Essays* (Oxford, 1993), pp. 177-87.

Hussman, John P., "Why a 60-65% Market Loss Would be Run-of-the-Mill", Hussman Market Comment, maio de 2019.

Hutchinson, Martin, "The Bear's Lair: What Liverpool Could Teach Today's Fed", True Blue Will Never Stain, 22 julho de 2019, www.tbwns.com.

International Currency Experience, League of Nations, Economic, Financial and Transit Department (Londres, 1944).

International Monetary Fund, *Global Financial Stability Report, abril de 2017: Getting the Policy Mix Right*, IMF, outubro de 2017.

"It's Like Deja Vu All Over Again: The Ninth Inning of the High Yield Bubble", Ellington Management Group, 12 novembro de 2015.

Jenks, Leland, *The Migration of British Capital to 1875* (Londres, 1927).

Johnston, Jason Scott e Klick, Jonathan, "Fire Suppression Policy, Weather, and Western Wildland Fire Trends: An Empirical Analysis", em *Wildfire Policy: Law and Economics Perspectives*, eds. Dean Lueck e Karen M. Bradshaw (Nova York, 2012), pp. 158-77.

Joplin, Thomas, *Case for Parliamentary Inquiry into the Circumstances of the Panic* [1835], reimpresso em *The Lender of Last Resort*, eds. Forrest Capie e Geoffrey Wood (Londres, 2007).

Jordan, Virgil, "Inflation as a Political Must", *American Affairs*, 10, janeiro de 1948.

Joslin, David, *A Century of Banking in Latin America: To Commemorate the Centenary in 1962 of the Bank of Londres & South America Limited* (Londres, 1963).

Juglar, Clément, *Des Crises Commerciales* (Paris, 1889).

Juselius, Mikael *et al.*, "Can Demography Affect Inflation and Monetary Policy?", BIS Working Paper, fevereiro de 2015.

332   *O Preço do Tempo*

Kagan, Robert, "Is Democracy in Decline? The Weight of Geopolitics", Brookings, 26 janeiro de 2015.

Kane, Edward J., "The High Cost of Incompletely Funding the FSLIC Shortage of Explicit Capital", *Journal of Economic Perspectives*, outono de 1989: 31–47.

Katsenelson, Vitaliy, "Tesla's Stock Price Discounts Temporal Wormhole into the Future", Contrarian Edge, julho de 2020.

Kay, John e King, Mervyn, *Radical Uncertainty: Decision making for an Unknowable Future* (Londres, 2020).

Kaya, Orçun e Mai, Heike, "Why Do Elderly Germans Save? Mainly to Bequeath and to Hedge Longevity Risk", *Deutsche Bank Research*, 5 de março de 2019.

Keynes, John M., *A Treatise on Money* [Londres, 1930], em *The Collected Writings of John Maynard Keynes*, vol. V (Cambridge, 1971).

Keynes, John M., "An Economic Analysis of Unemployment", University of Chicago, Harris Foundation Lectures, junho de 1931.

Keynes, John M., *Economic Articles and Correspondence: Investment and Editorial*, em *The Collected Writings of John Maynard Keynes*, vol. XII (Cambridge, 1983).

Keynes, John M., "Some Economic Consequences of a Declining Population" [1937], *Population and Development Review*, 4 (3), setembro de 1978: 517–23.

Keynes, John M., *The General Theory of Employment, Interest and Money* [1936], em *The Collected Writings of John Maynard Keynes*, vol. VII (Cambridge, 1973).

Kindleberger, Charles P., *The World in Depression, 1929–1939* (Berkeley, Calif., 1973).

King, Mervyn, *The End of Alchemy: Money, Banking, and the Future of the Global Economy* (Nova York, 2016).

King, Mervyn, "The World Turned Upside Down", Per Jacobsson Foundation, outubro de 2019. King, Robert G. e Levine, Ross, "Finance and Growth: Schumpeter Might be Right", *The Quarterly Journal of Economics*, 108 (3), agosto de 1993: 717–37.

King, Wilfred Thomas Cousins, *History of the London Discount Market* (Londres, 1936).

Koo, Richard, *The Holy Grail of Macroeconomics: Lessons from Japan's Great Recession* (Hoboken, NJ, 2009).

Kornai, János, *The Socialist System: The Political Economy of Communism* [1992] (Oxford, 2007).

Kotkin, Joel, *The Coming of Neo Feudalism: A Warning to the Global Middle Class* (Nova York, 2020).

Krippner, Greta, *Capitalizing on Crisis: The Political Origins of the Rise of Finance* (Londres, 2011).

Krippner, Greta, "The Financialization of the American Economy", *Socio Economic Review*, 2005.

Krueger, Anne O., "The Political Economy of the Rent-seeking Society", *American Economic Review*, 64 (3), junho de 1974: 291–303.

Krugman, Paul, "The Hangover Theory", *Slate*, 3 de dezembro de 1998.

Krugman, Paul, "The Myth of Asia's Miracle", *Foreign Affairs*, 73 (6), novembro/dezembro de 1994: 62–78.

Kumhof, Michael, Rancière, Romain e Winant, Pablo, "Inequality, Leverage and Crises: The Case of Endogenous Default", IMF Working Paper, novembro de 2013.

Kuroda, Haruhiko, "Ensuring Achievement of the Price Stability Target of 2 Percent", discurso no Kisaragi-kai Meeting em Tóquio, Banco do Japão, 5 de novembro de 2014.

Kuroda, Haruhiko, "Introduction of Quantitative and Qualitative Monetary Easing with a Negative Interest Rate", discurso no Kisaragi-kai Meeting em Tóquio, Banco do Japão, 3 de fevereiro de 2016.

Kynaston, David, *The City of London. Vol. I: A World of Its Own, 1815–1890* (Londres, 1994).

Kynaston, David, *The City of London. Vol. III: Illusions of Gold, 1914–1945* (Londres, 1999).

Kynaston, David, *Till Time's Last Stand: A History of the Bank of England, 1694––2013* (Londres, 2017). "The Labour Share in G20 Economies", OECD Report preparado para o G20 Employment Working Group, 26–27 de fevereiro de 2015.

Lanchester, John, *I.O.U.: Why Everyone Owes Everyone and No One Can Pay* (Nova York, 2010).

Landes, David S., *Revolution in Time* (Cambridge, 1983).

Landes, David S., *The Wealth and Poverty of Nations: Why Some are So Rich and Some So Poor* (Londres, 1998).

Lardy, Nicholas R., *China's Unfinished Economic Revolution* (Washington, D.C., 1998). Lardy, Nicholas R., "Financial Repression in China", Peterson Institute for International Economics, setembro de 2008.

Lardy, Nicholas R., *Markets over Mao: The Rise of Private Business in China* (Washington, D.C., 2014).

Lardy, Nicholas R., *Sustaining China's Economic Growth after the Global Financial Crisis* (Washington, D.C., 2012).

Law, John, *John Law's "Essay on A Land Bank"*, ed. Antoin E. Murphy (Londres, 1994). Law, John, *Oeuvres Completes*, vol. I, ed. Paul Harsin (Paris, 1934).

Lawson, Thomas William, *Frenzied Finance: The Story of Amalgamated* (Nova York, 1904).

Lee, Tim, Lee, Jamie e Coldiron, Kevin, *The Rise of Carry: The Dangerous Consequences of Volatility Suppression and the New Financial Order of Decaying Growth and Recurring Crisis* (Nova York, 2020).

Leemans, W. F., *The Old Babylonian Merchant: His Business and His Social Position* (Leiden, 1950).

Leemans, W. F., "The Rate of Interest in Old-Babylonian Times", *Revue Internationale des droits de l'antiquité*, 1950.

Lees, Andrew, "The Intertemporal Accounting Error", Macro Strategy Research, 4 de abril de 2016. Le Goff, Jacques, *Your Money or Your Life: Economy and Religion in the Middle Ages* [1986] (Nova York, 2004).

Leijonhufvud, Axel, "Monetary Policy and Financial Stability", CEPR Policy Note, outubro de 2007.

Leijonhufvud, Axel, *On Keynesian Economics and the Economics of Keynes: A Study in Monetary Theory* (Nova York, 1968).

Lenin, Vladimir, *Imperialism, The Highest Stage of Capitalism* [1917], em *Essential Works of Lenin*, ed. Henry Christman (Nova York, 1966).

Letwin, William, *The Origins of Scientific Economics: English Economic Thought, 1660–1776* (Londres, 1963).

Levenstein, Margaret C. e Suslow, Valerie Y., "Price-Fixing Hits Home: An Empirical Study of U.S. Price Fixing Conspiracies", University of Michigan Working Paper, novembro de 2015.

Leys, Simon, *Chinese Shadows* (Nova York, 1978).

Lindert, Peter H. e Williamson, Jeffrey G., *Unequal Gains: American Growth and Inequality since 1700* (Princeton, 2017).

Liu, Ernest, Mian, Atif e Sufi, Amir, "Could Ultra-Low Interest Rates be Contractionary?", Project Syndicate, 17 de setembro de 2019.

Liu, Ernest, Mian, Atif e Sufi, Amir, "Low Interest Rates, Market Power, and Productivity Growth", NBER Working Paper, janeiro de 2019.

Locke, John, *Some Considerations of the Consequences of the Lowering of Interest and the Raising of the Value of Money* [Londres, 1691], em *On Money*, vol. I, ed. Patrick Hyde Kelly (Oxford, 1991).

"Long-Term Interest Rates: A Survey", Council of Economic Advisers, julho de 2015.

Lowenstein, Roger, *Origins of the Crash: The Great Bubble and Its Undoing* (Nova York, 2004). Loyd, S. J., *Tracts and Other Publications on Metallic and Paper Currency by Lord Overstone*, ed. J. R. McCulloch [1857] (Londres, 1972).

Lucca, David O. e Moench, Emanuel, "The Pre-FOMC Announcement Drift", Federal Reserve Bank of New York, Staff Report No. 512, setembro de 2011 (rev. agosto de 2013).

Lund, Susan, Woetzel, Jonathan, Windhagen, Eckart, Dobbs, Richard e Goldstein, Diana, "Rising Corporate Debt: Peril or Promise", McKinsey, junho de 2018.

Lüthy, Herbert, *La Banque Protestante en France: de la Révocation de l'Edit de Nantes à la Révolution* (Paris, 1959).

Lyons, Dan, *Disrupted: My Misadventure in the Start Up Bubble* (Nova York, 2017).

Ma, Guonan e Yi, Wang, "China's High Saving Rate: Myth and Reality", BIS Working Paper, junho de 2010.

Ma, Yueran, e Zijlstra, Wilte, "A New Take on Low Interest Rates and Risk Taking", *VoxEU*, 7 de março de 2018.

Magnus, George, *Red Flags: Why Xi's China is in Jeopardy* (New Haven, Conn., 2018). Marshall, Alfred, *Official Papers* (Cambridge, 1926).

Marx, Karl, *Capital: A Critique of Political Economy*, vol. III, ed. Friedrich Engels [1867], trad. Samuel Moore e Edward Aveling (Londres, 1974).

Mason, J. W., "Disgorge the Cash: The Disconnect between Corporate Borrowing and Investment", The Roosevelt Institute, 25 de fevereiro de 2015.

Massie, John, *An Essay on the Governing Causes of the Natural Rate of Interest: Wherein the Sentiments of Sir William Petty and Mr. Locke, on That Head, are Considered* (Londres, 1750). Mauss, Marcel, *The Gift: Forms and Functions of Exchange in Archaic Societies* [1925], trad. W. D. Halls (Londres, 1990).

Maxey, Henry, "Dismantling the Deflation Machine", *The Ruffer Review*, janeiro de 2020. Mayer, Thomas, "A Digital Euro to Save EMU", *VoxEU*, 6 de novembro de 2019.

McCarthy, Jonathan e Peach, Richard W., "Are Home Prices the Next 'Bubble'?", Federal Reserve Bank of New York, dezembro de 2004.

McCauley, Robert N. *et al.*, "Global Dollar Credit: Links to US Monetary Policy and Leverage", BIS Working Paper, janeiro de 2015.

McGowan, Müge Adalet *et al.*, "The Walking Dead? Zombie Firms and Productivity Performance in OECD Countries", OECD Working Paper, janeiro de 2017.

McGregor, James, *No Ancient Wisdom, No Followers: The Challenges of Chinese Authoritarian Capitalism* (Westport, Conn., 2012).

McGregor, Richard, *The Party: The Secret World of China's Communist Rulers* (Nova York, 2010).

McKinnon, Ronald, *Money and Capital in Economic Development* (Washington, D.C., 1973).

McKinnon, Ronald, *The Unloved Dollar Standard: From Bretton Woods to the Rise of China* (Nova York, 2013).

McKinnon, Ronald e Liu, Zhao, "Hot Money Flows, Commodity Price Cycles, and Financial Repression in the US and the People's Republic of China: The Consequences of Near Zero US Interest Rates", ADB Working Paper, Regional Economic Integration No. 107, janeiro de 2013.

McMahon, Dinny, *China's Great Wall of Debt: Shadow Banks, Ghost Cities, Massive Loans, and the End of the Chinese Miracle* (Nova York, 2018).

Mehrling, Perry, *The New Lombard Street: How the Fed Became the Dealer of Last Resort* (Princeton, 2011).

Meltzer, Allan H., *A History of the Federal Reserve, vol. I: 1913–1951* (Chicago, 2003).

Merrouche, Ouarda e Nier, Erlend, "What Caused the Global Financial Crisis? Evidence on the Drivers of Financial Imbalances 1999–2007", IMF Working Paper, dezembro de 2010. Mersch, Yves, "Low Interest Rate Environment — An Economic, Legal and Social Analysis", discurso no ECB, 27 de outubro de 2016.

Mian, Atif e Sufi, Amir, *House of Debt: How They (and You) Caused the Great Recession, and How We Can Prevent It from Happening Again* (Londres, 2014).

Milanović, Branco, *Global Inequality: A New Approach for the Age of Globalization* (Londres, 2018).

Millett, Paul, *Lending and Borrowing in Ancient Athens* (Cambridge, 1991).

Mills, John, "On Credit Cycles and the Origin of Commercial Panics", Manchester Statistical Society, 11 de dezembro de 1867.

Mirowski, Philip, *Never Let a Serious Crisis Go to Waste: How Neoliberalism Survived the Financial Meltdown* (Londres, 2013).

Mischel, Walter, *The Marshmallow Test: Understanding Self Control and How to Master It* (Londres, 2014).

Mises, Ludwig von, *Human Action: A Treatise on Economics* (Indianápolis, 2014).

Mises, Ludwig von, "Human Action: The Rate of Interest", em *The Pure Time-Preference Theory of Interest*, ed. Jeffrey Herbener (Auburn, Ala., 2011).

Mokyr, Joel, "Secular stagnation? Not in your life", em *Secular Stagnation, Facts, Causes and Cures*, eds. C. Teulings and R. Baldwin (Londres, 2014).

Monroe, Arthur E., *Early Economic Thought: Selected Writings from Aristotle to Hume* (Mineola, NY, 2006).

Moore, Jeffrey *et al.*, "Estimating the Impacts of the U.S. LSAPs on Emerging Market Economies' Local Currency Bond Markets", Federal Reserve Bank of New York, Staff Report No. 595, janeiro de 2013.

Morgenstern, Oskar, *On the Accuracy of Economic Observations* (Princeton, 1973). Mueller, Reinhold C., *The Venetian Money Market: Banks, Panics and the Public Debt, 1200–1500* (Baltimore, Md, 1997).

Muldrew, Craig, *The Economy of Obligation: The Culture of Credit and Social Relations in Early Modern England* (Basingstoke, 1998).

Mullan, Phil, *Creative Destruction: How to Start an Economic Renaissance* (Bristol, 2017). Muller, Jerry, *The Tyranny of Metrics* (Princeton, 2018).

Muroi, Kazuo, "Interest Calculations in Babylonian Mathematics: New Interpretations of VAT 8521 and VAT 8528", *Historia Scientiarum*, 1990.

Muroi, Kazuo, "The Oldest Example of Compound Interest in Sumer", arXiv, 2015.

Murphy, Antoin E., "John Law: A Twenty-first-century Banker in the 18th Century?", Fondazione Banco di Napoli Conference, junho de 2017.

Murphy, Antoin E., *John Law: Economic Theorist and Policy Maker* (Oxford, 1997). Murphy, Antoin E., *Richard Cantillon, Entrepreneur and Economist* [1986] (Oxford, 2004). Murphy, Antoin E., *The Genesis of Macroeconomics: New Ideas from Sir William Petty to Henry Thornton* (Oxford, 2008).

Musatov, Alex e Perez, Michael, "Shadow Banking Reemerges, Posing Challenges to Banks and Regulators", *Dallas Fed Economic Letter*, 11 (10), julho de 2016.

Napier, Russell, "Capital Management in an Age of Financial Repression", Orlock Advisors, setembro de 2016.

Napier, Russell, "The Silent Revolution: How to Inflate Away Debt... with More Debt", Orlock Advisors, junho de 2020.

Naughton, Barry, "China's Economic Policy Today: The New State Activism", *Eurasian Geography and Economics*, 52 (3), maio de 2011.

Neal, Larry, *The Rise of Financial Capitalism: International Capital Markets in the Age of Reason* (Nova York, 1990).

Needham, Joseph, *The Grand Titration: Science and Society in East and West* (Londres, 1969). Needham, Joseph, Wang Ling e Lu Gwei-Djen, *Science and Civilisation in China: Vol. IV, Physics and Physical Technology* (Cambridge, 1971).

Neufeld, E., "The Rate of Interest and the Text of Nehemiah 5.11", *Jewish Quarterly Review*, 44 (3), 1954: 194-204.

North, Dudley, *Discourses upon Trade* (Londres, 1691).

Novick, Barbara *et al.*, "Corporate Bond Market Structure: The Time for Reform is Now", ViewPoints, BlackRock, setembro de 2014.

Nurske, Ragnar, *International Currency Experience: Lessons of the Interwar Period* (Nova York, 1944).

Odlyzko, Andrew, "Bagehot's Giant Bubble Failure", Working Paper, University of Minnesota, 29 de agosto de 2019.

Odlyzko, Andrew, "Charles Mackay's Own Extraordinary Popular Delusions and the Railway Mania", University of Minnesota, fevereiro de 2011.

Odlyzko, Andrew, "Collective Hallucinations and Inefficient Markets: The British Railway Mania of the 1840s", University of Minnesota, janeiro de 2010.

Okina, Kunio *et al.*, "The Asset Price Bubble and Monetary Policy: Japan's Experience in the Late 1980s and the Lessons", *Monetary and Economic Studies*, fevereiro de 2001.

Olson, Mancur, *The Rise and Decline of Nations: Economic Growth, Stagflation, and Social Rigidities* (New Haven, Conn., 1982).

Origo, Iris, *The Merchant of Prato* (Nova York, 2020).

Orlik, Thomas, *China: The Bubble That Never Pops* (Nova York, 2020).

Orphanides, Athanasios, "Monetary Policy in Deflation: The Liquidity Trap in History and Practice", Finance and Economics Discussion Series, Federal Reserve Board, dezembro de 2003.

Osnos, Evan, *Age of Ambition: Chasing Fortune, Truth, and Faith in the New China* (Nova York, 2014).

"Overcapacity in China: Causes, Impacts, and Recommendations", European Chamber of Commerce, novembro de 2009.

Paterson, Stewart, *China, Trade and Power: Why the West's Economic Engagement Has Failed* (Londres, 2018).

Peach, Richard e Steindel, Charles, "Low Productivity Growth: The Capital Formation Link", Liberty Street Economics, 26 junho de 2017.

Peek, Joe e Rosengren, Eric S., "Unnatural Selection: Perverse Incentives and the Misallocation of Credit in Japan", NBER Working Paper, abril de 2003.

Pei, Minxin, *China's Crony Capitalism: The Dynamics of Regime Decay* (Cambridge, Mass., 2016).

Perry, Emily e Weltewitz, Florian, "Wealth Management Products in China", RBA Bulletin, Reserve Bank of Australia, junho de 2015.

Pettis, Michael, "China's Economy Needs Institutional Reform rather than Additional Capital Deepening", Carnegie Endowment for International Peace, 24 de julho de 2020.

Pettis, Michael, *The Great Rebalancing: Trade, Conflict, and the Perilous Road Ahead for the World Economy* (Princeton, 2013).

Pettis, Michael, "Why the Bezzle Matters to the Economy", China Financial Markets, Carnegie Endowment for International Peace, 23 de agosto de 2021.

Petty, Sir William, *A Treatise of Taxes and Contributions* (Londres, 1662).

Petty, Sir William, "Quantulumcunque Concerning Money" [1682] (Londres, 1695). Peyrefitte, Alain, *The Immobile Empire* (Nova York, 1992).

Philippon, Thomas, "Has the US Finance Industry Become Less Efficient? On the Theory and Measurement of Financial Intermediation", *American Economic Review*, abril de 2015: 1408-38.

Phillips, C. A., McManus, T. F. e Nelson, R. W., *Banking and the Business Cycle: A Study of the Great Depression in the United States* (Nova York, 1937).

Pigou, Arthur C., *The Veil of Money* [1949] (Londres, 1962).

Piketty, Thomas, *Capital in the Twenty First Century* (Cambridge, Mass., 2014).

Polo, Marco, *The Travels of Marco Polo, A Venetian, in the Thirteenth Century: Being a Description, by That Early Traveller, of Remarkable Places and Things in the Eastern Parts of the World*, trad. William Marsden (Londres, 1818).

Popper, Nathaniel, *Digital Gold: Bitcoin and the Inside Story of the Misfits and Millionaires Trying to Reinvent Money* (Nova York, 2015).

Postan, M. M., *Medieval Trade and Finance* (Cambridge, 1973).

Powell, E. T., *The Evolution of the Money Market, 1385-1915: An Historical and Analytical Study of the Rise and Development of Finance as a Centralised, Coordinated Force* (Londres, 1966).

Powell, Jerome H., "Monetary Policy Influences on Global Financial Conditions and International Capital Flows", discurso no "Challenges for Monetary Policy and the GFSN in an Evolving Global Economy" em Zurique, 8 de maio de 2018.

Presnell, L. S., *Country Banking in the Industrial Revolution* (Oxford, 1956).

Price, Richard, *Observations on Reversionary Payments* [1783], em *The Works of Richard Price*, vol. V (Londres, 1816).

Rachel, Lukasz e Smith, Thomas D., "Secular Drivers of the Global Real Interest Rate", Bank of England, dezembro de 2015.

Rae, John, *Statement of Some New Principles on the Subject of Political Economy, Exposing the Fallacies of the System of Free Trade, and of Some Other Doctrines Maintained in the "Wealth of Nations"* (Boston, Mass., 1834).

Rajan, Raghuram, "A Step in the Dark: Unconventional Monetary Policy after the Crisis", Andrew Crockett Memorial Lecture, BIS, junho de 2013.

Rajan, Raghuram, *Fault Lines: How Hidden Fractures Still Threaten the World Economy* (Princeton, 2011).

Reinhardt, Dennis e Sowerbutts, Rhiannon, "Regulatory Arbitrage in Action: Evidence from Banking Flows and Macroprudential Policy", Bank of England Working Paper, setembro de 2015.

Reinhart, Carmen M. e Kirkegaard, Jacob F., "Financial Repression: Then and Now", *VoxEU*, março de 2012.

Reinhart, Carmen M., Kirkegaard, Jacob F. e Sbrancia, M. Belen, "Financial Repression Redux", *IMF Finance and Development*, 48 (1), junho de 2011.

Rey, Hélène, "Dilemma not Trilemma: The Global Financial Cycle and Monetary Policy Independence", NBER Working Paper, maio de 2015 (rev. fevereiro de 2018).

Rifkin, Jeremy, *The Zero Marginal Cost Society: The Internet of Things, the Collaborative Commons, and the Eclipse of Capitalism* (Nova York, 2014).

Rist, Charles, *History of Monetary and Credit Theory: From John Law to the Present Day* (Londres, 1940).

Robbins, Lionel, *A History of Economic Thought: The LSE Lectures*, eds. Steven G. Medema e Warren J. Samuels (Princeton, 1998).

Robertson, Dennis, "Alternative Theories of Interest", *Economic Journal*, 1937.

Robertson, Dennis, "How do We Want Gold to Behave?", em *The International Gold Problem* (Londres, 1932).

Robinson, Joan, "The Rate of Interest", *Econometrica*, 19 (2), abril de 1951: 92–111.

Rogoff, Kenneth, *The Curse of Cash: How Large Denomination Bills Aid Crime and Tax Evasion and Constrain Monetary Policy* (Princeton, 2017).

Rogoff, Kenneth e Yang, Yuanchen, "Has China's Housing Production Peaked?", *China and the World Economy*, 21 (1), 2021.

Röpke, Wilhelm, *Crises and Cycles* (Londres, 1936).

Rosen, Daniel H. e Wright, Logan, "Credit and Credibility: Risks to China's Economic Resilience", Center for Strategic and International Studies, 3 outubro de 2018.

Rothbard, Murray, *America's Great Depression* [1963] (Auburn, Ala., 2000).

Rubin, Amir e Segal, Dan, "The Effect of Pay-for-Performance Compensation and Wealth Derived Income on the Growth–Income Inequality Relation in the US", 1 de julho de 2014. Disponível em https://ssrn.com/abstract=1951485.

Rueff, Jacques, *The Monetary Sin of the West*, trad. Roger Glémet (Nova York, 1972). Ruskin, John, *The Works of John Ruskin*, vol. I, eds. Sir Edward Cook e Alexander Wedderburn (Cambridge, 2009).

Saint-Simon, Louis de Rouvroy, *Historical Memoirs of the Duc de Saint Simon*, vol. III, ed. e trad. Lucy Norton (Londres, 1972).

Samuelson, Robert, *The Great Inflation and Its Aftermath: The Transformation of America's Economy, Politics, and Society* (Nova York, 2008).

Sanderson, Henry e Forsythe, Michael, *China's Superbank: Debt, Oil and Influence — How China Development Bank is Rewriting the Rules of Finance* (Hoboken, NJ, 2013).

Sbrancia, M. Belen, "Debt, Inflation and the Liquidation Effect", University of Maryland, agosto de 2011.

Scheidel, Walter, *The Great Leveler: Violence and the History of Inequality from the Stone Age to the Twenty First Century* (Princeton, 2018).

Schumpeter, Joseph A., *Capitalism, Socialism and Democracy* [1942] (Nova York, 1975). Schumpeter, Joseph A., *History of Economic Analysis* (Nova York, 1954).

Schumpeter, Joseph A., *Ten Great Economists: From Marx to Keynes* (Oxford, 1969). Schumpeter, Joseph A., *Theory of Economic Development: An Inquiry into Profits, Capital, Credit, Interest, and the Business Cycle* (New Brunswick, NJ, 1983).

Schwartz, Anna, "Why Financial Stability Depends on Price Stability", *Economic Affairs*, 15 (4), outono de 1995.

Seabourne, Gwen, *Royal Regulation of Loans and Sales in Medieval England* (Woodbridge, 2003).

Sée, Henri Eugene, *Modern Capitalism* (Nova York, 1928).

Seneca, Lucius, "Epistle LXXXI", em *The Epistles of Seneca*, trans. Thomas Morrell (Londres, 1786).

Shaw, Edward S., *Financial Deepening in Economic Development* (Nova York, 1973). Shaxson, Nicholas, *The Finance Curse: How Global Finance is Making Us All Poorer* (Nova York, 2019).

Shepard, Wade, *Ghost Cities of China: The Story of Cities Without People in the World's Most Populated Country* (Londres, 2015).

Shih, Victor, "'Goldilocks' Liberalization: The Uneven Path toward Interest Rate Reform in China", *Journal of East Asian Studies*, 11 (3), setembro–dezembro de 2011: 437–65.

Shin, Hyun Song, "Global Savings Glut or Global Banking Glut?", *VoxEU*, 20 de dezembro de 2011.

Shin, Hyun Song, "The Second Phase of Global Liquidity and its Impact on Emerging Economies", em *Volatile Capital Flows in Korea: Current Policies and Future Responses*, eds. Hyun Song Shin, Hail Park, Kyuil Chung, Soyoung Kim e Chong Ju Choi (Nova York, 2014).

Sayuri Shirai, "The Effectiveness of the Bank of Japan's Large-scale Stock-buying Programme", *VoxEU*, 16 de outubro de 2018.

Silver, Morris, *Economic Structures of Antiquity* (Westport, Conn., 1995).

Silver, Morris, "Modern Ancients", em *Commerce and Monetary Systems in the Ancient World: Means of Transmission and Cultural Interaction*, eds. R. Rollinger e C. Ulf (Stuttgart, 2004).

Simpson, Herbert D., "Real Estate Speculation and the Depression", *American Economic Review*, 23 (1), março de 1933.

Smith, Adam, *An Inquiry into The Nature and Causes of the Wealth of Nations* [1776] (Londres, 1875).

Smithers, Andrew, *Productivity and the Bonus Culture* (Oxford 2019). Soddy, Frederick, *Wealth, Virtual Wealth and Debt* (Londres, 1933).

Somary, Felix, *The Raven of Zürich: The Memoirs of Felix Somary* (Londres, 1986).

Sombart, Werner, *Der Bourgeois: zur Geistesgeschichte des Modernen Wirtschaftsmenschen* [1912] (Munique, 1920).

Spitznagel, Mark, *The Dao of Capital: Austrian Investing in a Distorted World* (Hoboken, NJ, 2013).

Spufford, Peter, *Money and Its Use in Medieval Europe* (Nova York, 1989).

Spufford, Peter, *Power and Profit: The Merchant in Medieval Europe* (Londres, 2002). Stanley, Charles John, *Late Ch'ing Finance: Hu KuangYung as an Innovator* (Cambridge, Mass., 1970).

Steaurt, Sir James, *An Inquiry into the Principles of Political Economy* [1767] (Edimburgo, 1966).

Stein, Jeremy, "Overheating in Credit Markets: Origins, Measurement, and Policy Responses", discurso no Federal Reserve Board, 7 de fevereiro de 2013.

Stein, Jeremy e Sunderam, Adi, "The Fed, the Bond Market and Gradualism in Monetary Policy", *Journal of Finance*, junho de 2018.

Stiglitz, Joseph E., *The Price of Inequality: How Today's Divided Society Endangers Our Future* (Nova York, 2013).

Stoller, Matt, *Goliath: The 100 Year War between Monopoly Power and Democracy* (Nova York, 2019).

Studwell, Joe, *How Asia Works: Success and Failure in the World's Most Dynamic Region* (Nova York, 2013).

Summers, Lawrence H., "U.S. Economic Prospects: Secular Stagnation, Hysteresis, and the Zero Lower Bound", *Business Economics*, 49 (2), junho de 2014.

Sun, Yan, *Corruption and Market in Contemporary China* (Ithaca, NY, 2018).

Swetz, Frank J., *Capitalism and Arithmetic: The New Math of the 15th Century* (LaSalle, Ill., 1987).

Tang, M. K., "Muted 'Bang for Buck' — Credit's Boost to Growth Dulled by Falling Investment Efficiency", Goldman Sachs, 17 de outubro de 2016.

Taniguchi, Tomohiko, "Japan's Banks and the 'Bubble Economy' of the Late 1980s", *Center of International Studies*, No. 4 (Princeton, 1993).

Taylor, John B., "The Financial Crisis and the Policy Responses: An Empirical Analysis of What Went Wrong", NBER Working Paper, janeiro de 2009.

Tepper, Jonathan e Hearn, Denise, *The Myth of Capitalism: Monopolies and the Death of Competition* (Hoboken, NJ, 2019).

Terborgh, George, *The Bogey of Economic Maturity* (Chicago, 1950).

Thiel, Peter A., "The Optimistic Thought Experiment", Hoover Institution, 29 de janeiro de 2008. Thiers, Adolphe, *The Mississippi Bubble: A Memoir of John Law*, trad. F. S. Fiske (Nova York, 1859).

Thornton, Daniel L., "The Efficacy of the FOMC's Zero Interest Rate Policy, Economic Synopses", Federal Reserve Bank of St. Louis, setembro de 2012.

Thornton, Henry, *An Enquiry into the Nature and Effects of the Paper Credit of Great Britain* [1802] (Londres, 1939).

Thornton, Henry, *Substance of Two Speeches of Henry Thornton, ESQ. on the Bullion Report* (Londres, 1811).

Tooke, Thomas, *A History of Prices, and of the State of the Circulation, from 1793 to 1837*, vol. I [1838] (Nova York, 1972).

Tooze, Adam, *Crashed: How a Decade of Financial Crises Changed the World* (Nova York, 2018).

Toporowski, Jan, *Why the World Economy Needs a Financial Crash and Other Critical Essays on Finance and Financial Economics* (Londres, 2010).

Trichet, Jean-Claude, "Central Banking in the Crisis: Conceptual Convergence and Open Questions on Unconventional Monetary Policy", Per Jacobsson Lecture, outubro de 2013.

Tsai, Kellee S., *Back Alley Banking: Private Entrepreneurs in China* (Ithaca, NY, 2002).

Tsai, Kellee S., *Capitalism without Democracy: The Private Sector in Contemporary China* (Ithaca, NY, 2007).

Tucker, G. S. L., *Progress and Profits in British Economic Thought, 1690–1850* (Cambridge, 1960).

Tulloch, Gillem, "China Long and Short: The Tyranny of Numbers", GMT Research, 8 de outubro de 2014.

Turgot, A. R. J., "Reflections on the Formation and The Distribution of Riches" [1770], em *The Turgot Collection: Writings, Speeches, and Letters of Anne Robert Jacques Turgot, Baron de Laune*, ed. David Gordon (Auburn, Ala., 2011).

Turkey: Selected Issues, IMF Country Report No. 16/105, abril de 2016.

Turner, Adair, *Between Debt and the Devil: Money, Credit, and Fixing Global Finance* (Oxford, 2016).

Turner, Philip, "Is the Long-Term Interest Rate a Policy Victim, a Policy Variable or a Policy Lodestar?", BIS Working Paper, dezembro de 2011.

Usher, A. P., *The Early History of Deposit Banking in Mediterranean Europe* (Nova York, 1967).

Van de Mieroop, Marc, *A History of the Ancient Near East* (Oxford, 2007).

Van de Mieroop, Marc, "Old-Babylonian Interest Rates: Were They Annual?", em *Immigration and Emigration within the Ancient Near East*, eds. K. van Lerberghe e A. Schoors (Leuven, 1995).

Van de Mieroop, Marc, *The Ancient Mesopotamian City* (Oxford, 1999).

Van de Mieroop, Marc, "The Invention of Interest", em *The Origins of Value: The Financial Innovations that Created Modern Capital Markets*, eds. W. N. Goetzmann e K. G. Rouwenhorst (Nova York, 2005).

Vargyas, Péter, "Babylonian Interest Rates: Weren't they Annual?", em *Studi sul vicino Oriente Antico: Dedicati alla memoria di Luigi Cagni*, ed. Simonetta Graziani (Nápoles, 2000).

Veblen, Thorstein, *The Theory of Business Enterprise* (Nova York, 1965).

Vega, Joseph de la, *Confusion de Confusiones: Portions Descriptive of the Amsterdam Stock Exchange* [1688], trad. Hermann Kellenbenz (Boston, 1957).

Velde, François, "Government Equity and Money: John's System in 1720 France", Federal Reserve Bank of Chicago, dezembro de 2003.

Velde, François, "John Law's System", *American Economic Review*, 97 (2), 2007.

Volcker, Paul e Harper, Christine, *Keeping at It: The Quest for Sound Money and Good Government* (Nova York, 2018).

Waldman, Steve Randy, "Inequality and Demand", blog Interfluidity, janeiro de 2013.

Walks, Alan, "Canada's Housing Bubble Story: Mortgage Securitization, the State, and the Global Financial Crisis", *International Journal of Urban and Regional Research*, janeiro de 2014.

Walter, Carl e Howie, Fraser, *Red Capitalism: The Fragile Financial Foundation of China's Extraordinary Rise* (Singapura, 2011).

Ward, J. R., *The Finance of Canal Building in Eighteenth Century England* (Londres, 1974).

Waugh, Alexander, *Time: From Microseconds to Millennia — The Search for the Right Time* (Nova York, 1999).

Wedeman, Andrew H., *Double Paradox: Rapid Growth and Rising Corruption in China* (Ithaca, NY, 2012).

Weir, Peter (dir.), *The Truman Show*, junho de 1998.

White, William, "Fault Lines in the Pursuit of Financial Stability", Federal Reserve Bank of Dallas, Draft Paper, agosto de 2019.

White, William, "Is Price Stability Enough?", BIS, abril de 2006.

White, William, "Ultra Easy Monetary Policy and the Law of Unintended Consequences", Federal Reserve Bank of Dallas, Working Paper No. 126, agosto de 2012.

Whitrow, G. J., *Time in History: Views of Time from Prehistory to the Present Day* (Nova York, 1989).

Wicksell, Knut, *Interest and Prices* (Londres, 1936).

Williams, J. B., *The Theory of Investment Value* (Cambridge, Mass., 1938). Wilson, Emily, *Seneca: A Life* (Londres, 2015).

Wilson, Thomas, *A Discourse Upon Usury*, com Introdução de R. H. Tawney (Londres, 1925).

Wirth, Max, "The Crisis of 1890", *Journal of Political Economy*, 1 (2), março de 1893: 214–35. Wolff, Edward, *A Century of Wealth in America* (Cambridge, Mass., 2017).

Wood, Christopher, *The Bubble Economy: Japan's Extraordinary Speculative Boom of the "80s and the Dramatic Bust of the 90s"* (Jakarta, 1993).

Wood, John Philip, *Memoirs of the Life of John Law of Lauriston: Including a Detailed Account of the Rise, Progress, and Termination of the Mississippi System* (Edimburgo, 1824).

Wu, Jing, Gyourko, Joseph e Deng, Yongheng, "Evaluating the Risk of Chinese Housing Markets: What We Know and What We Need to Know", NBER Working Paper, julho de 2015.

Wu Jinglian: Voice of Reform in China, ed. Barry Naughton (Cambridge, Mass., 2013). Wunsch, Cornelia, "Debt, Interest, Pledge and Forfeiture in Neo-Babylonian and Early Achae-menid Period: The Evidence from Private Archives", em *Debt and Economic Renewal in the Ancient Near East*, eds. M. Hudson e M. Van de Mieroop (Bethesda, Md, 2002).

Xiaobo, Liu, "Behind the 'China Miracle'" (2008), em *No Enemies, No Hatred: Selected Essays and Poems*, eds. Perry Link, Tienchi Martin-Liao e Liu Xia (Londres, 2012).

Yamaguchi, Y., "Asset Prices and Monetary Policy: Japan's Experience", um artigo para o New Challenges for Monetary Policy, simpósio patrocinado pelo Federal Reserve Bank of Kansas City, Jackson Hole, Wyoming, 26–29 de agosto de 1999.

Yang, Lien-sheng, *Money and Credit in China: A Short History* (Cambridge, Mass., 1952).

Yellen, Janet L., "Normalizing Monetary Policy: Prospects and Perspectives", discurso na pesquisa New Normal Monetary Policy patrocinada pelo Federal Reserve Bank of San Francisco, São Francisco, 27 de março de 2015.

Yellen, Janet L., "What the Federal Reserve is Doing to Promote a Stronger Job Market", discurso na conferência National Interagency Community Reinvestment de 2014, 31 de março de 2014.

Zhang, Joe, Cheng, Janet e Griffith, Glenn, *Inside China's Shadow Banking: The Next Subprime Crisis?* (Singapura, 2014).

Zhu Rongji, *On the Record: The Road to Reform 1991–1997* (Washington, D.C., 2013).

Notas

Introdução

1. Carta 3, Proudhon para Bastiat. Todas as referências à correspondência entre Bastiat–Proudhon no *La Voix du peuple* provêm da tradução editada por Roderick Long, https://praxeology.net/FB-PJPDOI-Intro.htm. **2.** Carta 5, Proudhon para Bastiat. **3.** Carta 7, Proudhon para Bastiat. **4.** Carta 9, Proudhon para Bastiat. **5.** Carta 11, Proudhon para Bastiat. **6.** Carta 7, Proudhon para Bastiat. **7.** Carta 9, Proudhon para Bastiat. **8.** Carta 12, Bastiat para Proudhon. **9.** Carta 1, Bastiat para Proudhon. **10.** Carta 4, Bastiat para Proudhon. **11.** Carta 6, Bastiat para Proudhon. **12.** Carta 14, Bastiat para Proudhon. **13.** Carta 9, Proudhon para Bastiat. **14.** Comentário de Roderick Long. **15.** Carta 13, Proudhon para Bastiat. **16.** "What is Seen and What is Not Seen", Frédéric Bastiat, de *Economic Sophisms* (Indianapolis, 2016), p. 403. **17.** Henry Hazlitt, *Economics in One Lesson* (Nova York, 1979), p. 16. **18.** Ibid., p. 17. **19.** Ibid., p. 102. **20.** Ibid., p. 114. **21.** Ibid., p. 186. **22.** Ibid., p. 195. **23.** Federal Reserve Bank of Dallas, Working Paper No. 126, Agosto 2012. **24.** Comentários introdutórios para *The Theory of Interest* (1930), de Irving Fisher. **25.** Em seu mais recente livro, *The Great Demographic Reversal* (Cham, Suíça, 2020), Charles Goodhart e Manoj Pradhan sustentam que a leve deflação ocorrida no Japão nas últimas décadas foi originada não pelo envelhecimento da população do país, como muitos argumentaram, mas pelo impacto das exportações chinesas baratas, fato que prejudicou a lucratividade da indústria manufatureira japonesa. Goodhart e Pradhan acreditam que, à medida que a população trabalhadora da China for diminuindo, essa força deflacionária diminuirá e os preços ao consumidor e as taxas de juros provavelmente aumentarão em todo o mundo desenvolvido. **26.** Este argumento se constitui na base para o livro extremamente influente do economista sueco Knut Wicksell, *Interest and Prices* (1898). **27.** Gustav Cassel, *The Nature and Necessity of Interest* (Londres, 1903), p. 95.

1. Nascimento da Babilônia

1. Michael Hudson, "Reconstructing the Origins of Interest-bearing Debt and the Logic of Clean Slates", em *Debt and Economic Renewal in the Ancient Near East*, eds. Michael Hudson e Marc van der Mieroop (Bethesda, Md, 2002), p. 11. **2.** Van der Mieroop traduz *mas* como ovelha (veja Marc van de Mieroop, "The Invention of Interest: Sumerian Loans", em *The Origins of Value: The Financial Innovations that Created Modern Capital Markets*, eds. W. N. Goetzmann e K. G. Rouwenhorst (Nova York, 2005), p. 24. **3.** Sidney Homer e Richard Sylla, *A History of Interest Rates*, 3ª ed (Hoboken, NJ, 1996), p. 18. **4.** Ibid. **5.** John Rae, *Statement of Some New Principles on the Subject of Political Economy, Exposing the Fallacies of the System of Free Trade, and of Some Other Doctrines Maintained in the "Wealth of Nations"* (Boston, Mass., 1834), p. 194. **6.** Irving Fisher, *The Theory of Interest: As Determined by Impatience to Spend Income and Opportunity to Invest It* [1930], de *The Works of Irving Fisher*, vol. IX, ed. William Barber (Londres, 1997), p. 193. **7.** *Oxford English Dictionary*, 1973 edn. **8.** Cornelia Wunsch, "Debt, Interest, Pledge and Forfeiture in NeoBabylonian and Early Archaemenid Period: The Evidence from Private Archives", em *Debt and Economic Renewal in the Ancient Near East*, eds. Michael Hudson e Marc van der Mieroop (Bethesda, Md, 2002).

345

346 ◆ *O Preço do Tempo*

9. Mieroop, "The Invention of Interest", p. 19. **10.** Morris Silver, *Economic Structures of Antiquity* (Westport, Conn., 1995), p. 110. **11.** Wunsch, "Debt, Interest, Pledge". **12.** W. F. Leemans, *The Old Babylonian Merchant: His Business and His Social Position* (Leiden, 1950), p. 3. **13.** Marc van de Mieroop, *The Ancient Mesopotamian City* (Oxford, 1999), p. 179. **14.** Alexander Waugh, *Time: From Microseconds to Millennia: The Search for the Right Time* (Nova York, 1999), p. 21. **15.** Marc van der Mieroop, "Old-Babylonian Interest Rates: Were They Annual?", em *Immigration and Emigration within the Ancient Near East*, eds. K. van Lerberghe e A. Schoors (Leuven, 1995). **16.** Kazuo Muroi, "Interest Calculations in Babylonian Mathematics: New Interpretations of VAT 8521 and VAT 8528", *Historia Scientiarum*, 1990. **17.** Silver, *Economic Structures of Antiquity*, p. 114 **18.** Ibid., p. 113. **19.** Leemans, *Old Babylonian Merchant*, p. 20. **20.** Ibid., pp. 65–6. **21.** "No fim do terceiro milênio na Suméria, as esposas dos governantes faziam empréstimos, possuíam ovelhas e participavam da indústria de vestuário." (Morris Silver, *Economic Structures of the Ancient Near East* (Totowa, NJ, 1986), p. 42.) **22.** Silver, *Economic Structures of Antiquity*, p. 110. **23.** Ibid., p. 114. **24.** Ibid., p. 110. **25.** W. F. Leemans, "The Rate of Interest in OldBabylonian Times", *Revue internationale des droits de l'antiquité* (1950). **26.** Leemans, *Old Babylonian Merchant*, p. 105. **27.** Gustave Glotz, *Ancient Greece at Work* (Nova York, 1926). **28.** Marc van de Mieroop, *A History of the Ancient Near East* (Oxford, 2007), p. 282. Veja também Wunsch, "Debt, Interest, Pledge", pp. 245–8. **29.** Veja Mieroop, "Invention of Interest", p. 29. **30.** Michael Hudson, *Killing the Host* (Petrolia, Ontario, 2015), p. 61. Também *mas ga-ga* mencionada em Steven Garfinkle, "Shepherds, Merchants and Credit: Some Observations on Lending Practices in Ur III Mesopotamia", *Journal of the Economic and Social History of the Orient*, 2004. Os babilônios chamavam os juros compostos de şibāt şibtim (veja Kazuo Muroi, "The Oldest Example of Compound Interest in Sumer", arXiv, 2015). **31.** Richard Price, *Observations on Reversionary Payments* [1783], de *The Works of Richard Price*, vol. V (Londres, 1816), p. 22. O químico inglês Frederick Soddy afirmou que a dívida de juros composto sujeitava-se às leis da matemática e não da física. "O processo de juros compostos é fisicamente impossível", concluiu Soddy, ao levar o tempo ao infinito, uma quantidade matemática. Veja Frederick Soddy, *Wealth, Virtual Wealth and Debt* (Londres, 1933), p. 79. **32.** Thomas Divine, *Interest: An Historic and Analytical Study in Economics and Modern Ethics* (Milwaukee, Wisc., 1959), p. 19. **33.** *Constitution of Athens*, 2.2, mencionado por Moses Finley, *Economy and Society in Ancient Greece* (Londres, 1981), p. 156. **34.** "No caso de um homem ter uma dívida e Adad [o Deus da Tempestade] alagar seu campo levando embora o produto, ou, por falta de água, o grão não crescer no campo, naquele ano ele não devolverá o grão ao credor, alterará sua tabuleta contratual e não pagará os juros de tal ano." Robert Francis Harper, *The Code of Hammurabi, King of Babylon* (Chicago, 1904), p. 27. **35.** Mieroop, "Old-Babylonian Interest Rates", p. 362. **36.** Silver, *Economic Structures of Antiquity*, p. 111. **37.** Ibid. **38.** Veja Michael Hudson, "How Interest Rates Were Set, 2500 bc to 10 ad: Máš, Tokos and Fœnus as Metaphors for Interest Accruals", *Journal of the Economic and Social History of the Orient*, 2000: 132–61. **39.** Paul Millett, *Lending and Borrowing in Ancient Athens* (Cambridge, 1991), p. 108. Isso também é referenciado em Homer e Sylla, *History of Interest Rates*, p. 43. **40.** Hudson, "How Interest Rates Were Set". Veja também Mieroop, "Invention of Interest". Em 88 a.C. Sulla estabeleceu uma taxa máxima de juros de 12%, outro número de acordo com o sistema duodecimal (Homer e Sylla, *History of Interest Rates*, p. 47). **41.** Joan Robinson, "The Rate of Interest", *Econometrica*, 19 (2), 1951: 93. **42.** Karl Marx, *Capital*, vol. III, ed. Friedrich Engels (Londres, 1894), p. 246. **43.** Homer e Sylla, *History of Interest Rates*, p. 58. **44.** Veja Capítulo 9. Claudio Borio *et al.*, "Why So Low for So Long? A Long-term View of Real Interest Rates", BIS Working Papers no. 685, 2017. **45.** Garfinkle, "Shepherds, Merchants and Credit", p. 6. Empréstimos de cevada podem ser vistos como contratos futuros com o preço a termo com um grande desconto em relação ao preço à vista (ou seja, em "backwardation"). **46.** Nas colônias comerciais assírias da Capadócia, as taxas de juros variavam entre 15% e 40%, segundo Leemans, "Rate of Interest". Péter Vargyas encontra uma variedade de taxas da Antiga Babilônia para empréstimos em shekels, variando de 5% a 15% ao ano, e empréstimos de grãos a 8,33% (1/12) a 60%. Há até um exemplo de taxa de juros expressa como um número quebrado (7,5%); veja Péter Vargyas, "Babylonian Interest Rates: Weren't They Annual?", em *Studi sul vicino Oriente Antico: Dedicati alla memoria di Luigi Cagni*, ed., Simonetta Graziani (Naples, 2000). Zoltán Csabai encontra vinte diferentes taxas de juros no primeiro milênio a.C. (veja Zoltán Csabai, "Chronologische Aspekte der babylonischen Zinsen", em *Studies in Economic and Social History of the Ancient Near East in Memory of Péter Vargyas*, ed. Zoltán Csabai (Budapest, 2014), pp. 811–23). **47.** Wunsch, "Debt, Interest, Pledge", p. 237. **48.** Morris Silver, "Modern Ancients", em *Commerce and Monetary Systems in the Ancient World: Means of Transmission and Cultural Interaction*, eds. R. Rollinger e C. Ulf (Stuttgart, 2004). **49.** Leemans, "Rate of Interest"; Silver, *Economic Structures of Antiquity*, p. 105. **50.** Thomas Mayer, *Frankfurter Allgemeine Zeitung*, 17 de setembro de 2016. **51.** Thomas Piketty, *Capital in the Twenty First Century* (Harvard, 2014), p. 80. **52.** David Hume, "Of Interest", *Selected Essays* (Oxford, 1993), p. 181. Veja Capítulo 9. **53.** Homer e Sylla, *History of Interest Rates*, p. 38. **54.** Como o próprio Hume registra, mencionando Dio Cassius (*Selected Essays*, p. 186). Hume afirma que o efeito foi apenas temporário e que, no reinado de Tibério, os juros haviam retornado a 6%. **55.** Hume, *Selected Essays*, p. 48. **56.** Silver, "Modern Ancients". **57.** Homer e Sylla, *History of Interest Rates*, p. 2. **58.** Csabai, "Chronologische Aspekte". **59.** Sobre o mito do escambo, veja David Graeber, *Debt: The First 5.000 Years* (Nova York, 2011), pp. 33–62. **60.** William Goetzmann, *Money Changes Everything: How Finance Made Civilization Possible* (Princeton, 2016), p. 41. **61.** Mieroop, *Ancient Mesopotamian City*, p. 187. **62.** Nicholas Barbon, *A Discourse of Trade* (Londres, 1690), p. 31. **63.** James Buchan, *John Law: A Scottish Adventurer of the Eighteenth Century* (Londres, 2018), p. 11. **64.** Lionel Robbins, *A History of Economic Thought: The LSE Lectures* (Princeton, 1998), p. 102. Veja também G. S. L. Tucker, *Progress and Profits in British Economic Thought, 1690–1850* (Cambridge, 1960), p. 48. **65.** Eugen von Böhm-Bawerk, *Capital and Interest: A Critical History of Economical Theory*, vol. I (South Holland, Ill., 1959), p. 27. **66.** Fisher, *Theory of Interest*, em *Works*, IX, p. 3. **67.** Joseph Schumpeter, *Theory of Economic Development: An Inquiry into Profits, Capital, Credit, Interest, and the Business Cycle* (New Brunswick, NJ, 1983), p. 198. **68.** Mencionado por Jacques Le Goff, *Your Money or Your Life: Economy and Religion in the Middle Ages* (Nova York, 1986), p. x. Veja também Marx, *Capital*, ch. 36, pt 5.

2. VENDENDO TEMPO

1. Thomas Divine, *Interest: An Historic and Analytical Study in Economics and Modern Ethics* (Milwaukee, Wisc., 1959), p. 6. Outras palavras hebraicas para juros incluem *mashsha* (um empréstimo) e *tarbit* (para aumento). **2.** No livro de Neemias os juros são colocados como sendo de 1/100 ao mês (12% ao ano). Veja E. Neufeld, "The Rate of Interest and the Text of Nehemiah 5.11", *Jewish Quarterly Review*, 44 (3), 1954: 198. **3.** Aristóteles, *Politics*, em *Early Economic Thought: Selected Writings from Aristotle to Hume*, ed. Arthur E. Monroe (Mineola, NY, 2006), p. 20. **4.** Paul Millett, *Lending and Borrowing in Ancient Athens* (Cambridge, 1991), p. 179. **5.** Ibid., p. 193. **6.** Ibid., p. 197. **7.** Ibid., p. 49. **8.** Divine, *Interest*, p. 25. **9.** Jacques Le Goff, *Your Money or Your Life: Economy and Religion in the Middle Ages* (Nova York, 2004), pp. 25–6. **10.** Ibid., p. 29. **11.** Arthur E. Monroe, *Early Economic Thought: Selected Writings from Aristotle to Hume* (Mineola, NY, 2006), p. 69. **12.** Ibid., p. 76. **13.** Veja Le Goff, *Your Money or Your Life*, pp. 30–39. **14.** Lucius Seneca, *Epistle LXXXI*, em *The Epistles of Seneca*, tradução para o inglês de Thomas Morrell (Londres, 1786), p. 38. "Pensando terem feito uma grande coisa, os ingratos são enganados quando pagam a um credor um pouco mais do que suas exigências e ao supor que os benefícios não exigem juros. Enquanto eles [ou seja, os benefícios] certamente aumentam pelo atraso de um retorno: e tanto mais deve ser pago quanto mais tempo o pagamento for negligenciado. É ingrato aquele que devolve um benefício, sem algum acréscimo, quando está em seu poder fazê-lo." **15.** Lucius Seneca, *On Benefits*, Bk 7, ed. Aubrey Stewart, Project Gutenberg, 2013. **16.** Emily Wilson, *Seneca: A Life* (Londres, 2015), p. 131. **17.** Anthony Grafton, *Leon Battista Alberti* (Londres, 2001), p. 184. **18.** Fernand Braudel, *Civilization and Capitalism 15th–18th Century: The Wheels of Commerce* (Londres, 1979), p. 580. **19.** Ibid., p. 184. **20.** Veja G. J. Whitrow, *Time in*

History: Views of Time from Prehistory to the Present Day (Nova York, 1989), ao longo do Cap. 7; David Landes, *Revolution in Time* (Cambridge, 1983); Werner Sombart, *Der Bourgeois: zur Geistesgeschichte des Modernen Wirtschaftsmenschen* (Munique, 1920), p. 421. **21.** Citado por Braudel, *Civilization and Capitalism*, p. 581. **22.** Grafton, *Alberti*, p. 184. **23.** Citado por Braudel, *Civilization and Capitalism*, p. 567. **24.** Iris Origo, *The Merchant of Prato* (Nova York, 2020), p. 179. **25.** Ibid., pp. 74–6. **26.** Peter Spufford, *Power and Profit: The Merchant in Medieval Europe* (Londres, 2002), p. 40. **27.** Gwen Seabourne, *Royal Regulation of Loans and Sales in Medieval England* (Woodbridge, 2003), p. 58. "Taxas baixas de juros sempre deram vantagem àqueles que conseguiam levantar dinheiro mais barato", escreve ele. Peter Spufford (*Power and Profit*, p. 261). **28.** Sidney Homer e Richard Sylla, *A History of Interest Rates*, 3ª ed (Hoboken, NJ, 1996), p. 110. **29.** R. H. Tawney, na introdução de Thomas Wilson, *A Discourse Upon Usury* (Londres, 1925), p. 132; M. M. Postan, *Medieval Trade and Finance* (Cambridge, 1973), p. 11. **30.** Reinhold C. Mueller, *The Venetian Money Market: Banks, Panics and the Public Debt, 1200–1500* (Baltimore, Md, 1997), p. 142; Frank J. Swetz, *Capitalism and Arithmetic: The New Math of the 15th Century* (LaSalle, Ill., 1987), p. 287; James Aho, *Confessions and Bookkeeping: The Religious, Moral, and Rhetorical Roots of Modern Accounting* (Albany, NY, 2005), p. 85. **31.** Raymond de Roover, *The Rise and Decline of the Medici Bank, 1397–1494* (Cambridge, Mass., 1963), p. 102. **32.** A. P. Usher, *The Early History of Deposit Banking in Mediterranean Europe* (Nova York, 1967), p. 141. **33.** Citado por Tawney, na introdução de Wilson, *Discourse Upon Usury*, p. 73. **34.** Braudel, *Civilization and Capitalism*, p. 565. **35.** Título do livro de Craig Muldrew de 1998. **36.** E. T. Powell, *The Evolution of the Money Market, 1385–1915: An Historical and Analytical Study of the Rise and Development of Finance as a Centralised, Coordinated Force* (Londres, 1966), p. 52. **37.** Tawney, na introdução de Wilson, *Discourse Upon Usury*, p. 23. **38.** Peter Spufford, *Money and Its Use in Medieval Europe* (Nova York, 1989), p. 260. **39.** Le Goff, *Your Money or Your Life*, p. 44. **40.** Ibid., p. 49 **41.** Sir William Petty em seu *A Treatise of Taxes and Contributions* (Londres, 1662) usou essa justificativa para os juros. **42.** Divine, *Interest*, p. 56. **43.** Ibid., pp. 83–4. **44.** Ibid., p. 88. **45.** Ibid., p. 170. **46.** Thomas Wilson, *A Discourse Upon Usury* (Londres, 1925), p. 220. **47.** Craig Muldrew, *The Economy of Obligation: The Culture of Credit and Social Relations in Early Modern England* (Basingstoke, 1998), p. 140. **48.** Citado por Tawney, na introdução de Wilson, *Discourse Upon Usury*, p. 155. **49.** Veja Albert Hirschmann, *Rival Views of Market Society and Other Recent Essays* (Nova York, 1986), p. 50. **50.** Veja Albert Hirschmann, *The Passions and the Interests: Political Arguments for Capitalism before Its Triumph* [1977] (Princeton, 2013), p. 46. Citado de *Characteristics*, de Lord Shaftesbury (1711). **51.** Adam Smith, *An Inquiry into The Nature and Causes of the Wealth of Nations* [1776] (Londres, 1875), bloco IV, Capítulo 4, p. 400. **52.** Veja Muldrew, *Economy of Obligation*, p. 140. Muldrew escreve sobre redes de crédito inglesas no século XVI, mas, como vimos, Datini e seus colegas mercadores italianos já tinham as próprias redes de crédito mais de dois séculos antes. **53.** De A. R. J. Turgot, "Reflections on the Formation and The Distribution of Riches" (1770), em *The Turgot Collection: Writings, Speeches, and Letters of Anne Robert Jacques Turgot, Baron de Laune*, ed. David Gordon (Auburn, Ala., 2011), p. 63. **54.** Le Goff, *Your Money or Your Life*, p. 93. **55.** Walter Mischel, *The Marshmallow Test: Understanding Self Control and How to Master It* (Londres, 2014), p. 17. **56.** Ibid., pp. 44–5. **57.** Ludwig von Mises, "Human Action: The Rate of Interest", em *The Pure Time Preference Theory of Interest*, ed. Jeffrey Herbener (Auburn, Ala., 2011), p. 67. **58.** Irving Fisher, *The Theory of Interest: As Determined by Impatience to Spend Income and Opportunity to Invest It* [1930], em *The Works of Irving Fisher*, vol. IX, ed. William Barber (Londres, 1997), p. 535 **59.** Jeffrey Herbener (ed.), *The Pure TimePreference Theory of Interest* (Auburn, Ala., 2011), p. 25. **60.** Gustav Cassel, *The Nature and Necessity of Interest* (Londres, 1903), p. 20. **61.** Jeremy Bentham, *Defence of Usury* [1787] (Londres, 1816), p. 13. **62.** Eugen von Böhm-Bawerk, *Capital and Interest: A Critical History of Economical Theory*, vol. I (South Holland, Ill., 1959), p. 290. **63.** Fisher, *Theory of Interest*, p. 52. **64.** Ibid., p. 102. **65.** Frank Fetter, "Interest Theories, Old and New", *American Economic Review*, 4 (1), março de 1914. **66.** John Rae, *Statement of Some New Principles on the Subject* *of Political Economy* (Boston, Mass., 1834), p. 118. **67.** Antoin E. Murphy, *John Law: Economic Theorist and Policy Maker* (Oxford, 1997), p. 64. **68.** *A Treatise against Usury presented to the High Court of Parliament*, citado por Tawney, na introdução de Wilson, *Discourse Upon Usury*, p. 42. **69.** Rae, *Statement of Some New Principles*, p. 119. **70.** Cassel, *Nature and Necessity of Interest*, p. 54. **71.** F. A. Hayek, "Das intertemporale Gleichgewichtssystem der Preise und die Bewegungen des 'Geldwertes'", *Welwirtschaftliches Archiv* 28. Traduzido como "Intertemporal Price Equilibrium and Movements in the Value of Money" (1928).

3. A BAIXA DOS JUROS

1. William Letwin, *The Origins of Scientific Economics: English Economic Thought, 1660–1776* (Londres, 1963), p. 4. **2.** Gustav Cassel, *The Nature and Necessity of Interest* (Londres, 1903), p. 9. **3.** Joyce Appleby, *Economic Thought and Ideology in Seventeenth-Century England* (Princeton, 1978), p. 88. **4.** Cassel, *Nature and Necessity of Interest*, p. 10. **5.** Thomas Culpeper, "A Small Treatise Against Usury", reimpresso em Josiah Child, *A New Discourse of Trade* [1692] (Glasgow, 1751), p. 232. **6.** Culpeper, "A Small Treatise Against Usury", p. 182. Quando Culpeper escreve que os usurários terão "terra por seu dinheiro", quer dizer que eles investirão em terras em vez de colocar seu dinheiro a juros. **7.** G. S. L. Tucker, *Progress and Profits in British Economic Thought, 1690–1850* (Cambridge, 1960), p. 41. **8.** Josiah Child, *A New Discourse of Trade* (Glasgow, 1751), p. 14. **9.** Sidney Homer e Richard Sylla, *A History of Interest Rates*, 3rd edn (Hoboken, NJ, 1996), pp. 125–9. **10.** Child, *A New Discourse of Trade*, p. 6. **11.** Ibid., p. 22. **12.** Letwin, *Origins of Scientific Economics*, p. 37. **13.** Anon, *The Interest of Money Mistaken; or, A Treatise Proving That The Abatement of Interest is The Effect and Not The Cause of The Riches of A Nation* (Londres, 1668), p. 12. **14.** O estatístico e primevo economista Sir William Petty foi ainda mais longe, afirmando que "quanto à usura, o mínimo que pode ser é o arrendamento de tanta terra quanto o dinheiro emprestado comprará, até onde a garantia for inquestionável". (Petty, *A Treatise of Taxes and Contributions* (Londres, 1662), p. 24). **15.** Cassel, *Nature and Necessity of Interest*, p. 11. **16.** Ibid., p. 12. **17.** Appleby, *Economic Thought*, p. 92. **18.** John Locke, *Some Considerations of the Consequences of the Lowering of Interest and the Raising of the Value of Money* [Londres, 1691], de *On Money*, vol. I, ed. Patrick Hyde Kelly (Oxford, 1991), p. 220. **19.** Ibid., p. 212. **20.** Ibid., p. 220. **21.** Ibid., p. 296. **22.** Ibid., p. 280. **23.** Ibid., p. 270. **24.** Anon, *The Interest of Money Mistaken*, p. 16. **25.** Locke, *On Money*, I, p. 285. **26.** Ibid., p. 279. **27.** Thomas Divine, *Interest: An Historic and Analytical Study in Economics and Modern Ethics* (Milwaukee, Wisc., 1959), p. 91. **28.** Tucker, *Progress and Profits*, p. 24. **29.** Definição de juros de Sir William Petty, "Quantulumcunque Concerning Money" [1682], citado em Cassel, *Nature and Necessity of Interest*, p. 15 fn. **30.** Dudley North, *Discourses upon Trade* (Londres, 1691), p. 2. **31.** Locke, *On Money*, I, p. 293. **32.** John Massie, *An Essay on the Governing Causes of the Natural Rate of Interest: Wherein the Sentiments of Sir William Petty and Mr. Locke, on That Head, are Considered* (Londres, 1750), p. 51. **33.** Veja Henry Thornton, *An Enquiry into the Nature and Effects of the Paper Credit of Great Britain* [1802] (Londres, 1939), p. 212. Em seu discurso de 1811 sobre o Bullion Report, Thornton afirmou que, como as leis de usura mantinham as taxas de juros muito baixas, os preços das commodities subiam mais rapidamente do que os custos dos empréstimos. Thornton diferencia a taxa de juros bancária da "natural". A visão de Thornton influenciou decisivamente as gerações posteriores de economistas, incluindo Knut Wicksell e Friedrich Hayek. Hayek escreveu uma introdução à edição de 1939 do *Paper Credit*, de Thornton. **34.** Embora os economistas monetários modernos passem muito tempo falando sobre a taxa natural de juros, ou r*, não está claro se eles são capazes de identificá-la. Como Charles Goodhart e Manoj Pradhan escrevem em *The Great Demographic Reversal* (Cham, Suíça, 2020): estimativas de taxa natural de juros [TNJ] geradas a partir dos chamados componentes não observáveis ou modelos de filtro de Kalman assumem que o caminho de TNJ e o caminho do crescimento potencial são determinados por um fator comum, a produtividade. O exame empírico da ligação entre crescimento e taxas de

350 ❧ *O Preço do Tempo*

juros reais não demonstra tal ligação... Isso torna as próprias estimativas, na melhor das hipóteses, questionáveis. **35.** Locke, *On Money*, I, p. 298.

4. A Quimera

1. John Evelyn, *The Diary of John Evelyn*, vol. III (Londres, 1906), p. 308. **2.** James Buchan, *John Law: A Scottish Adventurer of the Eighteenth Century* (Londres, 2018), p. 108. **3.** Daniel Defoe, *Daniel Defoe: His Life, and Recently Discovered Writings: Extending from 1716 to 1729*, ed. William Lee (Londres, 1869), p. 189. **4.** Joseph Schumpeter, *History of Economic Analysis* (Nova York, 1954), p. 295 **5.** Ibid., p. 322. **6.** John Law, *Oeuvres Completes*, vol. I, ed. Paul Harsin (Paris, 1934), p. 56. **7.** Law Senior foi banqueiro da nobreza escocesa e, após sua morte, a mãe continuou no negócio de empréstimos. (Buchan, *John Law*, p. 12). **8.** Daniel Defoe, *Political and Economic Writings of Daniel Defoe*, vol. VI, ed. William R. Owens (Londres, 2000), p. 4. **9.** Antoin E. Murphy, *John Law: Economic Theorist and Policy Maker* (Oxford, 1997), pp. 146–7. **10.** Citado em James Buchan, "Mississippi Dreaming", *New Left Review*, 210, março de 1995. **11.** Buchan, *John Law*, p. 81. **12.** Antoin E. Murphy, *Richard Cantillon, Entrepreneur and Economist* [1986] (Oxford, 2004), p. 129. **13.** Adolphe Thiers, *The Mississippi Bubble: A Memoir of John Law*, trad. F. S. Fiske (Nova York, 1859), p. 86. **14.** Louis de Rouvroy, duc de Saint-Simon, *Historical Memoirs of the Duc de SaintSimon*, vol. III, ed. e trad. Lucy Norton (Londres, 1972), p. 257. **15.** Ibid., p. 243. **16.** Buchan, *John Law*, p. 8. **17.** Edgar Faure, *La Banqueroute de Law: 17 Juillet 1720* (Paris, 1977), p. 248. **18.** Ibid., p. 339. **19.** Buchan, *John Law*, p. 155. **20.** Murphy, *Richard Cantillon*, p. 99. **21.** Ibid., p. 100. **22.** Janet Gleeson, *The Moneymaker* (Londres, 2012), p. 153. **23.** Os números foram obtidos em Andrew Davis, "An Historical Study of Law's System", *Quarterly Journal of Economics*, abril de 1887. **24.** Faure, *La Banqueroute de Law*, p. 334. **25.** *Memoirs of the Duke de SaintSimon, An Abridged Translation*, por Francis Arkwright (Londres, 1918), p. 257. **26.** Murphy, *Richard Cantillon*, p. 131. **27.** François Velde escreve que a "lei estabeleceu uma meta de taxa de juros de 2% para seu sistema" ("John Law's System", *American Economic Review*, 97 (2), 2007). **28.** Davis, "An Historical Study of Law's System", p. 41. **29.** Murphy, *Richard Cantillon*, p. 135. Essas recompras foram equivalentes a 17% da emissão remanescente. **30.** Herbert Lüthy, *La Banque Protestante en France: de la Révocation de l'Édit de Nantes à la Révolution* (Paris, 1959), p. xx. **31.** Sir James Steaurt, *An Inquiry into the Principles of Political Economy* [1767], vol. IV (Edimburgo, 1966), p. 558. **32.** John Philip Wood, *Memoirs of the Life of John Law of Lauriston: Including a Detailed Account of the Rise, Progress, and Termination of the Mississippi System* (Edimburgo, 1824), p. 66. **33.** Buchan, *John Law*, p. 227. **34.** Antoin E. Murphy, "John Law: A Twenty-first-century Banker in the 18th Century?", Fondazione Banco di Napoli Conference, junho de 2017. **35.** Philip Yorke, Earl of Hardwicke, *Miscellaneous State Papers from 1501 to 1726*, vol. II (Londres, 1778), p. 589. **36.** James Buchan, "Even Apple Can't Compare with Compagnie des Indes", *Financial Times*, 14 de agosto de 2017. **37.** Todos os detalhes deste parágrafo foram extraídos de Murphy, "John Law: A Twenty-first-century Banker in the 18th Century?". **38.** Faure, *La Banqueroute de Law*, p. 250. **39.** Ibid., p. 253. **40.** Gleeson, *Moneymaker*, p. 121. **41.** Faure, *La Banqueroute de Law*, pp. 239–40. **42.** O gosto de Law pelo absolutismo em questões financeiras fica evidente em sua declaração de que "[um] rei está sempre melhor capacitado para remediá-las [dificuldades financeiras], do que um Conselho Soberano, cujos debates e adiamentos devem necessariamente ocupar tempo antes que uma maioria dos votos possa ser obtida nos assuntos mais urgentes... um rei agindo por si mesmo pode reduzir o todo a uma visão e dar a seu reino um crédito geral, como o único que pode obter até mesmo a confiança de estrangeiros". De John Law, *The Present State of the French Revenues and Trade, and of the Controversy betwixt the Parliament of Paris and Mr. Law* (Londres, 1720). **43.** Earl of Hardwicke, *Miscellaneous State Papers*, II, p. 611. **44.** Defoe, "The Case of Mr Law, Truly Stated" [1721], em *Political and Economic Writings of Daniel Defoe*, VI, p. 199. **45.** Buchan, *John Law*, p. 206. **46.** Ibid., p. 208. **47.** Comentário de Earl J. Hamilton em "The Origin and Growth of the National Debt in Western Europe", *American Economic*

Review, maio de 1947: 118–30. **48.** Citado por Davis, "An Historical Study of Law's System", p. 444. **49.** Gleeson, *Moneymaker*, p. 160. **50.** Richard Cantillon, *Essai Sur La Nature du Commerce en Général* [1755], traduzido por Henry Higgs (Londres, 1931), p. 323. **51.** Ibid. **52.** Earl J. Hamilton, "Prices and Wages at Paris under John Law's System", *Quarterly Journal of Economics*, novembro de 1936: 42–70. **53.** Velde, "John Law's System". **54.** François Velde, "Government Equity and Money: John Law's System in 1720 France", Federal Reserve Bank of Chicago, dezembro de 2003. Velde avalia que, pelo valor justo, a ação da Mississippi deveria ter sido negociada a 15 vezes o lucro. **55.** James Buchan, *Frozen Desire* (Londres, 1997), pp. 110–11. **56.** John Law, *Essay on A Land Bank*, ed. Antoin E. Murphy (Londres, 1994), p. 47. **57.** Veja Larry Neal, *The Rise of Financial Capitalism: International Capital Markets in the Age of Reason* (Nova York, 1990), pp. 82–3. **58.** Velde, "Government Equity and Money". **59.** Peter Garber, "Famous First Bubbles", *Journal of Economic Perspectives*, 4 (2), 1990: 47. **60.** William Goetzmann, *Money Changes Everything: How Finance Made Civilization Possible* (Princeton, 2016), p. 354. **61.** Murphy, *John Law*, p. 325. **62.** Conversa ao telefone com Antoin Murphy, 30 de janeiro de 2018. Veja também Murphy, "John Law: A Twenty-first-century Banker in the 18th Century?", p. 12.

5. JOHN BULL NÃO SUPORTA 2%

1. T. S. Ashton, *Economic Fluctuations in England 1700–1800* (Oxford, 1959), p. 88. **2.** Ibid., p. 98. **3.** Violet Barbour, *Capitalism in Amsterdam in the Seventeenth Century* (Ann Arbor, Mich., 1963), p. 123. **4.** S. J. Loyd, *Tracts and Other Publications on Metallic and Paper Currency by Lord Overstone*, ed. J. R. McCulloch [1857] (Londres, 1972), p. 31. **5.** Walter Bagehot, *The Collected Works of Walter Bagehot*, ed. Norman St. John--Stevas, vol. X (Londres, 1978), p. 32. **6.** Ibid., IX, p. 113. **7.** Ibid., IX, p. 127. **8.** Ibid., IX, p. 467. **9.** Thomas Joplin, *Case for Parliamentary Inquiry into the Circumstances of the Panic* (Londres, 1835), reimpresso em Forrest Capie e Geoffrey Wood, *The Lender of Last Resort* (Londres, 2007), p. 61. **10.** L. S. Presnell, *Country Banking in the Industrial Revolution* (Oxford, 1956), p. 12. **11.** Edward Chancellor, *Devil Take the Hindmost: A History of Financial Speculation* (Nova York, 1999), p. 119. **12.** James Grant, *Bagehot: The Life and Times of the Greatest Victorian* (Nova York, 2019), p. xxviii fn. **13.** Ibid., p. 167. **14.** Bagehot, *Collected Works*, IX, p. 118. **15.** Ibid., IX, pp. 273–4. **16.** "Os homens nem sempre ficarão contentes com um retorno de 1,5% sobre seu capital", escreveu Fullarton. Bagehot arredondou o limite de perigo para 2% — ele examinou melhor. Em um de seus primeiros artigos jornalísticos, uma resenha de *Principles of Political Economy*, de J. S. Mill, Bagehot cita e parafraseia Fullarton: "Diz a experiência que, quando o juro do dinheiro é de 2%, o capital habitualmente emigra, ou, o que é a mesma coisa, é desperdiçado em especulações tolas, que nunca rendem qualquer retorno adequado." (Walter Bagehot, "Art. II — *Principles of Political Economy*", *Prospective Review: A Quarterly Journal of Theology and Literature*, 4, 1848: 497.) **17.** John Fullarton, *On the Regulation of Currencies: Being an Examination of the Principles, on which it is Proposed to Restrict, Within Certain Fixed Limits, the Future Issues on Credit of the Bank of England, and of the Other Banking Establishments Throughout the Country* (Londres, 1845), p. 170. **18.** Ibid., p. 172. **19.** Walter Bagehot, *Lombard Street: A Description of the Money Market* (Londres, 1873), em *Collected Works*, IX, p. 114. **20.** Bagehot, *Collected Works*, IX, p. 300. **21.** Sidney Homer e Richard Sylla, *A History of Interest Rates*, 3rd edn (Hoboken, NJ, 1996), p. 137. **22.** Ibid., p. 125. **23.** Joseph de la Vega, *Confusion de Confusiones: Portions Descriptive of the Amsterdam Stock Exchange* [1688], traduzido por Hermann Kellenbenz (Boston, Mass., 1957), p. 13. Vega acrescenta que a liquidez também eleva os preços do mercado de ações: "A possibilidade de vendas rápidas aumenta o valor das ações de tal modo que os preços das ações na câmara de Amsterdã [a principal Bolsa de Valores] alcançam valores mais altos do que as de todas as outras câmaras, não obstante pagarem o mesmo dividendo." **24.** Bagehot, *Collected Works*, IX, pp. 116–17. **25.** Homer e Sylla, *History of Interest Rates*, p. 157. **26.** J. R. Ward, *The Finance of Canal Building in Eighteenth Century England* (Londres, 1974).

Ward observa que, entre 1790 e 1794, por volta de 51 leis para navegação fluvial e canais foram aprovadas (em comparação com 48 no meio século anterior) em uma época em que o rendimento dos Consols havia ficado abaixo de 4%. **27.** Thomas Tooke, *A History of Prices, and of the State of the Circulation, from 1793 to 1837*, vol. I [1838] (Londres, 1972), p. 271. **28.** Henry Thornton, *An Enquiry into the Nature and Effects of the Paper Credit of Great Britain* [1802] (Londres, 1939), p. 212. **29.** Homer e Sylla, *History of Interest Rates*, p. 191. **30.** Sir John Clapham, *The Bank of England: A History, 1797–1914*, vol. II (Cambridge, 1966), p. II **31.** Ibid., II, p. 20. **32.** Arthur Gayer *et al.*, *The Growth and Fluctuation of the British Economy, 1790–1850: An Historical, Statistical, and Theoretical Study of Britain's Economic Development*, vol. I (Hassocks, 1975), p. 94. **33.** Ibid., I, p. 97. **34.** Tooke, *History of Prices*, I, p. 277. **35.** Ibid., I, p. 305. **36.** Ver Martin Hutchinson, "The Bear's Lair: What Liverpool Could Teach Today's Fed", *True Blue Will Never Stain*, 22 de julho de 2019, www.tbwns.com. **37.** Andrew Odlyzko escreve que "uma investigação dos escritos de jornal de Mackay revela que ele foi um dos líderes de torcida mais ardentes da Railway Mania, o maior e mais destrutivo desses episódios de radical exuberância do investidor" ("Charles Mackay's Own Extraordinary Popular Delusions and the Railway Mania", University of Minnesota, fevereiro de 2011). **38.** Andrew Odlyzko, "Collective Hallucinations and Inefficient Markets: The British Railway Mania of the 1840s", University of Minnesota, janeiro de 2010. **39.** Grant, *Bagehot*, p. 32. **40.** Ibid., p. 28. **41.** Gayer *et al.*, *Growth and Fluctuation*, I, p. 300. Andrew Odlyzko observa que, na época, o Banco da Inglaterra não diminuiu as taxas de juros, mas apenas seguiu o mercado. **42.** Grant, *Bagehot*, p. 31 fn. **43.** Os historiadores econômicos chegam a uma conclusão semelhante: "O prolongado período de dinheiro fácil (1842 a 1845) foi certamente um fator considerável para encorajar o boom ferroviário, e envolveu os mercados de capitais de longo e de curto prazos." Veja Gayer *et al.*, *Growth and Fluctuation*, I, p. 329. **44.** Palavras do correspondente do *Times*, 12 de maio de 1866. **45.** W. T. C. King, *History of the London Discount Market* (Londres, 1936), p. 243. **46.** *The Times*, 11 de maio de 1866. **47.** David Kynaston, *The City of London, Volume I: A World of Its Own, 1815–1890* (Londres, 1994), p. 240. **48.** Geoffrey Elliott, *The Mystery of Overend and Gurney: A Financial Scandal in Victorian London* (Londres, 2006), p. 2. **49.** King, *London Discount Market*, p. 247. **50.** *The Times*, 12 de maio de 1866. **51.** David Morier Evans, *Speculative Notes and Notes on Speculation, Ideal and Real* (Londres, 1864), p. 78. **52.** *The Economist*, 7 de maio de 1864. **53.** Andrew Odlyzko, "Bagehot's Giant Bubble Failure". Working Paper, University of Minnesota, agosto de 2019. **54.** Karl Marx, *Capital*, vol. III, ed. Friedrich Engels (Londres, 1894), p. 535. **55.** Bagehot, *Lombard Street*, in *Collected Works*, IX, p. 57. **56.** John Mills, "On Credit Cycles and the Origin of Commercial Panics", Manchester Statistical Society, 11 de dezembro de 1867. **57.** Sir Francis Baring, *Observations on the Establishment of the Bank of England and on the paper circulation of the country* [1797], reimpresso em Forrest Capie e Geoffrey Wood, *The Lender of Last Resort* (Londres, 2007), p. 8. **58.** Fullarton, *On the Regulation of Currencies*, p. 157. **59.** Kynaston, *City of London*, I, p. 242. **60.** *The Times*, 15 de maio de 1866. **61.** Citado por Bagehot, *Lombard Street*, in *Collected Works*, IX, p. 133. **62.** Grant, *Bagehot*, p. 177 **63.** Ibid. **64.** Ibid., p. xiv. **65.** George Goschen, "Two per Cent", *Edinburgh Review, or Critical Journal*, 127, janeiro a abril de 1868: 248–9. **66.** Bagehot, *Collected Works*, X, p. 423. **67.** Leland Jenks, *The Migration of British Capital to 1875* (Londres, 1927), p. 292. **68.** Grant, *Bagehot*, p. 262. **69.** O rendimento dos Consols foi fixado em 2,75% até 1903 e em 2,5% daí em diante. **70.** Clapham, *The Bank of England*, II, p. 319. **71.** Kynaston, *City of London*, I, p. 409. **72.** Ibid., I, p. 422. Outro contemporâneo, o economista alemão Max Wirth, atribuiu a crise subsequente, entre outras coisas, "ao aumento do preço das ações, com o que a renda dos investidores diminuiu, bem como por conversões e reduções de juros a um montante sem exemplo na história". Max Wirth, "The Crisis of 1890", *Journal of Political Economy*, 1 (2), março de 1893: 217. **73.** Wirth, "The Crisis of 1890", p. 218. **74.** David Joslin, *A Century of Banking in Latin America: To Commemorate the Centenary in 1962 of the Bank of London & South America Limited* (Londres, 1963), p. 116: "O país progrediu mais na década iniciada em 1880 do que em todas as décadas anteriores do século. **75.** Peter J. Cain e Anthony G. Hopkins, *British Imperialism: Innovation and*

Expansion, 1688–1914 (Londres, 1993), p. 293. **76.** Clapham, *The Bank of England*, II, p. 327. Segundo Sir John Clapham, o Barings agiu além dos "limites da prudência" e "da honra".

6. Um Golinho de Uísque

1. Sidney Homer e Richard Sylla, *A History of Interest Rates*, 3rd edn (Hoboken, NJ, 1996), p. 344. **2.** Matt Stoller, *Goliath: The 100 Year War between Monopoly Power and Democracy* (Nova York, 2019), p. 32. **3.** James Grant, *The Forgotten Depression: 1921: The Crash That Cured Itself* (Nova York, 2014), p. 112. **4.** Ibid., p. 200. **5.** Ibid., p. 122. **6.** Stoller, *Goliath*, p. 32. **7.** A Resolução 9 da reunião de Gênova permitia "economias no uso do ouro pela manutenção de reservas na forma de saldos externos". Jacques Rueff, *The Monetary Sin of the West*, traduzido por Roger Glémet (Nova York, 1972), p. 22. **8.** Ibid. **9.** David Kynaston, *Till Time's Last Stand: A History of the Bank of England, 1694–2013* (Londres, 2017), p. 297. **10.** Ibid., p. 312. **11.** Ibid., p. 297. **12.** Barry J. Eichengreen e Marc Flandreau, *The Gold Standard in Theory and History* (Londres, 1985), p. 215. **13.** Knut Wicksell, *Interest and Prices* (Londres, 1936), p. 178. **14.** David Kynaston, *The City of London, Volume III: Illusions of Gold, 1914–1945* (Londres, 1999), p. 80. **15.** Murray Rothbard, *America's Great Depression* [1963] (Auburn, Ala., 2000), p. 155. **16.** Benjamin McAlester Anderson, *Economics and the Public Welfare* [1949] (Indianápolis, 1979), p. 127. O efeito dessas operações de mercado aberto foi aumentar as reservas dos bancos membros em 17% nos 12 meses subsequentes. **17.** Ibid., p. 182. **18.** Martin Fridson, *It Was a Very Good Year: Extraordinary Moments in Stock Market History* (Nova York, 1998), p. 50. **19.** Anderson, *Economics and Public Welfare*, p. 147. **20.** Fridson, *It Was a Very Good Year*, p. 64. **21.** Ibid. **22.** Anderson, *Economics and Public Welfare*, p. 209. **23.** James Grant, *Money of the Mind: Borrowing and Lending in America from the Civil War to Michael Milken* (Londres, 1992), pp. 184–5. **24.** Perry Mehrling, *The New Lombard Street: How the Fed Became the Dealer of Last Resort* (Princeton, 2011), pp. 41–2. **25.** Veja Irving Fisher, *Appreciation and Interest* [1896] (Nova York, 1908). **26.** Veja Homer Hoyt, *One Hundred Years of Land Values in Chicago: The Relationship of the Growth of Chicago to the Rise of Its Land Values, 1830–1933* [1933] (Washington, D.C., 2000); e também Herbert D. Simpson, "Real Estate Speculation and the Depression", *American Economic Review*, 23 (1), março de 1933. **27.** Barry Eichengreen, *Hall of Mirrors: The Great Depression, the Great Recession, and the Uses and Misuses of History* (Nova York, 2015), p. 26. **28.** Liaquat Ahamed, *Lords of Finance: The Bankers Who Broke the World* (Nova York, 2009), p. 323. **29.** Anderson, *Economics and Public Welfare*, p. 492. **30.** Frederick Lewis Allen, *Only Yesterday: An Informal History of the 1920's* (Nova York, 1957), p. 292. **31.** Benjamin Graham e David Dodds, *Security Analysis: Principles and Technique* [1940] (Nova York, 2009), p. 215. **32.** Max Winkler, "Paying the Piper", *North American Review*, 229 (1), janeiro de 1930: 49. **33.** Anderson, *Economics and Public Welfare*, p. 152. **34.** Ibid., p. 186. **35.** Eichengreen, *Hall of Mirrors*, p. 56. **36.** Chancellor, *Devil Take the Hindmost*, p. 200. **37.** Anderson, *Economics and Public Welfare*, pp. 178–9. **38.** Ibid., p. 181. **39.** C. A. Phillips, T. F. McManus e R. W. Nelson, *Banking and the Business Cycle: A Study of the Great Depression in the United States* (Nova York, 1937), p. 183. **40.** Ahamed, *Lords of Finance*, p. 299. **41.** Anderson, *Economics and Public Welfare*, p. 191. **42.** Ibid., p. 184. **43.** Ibid., p. 195; também Ahamed, *Lords of Finance*, p. 318. **44.** Allen, *Only Yesterday*, p. 290. **45.** Ahamed, *Lords of Finance*, p. 318. **46.** Ibid., p. 344. **47.** Andrew Boyle, *Montagu Norman: A Biography* (Nova York, 1968), p. 235. **48.** Ahamed, *Lords of Finance*, p. 313. **49.** Allan H. Meltzer, *A History of the Federal Reserve, 1913–1951*, vol. I (Chicago, 2003), p. 255 fn. **50.** Ver o sumário de Charles Kindleberger sobre o dilema de Warburg em *The World in Depression, 1929–1939* (Berkeley, 1973), p. 97. **51.** Ahamed, *Lords of Finance*, p. 339. **52.** Nenhuma menção a esse encontro é feita nos *Collected Writings* de Keynes ou na biografia de Keynes de Robert Skidelsky. **53.** Felix Somary, *The Raven of Zürich: The Memoirs of Felix Somary* (Londres, 1986), p. 153. **54.** John M. Keynes, *Economic Articles and Correspondence: Investment and Editorial*, em *The Collected Writings of John Maynard Keynes*, vol. XII (Cambridge, 1983), p. 11. As perdas de Keynes no Grande Crash não o fizeram mudar de ideia sobre a inutilidade do

354 ❧ *O Preço do Tempo*

investimento no ciclo de crédito. Em um "Post Mortem on Investment Policy", de 5 de maio de 1938, ele escreveu: "Fui o principal inventor do investimento do ciclo de crédito e o vi sendo experimentado por cinco partes diferentes atuando detalhadamente em linhas distintas durante um período de quase vinte anos, repletos de altos e baixos; e não vi um único caso de sucesso vindo disso" (*Collected Writings*, XII, p. 100). **55.** Como Hayek colocou, a taxa de juros mantém a oferta de bens de capital em equilíbrio com a oferta de bens de consumo: F. A. Hayek, *Monetary Theory and the Trade Cycle*, trad. N. Kaldor e H. M. Croome (Londres, 1933), p. 75. **56.** Oskar Morgenstern, *On the Accuracy of Economic Observations* (Princeton, 1973), p. 190. **57.** Em um artigo de 1925, "The Monetary Policy of the United States after the Recovery from the 1920 Financial Crisis", Hayek se opôs à política do Fed de direcionar o nível de preços, alegando que os preços relativos eram mais importantes. Ele acusou o Banco Central norte-americano de "sintomatologia". Ver introdução a F. A. Hayek, *Contra Keynes and Cambridge*, em *The Collected Works of F. A. Hayek*, vol. IX, ed. Bruce Caldwell (Chicago, 1995), e F. A. Hayek, "The Fate of the Gold Standard" [1932] em *Good Money, Part 1: The New World*, em *The Collected Works of F. A. Hayek*, vol. V, ed. Stephen Kresge (Chicago, 1999). **58.** Em "Intertemporal Price Equilibrium and Movements in the Value of Money" (1928), Hayek escreve que o equilíbrio econômico requer que os preços ao consumidor caiam ao longo do tempo: "Qualquer pausa na queda dos preços deve dar origem a interrupções temporárias da igualdade entre oferta e demanda." Reimpresso em F. A. Hayek, *Money, Capital, and Fluctuations: Early Essays* (Londres, 1984). **59.** Em sua introdução a Hayek's *Prices and Production* (1931), Lionel Robbins refere-se ao Institut für Konjunkturforschung de Hayek como "um dos poucos órgãos de seu tipo que, na primavera de 1929, previu um revés nos EUA com repercussões prejudiciais nas condições europeias. A maioria dos teóricos monetários parece ter falhado completamente em apreender corretamente a natureza das forças operantes nos EUA antes da chegada da depressão, aparentemente pensando que a relativa estabilidade do nível de preços indicava um estado de coisas necessariamente livre de influências monetárias prejudiciais." **60.** Gottfried Haberler, "Money and the business cycle", em *The Austrian Theory of the Trade Cycle and Other Essays* (Auburn, Ala., 1997), p. 19. **61.** Veja F. A. Hayek, "The 'Paradox' of Saving", *Economica*, 32, maio de 1931. **62.** Phillips *et al.*, *Banking and the Business Cycle*, p. 201. "Uma política que visa direcionar as influências do crédito para um índice único qualquer, seja de preços, no atacado ou no varejo, seja produção ou rendas, resultará, no interesse da estabilização, em repercussões súbitas e imprevistas que podem ser esperadas para provar ser essa uma política desastrosa a longo prazo." **63.** Ibid., p. 176. **64.** Ibid. **65.** Dennis Robertson, "How Do We Want Gold to Behave?", em *The International Gold Problem* (Londres, 1932), citado por Phillips *et al.*, *Banking and the Business Cycle*, pp. 186–7. Robertson escreveu na edição de 1928 de seu livro *Money* que a política do Fed de estabilizar o preço do trabalho nos anos 1920 não pode "ser totalmente absolvida da acusação de ter roubado do público nesses anos de rápido avanço da produtividade". **66.** Wilhelm Röpke, *Crises and Cycles* (Londres, 1936), p. 150. **67.** *International Currency Experience*, League of Nations, Economic, Financial and Transit Department (Londres, 1944), p. 106. **68.** Allan Meltzer, historiador do Fed, acusa os altos funcionários do Fed de submissão à doutrina doentia das "notas reais", que sustentava que os banqueiros deveriam considerar se os empréstimos foram usados para fins comerciais genuínos ou para especulação. Meltzer, *History of the Federal Reserve*, I, ao longo do cap. 1. **69.** Milton Friedman e Anna Schwartz, *The Great Contraction 1929–1932* [1965] (Princeton, 2009), introdução. **70.** Ben Bernanke, *Essays on the Great Depression* (Princeton, 2000), prefácio. **71.** Charles Rist, *History of Monetary and Credit Theory: From John Law to the Present Day* (Londres, 1940), p. 184. **72.** Wicksell, *Interest and Prices*, p. 2. **73.** Alfred Marshall, *Official Papers* (Cambridge, 1926), p. 19. **74.** F. A. Hayek, *Prices and Production and Other Works* (Auburn, Ala., 2008), p. 5. **75.** Joseph Schumpeter, *Theory of Economic Development: An Inquiry into Profits, Capital, Credit, Interest, and the Business Cycle* (New Brunswick, NJ, 1983), p. 110. **76.** Röpke, *Crises and Cycles*, p. 120. **77.** F. A. Hayek, "The Fate of the Gold Standard" (fevereiro de 1932), reimpresso em *Money, Capital, and Fluctuations: Early Essays* (Londres, 1984), p. 130. **78.** De acordo com o Professor Adolph Miller, de Berkeley, o único economista na diretoria do Fed na época, a deflação era "uma condição necessária para restaurar a saúde da economia". Citado em Grant, *The Forgotten Depression*, p. 95. **79.** Claudio Borio *et al.*, "The Cost of Deflations: A Historical Perspective", *BIS Quarterly Review*, março de 2015: 39. Veja também Andrew Atkeson e Patrick J. Kehoe, "Deflation and Depression: Is There an Empirical Link?" NBER Working Paper, janeiro de 2004.

7. A Lei de Goodhart

1. Anna Schwartz, "Why Financial Stability Depends on Price Stability", *Economic Affairs*, 15 (4), outono de 1995. **2.** A baixa inflação no fim dos anos 1980 foi atribuída a vários fatores: valorização do iene em relação ao dólar, mudanças no mercado de trabalho que diminuíram as pressões salariais, e o aumento da produtividade. Este, por sua vez, era visto como decorrente das técnicas de negócios japonesas superiores (como gerenciamento de qualidade total e gerenciamento de estoque just-in-time). **3.** H. Bernard e J. Bisignano, "Bubbles and Crashes: Hayek and Haberler Revisited", *Asset Price Bubbles: Implications for Monetary and Regulatory Policies*, 13, 2001: 15. **4.** Y. Yamaguchi, "Asset Prices and Monetary Policy: Japan's Experience", New Challenges for Monetary Policy, Simpósio patrocinado pelo Fed de Kansas City, Jackson Hole, Wyoming, 26 a 29 de agosto de 1999. **5.** A oferta monetária expandia-se a uma média anual de mais de 10% em meados de 1987. Os empréstimos privados não financeiros aumentaram perto de 14% no fim da década, enquanto os empréstimos ao setor imobiliário cresceram 20% anualmente. **6.** Em maio de 1989, a taxa de desconto oficial aumentou de 2,5% para 3,25%. No anúncio oficial de todos os aumentos de taxas em 1989 e 1990 o Banco do Japão declarava que estava tomando medidas preventivas contra a inflação. Veja Kunio Okina *et al.*, "The Asset Price Bubble and Monetary Policy: Japan's Experience in the Late 1980s and the Lessons", *Monetary and Economic Studies*, fevereiro de 2001. **7.** Edward Chancellor, *Devil Take the Hindmost: A History of Financial Speculation* (Nova York, 1999), pp. 317–18. **8.** Yamaguchi, "Asset Prices and Monetary Policy". **9.** Okina *et al.*, "The Asset Price Bubble", p. 433. "Embora a justificativa mais ortodoxa para mudar em direção a um aperto monetário seja a existência de pressão inflacionária, a evolução extremamente estável dos preços na época enfraqueceu consideravelmente o reconhecimento da necessidade de aumentar as taxas de juros." **10.** Ibid., p. 444. **11.** Bernard e Bisignano, "Bubbles and Crashes", p. 13. **12.** A. Ahearne, J. Gagnon, J. Haltmaier e S. Kamin, "Preventing Deflation: Lessons from Japan's Experience in the 1990s", Federal Reserve International Finance Discussion Paper, junho de 2002, p. 20. Segundo esses autores, "a política monetária japonesa entre 1991 e 1995 parecia apropriada levando em conta as expectativas para a economia que prevaleciam naquele momento. Contudo, uma provisão inadequada para o risco negativo foi incorporada à política monetária, como evidenciado pelo fato de que, uma vez que os números reais de inflação e crescimento ficaram mais fracos do que se esperava, as taxas de juros acabaram sendo mais altas do que o exigido pela regra de Taylor". **13.** De acordo com essa visão, o BOJ demorou a flexibilizar a política monetária depois que a economia desacelerou, possivelmente por medo de inflar novamente a bolha. O BOJ também é acusado de falta de ousadia e de imaginação ao lidar com a deflação. Poderia, por exemplo, ter feito mais para diminuir as taxas de juros de longo prazo. Veja Ahearne *et al.*, "Preventing Deflation"; e também Athanasios Orphanides, "Monetary Policy in Deflation: The Liquidity Trap in History and Practice", Federal Reserve Board, dezembro de 2003. Não fica claro, porém, que o Banco do Japão não tenha respondido com agressividade suficiente, já que sua taxa básica de juros caiu rapidamente e uma deflação leve só surgiu no fim dos anos 1990. **14.** Anna Schwartz, em seu ensaio "Why Financial Stability Depends on Price Stability" não menciona o caso da bolha econômica do Japão. Também Bernanke, em sua palestra "Asset Price 'Bubbles' and Monetary Policy" antes do capítulo dedicado a Nova York da National Association for Business Economics (2002), ignora a experiência do Japão nas décadas de 1980 e de 1990 quando argumenta que os bancos centrais deveriam se concentrar na estabilidade de preços em vez de tentar furar bolhas de preços de ativos. **15.** Sidney Homer e Richard Sylla, *A History of Interest Rates*, 3rd edn (Hoboken, NJ, 1996), p. 385. **16.** Ibid., p. 386.

356 ❧ *O Preço do Tempo*

17. Kenneth Rogoff, *The Curse of Cash: How LargeDenomination Bills Aid Crime and Tax Evasion and Constrain Monetary Policy* (Princeton, 2017), p. 119. **18.** Robert Samuelson, *The Great Inflation and Its Aftermath: The Transformation of America's Economy, Politics, and Society* (Nova York, 2008), p. 128. **19.** Ibid., p. 132. **20.** Em um artigo intitulado "Gold and Economic Freedom" (1966), Greenspan escreveu que o padrão-ouro era o único mecanismo de equilíbrio confiável no sistema bancário. Ele culpou o Fed por sua política monetária frouxa em 1927: "O excesso de crédito que o Fed injetou na economia transbordou para o mercado de ações, ocasionando um fantástico boom especulativo. Tardiamente, os funcionários do Fed tentaram drenar o excesso de reservas e finalmente conseguiram frear o boom. Entretanto, era tarde demais: em 1929 os desequilíbrios especulativos haviam se tornado de tal monta que a tentativa precipitou uma forte retração e uma consequente desmoralização da confiança empresarial. Como consequência disso, a economia norte-americana colapsou." (Alan Greenspan, "Gold and Economic Freedom", *The Objectivist*, julho de 1966. Veja também, Edward Chancellor, "Alan's Bubble", *Prospect Magazine*, novembro de 1999). **21.** Em seu artigo "Monetary Policy and Financial Stability: What Role in Prevention and Recovery?" (BIS Working Paper, janeiro de 2014), Claudio Borio sugere que a integração da economia global a partir do início dos anos 1990 produziu um choque de oferta positivo, mantendo a inflação baixa. Segundo o próprio relato de Greenspan, "como consequência da tendência de melhora no crescimento estrutural da produtividade, que ficou aparente de 1995 em diante, nós no Fed fomos capazes de estar muito mais acomodados ao aumento do crescimento econômico do que nossas experiências anteriores teriam considerado prudente" (Alan Greenspan, "Risk and Uncertainty in Monetary Policy", Meeting of the American Economic Associations, 3 de janeiro de 2004). **22.** Em um discurso em 25 de março de 2003, Bernanke descreveu a estrutura de metas de inflação como uma das "discricionariedades restritas". O intuito era ancorar as expectativas de inflação e melhorar a transparência na formulação da política monetária, bem como a credibilidade e a responsabilidade do Banco Central. Bernanke não via conflito entre a busca de uma meta de inflação e a manutenção da estabilidade financeira. O controle da inflação, afirmou, era o elemento-chave de uma política monetária exitosa. (Ben Bernanke, "A Perspective on Inflation Targeting", a Annual Washington Policy Conference of the National Association of Business Economists, 25 de março 2003.) **23.** Essa frase foi cunhada por Mervyn King, o presidente do Banco da Inglaterra. Em 2007, King observou que o desvio médio da inflação em relação à meta era de "apenas menos de 0,08 pontos percentuais". **24.** Greenspan, "Risk and Uncertainty in Monetary Policy". **25.** Ben Bernanke, "Monetary Policy and the State of The Economy", em depoimento ao Committee on Financial Services, US House of Representatives, 2 de março de 2011. **26.** No lugar de identificar as baixas taxas de juros e o consequente boom de crédito como a principal causa da bolha dos preços dos ativos e outros desequilíbrios na economia dos EUA (por exemplo, a baixa taxa de poupança recorde e o crescente deficit comercial), Bernanke sugeriu que "algumas das correlações observadas [entre os preços do crédito e dos ativos] podem refletir simplesmente a tendência de aumento dos custos do crédito e dos preços dos ativos durante os booms econômicos" (Bernanke, "Asset Price 'Bubbles' and Monetary Policy"). **27.** Bernanke estava repetindo as descobertas de um artigo de dezembro de 2004 de pesquisadores do Fed de Nova York segundo o qual "uma análise detalhada do mercado imobiliário dos EUA nos últimos anos... vê pouca base para tais preocupações. A alta acentuada nos preços das residências é, em grande parte, atribuível aos sólidos fundamentos do mercado... e muito da volatilidade no nível estadual decorre de mudanças nos fundamentos, e não de bolhas regionais". (Jonathan McCarthy e Richard W. Peach, "Are Home Prices the Next 'Bubble'?" Federal Reserve Bank of New York, Dezembro de 2004.) **28.** Citado por Philip Mirowski, *Never Let a Serious Crisis Go to Waste: How Neoliberalism Survived the Financial Meltdown* (Londres, 2013), p. 88. **29.** Estimativa do economista Martin Feldstein, de Harvard. **30.** Citado por Doug Noland, "Inflation Accommodation", *Credit Bubble Bulletin*, 20 de maio de 2004. Em 2000, McTeer sugeriu que os problemas da economia seriam resolvidos "caso todos se dessem as mãos e comprassem um SUV". **31.** Nos EUA como um todo, os preços das residências estavam mais de dois desvios-padrão acima da tendência de longo prazo, seja em termos reais seja em relação à renda familiar. **32.** Citado por John Lanchester, *I.O.U.: Why Everyone Owes Everyone and No*

One Can Pay (Nova York, 2010). **33.** Em um artigo de 2015, Eric Engen *et al.* afirmam que "estima-se que os movimentos nesses preços [de imóveis] são essencialmente independentes de mudanças nas taxas de juros, atividade real e outros fatores macroeconômicos" (Eric Engen *et al.*, "The Macroeconomic Effects of the Federal Reserve's Unconventional Monetary Policy", Federal Reserve Board, 14 de janeiro de 2015, p. 25). **34.** Comentários de Poole citados por Bernard Connolly, "The Fed: Grim Lessons from 2007", Connolly Insight, 15 de dezembro de 2015. **35.** Thomas Hoenig, em um discurso de 3 de junho de 2010, disse que havia "fortes evidências de apoio" para o argumento de que as taxas eram muito baixas em 2003-2004, contribuindo assim para os booms imobiliários e de crédito: "Tais taxas de juros baixas encorajam empréstimos e um acúmulo de dívida... Além disso, os juros baixos — principalmente com o compromisso de mantê-los baixos — fizeram com que bancos e investidores se sentissem "seguros" na busca por rentabilidade, que envolve investir em ativos menos líquidos e mais arriscados." (Thomas Hoenig, "The High Cost of Exceptionally Low Rates", Bartlesville Federal Reserve Forum, 3 de junho de 2010). **36.** John B. Taylor, "The Financial Crisis and the Policy Responses: An Empirical Analysis of What Went Wrong", NBER Working Paper, janeiro de 2009, p. 1. Taylor afirmou que o Fed manteve as taxas bem aquém do nível especificado pela Regra de Taylor entre 2002 e 2006. Ele descobriu que os países que tiveram os maiores booms imobiliários (e retrações) nos anos 2000, como Irlanda e Espanha, operaram com taxas de juros com os maiores desvios da Regra de Taylor. Em um artigo posterior no *Wall Street Journal*, Taylor mencionou uma pesquisa recente do Fed de St. Louis que encontrou "evidências de que a política monetária tem efeitos relevantes sobre o investimento imobiliário e os preços das casas, e que a política monetária flexível projetada para prevenir riscos percebidos de deflação entre 2002 e 2004 contribuiu para o boom no mercado imobiliário em 2004 e 2005". Taylor concluiu que "um observador objetivo de todas essas evidências teria que ao menos admitir a possibilidade de que a política monetária foi muito flexível e contribuiu para a crise" (John B. Taylor, "The Fed and the Crisis: A Reply to Ben Bernanke", *The Wall Street Journal*, 10 de janeiro 2010). **37.** Mancur Olson, *The Rise and Decline of Nations: Economic Growth, Stagflation, and Social Rigidities* (New Haven, Conn., 1982). **38.** Jon Hilsenrath, "Bernanke Challenged on Rates' Role in Bust", *The Wall Street Journal*, 14 de janeiro de 2010. **39.** Mirowski, *Never Let a Serious Crisis Go to Waste*, p. 189. **40.** "The Euro Zone — the World's Biggest Economic Problem", *The Economist*, 23 de outubro de 2014. **41.** Ainda que o Fed não tenha explicitamente como meta a inflação, alguns de seus funcionários foram favoráveis a essa política. Em uma reunião do Federal Open Markets Committee, em julho de 1996, a presidente Janet Yellen sugeriu que o Fed adotasse formalmente uma meta de inflação de 2%: Brendan Brown, *A Global Monetary Plague: Asset Price Inflation and Federal Reserve Quantitative Easing* (Londres, 2015), p. 149. **42.** Em novembro de 2014, o presidente do BoJ, Kuroda, anunciou que "objetivar uma inflação de 2% tornou-se um padrão global, e isso pode ser visto como resultado do conhecimento adquirido com a experiência que previne cair na deflação, levando em conta que a inflação muda segundo as flutuações econômicas" (Haruhiko Kuroda, "Ensuring Achievement of the Price Stability Target of 2 Percent", discurso na Kisaragi-kai Meeting em Tóquio, Banco do Japão, 5 de novembro de 2014, p. 13). **43.** John Kay e Mervyn King, *Radical Uncertainty: Decisionmaking for an Unknowable Future* (Londres, 2020), p. 36. **44.** Mervyn King, *The End of Alchemy: Money, Banking, and the Future of the Global Economy* (Londres, 2016), p. 175. King sugere que os bancos centrais deveriam ter assumido a responsabilidade de "guiar a economia para um novo equilíbrio" — por exemplo, trazer de volta a poupança e gastos à posição de equilíbrio. **45.** Paul Volcker com Christine Harper, *Keeping At It: The Quest for Sound Money and Good Government* (Nova York, 2018), p. 224. **46.** Axel Leijonhufvud, "Monetary Policy and Financial Stability", CEPR Policy Note, outubro de 2007. **47.** Mario Draghi, "Introductory Statement to the Press Conference (with Q&A)", European Central Bank, 2 de outubro de 2014. **48.** Mario Draghi, "Introductory Statement to the Press Conference (with Q&A)", European Central Bank, 21 de janeiro de 2016. **49.** *The Wall Street Journal*, 26 de janeiro de 2016. **50.** Na ata do Banco do Japão de outubro de 2014 consta que, "ao decidir por um afrouxamento monetário adicional, foi necessário explicar minuciosamente que esse compromisso permaneceu inabalável, a fim de transmitir a inexorável determinação do Banco de vencer a deflação" ("Minutes of the Monetary Policy Meeting",

Banco do Japão, 31 de outubro de 2014, p. 11). **51.** Robin Harding, "Nenhum limite" para a flexibilização japonesa, diz Kuroda", *Financial Times*, 2 de fevereiro de 2016. **52.** Eis a sugestão do falecido Martin Feldstein: "Uma explicação possível é que eles [os banqueiros centrais] estão preocupados com a perda de credibilidade implícita ao estabelecer uma meta de inflação de 2% e depois não conseguir se aproximar dela ano após ano." ("The Deflation Bogeyman", Project Syndicate, 28 de fevereiro de 2015.) **53.** Mario Draghi, "The European Central Bank's Recent Monetary Policy Measures — Effectiveness and Challenges", Banco Central Europeu, 14 de maio de 2015, p. 4.

8. Estagnação Secular

1. Simon Ward, "Global Industrial Recovery Following 'Zarnowitz' Script", *Money Moves Markets*, 13 de novembro de 2009. **2.** Lawrence H. Summers, "U.S. Economic Prospects: Secular Stagnation, Hysteresis, and the Zero Lower Bound", *Business Economics*, 49 (2), 5 de junho de 2014. **3.** O crescimento do balanço do Fed superou o crescimento do PIB nominal dos EUA entre janeiro de 2009 e setembro de 2014. Matthew Klecker, "Risk and Return at the Zero Bound", *Klecker Capital Newsletter*, outubro de 2014. **4.** Alvin H. Hansen, "Capital Goods and the Restoration of Purchasing Power", *Proceedings of the Academy of Political Science*, 16 (1), abril de 1934. **5.** John M. Keynes, "Some Economic Consequences of a Declining Population" [1937], *Population and Development Review*, 4 (3), setembro de 1978: 523. **6.** George Terborgh, *The Bogey of Economic Maturity* (Chicago, 1950), p. 225. O problema verdadeiro era a falta de investimento, disse Terborgh, que ele atribuiu a intervenções injustificadas do governo na economia. **7.** Joseph A. Schumpeter, *Capitalism, Socialism and Democracy* [1942] (Londres, 2003), pp. 111–19. **8.** Warren Buffett, "Letter to Shareholders", Berkshire Hathaway, fevereiro de 2016. "Por 240 anos", escreve Buffett, "foi um erro terrível apostar contra os EUA, e agora não é hora de começar". **9.** Lukasz Rachel e Thomas D. Smith, "Secular Drivers of the Global Real Interest Rate", Banco da Inglaterra, dezembro de 2015. **10.** Thomas Piketty, *Capital in the Twenty First Century*, p. 80. **11.** Essa questão é tratada em "Long-Term Interest Rates: A Survey", Council of Economic Advisers, julho de 2015. **12.** Veja Charles Goodhart e Manoj Pradhan, *The Great Demographic Reversal* (Cham, Suíça, 2020); e também Mikael Juselius *et al.*, "Can Demography Affect Inflation and Monetary Policy?", BIS Working Paper, fevereiro de 2015. Os pesquisadores do BIS descobriram que "as populações mais velhas economizam menos e exigem mais capital (e outros recursos) para financiar a aposentadoria". **13.** Agnieszka Gehringer e Thomas Mayer, "Understanding Low Interest Rates", Flossbach von Storch Research Institute, 23 de outubro de 2015. **14.** William Gross, "Privates Eye", PIMCO Insights, 1º de agosto de 2010. **15.** Summers, "U.S. Economic Prospects". **16.** Jeremy Rifkin, *The Zero Marginal Cost Society: The Internet of Things, the Collaborative Commons, and the Eclipse of Capitalism* (Nova York, 2014). **17.** Charles Bean *et al.*, "Low for So Long? Causes and Consequences of Persistently Low Interest Rates", International Center for Monetary and Banking Studies (ICMB), *VoxEU*, 23 de outubro de 2015. **18.** Robert J. Gordon, "Is U.S. Economic Growth Over? Faltering Innovation Confronts the Six Headwinds", NBER Working Paper, agosto de 2012, p. 14. **19.** Joel Mokyr, "Secular Stagnation? Not in Your Life", em *Secular Stagnation, Facts, Causes and Cures*, eds. C. Teulings e R. Baldwin (Londres, 2014). **20.** William Bernstein, "The Paradox of Wealth", *Financial Analysts Journal*, 69 (5), setembro/outubro de 2013. **21.** Ben Bernanke, "The Global Savings Glut and the U.S. Current Account Deficit", palestra no Sandbridge Lecture, Virginia Association of Economists, 10 de março de 2005. A questão do "excesso de poupança global" é tratada nos capítulos 17 e 18. **22.** John B. Taylor, "The Financial Crisis and the Policy Responses: An Empirical Analysis of What Went Wrong", NBER Working Paper, janeiro de 2009. Barry Eichengreen também observa que a poupança global manteve-se estável nos primeiros 15 anos do novo milênio, entre 23% e 24% do PIB. **23.** Barry Eichengreen, "Secular Stagnation: A Review of the Issues", em *Secular Stagnation, Facts, Causes and Cures*, eds. C. Teulings e R. Baldwin (Londres, 2014). **24.** Quando, no fim da década de 1930, Hansen elaborou sua hipótese de estagnação secular, seus comentários anteriores sobre "crédito fácil" foram descartados.

9. O Corvo de Basel

1. David Hume, "Of Interest", *Selected Essays* (Oxford, 1993), p. 181. **2.** Para o conservadorismo financeiro de Hume, veja Antoin E. Murphy, *The Genesis of Macroeconomics: New Ideas from Sir William Petty to Henry Thornton* (Oxford, 2008). **3.** Arthur C. Pigou, *The Veil of Money* [1949] (Londres, 1962), p. 25. **4.** Philip Mirowski, *Never Let a Serious Crisis Go to Waste: How Neoliberalism Survived the Financial Meltdown* (Londres, 2013), p. 18. **5.** Ben Bernanke, "Chairman Bernanke's Press Conference", 18 de setembro de 2013, p. 14. **6.** Nesse artigo, Borio e White observaram que havia uma proliferação de booms imobiliários e de crédito ao redor do mundo e pediram "uma mudança de paradigma nas visões predominantes sobre a dinâmica da economia. Essa mudança levaria os fatores financeiros e os desequilíbrios financeiros da periferia para o centro de nossa compreensão das flutuações de negócios". Veja Claudio Borio e William White, "Whither Monetary and Financial Stability? The Implications of Evolving Policy Regimes", BIS Working Paper, fevereiro de 2004. **7.** Claudio Borio, "The Financial Cycle and Macroeconomics: What Have We Learnt?", BIS Working Paper, dezembro de 2012, p. 2. **8.** Raghuram Rajan, *Fault Lines: How Hidden Fractures Still Threaten the World Economy* (Princeton, 2011), p. 104. **9.** Agnieszka Gehringer e Thomas Mayer, "Understanding Low Interest Rates", Flossbach von Storch Research Institute, 23 de outubro de 2015. **10.** Ibid., p. 1. **11.** Claudio Borio, "Central Banking Post-Crisis: What Compass for Uncharted Waters?", BIS Working Paper, setembro de 2011, p. 4. **12.** Claudio Borio, "Persistent Unusually Low Interest Rates, Why? What Consequences?", apresentação para o 85º Encontro Anual Geral do Bank for International Settlements, 28 de junho de 2015. **13.** Claudio Borio, "The Financial Cycle and Macroeconomics", p. 18. **14.** Claudio Borio *et al.*, "Labour Reallocation and Productivity Dynamics: Financial Causes, Real Consequences", BIS Working Paper, dezembro de 2015, p. III. Esse artigo conclui (p. 26) que "uma política monetária frouxa é uma ferramenta nada eficaz para corrigir as más alocações de recursos que se desenvolveram durante a expansão anterior, pois foi um fator que contribuiu para elas em primeiro lugar". **15.** Claudio Borio e Boris Hofmann, "Is Monetary Policy Less Effective When Interest Rates are Persistently Low?", BIS Working Paper, abril de 2017, pp. 17–18. Segundo esse artigo, a capacidade de empréstimo dos bancos cai quando a curva de juros fecha com taxas de curto prazo próximas do limite inferior zero. Eles concluem: "Há evidências de que taxas de juros baixas persistentes contraem as margens líquidas de juros e a lucratividade dos bancos, e que esse efeito negativo na lucratividade dos bancos pode, por sua vez, inibir os empréstimos." **16.** Como evidência de que taxas baixas induzem assumir riscos, ver Tobias Adrian e Hyun Song Shin, "Financial Intermediaries and Monetary Economics", Federal Reserve Bank of New York, Staff Report No. 398, maio de 2010; Emmanuel Farhi e Jean Tirole, "Leverage and the Central Bankers' Put", *American Economic Review*, 99 (2), 1º de maio de 2009; Leonardo Gambacorta, "Monetary Policy and the Risk-taking Channel", *BIS Quarterly Review*, dezembro de 2009. **17.** Jack Ewing, "Central Bankers, Worried about Bubbles, Rebuke Markets", *The New York Times*, 29 de junho de 2014. **18.** Claudio Borio e Philip Lowe, "Asset Prices, Financial and Monetary Stability: Exploring the Nexus", BIS Working Paper, julho de 2002, pp. 25–6. **19.** Claudio Borio, "The Financial Cycle and Macroeconomics". **20.** Claudio Borio, "The International Monetary and Financial System: Its Achilles Heel and What to Do About It", BIS Working Paper, agosto de 2014, p. I. **21.** Claudio Borio e Piti Disyatat, "Unconventional Monetary Policies: An Appraisal", BIS Working Paper, novembro de 2009, p. 25. Nesse artigo, Borio e Disyatat sugerem que "o principal risco [de políticas monetárias não convencionais] é, sem dúvida, sair muito tarde e muito devagar", o que levaria ao acúmulo de um novo conjunto de desequilíbrios financeiros ou pressões inflacionárias. **22.** Ambrose Evans-Pritchard, "US Interest Rate Rise Could Trigger Global Debt Crisis", *Daily Telegraph*, 14 de setembro de 2015. **23.** Claudio Borio, "*BIS Quarterly Review* September 2015 — Media Briefing", 11 de setembro de 2015.

10. Seleção Não Natural

1. Joseph A. Schumpeter, *Capitalism, Socialism and Democracy* (Nova York, 1975), p. 83. **2.** Arthur T. Hadley, "The Relation between Interest and Profits", *Publications of the American Economic Association*, 9 (1), janeiro de 1894: 56–7. **3.** Joseph A. Schumpeter, *Ten Great Economists: From Marx to Keynes* (Oxford, 1969), p. 162. **4.** Joseph Schumpeter, *Theory of Economic Development: An Inquiry into Profits, Capital, Credit, Interest, and the Business Cycle* (New Brunswick, NJ, 1983), p. 210. **5.** James Grant, "Shot Clock for Capitalism", *Grant's Interest Rate Observer*, 31 (5), 8 de março de 2013. **6.** James Grant, *Grant's Interest Rate Observer*, 33 (3), 20 de fevereiro de 2015. **7.** David Cannadine, *Mellon: An American Life* (Londres, 2006), p. 441. **8.** John M. Keynes, "An Economic Analysis of Unemployment", University of Chicago, Harris Foundation Lectures, junho de 1931. **9.** Paul Krugman, "The Hangover Theory", *Slate*, 3 de dezembro de 1998. **10.** Timothy Bresnahan e Daniel Raff, "Intra-industry Heterogeneity and the Great Depression: The American Motor Vehicles Industry, 1929–1935", *Journal of Economic History*, 51 (2), junho de 1991: 331. Veja também Ricardo Caballero e Mohamad Hammour, "The Cleansing Effects of Recessions", *American Economic Review*, 84 (5), dezembro de 1994: 1356–68. **11.** Alexander Field, "The Adversity/ Hysteresis Effect: Depression-era Productivity Growth in the US Railroad Sector", em *The Rate and Direction of Inventive Activity Revisited*, eds. Josh Lerner e Scott Stern (Chicago, 2012), p. 604. **12.** James Grant, *The Forgotten Depression: 1921: The Crash That Cured Itself* (Nova York, 2014), p. 200. **13.** Clément Juglar, *Des Crises Commerciales* (Paris, 1889), pp. 44–5. **14.** Caballero e Hammour, "Cleansing Effects of Recessions". **15.** Gita Gopinath, Sebnem Kalemli-Ozcan, Loukas Karabarbounis e Carolina Villegas-Sanchez, "Low Interest Rates, Capital Flows and Declining Productivity in Southern Europe", *VoxEU*, 28 de setembro de 2015. **16.** Matteo Crosignani, Miguel Faria-e-Castro e Luis Fonseca, "The (Unintended?) Consequences of the Largest Liquidity Injection Ever", Finance and Economics Discussion Series, Federal Reserve Board, janeiro de 2017. As consequências não intencionais das LTROs (operações de refinanciamento de longo prazo, na sigla em inglês) deveriam reduzir o prazo da dívida soberana da zona do euro (que era elegível como garantia para empréstimos bancários com o BCE) e para aumentar a exposição dos bancos à sua dívida soberana doméstica. **17.** Edward J. Kane, "The High Cost of Incompletely Funding the FSLIC Shortage of Explicit Capital", *Journal of Economic Perspectives*, outono de 1989: 36–7. **18.** Joe Peek e Eric S. Rosengren, "Unnatural Selection: Perverse Incentives and the Misallocation of Credit in Japan", NBER Working Paper, abril de 2003. **19.** Takeo Hoshi e Anil Kashyap, "Will the U.S. and Europe Avoid a Lost Decade? Lessons from Japan's Postcrisis Experience", *IMF Economic Review*, 63, abril de 2015. **20.** Viral Acharya *et al.*, "Whatever It Takes: The Real Effects of Unconventional Monetary Policy", SAFE Working Paper, 2017. **21.** *Grant's Interest Rate Observer*, 12 de fevereiro de 2016. **22.** Anousha Sakoui, "Directors: When a Restructuring Comes Knocking at the Door", *Financial Times*, 8 de novembro de 2010. **23.** Jonathan Moules, "Company Liquidations Hit Lowest since 2008", *Financial Times*, 1° de novembro de 2013. **24.** Eric Sylvers e Tom Fairless, "A Specter is Haunting Europe's Recovery: Zombie Companies", *The Wall Street Journal*, 15 de novembro de 2017. **25.** Andrew Lees, Macro Strategy News Review, 26 de novembro de 2015. **26.** O venerável banco de Siena, Monte dei Paschi, fundado em 1472, estava tão sobrecarregado com dívidas incobráveis que, no verão de 2017, necessitou de uma injeção de capital de €5,4 bilhões do Estado italiano. **27.** Müge Adalet McGowan *et al.*, "The Walking Dead? Zombie Firms and Productivity Performance in OECD Countries", OECD Working Paper, janeiro de 2017. **28.** David Folkerts-Landau, "The Dark Side of QE: Backdoor Socialization, Expropriated Savers and Asset Bubbles", *Deutsche Bank Research*, 1° de novembro de 2016. **29.** Hoshi e Kashyap, "Will the U.S. and Europe Avoid a Lost Decade?". Até mesmo Mario Draghi reclamou que a Europa precisava se envolver em mais reformas estruturais, em vez de depender da política monetária: Claire Jones, "Draghi Steps Up Call for Eurozone Reform to Cope with Ageing Crisis", *Financial Times*, 9 de junho de 2016. **30.** Hoshi e Kashyap, "Will the U.S. and Europe Avoid a Lost Decade?". **31.** Ver William

White, "Ultra Easy Monetary Policy and the Law of Unintended Consequences", Federal Reserve Bank of Dallas, Working Paper 126, agosto de 2012. **32.** Aileen Lee, "Welcome to the Unicorn Club: Learning from Billiondollar Startups", *TechCrunch*, 2 de novembro 2013. **33.** Paul Glader, "Will 2016 be the Year of the Unicorn Apocalypse in Silicon Valley?", *Forbes*, 16 de janeiro 2016. **34.** James Grant, "Standing on a Box", *Grant's Interest Rate Observer*, 37 (7), 5 de abril de 2019. **35.** Dan Lyons, *Disrupted: My Misadventure in the Start Up Bubble* (Nova York, 2017), p. 24. **36.** Detalhes da história da Theranos em John Carreyrou, *Bad Blood: Fraude Bilionária no Vale do Silício* (Rio de Janeiro, 2019). **37.** Hubert Horan, "Uber's Path of Destruction", *American Affairs*, 3 (2), verão de 2019. A Uber não foi o único aplicativo de transporte compartilhado que deu prejuízo. A concorrente Lyft chegou ao mercado em março de 2019 com o maior prejuízo — US$911 milhões — já registrado por uma startup norte-americana nos 12 meses anteriores ao IPO. (Grant, "Standing on a Box".) **38.** Robert Cyran, "WeWork Offers Convincing Case to Avoid Its IPO", *Reuters Breakingviews*, 14 de agosto de 2019. **39.** Dr. Niccolo Caldararo, "Unicorns Make Up Second Class of Zombie Companies", *Financial Times*, 2 de março de 2018. **40.** Essa é a opinião de Marie-Josée Kravis em um artigo do *Wall Street Journal*. Como a autora era casada com Henry Kravis, um dos maiores barões do private equity dos EUA e, portanto, um dos principais beneficiários das baixas taxas de juros, teria sido ruim para a Sra. Kravis atribuir a falta de novas empresas a erros de políticas monetárias (Marie-Josée Kravis, "What's Killing Jobs and Stalling the Economy", *The Wall Street Journal*, 4 de junho de 2016). **41.** Chris Giles, "Zombies Seen to Hold Back Recovery", *Financial Times*, 13 de novembro de 2012. **42.** Greg Ip, "Robots aren't Destroying Enough Jobs", *The Wall Street Journal*, 10 de maio de 2017. Um estudo da Information Technology and Innovation Foundation descobriu que a criação e a destruição de empregos causada pela tecnologia e por outras forças estava em seu nível mais baixo desde 1850. **43.** Steven J. Davis e John Haltiwanger, "Labor Market Fluidity and Economic Performance", NBER Working Paper, setembro de 2014, p. 14. "A perda de fluidez do mercado de trabalho sugere que a economia dos EUA ficou menos dinâmica e responsiva nas últimas décadas" (p. 36). Davis e Haltiwanger atribuíram o declínio na "fluidez" do mercado de trabalho ao aumento das regulamentações comerciais, e não à política monetária. **44.** No 4º trimestre de 2017, os norte-americanos trabalharam mais horas à medida que sua produção por hora diminuía; Justin Lahart, "America's Productivity Problem", *The Wall Street Journal*, 6 de novembro de 2019. **45.** Sete anos após a falência do Lehman, a utilização da capacidade nos EUA foi menor do que em qualquer outro momento (exceto em uma recessão) desde 1967. **46.** Ryan Banerjee *et al.*, "(Why) is Investment Weak?", *BIS Quarterly Review*, março de 2015. **47.** Segundo o Bureau of Economic Analysis, a idade média dos ativos fixos dos EUA aumentou 10% entre 2007 e 2014: Bureau of Economic Analysis, https://apps.bea.gov/iTable/index_FA.cfm. **48.** Pesquisas anteriores de Ben Bernanke e Refet Gurkanayak revelaram forte correlação estatística entre o investimento em capital físico e a taxa de crescimento da produção por trabalhador (citado por Phil Mullan, *Creative Destruction: How to Start an Economic Renaissance* (Bristol, 2017, p. 44). **49.** Richard Peach e Charles Steindel, "Low Productivity Growth: The Capital Formation Link", Liberty Street Economics, 26 de junho de 2017. Os autores concluem: "Há, certamente, muitos fatores que contribuíram para a pronunciada desaceleração do crescimento da produtividade do trabalho... Ainda assim, os dados sugerem que a formação de capital desempenhou um papel e são reduzidas as chances de uma recuperação na produtividade caso a insuficiência nos gastos de investimento continue." **50.** A análise do Banco da Inglaterra constatou que 1/3 da desaceleração da produtividade no Reino Unido desde a crise financeira deveu-se à realocação mais lenta de recursos entre as empresas; Mullan, *Creative Destruction*, p. 159. **51.** Ibid., p. 42. A OCDE afirmou que "tornou-se relativamente mais fácil para as empresas que não adotam as tecnologias mais recentes permanecerem no mercado". **52.** Ben Bernanke, "The Fed's Shifting Perspective on the Economy and Its Implications for Monetary Policy", Brookings, 8 de agosto de 2016. **53.** Lukasz Rachel e Thomas D. Smith, "Secular Drivers of the Global Real Interest Rate", Banco da Inglaterra, dezembro de 2015. **54.** Schumpeter, *Capitalism, Socialism and Democracy*, p. 82. **55.** Mark Spitznagel, *The Dao of Capital: Austrian Investing in a Distorted World* (Hoboken, NJ, 2013), p. 42.

56. Jason Scott Johnston e Jonathan Klick, "Fire Suppression Policy, Weather, and Western Wildland Fire Trends: An Empirical Analysis", em *Wildfire Policy: Law and Economics Perspectives*, eds. Dean Lueck e Karen M. Bradshaw (Nova York, 2012), pp. 158–77. **57.** Ben Bernanke, *The Courage to Act: A Memoir of a Crisis and Its Aftermath* (Nova York, 2017), p. 308. **58.** *Grant's Interest Rate Observer*, 1º de maio de 2015.

11. O Lucro de Quem Promove

1. Antes da fusão, a empresa de Edison tinha como desafio uma tecnologia patenteada na Inglaterra, mais eficiente para transmissão de eletricidade de longa distância, que era licenciada para a Westinghouse e implantada pela Thomson-Houston. Veja William Bernstein, *The Delusion of Crowds* (Nova York, 2021), p. 173. **2.** Thomas William Lawson, *Frenzied Finance: The Story of Amalgamated* (Nova York, 1904), p. 61. **3.** Louis D. Brandeis, *Other People's Money and How the Bankers Use It* (Nova York, 1914), pp. 17–18. **4.** Ver Sidney Homer e Richard Sylla, *A History of Interest Rates*, 3rd edn (Hoboken, NJ, 1996), ao longo do Cap. 16. **5.** Ver Arthur T. Hadley, "Interest and Profits", *The Annals of the American Academy of Political and Social* Science, 4 de novembro de 1893: 342; e Arthur T. Hadley, "The relation between interest and profits", *Publications of the American Economic Association*, 9 (1), janeiro de 1894. **6.** J. A. Hobson, *The Evolution of Modern Capitalism: A Study of Machine Production* [1894] (Londres, 1954), p. 190. **7.** George Edwards, *The Evolution of Finance Capitalism* (Londres, 1938), p. 186. **8.** Veja Lawson, *Frenzied Finance*. **9.** Ibid., p. 26. **10.** Thorstein Veblen, *The Theory of Business Enterprise* (Nova York, 1965), pp. 82–3. **11.** Rudolf Hilferding, *Finance Capital: A Study in the Latest Phase of Capitalist Development* [1910] (Londres, 2006), p. 6. **12.** Brandeis, *Other People's Money*, p. 113. **13.** Edwards, *Evolution of Finance Capitalism*, p. 182. **14.** Ibid., p. 188. **15.** Ibid., p. 177. **16.** Hobson, *Evolution of Modern Capitalism*, p. 181. **17.** Ibid., p. 172. **18.** Vladimir Lenin, *Imperialism, the Highest Stage of Capitalism* [1917], em *Essential Works of Lenin*, ed. Henry Christman (Nova York, 1966), p. 225. **19.** Ibid., p. 212. **20.** Ibid., p. 250. **21.** Jonathan Tepper e Denise Hearn, *The Myth of Capitalism: Monopolies and the Death of Competition* (Hoboken, NJ, 2019), p. 161. **22.** Nabila Ahmed e Matt Robinson", Bankers Prep Credit Markets for Mega Deal", Bloomberg, 16 de setembro de 2014. **23.** Andrew R. Brownstein *et al.*, "Mergers and Acquisitions — 2016", Harvard Law School Forum on Corporate Governance, 10 de fevereiro de 2016, https://corpgov.law.harvard.edu/2016/02/10/. **24.** Dados financeiros fornecidos pela Morgan Stanley. **25.** Durante sua tomada de controle da Bausch & Lomb, a Valeant prometeu reduzir as despesas operacionais em 75%. **26.** Como a Enron, outra empresa administrada por uma ex-McKinseyite, a Valeant era um modelo de complexidade — uma "empresa 'financeirizada' por uma financiadora" (James Grant). Seus medicamentos foram distribuídos através de uma farmácia especializada que a empresa controlava por meio de uma entidade fora do balanço patrimonial. Pearson apresentou demonstrações financeiras sob medida aos investidores, o que reduziu a alavancagem da empresa e aumentou seus lucros. A Valeant não só desviou a atenção dos investidores das despesas contábeis convencionais, como a amortização, mas também antecipou os ganhos de suas aquisições, usando uma prática conhecida como "Add Backs". Veja Tracy Alloway, "The Accounting Technique Valeant Used to Help It Buy Company After Company", Bloomberg, 5 de novembro de 2015. **27.** Tepper e Hearn, *Myth of Capitalism*, p. 10. **28.** Veja Margaret C. Levenstein e Valerie Y. Suslow", Price-Fixing Hits Home: An Empirical Study of U.S. Price-Fixing Conspiracies", University of Michigan Working Paper, novembro de 2015. Este artigo examina mais de 500 casos de manutenção de preços nos EUA entre 1961 e 2011 e verifica que os cartéis eram mais propensos a serem extintos durante períodos de altas taxas de juros reais, presumivelmente porque as altas taxas de juros exigem retornos mais imediatos dos conluios corporativos. **29.** Gustavo Grullon, Yelena Larkin e Roni Michaely, "Are US Industries Becoming More Concentrated?", *Review of Finance*, 23 (4), julho de 2019. **30.** Veja Christine Idzelis, "Everything about Private Equity Reeks of Bubble. Party On!", *Institutional Investor*, 22 de julho de 2018. **31.** Nicholas Shaxson, *The Finance Curse: How Global*

Finance is Making Us All Poorer, (Nova York, 2019), pp. 251-2. **32.** Peter Drucker, *The Essential Drucker* (Oxford, 2011), p. 18. **33.** Luke Kawa, "One Chart Shows Why the Buyback Bonanza Will Keep Going Despite Rising Yields", Bloomberg, 28 de novembro de 2016. O Citibank calculou que a "lacuna de financiamento" entre o custo corporativo do capital e o retorno sobre o capital foi em média de 2 a 3 pontos porcentuais entre 2012 e o fim de 2016. **34.** Veja Adrian Blundell-Wignall e Caroline Roulet, "Long-Term Investment, The Cost of Capital and the Dividend and Buyback Puzzle", *OECD Journal: Financial Market Trends*, 2013, p. 1; Agnieszka Gehringer e Thomas Mayer, "It's the WACC, Stupid!", Flossbach von Storch Research Institute, 13 de fevereiro de 2017. Esses autores dizem que o investimento corporativo depende do custo médio ponderado de capital (WACC), que é relativamente constante (como sugere o teorema de Modigliani-Miller). Baseados em um estudo de 459 empresas da zona do euro, Gehringer e Mayer afirmam que o WACC não caiu muito nos últimos anos, em que pesem as ações extremas do BCE. "Tanto a teoria quanto a análise empírica", escrevem Gehringer e Mayer, "sugerem que a política de juros baixos dos bancos centrais tem sido ineficaz em aumentar o investimento". **35.** Rana Foroohar, *Makers and Takers: How Wall Street Destroyed Main Street* (Nova York, 2016), p. 11. **36.** Um estudo entre 1.900 companhias listadas pela Reuters (Karen Brettell *et al.*, "As Stock Buybacks Reach Historic. Levels, Signs that Corporate America is Undermining Itself", em "The Cannibalized Company (Part I)", Reuters Special Report, 16 de novembro de 2015) constata que, desde 2010, recompras e dividendos agregados totalizaram 113% dos gastos de capital. **37.** J. W. Mason, "Disgorge the Cash: The Disconnect between Corporate Borrowing and Investment", The Roosevelt Institute, 25 de fevereiro de 2015. Depois da Segunda Guerra Mundial, cada dólar adicional de empréstimo produziu cerca de US$0,50 de investimento novo. Nas últimas décadas, o investimento caiu para menos de US$0,10 para cada dólar emprestado. **38.** Citado por Foroohar, *Makers and Takers*, p. 145. **39.** Transcrições da reunião do Federal Open Market Committee, 12 e 13 de setembro de 2012, pp. 178-9. **40.** Números citados por Chuck Schumer e Bernie Sanders, "Schumer and Sanders: Limit Corporate Stock Buybacks", *The New York Times*, 3 de fevereiro de 2019. Um artigo do *Atlantic* afirmou que o total de recompras de ações na década anterior totalizou US$6,9 trilhões; veja Nick Hanauer, "Stock Buybacks are Killing the American Economy", *The Atlantic*, 8 de fevereiro de 2015. **41.** Comentário de Ed Yardeni, citado por Karen Brettell e Timothy Aeppel, "Buybacks Fueled by Cheap Credit Leave Workers Out of the Equation", em "The Cannibalized Company (Part III)", Reuters Special Report, 23 de dezembro de 2015. **42.** Crescimento do LPA em relação ao PIB e ao crescimento do lucro líquido. **43.** Karen Brettell *et al.*, "Stock Buybacks Enrich the Bosses Even When Business Sags", em "The Cannibalized Company (Part II)", Reuters Special Report, 10 de dezembro de 2015. Esse artigo cita os casos da seguradora de saúde Huma e da empresa de serviços empresariais Xerox, que usaram recompras para aumentar o LPA em uma ocasião em que o lucro líquido estava caindo. Desnecessário dizer que, em ambos os casos, o LPA foi uma métrica usada para pacotes de remuneração de executivos. O investidor Stanley Druckenmiller (Grant's Conference, 20 de outubro de 2015) afirmou que, entre 2009 e 2013, as empresas dos EUA tomaram empréstimos adicionais de US$2 trilhões para recomprar US$2,2 trilhões em ações. Albert Edwards, estrategista da Société Générale, notou uma estreita ligação entre o encolhimento do patrimônio líquido, girando em torno de US$600 bilhões anualizados, e novos empréstimos corporativos de US$674 bilhões nos últimos doze meses: *Global Strategy Weekly*, Société Générale, 12 de novembro de 2015. **44.** William Galston e Elaine Kamarck, "More Builders and Fewer Traders: A Growth Strategy for the American Economy", Brookings Institute Paper, junho de 2015. **45.** Greta Krippner, "The Financialization of the American Economy", *Socio Economic Review*, 2005, afirma que a relação entre a receita do portfólio e o fluxo de caixa total para empresas não financeiras aumentou cinco vezes entre os anos 1960 e o início dos anos 2000. Veja também Greta Krippner, *Capitalizing on Crisis: The Political Origins of the Rise of Finance* (Londres, 2011). **46.** Jan Toporowski, *Why the World Economy Needs a Financial Crash and Other Critical Essays on Finance and Financial Economics* (Londres, 2010), p. 57. **47.** Entre 1986 e 2002, a GM recomprou US$20,4 bilhões em ações; https://www.cnbc.com/2018/12/11/investors-should-be-furious-3-stock-buybacks-that-went-horribly-

-wrong.html. **48.** https://wolfstreet.com/2018/11/26/gm-after-14-bn-share-buybacks-prepares-forcarmageddon-shift-to-evs-cuts-workers-closes-8-plants/. **49.** Jesse Newman e Bob Tita, "America's Farmers Turn to Bank of John Deere", *The Wall Street Journal*, 18 de julho de 2017. As operações de financiamento da Deere, disse ao *Wall Street Journal* um economista especializado no setor agrícola, estavam "apenas prolongando a agonia e potencialmente aumentando as perdas [agrícolas] em vez de cortar a dor, cauterizando a ferida e estancando o fluxo de sangue financeiro agora". **50.** Brettell e Aeppel, "Buybacks Fueled by Cheap Credit". **51.** Craig Moffett, "AT&T and the Audacity of Debt", falando à Grant's Conference, Nova York, 9 de outubro de 2018. **52.** Gianluca Benigno e Luca Fornaro, "The Financial Resource Curse", *Scandinavian Journal of Economics*, 30 de dezembro de 2013. **53.** Veja David S. Landes, *The Wealth and Poverty of Nations: Why Some are So Rich and Some So Poor* (Londres, 1998), p. 172. **54.** Stephen G. Cecchetti e Enisse Kharroubi, "Why Does Financial Sector Growth Crowd Out Real Economic Growth?", BIS Working Paper, fevereiro de 2015, p. 25. **55.** Foroohar, *Makers and Takers*, p. 127 **56.** Ver *Global Financial Stability Report, April 2017: Getting the Policy Mix Right* (IMF, 2017). O índice de alavancagem líquida das empresas do S&P 500 ultrapassou 1,5 em 2016, superior ao de 2007 e no nível de 1999/2000. O índice de cobertura de juros em 2016 estava no mesmo nível de dez anos antes, ainda que a taxa de empréstimos de curto prazo fosse metade do nível de 2006. **57.** Veja ibid., p. 9. Entre 2012 e 2016, 52% do caixa foi destinado à assunção de riscos financeiros para empresas do S&P 500. Os piores infratores foram os cuidados de saúde (66,7% em assumir riscos financeiros) e produtos básicos de consumo (69%). **58.** Veja Craig Giammona, "Kraft Heinz Plunges to Record Low on Writedown of Brands' Value", Bloomberg, 21 de fevereiro de 2019; e Michael Rapoport, "Has Kraft Heinz made $24 Billion since Merger or $6 billion? It Depends", *The Wall Street Journal*, 5 de março de 2019. **59.** Chris Bryant e Tara Lachapelle, "The $7 Trillion Hazard That Lies Beneath the M&A Boom", Bloomberg, 11 de abril de 2017. A Bloomberg observa que as fusões corporativas durante 2015 e 2016 ocorreram em múltiplos médios mais altos do que no passado (11 vezes o EBITDA em comparação com o histórico de 7 a 9 vezes), o que, potencialmente, aumenta o tamanho das futuras amortizações de ágio. **60.** Miriam Gottfried e Lillian Rizzo, "Heavy Debt Crushed Owners of Toys "R" Us", *The Wall Street Journal*, 19 de setembro de 2017. **61.** Veja Lillian Rizzo, "Sears, a Onetime Retail Giant, Now Banks on Bankruptcy", *The Wall Street Journal*, 15 de outubro de 2018. **62.** Michelle Celarier, "Eddie Lampert Shattered Sears, Sullied his Reputation, and Lost Billions of Dollars. Or Did He?", *Institutional Investor*, 3 de dezembro de 2018. *Institutional Investor* chegou a esse valor a partir de sua estimativa de taxas de administração e desempenho auferidas pelo fundo de hedge de Lampert nos primeiros anos de seu investimento na Sears e na Kmart, em uma ocasião na qual suas ações dispararam. As taxas de desempenho dos fundos de hedge normalmente não precisam ser reembolsadas quando os lucros iniciais se transformam, mais tarde, em perdas. **63.** Veja Roger Lowenstein, *Origins of the Crash: The Great Bubble and Its Undoing* (Nova York, 2004), p. 56. **64.** As perdas nas recompras da GE são calculadas comparando quanto a empresa gastou na recompra de suas ações com o valor dessas ações no fim de 2018. Veja Matt Egan, "GE's $24 Billion Buyback Boondoggle", CNN Business, 23 de março 2018. E também Mitch Goldberg, "Investors Should be Furious: 3 Blue-chip Stock Buybacks that Went Horribly Wrong", CNBC.com, 11 de dezembro de 2018, que afirma que a GE gastou um total de US$46 bilhões em recompras entre o 3° trimestre de 2009 e o 2° trimestre de 2018. Para o declínio da GE sob Jeff Immelt, veja Thomas Gryta e Ted Mann, "GE Powered the American Century — Then it Burned Out", *The Wall Street Journal*, 14 de dezembro de 2018. **65.** Francesco Guerrera, "Welch Condemns Share Price Focus", *Financial Times*, 12 de março de 2009.

12. Uma Bolha Grande, Gorda e Feia

1. Brian Blackstone, "Why the Swiss Central Bank's Stock is Up 150% in a Year", *The Wall Street Journal*, 12 de janeiro de 2018. **2.** J. B. Williams, *The Theory of Investment Value* (Cambridge, Mass., 1938), p. VII. **3.** O desempenho sincronizado de mercados imobiliários discrepantes foi resultado da globalização, que facilitou os fluxos de capital e reduziu a disparidade entre as taxas de juros nacionais. Veja Joshua Aizenman e Yothin Jinjarak, "Current Account Patterns and National Real Estate Markets", *Journal of Urban Economics*, maio de 2009. Veja também Bradford Case *et al.*, "Global Real Estate Markets — Cycles and Fundamentals", NBER Working Paper, fevereiro de 2000. **4.** Nathan Brooker, "How the Financial Crash Made our Cities Unaffordable", *Financial Times*, 14 de março de 2018. **5.** "UBS Global Real Estate Bubble Index", UBS, 27 de setembro de 2018. **6.** Os dados do ONS revelaram que as avaliações de terrenos residenciais no Reino Unido aumentaram £1,5 trilhão entre 2008 e 2017, enquanto o valor dos "ativos em cima da terra" aumentou apenas £250 bilhões. "The UK National Balance Sheet Estimates: 2019", Office for National Statistics, 28 de novembro de 2019, https://www.ons.gov.uk/economy/nationalaccounts/uksectoraccounts/bulletins/nationalbalancesheet/2019. **7.** Nick Rigillo, "Denmark Faces 'Out of Control' Housing Market", Bloomberg, 21 de julho de 2016. Um relatório de 2015 da Moody's Analytics afirmou que a flexibilização quantitativa estava alimentando bolhas imobiliárias em toda a Europa; Kate Allen, "QE Feeding Europe House Price Bubble, Says Study", *Financial Times*, 20 de julho de 2015. **8.** "Empréstimos mentirosos" são hipotecas que exigem pouca ou nenhuma documentação de renda. Os credores simplesmente aceitam a palavra do mutuário. Veja Alan Walks, "Canada's Housing Bubble Story: Mortgage Securitization, the State, and the Global Financial Crisis", *International Journal of Urban and Regional Research*, janeiro de 2014. Em 2018, o endividamento das famílias canadenses era de 100% do PIB, maior do que nos EUA. Os credores hipotecários ofereciam "hipotecas de 'reconhecimento autônomo'", que supostamente incentivavam os mutuários a exagerar a renda, e os empréstimos imobiliários eram cada vez mais concedidos por trusts e cooperativas de crédito, ao passo que as empresas de investimento hipotecário adquiriam pools securitizados de hipotecas de curto prazo. A Canada Mortgage and Housing Corporation, apoiada pelo estado, subscreveu uma grande parte das hipotecas do país. **9.** Walks, "Canada's Housing Bubble Story", p. 275. **10.** "UBS Global Real Estate Bubble Index: For Housing Markets of Select Cities", UBS, 2016. A relação preço/renda de Vancouver em 2016 foi quase três desvios-padrão acima da média, segundo o UBS. **11.** Josh Gordon, "Vancouver's Housing Affordability Crisis: Cases, Consequences and Solutions", Simon Fraser University, maio de 2016, p. 5. **12.** A demanda estrangeira por moradias australianas triplicou nos três anos até 2016, conforme o UBS. "UBS Global Real Estate Bubble Index", 2016. **13.** De acordo com o *12th Annual Demographia International Housing Affordability Survey*, janeiro de 2016. **14.** Ibid. Aqui, considera-se haver uma bolha quando a razão entre os preços das casas australianas e a renda familiar está dois desvios-padrão ou mais acima de sua média histórica (descobertas de Grantham, Mayo, Van Otterloo & Co. (GMO) LLC). **15.** Ver Dr. Edward Yardeni *et al.*, "Stock Market Indicators: Bull/Bear Ratios", Yardeni Research, 17 de fevereiro 2021, https://www.yardeni.com/pub/stmktbullbear.pdf. No início de 2018, a proporção da Investors Intelligency de bulls para bears estava em 5, seu nível mais alto desde antes do crash do mercado de ações de 1987. O Wells Fargo/Gallup Investor and Retirement Optimism Index também atingiu seu nível mais alto desde a bolha PontoCom.; veja Rob Arnott, Bradford Cornell e Shane Shepherd, "Yes. It's a Bubble. So What?", Research Affiliates, abril de 2018. **16.** No fim de 2017, o mercado de ações dos EUA negociava a um recorde de 9,7 vezes o valor contábil tangível. Um ano depois, as ações não financeiras dos EUA estavam cerca de 2/3 acima de sua média histórica em uma medida de valuation conhecida como q de Tobin, que compara os preços das ações com o custo de formar empresas do zero. O valuation das empresas do S&P 500 em relação a seus ganhos médios de dez anos estava no dobro do nível médio histórico (http://www.econ.yale.edu/~shiller/data.htm). A mediana da relação price to sales para o mercado de ações dos EUA também foi maior do que em qualquer outro momento da história; John P. Hussman, "Why a 60–65% Market Loss Would Be Run-Of-The-Mill", Hussman Market Comment, maio de 2019. **17.** Matt Egan, "Market Milestone: This is the Longest Bull Run in History", CNN Business, 22 de agosto de 2018, https://money.cnn.com/2018/08/22/investing/bull-market-longest-stocks/index.html. **18.** Números segundo Jay Ritter, da Universidade da Flórida, citado em Rani Molla, "Why Companies like Lyft and Uber are Going Public Without Having Profits", Vox.

com, 6 de março de 2019. Muitos dos IPOs de 2018 foram de empresas de biotecnologia, sem receita ou produtos. **19.** No primeiro trimestre de 2017, a Tesla entregou 25 mil veículos, em comparação com os quase 700 mil da General Motors. Em abril daquele ano, a deficitária Tesla foi avaliada em mais de US$50 bilhões, equivalente a mais de 7 vezes as vendas. **20.** Vitaliy Katsenelson, "Tesla's Stock Price Discounts Temporal Wormhole into the Future", Contrarian Edge, julho de 2020. **21.** As receitas totais do produtor canadense de cannabis Tilray em 2017 foram inferiores a US$21 milhões, em comparação com a receita de US$42,6 bilhões e os lucros de US$1,3 bilhão da American Airlines. **22.** Nathaniel Popper, *Digital Gold: Bitcoin and the Inside Story of the Misfits and Millionaires Trying to Reinvent Money* (Nova York, 2015), pp. 20–21. E-mail de "Satoshi Nakamoto" ao colega cyberpunk Adam Back. **23.** Alison Sider e Stephanie Yang, "Good News! You are a Bitcoin Millionaire. Bad News! You Forgot Your Password", *The Wall Street Journal*, 19 de dezembro de 2017. **24.** Daniel Shane, "A Crypto Exchange May Have Lost $145 Million after its CEO Suddenly Died", CNN Business, 5 de fevereiro de 2019. **25.** Jon Sindreu, "Bitcoin Buzz Inspires Joke Cryptocurrencies — and Investors are Diving In", *The Wall Street Journal*, 17 de janeiro de 2018. **26.** Eric Lam, "Hooters Franchisee Surges 41% on Cryptocurrency Rewards Program", Bloomberg, 3 de janeiro de 2018; Kevin Dugan, "CEO of Porn Cryptocurrency Disappears with Investor Money", *New York Post*, 8 de janeiro de 2018. A cotação das ações da Chanticleer, uma franqueada da Hooters com sede em Charlotte, Carolina do Norte, subiu 41% após anunciar um programa de fidelidade do cliente baseado em blockchain. **27.** "This Family Bet All on Bitcoin", CNBC, 17 de outubro de 2017, https://www.cnbc.com/2017/10/17/this-family-bet-itall-on-bitcoin.html. **28.** Jesse Colombo, "U.S. Household Wealth is Experiencing an Unsustainable Bubble", *Forbes*, 24 de agosto de 2018. **29.** Veja Frederick Soddy, *Wealth, Virtual Wealth and Debt* (Londres, 1933), p. 73. Veja também William White, "Measured Wealth, Real Wealth and the Illusion of Saving", discurso de abertura do Irving Fisher Committee Conference on Measuring the Financial Position of the Household Sector, Basel, 30 e 31 agosto de 2006. White cita a definição de riqueza "real" de Robert Merton como aquela que aumenta a capacidade futura de consumo. **30.** John Ruskin, *The Works of John Ruskin*, vol. I, eds. Sir Edward Cook e Alexander Wedderburn (Cambridge, 2010), p. 52. **31.** Soddy, *Wealth, Virtual Wealth and Debt*, p. 30. **32.** Essas palavras concluem a introdução a *The Wealth of Nations* (p. 19, 1875 edn). **33.** Ver John C. Edmunds, "Securities: The New World Wealth Machine", *Foreign Policy*, outono de 1996: 1–2. **34.** Ben Bernanke, "Aiding the Economy: What the Fed Did and Why", *The Washington Post*, 4 de novembro de 2010. **35.** Citado por Tomohiko Taniguchi, "Japan's Banks and the 'Bubble Economy' of the Late 1980s", Center of International Studies, Princeton, No. 4, 1993: 9. **36.** Ver Christopher Wood, *The Bubble Economy: Japan's Extraordinary Speculative Boom of the "80s and the Dramatic Bust of the 90s"* (Jakarta, 1993), p. 3. **37.** Comentário de Tokunosuke Hasegawa, diretor do Research Institute of Construction and Economy, citado por Elaine Kurtenbach, "Japanese are Facing Up to Land Inflation and Soaring Costs for Real Estate", *The Washington Post*, 21 de abril de 1990. **38.** Gerald Davis, *Managed by the Markets: How Finance ReShaped America* (Oxford, 2009), p. 5. **39.** Os setores financeiro, imobiliário e de seguros ["FIRE", na sigla em inglês], representaram 1/3 do crescimento do PIB dos EUA entre 2010 e 2015, frente aos 14% entre 1998 e 2008. Em 2018, os setores FIRE contribuíram com um recorde de 20,5% para o PIB; https://www.bea.gov/data/gdp/gdp-industry. **40.** Ver Robin Greenwood e David Scharfstein, "The Growth of Finance", *Journal of Economic Perspectives*, primavera de 2013; Thomas Philippon, "Has the US Finance Industry Become Less Efficient? On the Theory and Measurement of Financial Intermediation", *American Economic Review*, abril de 2015. **41.** Comentário de Anthony Deden na Grant's Conference, Nova York, 9 de outubro de 2018. **42.** Chris Brightman *et al.*, "Public Policy, Profits, and Populism", Research Affiliates, junho de 2017. **43.** Virgil Jordan, "Inflation as a Political Must", *American Affairs*, 10 de janeiro de 1948: 12 **44.** Steve Holland, "Trump Says U.S. Interest Rates Must Change as Fed Weighs Rate Hike", Reuters, 5 de setembro de 2016. **45.** Paul Singer, "Faking It", relatado em Zero Hedge, 4 de novembro de 2014. **46.** Peter Weir (diretor), *The Truman Show*, estrelado por Jim Carrey, Laura Linney, Noah Emmerich e Ed Harris (junho de 1998).

13. Sua Mãe Precisa Morrer

1. Gustav Cassel, *The Nature and Necessity of Interest* (Londres, 1903), p. 38. **2.** Eugen von Böhm-Bawerk, *Capital and Interest: A Critical History of Economical Theory*, vol. I (South Holland, Ill., 1959), p. 183. **3.** Cassel, *Nature and Necessity of Interest*, p. 39. **4.** Citado por Joseph Schumpeter, *Theory of Economic Development: An Inquiry into Profits, Capital, Credit, Interest, and the Business Cycle* (New Brunswick, NJ, 1983), pp. 201–3; Irving Fisher, *Elementary Principles of Economics* (Nova York, 1916), p. 371. **5.** William Russell Easterly, *The Elusive Quest for Growth: Economists' Adventures and Misadventures in the Tropics* (Cambridge, Mass., 2002), p. 146. **6.** Cassel, *Nature and Necessity of Interest*, pp. 146–8. Cassel escreve que a diferença entre os juros de 1% e de 2% é crítica. Acima de 2% a renda dificilmente pode ser dobrada pelo consumo de capital, mas abaixo de 1% a renda é triplicada pelo consumo de capital. **7.** Em julho de 2005, a taxa de poupança pessoal dos Estados Unidos havia caído para 2,2%. US Bureau of Economic Analysis, "Personal Saving Rate [PSAVERT]", obtido em FRED, Federal Reserve Bank of St Louis, https://fred.stlouisfed.org/series/PSAVERT. **8.** No terceiro trimestre de 2008, o consumo pessoal subiu para um nível recorde de 68% do PIB, acima dos 65% de uma década antes. US Bureau of Economic Analysis, "Shares of Gross Domestic Product: Personal Consumption Expenditures [DPCERE1Q156NBEA]", obtido em FRED, Federal Reserve Bank of St Louis, https://fred.stlouisfed.org/series/DPCERE1Q156NBEA. **9.** O deficit em conta corrente dos EUA atingiu quase 6% do PIB em 2006. Cletus C. Coughlin *et al.*, "How Dangerous is the U.S. Current Account Deficit?", Federal Reserve Bank of St Louis, 1° de abril de 2006. **10.** Frase cunhada por Richard Koo, economista da Nomura, veja Richard Koo, *The Holy Grail of Macroeconomics: Lessons from Japan's Great Recession* (Hoboken, NJ, 2009). **11.** Atif Mian e Amir Sufi, *House of Debt: How They (and You) Caused the Great Recession, and How We Can Prevent It from Happen ing Again* (Londres, 2014), p. 36. Nos quatro condados californianos com a maior queda no patrimônio líquido, os gastos do consumidor caíram 30% entre 2006 e 2009, enquanto os condados sem colapso da riqueza líquida não experimentaram declínio inicial nos gastos do consumidor. **12.** Na década seguinte à quebra do Lehman, a poupança pessoal dos EUA foi em média de 7,2% da renda disponível, quase 40% abaixo da média da economia familiar nas décadas de 1960 e de 1970. Bureau of Economic Analysis, "Personal Saving Rate [PSAVERT]". **13.** Bill Gross, em sua newsletter de março de 2012 afirma que a renda familiar com juros caiu de US$1,4 trilhão em 2008 para US$1 trilhão em 2011. **14.** *Grant's Interest Rate Observer*, 30 (9), 4 de maio de 2012. **15.** Em 2016, o deficit em conta corrente do Reino Unido foi recorde: 5,2% do PIB. Craig Taylor, "Balance of Payments, UK: Quarter 4 (Oct to Dec) and Annual 2016", Office for National Statistics, 31 de março de 2017, https://www.ons.gov.uk/economy/nationalaccounts/balanceofpayments/bulletins/balanceofpayments/octtodecandannual2016. **16.** Em 2009/10, a taxa de poupança das famílias era de 10,7%. Em 2017, a taxa de poupança doméstica do Reino Unido estava em 4,9%, o nível mais baixo desde o início dos registros, em 1963. Michael Rizzo, "Households (S.14): Households" Saving Ratio (Per Cent): Current Price: £m: SA", UK Economic Accounts Time Series (UKEA), Office for National Statistics, 22 de dezembro de 2020, https://www.ons.gov.uk/economy/grossdomesticproductgdp/timeseries/dgd8/ukea. **17.** Paul Gold, "It's No Wonder Savers Have Decided to Spend Instead", *Financial Times*, 7 de julho de 2017. **18.** A taxa de poupança familiar no Canadá foi em média de 7,25% de 1981 a 2018. No terceiro trimestre de 2018, atingiu o recorde de baixa de 0,80%. Dados do Statistics Canada, citados em "Canada Household Saving Rate", Trading Economics, https://tradingeconomics.com/canada/personal-savings. **19.** Stephen Letts, "Households are Now Spending More than They are Earning — and That's not Sustainable", ABC News, 8 de setembro de 2018, https://www.abc.net.au/news/2018-09-09/households-are-about-to-spend-more--than-than-they.earn/10214552. **20.** "Household Savings Forecast (Indicator)", OECD Data, 2021. **21.** Karen Petrou, "Low Interest Rates are the Scourge of the Poor and Vulnerable", *Financial Times*, 19 de agosto de 2019. **22.** Daniel L. Thornton, "The Efficacy of the FOMC's Zero Interest Rate Policy", Federal Reserve Bank of St. Louis, setembro de 2012. **23.** Raghuram Rajan, "A Step in the Dark: Unconventional Monetary

Policy after the Crisis", Andrew Crockett Memorial Lecture, BIS, junho de 2013, p. 6. **24.** Veja Yves Mersch, "Low Interest Rate Environment — An Economic, Legal and Social Analysis", em discurso no BCA, 27 de outubro de 2016. **25.** Em 2018, os depósitos bancários constituíram o maior componente dos ativos financeiros alemães, com 43% do total, equivalente a 2.157 bilhões de euros. Orçun Kaya e Heike Mai, "Why Do Elderly Germans Save? Mainly to Bequeath and to Hedge Longevity Risk", *Deutsche Bank Research*, 5 de março de 2019. **26.** Gernot Heller e Paul Carrel, "ECB Policy Causing 'Extraordinary Problems', says Germany's Schaeuble", Reuters, 12 de abril de 2016. **27.** Em 2014, o regulador europeu de pensões alertou que 1/4 das seguradoras não honraria suas obrigações se as taxas de juros se mantivessem baixas por um período prolongado. Esse problema foi atenuado no curto prazo pelo regulador, que permitiu às seguradoras aplicar aos seus passivos uma taxa de desconto irrealisticamente alta (conhecida como "taxa futura final"). Se uma taxa de desconto de mercado tivesse sido aplicada, o setor de seguros europeu provavelmente ficaria insolvente. Andy Lees, "The Intertemporal Accounting Error", Macro Strategy Research, 4 de abril de 2016. **28.** Patrick Jenkins, "Germany's Life Assurers: The Next Crisis?", *Financial Times*, 20 de abril de 2015. Na época, as apólices das seguradoras de vida alemãs ofereciam uma renda garantida de 3,2%, ao passo que os títulos de 10 anos rendiam apenas 0,14%. Esse problema foi agravado pela vida útil curta de dez anos dos ativos, com passivos que se estendem, em média, a vinte anos. **29.** Paul Arnold e Michael Shields, "Former Zurich Insurance Boss Martin Senn Kills Himself", Reuters, 30 de maio de 2016. "Seu fracasso em cumprir as metas de desempenho, em um setor de seguros com dificuldades desde a crise financeira, significa que ele perdeu um pagamento extra em ações", relatou a Reuters. Esse foi o segundo suicídio de um executivo sênior da Zurich em poucos anos. Em agosto de 2013, o diretor financeiro, Pierre Wautier, também o fez. **30.** Esse número assume que a carteira balanceada é dividida 60/40 entre ações e títulos do Tesouro. O retorno médio histórico das ações dos EUA foi de cerca de 6% e dos títulos do Tesouro dos EUA, por volta de 2%. "Reequilibrar" o portfólio para manter essa alocação de ativos proporcionou, historicamente, algum ganho incremental. **31.** No fim de 2018, a GMO, uma gestora de recursos de Boston, previu que o S&P 500 teria retornos reais anuais de 4,4%, assumindo que os valuations se manteriam inalterados. Como o rendimento dos títulos do Tesouro dos EUA estava aproximadamente em linha com a inflação esperada, podia-se esperar que os retornos dos títulos reais ficariam próximos de zero. Com base nesses pressupostos, uma carteira 60/40 daria um retorno de aproximadamente 2,5% após a inflação. **32.** Peter R. Fisher, "Undoing Extraordinary Monetary Policy", Grant's Interest Rate Observer Spring 2017 Conference, 15 de março de 2017, p. 5. **33.** Mervyn King, *The End of Alchemy: Money, Banking, and the Future of the Global Economy* (Nova York, 2016), p. 48. **34.** Ibid., p. 11. **35.** Cassel, *Nature and Necessity of Interest*, p. 147. **36.** Veja Philip Turner, "Is the LongTerm Interest Rate a Policy Victim, a Policy Variable or a Policy Lodestar?", BIS Working Paper, dezembro de 2011, p. 11. **37.** Por exemplo, US$100 mil investidos antes da crise em um plano de aposentadoria por um homem de 65 anos gerava uma renda mensal de US$650. Dez anos depois, o mesmo plano de US$100 mil rendia apenas US$500 mensais. Estimativas de "Annuity Rates and Trends", Immediate Annuities.com, https://www.immediateannuities.com/annuity-trends/. **38.** Estimativas de Farooq Hanif *et al.*, "The Coming Pensions Crisis: Recommendations for Keeping the Global Pensions System Afloat", Citi GPS, março de 2016, p. 8. **39.** Em setembro de 2015, o deficit agregado dos planos de pensão corporativos do Reino Unido foi de £311,7 bilhões. Estimativa do UK's Pension Protection Fund: "PPF 7800 Index", Pension Protection Fund, 30 de setembro de 2015, https://www.ppf.co.uk/sites/default/files/file-2018-11/ppf_7800_october_15.pdf. **40.** Ver Philip Bunn, Paul Mizen e Pawel Smietanka, "Growing Pension Deficits and the Expenditure Decisions of UK Companies", Bank of England Staff Working Paper, fevereiro de 2018. Os pesquisadores do banco afirmam que a análise atesta a hipótese de que a queda das taxas de juros de longo prazo foi a principal causa dos crescentes deficits previdenciários. Eles também encontraram uma conexão entre as compras de ativos do Banco da Inglaterra (flexibilização quantitativa) e o tamanho dos deficits previdenciários. **41.** Karen Brettell e Timothy Aeppel, "Buybacks Fueled by Cheap Credit Leave Workers Out of the Equation", em "The Cannibalized Company (Part III)", Reuters Special

Report, 23 de dezembro de 2015. **42.** Ver Bunn *et al.*, "Growing Pensions Deficits and Expenditure Decisions of UK Companies". **43.** Como aponta James Grant, os maiores fundos de pensão dos EUA viram seu status de financiamento se deteriorar em 2014, em que pese um ganho médio de 9,2% nos ativos. **44.** "Bull Market in Liabilities", *Grant's Interest Rate Observer*, 33 (20), 16 de outubro de 2015. Grant assinala que, no fim de 2013, 124 planos de pensão com vários empregadores, incluindo o dos Teamsters Central States, tinham um deficit coletivo de US$318 bilhões, com o que havia um subfinanciamento de 50%. Esses planos utilizaram uma taxa de desconto de 7,5% para calcular o valor presente de seus passivos. Uma taxa de desconto de mercado teria reduzido ainda mais o status do financiamento. **45.** Lees, "The Intertemporal Accounting Error". **46.** Andrew Jack, "Why are UK University Lecturers Going On Strike?", *Financial Times*, 23 de novembro de 2019. **47.** Em agosto de 2018, o Financial Oversight and Management Board for Puerto Rico comunicou que a Commonwealth tinha US$74 bilhões em dívidas de títulos e US$49 bilhões em passivos de pensões não financiados, em maio de 2017. Hazel Bradford, "Puerto Rico Has 'catastrophic' Levels of Debt — Report", *Pensions & Investments*, 21 de agosto de 2018. **48.** Brian Chappatta, "Pension Funds Burn Cities as $1 Trillion Shortfall Set to Grow", Bloomberg, 16 de julho de 2015. A Moody's estimou que, se devidamente contabilizados, os deficits previdenciários em 56 esquemas públicos dos EUA totalizariam US$1,7 trilhão (*Financial Times*, 17 de março de 2015). **49.** Esse foi o caso da reestruturação da General Motors no início de 2009, quando os direitos de pensão dos membros do UAW prevaleceram sobre os credores da GM, não obstante as reivindicações legais dos credores serem superiores. Na falência de Detroit em 2013, os pensionistas também se deram melhor do que os detentores de títulos (Darrell Preston, "Making U.S. Pensions Honest about Returns Means Bigger Deficits", Bloomberg, 13 de agosto de 2015). Nova Jersey tinha 750 mil membros ativos e aposentados em seus três grandes planos de pensão estaduais, e passivos líquidos de pensões de US$58 bilhões. A despeito dos planos de pensão do Garden State estarem continuamente subfinanciados, seus títulos de obrigação geral, com quatro anos até o vencimento, renderam na época somente 1,2%. (James Grant, "Gov. Alejandro Christie", *Grant's Interest Rate Observer*, 32 (3), 7 de fevereiro de 2014). **50.** Sophie Evans, "Sir Philip Green Relaxes Aboard New £100m Superyacht *Lionheart* as First 20 BHS Stores Prepare to Close", *Daily Mirror*, 18 de julho de 2016. **51.** Em 2015, o retorno médio presumido para os planos de pensão públicos dos EUA foi de 7,7%. Uma expectativa mais precisa de retornos estaria mais próxima de 2% em termos reais ou 4% incluindo a inflação. Veja Lees, "The Intertemporal Accounting Error". **52.** As pensões públicas dos EUA aplicaram uma taxa de desconto média de cerca de 7,5% ao valor das responsabilidades. Os planos de pensão corporativos dos EUA usavam uma taxa de desconto na faixa de 4% a 4,5%. Na época, o rendimento do mercado dos títulos do Tesouro de 10 anos girava em torno de 2%. **53.** "Bull Market in Liabilities". **54.** Título de uma reportagem de Andy Lees da Macro Strategy, 4 de abril de 2016. **55.** Por exemplo, a idade para se aposentar pelo estado no Reino Unido aumentou para 66 anos para homens e mulheres. O governo planejou novos aumentos, o que levará a idade de aposentadoria do estado de 66 para 67 anos entre 2026 e 2028. **56.** Tyler Cowen, "Why Trump's Prosperous Supporters are Angry, Too", Bloomberg, 19 de julho de 2016. **57.** Jessica Pressler, "Michael Burry, Real-life Market Genius from *The Big Short*, Thinks Another Financial Crisis is Looming", *Intelligencer — New York Magazine*, 28 de dezembro de 2015. **58.** No início de 2017, por volta de 1/5 da população dos EUA com 65 anos ou mais estava trabalhando, conforme o BLS. A relação emprego/população dessa faixa etária nunca foi tão alta desde que os aposentados norte-americanos ganharam melhores benefícios de seguridade social. Macro Strategy News Review, 12 de julho de 2017. **59.** Ben Steverman, "World's Retirees Risk Running Out of Money a Decade before Death", Bloomberg, 12 de junho de 2019. **60.** "Financial Press Release", Willis Towers Watson, 8 de setembro de 2015, https://investors.willistowerswatson.com/news-releases/news-release-details/top-global-pension-fund-assets-exceed-15-trillion. **61.** Elaine Moore, "UK Sells 50-year Bond at Record Low Rate", *Financial Times*, 26 de julho de 2016. No verão de 2016, o governo britânico vendeu dívida indexada de 50 anos a um rendimento real de -1,32%. Segundo o *FT*, "os títulos indexados de longo prazo são populares entre fundos de pensão e seguradoras no Reino Unido interessadas em aplicar

370 ◆ O Preço do Tempo

em ativos que os protejam contra a inflação e lhes permitam cumprir obrigações de pagamento futuras". **62.** O aumento das taxas de juros no fim dos anos 1990 e em meados dos anos 2000 foi seguido por quedas no mercado de ações, as quais, por seu turno, provocaram enormes deficits nas pensões. **63.** Josephine Cumbo, "Life Expectancy Shift 'could cut pension deficits by £310bn'", *Financial Times*, 3 de maio de 2017. Após 2015, a expectativa de vida projetada para um homem e uma mulher de 65 anos caiu 4 e 6 meses, respectivamente. O declínio da expectativa de vida eliminou £310 bilhões dos deficits de pensões das empresas do Reino Unido, segundo a PwC.

14. Deixe que Eles Comam Crédito

1. Danielle Dimartino Booth, *Fed Up* (Londres, 2017), p. 114. **2.** Walter Scheidel, *The Great Leveler: Violence and the History of Inequality from the Stone Age to the Twenty-First Century* (Princeton, 2018), p. 54. **3.** Karl Marx, *Capital*, vol. III, ed. Friedrich Engels (Londres, 1894), p. 393. **4.** Ibid., III, p. 596. **5.** Introdução para Thomas Wilson, *A Discourse Upon Usury* (Londres, 1925), p. 121. **6.** Marx, *Capital*, III, p. 382. **7.** Irving Fisher, *The Theory of Interest: As Determined by Impatience to Spend Income and Opportunity to Invest It* [1930], de *The Works of Irving Fisher*, vol. IX, ed. William Barber (Londres, 1997), p. 372. **8.** Ludwig von Mises, "Human Action: The Rate of Interest", em *The Pure Time Preference Theory of Interest*, ed. Jeffrey Herbener (Auburn, Ala., 2011), p. 79. **9.** Keynes reconheceu que os ricos guardam menos dinheiro do que as "classes médias baixas [que] guardam muito"; Lionel Robbins, *A History of Economic Thought: The LSE Lectures* (Princeton, 1998), p. 315. **10.** Thomas Divine, *Interest: An Historic and Analytical Study in Economics and Modern Ethics* (Milwaukee, Wisc., 1959), p. 190. **11.** Sidney Homer e Richard Sylla, *A History of Interest Rates*, 3ª ed (Hoboken, NJ, 1996), p. 118. **12.** Ibid., p. 117. **13.** Peter H. Lindert e Jeffrey G. Williamson, *Unequal Gains: American Growth and Inequality since 1700* (Princeton, 2017), pp. 138-9. **14.** Scheidel, *Great Leveler*, p. 109. **15.** Rachel Emma Silverman, "As Banks Join, the Morgans, Rockefellers aren't On Board", *The Wall Street Journal*, 15 de setembro de 2000. **16.** Jonathan Ponciano, "Jeff Bezos Becomes the First Person Ever Worth $200 billion", *Forbes*, 26 de agosto de 2020. **17.** Lindert e Williamson, *Unequal Gains*, p. 260. **18.** Ibid., p. 139. **19.** Veja Michael Kumhof, Romain Rancière e Pablo Winant, "Inequality, Leverage and Crises: The Case of Endogenous Default", IMF Working Paper, novembro de 2013, p. 12. Esses economistas estimam que a participação do setor financeiro no PIB dos EUA cresceu de 2,8% em 1920 para 4,3% em 1928, um aumento de quase 50%. Ao longo do mesmo período, a dívida do setor privado em relação ao PIB quase duplicou. Veja também Thomas Piketty, *Capital in the Twenty First Century* (Harvard, 2014), p. 24. **20.** De acordo com os dados de Piketty, os ganhos de capital representavam três pontos percentuais da parcela de renda do decil superior do PIB em 1928. Em comparação, o decil superior de rendimentos obteve ganhos de capital equivalentes a 5% da renda total em 2000 e a 4% em 2006/7. A parcela de riqueza do percentil superior passou de 40% em 1922 para 48% em 1929; Edward Wolff, *A Century of Wealth in America* (Cambridge, Mass., 2017), p. 677. **21.** James K. Galbraith, *Inequality and Instability: A Study of the World Economy Just before the Great Crisis* (Londres, 2012), p. 13. **22.** Ibid., p. 41. **23.** Piketty, *Capital*, p. 24. Em 1980, 35% da renda total dos EUA cabiam aos 10% mais ricos. **24.** Veja Dietrich Domanski *et al.*, "Wealth Inequality and Monetary Policy", *BIS Quarterly Review*, março de 2016. **25.** Robert Lenzner, "The Top 25 Hedge Fund Managers Earn More Than All the 500 Top CEOs Together", *Forbes*, 6 de agosto de 2013. **26.** Scheidel, *Great Leveler*, p. 420. **27.** Robert J. Gordon, *The Rise and Fall of American Growth: The U.S. Standard of Living since the Civil War* (Princeton, 2016), p. 616. **28.** Desde o início, o prêmio e o 1% superior da parcela de renda tiveram o mesmo rumo. Contudo, o ajuste entre o aumento do prêmio por habilidades e os movimentos na riqueza familiar não é tão estreito quanto entre a parcela de 1% da renda e a riqueza das famílias. **29.** Scheidel, *Great Leveler*, p. 419. **30.** Raghuram Rajan, *Fault Lines: How Hidden Fractures Still Threaten the World Economy* (Princeton, 2011), p. 31. **31.** Piketty, *Capital*, p. 372. **32.** Robert J. Gordon, "Is U.S. Economic Growth Over? Faltering Innovation Confronts the Six Headwinds", NBER Working Paper, agosto de

2012, p. 17. Gordon observou que, entre 1993 e 2008, o aumento médio anual da renda real foi de 1,3%. Enquanto o 1% do topo da distribuição de renda detinha mais da metade dos ganhos totais de renda, o crescimento anual da renda dos 99% da base não passou de 0,75%. Gordon sugeriu que o aumento da desigualdade havia reduzido a tendência de crescimento econômico dos EUA em pouco mais de meio ponto porcentual. **33.** Joseph E. Stiglitz, *The Price of Inequality: How Today's Divided Society Endangers Our Future* (Nova York, 2013). **34.** Ver Lukasz Rachel e Thomas D. Smith, "Secular Drivers of the Global Real Interest Rate", Banco da Inglaterra, dezembro de 2015, p. 20. Rachel e Smith afirmam que o aumento da desigualdade nos EUA reduziu a taxa de crescimento tendencial em 0,8 pontos porcentuais. **35.** Steve Randy Waldman, "Inequality and Demand", Interfluidity, janeiro de 2013. **36.** Wolff, *Century of Wealth*, p. 208. **37.** World Inequality Database. **38.** Wolff, *Century of Wealth*, p. 682. O coeficiente de Gini para a riqueza dos EUA foi de 0,871 em 2013 (uma pontuação de 1 significa que uma pessoa possui toda a riqueza). Veja Scheidel, *Great Leveler*, p. 309. **39.** O 1% mais rico viu sua participação na renda diminuir cerca de 5 pontos percentuais durante a crise (caindo de 22,5% para 17,5% da renda total), mas logo recuperou a maior parte dessas perdas. **40.** Wolff afirma que as métricas de desigualdade correlacionam-se mais fortemente com a lucratividade, que impulsiona os preços das ações e os salários dos executivos seniores, do que com a participação dos lucros no PIB. **41.** Em 2014, os bônus de Wall Street somaram US$28,5 bilhões, o terceiro maior valor já registrado. **42.** Lenzner, "The Top 25 Hedge Fund Managers". **43.** Scheidel, *Great Leveler*, p. 419. Entre 1978 e 2012, a remuneração do CEO norte-americano aumentou 876% (medida em dólares constantes), maior que o ganho de 344% no S&P 500. **44.** Ibid., p. 420. **45.** Ben Protess e Michael Corkery, "Just How Much Do the Top Private Equity Earners Make?", *The New York Times*, 10 de dezembro de 2016. O pagamento médio dos barões das aquisições em 2015 foi de US$138 milhões, em comparação com US$23 milhões para os principais banqueiros, de acordo com o *New York Times*. Os executivos de private equity também foram beneficiados pelo fato de pagarem uma taxa de imposto mais baixa sobre as taxas cobradas como "juros carregados". Esse subsídio foi estimado em US$180 bilhões na década anterior. **46.** Nouriel Roubini, "Public Losses for Private Gain", *The Guardian*, 18 de setembro de 2008. **47.** Ver Piketty, *Capital*, p. 135, e Galbraith, *Inequality and Instability*, p. 4. **48.** Anthony B. Atkinson, *Inequality: What Can Be Done?* (Londres, 2015), p. 5. **49.** Martin Wolf, "Lunch with the FT: Ben Bernanke", *Financial Times*, 23 de outubro de 2015. **50.** Wolff, *Century of Wealth*, p. 677. **51.** Em abril de 2014, os economistas do JP Morgan sugeriram que o "efeito riqueza" sobre o consumo havia caído para 1,7% por dólar de riqueza extra, ante 3,8% historicamente. Uma explicação para o efeito riqueza decrescente é que os ganhos de capital induzidos por uma taxa de desconto em declínio têm menos impacto sobre o consumo do que aqueles induzidos por um aumento nas receitas futuras esperadas. Talvez os ricos não estivessem gastando tanto de seus ganhos porque entendiam serem eles ilusórios. **52.** James Grant, "Sell the Painting", *Grant's Interest Rate Observer*, 29 de novembro de 2013. **53.** Jonathan Burgos e Netty Ismail, "New York Apartments, Art Top Gold as Stores of Wealth, Says Fink", Bloomberg, 21 de abril de 2015. **54.** Knight Frank afirmou que as casas e apartamentos de Londres no valor de mais de £1 milhão aumentaram 21% no ano até abril de 2010. **55.** Judith Evans e Miles Johnson, "Hedge Funds Short London Luxury Homes", *Financial Times*, 8 de fevereiro de 2016. **56.** Oliver Wainwright, "Super-tall, Super-skinny, Super-expensive: The "pencil towers" of New York's Super Rich", *The Guardian*, 5 de fevereiro de 2019. **57.** Peter Spufford, *Power and Profit: The Merchant in Medieval Europe* (Londres, 2002), p. 78. **58.** Wainwright, "Super-tall, Super-skinny". **59.** Katherine Clarke, "L.A. Developers Have a Big Problem: Too Many New Megamansions", *The Wall Street Journal*, 30 de maio de 2019. **60.** Rory Carroll, "America's Costliest House: Developer Takes $500m Gamble on Bel Air Eyrie", *The Guardian*, 4 de março de 2018. **61.** Tommaso Ebhardt, Andreas Cremer e Ola Kinnander, "Ferrari Proves Recession Proof as Ultra-Luxury Sells Out: Cars", Bloomberg, 14 de setembro de 2011. **62.** Tom Huddleston Jr., "Take a Look at the World's Most Expensive New Car – It Just Sold for $19 Million", CNBC.com, 23 de março de 2019, https://www.cnbc.com/2019/03/22/take-a-look-bugattis-la-voiture--noire-car -just-sold-for-19-million.html. **63.** Stephen Kahl, "Vintage Porsches" 683%

Gain Fuels Returns in Carmakers' Home", Bloomberg, 9 de julho de 2018. **64.** Scheidel, *The Great Leveler*, p. 1; Piketty, *Capital*, p. 433. **65.** Scheidel, *The Great Leveler*, pp. 420–21. **66.** No início de 2016, a Oxfam estimou que o patrimônio das 62 pessoas mais ricas era equivalente ao de metade da população mundial (3,6 bilhões de pessoas), e que a riqueza desses poucos favorecidos aumentou 44% desde 2010 (Alex Whiting, "Richest People Own Same as Half World's Population — Oxfam", *Reuters*, 18 de janeiro de 2016). **67.** "Unemployment Rate", US Bureau of Labor Statistics, https://data.bls.gov/timeseries/LNS14000000. **68.** Sara Murray, "Nearly Half of U.S. Lives in Household Receiving Government Benefit", *The Wall Street Journal*, 5 de outubro de 2011. **69.** Doug Noland, "Delta One", *Credit Bubble Bulletin*, 16 de setembro de 2011. **70.** Wolff, *Century of Wealth*, p. 657. Embora o mercado imobiliário dos EUA tenha se estabilizado após 2012, a participação percentual de residências particulares no patrimônio líquido negativo continuou elevada. **71.** Nos cinco anos depois do pico do mercado imobiliário dos EUA em 2006, 11 milhões de propriedades foram executadas: ATTOM Staff, "U.S. Foreclosure Activity Drops to 13 year Low in 2018", ATTOM Data Solutions, 15 de janeiro de 2019. **72.** Wolff, *Century of Wealth*, pp. 658–9. A porcentagem de famílias norte-americanas que possuem ações caiu de 52% em 2001 para 46% em 2013. Wolff afirma que em 2013 a família média norte-americana tinha 2/3 de sua riqueza investidos em habitação. **73.** Ibid., p. 668. Entre 2007 e 2013, o patrimônio líquido médio dos ativos de pensão na faixa etária de 47 a 64 anos caiu 52%. **74.** Ibid., p. 652. **75.** Ibid., p. 681. **76.** Os lucros corporativos como parcela do PIB dos EUA atingiram uma alta no pós-guerra de 14,5% em 2013 (Wolff, *Century of Wealth*, p. 28). **77.** Amir Rubin e Dan Segal, "The Effect of Pay-for-Performance Compensation and Wealth Derived Income on the Growth–Income Inequality Relation in the US", 1° de julho de 2014. **78.** Em agosto de 2018, o Deutsche Bank destacou que, nos três anos anteriores, o emprego de baixa remuneração havia crescido cerca de duas vezes mais do que o emprego de alta remuneração. Não obstante o restrito mercado de trabalho, o salário médio real por hora caiu 0,2% nos primeiros meses de 2018. No 4° trimestre de 2018, os salários e os benefícios dos funcionários representaram 52,7% do PIB. Entre 1960 e 2000, salários e benefícios nunca ficaram abaixo de 55% do PIB. Paul Kiernan, "Despite Tight Job Market, Labor Force's Income is Squeezed", *The Wall Street Journal*, 23 de fevereiro de 2019. **79.** Wolff, *Century of Wealth*, pp. 18–19. Wolff afirma que, em 2013, a parcela de renda do quintil inferior havia caído para 3,8%, o nível mais baixo registrado. **80.** Gerald F. Seib, "Economic Scars Help Explain Bizarre 2016 Race", *The Wall Street Journal*, 30 de maio de 2016. **81.** Um relatório do Pew Research Center publicado em março de 2016 revelou que os custos de moradia, alimentação, saúde e transporte representavam uma parcela maior dos orçamentos familiares dos EUA do que em qualquer outro momento nas duas décadas: "Household Expenditures and Income", The Pew Charitable Trust, 30 de março de 2016, https://www.pewtrusts.org/en/research-and-analysis/issue-briefs/2016/03/household-expenditures-and-income. **82.** "Living Paycheck to Paycheck is a Way of Life for Majority of U.S. Workers, According to New CareerBuilder Survey", CareerBuilder, 24 de agosto de 2017. **83.** Wolff, *Century of Wealth*, p. 681. **84.** O esvaziamento das classes médias (definidas como tendo renda pessoal disponível 25% acima ou abaixo da renda mediana) foi evidente no Reino Unido e em vários outros países europeus, porém, menos pronunciado na Alemanha e no Canadá. Veja Branco Milanović, *Global Inequality: A New Approach for the Age of Globalization* (Londres, 2018), p. 195. **85.** Entre 1970 e 2015, a parcela salarial caiu cinco pontos percentuais na França, Itália, Suécia, EUA, Reino Unido e Holanda. No Reino Unido, caiu treze pontos percentuais. Richard Dobbs, *et al*, "Poorer Than Their Parents? Flat or Falling Incomes in Advanced Economies", McKinsey Global Institute, julho de 2016. **86.** Ver ibid. Este cálculo é para rendimentos antes de impostos e transferências governamentais. **87.** Em novembro de 2017, o Institute for Fiscal Studies previu que a renda real do Reino Unido em 2022 diminuiria em relação a 2008. "Corremos o risco de perder não apenas uma, mas duas décadas de crescimento de ganhos", alertou o IFS. Phillip Inman, "UK Faces Two Decades of No Earnings Growth and More Austerity, Says IFS", *The Guardian*, 23 de novembro de 2017. Um ano antes, o IFS previu que os salários reais no Reino Unido seriam menores em 2020 do que em 2008, situação sem precedentes desde 1810. **88.** Joel Kotkin, *The Coming of NeoFeudalism: A Warning* *to the Global Middle Class* (Nova York, 2020), p. 8. As chances de sair do quintil inferior da distribuição de renda diminuíram de 23% na década de 1990 para 14% em 2011. Ray Dalio, "Why and How Capitalism Needs to be Reformed", Parte 1, LinkedIn Pulse, 5 de abril de 2019. **89.** Um estudo do Pew Research Center em 2018 também mostrou que mais da metade dos residentes em economias avançadas esperavam que a próxima geração se saísse pior do que eles. Kotkin, *The Coming of NeoFeudalism*, p. 8. **90.** James Bullard, Carlos Garriga e Christopher J. Waller, "Demographics, Redistribution, and Optimal Inflation", *Federal Reserve Bank of St Louis Review*, 94 (6), novembro/dezembro de 2012. **91.** Chris Brightman *et al.*, "Public Policy Profits, and Populism", Research Affiliates, junho de 2017. **92.** Justin Strehle e Richard Vedder, "The Diminishing Returns of a College Degree", *The Wall Street Journal*, 4 de junho de 2017. Sobre o prêmio salarial da faculdade, o *Wall Street Journal* afirma que "os dados do censo mostram que o diferencial médio de ganhos anuais entre os graduados do ensino médio e os graduados universitários aumentou acentuadamente para US$32.900 em 2000 (expresso em dólares de 2015) ante US$19.776 em 1975 — caindo para US$29.867 até 2015". **93.** Stefan Lembo Stolba, "Student Loan Debt Reaches Record High as Most Repayment is Paused", Experian, 24 de fevereiro de 2021. Além do mais, outro estudo da Experian divulgado em setembro de 2014 revelou que os empréstimos estudantis pendentes nos EUA aumentaram 84% desde 2008: Carrie Janot, "Study Analyzes Student Loan Trends", Experian, 26 de setembro de 2014. O número de norte-americanos com mais de US$100 mil em dívidas estudantis quintuplicou nos 10 anos até agosto de 2015 (destaques Doug Noland). Veja também Jack Friedman, "Student Loan Debt Statistics in 2019: A $1.5 Trillion Crisis", *Forbes*, 25 de fevereiro de 2019, https://www.forbes.com/sites/zackfriedman/2019/02/25/student-loan-debt-statistics-2019/. **94.** Josh Mitchell, "Nearly 5 Million Americans in Default on Student Loans", *The Wall Street Journal*, 13 de dezembro de 2017. O número de inadimplentes em empréstimos estudantis — aqueles que não conseguiram fazer um pagamento por um ano ou mais — dobrou nos quatro anos anteriores. Muitos dos alunos inadimplentes frequentaram faculdades com fins lucrativos. **95.** Wolff, *Century of Wealth*, p. 657. O contingente mais jovem de proprietários sofreu um declínio de 52% no patrimônio imobiliário, enquanto a faixa etária mais velha perdeu apenas 19%. O tamanho relativo da dívida hipotecária explica a maior parte dessa diferença. **96.** "Aproximadamente do fim de 2000 até o fim de 2017, os preços médios das residências subiram 21% após serem ajustados pela inflação, ao passo que a renda familiar média aumentou 2%, segundo dados federais e da indústria analisados por Freddie Mac." (Christina Rexrode, "Financial Crisis Yields a Generation of Renters", *The Wall Street Journal*, 27 de julho de 2019). **97.** Kotkin, *The Coming of NeoFeudalism*, p. 6. **98.** Rexrode, "Financial Crisis Yields a Generation of Renters". The National Association of Realtors começou a manter registros sobre a idade média dos compradores de imóveis em 1981. **99.** De acordo com a Resolution Foundation, até 2018 por volta de três vezes mais famílias com filhos viviam em imóveis alugados do que na década anterior. Kamal Ahmed, "Up To a Third of Millennials 'face renting their entire life'", BBC, 17 de abril de 2018. **100.** Veja Claer Barrett, "Commercial Property Crash Fears Loom Large", *Financial Times*, 13 de novembro de 2015. Veja também Oscar Williams-Grut, "House Prices: Three Charts that Prove Only the Rich Can Afford to Buy Property in Britain", *Independent*, 22 de novembro de 2015. O comprador médio de primeira viagem em 2015 tinha uma renda de £50 mil ou mais, colocando-o entre as 30% principais famílias, de acordo com a Savills. **101.** Kate Allen e Jim Pickard, "Help to Buy Has Pushed Up House Prices, Says Study", *Financial Times*, 20 de setembro de 2015. E também, Kate Allen, "QE Feeding Europe House Price Bubble, Says Study", *Financial Times*, 20 de julho de 2015. **102.** Jill Ward, "The Only Solution to Britain's Housing Crisis May be a Crash", Bloomberg, 10 de abril de 2017. **103.** John Ashmore, "How Britain's Housing Market Has Created a Mobility Crisis", Cap X, 6 de junho de 2019. Entre 2000 e 2018, o número de pessoas de 25 a 34 anos que se mudaram de casa para começar um novo emprego caiu 40%. Essa queda coincide aproximadamente com o regime de juros baixos. Esse artigo afirma que o esquema Help-to-Buy ["Ajuda para Comprar", em tradução livre] do governo do Reino Unido elevou ainda mais os preços das casas e exacerbou ainda mais a crise de mobilidade do país. **104.** Veja Vivian Ho, "The Californians Forced to Live in Cars and RVs", *The Guardian*, 5 de agosto de

2019. 105. Embora mulheres jovens tenham declarado o desejo de ter mais filhos, moradias inacessíveis ajudaram a achatar as taxas de fertilidade nos EUA e na Europa para níveis quase recordes. (Kotkin, *The Coming of NeoFeudalism*, p. 8). O European Bank for Reconstruction and Development "descobriu que um aumento de 10% nos preços das casas elevou a taxa de natalidade entre os proprietários na Inglaterra em 2,8%, mas a diminuiu em 4,9% entre os locatários. Isso leva a um declínio geral nas taxas de natalidade de 1,3%, ou quase 9 mil nascimentos a menos por ano" (Gemma Tetlow, "Rising House Prices Lift Birth Rates for Homeowners, Study Shows", *Financial Times*, 11 de abril de 2017). Na década pós-crise, um número recorde de jovens britânicos (de 18 a 44 anos) ainda morava com os pais; sem condições de comprar uma casa, eles também estavam relutantes em começar uma família (Ben Ramanauskas, "Still Looking for Love? Blame the Planning System", Cap X, 14 de fevereiro de 2019). **106.** A expectativa de vidas do norte-americano médio nascido em 2015 era de 78 anos e 9 meses. (Macro Strategy News Review, 9 de dezembro de 2016). **107.** A taxa de mortalidade para homens com ensino médio ou menos duplicou entre 2000 e 2015, ao passo que a taxa para norte-americanos com ensino superior continuou a cair. Anne Case e Angus Deaton responsabilizaram a globalização e a automação pelo crescimento da taxa de mortalidade. Shawn Donnan, "'Deaths of despair' Surge among US White Working Class", *Financial Times*, 22 de março de 2017. Veja também Anne Case e Angus Deaton, *Deaths of Despair and the Future of Capitalism* (New Haven, Conn., 2020). **108.** Wolff, *Century of Wealth*, p. 680. Wolff atribuiu o aumento da taxa de mortalidade à insegurança econômica. **109.** Satyajit Das, *The Age of Stagnation: Why Perpetual Growth is Unattainable and the Global Economy is in Peril* (Amherst, NY, 2016), p. 299. **110.** Galbraith, *Inequality and Instability*, p. 290. **111.** Wolff, *Century of Wealth*, p. 38. **112.** Yves-André Istel, "Behind the Inequality Cloud, Hope May Glimmer", *Financial Times*, 1° de janeiro de 2018. A esperança de Istel era que aumentos "iminentes" nas taxas de juros dispersassem a nuvem de desigualdade. Como se viu, o Banco Central dos EUA passou a reduzir sua taxa de fundos do Fed no ano seguinte. **113.** "The Distributional Effects of Asset Purchases", *Bank of England Quarterly Bulletin*, 52, 3° trimestre, 2012. **114.** A Standard & Poor's estimou que a parcela de ativos financeiros detidos pelo decil superior da população do Reino Unido passou de 56% em 2008 para 65% em 2015. Enquanto isso, os 20% mais pobres viram sua parcela de riqueza financeira cair quase à metade. ("QE And Economic Inequality: The U.K. Experience", Standard & Poor's Ratings Services, 10 de fevereiro de 2016). **115.** Segundo Ray Dalio, entre o fim da década de 1970 e 2012, a parcela da riqueza privada mantida pelo 1% mais rico dos EUA quase dobrou; para os 0,1% mais ricos ela triplicou, e para os 0,01% mais ricos — uma em cada 10 mil pessoas — a parcela da riqueza quadruplicou (Dalio, "Why and How Capitalism Needs to be Reformed", Parte 1, LinkedIn Pulse, 5 de abril 2019). **116.** Janet L. Yellen, "What the Federal Reserve is Doing to Promote a Stronger Job Market", em discurso no 2014 National Interagency Community Reinvestment Conference, 31 de março de 2014. **117.** Veja Board of Governors of the Federal Reserve System (US), "Commercial Bank Interest Rate on Credit Card Plans, All Accounts", recuperado de FRED, Federal Reserve Bank of St. Louis, https://fred.stlouisfed.org/ series/TERMCBCCALLNS. **118.** Tim Lee, Jamie Lee e Kevin Coldiron, *The Rise of Carry: The Dangerous Consequences of Volatility Suppression and the New Financial Order of Decaying Growth and Recurring Crisis* (Nova York, 2020), p. 180. **119.** Transcrição da conferência de imprensa do presidente Bernanke, Federal Reserve, 2 de novembro de 2011. **120.** Christopher Cole, "Volatility and the Allegory of the Prisoner's Dilemma: False Peace, Moral Hazard, and Shadow Convexity", Artemis Capital, outubro de 2015, p. 4. **121.** Scheidel, *The Great Leveler*, p. 425. **122.** Bill Gross, PIMCO Newsletter, março de 2012. **123.** Mark Niquette, "Dalio Says Capitalism's Income Inequality is a National Emergency", Bloomberg, 8 de abril 2019. **124.** Nick Hanauer, "The Pitchforks are Coming… for Us Plutocrats", Politico, julho/agosto de 2014. Ver também Niquette, "Dalio Says Capitalism's Income Inequality is National Emergency". **125.** Jordan Ellenberg, "The Summer's Most Unread Book is…", *The Wall Street Journal*, 3 de julho de 2014. Ellenberg relatou que a maioria dos leitores do livro de Piketty na versão e-book do Kindle nunca passou da introdução. **126.** Piketty, *Capital*, p. 305. **127.** Carlos Góes, "Testing Piketty's Hypothesis on the Drivers of Income Inequality: Evidence from Panel VARs with Heterogeneous Dynamics", IMF Working

Paper, agosto de 2016, p. 10. Góes descobriu que um choque positivo na taxa de retorno em relação ao crescimento leva a uma diminuição esperada na parcela de renda do 1% mais rico em 3/4 de todos os países. **128.** Lindert e Williamson, *Unequal Gains*, p. 139. **129.** Veja Rob Arnott, William J. Bernstein e Lillian Wu, "The Myth of Dynastic Wealth: The Rich Get Poorer", *Cato Journal*, 35 (3), outubro de 2015. Esse artigo argumenta que a maior parte da riqueza vem da primeira geração e que as fortunas familiares se dissipam com o passar do tempo. **130.** Piketty, *Capital*, p. 172.

15. O Preço da Ansiedade

1. Brendan Brown, *A Global Monetary Plague: Asset Price Inflation and Federal Reserve Quantitative Easing* (Londres, 2015), p. 133. **2.** Arthur E. Monroe, *Early Economic Thought: Selected Writings from Aristotle to Hume* (Mineola, NY, 2006), p. 301. **3.** Joseph Schumpeter, *History of Economic Analysis* (Nova York, 1954), pp. 300–302. **4.** Monroe, *Early Economic Thought*, p. 304. **5.** Ibid., p. 306. **6.** Yueran Ma e Wilte Zijlstra, "A New Take on Low Interest Rates and Risk Taking", *VoxEU*, 7 de março de 2018. **7.** "It's Like Deja Vu All Over Again: The Ninth Inning of the High Yield Bubble", Ellington Management Group, 12 de novembro de 2015. **8.** Veja Marco Di Maggio e Marcin Kacperczyk, "The Unintended Consequences of the Zero Lower Bound Policy", *Journal of Financial Economics*, 123 (1), janeiro de 2017. De acordo com esse artigo, os fundos do mercado monetário perderam cerca de US$1 trilhão em ativos (2008 a 2013). A queda dos ativos dos FMM se acelerou após as orientações do Fed (em março de 2009 e agosto de 2011) de que a política de juros zero se manteria por um período considerável. Os autores afirmam que as taxas de juros zero tiraram muitos provedores do mercado monetário do negócio, ao passo que alguns sobreviveram assumindo mais riscos de crédito e mantendo carteiras menos diversificadas. **9.** Leslie Scism e Anupreeta Das, "The Insurance Industry Has Been Turned Upside Down by Catastrophe Bonds", *The Wall Street Journal*, 8 de agosto de 2016. O montante acumulado de "títulos de catástrofe" aumentou mais de três vezes entre 2008 e 2016, enquanto o preço global do "resseguro de catástrofe" caiu mais de 40% (desde 2006). Algumas empresas, como a Amtrak, ignoravam as seguradoras e emitiam "cat bonds" diretamente aos investidores. Havia até uma categoria de títulos "cat-lite" que vinham com menos documentação. **10.** Tim Lee, Jamie Lee e Kevin Coldiron, *The Rise of Carry: The Dangerous Consequences of Volatility Suppression and the New Financial Order of Decaying Growth and Recurring Crisis* (Nova York, 2020), p. 103. **11.** Doug Noland, "Favorable or Unfavorable", *Credit Bubble Bulletin*, 4 de março de 2011. **12.** Edward Altman e Brenda Kuehne, "Defaults and Returns in the High-yield Bond Market: Third-quarter 2013 Review", *Journal of Financial Management*, agosto a dezembro de 2013. Em 2015, o índice médio de dívida de alto rendimento em relação ao fluxo de caixa operacional (lucro antes de juros, impostos, depreciação e amortização) foi de 8, contra uma média de 3,7 desde 1998. **13.** Edward Altman e Brenda Kuehne, "Special Commentary: A Note on Credit Market Bubbles", *International Journal of Banking, Accounting and Finance*, 5 (4), janeiro de 2015. **14.** Em janeiro de 2018, a irlandesa Ardagh Group, uma empresa de embalagens de metal e vidro, emitiu US$350 milhões em títulos "super-PIK", os quais, à semelhança de uma boneca russa, foram emitidos por uma holding acima de outra holding que já havia emitido uma dívida PIK de €1,5 bilhão. O dinheiro arrecadado pelo super-PIK ia diretamente para os acionistas, agindo como um empréstimo de margem. Segundo o *Financial Times*, a emissão super-PIK de Ardagh, precificada para render 8,75%, foi massivamente superada: Robert Smith, "Hot Market Greets 'Super PIK' Bonds Sold by Irish Billionaire", *Financial Times*, 15 de janeiro de 2018. **15.** As empresas de aquisição investiram um recorde de US$40 bilhões em dinheiro no 3º trimestre de 2010. Doug Noland, "Rebalancing the World", *Credit Bubble Bulletin*, 22 de outubro de 2010. Em abril e maio de 2011, as empresas de private equity venderam empresas no valor de US$85 bilhões, ultrapassando o recorde trimestral anterior de alienações de aquisição alavancada com um mês de antecedência. Doug Noland, "Throwing Good Money after Bad", *Credit Bubble Bulletin*, 27 de maio de 2011. **16.** A dívida corporativa com classificação mais baixa tem mais suscetibilidade à inadimplência, enquanto cláusulas fracas preveem níveis mais baixos de recuperação em caso de inadimplência. Em abril de 2014, Martin Fridson, um observador veterano do mercado de alto rendimento, previu que, na crise seguinte, a inadimplência de junk bonds e empréstimos alavancados provavelmente superaria US$1,5 trilhão. (James Grant, "Cataclysm tomorrow", *Grant's Interest Rate Observer*, 32 (8), 18 de abril de 2014). **17.** Segundo a McKinsey, até o fim de 2017, cerca de 40% da dívida corporativa dos EUA era classificada como BBB, acima dos 22% em 1990. O índice de alavancagem para emissores BBB atingiu quase 3, acima dos 1,7 na virada do século. Susan Lund *et al.*, "Rising Corporate Debt: Peril or Promise", McKinsey, junho de 2018. **18.** Dez anos depois da crise, os títulos com classificação triplo B representavam cerca de metade do mercado de títulos corporativos nos EUA e na Europa. Veja William White, "Fault Lines in the Pursuit of Financial Stability", Federal Reserve Bank of Dallas, Draft Paper, agosto de 2019. **19.** A regulamentação do mercado de financiamento de automóveis nos EUA passou a ser responsabilidade do Consumer Financial Protection Bureau, agência governamental criada em 2011 para prevenir excessos de crédito ao consumidor. Com isso, a acessibilidade dos empréstimos para automóveis não foi rigorosamente regulamentada. **20.** Mike Bird, "Duration Risk: The Bomb Ticking Inside Today's Bond Market", *The Wall Street Journal*, 14 de abril de 2016. **21.** Veja Samuel Hanson e Jeremy Stein, "Monetary Policy and Long-Term Real Rates", Federal Reserve Board, julho de 2012. Esse artigo conclui que a "duration" das carteiras de títulos dos bancos aumenta quando as taxas caem. Em 2014, a duration dos títulos dos bancos se aproximava de um recorde histórico. Veja também Esther George, "Supervisory Frameworks and Monetary Policy", *Journal of Economic Dynamics and Control*, 49, dezembro de 2014. Cerca de 53% dos títulos mantidos por bancos comerciais menores dos EUA tinham vencimentos de mais de três anos. Estimou-se que um aumento de 3 pontos percentuais nas taxas levaria a uma perda de "marcação a mercado" de 20% nos títulos dos bancos. (Christopher Cole, "Volatility and the Allegory of the Prisoner's Dilemma: False Peace, Moral Hazard, and Shadow Convexity", Artemis Capital, outubro de 2015, p. 15). **22.** Claire Jones, "Negative Rates Put Pressure on Central Banks to Take Risks", *Financial Times*, 18 de abril de 2016. **23.** Phil Kuntz, "Negative-Yielding Bonds Jump to Almost $12 Trillion After Ebbing", Bloomberg, 3 de outubro de 2016. **24.** Wes Goodman e Garfield Clinton Reynolds, "End is Nigh for Japan Yield as Investors Chase 40-Year Toward 0%", Bloomberg, 17 de junho de 2016. **25.** Anchalee Worrachate e Anooja Debnath, "It's Dangerous Out There in the Bond Market", Bloomberg, 24 de abril de 2016. **26.** Kate Allen, "Austria Sells Record Largest €3.5bn Century Bond", *Financial Times*, 12 de setembro de 2017. O empréstimo austríaco de €3,5 bilhões foi a primeira emissão de títulos sindicalizados [operações de empréstimo que reúnem um grupo de credores] de 100 anos da zona do euro (as outras emissões de 100 anos foram colocadas de forma privada). **27.** Christopher Whittall, "The Very Long Bet: 100-year Bonds that Pay Peanuts", *The Wall Street Journal*, 11 de maio de 2016. **28.** Worrachate e Debnath, "It's Dangerous Out There in the Bond Market". **29.** Gillian Tett, "A Debt to History?", *Financial Times*, 16 de janeiro de 2015. **30.** James Grant, "Remember the Shell Union Oil 2½s of 1971", *Grant's Interest Rate Observer*, 34 (14), 15 de julho de 2016. **31.** Paul Singer, "Investment Perspectives", junho de 2016. **32.** Oliver Renick e Liz McCormick, "Greenspan Sees No Stock Excess, Warns of Bond Market Bubble", Bloomberg, 31 de julho de 2017. A alegação de Greenspan de que não havia bolha no mercado de ações fundamentou-se na observação de que, na época de seus comentários, o rendimento do S&P 500 era cerca de 4 pontos percentuais maior do que o rendimento dos títulos de 10 anos ajustados pela inflação — um prêmio de risco de ações acima da média. **33.** John M. Keynes, *The General Theory of Employment, Interest and Money* [1936], em *The Collected Writings of John Maynard Keynes*, vol. VII (Cambridge, 1973), p. 167. **34.** Veja Daisy Maxey, "The Safety and the Risk in Ultrashort Bond Funds", *The Wall Street Journal*, 8 de agosto de 2014. Os fundos de títulos ultracurtos perderam uma média de 8% em 2008. Entretanto, eles atraíram grandes fluxos de entrada nos anos seguintes e se mostraram populares, segundo o *Wall Street Journal*, entre investidores mais velhos que precisavam de renda, mas possivelmente não entendiam os riscos. Na ocasião, os fundos de títulos ultracurtos renderam uma média de 0,7%. **35.** Sam Fleming, "Global Regulators Launch Inquiry into Leveraged Loans", *Financial Times*, 6 de março de 2019. **36.** O Fed de Dallas (em 2016) estimou que a "intermediação não bancária" representava quase 2/3 do crédito não saldado nos EUA, enquanto o

Financial Stability Board, um órgão internacional de reguladores financeiros, calculou que cerca de US$45 trilhões em todo o mundo foram investidos nos produtos do sistema bancário paralelo. Alex Musatov e Michael Perez, "Shadow Banking Reemerges, Posing Challenges to Banks and Regulators", *Dallas Fed Economic Letter*, 11 (10), julho de 2016. Veja também Caroline Binham, "Shadow Banking Grows to More than $45tn Assets Globally", *Financial Times*, 5 de março de 2018. **37.** Asjylyn Loder, "Bond Exchange-traded Funds Pass $1 Trillion in Assets", *The Wall Street Journal*, 1° de julho de 2019. Os fundos negociados em bolsa deveriam relatar seu valor a cada 15 segundos; por outro lado, alguns de seus títulos não eram negociados por meses. **38.** *Grant's Interest Rate Observer* (13 de junho de 2014) afirma que os estoques de títulos corporativos dos principais negociantes de títulos do governo passaram de US$200 bilhões em 2007 para aproximadamente US$50 bilhões em 2014. **39.** James Grant, "Bonds of Debt", *Grant's Interest Rate Observer*, 32 (19), 3 de outubro de 2014. **40.** Robin Wigglesworth, "Calm Needed after Third Avenue's Debacle", *Financial Times*, 15 de dezembro de 2015. **41.** Robert Smith e Cynthia O'Murchu, "H2O Asset Management: illiquid love", *Financial Times*, 17 de junho de 2019. **42.** Laurence Fletcher, Katie Martin, Robert Smith e Jennifer Thompson, "Asset Management: Inside the Scandal that Rocked GAM", *Financial Times*, 18 de março de 2019. Mais tarde naquele ano, problemas semelhantes vieram à luz em Londres, onde o gestor de fundos Neil Woodford investiu pesadamente em títulos não listados em Bolsas (conhecidos como ativos de nível 3) enquanto oferecia liquidez diária aos clientes. Os investidores de Woodford foram "fechados" (ou seja, os resgates foram suspensos) e seu fundo foi liquidado. **43.** No início do 1°T, o VIX estava extremamente elevado, atingindo picos acima de 80; quando começou o 2°T em 2010, o VIX estava em torno de 30; antes do início do 3°T em 2012, o VIX estava em 14. **44.** James Grant, "For the Repressed", *Grant's Interest Rate Observer*, 34 (8), 22 de abril de 2016. **45.** Joe Ciolli, "A Pioneer of the Vix Says the Market is Looking at Volatility All Wrong", *Business Insider*, 1° de setembro de 2017. **46.** Miles Johnson, "IMF Warns Volatility Product, Loom as Next Big Market Shock", *Financial Times*, 30 de outubro de 2017. **47.** Jean Eaglesham, Sarah Krouse e Ben Eisen, "Wall Street Re-engineers the CD — and Returns Suffer", *The Wall Street Journal*, 6 de setembro de 2016. Os CDs estruturados foram projetados, segundo o Barclays, para "satisfazer as necessidades de clientes, investidores e distribuidores que buscam navegar nos desafios contínuos de um ambiente de baixas taxas de juros". **48.** Veja Frank Brosens, "Has Volatility Reached a Permanently Low Plateau?", Apresentação na Conferência de Grant, 10 de outubro de 2017. Brosens estimou na época que a quantidade somada de estratégias de negociação direcionadas ao mercado era mais ou menos equivalente à do seguro de portfólio antes do crash de 1987. **49.** William Gross, "Wounded Heart", PIMCO Insights, 4 de junho de 2013. **50.** *Grant's Interest Rate Observer*, 8 de março de 2013. **51.** Cole, "Volatility and the Allegory of the Prisoner's Dilemma", p. 6. **52.** Jeremy Stein e Adi Sunderam, "The Fed, the Bond Market and Gradualism in Monetary Policy", *Journal of Finance*, junho de 2018. Como Stein e Sunderam apontam, a política monetária se transformou em um jogo de espelhos, com o Fed observando Wall Street e Wall Street observando o Fed. Após a virada do século, as reuniões do Federal Open Market Committee tornaram-se cada vez mais interessadas em uma potencial volatilidade do mercado. Conforme as preocupações financeiras do Fed aumentavam, a taxa interbancária do Fed tendia para baixo. William White acrescenta que, ao sinalizar suas intenções (com aumentos "medidos" das taxas de juros), o Fed estimulou ativamente a alavancagem, mesmo quando elevou as taxas. **53.** Michael Derby, "A Fed Insider Warns of the Risk of Low Rates", *The Wall Street Journal*, 19 de setembro de 2016. **54.** Tobias Adrian, Fabio Natalucci e Thomas Piontek, "Sounding the Alarm on Leveraged Lending", IMF blog, 15 de novembro de 2018. **55.** Andrew Haldane, "The Dog and the Frisbee", em discurso no 366th Economic Policy Symposium no Fed Kansas City, 31 de agosto de 2012, p. 8. **56.** Claudio Borio, "Macroprudential Policy and the Financial Cycle: Some Stylized Facts and Policy Suggestions", artigo para o Rethinking Macro Policy II: First Steps and Early Lessons Conference at the IMF, 16 e 17 de abril de 2013. **57.** *Grant's Interest Rate Observer*, 33 (16), 8 de agosto de 2015. **58.** Discursando em 10 de julho de 2017, Sam Woods, executivo-chefe da Prudential Regulation Authority do Reino Unido, reclamou que os bancos se valiam de derivativos e swaps para reduzir a quantidade de capital regulatório. Eles também estavam jogando com os novos requisitos de índice de alavancagem, manipulando os períodos de retenção para fugir da regulamentação e aproveitando ao máximo as regras que lhes permitiam não avaliar ativos líquidos pelo valor de mercado (Neil Unmack, "Déjà Vu", *Reuters Breakingviews*, 11 de julho de 2017). **59.** Andrew Haldane, "Halfway up the Stairs", *Central Banking Journal*, 5 de agosto de 2014, p. 4.

16. DINHEIRO ENFERRUJADO

1. Lawrence H. Summers, "How to Stabilize the Housing Market", *The Washington Post*, 23 de outubro de 2011. **2.** Lawrence H. Summers, comentário no Twitter, 22 de agosto de 2019. **3.** Mark Carney, "Remarks Given by Mark Carney, Governor of the Bank of England", Davos CBI British Business Leaders Lunch, 24 de janeiro de 2014, p. 2. **4.** Bill Gross, Janus Newsletter, novembro de 2015. **5.** Kenneth Rogoff, *The Curse of Cash: How Large Denomination Bills Aid Crime and Tax Evasion and Constrain Monetary Policy* (Princeton, 2017), p. 115. Ao contrário de Gross, Rogoff não tinha problemas com taxas de juros abaixo de zero. **6.** William Gross, "Wounded Heart", PIMCO Insights, 4 de junho de 2013. **7.** Markus K. Brunnermeier e Yann Koby, "The Reversal Interest Rate", NBER Working Paper, dezembro de 2018. Brunnermeier e Koby afirmam que uma redução nas taxas de juros ajuda tanto os bancos, aumentando o valor de seus títulos, quanto os prejudica, reduzindo suas margens líquidas de juros. Eles sugerem que a flexibilização quantitativa realmente aumenta a "taxa de reversão" e que os bancos sofrem mais quando as taxas de juros são mantidas baixas por um longo período, aumentando assim a taxa de juros de reversão. **8.** Segundo a teoria quantitativa da moeda de Fisher, um recuo na velocidade da moeda reduz o nível de preços (*ceteris paribus*). Se taxas ultrabaixas diminuem a velocidade do dinheiro, então seu efeito deve ser deflacionário. John Cochrane, economista de Stanford, chegou a essa conclusão raciocinando de maneira um tanto diferente. Uma queda nas taxas de juros aumenta o valor atual da dívida não quitada, sugeriu ele, e aumentar o valor da dívida é deflacionário. "Taxas de juros reais mais altas significariam valores mais baixos da dívida e, portanto, seriam inflacionárias se não fossem acompanhadas de austeridade", concluiu ele. Cochrane é um expoente do "neo-fisherismo" — a proposição de que aumentar as taxas de juros aumenta a taxa de inflação e vice-versa. No centro do argumento neo-fisheriano está a "neutralidade do dinheiro". Ou seja, a taxa de juros real — o preço do tempo expresso em termos de bens e serviços reais — não é afetada no longo prazo pela política monetária. Se a taxa de juros real não é afetada pelas condições monetárias e, por definição, a taxa de juros real mais a taxa de inflação é igual à taxa nominal, então deve ser o caso de que, se a taxa nominal aumentar, a taxa de inflação também aumentará. Veja John Cochrane, "Lessons Learned", The Grumpy Economist blog, 23 de abril de 2016. James Bullard, presidente do Fed de St Louis, endossou o neo-fisherismo de Cochrane em um discurso no Cato Institute, "Permazero", Cato Institute, 33rd Annual Monetary Conference, novembro de 2015. **9.** Quando o primeiro gráfico de pontos foi publicado, em janeiro de 2012, a mediana da previsão dos membros do FOMC para a taxa interbancária do Fed no fim de 2014 era de 0,8%. Ao chegar essa data, no entanto, a taxa básica de juros dos EUA permanecia no limite inferior de zero. Em janeiro de 2012, a mediana da previsão dos membros do FOMC para a taxa normal era de 4,3%. Seis anos depois, a mediana da previsão havia caído para 2,8%. Dada a hipótese de inflação de 2% do Fed, a previsão do FOMC para a taxa normal em termos reais passou de 2,3% para apenas 0,8%. **10.** "Meeting of the Federal Open Market Committee", Federal Reserve Board, 14 de dezembro de 2010. **11.** Em dezembro de 2008, o Federal Open Markets Committee declarou que as condições "garantiriam níveis excepcionalmente baixos da taxa interbancária por algum tempo". "FOMC Statement", Federal Reserve Board, 16 de dezembro de 2008. **12.** Janet L. Yellen, "Normalizing Monetary Policy: Prospects and Perspectives", em discurso na conferência de pesquisa New Normal Monetary Policy patrocinada pelo Federal Reserve Bank de São Francisco, São Francisco, 27 de março de 2015. **13.** O balanço do Fed aumentou US$1,6 trilhão entre outubro de 2012 e outubro de 2014, em comparação com um crescimento de US$1,4 trilhão nos dois anos após agosto de 2008. **14.** Michael Derby, "Volcker: Fed 'at edge of its lawful and implied power'", *The Wall Street Journal*, 8 de abril de 2008. Para a opinião de Bernanke, veja "The Fed's Exit Strategy", *The Wall Street Journal*, 21 de julho de 2009. **15.** Frase de Jean-Claude Trichet. Veja Jean-Claude Trichet, "Central Banking in the Crisis: Conceptual Convergence and Open Questions on Unconventional Monetary Policy", Palestra de Jacobsson, outubro de 2013. **16.** Brian Blackstone e David Wessel, "Button-down Central Bank Bets it All", *The Wall Street Journal*, 8 de janeiro de 2013. **17.** James Grant, *Grant's Interest Rate Observer*, 32 (18), 19 de setembro de 2014. **18.** Haruhiko Kuroda, "Introduction of Quantitative and Qualitative Monetary Easing with a Negative Interest Rate", em discurso no Kisaragi-kai Meeting em Tóquio, 3 de fevereiro de 2016, p. 10. **19.** Ver Hugh Gaitskell, "Four Monetary Heretics", em *What Everybody Wants to Know About Money: A Planned Outline of Monetary Problems*, ed. G. D. H. Cole (Londres, 1933). Esse ensaio contém descrições do Major Douglas, Silvio Gesell e Frederick Soddy. Veja também David Clark, "Monetary Cranks", em *The New Palgrave Dictionary of Economics*, eds. Steven N. Durlauf e Lawrence E. Blume, 2ª ed. (Basingstoke, 2008), p. 699. Clark sugere que os "excêntricos" que vêm de fora da economia profissional surgem em tempos de alto desemprego, e suas crenças de "dinheiro cômico" fornecem uma válvula de escape ideológica: "Quanto mais simples a panaceia, maior a chance que o agitador terá de atrair seguidores." **20.** Gaitskell, "Four Monetary Heretics". **21.** Ver Irving Fisher, *The Works of Irving Fisher*, vol. IX, ed. William Barber (Londres, 1997), p. 37. E Irving Fisher, *Booms and Depressions and Related Writings*, em *The Works of Irving Fisher*, vol. X, ed. William Barber (Londres, 1997). Fisher argumentou que, durante uma recessão, as empresas deixam de tomar empréstimos até estarem certas de que há compradores, enquanto estes esperam que os negócios inspirem confiança. Um dólar selado ou "imposto sobre entesouramento" rompia esse impasse e oferecia a "forma mais rápida de sair da depressão". **22.** "Deranged Central Bankers Blowing Up the World", blog Burning Platform, 15 de fevereiro de 2016. Christopher Cole, "Volatility and the Allegory of the Prisoner's Dilemma: False Peace, Moral Hazard, and Shadow Convexity", Artemis Capital, outubro de 2015. **23.** Rogoff, *The Curse of Cash*, p. 178. **24.** Depois que as taxas Euribor — a taxa na qual a maioria das hipotecas espanholas e portuguesas estavam vinculadas — ficaram negativas, o presidente do Banco Central português, Carlos Costa, disse que os bancos, que perderiam centenas de bilhões de euros, não deveriam ter que pagar juros aos mutuários. Patricia Kowsmann e Jeannette Neumann, "A Battle Brews over Negative Rates on Mortgages", *The Wall Street Journal*, 15 de maio de 2016. **25.** As taxas negativas custaram aos bancos alemães €248 bilhões em 2015, de acordo com o Bundesbank: James Shotter e Claire Jones, "Commerzbank Looks at Locking Up Spare Cash in Vaults", *Financial Times*, 8 de junho de 2016. Os bancos suecos relataram uma "queima de caixa" nos depósitos. O Skandinaviska Enskilda Banken afirmou que seu custo de manutenção de depósitos foi de SEK1,2 bilhão em 2015, e o Handelsbanken anunciou uma perda de SEK1,42 bilhão em depósitos nos primeiros nove meses de 2015: Andy Lees, Macro Strategy News Review, 11 de janeiro de 2016. **26.** A adequação de capital das seguradoras foi prejudicada pela nova redução nos rendimentos dos títulos. A seguradora holandesa Delta Lloyd alertou, em 2016, que, se a taxa de desconto usada pelos reguladores fosse reduzida em 1 ponto percentual, sua base de capital cairia em 1/4: "O resultado final para as seguradoras", escreveu o *Wall Street Journal* (Paul J. Davies, "Negative rates and insurers: be afraid", 3 de março de 2016), "— particularmente nos grandes e mal estruturados mercados da Alemanha e do Japão — é que, quanto mais as taxas negativas vão se espalhando, mais dolorosa a vida se torna." Alguns meses antes, o CEO da Allianz, Oliver Baete, declarou ao *Der Spiegel* que "estamos nos aproximando de uma situação na qual o efeito negativo da política monetária claramente supera sua utilidade", acrescentando que a política atual prejudicava a Allianz, seus clientes e a economia em geral. A Allianz reagiu às circunstâncias adversas diminuindo riscos e demitindo funcionários ("Allianz CEO Sees 10 More Years of Low Interest Rates — *Der Spiegel*", Reuters, 15 de janeiro de 2016). **27.** O mercado de repo, importante fonte de liquidez do sistema financeiro, foi ainda mais prejudicado por taxas negativas. Na Europa, esse mercado se contraiu ainda mais em 2016, em parte graças a problemas ocasionados pela política de taxas negativas e em parte ao fato de o BCE ter adquirido grande parcela das garantias de alta qualidade usadas nas operações de repos. Thomas Hale, "Why is the European Repo Market under Pressure?", *Financial Times*, 20 de outubro de 2016. **28.** Andy Lees, Macro Strategy News Review, 5 de fevereiro de 2016.

29. Niklas Magnusson, "Negative Rates Fail to Spur Investment for Corporate Europe", Bloomberg, 29 de maio de 2016. Uma pesquisa em cerca de 10 mil empresas europeias conduzida pelo cobrador de dívidas sueco Intrum Justitia descobriu que a grande maioria não mudou seus planos de investimento em face da política de taxas de juros negativas. "O cálculo de um investimento inclui suposições do futuro", escreveu Intrum; "essas suposições precisam incluir uma crença de estabilidade e prosperidade nesse futuro. Talvez as taxas de juros negativas não sinalizem absolutamente essa estabilidade — mas sim que ainda estamos em uma situação extraordinária?" **30.** Peter Levring e Frances Schwartzkopff, "World's Longest Negative Rate Experiment Shows Perversions Ahead", Bloomberg, 1° de maio de 2016. O investimento privado dinamarquês caiu 16% nos 4 anos anteriores e a taxa de poupança subiu para 26% (5 pontos percentuais acima do nível médio nas duas décadas anteriores às taxas negativas). "Taxas negativas são contraproducentes", disse Kasper Ullegard, diretor de renda fixa da Sampension, à Bloomberg, pois a política "faz as pessoas economizarem mais para proteger o poder de compra futuro e até mesmo optar por ativos menos arriscados porque há tão pouca transparência sobre retornos e riscos futuros". O artigo citou o caso da Dong Energy, uma fornecedora de energia alternativa, que optou por resgatar €650 milhões de dívida sênior para reduzir o custo de manter caixa. O Danske Bank também informou que as taxas negativas possibilitaram amortizar empréstimos inadimplidos. **31.** Christian Wienberg, "Negative Rates Hit Global Shipping Market", Bloomberg, 8 de maio de 2016. **32.** Yuji Nakamura e Yuko Takeo, "Japanese Stocks Plunge Amid Global Equity Selloff, Stronger Yen", Bloomberg, 5 de fevereiro de 2016. Depois que as taxas negativas chegaram ao Japão no início de 2016, o iene se valorizou e as ações dos bancos caíram — movimentos de mercado em geral associados ao início da deflação. "Os mercados estão se dando conta do lado perverso das taxas negativas, que está debilitando as instituições financeiras e que não se trata de uma política reflacionária, mas, sim, está essencialmente plantando uma mentalidade deflacionária nas pessoas", disse Jun Kato, gestor sênior de fundos em Tóquio na Shinkin Asset Management. "As pessoas estão céticas de que mais ações de política monetária possam ajudar a impulsionar a economia." **33.** Jun Hongo e Miho Inada, "Japanese Seeking a Place to Stash Cash Start Snapping Up Safes", *The Wall Street Journal*, 22 de fevereiro 2016. O jornal publicou que "estão surgindo sinais de maior demanda por cofres — um lugar onde a taxa de juros sobre dinheiro é sempre zero, não importa o que o Banco Central faça. O dinheiro mofando nos cofres pode frustrar a ação do Banco do Japão de fazer o dinheiro circular com mais vigor na economia". **34.** Sobre os limites da política monetária, veja a opinião de Jim Edwards, "A Huge New Discovery in Economics: The Zero Bound 'is' Absolute, After All", *Business Insider*, 12 de março de 2016. **35.** Comentário de David Hoag em "Sub-Zero World: Not Much Positive About Negative Rates", Capital Group, 23 de maio de 2016, p. 3. **36.** Fink escreveu que "não se deu atenção suficiente ao pedágio que essas taxas baixas — e agora taxas negativas — estão provocando na capacidade dos investidores de economizar e de planejar o futuro". Stephen Foley e Shawn Donnan, "BlackRock's Larry Fink Warns Negative Rates Could Hit Spending", *Financial Times*, 10 de abril de 2016. **37.** Paul Singer, Investment Perspectives, junho de 2016. **38.** Robin Wigglesworth e Joel Lewin, "Bill Gross Warns Over $10tn Negative-yield Bond Pile", *Financial Times*, 10 de junho de 2016. **39.** Robert Farago, "Not So Much a Supernova as Colliding Black Holes", em carta ao *Financial Times*, 13 de junho de 2016. **40.** Wigglesworth e Lewin, "Bill Gross Warns Over $10tn Negative-yield Bond Pile". **41.** Maria Tadeo, "Central Banks Make Global Economy Vulnerable, OECD's White Says", Bloomberg, 9 de fevereiro de 2016. **42.** Charles Goodhart, "Do Not Ignore the Impact of Central Banks' Policies", *Financial Times*, 26 de maio de 2016. Goodhart diz que a política monetária do Banco Central fracassou em suas considerações sobre o mecanismo de transmissão — ou seja, o comportamento de empréstimo dos bancos: "A suposição de um mundo sem fricções financeiras tem sido uma fraqueza essencial em muitas análises macroeconômicas." **43.** William Poole, "Negative Interest Rates Are a Dead End", *The Wall Street Journal*, 8 de fevereiro de 2016. Nils Andersen, CEO da Maersk, Nils Andersen, declarou à Bloomberg que os políticos não estavam fazendo as reformas necessárias, mas "deixando para os formuladores de políticas monetárias resolver os problemas econômicos que muitos países enfrentam com baixa competitividade e baixos níveis de investimento". Ver Wienberg, "Negative Rates Hit Global Shipping

Market". **44.** Henry George, *Progress and Poverty, an Inquiry Into the Cause of Industrial Depressions and of Increase of Want with Increase of Wealth: The Remedy* (Nova York, 1923), p. 195. **45.** Gustav Cassel, *The Nature and Necessity of Interest* (Londres, 1903), p. 109. **46.** Irving Fisher, *The Theory of Interest: As Determined by Impatience to Spend Income and Opportunity to Invest It* [1930], de *The Works of Irving Fisher*, vol. IX, ed. William Barber (Londres, 1997), p. 78. **47.** Ben Bernanke, "Why Are Interest Rates So Low, Part 2: Secular Stagnation", Brookings, 31 de março de 2015. **48.** Axel Leijonhufvud, *On Keynesian Economics and the Economics of Keynes: A Study in Monetary Theory* (Nova York, 1968), p. 314. **49.** Andrew Ward e David Oakley, "Bankers Watch as Sweden Goes Negative", *Financial Times*, 27 de agosto de 2009.

17. A MÃE E O PAI DE TODO O MAL

1. Título de um livro de 2015 de Brendan Brown. **2.** Patrizia Baudino *et al.*, "The Banking Crisis in Iceland", Financial Stability Institute, BIS, março de 2020, p. 5. **3.** O excesso de poupança de um país (isso é, seu superavit de poupança sobre o investimento) é medido por seu superavit em conta corrente. Nos anos que antecederam a crise, as reservas cambiais cresceram mais do que os superavits acumulados em conta corrente, ou seja, "excesso de poupança". Entre janeiro de 2000 e junho de 2008, as reservas cambiais dos 19 maiores detentores aumentaram quase US\$1,5 trilhão a mais do que seus superavits acumulados em conta corrente. Parte dessa diferença pode ser explicada pelo investimento estrangeiro direto e pelo retorno do investimento. **4.** Hyun Song Shin, "Global Savings Glut or Global Banking Glut?", *VoxEU*, 20 de dezembro de 2011. **5.** Veja Valentina Bruno e Hyun Song Shin, "Capital Flows and the Risk-Taking Channel of Monetary Policy", NBER Working Paper, abril de 2013. Bruno e Shin argumentam que os cortes nas taxas de juros pelo Fed diminuíram a volatilidade, medida pelo índice VIX. Antes da crise financeira, a queda na volatilidade financeira incentivou os corretores dos EUA a aumentar a alavancagem e os bancos globais a conceder empréstimos além das fronteiras. Veja também Hélène Rey, "Dilemma not Trilemma: The Global Financial Cycle and Monetary Policy Independence", NBER Working Paper, maio de 2015 (revisto em fevereiro de 2018). Veja também Ouarda Merrouche e Erlend Nier, "What Caused the Global Financial Crisis? Evidence on the Drivers of Financial Imbalances 1999–2007", IMF Working Paper, dezembro de 2010, p. 28. Esses autores chegaram à conclusão de que "taxas domésticas elevadas em relação às taxas nos EUA estão associadas a entradas líquidas de capital (um deficit em conta corrente), enquanto taxas baixas estão associadas a saídas". Eles concluem que a força dos influxos de capital, e não a postura da política monetária local, foi o principal fator determinante das diferenças no crescimento dos desequilíbrios financeiros (medidos pelo crédito bancário aos depósitos) nos países da OCDE nos anos pré-crise. **6.** Ver Claudio Borio e Piti Disyatat, "Capital Flows and the Current Account: Taking Financing (More) Seriously", BIS Working Paper, outubro de 2015. A conta corrente é uma medida dos fluxos líquidos de capital, ao passo que Borio e Disyatat argumentam que os fluxos brutos de capital são uma medida mais importante para analisar o risco sistêmico. Veja também Claudio Borio e Piti Disyatat, "Global Imbalances and the Financial Crisis: Link or No Link?" BIS Working Paper, maio de 2011. Os fluxos brutos de capital indo e vindo para os EUA aumentaram de menos de US\$1 trilhão em 2002 para mais de US\$2,75 trilhões em 2006 (dados BEA); o deficit em conta corrente dos EUA naquele ano foi inferior a 1/3 do tamanho de seus fluxos brutos de capital. **7.** Platon Monokroussos e Dimitrios D. Thomakos, "Can Greece Be Saved? Current Account, Fiscal Imbalances and Competitiveness", Hellenic Observatory, junho de 2012. Veja também Pierre-Olivier Gourinchas e Maurice Obstfeld, "Stories of the Twentieth Century for the Twenty-first", *American Economic Journal*, 4 (1), janeiro de 2012. **8.** Entre 2000 e 2006, os empréstimos hipotecários nos países europeus emergentes aumentaram mais de 40% ao ano. **9.** Veja Adam Tooze, *Crashed: How a Decade of Financial Crises Changed the World* (Londres, 2018), ao longo do Cap. 8. **10.** Rey, "Dilemma not Trilemma". Rey descobriu que o ciclo de liquidez global acompanhou a volatilidade do mercado financeiro dos EUA — conforme mensurado pelo VIX. **11.** Doug Noland, "Issues 2010", *Credit Bubble Bulletin*, 8 de janeiro de 2010. As entradas em fundos emergentes de ações e títulos em 2009 chegaram a US\$64,5 bilhões e US\$8 bilhões, respectivamente. **12.** Vincent Fernando, "IMF: Dollar Carry-trade Creating Bubbles Around the World", *Business Insider*, 9 de novembro de 2009. **13.** Nouriel Roubini, "Mother of all carry trades faces an inevitable bust", *Financial Times*, 1° de novembro de 2009. **14.** Após 2008, as taxas de juros de longo prazo nos mercados emergentes ficaram mais correlacionadas com os rendimentos dos títulos no mundo desenvolvido. Um estudo do Fed de Nova York descobriu que um declínio de 1 ponto percentual nos rendimentos do Tesouro dos EUA de 10 anos estava associado a uma queda de 1,75 ponto percentual nos rendimentos dos títulos de mercados emergentes (moeda local). (Jeffrey Moore *et al.*, "Estimating the Impacts of the U.S. LSAPs on Emerging Market Economies" Local Currency Bond Markets", Federal Reserve Bank of New York, Staff Report No. 595, janeiro de 2013). **15.** No 1° trimestre de 2010, o PIB do Brasil cresceu 9% ao longo do ano. No mesmo período, a economia da Malásia cresceu 10% e a de Taiwan 13%. Doug Noland, "Dysfunctional Markets", *Credit Bubble Bulletin*, 14 de maio de 2010, e "Just the Facts", *Credit Bubble Bulletin*, 21 de maio de 2010. **16.** Doug Noland, "Rebalancing the World", *Credit Bubble Bulletin*, 22 de outubro de 2010. **17.** Rami Zurayk, "Use Your Loaf: Why Food Prices were Crucial in the Arab Spring", *The Guardian*, 16 de julho de 2011. O autor afirma que os primeiros protestos na Tunísia, em dezembro de 2010, foram logo descartados como motins do pão. **18.** Dados do UN Food and Agriculture Organization, http://www.fao.org/worldfoodsituation/food-pricesindex/en/. **19.** Em 2010, a China respondia por 40% ou mais do consumo global de uma série de commodities, entre as quais alumínio, chumbo, aço, carvão, minério de ferro e zinco. Embora sua participação global no consumo de cobre fosse de 38%, a China era responsável por mais de 100% da demanda marginal. **20.** Ronald McKinnon e Zhao Liu, "Hot Money Flows, Commodity Price Cycles, and Financial Repression in the US and the People's Republic of China: The Consequences of Near Zero US Interest Rates", ADB Working Paper, Series on Regional Economic Integration, No. 107, janeiro de 2013, p. 6. **21.** Nos cinco anos após 2008, os empréstimos em dólares fora dos EUA aumentaram 50%, atingindo um total de US$8,5 trilhões em 2015. Nessa data, os tomadores de empréstimos de mercados emergentes deviam mais de US$3 trilhões em dívidas em moeda forte. **22.** A dívida em moeda local de participações estrangeiras em mercados emergentes passou de menos de US$650 bilhões em 2008 para US$2,5 trilhões em 2013. **23.** Robert N. McCauley *et al.*, "Global Dollar Credit: Links to US Monetary Policy and Leverage", BIS Working Paper, janeiro de 2015. **24.** "Chapter VI: Understanding Globalization", 87th Annual Report: 1° de abril de 2016 a 31 de março de 2017, Bank for International Settlements, 25 de junho de 2017. Veja Valentina Bruno e Hyun Song Shin, "Currency Depreciation and Emerging Market Corporate Distress", BIS Working Paper, outubro de 2018. **25.** Doug Noland, "Delta One", *Credit Bubble Bulletin*, 16 de setembro de 2011. Noland se refere a este artigo do *Wall Street Journal*: John Lyons, "Dark Side of Brazil's Rise", *The Wall Street Journal*, 13 de setembro de 2011. **26.** Juan Pablo Spinetto e Peter Millard, "Batista on Brink of $3.6 Billion Default as Talks Fail", Bloomberg, 29 de outubro de 2013. **27.** De acordo com a Bloomberg, 1/3 das empresas brasileiras estava gastando mais da metade de seus ganhos no pagamento de dívidas. **28.** Jonathan Watts, "Brazil Opens Impeachment Proceedings against President Dilma Rousseff", *The Guardian*, 3 de dezembro de 2015. **29.** "Turkey: Selected Issues", IMF Country Report No. 16/105, abril de 2016, p. 40. **30.** Benjamin Harvey e Taylan Bilgiç, "Turkish Yields Surge Most on Record as Protests Hit Lira, Stocks", Bloomberg, 3 de junho de 2013. **31.** Ali Kucukgocmen e Behiye Selin Taner, "Turkey's Erdogan Calls Interest Rates 'mother of all evil'; Lira Slides", Reuters, 11 de maio de 2018. **32.** Entre 2009 e 2013, os empréstimos comerciais dos bancos turcos foram em média 5% em dólares norte-americanos e 11% na moeda local. No mesmo período, a inflação turca chegou, em média, a 8% contra um crescimento anual do PIB de 6%. **33.** Georgi Kantchev, "Building Boom Unravels, Deepening Turkey's Economic Crisis", *The Wall Street Journal*, 11 de setembro de 2018. **34.** Dívida em relação ao PIB em dólares norte-americanos a taxas de câmbio de mercado calculadas pelo Bank for International Settlements. **35.** Segundo a agência de classificação Moody's, a dívida externa dos mercados emergentes quase triplicou entre 2005 e 2015, passando de US$3 trilhões para US$8,2 trilhões, o equivalente a 54% do PIB dos mercados emergentes (Karin Strohecker, "Emerging Market Debt Triples since 2005, Posing Threat, Moody's Says", Reuters, 20 de julho de 2016). **36.** Bruno e Shin, "Currency Depreciation and

Emerging Market Corporate Distress". **37.** Valentina Bruno *et al.*, "Exchange Rates and the Working Capital Channel of Trade Fluctuations", *AEA Papers and Proceedings*, 108, maio de 2018: 1. Como escrevem Valentina Bruno e seus colegas: "Cadeias de suprimento longas implicam necessidades de financiamento substanciais, que aumentam de maneira não linear com a extensão da cadeia de abastecimento." Esse artigo cita Eugen von Böhm-Bawerk, que sugeriu pela primeira vez que, quando as taxas de juros caíssem, as empresas usassem mais tempo e capital — ou, nas palavras dele, métodos de produção mais "indiretos". **38.** Yavuz Arslan *et al.*, "Globalisation and Deglobalisation in Emerging Market Economies: Facts and Trends", BIS Working Paper, dezembro de 2018, p. 21. **39.** John. M. Keynes, "National Self-sufficiency", *Yale Review*, 22 (4), junho de 1933: 755–69. **40.** Ben Bernanke, *The Courage to Act: A Memoir of a Crisis and Its Aftermath* (Nova York, 2017), p. 493. **41.** Jerome H. Powell, "Monetary Policy Influences on Global Financial Conditions and International Capital Flows", em discurso no Challenges for Monetary Policy and the GFSN in an Evolving Global Economy, Zurique, 8 de maio de 2018. **42.** Claudio Borio, "The International Monetary and Financial System: Its Achilles Heel and What to Do About It", BIS Working Paper, agosto de 2014, p. 6. **43.** Peter Coy, "Taper Tantrums: Why Central Banking is Like Parenthood", Bloomberg, 28 de fevereiro de 2014. **44.** Claudio Borio, "The International Monetary and Financial System: Its Achilles Heel and What to Do About It", p. 20. **45.** Peter A. Thiel, "The Optimistic Thought Experiment", Hoover Institution, 29 de janeiro de 2008. A despeito de Thiel não elaborar esse pensamento, há muito a ser dito a respeito. Períodos anteriores de globalização têm muito em comum com a experiência recente, estando associados a fluxos de capital estrangeiro em grande escala, taxas de juros em queda, setor financeiro em expansão, bolhas no mercado acionário e aumento da desigualdade.

18. Repressão Financeira com Características Chinesas

1. Veja Ronald McKinnon, *Money and Capital in Economic Development* (Washington, D.C., 1973), ao longo do Cap. 7. **2.** Lien-sheng Yang, *Money and Credit in China: A Short History* (Cambridge, Mass., 1952), p. 95. **3.** Ibid., pp. 95–6. Tal como na antiga Mesopotâmia, a cobrança de juros sobre empréstimos de grãos era muito maior do que sobre empréstimos em dinheiro. Sob Tang, empréstimos de grãos por um período de 6 a 7 meses atraíam juros de 50%. **4.** Joseph Needham, *The Grand Titration: Science and Society in East and West* (Londres, 1969), p. 183. **5.** Citado por Mark Elvin, *The Pattern of the Chinese Past: A Social and Economic Interpretation* (Stanford, Calif., 1973), p. 249. Um comentário parecido foi feito após o colapso da dinastia Qing: "Riqueza para os chineses significava terras, casas, gado e acumulações de prata. Quando um comerciante ganhava mais dinheiro, comprava mais terras e casas e armazenava mais barras de prata. Os capitalistas chineses não se acostumaram a capitalizar suas terras e seus empreendimentos comerciais emitindo certificados de ações lastreados neles". Charles Denby, "The National Debt of China — Its Origin and its Security", *Annals of the American Academy of Political and Social Science*, 66 (155), julho de 1916: 55. **6.** Elvin, *Pattern of the Chinese Past*, p. 161. **7.** Alain Peyrefitte, *The Immobile Empire* (Nova York, 1992), p. 344. **8.** Carl Walter e Fraser Howie, *Red Capitalism: The Fragile Financial Foundation of China's Extraordinary Rise* (Singapura, 2011), p. 3. **9.** Em outubro de 2010, o Industrial and Commercial Bank of China e o China Construction Bank eram avaliados em US$244 bilhões e US$219 bilhões, respectivamente. **10.** Como mensurado pelo Deposit Money Bank Assets (St Louis Fed). World Bank, Deposit Money Bank Assets to GDP for China [DDDI02CNA156NWDB], recuperado de FRED, Federal Reserve Bank of St. Louis, https://fred.stlouisfed.org/series/DDDI02CNA156NWDB. **11.** Veja Edward S. Shaw, *Financial Deepening in Economic Development* (Nova York, 1973), p. VII. **12.** Robert G. King e Ross Levine, "Finance and Growth: Schumpeter Might be Right", *Quarterly Journal of Economics*, 108 (3), agosto de 1993. King e Levine concluem que "os serviços financeiros estimulam o crescimento econômico elevando a taxa de acumulação de capital e aprimorando a eficiência com que as economias usam esse capital". **13.** Veja Ronald McKinnon e Zhao Liu, "Hot Money Flows, Commodity Price Cycles, and Financial Repression in the US and the People's Republic of China: The

Consequences of Near Zero US Interest Rates", ADB Working Paper, Series on Regional Economic Integration, No. 107, janeiro de 2013. **14.** James McGregor afirma que Zhu Rongji, primeiro-ministro da China entre 1998 e 2003, apoiou o modelo de desenvolvimento coreano de conglomerados monopolistas baseados em subsídios e financiamento preferencial após visitar o país em 1995. Veja James McGregor, *No Ancient Wisdom, No Followers: The Challenges of Chinese Authoritarian Capitalism* (Westport, Conn., 2012). **15.** Joe Studwell, *How Asia Works: Success and Failure in the World's Most Dynamic Region* (Nova York, 2013), pp. 149–52. Empréstimos bancários a exportadores coreanos normalmente incorporavam taxas de juros reais negativas. **16.** Nicholas R. Lardy, "Financial Repression in China", Peterson Institute for International Economics, setembro de 2008, p. 4. **17.** Entre 1997 e 2013, a participação da China na indústria global quadruplicou, chegando a 24%. Veja Stewart Paterson, *China, Trade and Power: Why the West's Economic Engagement Has Failed* (Londres, 2018). **18.** Nicholas R. Lardy, *Sustaining China's Economic Growth after the Global Financial Crisis* (Washington, D.C., 2012), p. 98. **19.** Até certo ponto, o impacto inflacionário das operações cambiais da China foi compensado pela emissão de títulos do Banco Central, conhecidos como títulos de "esterilização", e por regulamentos que forçaram os bancos a manter reservas de capital mais altas. **20.** "Rate Gap Drives China Central Bank Money Operations", Business Recorder, 12 de janeiro de 2007. **21.** Veja Daniel H. Rosen e Logan Wright, "Credit and Credibility: Risks to China's Economic Resilience", Center for Strategic and International Studies, 3 de outubro de 2018. **22.** Veja "The Labour Share in G20 Economies", relatório da OCDE apresentado ao G20 Employment Working Group, 26 a 27 de fevereiro de 2015. Stephen Green, do Standard Chartered, estima que a renda familiar disponível caiu dez pontos percentuais do PIB entre 1992 e 2008 (Stephen Green, "China — Masterclass: Nick Lardy and the Consumption Thing", Standard Chartered, 31 de janeiro de 2012). A queda do rendimento disponível das famílias foi responsável por 3/4 da queda da participação do consumo no PIB. **23.** Michael Pettis, *The Great Rebalancing: Trade, Conflict, and the Perilous Road Ahead for the World Economy* (Princeton, 2013), p. 85. **24.** Ibid., p. 59. Veja também Guonan Ma e Wang Yi, "China's High Saving Rate: Myth and Reality", BIS Working Paper, junho de 2010. Segundo esse artigo, entre 1992 e 2007 os pagamentos de juros pelo setor corporativo não financeiro caíram mais da metade como parcela do PIB, contribuindo para um aumento de 30% na poupança corporativa. **25.** Ronald McKinnon, *The Unloved Dollar Standard: From Bretton Woods to the Rise of China* (Nova York, 2013), p. 204. **26.** O aumento da poupança do governo (1992 a 2008) chegou a 8% do PIB, mais de metade da elevação da taxa de poupança nacional bruta ao longo desse período. Isso reflete receitas crescentes de vendas de terras e investimentos crescentes por parte de entidades governamentais. Taxas de juros mais baixas facilitaram essa expansão do investimento do governo (poupança). **27.** Veja, por exemplo, Claudio Borio e Piti Disyatat, "Global Imbalances and the Financial Crisis: Link or No Link?", BIS Working Paper, maio de 2011. **28.** Thomas Orlik, *China: The Bubble That Never Pops* (Nova York, 2020), p. 78. **29.** Ibid., p. 27. **30.** Veja Rosen e Wright, "Credit and Credibility". O Banco Central também reduziu o volume dos depósitos compulsórios dos bancos (liberando assim os bancos para emprestar mais). **31.** Orlik, *China*, p. 85. **32.** Essa estimativa provém da diferença entre as reservas cambiais oficiais da China e seus saldos cumulativos em conta corrente. **33.** A dívida em moeda estrangeira (principalmente em dólares norte-americanos) das empresas chinesas aumentou de US$50 bilhões em 2008 para US$225 bilhões em 2013. Hyun Song Shin, "The Second Phase of Global Liquidity and its Impact on Emerging Economies", em *Volatile Capital Flows in Korea: Current Policies and Future Responses*, eds. Hyun Song Shin, Hail Park, Kyuil Chung, Soyoung Kim e Chong Ju Choi (Nova York, 2014). **34.** Charlene Chu, ao falar na Grant's Conference, Nova York, 21 de outubro de 2014, citando dados do BIS. Conforme um relatório anterior do BIS, os empréstimos em moeda estrangeira para a China subiram de US$270 bilhões em 2009 para US$880 bilhões em março de 2013, o equivalente a 8,5% do total de empréstimos: Dong He e Robert N. McCauley, "Transmitting Global Liquidity to East Asia: Policy Rates, Bond Yields, Currencies and Dollar Credit", BIS Working Paper, fevereiro de 2014. **35.** Orlik, *China*, p. 4. **36.** Pettis, *The Great Rebalancing*, p. 68. **37.** Peter Tasker, "Japan and Then Some", *Newsweek*, 1° de dezembro de 2007. **38.** O governo também diminuiu as taxas de negociação e aumentou o número de contas de corretagem permitidas por pessoa (de uma para vinte). O BNP Paribas estimou que 1/5 do volume negociado na Bolsa de Valores de Xangai foi financiado com empréstimos de margem. Veja *Capital Returns: Investing through the Capital Cycle: A Money Manager's Reports 2002–15*, ed. Edward Chancellor (Londres, 2016), pp. 176–83. **39.** Bloomberg News, "U.S. Dot-Com Bubble was Nothing Compared to Today's China Prices", Bloomberg, 7 de abril de 2015. **40.** David Keohane, "This is Nuts. Revive the A Shares, Benefit the People?", *Financial Times*, 9 de julho de 2015. **41.** Orlik, *China*, p. 87. **42.** Doug Noland, "A Year in Reflation", *Credit Bubble Bulletin*, 5 de março de 2010. **43.** Doug Noland, "Deficits and Private Sector Credit", *Credit Bubble Bulletin*, 23 de abril de 2010. **44.** Yawen Chen e Nicholas Heath, "China September Home Prices Rise at Record Rate, Stretching Affordability Further", Reuters, 21 de outubro de 2016. Os novos empréstimos habitacionais em setembro de 2016 aumentaram 76% em relação ao ano anterior. **45.** Jing Wu, Joseph Gyourko e Yongheng Deng, "Evaluating the Risk of Chinese Housing Markets: What We Know and What We Need to Know", NBER Working Paper, julho de 2015. **46.** O subtítulo do livro de Tom Orlik de 2020. **47.** Julien Garran, "Will China Inflate or Deflate the World?", Macro Strategy Research, 14 de setembro de 2018. **48.** Dinny McMahon, *China's Great Wall of Debt: Shadow Banks, Ghost Cities, Massive Loans, and the End of the Chinese Miracle* (Nova York, 2018), p. 127. Kenneth Rogoff e Yuanchen Yang, "Has China's Housing Production Peaked?", *China and the World Economy*, 21 (1), 2021: 1–31. **49.** Melissa Chan, "China's Empty City", Al Jazeera, 10 de novembro de 2009. **50.** Hexun.com (15 de julho de 2010) afirmou que a State Grid descobriu que foram construídas 65 milhões de casas. **51.** Kaiji Chen e Yi Wen, "The Great Housing Boom of China", Working Paper Series, Federal Reserve Bank of St Louis, agosto de 2014. O Fed de St. Louis colocou a taxa de vacância nas cidades maiores (níveis 1, 2 e 3) em 22,4% em 2013, afirmando ainda que no decil de renda superior, 40% das famílias possuíam uma segunda casa. Uma estimativa de dezembro de 2018 do professor Gan Li, da Universidade do Sudoeste de Chengdu e autor da Pesquisa de Renda Doméstica da China, afirmava que 64 milhões de residências, equivalentes a 21,4% do estoque habitacional, estavam vazias: Kenji Kawase, Coco Liu e Nikki Sun, "China's Housing Glut Casts Pall over the Economy", *Nikkei Asian Review*, 13 de fevereiro de 2019. **52.** Orlik, *China*, p. 24. **53.** Mike Bird, "The Trouble with a Bubble that Just Won't Burst", *The Wall Street Journal*, 16 de julho de 2020. Uma pesquisa de Princeton e da Guanghua School of Management encontrou uma relação inversa entre os preços dos terrenos na China e a produtividade total dos fatores. As cidades com maiores booms imobiliários tinham mais empréstimos garantidos e tendiam a redirecionar as atividades para o setor imobiliário, afastando as empresas produtivas e elevando seu custo de financiamento. **54.** Yin Zhongqing, antigo diretor substituto do Finance and Economics Committee of the National People's Congress, citado por Gabriel Wildau, "Chinese Top Official Warns Economy 'Kidnapped' by Property Bubble", *The Wall Street Journal*, 10 de agosto de 2017. **55.** Estimativa de novas casas vendidas a especuladores pela Academia Chinesa de Ciências Sociais, citada por Lingling Wei e Dominique Fong, "China's Booming Housing Market Proves Impossible to Tame", *The Wall Street Journal*, 12 de julho de 2017. Estimativa de propriedade desocupada do FT Pesquisa Confidencial, citada em Tom Hancock e Gabriel Wildau, "Chinese Property Boom Props Up Xi's Hopes for the Economy", *Financial Times*, 18 de outubro de 2017. **56.** Wade Shepard, *Ghost Cities of China: The Story of Cities without People in the World's Most Populated Country* (Londres, 2015), p. 180. **57.** Evan Osnos, *Age of Ambition: Chasing Fortune, Truth, and Faith in the New China* (Nova York, 2014), p. 236. **58.** McMahon, *China's Great Wall of Debt*, p. 40. **59.** Atif Ansar *et al.*, "Does Infrastructure Investment Lead to Economic Growth or Economic Fragility? Evidence from China", *Oxford Review of Economic Policy*, 32 (3), outono de 2016. **60.** Joseph Needham, Wang Ling e Lu Gwei-Djen, *Science and Civilisation in China: Vol. IV, Physics and Physical Technology* (Cambridge, 1971), p. 149. **61.** A política de Indústrias Emergentes Estratégicas abrange 7 setores industriais e 35 subsetores; veja McGregor, No Ancient Wisdom, p. 23. Veja também Barry Naughton, "China's Economic Policy Today: The New State Activism", *Eurasian Geography and Economics*, 52 (3), maio de 2011. **62.** McGregor, *No Ancient Wisdom*, p. 4. **63.** Blog de Michael Pettis, 26 de fevereiro de 2009. **64.** "Overcapacity in China", European Chamber of Commerce, novembro de 2009. No fim de 2008, a indústria siderúrgica chinesa, capaz de produzir até 660 milhões de toneladas, enfrentava uma queda na demanda de cerca de 200 milhões de toneladas. Ainda em 2009, novas usinas siderúrgicas com capacidade adicional de 58 milhões de toneladas estavam em construção. **65.** Ibid. Veja também Usha C. V. Haley e George T. Haley, *Subsidies to Chinese Industry: State Capitalism, Business Strategy, and Trade Policy* (Oxford, 2013). **66.** Veja Ana Swanson, "How China Used More Cement in 3 Years than the U.S. did in the Entire 20th Century", *The Washington Post*, 24 de março de 2015. Gillem Tulloch, analista baseado em Hong Kong, observou que o consumo de cimento da China de 1,7 toneladas *per capita* estava em pé de igualdade com o da Espanha durante seu recente boom de construção; veja Gillem Tulloch, "China Long and Short: The Tyranny of Numbers", GMT Research, 8 de outubro de 2014. **67.** Sheng Hong e Zhao Nong, *Chinese Economics Research Series, Volume I: China's State Owned Enterprises: Nature, Performance and Reform* (Singapura, 2013), introdução. **68.** Gabriel Wildau, "China's State-owned Zombie Economy", *Financial Times*, 29 de fevereiro de 2016. **69.** Orlik, *China*, p. 120. **70.** Wildau, "China's State-owned Zombie Economy". **71.** Orlik, *China*, p. 121. **72.** Brian Spegele e John W. Miller, "China Continues to Prop Up its Ailing Factories, Adding to Global Glut", *The Wall Street Journal*, 9 de maio de 2016. **73.** McMahon, *China's Great Wall of Debt*, p. 37. **74.** Ibid., p. 59. **75.** Dados de 2016 e 2017. Veja Jeff Desjardins, "China's Staggering Demand for Commodities", Visual Capitalist, 2 de março de 2018, https://www.visualcapitalist.com/chinas-staggering-demand-commodities/. **76.** "Emissões totais de gases de efeito estufa (kt de CO2 equivalente) — China", dados do World Bank, https://data.worldbank.org/indicator/EN.ATM.GHGT.KT.CE?locations=CN. **77.** Henry Maxey, "Dismantling the Deflation Machine", The *Ruffer Review*, janeiro de 2020, p. 13. **78.** János Kornai, *The Socialist System: The Political Economy of Communism* [1992] (Oxford, 2007), p. 518. **79.** Paul Krugman, "The Myth of Asia's Miracle", *Foreign Affairs*, 73 (6), novembro/dezembro de 1994: 63. **80.** Comentário do investidor norte-americano James Chanos do Kynikos Associates: Shiyin Chen, "China on "treadmill to hell" Amid Bubble, Chanos Says", Bloomberg, 7 de abril de 2010. **81.** Orlik, *China*, p. 3. **82.** Entre 2000 e 2014, o estoque de dívida da China cresceu de US$2,1 trilhões para US$28,2 trilhões, praticamente em linha com o investimento acumulado de US$29 trilhões; Ansar *et al.*, "Does Infrastructure Investment Lead to Economic Growth or Economic Fragility?". **83.** Entre 1997 e 2007, o crédito não financeiro da Espanha passou de 159% para 251% do PIB. **84.** Relatado em Wolf Richter, "Debt Boom in China Could Lead to 'Financial Crisis', But Maybe Not Yet: New York Fed", Wolf Street, 27 de fevereiro de 2017, https://wolfstreet.com/2017/02/27/credit-boom-in-china-to-financial-crisis-but-not-yet/. **85.** Doug Noland, "The Perils of a Resurgent China Credit Boom", *Credit Bubble Bulletin*, 14 de outubro de 2016. **86.** Bloomberg News, "China Hidden Local Government Debt is Half of GDP, Goldman Says", Bloomberg, 29 de setembro de 2021. **87.** Andy Lees, Macro Strategy News Report, 24 de outubro de 2017. Nos 12 meses até junho de 2017, os pagamentos de juros superaram o crescimento do PIB nominal em 8 trilhões de yuans. Lees estima que quase 70% do novo crédito foi necessário para atender a dívida existente. **88.** Como escreve Michael Pettis, "foi a severa repressão financeira, em outras palavras, que permitiu que tomadores de empréstimos e bancos 'crescessem' seu caminho de volta à solvência, mas esse crescimento aconteceu principalmente porque o custo real do serviço da dívida foi transferido para os poupadores das famílias na forma de taxas reais negativas". **89.** Walter e Howie, *Red Capitalism*, Cap. 5. **90.** Doug Noland, "Pro-bubble", *Credit Bubble Bulletin*, 24 de abril de 2015. **91.** Gabriel Wildau, "Prominent China Debt Bear Warns of $6.8tn in Hidden Losses", *Financial Times*, 16 de agosto de 2017. Veja também Paul Panckhurst, "'Massive Bailout' Needed in China, Banking Analyst Chu Says", Bloomberg, 23 de maio de 2016. Em outubro de 2016, Andy Lees, da Macro Strategy, sugeriu que as perdas ocultas no sistema bancário ficavam entre 16% e 34% do PIB. Anne Stevenson-Yang, da J-Capital (em correspondência privada por e-mail), estimou que os empréstimos inadimplentes chineses correspondiam a cerca de 20% da dívida não financeira, o equivalente a 60% do PIB. **92.** Gabriel Wildau e Don Weinland, "China Debt Load Reaches Record High as Risk to Economy Mounts", *Financial Times*, 23 de abril de 2016. **93.** Bloomberg News, "China Has a $1.2 Trillion Ponzi Finance Problem", Bloomberg, 19 de novembro de 2015. **94.** Nas palavras de Michael Pettis: "Se o investimento chinês tivesse sido produtivo — o que significa que o valor dos benefícios futuros derivados do investimento teria sido igual ou superior a seus custos —, aumentos no investimento poderiam ter provocado acréscimos temporários nos índices da dívida nacional, mas isso logo teria sido revertido, pois o crescimento gerado pelo investimento teria alcançado e ultrapassado o custo associado ao serviço da dívida. No entanto, nos últimos dez a quinze anos, a dívida chinesa disparou e até acelerou em relação ao PIB." ("Why the Bezzle Matters to the Economy", China Financial Markets, Carnegie Endowment for International Peace, 23 de agosto de 2021.) **95.** Orlik, *China*, p. 128. **96.** McMahon, *China's Great Wall of Debt*, p. XIX. **97.** Dados do BIS. **98.** Para detalhes do sistema informal de crédito de Wenzhou, veja Kellee Tsai, *Back Alley Banking: Private Entrepreneurs in China* (Ithaca, NY, 2002), ao longo do Cap. 4. **99.** Sun Lijian, "Booming Shadow Banks Undermine the Economy", *Shanghai Daily*, 31 de outubro de 2011. **100.** Chen Yufeng, Ye Zhipeng e Huang Guan, "The Financial Crisis in Wenzhou: An Unanticipated Consequence of China's 'four trillion yuan economic stimulus package'", *China: An International Journal*, 16 (1), fevereiro de 2018. **101.** Jamil Anderlini, "Chinese Property: A Lofty Ceiling", *Financial Times*, 13 de dezembro de 2011. **102.** David Pierson, "Shaky Underground Banking System Raises Fears in China", *Los Angeles Times*, 14 de outubro de 2011. **103.** Orlik, *China*, p. 45. **104.** Yu Ran, "Property Developer Going Underground", *China Daily*, 19 de setembro de 2011. **105.** Yu Ran, "Farmers Allowed to Use Pigs, Cows as Collateral", *China Daily*, 30 de outubro de 2012. **106.** Bloomberg News, "China Default Chain Reaction Threatens Products Worth 35% of GDP", Bloomberg, 29 de maio de 2016. **107.** Yuan Yang e Gabriel Wildau, "Chinese Banks Disguise Risky Loans as 'Investments'", *Financial Times*, 29 de abril 2016. **108.** Bonnie Cao, Ye Xie e Saijel Kishan, "Soros Says China's Economy Looks Like the U.S. before the Crisis", Bloomberg, 20 de abril de 2016. **109.** Charlene Chu, ex-analista do Fitch China Bank, citada na Bloomberg News, "China Default Chain Reaction". **110.** Wright e Rosen, "Credit and Credibility", p. 29. **111.** Zhao Hongmei, Lucy Hornby e Aileen Wang, "China's Huaxia Bank Says Rogue Employee Sold Troubled Wealth Product", Reuters, 2 de dezembro de 2012. Veja também, John Foley, "Shades of Grey", *Reuters Breakingviews*, 6 de dezembro de 2012. **112.** Edward Chancellor e Mike Monnelly, "Feeding the Dragon: Why China's Credit System Looks Vulnerable", GMO White Paper, janeiro de 2013. **113.** Christopher Balding, "Guest Post: Sizing Up NPL Risk in China", *Financial Times*, 28 de outubro de 2015. Veja também Emily Perry e Florian Weltewitz, "Wealth Management Products in China", *RBA Bulletin*, Reserve Bank of Australia, junho de 2015. **114.** Michael Pettis, "What does Evergrande Mean for China?", *China Financial Markets*, 20 de setembro de 2021. **115.** Bloomberg News, "China's Central Bank Chief Warns of "sudden, contagious and hazardous" Financial Risks", Bloomberg, 4 de novembro de 2017. **116.** Wright e Rosen, "Credit and Credibility", p. 95. **117.** Elias Glenn e Kevin Yao, "China Central Bank Warns against 'Minsky Moment' Due to Excessive Optimism", Reuters, 18 de outubro de 2017. **118.** Wright e Rosen, "Credit and Credibility". O Baoshan Bank, por fim, fechou as portas no verão de 2020: a primeira falência de um banco chinês desde o colapso do Shantou Commercial Bank em 2001. **119.** Estimativa da Global Financial Integrity. As saídas ilícitas de capital da China mediante faturamento comercial fraudulento atingiram cerca de US$343 bilhões em 2015. "Trade-Related Illicit Financial Flows: Data by Country", Global Financial Integrity, https://gfintegrity.org/data-by-country/. **120.** Doug Noland, "Monetary Fiasco", *Credit Bubble Bulletin*, 20 de novembro de 2015. **121.** Wei Gu e Chuin-Wei Yap, "China, Fighting Money Exodus, Squeezes Business", *The Wall Street Journal*, 8 de março de 2016. **122.** Jamil Anderlini, Ben Bland, Gloria Cheung e Lucy Hornby, "Chinese Billionaire Abducted from Hong Kong", *Financial Times*, 31 de janeiro 2017. **123.** Shaw, *Financial Deepening*, p. 15. **124.** Veja Anne O. Krueger, "The Political Economy of the Rent-seeking Society", *American Economic Review*, 64 (3), junho de 1974. **125.** Karl Marx, *Capital*, vol. III, ed. Friedrich Engels (Londres, 1894), p. 362 fn. **126.** John Kenneth Galbraith, *The Great Crash 1929* (Londres, 1993), pp. 152–3. **127.** Yan Sun, *Corruption and Market in Contemporary China* (Ithaca, NY, 2018), p. 75. **128.** Andrew Wedeman, *Double Paradox: Rapid Growth and Rising Corruption in China* (Ithaca, NY, 2012), p. 115. **129.** Em 2011, as receitas de Macau aumentaram a uma taxa anual de 40%. O volume de negócios combinado dos casinos de Macau chegou perto de US$30 bilhões. Assumindo uma taxa de ganhos de 2,8%, isso sugere que o faturamento total foi de cerca de US$1 trilhão, ou aproximadamente 1/6 do

388 ❧ *O Preço do Tempo*

PIB chinês. A aposta média naquele ano foi de HK$30 mil (conversa do autor com o diretor de ações asiáticas do Citibank, 16 de maio de 2011). **130.** Veja Minxin Pei, *China's Crony Capitalism: The Dynamics of Regime Decay* (Cambridge, Mass., 2016), pp. 21, 83. Pei comenta que, conforme aumentava o valor econômico do poder político, houve um grande crescimento no valor do suborno pago aos funcionários públicos. Antes de 2001, o valor médio da venda de um cargo público era de 1,2 milhão de yuans. Depois de 2001, o preço médio subiu para 5,3 milhões de yuans. **131.** Essa questão foi tratada pelo jornalista australiano John Garnaut em sua palestra de 2011, "Is China Becoming a Mafia State?", USC U.S. — China Institute, 23 de fevereiro de 2011, https://www.youtube.com/watch?v=aa4oVHz32i4. **132.** Wu Jinglian cita uma estimativa para a extração total de renda de 20% do PIB em 1987, subindo para 32% em 1992 *Wu Jinglian: Voice of Reform in China*, ed. Barry Naughton (Cambridge, Mass., 2013), p. 76. **133.** Doug Noland, "So Much for the Exit Strategy", *Credit Bubble Bulletin*, 13 de agosto de 2010. **134.** John Garnaut, *The Rise and Fall of the House of Bo: How a Murder Exposed the Cracks in China's Leadership* (Londres, 2012), Cap. 9. As famílias dos ex-primeiros-ministros Li Peng e Zhu Ronghi e do presidente Jiang Zemin acumularam grandes fortunas: Richard McGregor, *The Party: The Secret World of China's Communist Rulers* (Nova York, 2010), p. 81. **135.** Publicado por Peking University's Social Science Research Centre em 26 de julho de 2014, citado por Tulloch, "China Long and Short". **136.** Pei, *China's Crony Capitalism*, p. 260. **137.** Henry Sanderson e Michael Forsythe, *China's Superbank: Debt, Oil and Influence — How China Development Bank is Rewriting the Rules of Finance* (Hoboken, NJ, 2013). De acordo com David Goodman, 12 dos 15 maiores incorporadores de Xangai eram filhos de altos funcionários do PCC: David S. G. Goodman, "The New Rich in China: Why There is no New Middle Class", *Journal of the Sydney University Arts Association*, 32, 2010. **138.** Comentário de Victor Shih, veja "50 Million Chinese Left Homeless by Developers", *Sidney Morning Herald*, 24 de outubro de 2011. **139.** Etienne Balazs, *Chinese Civilization and Bureaucracy: Variations on a Theme* (Londres, 1974), p. 53. Veja também Shmuel Noah Eisenstadt, *The Decline of Empires* (Englewood Cliffs, NJ, 1967), p. 115. **140.** Ver Barry Naughton, "Loans, Firms, and Steel: Is the State Advancing at the Expense of the Private Sector?", *China Leadership Monitor*, 2009. De fato, o avanço do Estado em relação ao setor privado era visível antes da crise financeira global, como explica Yasheng Huang em seu *Capitalism with Chinese Characteristics* (Cambridge, 2008). **141.** Wright e Rosen, "Credit and Credibility", p. 29. **142.** A repressão financeira baixou o custo para o Banco Popular da China da emissão de notas do Banco Central, que foram utilizadas para esterilizar sua compra de reservas cambiais. Em 2010, havia cerca de 4 trilhões de yuans nesses títulos em aberto. As taxas baixas também visavam reduzir os fluxos de capital estrangeiro ("dinheiro quente") na China. **143.** "Principal Contradiction Facing Chinese Society has Evolved in New Era", *Xinhua News*, 18 de outubro 2017.

Conclusão

1. M. Belen Sbrancia, "Debt, Inflation and the Liquidation Effect", University of Maryland, agosto de 2011. **2.** Entre dezembro de 2007 e dezembro de 2018, a dívida do governo em relação ao PIB aumentou 41% nos EUA, 45% no Reino Unido, 32% na zona do euro e 62% no Japão. No mesmo período, a dívida não financeira total nessas regiões aumentou, respectivamente, 23%, 29%, 31% e 61% (veja Charles Goodhart e Manoj Pradhan, *The Great Demographic Reversal* (Cham, Suíça, 2020, p. 167). **3.** Sidney Homer e Richard Sylla, *A History of Interest Rates*, 3ª ed. (Hoboken, NJ, 1996), pp. 355–6. **4.** Sarah Binder e Mark Spindel, *The Myth of Independence: How Congress Governs the Federal Reserve* (Princeton, 2017), p. 136. **5.** Belen Sbrancia estima que a repressão financeira diminuiu a dívida do governo do Reino Unido em 170 pontos percentuais (em relação ao PIB). **6.** Russell Napier, "Capital Management in an Age of Financial Repression", Orlock Advisors, 6 de setembro de 2016. **7.** Russell Napier, "The Silent Revolution: How to Inflate Away Debt... with More Debt", Orlock Advisors, 24 de junho de 2020. **8.** Carmen M. Reinhart *et al.*, "Financial Repression Redux", *IMF Finance & Development*, 48 (1), junho de 2011. Os autores apontam que nos quatro anos anteriores as taxas de juros em

21 economias avançadas foram negativas em termos reais por cerca de metade do tempo. **9.** Carmen M. Reinhart e Jacob F. Kirkegaard, "Financial Repression: Then and Now", *VoxEU*, março de 2012. Reinhart e Kirkegaard afirmam que, segundo os regulamentos de Basileia III, os bancos detentores de dívida do governo exigiam requisitos de capital mais baixos. No Reino Unido, em 2008, os bancos britânicos foram forçados a aumentar suas participações em títulos do governo do Reino Unido **10.** Napier, "Capital Management in an Age of Financial Repression". Napier afirma que, após 2008, as pensões geridas pelo governo em França, Portugal, Irlanda e Hungria tiveram seus ativos assumidos. **11.** Ray Dalio, "An In-Depth Look at Deleveragings", Bridgewater Associates, fevereiro de 2012, p. 2. **12.** Veja Goodhart e Pradhan, *The Great Demographic Reversal*, pp. 165–77. **13.** Raghuram Rajan, "The Dangers of Endless Quantitative Easing," Project Syndicate, 2 de agosto de 2021. **14.** Ian Brenner, *The End of the Free Market: Who Wins the War between States and Corporations?* (Londres, 2010), p. 53. **15.** No Ocidente, o avanço do Estado é revelado superficialmente pelo crescimento da participação nos gastos do governo após a crise. Nos EUA e no Reino Unido, o aumento do tamanho dos gastos do governo em relação ao PIB durou pouco. Na zona do euro e no Japão a participação dos Estados na renda nacional permaneceu alta em relação aos níveis de antes da crise. **16.** Gillian Tett, "Markets Insight: US Mortgage Market Depends on State Support", *Financial Times*, 25 de abril de 2013. Como escreveu Tett, "apoio estatal como esse não tem precedentes em qualquer lugar do mundo ocidental". Ela cita uma conclusão do Congressional Committee on Financial Services de que "os investidores abandonaram quase completamente o mercado de private label [títulos lastreados em hipotecas] — o governo é responsável por quase 100% do mercado de securitização". **17.** Adair Turner, *Between Debt and the Devil: Money, Credit, and Fixing Global Finance* (Oxford, 2016), p. 11. Em outro lugar, Turner escreve: "É preciso afastar a ideia de que a quantidade e a alocação de crédito privado podem ser deixadas para as forças do livre mercado". **18.** O BCE introduziu "operações de refinanciamento de prazo alargado direcionadas". O fato de esse programa se autodenominar "direcionado" mostra que o BCE buscava direcionar o crédito. **19.** De início, o BCE só adquiria obrigações de empresas no mercado secundário, mas depois passou a comprar novas emissões. **20.** Gavin Jackson, "Apple and McDonald's on BoE's Bond-buying List", *Financial Times*, 12 de setembro de 2016. **21.** Ambrose Evans-Pritchard, "Italy's Rebellious Rulers Take Aim at Central Bank in Guerrilla War with Brussels", *Daily Telegraph*, 21 de junho de 2019. Como escreve Evans-Pritchard: "O Banco da Itália sob Mario Draghi teve um papel central nos eventos que derrubaram o governo de Silvio Berlusconi em 2011. Alega-se que o BCE ativou e desativou as compras de títulos para controlar o spread de risco e manter os pés de Berlusconi no fogo... Berlusconi disse que foi vítima de um 'golpe de estado'." **22.** Em 2010, o BOJ começou a comprar fundos de investimento imobiliário japoneses para auxiliar o mercado imobiliário. Mais tarde, o Banco Central anunciou que só compraria ações de empresas com remuneração e políticas de investimento aprovadas pela Bolsa de Valores de Tóquio. As compras de fundos negociados em bolsa pelo BOJ favoreceram as ações incluídas no Nikkei 225 Stock Average ponderado pelo preço, em comparação com o TOPIX ponderado pelo valor de mercado, distorcendo o desempenho relativo desses índices. Veja Sayuri Shirai, "The Effectiveness of the Bank of Japan's Large-scale Stock-buying Programme", *VoxEU*, 16 de outubro de 2018. **23.** Leo Lewis e Lucy Colback, "Japanese Stocks and the BoJ: A Study in Distortion", *Financial Times*, 30 de agosto de 2016. **24.** Andrew Haldane, "How Low Can You Go?", em discurso no Banco da Inglaterra, 18 de setembro de 2015. **25.** Kenneth Rogoff, *The Curse of Cash: How Large Denomination Bills Aid Crime and Tax Evasion and Constrain Monetary Policy* (Princeton, 2017), p. 4. **26.** F. A. Hayek, *The Road to Serfdom*, em *The Collected Works of F. A. Hayek*, vol. II, ed. Bruce Caldwell (Chicago, 2007), p. 125. **27.** Fyodor Dostoyevsky, *The House of the Dead: A Novel in Two Parts* [1860] (Nova York, 1915), p. 16. **28.** O termo "digital panopticon" foi usado por Brett Scott, "The War on Cash", The Long and Short, 19 de agosto de 2016. **29.** Hayek, *Road to Serfdom*, em *Collected Works*, II, p. 29. **30.** Ibid., II, p. 73. **31.** Ibid., II, p. 104. **32.** Ibid., II, p. 137. **33.** Ibid., II, p. 154. **34.** Ibid., II, p. 90. **35.** Ibid., II, p. 137. **36.** Ibid., II, p. 215. **37.** Ibid., II, p. 216. **38.** Joseph A. Schumpeter, *Capitalism, Socialism and Democracy* [1942] (Londres, 2003), p. 131. **39.** Ibid., p. 153. **40.** James Grant, *Grant's Interest Rate Observer*, 37 (3), 8 de fevereiro de 2019. **41.** Jonathan Tepper e Denise Hearn, *The Myth of Capitalism:*

Monopolies and the Death of Competition (Hoboken, NJ, 2019). **42.** Em 2008, a Unidade de Inteligência Econômica alertou que uma tendência global de democratização de décadas havia chegado ao fim (Brenner, *The End of the Free Market,* p. 9). Um relatório da Brookings de 2015, "Is Democracy in Decline?", confirmou que a democracia em todo o mundo estava em declínio há vários anos: Robert Kagan, "Is Democracy in Decline? The Weight of Geopolitics", Brookings, 26 de janeiro de 2015. **43.** Joel Kotkin afirmou que os jovens estavam perdendo a fé na democracia nos EUA, em grande parte da Europa, na Austrália e na Nova Zelândia. Os jovens europeus eram três vezes mais propensos do que seus pais a crer que a democracia estava fracassando. Joel Kotkin, *The Coming of NeoFeudalism: A Warning to the Global Middle Class* (Nova York, 2020). **44.** Martin Wolf, "Negative Rates are Not the Fault of Central Banks", *Financial Times,* 12 de abril de 2016. **45.** Wilhelm Röpke, *Crises and Cycles* (Londres, 1936), pp. 9 e 10. **46.** O título de uma coletânea de ensaios de Hayek sobre a inflação publicada pelo Institute of Economic Affairs. **47.** Banco Central da Islândia, "Ten Years Later — Iceland's Crisis and Recovery", *The Economy of Iceland,* 2018, Cap. 6. **48.** Patrizia Baudino *et al.,* "The Banking Crisis in Iceland", The Financial Stability Institute, BIS, março de 2020. **49.** "Em assuntos de grande complexidade", escreveu Hayek, "teorias são difíceis de refutar, [e, assim,] eliminar teorias rivais inferiores será um processo lento, intimamente ligado à habilidade argumentativa e à persuasão dos que as empregam. Não pode haver experimentos cruciais que decidam entre eles." (De *Studies in Philosophy, Politics and Economics,* citado por Bruce Caldwell, *Hayek's Challenge* (Chicago, 2004), p. 370.) **50.** Hannes H. Gissurarson, "Hayek in Iceland", 8 de maio de 2021, https://theconservative.online/article/hayek-in-iceland.

POSFÁCIO

1. Mervyn King, "The World Turned Upside Down", Per Jacobsson Foundation, outubro de 2019. **2.** Comentário do gestor de fundos de hedge Bernie Eifert em carta aos clientes, citado por Leanna Orr, "How to Lose a Billion Dollars without Really Trying", Institutional Investor, 24 de junho de 2020. **3.** Doug Noland, "The Loss of Moneyness", *Credit Bubble Bulletin,* 14 de março de 2020. **4.** Colby Smith e Robin Wigglesworth, "US Treasuries: The Lessons from March's Market Meltdown", *Financial Times,* 29 de julho de 2020. **5.** Matthew Boesler, "Federal Reserve's Balance Sheet Tops $5 Trillion for First Time", Bloomberg, 26 de março de 2020. **6.** Stephanie Kelton, "How We Think about the Deficit is Mostly Wrong", *The New York Times,* 5 de outubro de 2017. **7.** Richard Bernstein Advisors, "Bubble? 5 of 5", Insights, junho de 2021. **8.** "Essa é "a coisa mais dramática que quase já ocorreu em toda a história mundial das finanças", segundo o Sidekick de Warren Buffett, Marketwatch.com, 15 de dezembro de 2020, https://www.marketwatch.com/story/this-is-the-most-dramatic-thing-thats-almost-e-ver-happened-in-the-entire-world-history-of-finance-according-to-warren-buffetts-side-kick-11608061677. **9.** https://news.artnet.com/art-world/italian-artist-auctioned-off-invisible-sculpture-18300-literally-made-nothing1976181. **10.** Seth Klarman, 2020 Year End Letter, The Baupost Group, LLC. **11.** Veja J. B. Williams, *The Theory of Investment Value* (Cambridge, Mass., 1938), p. 274. **12.** Kate Andrews, "The True Cost of Cheap Money: An Interview with Andy Haldane", *Spectator,* 19 de junho de 2021. **13.** Charles Goodhart e Manoj Pradhan, *The Great Demographic Reversal* (Cham, Suíça, 2020). **14.** Dennis Robertson, "Alternative Theories of Interest," *Economic Journal,* 1937. **15.** F. A. Hayek, *The Denationalisation of Money: An Analysis of the Theory and Practice of Concurrent Currencies* (Londres, 1976). **16.** Essa é a proposta de Thomas Mayer, ex-economista chefe do Deutsche Bank; veja "A Digital Euro to Save EMU", *VoxEU,* 6 de novembro de 2019.

Índice

A

Abordagem laissez-faire 141, 295
Ações 50
  conceituais 176
  de subscrições 52
  especulativas 69
  movimentos no preço das 52
  opções de 164, 203
  preços das 157, 203
    manipulação dos 159
  públicas 58
  recompras de 163
Acomodação monetária 240
Acordos de dividendos 162
Adam Smith 14, 27, 161, 180, 182, 301
Alan Greenspan 108, 131, 203, 225
Alavancagem 158, 168, 190, 202, 220, 282
  corporativa 174
Anna Schwartz 103, 115
Aperto monetário de Volcker 107
Aposentadoria 194
  investimentos de 189
  passivos de 193
Aprofundamento financeiro 267
Arbitragem regulatória 10, 64, 232
  offshore 64
Armadilha da dívida 43, 134, 281
Arrefecimento demográfico 212
Ativos
  financeiros 205

fixos 127
intangíveis 127
não geradores de receita 178
preços de supervalorizados 183
Austeridade britânica 191
Ayr Bank 62
  colapso do banco escocês 62

B

Banco
  Central
    da Islândia (ICB) 303
    da Turquia 259
    de Portugal 245
    do Brasil 258
    Europeu 143, 245, 296
  da Espanha 116
  da França 92
  da Índia 191
  da Inglaterra 81, 118, 167, 173, 194, 296
  de Amsterdã 67
  de Desenvolvimento da China 267
  do Japão 103, 121, 224, 241, 297
  do Povo 268, 274, 284, 291
  Nacional da Áustria 243
  Nacional Suíço 296
  Popular da China 266, 283
Bank Charter Act 74
Bank for International Settlements 131, 167

Baring Brothers
  quebra do 79
Barões ladrões 156, 201
Bastiat 9
Bear market de títulos 314
Ben Bernanke 110, 123, 152, 190, 214, 238, 257
Benjamin Strong 81, 91
Bezzle 289
BIS 143, 152
Bitcoin 176, 310
Bolha
  da Economia do Japão 144
  da riqueza 216
  das PontoCom 116, 174, 273
  de ações 104
  de crédito 222
    global 253
  de dívida estudantil 211
  de lucros 182
  de propriedades 104
  de riqueza 205, 237
  de Tudo 309
  do comércio global 261
  do Japão 183
  do Mississippi 46, 53, 171
  dos Mares do Sul de 1720 66, 310
  econômica do Japão 104
  hipotecária subprime 222
  imobiliária 190, 203, 260
    da China 275
    dos EUA em 2006 147
  PontoCom 203

tecnológica 203
Bolhas
de ativos 43, 109, 131, 172, 237, 267, 276
de commodities 172, 257
de criptomoedas 176
do mercado de ações 175
especulativas 106, 117
imobiliárias 92, 110, 131, 313
Boom
da construção 260
das commodities 172
de aquisições 237
de takeover 159
do crédito 190, 203, 295
do mercado de ações 272
imobiliário 115
Bretton Woods 294
BRICs 255, 259
Bull market 175
de bonds 224
de passivos 193
de títulos 108, 156, 261, 314

C

Capacidade ociosa 151
Capital 28, 180
alocação de 187, 294
controles de 294
de giro 284
estoque de 216
estrangeiro 84, 268
hipotecário 111
Capitalismo 139, 200, 219, 298
de Estado 295
de favorecimento 288
moderno 138
tradicional 126
vermelho 281
Capitalização 31
de mercado 175
sem juros 172
Capital-lite 127
Carry trades 219, 226
internacionais 252
Cartéis 158, 160
Casas de desconto 72

Charles Goodhart 126, 246
Charles Rist 81, 91
Claudio Borio 262
Colapso
da produtividade 150
do comércio internacional 262
do Creditanstalt 92
Compras em margem 86, 92, 157, 273
Conservadorismo bancário 65
Consumo
antecipar o 188
corrente 31
crescimento do 204
futuro 187, 237
presente 187
Conversibilidade 41
Corrida aos bancos 63, 73
de Nova York 82
em Buenos Aires 79
Coveitise 24
Crash
de outubro de 1929 128
de Wall Street (1929) 92
Credit default swaps (CDS) 218
Crédito 6, 267, 281
barato 32, 278
booms de 116, 134
ciclo de 61
circulação do 47
criação de 296
crise de 62
declínio na qualidade do 110
expansão do 204
forte crescimento do 131
na Mesopotâmia 6
rápido crescimento do 110
riscos de 221
spreads de 165, 220
subsidiado 291
Crescimento populacional 125
Crime de 1920 83
Criptomoedas 177, 310
Crise
da desigualdade 212
da dívida soberana 146, 212

da zona do euro 143, 241, 274, 296
de 1825 63
de 1929 132
de 2008 132, 154
de crédito 284
de solvência de Porto Rico 195
do Barings 77
do Savings & Loan 109
do subprime 130, 170, 189, 210, 281, 295
financeira
da Argentina 243
de 1873 156
de 2008 32, 49
global 182, 205, 231, 273, 293, 313
imobiliária 173, 209
previdenciária 189, 304
Crises cambiais 263

D

David Hume 12, 27, 41, 129
Dawes Loan de 1924 90
Deflação xv, 39, 57, 75, 106, 143, 214, 237, 261, 282
boa 112
da dívida 97
ruim 112
Desalavancagem 143
Desigualdade 299
aumento da 205, 237
boa 302
de renda 206
de riqueza 209
global 289
ruim 302
Destruição criativa 139, 144, 153, 299
Dinheiro 19
como reserva de valor 19
em pousio 20
enferrujado 243
fácil 67, 110, 161, 205, 238, 276
período de 70
impressão de 60
imprimir 52
neutralidade do 130
Dirigismo 295

Discrezione 24
Dissonância cognitiva 117
Distorções econômicas 134
Dívida 159
  conversões de 64
  do consumidor 190
  estudantil 211
  externa 259
    da Argentina 79
  garantida 168
  líquida 160, 166
  nacional 293
  pública 64, 147, 241, 293
    conversão da 78
  soberana 294
  sobre o patrimônio 163
Dívidas 37
  corporativas 222
    ilíquidas 227
  externas 76
  governamentais 51
  incobráveis 135, 281
  subprime 220
Doença holandesa 167
Doping financeiro 146
Duration 224
  risco da 218

E

Economia
  da abundância 127
  da bolha 104
  de bolha 183
  de mercado 193
  superaquecida 83
Economia subempregada 59
Efeito
  Buddenbrooks 215
  Cantillon 60
  de transbordamento 263
  riqueza 207
  trickle-down 55
Empresas
  bolha 177
  de aquisição 222
  de plataforma 160
  estatais de gestão de ativos (AMCs) 281
  financeiras 165
  multinacionais 261
  não financeiras 165

Empresas zumbis 146, 152
Empréstimos 3, 19, 42, 182, 188, 219, 252
  alavancados 222, 231
  ao consumidor 25
  bancários 267, 294
  bottomry 6, 26
  "call loan" 7
  comerciais 25
  com risco 26
  corporativos 159, 167, 182
  covenant-lite 230
  de curto prazo 76, 90, 93, 220
  de emergência 75, 205, 303
  do governo 309
  em criptomoedas 315
  emergenciais 30
  eranos 18
  especulativos 120
  estrangeiros 76, 167, 259
    baratos 279
  garantias de 5
  garantidos (CLOs) 226
  garantidos por imóveis 266
  harranu 12, 14
  hipotecários 273
  imobiliários 190, 233
  inadimplentes 105, 135, 144, 281
  interbancários 287
  internacionais 253
  mercantis 6
  Ponzi 286
  subprime 114, 166, 223
  subsidiados 205
  transação intertemporal 19
Engenharia financeira 163, 166, 170, 181, 260, 294
Escambo 3
Espanha
  choque financeiro na 116
Especulação 67, 284
  em commodities 256
  excessiva 65
Esquema do

Mississippi 68
Esquemas Ponzi 165
Estabilidade de preços 85, 93, 105, 118
Estagflação 106
Estagnação 302
  econômica 43, 159
  secular 124, 138, 204
Euforia
  do dinheiro fácil 70
  dos empréstimos estrangeiros 77
  especulativa 178
  financeira 66, 72
Eugen von Böhm-Bawerk xvi, 16, 94, 246
Excessos
  especulativos 89
  financeiros 207
Extinction Rebellion 200

F

Falência do Lehman Brothers 113, 123, 137, 150, 209, 235
Falsa economia 184
False chevisance 24
Febre especulativa 273
Fed dos EUA 81, 117, 174, 189, 206, 236, 257, 269, 308
  inconsistência do 136
Financeirização 166, 167, 182, 202
  perigos da 170
Flash crash de outubro de 2014 nos EUA 137
Flexibilização
  monetária 121, 133, 154
  quantitativa (FQ) 173, 186, 221, 239, 294
  e qualitativa 242
Friedrich Hayek 94, 100, 297
Fundos
  de bonds 307
  de hedge 164, 182
    taxas dos 203
  de investimento 78
  de pensão 197, 209
  de resseguro 221
  de títulos 226, 257

de mercados
  emergentes 254
  ultracurtos 226
  perdidos da Malásia 258
Fusões
  anticompetitivas 159
  corporativas 182

G

General Credit and
    Financial Company
    of London 72
Generation Rent 211
Gig economy 148
Globalização 120, 260,
    301
  reversão da 314
Gold Exchange
    Standard 84
Grande
  Compressão 202
  Crash 97
  Depressão 65, 137, 190,
    202, 302
  estabilização norte-
    americana 96
  Imoderação 216
  Incêndio de Londres 33
  Inflação da década de
    1970 190
  Lockdown 308
  Moderação 110
  Peste de Londres 33
  Recessão 123, 145, 184,
    244, 302
Greenspan put 110
Greve Geral de 1926 85
Guerras cambiais 254,
    263
Guido Mantega 257

H

Henry Thornton 41, 73
Hjalmar Schacht 81, 91
Home equity 111
Hot money 121, 255

I

Impostos 14
  de estabilidade 303

Imprudência financeira
    66, 74
  surtos de 66
Índice
  de preços ao consumidor
    94
  Nasdaq 110, 203
    colapso do 203
  Nikkei 105
  Standard & Poor 500
    87, 174, 192
  VIX 228
Inflação xv, 42, 82, 178,
    192, 210, 255, 268,
    293, 313
  ausência de 88
  de crédito 96
  de curto prazo 109
  dos preços ao
    consumidor 96
  inexistência de 105
  interna 120
  meta de 231
  metas de 118, 121
  relativa (ou oculta) 95
Inovação
  financeira 114
  nativa 277
Insolvência 192
Intervenções
  cambiais 255
Intervenções monetárias
    82, 240
Investimento
  de longo prazo 68
  do ciclo de crédito 94
  do Estado 300
  privado 300
Irving Fisher 4, 86, 93,
    118, 188, 243, 282

J

Janet Yellen 214, 223, 240
John Fullarton 66, 70, 74
John Law 30, 45, 51, 68,
    171, 201, 288
John Locke xvii, 38, 200
John Maynard Keynes
    xvii, 42, 85, 124,
    141, 194
John Stuart Mill 178, 187
Joseph Schumpeter 94, 99,
    125, 139, 299

Junk bonds 202, 221,
    247, 309
Juros 3, 30, 49, 62, 132,
    139, 156, 182, 187,
    217, 300
  abatimento dos 33
  altos 37, 72
  anticréticos 7
  baixos 116, 157
  cálculo dos 6
  compostos 8, 36, 199
    e as crises da dívida 9
  curva de 224
  excessivos 201
  fixos 67
  negativos 245
  nível de 34, 41, 94, 188
  raízes etimológicas 4
  reais 132
  redução dos 34
  redução forçada dos 37
  supressão dos 306
  zero 140, 222

K

Karl Marx 9, 72, 199
Knickerbocker Panic 82
Knut Wicksell 42, 85, 182

L

Lacuna
  de aposentadoria 197
  de financiamento 163
Larry Summers 184, 230
Lei
  de Gresham 144, 223
  de usura da
    Inglaterra 64
  Dodd-Frank 231
  Smoot-Hawley 262
Lei de Goodhart 119
Letras de câmbio 70, 129
  informais 22
  internacionais 23
Liquidacionistas 99
Liquidez 226
  global 252
  risco de 226
Louvre Accord 103
Lucratividade xvii, 175
  corporativa 44
  vs. growth 175

Lucro
por ação (LPA) 164
potencial 28
Lucros 182, 210
corporativos 206
futuros 126, 157, 192
Lucrum cessans (lucro cessante) 25
Ludwig von Mises 30

M

Mania ferroviária
britânica 69
Mentalidade
deflacionária 246
Mercado
de ações 202
ascensão do 175
de Xangai 272
de renda fixa 221
de resseguros 221
de títulos 313
imobiliário 211
falido 206
subprime 223
Mercados
de câmbio 268
de crédito 233
emergentes 261
hipotecários 173
Milagre chinês 267
Moderna Teoria Monetária 309
Moeda
administrada 47
digital 315
elástica 82
Monetarismo prático 107
Monetaristas 106
Money Trust de Wall Street 83
Monopólios 37, 156, 237, 301
corporativos 160
Morganização 158, 202

N

National Banking System 156
New Deal 162
NFT 311
Novo Paradigma (Goldilocks Economy) 109

O

OCDE 146, 163, 197
O Exército de Coxey 199
Oligopólios 237, 301
Onda
de construção da China 275
especulativa 90
Operação
Lava Jato 258
Warp Speed 308
Operation Twist 239
Operosidade 129, 138
Overend Gurney
quebra da 73

P

Padrão dólar 251
elasticidade do 263
Padrão-ouro 83, 251
digital 315
Pandemia do coronavírus 307
Paridade
cambial 242
de risco 229
Paul Volcker 106, 120, 240
Petrobras 257
Planejamento central 298, 301
consequências não intencionais do 300
Planos de previdência 194
Plaza Accord 272
Pobreza pública 43
Pole, Thornton & Company
falência do 65
Política monetária 105, 181, 193, 229, 274, 299, 307
ativa 84
não convencional 152, 205, 213
radical 137
Populismo xiv, 302
Potencial de ruptura financeira 105
Poupança 138, 194
acúmulo de 210
chinesa 270
doméstica 294

excesso de 127, 252, 267
global 128
nível de 189
privada 309
volume de 187
Precificação do risco 218
Preço da ansiedade 217
Preferência temporal 28, 94, 188
da sociedade 42
e o investimento 30
Prêmio
de risco 12, 143, 175
por habilidade 203
Pressões deflacionárias 237, 282
Primavera árabe 255
Princípio difusivo 36
Private equity 161, 168, 202, 222
Processo
de valuation 30
hiperinflacionário 90
Produtividade 167, 291
Produto de gestão de patrimônio (WMP) 285
Produtos ilíquidos 226
Profit warnings 192

Q

Quantitative easing 13
Quebra
das PontoCom 136, 189
do banco Creditanstalt 243
Queda da Nikkei 181

R

Recessão do balanço patrimonial 190
do Japão 190
Recessões cíclicas 61
Recuperação da Islândia 303
Reflação 98, 184
Regra
de Bagehot 75
de Taylor 115
Regulamentação macroprudencial 232
Remuneração estagnada 204

O Preço do Tempo

Repressão financeira 190,
265, 267, 271, 287,
290, 293
Requisitos de capital
bancário 274
Retorno sobre o capital
85, 94, 109, 152,
171, 278
Revolução
digital 127
Russa 158
Riksbank 244
Risco moral 233, 301
Robinhood Markets 310

S

Secularização do tempo 21
Securitizações de dívidas
231
Segundo Concílio de
Latrão 19
Segurança econômica 301
Shadow Banking 283
Shanghai Composite 273
Shorting vol 228
Sistema 155
de Bretton Woods 251
colapso do 251
de Câmbio Flutuante
262
duplo de taxas de
juros 283
monetário internacional
136, 262
elasticidade do 136,
262
Smurfing 287
Special Purpose
Acquisition
Companies (SPACs)
310
Spreads 135
de crédito 144
Stockholms Banko 244
Stop of the Exchequer 33
Stuckey's Bank 65
Superbolha 177, 274
Supercapitalização 157
Superciclo
da dívida 134
de commodities 172, 256
Superendividamento 99
Superespeculação 232
Superprodução da
elite 211

Swiss National Bank 171

T

Taper tantrum 257, 263
Tarifas protecionistas dos
EUA 262
Taxa
de aquisição da casa
própria 211
de compensação do
mercado 267
de crescimento da
economia 130,
216, 260
de crescimento do
PIB 104
de crescimento tendencial
da economia 238
de dependência 126
de desconto 53, 68, 104,
175, 194, 274
de desemprego 240
de empréstimo 69, 84,
259
de empréstimos 244
de fundos 107
de inflação 131
de insolvência 145
de juros 94, 126, 152
básica 110
corrente 66
do mercado 188
equitativa 201
natural xvii, 85, 94,
132, 238
real 87, 279, 315
reversa 236
zero 191, 197
de natalidade 212
de pobreza 209
de poupança 270
bruta 191
de redesconto 83
de referência 82, 273,
308
de remuneração 206
de retorno 31, 215
de reversão 235
de rotatividade 150
de uso do capital 283
interbancária 109, 202,
220, 238
líquida de poupança 190
máxima legal de
juros 38

monetária de juros 41
natural de juros 40
preferencial dos bancos
comerciais 107
Taxas
de depósito 144, 268,
281, 294
de empréstimos 291
bancários 281
de equilíbrio de longo
prazo 111
de juros 239, 274,
284, 293
altas 85
artificialmente
rebaixadas
184
baixas 61, 115, 159
colapso das 44, 189
de curto prazo 109,
128, 219, 294
de longo prazo 63, 77,
106, 125, 175,
192, 230, 239
negativas 156
de mercado 58
excessivamente altas
34, 43
excessivamente baixas
43
flutuações sazonais
das 87
globais 117, 134
interferência das
autoridades
nas 94
manipulação de 60
naturais 58
negativas 171, 173,
192, 224, 242,
293
reais 97, 141, 182,
190, 205
ultrabaixas 32, 44,
123, 126, 145,
152, 173, 189,
194, 206, 213,
256, 295
zero 136, 145, 206,
254
de mercado 132
de referência 267
overnight 285
Tempo 140
como custo de
produção 140

importância comercial
do 21
Tendências compensatórias
95
Teoria da utilidade
marginal 217
Teste do Marshmallow 29
Thrifts 144
Títulos 192
alemães 143
comerciais 69
com rendimentos
negativos 224
corporativos
estrangeiros 242
de classificação mais
baixa (CCC) 222
de curto prazo 224
de dívida 163
de juro negativo 225
de longo prazo 195,
224, 293
de renda fixa 218
de risco 205, 222
de warrants 104
do governo 84, 194,
219, 293
do Tesouro 156, 174,
241, 293
de longo prazo 107
do Tesouro dos EUA
204
estrangeiros 64, 76, 294
ferroviários 158, 276
hipotecários 89, 116,
174, 220, 241
complexos 113
ilíquidos 226
investidores em 192
lastreados em ativos
224, 226
latino-americanos
de alto rendimento 64
não digeridos 158
norte-americanos 268
públicos
de longo prazo 295
soberanos 257
subprime 220, 253
travar (lock up) 72
Três linhas vermelhas 313
Troca seca (cambi
secchi) 24
Trustes 156

U

Usura 18, 40, 199,
214, 260
alta taxa de 34
ataque da escolástica
à 18
banimento da 24
crítica aristotélica da 19
invectiva intelectual à 18

V

Valor
de investimento 172
de mercado 175
do acionista 163, 166
do capital 31
Valuation 147, 172,
187, 309
de ativos 203
de empresas de
tecnologia 175
extremo 172
hiperestimado 311
Variável monetária 49
Velocidade de escape 235,
238
Volatilidade 176, 228,
238, 287, 307
econômica 152
implícita 228
negativa 311
ultrabaixa 228

W

WallStreetBets 310

Este livro foi impresso nas oficinas gráficas da Editora Vozes Ltda.,
Rua Frei Luís, 100 – Petrópolis, RJ.